欧洲争夺战

Chester Wilmot

THE STRUGGLE FOR
EUROPE 上

★★★ 第二次 ★★★
世界大战

〔澳〕切斯特·威尔莫特　著

钮先钟　译

新华出版社

图书在版编目（CIP）数据

　　第二次世界大战：欧洲争夺战：上下／（澳）切斯特·威尔莫特著；钮先钟译. — 北京：新华出版社，2020.9

　　书名原文：The Struggle for Europe

　　ISBN 978-7-5166-5415-6

　　Ⅰ.①第… Ⅱ.①切… ②钮… Ⅲ.①第二次世界大战－史料－欧洲 Ⅳ.①K152

中国版本图书馆CIP数据核字（2020）第190816号

　　本书中文译稿经成都天鸢文化传播有限公司代理，由城邦文化事业股份有限公司麦田出版事业部授权使用，非经书面同意不得任意翻印、转载或以任何形式重制。简体中文译稿版权归东方巴别塔（北京）文化传媒有限公司所有。

第二次世界大战：欧洲争夺战

作　　者：〔澳〕切斯特·威尔莫特　　　译　　者：钮先钟

选题策划：巴别塔文化　　　　　　　　责任编辑：江文军　樊文睿
特约编辑：张建恩　　　　　　　　　　责任校对：刘保利
封面设计：宋　涛

出版发行：新华出版社
地　　址：北京市石景山区京原路8号　　邮　编：100040
网　　址：http://www.xinhuapub.com
经　　销：新华书店、新华出版社天猫旗舰店、京东旗舰店及各大网店
购书热线：010－63077122　　　中国新闻书店购书热线：010－63072012

照　　排：胡凤翼
印　　刷：天津鸿景印刷有限公司

成品尺寸：145mm×210mm　　32开
印　　张：32.75　　　　　　　　　　字　　数：732千字
版　　次：2021年3月第一版　　　　　印　　次：2025年1月第二次印刷
书　　号：ISBN 978-7-5166-5415-6
定　　价：168.00元（全二册）

等决定性战役。这部著作的可贵之处在于它集中反映了德国人的见解，并且全部文章都是高水准的。钮先钟先生在中译本序言中写道："这本战史尤其值得欣赏的就是它有许多见解的确是我们过去所从未听人说过的，读完这本书，再回忆我们过去所曾经读过的许多其他的书，就一定会有恍然大悟的感受，觉得若不读此书则可能一辈子都搞不清楚。"

《第二次世界大战：太平洋争夺战》(*The Island War: The United States Marine Corps in the Pacific*) 是美国海军陆战队在第二次世界大战太平洋战场上的征战史，作者是海军陆战队中校弗兰克·霍夫 (Frank O. Hough)。两栖作战是最复杂的作战样式，即使是在全面掌握制空权和制海权的情况下，背水攻坚、环境恶劣、补给困难，以及敌军的困兽犹斗、负隅顽抗，都会对岛屿进攻作战构成巨大威胁，给登岛部队造成重大伤亡。纵观人类战争史，第二次世界大战太平洋战场的岛屿争夺战，无论从两栖作战规模和惨烈程度，还是从战术、后勤和装备发展来看都是空前的。这部著作详细记录了太平洋战场反攻阶段美军从夺取瓜达尔卡纳尔岛到冲绳岛最后一战的战斗历程，今天读来未必像许多战史著作和人物传记那样引人入胜，却有重要的史料价值，特别是对于两栖作战战术研究更是不可多得的材料。

如上所述，三部著作的译者都是钮先钟先生。大陆地区的读者对钮先钟并不陌生，20世纪80年代后，他的著作和译著陆续在大陆公开出版，最著名的当数他翻译的《西洋世界军事史》(作者是英国著名军事历史学家富勒少将)，以及《隆美尔战时文件》和曼施坦因、古德里安的回忆录。

钮先钟出身世家，青年时代想报考军校投笔从戎，无奈因高度近视而从军无门。抗战期间，钮先钟先后担任《扫荡报》记者和重庆军事委员会外事处翻译。20世纪50年代到70年代，他负责《军事译粹》杂志，后经萧毅肃引荐以文职身份担任台湾地区有关主管部门编译室主任，这期间翻译了大量的外国军事著作，其中包括国内公开引进出版的《战争论：间接路线》《战争指导》《战略绪论》《西洋世界军事史》《隆美尔战时文件》《失去的胜利》《闪击英雄》《第一次世界大战史》《第二次世界大战史》《亚历山大的将道》等。1972年，年近花甲的钮先钟退出公职，进入台湾淡江大学任教并从事战略研究，践行他所说的"读书、写书、教书三书主义"。1991年，他退出教职开始专心研究写作，至2003年，先后出版《中国战略思想史》《西方战略思想史》《孙子三论》《第二次世界大战的回顾与反思》《战略研究入门》《二十一世纪的战略前瞻》《中国历史中的决定性会战》《中国战略思想新论》等著作。至最后一部著作出版，他已91岁高龄。

　　钮先钟是典型的"书斋战略家"，一生著作等身，堪称东西方战略思想融会贯通集大成者，有人称钮先钟为"蒋百里之后第一人"，似乎毫不为过。今天阅读钮先钟先生的著作，仍能在字里行间感受到他渊博的学识和高远的境界，令人景仰和感佩。

杨　虎

军事历史研究学者

不像一般德国将领们所攻击的，是那样地无理和短视。虽然希特勒是为巴黎所吸引住了，那是所有德国征服者的共同目标，但是他的决定也还另有一个其他的重要因素，那就是要避免1914年的重大错误——他不希望在索姆河上就为敌人所阻止，而从此不再能越雷池一步。1914年，毛奇（von Moltke）因为太重视侧翼方面的英军，而使他的右翼丧失了前进的动力，所以在马恩河（Marne）被阻。希特勒认为此时似乎可以暂时不去理会英国人，不久他就曾经向克莱斯特表示："他们（英国人）在这一场战争是不会再回来了。"虽然他曾经常常警告他的军事领袖们，说英国人是一个比较顽强的敌人，但是他个人在慕尼黑会议中的胜利，却使他对于英国人个性的判断受到很大的影响。他常常喜欢自夸："我们的敌人都是一些小软体虫，我在慕尼黑会议的时候，就已经看清楚了他们的原形。"可是他却并没有遇见过丘吉尔。

一方面专心注意巴黎和法军，另一方面不管敦刻尔克和英国人，希特勒并不完全是受着直觉的驱使，在12个月以前他就曾经把他整个的战争计划，讲给那些高级将领们听。1939年5月23日，他曾经说过：

> 假使荷比两国都已经完全加以占领，假使法国也已经被击败了，那么对英作战就已经有了一个胜利的基础。以法国西部为基地，空军就可以封锁英国，而海军再使用它的潜艇，就更可以扩展封锁的范围。若是这些都办到了之后，英国不但无法向大陆作战，而且空海军的不断攻击更足以切断它的生命线。当英国的供应线被切断的时候，也就是它被迫投降的时候。

以上所说的到现在还是希特勒的信念，所以他认为凡是从敦刻尔克逃去的部队，实际上不过是被拘禁在英伦三岛上面而已。所以重要的工作就还是迅速顺利地占领法国的海岸线，以此为一道堤防来阻止英国人再过问大陆上的事情；此外就是获得大陆上的基地，用来轰炸英国，并且制造饥饿，来强迫它投降。

× × ×

刚刚在 6 月 4 日拂晓之前，最后一艘英国船才开出敦刻尔克。在那天正午的时候，希特勒和他的海军总司令雷德尔（Raeder）谈话，告诉他一到法国溃败之后，就准备立即减少陆军的兵额，让所有年龄较大的人和技术工人都先退伍。希特勒说："以后，空军和海军方面应获得最高的优先。"但并没有谈到渡海攻英的问题。

在同一个下午，丘吉尔在英国国会下院发表演说，振奋了英国的民族精神，唤醒了全世界的迷梦。他说："英国人准备打下去。必要时，长远地打下去；必要时，单独地打下去！"但是希特勒却认为这种傲慢的态度在法国覆亡之后，也就会随之而消灭。所以，当轴心国领袖们在 6 月 18 日到慕尼黑集会，讨论法国休战条件的时候，希特勒主张宽大，以免过分刺激法国人，让法国的政府和舰队渡海逃往英国，更加强英国人的斗志。

意大利的外交部长齐亚诺伯爵（Count Ciano）在他的日记中，曾经把希特勒的见解汇述于下："假使伦敦方面一定想要打下去，那么就会遭遇到一个全面、野蛮的总体战。不过希特勒却力主不要毁灭大英帝国，他认为，即使在今天，大英帝国也是世界均势局面中的一个重要因素。"齐亚诺又解释着说："希特勒现在很像

（Halder）所拟定：B 集团军应在正面作强大的攻击，其目的只是牵制敌军，使它无法作有计划的撤退；而 A 集团军则乘战胜之余威，切断敌人的后方，而作具有决定性的打击。5 月 24 日，这个计划已经就要付之实行，希特勒突然叫停。

以三军最高统帅的身份，希特勒驻在他的野战大本营里面，直接指挥作战，他对于战役的进行一向具有决定性的影响（关于德国军事组织可参看附录）。他不听众将的劝告，而坚决主张将攻势的重点放在阿登高地（Ardennes）方面，遂造成了他的装甲师在色当（Sedan）方面获得了突破大捷的机会。可是当这一关过了之后，希特勒却迟疑不决起来，他不敢让装甲部队乘虚而入，而希望等待步兵的赶上，以来掩护那暴露的侧翼。在突破深入后的第 3 天，哈尔德在他的日记上这样记载着："元首不断对于南面的侧翼感到忧烦。他怒喊着说，我们会把整个战局都弄糟了。"此外，希特勒又担心法军会沿着索姆河成功建立一条新的防线。他的眼光是盯在巴黎的头上，这是最后的政治目标；而不是盯在敦刻尔克方面，这只是一个眼前的军事目标。

24 日的黄昏时候，希特勒发现了伦德施泰特也和他抱着同样的看法（注：此点颇有疑问，丘吉尔认为停止装甲兵的前进，实出于伦德施泰特的主张，但其他各方面的证据却都不足以证明此点），就在大本营所在地巴德明斯特赖费尔（Bad Munstereifel）召见布劳希奇。他宣称佛兰德斯平原之战已经胜利结束；他们现在应该倾全力来进行法兰西之战。伦德施泰特的装甲兵应立即停止前进，希特勒认为在那个河川纵横的地区，使用装甲部队是毫无道理的。他在上次大战中，曾经在那个地区作战，所以根据他个人的经验，认为装甲师在那里是得不着决定性的成功。装甲部队应该停止前进，调回整编，以供进犯巴黎之用。伦德施泰特集团军奉命固守坟墓线一线，而打击敌人的责任则由博克去承担。换言之，博克是锤子，而伦德施泰特倒变成了铁砧。

布劳希奇提出抗议说，博克所部到敦刻尔克的最近距离为 35 英里[①]；而伦德施泰特麾下的坦克部队，却只隔了 15 英里，具有合围的形势和力量，为何要舍近而求远；并且等到博克赶到的时候，英军恐怕都逃光了。希特勒却回答说：击败法国才是他的主要目标，所以不能贪小失大。最重要的敌人还是法国的陆军——只要击败了它，希特勒就可以做欧洲的主人翁。

那一天夜间，布劳希奇下达了新的命令，哈尔德的日记曾经这样地记载着："由于元首的直接命令，由装甲和摩托化部队所组成的左翼，虽然前面并无强敌，但却得停止前进。至于解决被包围中的残敌的责任，则交由空军去负担。"这个命令的有效期长达 48 小时之久，伦德施泰特部队停止在原地待命，而博克所部则蒙受着极大的损失，缓缓地向前推进。到了 5 月 27 日，装甲师才又奉命准许前进，英军已经获得了 3 天的喘息时间以加强它的南翼。德军的攻击渐被击退。30 日，哈尔德日记上说："恶劣的天气使空军无法起飞，我们现在只好干看着成千成万的敌军，就在我们的鼻子底下，撤回英国去了。"到了 6 月 4 日，在英国海员努力之下，一共有 33.8 万名联军官兵（三分之二是英国人），由敦刻尔克的港口和滩头，撤回了英国。照丘吉尔的说法，这所救出来的一点力量，就是将来英国建立新军的基本核心。

敦刻尔克的决定是希特勒的一个最大的军事错误，不过却并

---

① 1 英里 =1609.344 米。——编者注

运。更因为英国的坚决不屈，才唤起了欧洲被占领区的反抗精神，才迫使希特勒在转向东征的时候，又不得不留下他的全部实力的四分之一，以来安定他的后方。若是他能够征服英国，或是使英国中立化，希特勒就不会再有"第二战场"的威胁，而"欧洲堡垒"也就固若金汤了。

× × ×

德国的失败和欧洲的光复始于敦刻尔克（Dunkrik）。1940 年 5 月 25 日，希特勒歼灭西线战场上联军的计划，已经到了完成的阶段。从索姆河（Somme）流域直趋海峡海岸的德军走廊，5 天以前已经完成，现在由于阿拉斯（Arras）的攻占，和加来（Calais）的被围，而更增广和增长。在许多海峡地区港口中，只有敦刻尔克和奥斯坦德（Ostend）还可以供英、法、比三国的残军作撤退入海之用。联军总司令魏刚将军（Gen. Weygand）虽想从南北两面向走廊地带侧翼反攻，结果都毫无效力。英法两国的部队，其本拟自南面发动攻势者，又复临时分兵以抵抗另外一路的德军新攻势。这个攻势不仅足以切断比军与其他联军部队间的联系，而且也直接威胁到敦刻尔克，并且不久就占领了奥斯坦德。

那一天，比利时国王利奥波德（Leopold）就认为比军已经不可能再打下去。那天夜晚，英国远征军在戈特勋爵（Gen. Lord Gort）率领之下，开始由里尔（Lille）区向敦刻尔克撤走。英法两国的残部已被装入一个狭窄的袋形地区之内，当比军投降之后，北面完全暴露，德军的压力也就立即加强。英国远征军的命运已经握在希特勒的手中。

在海峡的上面，英国的海军是已经动员了一切可用的船只，但是英首相丘吉尔和他的最亲信的顾问们，却认为最多只有两三万人可以撤回英国，船只和滩头在空中攻击之下，都极容易受到损害，而且不久敌人的炮火也可以射击它们。部队都正在前线与德军苦战，若是德军一直继续维持着他们的压力，则大量的后撤实不可能。此外，任何一个装甲兵的强力攻击，就更可以使这个袋形地区分裂为二，因为英军所具有的坦克和战防炮①，为数都极有限。所以丘吉尔害怕，在一个星期之内他就会命中注定地，是要宣布这是英国有史以来的第一次最大的惨败了！

在佛兰德斯（Flanders）平原上面，德将博克（von Bock）所率领的 B 集团军②，其步兵师由东面攻来，也许还可以凭着伊普尔（Ypres）与海岸之间的几道河川，作相当时间的拒守；但是在西南面的侧翼上，伦德施泰特（von Rundstedt）的 B 集团军所属的装甲师，已经消灭了联军方面的逆袭威胁，现在可以长驱直入了。在这一面，戈特所拟定的防线是以坟墓线（Gravelines）为基础——由圣奥梅尔（St. Omer）到贝蒂讷（Bethune）之间的运河，为敦刻尔克前面的最后一道水上障碍物——但是防守的兵力却十分单薄，而敌军早已经建立了 3 处桥头阵地。克莱斯特（von Kleist）兵团的装甲兵到敦刻尔克的距离，要远比戈特自己的步兵主力为近。

德军总司令布劳希奇（von Brauchitsch）的原意是要命令克莱斯特装甲兵团直趋敦刻尔克。这个计划由他的参谋总长哈尔德

---

① 反坦克炮的旧称。——编者注
② 本书中的"集团军"一词，对应的英文为"Army Group"，目前通常译为"集团军群"。——编者注

第一章 | 必要时单独打下去

1942 年的夏天，在欧洲有 4 亿的人民是在德国暴政统治之下。希特勒的大帝国，在它的全盛时期，从地中海一直延展到北极圈，从英吉利海峡一直延展到黑海，而且几乎到达了里海。在比利牛斯山脉和乌克兰大草原之间，除了瑞士以外，就再无其他的独立国家。甚至于希特勒的伙伴——墨索里尼，也已经降级而变成了一个傀儡。在欧洲的各个古代名都里——雅典、罗马、维也纳、巴黎、布拉格、奥斯陆和华沙——一切的声音都沉默了，唯有俯首听命于纳粹德国的指挥。希特勒装甲军的矛头已经到达了伏尔加，而且到尼罗河也只有一个闪击即可到达的距离。在西面，他的潜水艇曾经有效地把德国的攻势，带到了北美洲在大西洋方面的沿海地区，并且深入加勒比海。在东方，他的新盟友日本已经入侵了其他老大帝国的殖民地，获得了亚洲海上的制海权，而且日章旗也在印度洋里飘扬了起来。德日两国在苏伊士运河以东的地区会师的说法，已经不再是纯粹的空谈。在 3 年之内，除了伦敦的天空和莫斯科城外的雪地以外，希特勒几乎是战无不胜的。

德国现在是在和世界各大强国的联合势力作战，但是其中正在和它苦战不休，而且已经遭受到惨重损失的，却只有苏联一国。在 15 个月当中红军的死伤已经超过了 500 万人，白俄罗斯和乌克兰已经被占，连同着第聂伯（Dnieper）流域和顿涅茨（Donetz）盆地的重要军需资源，都一齐归入了希特勒的掌握之中。1941 年，列宁格勒和莫斯科固然是站住了，但是 1942 年的德军新攻势又使他们到达了斯大林格勒，深入高加索，而且对于苏联的生命线——油田制造出直接的威胁。

当苏联正在战火通红、碧血遍野的时候，美英两国对于它一时却无法予以援助。它们的潜力固然很大，但是在它们没有稳着日本、肃清北非的轴心势力和建立制海权之前，他们是没有能力将陆军送上欧陆去作战的。它们无法答应斯大林希望在那一年之内开辟"第二战场"的要求，同时也无法使流入苏联北极海方面诸港口的物资，能够源源不断。对于这两点，斯大林非常不满，力斥西方盟国是双重的背信。在华盛顿和伦敦，都有许多身居高位的人害怕斯大林会单独向希特勒求和，或者至少是，在美英两国的力量足以反攻大陆之前，苏联的军事经济力量却早已崩溃了。无论是哪一种情形，希特勒都可以自由地掉过头来对付西方国家，击退盟军的入侵，使各占领国家在暴力统治之下，长时间无法翻身，而使三千年来惨淡经营所建立起来的欧洲文明化为灰烬。

当时，希特勒的地位似乎正如日中天，同盟国的人们不仅猜不透他什么时候会崩溃，而且也说不上他怎样才会崩溃。不过早在 1940 年的时候，战局早已有了一个决定性的转变。那一年是希特勒的最大胜利年，同时也是他的最大失败年：这个失败之大要比他以前所有各次胜利的总和还要更大。因为英国拒绝屈服，甚至于拒绝妥协，才会驱使着希特勒去侵略苏联，而注定了他的命

第一篇　打回大陆

为一的时候，于是就又发生了新的意义。所以关于第二战场的争论，不仅是有关德国的败亡，同时更是一个政治上的难题，其最后的结果就是使英美的军事力量只用在西欧，而不用在巴尔干。

在本书第二篇中，篇名"诺曼底之战"，我对于实际的战斗情形，曾经加以相当详尽的叙述，因为这一次入侵战的故事本身是相当地精彩动人，尤其是现在已经可以从双方的史料来作比较的研究。更重要的，这一次作战是英美同盟的最大试验，而且也使它获得了最大的胜利。因为今天还是要仰仗这个同盟的力量，所以对于上次实际中的情形实大有详加研究之必要，而尤其是对于那些高级将领，像艾森豪威尔、蒙哥马利、布莱德雷等人的成就，也非常值得加以评价；他们这些人的功过一直都还没有定论，而且他们现在又都还是负有重大责任的人物。最后，这一次的作战也给予我们一个警告，假使另外一个侵略者，在它的东线方面是享有绝对安全的，当它的势力进展到了海峡海岸之后，盎格鲁－撒克逊国家，除非舍得使它们自己和西方文明都受到惨重的牺牲以外，恐怕就很少有机会用入侵的方式来再度解救欧洲了。假使德国人在当时不是腹背受敌，那么1944年的渡海进攻无疑是会遭到失败的。

最后一篇，篇名"到柏林之路"，讨论那些足以决定战争最后路线和战后欧洲形势的一些作战情形，和战略上及外交上的某些决定。自从英美联军在诺曼底获胜之后，希特勒的失败却早已成为定案，若是对于这个胜利的战果能够加以充分地扩张，则战争的结局对于民主世界将大为有利。在1944年的夏天，西方国家绝对有这样的力量，姑且不说在那年之内结束对德的战争，但至少可以保证中欧的三大名城——柏林、布拉格、维也纳将被西方国家所光复，而不会落入苏联人的手里。在研究这个阶段的历史时，一定要采取广泛的观点，注意到战略与外交，以及军事行动与它们政治后果间的互相关系。举例来说，德军 1944 年冬季所发动的阿登高地攻势，其起源是军事性质的，因为这就是希特勒对联军没有能够在秋季中发展他们的机会的答复。但是它却又具有政治上的目的，因为希特勒的目的是要拆散三国同盟，使西方国家单独考虑一个折中的和平，并使他自己可以不许苏联人进入德国。这个目的虽没有能够达到，但是它在政治上的影响却还是很大。为了集中兵力来发动阿登高地的攻势，希特勒就不得不冒险使东线的防御减弱。所以当他在莱茵河西面挡住了英美联军的时候，希特勒就使斯大林在雅尔塔的前夕，从维斯托拉河进到了奥德河。这个战略形势对于那次历史性会议中的外交讨论，发生了直接的反应，因为斯大林，当他在战场上压倒了他的敌人之后，也就使他居于有利的地位，可以在会议席上压倒他的盟友。

我不想把故事讲得太长，拖到战争结束以后去，因为德国投降的时候，战后欧洲的地图，就已经都画好了。于是欧洲争夺战又已经进入了一个新的阶段，它的发展还正在方兴未艾之中。

序　言

在欧战结束前 10 天，丘吉尔先生曾经写了一封私人函件给斯大林元帅，它里面有一段这样的话："假使在将来，你和你所统治的各国再加上其他许多国家的共产党都站在一边，而英语民族和它们的盟国和自治领又站在另外一边，那么世界的前途就似乎极难乐观了。这是十分地明显，它们之间的争斗将会把世界撕成碎片，而我们双方的领袖人物，凡参与这种争执的，在历史上都要算是罪人。即使只是长期猜忌和对立，也足以使世界的繁荣发展，蒙受极大的损失，因为这种繁荣发展是只有我们三强合作才能获得的。"

写这封信的动机是代表一种恐惧的心理，而这个心理却是确有根据的。从那个时候起，东西之间就已经显出了裂痕，而这种裂痕的宽度与日俱增，到了现在就似乎再难合拢了。"铁幕""附庸国"和"冷战"似乎已经成为欧洲政局上的永久景象，而另一次似乎真正可以把世界撕成碎片的大战，又已经把它的阴影放射在刚刚经过了上次浩劫的人们的头上。假使我们要想明了这种情况的根源，那么我们就不应该专门研究战后苏联与西方国家的关系，而应该更进一步，研究它们在战时的关系经过，以及这些关系对于德军和联军双方战略的影响。我们应该尽可能地发现欧洲权力平衡局面被毁的真正原因，过去，英国人之所以参加战争，目的就是为了想要维持这种平衡，而今天北大西洋公约组织中的各盟国，之所以愿意作这样多的牺牲，也不过是为想重建这种均势而已。

所以这本书里面，我希望能够解释目前这个局面是怎样形成的；当西方盟国获得了军事胜利之后，又怎样和为什么会在政治上遭遇到失败；在击溃纳粹德国和解放西欧的过程中，又怎样和为什么它们会让苏联控制住了东欧，并且同意不把它们当作战争目标的大西洋宪章原则，实行到那一方面去。从20世纪50年代的眼光，去研究这战场上的战争，我不仅企图解释希特勒为什么会被推翻；同时也想要解释斯大林为什么会获得胜利；和苏联怎样取德国而代之，终于变成了欧陆上的支配者；以及斯大林怎样从罗斯福和丘吉尔的手里，获得了他所不能够从希特勒手中获得的东西。

为了给这些问题寻找答案，我就从敦刻尔克前夕的情况说起，当时在欧洲争夺战的形势上来看，显然是德国居于有利的地位。在本书第一篇里面，篇名"打回大陆"，我讨论希特勒在西欧的实力如何逐渐减弱，而联军的实力如何逐渐发展，一直到联军有力量打回大陆的时候为止。从敦刻尔克撤退到诺曼底登陆，这中间的4个年头里，如何渡过海峡的问题，对于战争的执行和发展一直具有决定性的影响。由于英国人不肯承认失败和德国人在1940年渡不过英吉利海峡，所以才会驱使希特勒转而攻击苏联。因为必须要在英美联军越过海峡反攻大陆之前，就先把苏军击败，所以才使希特勒想在东面去寻求一个速决的胜利，而结果使德军的元气大伤。当渡海反攻的问题又与苏联开辟第二战场的要求合而

阿登的扩张战果 …………………………………………… 1012

1945 年的东线战场 ……………………………………… 1013

波兰和雅尔塔会议 ………………………………………… 1014

莱茵地区的战斗 …………………………………………… 1015

柏林的头奖 ………………………………………………… 1016

最后的阶段 ………………………………………………… 1017

地图目录

"海狮"作战 ································· 972

1944 年 6 月 6 日西线战场上的德军 ············· 973

1944 年 4 月的诺曼底 ······················· 974

1944 年 6 月的诺曼底 ······················· 975

侵入前的轰炸 ····························· 976

奥马哈的攻击 ····························· 977

D 日黄昏时的奥马哈滩头 ···················· 978

D 日黄昏时的卡昂地区 ······················ 979

D 日的犹他滩头 ··························· 980

从奥马哈前进 ····························· 981

6 月 7—18 日的主阵地 ······················ 982

佩奇行动 ······························· 983

瑟堡战役 ······························· 984

对敌的计划 ····························· 985

6 月 25—29 日奥东河攻势 ···················· 986

7 月 3—25 日的美军战线 ····················· 987

"古德伍德"行动的计划 ······················ 988

"古德伍德"的战斗（7月18—22日）·············· 989

7月25日德军在诺曼底的兵力分配 ·············· 990

7月25—31日的"眼镜蛇"作战 ·············· 991

8月7—8日莫尔坦反攻 ·············· 992

从阿夫朗什的扩展 ·············· 993

8月5—6日的潘松山攻夺战 ·············· 994

法莱斯袋形地区 ·············· 995

向塞纳河挺进 ·············· 996

1944年夏季的地中海战线 ·············· 997

宽广正面的与集中攻击的进攻 ·············· 998

向安特卫普的进攻 ·············· 999

比利时运河的战斗 ·············· 1000

洛林的战役 ·············· 1001

9月17日的阿纳姆降落 ·············· 1002

9月17—18日的奈梅亨空降阵地 ·············· 1003

"市场花园"作战的计划 ·············· 1004

"市场花园"作战的突破（9月17—18日）·············· 1005

9月20—25日向莱茵河的前进 ·············· 1006

斯海尔德运河的开放（1944年10—11月）·············· 1007

阿登的攻击计划 ·············· 1008

向鲁尔河的进攻（1944年11—12月）·············· 1009

1944年秋季西线战场 ·············· 1010

阿登的攻击 ·············· 1011

第二十七章　失去了的机会 …… 705

第二十八章　死灰复燃 …… 728

第二十九章　秋季的僵局 …… 760

第三十章　孤注一掷 …… 784

第三十一章　东西两条河 …… 817

第三十二章　斯大林的最大胜利 …… 851

第三十三章　最后的崩溃 …… 892

结　论 …… 953

附　录 …… 969

CONTENTS 目录 □

上册

序　言 …… 1

第一篇　打回大陆

第一章　必要时单独打下去 …… 3

第二章　小巫见大巫 …… 25

第三章　胜利者的苦闷 …… 59

第四章　直觉在进行中 …… 92

第五章　蓝图的追寻 …… 116

第六章　伟大的设计 …… 145

第七章　德军的实力 …… 182

第八章　希特勒理论的实践 …… 205

第九章　从计划到执行 …… 217

第十章　"霸王"的序曲 …… 243

第十一章　预报和坚忍 …… 284

第二篇　诺曼底之战

第十二章　天空的攻击 …… 307

第十三章　海上的攻击（上）…… 331

第十四章　海上的攻击（下）…… 355

第十五章　第一个黄昏 …… 375

第十六章　立足点之战 …… 392

第十七章　增援之战 …… 418

第十八章　卡昂的苦战 …… 451

下册

第十九章　"7·20"事变 …… 493

第二十章　突破 …… 516

第二十一章　法莱斯和巴黎 …… 548

第三篇　到柏林之路

第二十二章　咬紧了的牙床 …… 583

第二十三章　罗斯福和巴尔干 …… 601

第二十四章　大辩论 …… 616

第二十五章　幸运的潮流 …… 641

第二十六章　到阿纳姆的路 …… 672

特·威尔莫特（Chester Wilmot），他曾作为BBC的战地记者随英国第6步兵师乘滑翔机登陆诺曼底，随军报道了欧洲战场上许多重大战事，亲自采访过布雷德利、蒙哥马利等著名将领。1952年，他出版了《第二次世界大战：欧洲争夺战》，受到广泛好评。这部著作记录了从敦刻尔克大撤退到盟军解放欧洲的全过程，将政治、经济、战略分析与战斗经过巧妙结合，为盟军在欧洲战场反败为胜提供了一幅全景图。当代英国著名军事历史学家约翰·基根（John Keegan）这样评价此书："在数以千计的描写西北欧战役的书籍中，我只选择一本，那就是切斯特·威尔莫特的《第二次世界大战：欧洲争夺战》……他创新了撰写当代军事史的现代方法……他的书仍是第二次世界大战史中至高无上的成就，将对事件的浓厚兴趣与对基础性事实的冷静剖析相结合。正是这本书第一次唤起我对战争作为历史的兴趣，而且随着时间的流逝，我越来越感到惊奇。"

《第二次世界大战决定性会战：德国人的见解》（*Decisive Battles of World War II: The German View*）是20世纪60年代联邦德国军事研究协会编辑出版的一部重量级的官方战史著作，编者是著名历史学家汉斯·雅各布森（Hans-Adolf Jacobsen），参与集体创作的都是德国战史专家和亲历战争的将领。其中，中国读者比较熟悉的有《德军总参谋部》的作者、历史学家瓦尔特·戈利茨（Walter Gorlitz），《德国国防军大本营》的作者、国防军最高统帅部副参谋长瓦尔特·瓦尔利蒙特（Walter Warlimont）将军，以及"二战"中德军最优秀的战术家冯·曼陀菲尔（von Manteuffel）将军。各篇论文独立成章，涉及敦刻尔克、不列颠战役、攻占克里特岛、斯大林格勒战役、诺曼底之战、阿登反击战

总　序

　　第二次世界大战是人类历史的空前浩劫，战争波及五大洲、61 个国家和地区、20 亿以上人口，对世界格局产生了深远影响。第二次世界大战史在战争史和军事学术史上有着首屈一指的地位，为职业军人、军事历史学家和军史爱好者提供了取之不尽的素材。拿破仑曾经说："一切军事艺术的奥秘都深藏于军事历史之中。"如克劳塞维茨、富勒、李德·哈特，以及当代的范·克里韦尔德等杰出的军事理论家，首先都是杰出的军事历史学家。军事科学和战争艺术都是以战争实践为基础的，战争史是发展军事科学和战争艺术的源泉；离开战争史，军事科学和战争艺术都会成为无源之水、无本之木。军队越是不打仗，就越需要强调以战史为基础开展军事教育。因此，第二次世界大战史在今天仍然具有重要的学术价值。

　　此次推荐的三部译作是 20 世纪 50 年代以来，由钮先钟先生翻译，台湾军事译粹社、星光出版社出版的经典军事理论作品。其中，有两部作品曾经中国人民解放军总参谋部翻印，供军队高级干部学习研究。

　　《第二次世界大战：欧洲争夺战》（*The Struggle for Europe*）是"二战"史的一部重要著作。作者是澳大利亚新闻记者切斯

出版说明

孙子曰："兵者，国之大事，死生之地，存亡之道，不可不察也。"第二次世界大战是人类历史上的空前浩劫，对世界格局产生了深远影响，直至今天。"以史为鉴，可以知兴替。"因此，了解和关注这段历史，对我们反思和认识过去，更好地把握和走向未来具有重要和长远的现实意义。

"钮先钟二战经典译作集"收录了台湾著名军事战略研究专家钮先钟先生关于第二次世界大战战史的三部翻译作品，其分别是：《第二次世界大战：欧洲争夺战》《第二次世界大战决定性会战：德国人的见解》《第二次世界大战：太平洋争夺战》。这三部作品本身都是世界上"二战"史研究和普及领域广为流传的经典之作。

"钮先钟二战经典译作集"称得上是名家名译。本次出版，我们依据20世纪50年代以来台湾军事译粹社、星光出版社出版的繁体竖排版本重新编排。在编辑中，我们尽量保留了原书稿的历史风貌，同时也对书稿中的不足与失误之处进行了修订。如对人名、地名等名词，根据大陆读者的阅读习惯，参考《世界人名翻译大辞典》《世界地名翻译大辞典》等工具书进行了修改；对书中出现的具体历史事件的时间性错误与知识性错误进行了修改；书中的数字用法统一用通行的阿拉伯数字；对有些过于口语化、表达不通顺的句子进行了适当修改；对某些较为生疏与不易理解的概念，加了编者注，以方便读者阅读。

关于书稿的内容特色以及钮先钟先生本人，军事历史研究学者杨虎先生专门为本系列丛书撰写了《总序》，对此作了全面、深刻、精当的评述，为读者提供了一个权威的、可以借鉴的阅读视角。

编 者

一个赢了很多钱的赌徒，他只想赶紧退出赌局，而不再想冒险。"

不过，在希特勒的思想当中，却还有比赌徒心理更深奥的一层，需要在这里加以解释。他希望使英国人屈膝求和，但是却不希望使英国遭受到一次惨败，引起大英帝国的崩溃。他曾经告诉他的总司令们说："这对于德国也不是一件有利的事情。德国人流血，却反而使日本、美国以及其他的国家坐享其成。"虽然希特勒已经奠定了对英作战的胜利基础，但是他对于向英国的世界霸权挑战，却并没有准备。他的军事力量，在发展和装备方面，都只是以大陆作战为目的。他知道，除非他已经建立一支庞大的海空军，足以与一个海上强国作全球性的斗争；除非他已经获得了充分的油源，足以应付这种大战中的石油消耗；否则他是不可能征服大英帝国和英联邦的。

当希特勒向波兰进军的时候，他的石油储存量还不够 6 个月实际作战的用途。在以后的 12 个月当中，他的全部石油"收入"只刚刚够国内和战场上的需要，而且在这期间，还有一半的时间是属于相持对峙的阶段。德国人曾经拟订了一个长期的石油增产计划，准备将德国国内天然油和人工油的产量，由 1939 年 300 万吨的旧水准，在 1944 年增加到 1100 万吨。但是这个计划的发展在 1942 年以前，还不够应付大规模战略轰炸和激烈潜艇战争的需要。同时，空军和海军在这个时间之前，也不会有充分的准备。在这个时候，希特勒的野心就开始转向东方，不仅是因为他在欧洲的最后目标，本是为了要奴役斯拉夫人，征服他们的土地；而且除非他在东欧方面获得了绝对的安全，并已把东欧的全部资源都灌入了德国的战争机器之后，他也就不可能与英国作生死的决斗。他常常向他的部下夸大说，他决不会重蹈威廉二世的覆辙，同时在 2 个战线上作战，而且就目前而论，他也的确做到了这一点。当他吞并捷克的时候，慕尼黑协定做了他的安全保障。当他在西线战场上动手的时候，和苏联所签订的互不侵犯条约又保障了他后方的安全。但他却一向只认为这个条约不过是一个短时间的保障而已，所以他现在就很关心苏联的动向。

1940 年 6 月，正当希特勒准备在西方采取第二步行动的时候，他的注意力却已为苏联在东面的行动所牵制。苏联正着手在波罗的海和黑海方面，提前收复它在第一次大战中所损失的领土。在互不侵犯条约的密件中，德国早已同意将罗马尼亚的比萨拉比亚省（Bessarabia）和波罗的海三国（除了立陶宛南部一小块以外）划入苏联的势力范围。可是当 6 月中旬，苏军开入立陶宛的时候，它把原定划给德国人的地区也占领了，而且在柏林方面提出抗议之后，还不肯撤兵。一星期以后，莫洛托夫（Molotov）通知德国驻莫斯科的大使冯·德·舒伦堡（von der Schulenburg）说，苏联准备要求罗马尼亚不仅割让比萨拉比亚，而且还有布科维纳（Bukovina），这是密约上所没有载明的。希特勒为了避免吃眼前亏，就力劝罗马尼亚让步，不过他已经感到十分恼怒，所以他向莫斯科方面表示，德国自此以后，准备保证罗、匈两国的领土完整。

这些发展对于希特勒的对英态度有密切的影响。当苏联已经占据比萨拉比亚之后，到罗马尼亚普洛耶什蒂（Ploesti）的主要石油来源就只有 100 英里的距离，因此希特勒就更不敢和大英帝国进行持久的战争。所以，希特勒希望立即与英国签订和约，以便让他可以在东面去自由行动，使他不至于两面作战，因为德国人民害怕两面作战是的确具有充分理由的，正和 1939 年的情形一样，当他准备攻击西方国家的时候，他需要与苏联签订一个条约，所以现在他认为应该与英国签订一个条约，而且他认为这是可以办到的。希特勒以为，假使英国人知道他们只要花相当少量的代价，就可以获得和平的话，那么他们一定就会俯首听命。他准备表示极端的慷慨，除了收回旧德国殖民地和承认他在西欧的统治地位以外，就更无其他的要求。

由于这些原因，希特勒在6月底对于英国人，曾经数次暗送秋波。尽管戈林（Goering）和雷德尔都曾一再主张，希特勒还是禁止向英国的港口和城市发动空中攻击，甚至于不惜公开表示，他和英国人之间是并无恶感。当这些和平序曲中的某一个，经由驻伯尔尼（Bern）的教廷使节，传到了英国之后，丘吉尔就立即写了一个便笺给外长哈利法克斯勋爵（Lord Halifax）以作答复。它的内容是这样的：

> 我希望应该设法使该教廷使臣明了，我们绝无与希特勒谈判和平条件的意见，并且我们所有的人员都绝对禁止考虑这一类的建议。

× × ×

法国沦陷之后，是否还继续奋斗的问题，在英国战时内阁中始终就没有作过正式的讨论。当敦刻尔克撤退刚刚开始的时候，似乎英国远征军是毁定了，而且英国也注定了必须单独作战。丘吉尔曾经要求他的军事顾问们，就"某种最后情况的英国战略"提出一个报告。参谋总长们回答说："我们的结论认为事实上，德国已经占尽了一切的好牌；不过真正的考验却是要看我们的战士和平民的士气，是否能够抵消德国人在数量上和物质上所享有的优势。我们却相信它是有这种力量的。"

这个信念并非是没有根据的。当佛兰德斯惨败的第一次震惊消失了之后，英国人有一种奇异的本质，能够从失败中看出来胜利的预兆，从敦刻尔克之役反而获得了不少的鼓励。22.5 万人的英军，本来似乎是注定了非歼灭即被俘，现在却安全逃了出来，这未尝不是一个天赐的奇迹，使英国全国的男女对于他们的命运都产生了一个新的信心。

欧陆上的霸王站在法国的海岸上，向海峡这面发出恫吓的叫喊，这已经不是第一次了。在过去 400 年当中，英国曾经一再为阻止欧陆被一个强国所控制而战。希特勒现在所面对的，就是那种英国人的倔强个性，这种个性在从前曾经击败过西班牙的菲利普（Philip）、法国的路易十四（Louis XIV）、拿破仑，以及德国的威廉二世。当希特勒 6 月间在格里内角（Cap Gris Nez）上遥望英国的时候，他所看见的只有英国当前的物质弱点，可是他却没有能够欣赏到英国人民从过去历史中所自然吸收到的内在力量和勇气。希特勒不顾历史的警告，一直希望能够有另外一次的"慕尼黑"，或者至少有另外一次的"亚眠"（Amiens）。可是他这种乐观的想法显然是过火了，他没有料想到在 1940 年的夏天，任何英国政治家都可以抛弃那个传统的均势政策，尤其没有料想到，那个著名的均势主义的代表者，马尔波罗（Marlborough）第一代公爵，约翰·丘吉尔（John Churchill）的后代子孙也更会作如此的主张。

在 7 月初，英国风暴的警告已经开始传到了柏林，但是"元首"对于他在德国国会中所应该作的胜利演讲，还是一再延迟，因为他希望能够使它同时又当作一个和平的宣告。当英国拒绝考虑媾和的时候，希特勒没有任何证据，就一口咬定说：这是斯大林在鼓动英国人继续作战。因为照他的看法，英国人要不是希望苏联参战，则决不会这样固执地不肯讲和。

假使希特勒有足够的工具，可以用封锁来执行他的意志，那么也许他就不会那样守株待兔，希望有一个妥协的机会。在战争开始的时候，德国一共只有 57 艘潜水艇，但是当时的潜艇司令邓尼茨（Doenitz）却曾经很精确地估计过，至少要有 300 艘潜艇，才足以使英国人感受到压力。到 1940 年 7 月，又损失了 17 艘远洋型的潜艇，因此在大西洋中能够立即作战的潜艇数字，就降到只有 6 艘了。

空军方面也没有力量执行经济封锁。它本来主要的发展方向，是作为一种空中炮兵，专以对陆军作直接支援为目的。所以既不宜于战略轰炸，也不宜于对商船作战。俯冲轰炸机"斯图卡"（Stukas）在海峡地区和北海面上，虽然可以攻击英国的护航舰队，但是当英国的战斗机队始终不败地挡在航路之前，长航程轰炸机就无法切断英国西面的海上航线，对默西河（Mersey）和克莱德（Clyde）等港口作有力的轰炸。至于对远距离目标的夜间轰炸，德国空军既缺乏有训练的人员，又没有适当的技术装备，所以当然得不到准确的结果。

而且，封锁最多只是一个长期的解决办法，但是希特勒所需要的，却是在此后 6 个月之内，迫使英国人屈服，以便让他可以在 1941 年去自由地向苏联发动攻击。那么唯一的办法就只有渡海攻英，可是希特勒和他的三军首长，对此却不太感兴趣。7 月 2 日，德国最高统帅部的主持人凯特尔（Keitel），对于"登陆英国的作战"发布了一个预备命令，但是却加了一个"但书"说："所有一切准备的基础都应认定这种登陆还只是一个计划，而且还并没有作最后的决定。"

一直到这个时候，德国的最高统帅部对于渡海攻英还是毫无准备。从上年11月起，海军方面就曾秘密独立对这个问题加以研究，主要的原因是雷德尔恐怕那个莫测高深的元首会突然要求他提出这一方面的计划来。7月11日，雷德尔向希特勒所提出的报告，其结论是说：一定要等到德国空军将英国毁灭了，并且把所有的英国海军都赶出了海峡地区以外的时候，德国的登陆舰队才可以下海。希特勒也同意雷德尔的看法，认为制空权是唯一的因素，而且渡海作战应留作强迫英国求和的最后一招。陆军总部方面也附和这个意见。从传统和训练上来说，德国的陆军是真正"大陆型"的，缺乏两栖作战的经验，对于海洋一向视为畏途。陆军对于戈林也感到不信任。而且和雷德尔一样，对于空军是否能获得制空权一节，也感到怀疑。

希特勒也并没有把困难估计得太低，不过既然没有其他的方法可以逼得英国人屈服，所以就只好朝这一方面动念头了。因此，7月16日他就发布了"第16号作战命令"，其内容如下：

> 由于英国不顾其在军事上的毫无希望的形势，而不肯作任何的妥协表示，所以我决定开始作渡海攻英的准备，必要时并将其付之实行。
>
> 这个作战的目的是要使不列颠不再成为一个对德作战的基地。必要时，并将占领该岛……
>
> 所以我发布下列的命令：

（一）登陆作战应采取奇袭的方式，在宽广的正面渡海，大致自拉姆斯盖特（Ramsgate）以达怀特岛（Isle of Wight）以西的一点……这个准备……在8月中旬以前应该完成。

（二）为了完成对英格兰的登陆，应该首先完成下列的各项准备工作：

（a）英国空军必须首先予以消灭，其程度应使其无力对于登陆部队作实质上的对抗。

（b）在海中航线上必须将水雷扫清。

（c）两翼方面，多佛尔海峡（Straits of Dover）和海峡地区的西面入口……都应严密布雷，使英海军完全无法通过。

（d）海岸防御重炮应能控制和保护整个的海岸线前方地区……

（三）这次作战所定的密码名称为"海狮"（SEALION）。

当希特勒发布了这个命令的时候，距离敦刻尔克已经犹豫不决，浪费了6个星期，即使到这个时候，他也还没有完全下决心。3天之后，他向国会发表演讲的时候，他还要求英国人对理智和常识作一次最后的考虑。他说："我曾经坚定而忠实地努力，以求获得大英帝国的友谊——这个帝国是我从来不想毁灭，甚至不想伤害的。可是，我却深知，这个战争若是再继续发展下去，那么其唯一的结果就是双方必须要拼倒一个。丘吉尔先生也许会以为那一定是德国，可是我却知道那一定是英国……我看不出来为什么这个战争还一定要打下去的理由。我想到它所要产生的牺牲，就不禁悲从中来。"

齐亚诺当时也以贵宾的身份出席，认为希特勒在说这些话的时候，音调充满了人性。在那天晚上，齐亚诺在日记上写着："我相信他对于和平的愿望是出于至诚的。事实上，到了傍晚，当英国人对于这个讲词的第一个冷淡的反应到达柏林的时候，很明显可以感觉得到德国人是普遍地失望了。"第 2 天，齐亚诺又与希特勒举行会谈，使他的印象更为深刻："他希望和英国人取得谅解。他知道对英的战争一定是一个极艰苦的战争。"

德国人利用高空飞行的飞机，将希特勒的讲稿原文散布在英国各地，而拾得的英国人却把它拿来拍卖，以作为对红十字会的捐款。等到他确实明了了伦敦方面的反应之后，希特勒才开始忙于准备行动，以求弥补他因为犹豫等候所浪费的宝贵时间。7 月 21 日，他召集高级将领训话说："我认为渡海攻英才是迅速结束战争的最有效方法。"不过他又接着提出警告说："这实在是一个最勇敢和最危险的工作。因为我们的敌人意志坚定，防御周密，并且还握有制海权，所以要想作战略上的奇袭几乎是不可能的。"最后他又再次强调："获得完全的制空权，就是唯一的先决条件。"又因为气候的变化，他更坚持着认为所有主要的作战行动都一律应在 9 月 15 日以前完成。希特勒又说："因为空军的合作是一个决定性的因素。所以时间的决定也主要是看这一方面的成就……假使那些准备的确在 9 月初还不能完成，那么就应该考虑其他的计划了。"

这是一个很难以达到的要求，因为一切的准备都还只是刚刚动手，但是希特勒却命令"海狮"应获有最高度的优先，并且更命令雷德尔加紧努力动员西欧的一切船舶资源。除了潜水艇以外，其他一切军舰的建造工程都完全停止，一切的造船设备和船坞，从格丁尼亚（Gdynia）一直到瑟堡（Cherbourg），都完全被征用。因为没有足够的时间来建造特种登陆用船只，所以雷德尔就只好征用和改造一些普通的船只，以应目前的急需。要满足陆军方面的最低要求，海军方面估计一共需要：1722 艘驳船，471 艘拖船，1161 艘摩托小艇和 155 艘运输船。但是是否能够征集到这样多的船只，有无这样多的驾驶人员和是否能够如期准备妥善，这都还是一个疑问。

　　海军总部越是深入地研究这个问题，就越觉得这个问题是不可能的。他们说："这个分配给海军的任务完全与它的实力不成比例。"搭载的港口不是太小就是已经损毁不堪使用。气候、洋流和潮汐都会形成极大的困难，尤其是最初的登陆是准备在一个开阔的滩头上举行。他们认为港口一定是已经坚强地设防，所以无法对它们作直接的攻击；即使能够把它们很快地占据，但是那些水雷和障碍物也会使它们暂时无法加以利用。沿海岸的水里当然也都是布满了水雷，必须等到把英国海军赶出了海峡地区以外，才能开始着手扫除。德国海军当局认为，专靠空军似乎很难完全赶走敌人的海军，而使它们不至于阻击我方的船舶；因为空军的活动是非常地受着天候条件的限制。而且还有这种可能性：即使第一波的兵力可以运输完成，但是敌人还是可以使坚强的海军再度进入海峡地带，切断尔后的供应运输，使已经登陆的第一波兵力陷于死地。

　　不过，由陆军的要求所引起的最严重问题，还是登陆战的范围大小问题。陆军最高当局认为初期的攻击就要使用 13 个师的兵力，在 200 英里以上长度的宽广正面上，由拉姆斯盖特一直延长到韦茅斯（Weymouth）和莱姆湾（Lyme Bay）同时加以攻击；而这些师应在两三天之内登陆完毕，并完成机动作战的准备。假使这个办不到的话，则攻击师不久就会被钉住在滩头阵地上面，而无法推进了。

对于这个要求，海军的答复是说：在这样宽的一个正面上同时渡海，恐怕很难希望能获有效的保护；事实上，只有在狭窄的多佛尔海峡由福克斯通（Folkestone）到伊斯特本（Eastbourne）之间，才有渡海的可能性。此外，照陆军方面的计划，第一波兵力人数共为 9 万人，坦克 650 辆，要筹足运输船只已非易事，当然就更无余力来同时兼顾第 2 波兵力的运输；第 2 波人数为 17 万人，外加车辆 3.4 万辆，马 5.7 万匹。这个后续的兵力也要分成 4 到 5 个纵队，在两三天之内陆续运完。

当德国海军将这些意见告诉陆军参谋总长哈尔德时，他就很尖刻地回答道："从陆军的观点来看，我认为这种建议完全等于自杀。那无异于是把登陆的部队，直接送进一个制造腊肠的机器。"但是海军的参谋总长施尼温德（Schniewind）认为，任何想在宽广正面登陆的企图，实际上，无异于是把攻击波在没有到达对岸之前，就让他们中途牺牲掉。

这种意见的冲突正反映出一个极大的矛盾。假使海军方面答应陆军的要求，准备在宽广的正面上渡海，那么那支入侵舰队似乎是毫无疑问地会在海面上被击毁。相反地，假使在狭窄的正面渡海，固然可以获得海空军的保护，但是陆军在陆上获得成功的机会也就很小了。唯一的希望似乎是寄托在空军方面，假使德国空军能够获得充分的制空权，并且用空中轰炸的方法，首先将英国在陆上和海上的防御力量加以消灭，那么也许才有成功的希望。

7月31日，雷德尔向希特勒所提出的报告又更强调说明制空权的绝对重要性。这位海军元帅宣称一切准备都已经在顺利进行之中，但是完成之期却不可能早于9月15日。而且这个预定目标是否能够如期达到，其唯一的先决条件就要看空军是否能在8月底以前建立空中优势。雷德尔又说："假使有了制空权，在那个秋天里实行登陆是很有成功的可能性。因为在9月底和10月上半月的气候通常都是很好。而月色和潮汐的最有利时期是在9月19日到9月26日。"

虽然如此，雷德尔却又补上一句说："最好的时间却是1941年5月。"希特勒这时变得很坚定。他说："一切的准备都拟定在9月15日实行渡海为目标。至于9月间是否开始行动……就等空军向英国南部做一个星期的集中攻击试验之后，再作最后的决定。假使攻击的效果使敌人空军、港口和海军都受到惨重的损失，那么'海狮'作战就决定在1940年举行。否则就暂时延期，等到1941年5月再举行。"

根据这个讨论的结果，希特勒遂下了一个新的命令，宣布他决心加强对英国的空海作战，以使它屈膝投降："空军应倾全力在最短时间内，将英国空军完全击毁……在暂时地和局部地建立了一个空中优势之后，空中攻击就应该继续以港口为对象……但是为了我们自己的意图，对于南面海岸上的港口，其攻击却应保持最低限度。"

所以海狮计划是否能够冒险进行，其唯一的责任就是由德国空军负起。它不仅要获得制空权，甚至于还要获得制海权，因为德国海军的弱点只有用空军来加以抵补。因为缺乏海军的炮火，攻击师必须依赖空军以中和海岸上的防御，并作密切的支援。然后，海军才能够慢慢地将坦克和重炮运送登陆，以增加陆军的强度。此外，空军还要当作一种辅助运输工具使用，以弥补海运的迟缓；因为诚如雷德尔向希特勒所提出的警告说，除非可以利用某些海港，否则没有哪一种海上运输工具可以在几天之内打回转的。假使在这个紧要关头，要使入侵军能够占着有利的态势，那么空军就要能够用空运的方式，使增援的部队迅速地赶上，并炸毁英国南部的道路和铁路，以来阻挠英国预备队的行动。

德国空军握有一把唯一的钥匙，足以打开英伦三岛的防御大门，而让其他的部队进入。戈林对此深具信心，他也许是对的，因为一直到今天他的空军似乎都是战无不胜的。8月10日这一天，德国空军可以立即出动作战的飞机一共是3242架；同一天，英国却一共只有1350架可以立即出动的飞机。在白天里作制空权的争夺战（这是一种似乎具有决定性的战斗），德国空军几乎占尽了优势，戈林在空中可以一共出动1392架轰炸机和1290架战斗机，而英国空军却一共只能出动704架飓风式（Hurricanes）和喷火式（Spitfires）战斗机，另外还有50%的预备飞机，但是除了飞行训练学校每周的毕业生以外，就再没有其他的预备驾驶员。因为这700多架战斗机还必须分布在英国各地，所以即使是在英国的东南部——那是战斗机队的主力所在地——德国空军也都可以获得10∶1的局部优势。

虽然如此，德国的空军参谋本部，鉴于第一次在敦刻尔克上空与喷火式战斗机交战的结果，认为当他们没有将最大的实力集中到海峡附近的基地以前，还是不要去与英国空军作激烈的苦斗。因为德国空军在组织上，其主要的着眼点本是为了对陆军作密切的支援，所以他们对于和一个顽强的敌人作全面的空战，并无太大的把握。在发动攻势之前，又必须将一切地面设备、技术部队、燃料和弹药的储藏，都由德国国内运到前方去，法、荷、比三国的机场也都要加以扩大和改善。部队要重新改组，人员要重新训练和改编。在法国败亡后一个月以来，这种准备工作都并没有太认真地进行，完全配合不上战局的要求。其主要的原因是，一方面有了和平的空气；另一方面，犹豫不决的元首和花花公子的大元帅都没有作坚定的领导。实际上，戈林还曾经将许多分队的空军调回德国去休息，并且代表他去接受狂热的人民的欢迎款待。

到了 8 月初，希特勒最后发出开始空中攻击的命令时，德国空军的准备还是没有完成。这时海狮作战的日期已经定在 9 月间的第 3 个星期，所以一天都不能够再耽搁了，可是一直过了 8 月 6 日，戈林才开始召集他的高级将领，对于战争计划作最后的讨论。

戈林宣布："德国空军的主要任务就是要消灭英国的空军，作战兵力和地面组织都包括在内。"其次则为"用破坏英国的港口和航运的方法，以来绞断英国的供应线"。要消灭英国的空军，又要分为两个阶段。第一个阶段，对于在切尔姆斯福德（Chelmsford）到格洛斯特（Gloucester）一线以南的英国战斗机防御力量，应该使用对飞机场和地面设备作大量连续攻击，来把它们完全击毁。戈林认为这一个阶段只要 4 天的工夫就可以完成。在第二个阶段中，德国空军就要逐步向北推进，一直到英国空军从最后一个基地中被赶出时为止，戈林认为这个阶段大概需要 4 个星期。同时，还要对英国的飞机工厂昼夜不停地加以轰炸，以毁灭英国空军的资源。戈林似乎是具有极大的信心，他告诉他的指挥官们说：若是气候许可的话，决定在 8 月 10 日发动第一次攻击，对于这个伟大的日子他拟名为"鹰日"（Eagle-Day）。戈林说，运用制空权，德国可以抵消英伦三岛在战略形势上所占有的优势。一旦英国空军被消灭了以后，海狮作战的前途上就再没有障碍物——只要有此必要，随时都可以发动攻击。

当这个会议结束之后，"鹰日"的命令就由电讯马上传遍了西欧各地方的德国空军司令部和基地。第二天夜晚，从布雷斯特（Brest）到柏林，在许多的德国空军公共食堂里面，英勇而具有自信的德国空军军官们，正和他们的先烈一样，高举他们手里的玻璃酒杯，为庆贺他们的"日子"（Der Tag）而痛饮！

第二章 | 小巫见大巫

只有25辆坦克由法国逃回了英国——这是704辆当中的25辆。英国远征军一共约有40万人,逃回来的大约是36万人,但是除了一点轻武器以外,其他的武器和装备都完全丢光了。在敦刻尔克以后的好几个星期,丘吉尔在议院中的秘密会议席上说:"假使有一支由15万人的精兵所组成的入侵军,就可以把我们打得落花流水。"在这一个阶段中,时间对于英国人是一个最重要的因素。6月底,英国国内守军的战斗序列包括27个师和14个独立旅——不过这只是纸上谈兵而已。其中有12个师是有训练的,并且在法国曾经有过作战的经验,但是他们实际上却已经是赤手空拳。其他的部队,只有4个到5个师是例外,其余都在整训期中,装备和素质都不够资格作战。有些新兵还只是刚刚学会怎样打枪。

在历史上,英国每逢危急的时候,就会有成千上万的老百姓自动集合起来,准备负起保卫家乡的责任。这一次当然也是一样,假使他们没有更好的武器,那么就只能使用短刀和猎枪了,但是勇气却不能当作近代化武器的代用品。在工厂里面,男女工人拼命工作,为那些撤回来的英军供给再装备的武器,但是至少要有2

个到 3 个月的时间，他们的努力才能够看出功效来。在大西洋的那一面，美国陆军的兵工仓库里面，还储存着不少的旧武器，自从第一次大战以后就一直好好地保管在那里。现在已经有一大批准备装船运往英国：50 万支步枪、8 万挺机关枪、900 门野炮和相当数量的弹药。第一艘运输船固然早已到达了利物浦（Liverpool），但是大批的物资却至少要在 8 月以后，才能够到达英国军队的手里。

英国的海军也需要有一个喘息的机会，一方面疗养它的创伤，另一方面根据新的条件来调整它的兵力。自从 4 月间的挪威战役起，驱逐舰队就已经受到了严重的损失，但是现在为了阻止敌军的入侵，在海军当中负起最主要的防守重责的也还是这个舰队。在英国海面上的驱逐舰，现在已经有半数以上都丧失了作战能力——在过去不到两个月的时间当中，有 16 艘被击沉，42 艘被击伤，主要都是受到德国空军的攻击。这是一个很伤脑筋的问题，因为英国海军部，一向瞧不起空中攻击对于军舰的效力，一直到挪威与敦刻尔克之战以后，才明白除了最近代化的驱逐舰以外，其余的都很容易被空军炸毁。英国海军部到了这个时候，才命令增加驱逐舰的火力和装甲的厚度，但是已经太迟。英国所有的船坞都忙于修补的工作，所以这种改装的计划是否能在入侵危机来临之前完成，实在是毫无把握。不过无论如何，英国海军是准备不惜一切牺牲的，在没有空军掩护之下，用驱逐舰在海峡里面作战，不过其损失是一定会十分惨重。

所以对于英国，也正和德国一样，空战的结果具有极大的重要性。当陆军还正在训练装备之中，当国内防务还正在组织发展之中，当海军还正在修补加强之中，唯一能够抵挡德军兵力的，就还只有英国的皇家空军。假使英国人能够不丧失他们的制空权，那么他们的海防和陆防也许都不会受到入侵的考验；否则，那就……

从欧洲其余的国家看来，甚至于从世界上大多数的国家看来，似乎这一次又是德国空军赢定了。但是在戈林"鹰日"的前夕，英国对于空中的厮杀却并非毫无准备。由于少数明智进步的人具有远见和耐性，所以在这多年来，虽然民间和政府都不重视这个问题，但是他们却已经为英国建立起了一个科学化的空防制度。当1933年10月间，纳粹退出裁军会议，又接着退出国际联盟的时候，他们就已经开始进行准备的工作了。

在这一个冬天里，英国派往德国的情报人员报告说，希特勒决心重整军备，撕毁凡尔赛条约并秘密集中全力来建立大空军。1934年7月，英国内阁遂决定在此后5年当中，英国国内防守空军应由42个中队（Squadron）增加到75个中队，其中47个为轰炸机中队，28个为战斗机中队。当英国外相西蒙爵士（Sir John Simon）在1935年3月与希特勒会谈的时候，德国人坦白告诉他，德国空军早已在实力方面与英国平等，并且还要继续扩充，一直到与英法两国空军实力总和相等时才停止。这不禁使西蒙吓了一跳，而当时英国空军的扩军计划却不过还是刚刚开始。这一个警告刺激了鲍德温（Baldwin）的内阁，决定另行采取一个新的计划，准备在1937年以前，将国内空军扩充到121个中队，第一线飞机总数则为1512架。在这个新计划里面，轰炸机与战斗机的比例还是2∶1，因为英国空军方面的主要意见都是赞成攻势战略的。所以内阁也被他们说服了，相信那早已设计的四引擎重轰炸机，就是一个足以制胜的武器。

这个观念固然继续占着优势，但是却也有人不相信它——

其中最重要的人物就是空军上将道丁爵士（Air Marshal sir Hugh Dowding），从 1936 年 7 月战斗司令部成立以来，他就做了它的总司令。当时的英国军事当局是尽量地阻止军事力量的发展，尽量地不用具有高级科学思想的军官，所以空军部任用道丁将军，才真是出于天意，而成为一个强烈的对比。

道丁这个人具有一种技术家的作风，似乎并不适宜于领导一群勇敢冒险的人去作战。不过，战斗司令部所真正需要的却不是一个勇将型的领袖，而是需要一个具有人格、想象力和高度技术水准的人，来从事于一种高度科学化的组织工作。道丁就具有这种经验和品性。1916 年他在法国战场担任一个战斗大队队长的职务。他做过空军部中的训练处长、伦敦区的战斗机队司令，1930年又负责主管研究发明方面的工作。他对于英国空军在技术方面的发展，一向是热心地加以指导，而且也极具远见，对于他现在所要组织的防御体系当中，有许多武器和装备的创造，都与他曾经有过重大的关系。他对于科学的新发展有极高度的欣赏力，对于工作不断地要求完善，具有勇气，敢于为他自己的理想而辩护，他决心建立一支天下无敌的战斗力量，利用各种科学工具的协助，同时尽量保持着它的完整，以来等候接受他所预料得到的历史任务。

道丁认清了，在对德作战的最初阶段中，英国空军在数量上必然是居于劣势，所以必定被迫采取守势。不过，在 1937 年和1938 年中，正是攻势战略理论风行一时的时候，战斗空军的扩充计划由于财政部不愿意拨款，而一再延迟。西蒙现在做了英国的财相，却把他从前做外相的时候，听到希特勒口中所说的一切，都完全忘光了。在 1938 年 9 月慕尼黑危机发生的时候，道丁所有

的实力只是战斗机 406 架，编成 29 个国土防卫中队；另外有 160
架预备机和每一个月内工厂里可以生产 35 架的补充量。据道丁个
人的估计，这比较"维持合理安全"的最低兵力，还要少三分之
一。他只有 5 个中队的飓风式飞机，喷火式则 1 架也没有，而德
国空军的战斗中队却早已装备了梅塞施密特（Messerschmitt）109
型的新式飞机。

慕尼黑危机以后，英国朝野哗然，其结果才使张伯伦内阁批
准了战斗空军在 1940 年 4 月之前，增加为 50 个中队——第一线
飞机 800 架。即使这个计划完成了，英国空军在数量上还是居于
劣势，因为德国人已经领先太多了。不过，道丁认为利用英国飞
机的优良性能，以及其他种种科学技术上的设备，是可以有机会
抵消这种劣势的。

这种优势的基础，是从 1934 年起，就逐步在那里建立起来
的。在道丁的主张之下，空军才决定制造一种战斗机，其最高速
度在每小时 300 英里以上，其武器为 8 挺机关枪。这个结果就是
生产了飓风式和喷火式飞机，它们的威力远超过了任何他国的飞
机。但是空军当局却又认清了，尽管这些战斗机有了这样大的威
力，但是若不能够很科学化地应用在适当的地点和适当的时间上，
那么也还是没有太大的价值。警戒和控制才是英国在防空方面最
大的关键，因为绝不可能在所有感受威胁的地区，作继续不断的
空中巡逻。在 1935 年以前，所有对空监视的工具只有利用视觉和
听觉的两种，但是即使最好的听音仪器，所具有的可靠测听距离
也只有 16 英里。假使一架防御作战的战斗机，想要在敌机尚未投
弹之前，就拦截住它，那么当敌机还在 50 英里以外的海面上，就
要能测知它的位置才行。

这个问题的答案就可以在英国国家物理实验室里面找到。有一位苏格兰籍的科学家沃森·瓦特（Robert Watson Watt）曾经试验过用无线电波来测定方向和距离，原先的目的是用来研究雷雨云的行动。1935 年 2 月的一次表演当中，用一个粗糙的雷达（Radar）模型，可以测定在 8 英里以外的飞机。平常军事当局对于一种革命性的观念，总是很难以接受，这一次英国的空军当局却是一个例外。他们立即表示愿意全力支持沃森·瓦特的工作，并且拨款供他作研究之用。到了 1936 年 3 月，他就可以向空军当局提出报告说，雷达已经能够侦测在海上 75 英里以外距离的敌机。利用这种神秘的眼睛，可以测知海面上飞机的航程、方向和大致高度。虽然在内陆上，侦测队还是要用听音机和望远镜来捕捉敌机，不过最主要的远距离警戒问题已经解决了。1936 年，英国就开始在南部和东部的海岸上，建立一连串的雷达站。

这第一个问题解决了以后，战斗空军司令部又希望能够有一种方法，使雷达屏上面可以分得出敌我机来，而且还要有一种方法，使地面上可以随时控制着在飞行中的我机，并且可以指示它们如何去截击敌人。结果科学家也都找到了它们的答案。他们发明一种电子仪器，使雷达站可以分辨敌我飞机；另外还有一种工具，使在飞行中的各战斗机，可随时自动将它们的位置报告给地面上的控制站；最后还有一种高频率的无线电话，可以使飞行人员与地面指挥人员很清楚地直接通话。

在道丁的指导之下，这一切的新发明都被组成了一个完整的科学空防体系。到了 1939 年的 9 月间，一切重要的设备都可以开始工作了，虽然还有一些细节并没有完全安排好。不过体系虽已经建立起来，但是兵力却仍在安全水准之下。由于德国空军已经在不断增加之中，道丁估计他至少需要 52 个中队，才足以守住国内的战线。他现在所有的一共只不过 39 个中队：其中有 4 个中队在战争爆发之后，已经调驻法国；另外还有 4 个中队，则在负担保护东海岸方面的护航舰队和北部海军基地的工作。

道丁要求再成立 12 个中队，可是工厂的生产量（在 9 月间只能生产 93 架飓风式和喷火式机）却甚至于不足以维持现有单位的消耗。轰炸机的生产获有高度的优先，它们现在已经有了 55 个中队之多，但是新机的生产量一个月还仍然有 250 架。空军当局不愿意减少轰炸机的生产量，因为大家都一致认为建立一支强大的轰炸空军，才是英国对于战争胜利的最大贡献。所以对于道丁的要求，12 个中队中只批准了 2 个中队。

在波兰迅速地崩溃之后，更显出了德国空军的威风和力量，道丁又重新提出他的要求。1939 年 9 月 25 日，他写了一封信给英国参谋本部，上面曾经说过："国内防御的组织不仅应与其他单位平等，而且在它没有获得确实安全保障之前，更应处于最优先的地位。因为全国安危都是寄托在海军和战斗空军上面的。"

道丁总算是不幸而言中。10 月间空军当局才决定在以下 12 个月将战斗空军扩充到 60 个中队。到了 12 月，有 18 个新单位已经在训练之中，不过却没有一个是具有最新式飞机的。在 9 月到年底之前，单座机的产量只是从 93 架增加到 122 架。这种缓慢的速度即可以反映出全国的态度和政府的作风。

当战争爆发之初，英国人民都以为马上就会遭受到最重的空袭。以后居然平安无事，于是他们也就得过且过地苟安下来了，而张伯伦政府并无坚定的领导能力，所以更不足以鼓舞人民的斗志。食物配给制度直到 1 月间才开始实行，而应用的范围只限于奶油、白糖和咸肉三者而已。人力的动员也很慢，在1940年开始的时候，英国还有100万人的失业数字。西线战场的长期僵持局面更使英国人产生了一种虚伪的安全感。在这种气氛之下，对于生产计划当然也没有人去督促，至于对即将来临的浩劫，更没有人去想到它。

× × ×

1940年5月10日，希特勒入侵低地国家和法国，使英国的战斗空军面临着一个难题，这是道丁所早已感到害怕的。在表面上，他拥有53个中队的实力，但是已经有6个中队被派往欧洲大陆作战。所剩余的力量，加上极单薄的预备兵力，照道丁的看法，就仅仅够守住国内的战线。但是在战役开始的3天之内，他又奉命再加派相当于6个中队的兵力到法国去和2个中队到挪威去。5月14日，法国的总理雷诺（Paul Reynaud）又要求再派10个中队。英国的战时内阁已经表示同意，只是由于道丁的要求，在第二天内阁会议席上，他亲自列席报告。他对于内阁的决定作坚强的反对，但是衮衮诸公却并不听他所说的那一套。这个辩论似乎对于他个人很不利，道丁从长台子旁边站起身来，慢慢地走向丘吉尔的座位前面。他手里拿着一张纸片，当时出席的大臣当中有人以为他是要提辞职书了，但是事实上，他放在首相面前的东西却是一张统计图表，上面表示出来，照目前飓风式机的消耗率（平均一天30架）计算，只要6个星期就可以完全消耗完毕。这样道丁才算是放了心，战时内阁决定从此以后不再派战斗机往法国，而改行轰炸鲁尔（Ruhr）工业区，希望能够吸引一部分德国空军来减轻对法国陆军的压力。

在这个决定后还没有过 24 小时，德军在色当突破法军防线的消息又传来了。16 日的上午，英国战时内阁又只好勉强同意再派 4 个中队的战斗机到法国去助战。那一天下午，丘吉尔飞到巴黎与雷诺会晤，从雷诺口中所说的一切也使他感到十分惊慌，于是他又要求他的内阁，赶紧再加派 6 个中队。这就是说把英国留在国内的战斗空军实力又减少到慕尼黑时期的标准。

当英国战时内阁在那天夜间 11 点开会的时候，他们所面临的问题可以说是有史以来的最严重战略决定之一。在那天上午，道丁曾经写了一封信给空军参谋总长内维尔上将（Air Marshal Sir Cyril Newall），把他个人的意见非常清楚地表示出来：

> 假使在国内还能保持着一个相当实力的战斗空军，假使舰队还是原封未动，假使国内防卫兵力已经有了适当的组织足以应付入侵军，那么我们就还可以单独作战下去。虽不一定能维持无限长的时间，但至少可以撑过一个阶段。但是若把本土防卫用的空军，分割使用在法国，以来企图挽救当前的危局，那么法国失败了，英国也就跟着拖垮了。

内维尔那天夜间列席阁议，就强烈支持道丁的意见，并且指出无论如何，事实上法国也没有那样多的机场和地面组织，足以配合另外增加的 10 个英国空军中队作战。他同意调派 6 个中队的飓风机，仍以英国为基地，每天飞往法国助战。不过他却又明白表示："我不相信再加派几个中队的战斗机，就可以使法国转败为胜，但是这对于本国的防务，却是生死存亡的大问题。"

这是一个具有决定性的大辩论，两天之内，情势的急转直下，更证明这种看法的正确。到了 5 月 19 日，德国装甲部队的前卫已经由亚眠直趋阿布维尔（Abbeville），所以战斗空军应留在国内的理由就更充分。那一天，丘吉尔命令："决不再派战斗机中队赴法国。因为必要时，若撤退英国远征军，则必须有强大的空军掩护，德国的轰炸机必然会来干扰部队的上船行动。"

一个星期之后，当撤退开始的时候，战斗空军立即应召作战，但是却已经用尽了它的力量。有许多个中队在支援远征军的时候，已经受了很大的损失，所以道丁并不能使空军的掩护继续不断地维持一定的强度，以击退每一次的敌机进犯。虽然如此，但是多数的德国飞机都是在还没到达滩头之前，就已经拦截住了，而且只有两天攻击最为激烈。假使希特勒的眼睛不是看在巴黎那一方面，而把空军的全部力量都用在敦刻尔克方面，那么他也许可以阻止英军的撤退，至少可以强迫英国的战斗空军只得拼命苦战，而使其本已削弱的实力更益降低。因为，在敦刻尔克附近前后作战 9 天，道丁一共却只有 106 架飞机和 75 个飞行人员。

可是，在法国全部战役中的死伤却使道丁的实力大受影响。在 5 月 10 日到 6 月 20 日之间，英国战斗空军一共损失了 463 架飞机和 284 个驾驶员。在法国崩溃的时候，所有由喷火机和飓风机所组成的中队没有一个实力是充足的，其中有三分之一都是不适于作战的。假使德国空军晓得利用这种有利的情势，那么它就应该趁着英国空军喘息未定的时候，立即加强压力，使它无法回手。但是一直到了 7 月间的第二个星期，德国人才开始攻击海峡中的船只和英国南部的港口，到这个时候英国空军才需要作强烈的对抗。此时，道丁已经又恢复了 51 个中队的作战实力，而且另外还有 8 个中队也即将编训完成，他可以不必动用预备兵力，而把所损失的飞机都完全补充足额，因为英国的战斗机生产已经有了显著的增加。由于危险局势的刺激和比弗布鲁克（Beaverbrook）的督促（比氏自 5 月 17 日起出任新成立的航空生产部的部长），单座战斗机的生产量已经大有增加：5 月间为 325 架，6 月间增到440 架，7 月间增到 490 架。

现在，人的问题就要比机器的问题更为困难。当丘吉尔知道了这个问题的严重性以后，就用非常直率的语气严命空军部长辛克莱（Sir Archibald Sinclair）设法解决这个难题。他这样写着："从你的报告当中，知道你现在已经感到战斗机驾驶员缺乏，这位内阁感到十分地忧烦。……这是空军部第一次没有完成它的任务……比弗布鲁克勋爵对于飞机的供应和修理，曾经作了一个惊人的改进，他把飞机生产部门的一切积弊都完全肃清了。我十分希望你在人事方面也能作同样的贡献，假使有飞机而无人驾驶，那才真是一个悲剧。"

可是这个问题实际上却并不那样容易解决，因为训练学校的名额是有限的，并不能够突然地增加。截至 7 月 7 日这一天，道丁所有的驾驶员，能够有足够训练可以作战的，不过 1243 名，这比要把他所属各中队完全补充足额的人数，还要少 200 人。靠着这少数的驾驶员，再加上那些负担地勤工作的人员（男女都有），大英帝国的命运就完全寄托在他们的身上。

到了 7 月中旬，战斗空军的实力可以说是到达前所未有的强度，但是德国已经征服了整个西欧，使它的地位日益增强，因而使英国空军的负担也更显得加重。不仅是德国空军现在可以集中全力来对付英伦三岛，而且由邻近海峡和北海地区的基地起飞，德国的轰炸机可以在单引擎的战斗机掩护之下，遍炸英国的东南部各地。更严重的是，这个地区不仅宽广而且更纵深。从挪威和布列塔尼（Brittany）的机场起飞，德国可以袭击到英国的西南部和东北部，而绕过现有的防空体系——仅自索伦特（Solent）到福斯（Forth）为止。

早在2月间，道丁就要求扩展通信网和技术设备，使自布里斯托尔海峡（Bristol Channel）起直到斯卡帕湾（Scapa Flow）止的全部海岸线，都在保护的范围之内，但是一直到5月8日他的计划才获得了批准，而一直到敦刻尔克撤退之后，实际上还等于没有着手工作。于是现在才开始赶紧建立新的雷达站、观测哨、控制站和通信网等，因为没有这些设备，战斗机就无法作有效的运用。在6月一个月和7月上半月当中，工程队不分昼夜地努力，以来完成这个扩充计划。本来在索伦特以西的海军基地和港口都没有太好的保护，但是因为希特勒迟迟不发的原因，每过一个星期，它们的防务也就充实了一部分。

这几个星期的喘息期，对于空军而言，其价值真是无法估计。它不仅使战斗空军有了机会可以恢复它的实力和扩充地面设备，而且还把在法国战役中所发觉的某些技术弱点，也都设法改进了。在飓风式和喷火式飞机上面，配上了定速的螺旋桨，使它的性能更为优越；加上了后补油箱和较强的装甲，使它的强度更为增加；改良了高频率的无线电设备，使通信的方法更为便利。虽然只有喷火式在高空作战时可以和最近型式的梅塞施密特109相提并论，但是有了这样的改进之后，却有相当的理由足以希望，战斗空军凭着全盘的素质优势，也许可以与德国空军打一个平手。

可是战局的发展却是非常的迟缓。加兰德将军（Gen. Adolf Galland），当时是德国空军中的一个少校，在那个夏天里充任德国某一个战斗大队的队长，不久就升任了德国战斗空军的总司令。他在战后受联军方面审讯的时候，曾经这样说过："德国在战场上的指挥官对于轰炸机的损失，十分舍不得，所以最初只专派战斗机到英国去挑战。可是英国的战斗空军却置之不理。于是他们就必须进一步设法来诱敌出战……因此他们使用 8 架到 12 架的轰炸机，作为香饵，而用大批的战斗机去作掩护。这些轰炸机攻击船只以及英国南部的其他目标。"

可是英国空军早就明了了他们的诡计。德国空军的真正目的并不是为了要袭击船只，而只是为了引诱英国空军，进入对于攻方有利的地区，去与敌军交战。在海峡上空交战，雷达就不一定能够指示英国战斗机飞到有利的作战高度；同时也不能利用地面上的高射炮火，以来击散敌机的编队；此外，若是飞机被击伤，或是驾驶员跳伞降落，获得安全的机会就更小。所以道丁决定，除了在有利的环境之中，使他的驾驶员可以充分利用一切的技术设备的情形以外；应使英国弱小的力量尽量避免与大批的德国飞机交战。

所以，在 7 月中旬，英国海军部规定，除了小型的沿海船只以外，其他船只一律不得驶入海峡地区。到了月底，又规定除了船上已经装有系留气球，足以防御俯冲轰炸机的攻击者以外，其余一切船只都不准进入这个地带。德国人为了逼迫英国空军起而应战，就只好另寻其他的目标，于是注意力转到了多佛尔的头上。7 月 27 日，在一次奇袭之下，德军曾出动 120 架飞机，炸沉了 1 艘英国驱逐舰，另外还伤了 2 艘。同一天，德国飞机又在萨福克（Suffolk）的沿岸炸沉了另外 1 艘驱逐舰。英国海军部所采取的对策还是撤退目标。他们放弃了多佛尔，不再把它当作一个抵抗入侵的驱逐舰基地，于是战斗空军暂时似乎又减轻了一个负担。不过，这也就是说，今后的海峡防务更要多靠着空军的力量。

差不多有一个多月，这种断断续续的序战，使德军并不能获得一个满意的战果。到 8 月 12 日为止，德军一共牺牲了 296 架飞机，重伤了 135 架飞机，才一共炸沉了 18 艘小型的轮船和 4 艘驱逐舰，击落了 148 架英国的战斗机。另外，这个序战对于英国空军而言，是对战斗空军的防御武器作了最后锻炼。在 7 月中旬，他们的实力和经验都大有进步。一个月来在飞机方面的损失，只要工厂里一个星期的产量，就可以完全补充起来。在 8 月初，驾驶人员的总数已经到达 1434 人的最高峰，此时道丁一共有第一线兵力 55 个中队，另外还有 6 个中队在训练之中。而最重要的，却是在天天的试验当中，使各种设备、技术和战术都日有改进，但是却并没有使实力受到过分的影响。

经验固然足以产生新的信心，不过就整个的防御而言，却还没有经过大规模空袭和直接向防御组织攻击的严格考验。战斗空军所天天忧虑的问题，就是德国空军会转而攻击那些雷达站，那是一些极易发现的目标。它是一个钢架巨怪，高达 360 英尺 ①，正和拿破仑时代的烽火台一样威风。

×　×　×

8 月 12 日，戈林开始发动那一种为英国空军所最害怕的攻击

_____

① 1 英尺 =0.3048 米。——编者注

方式。他的轰炸机在多佛尔与怀特岛之间，一共炸中了 5 个雷达站，全部都受到相当的损毁，只有 1 处完全被炸毁。在同一天之内，肯特（Kent）地区中的 3 个前进机场也受到严重的攻击，接着对泰晤士（Thames）河口、朴次茅斯（Portsmouth）和多佛尔3 处，又发动了 3 个分别的大空袭，其目的是要分散扰乱英方的防御力量。道丁司令部当然不知道这就是戈林"鹰日"的前奏曲，这个攻势由于恶劣天气的阻碍，曾经一再延期，现在才决定改在13 日发动攻势。这一次，英国人完全认清了德国空军的力量，那4 个被毁的雷达站，正在漏夜赶修之中，因为它们正保护着到达伦敦的最近航线。

在 8 月 13 日拂晓以前，雷达网已经完全修复，而且马上就可以显出它们的功效。清晨 5 点 30 分，两大编队的德国空军已在亚眠的上空会合，在 110 英里的距离以外，即已经为雷达所发现。几分钟之后，又发现了另外 2 个大编队，一个在迪耶普（Dieppe）附近，另一个在瑟堡以北。德机的一切行动都已在监视之中，防卫英国东南部的战斗机中队也都纷纷升空，到达有利的地位。到了 6点 30 分的时候，已经有了 10 个中队在空中巡逻，而来袭的敌机才只是刚刚到达海岸线。这是第一次，德国空军开始同时分别向两个距离很远的海岸地区起袭——泰晤士河口和索伦特。但是英国战斗空军的截击技术却经得起这种考验，德军的每一个编队都被逐回。

这一整天里，对于南部各港口又有另外 3 次的大空袭，而对于各机场也都有一连串的攻击。德国人希望在地面上把英国的战斗空军击毁，但是他们的情报却完全错误。他们所选定的目标一共有 11 个机场，其中却只有一个是战斗机使用的，但是这个他们又偏偏放过了。不过，德国人却相信他们已经获得了相当的成功，哈尔德在他的日记上面，曾经节录了空军方面的报告，它说："结果很好……有 8 个主要空军基地全被炸毁……敌我损失之比为3∶1。"事实上，戈林的飞行人员完全是乱吹，因为在那一天当中，德国空军一共出动了 1485 架次轰炸机和战斗机，结果德机损失了47 架，而英机只损失了 13 架。

假使不是戈林在最后一分钟，因为接到了气候不佳的报告，而又临时下令延期的话，那么德国人的攻击规模也许还会更大些。他的命令，有些单位如期接到了，但是有的却在已经升空出发之后才接到。结果，在清早出击的两个大编队的轰炸机群，都没有战斗机掩护，所以损失极为惨重。因为这一次攻击引起了相当的紊乱，所以戈林必须重新将他的部队整理一下，到了 8 月 15 日，才有力量发动新的大攻势。

他的计划是使用 4 次连续的攻击，每次用 200 多架飞机来炸平英国东南部的战斗机防线；另外以挪威为基地，绕过英国的防线，向英国东北面海岸作强大的空袭。戈林以为这个地区是没有太强的防御力量，因为他的情报告诉他，已经有许多个数的中队都调到南部，去保卫伦敦了。这种估计的错误使德军损失了 24 架轰炸机，1 架战斗机，而英国空军则一无损失。此后德国空军就再没有用挪威作基地了。在南部，8 月 15 日这一天有一整天的苦战。对于德军的 4 次攻击，有两次完全被拦截，而另外两次则否，到了黄昏的时候，德机一直深入，甚至于远达克罗伊登（Croydon）地区。有 5 个机场和 4 个航空工厂都被击中，此外英军还损失了34 架战斗机，但是德军也付出了极高的代价。这是德国空军所受到的第一次严重损失，一共 76 架飞机。

英国空军之所以能够对付这种广泛而连续的空袭，主要的原因就是因为有了雷达。可是在这一天，戈林却在一个特别训令中宣称："继续攻击雷达站，是否有意义似乎很成疑问，因为在所有攻击当中，它们并没有一个完全被击毁。"

这是戈林的第一个大错，因为德国空军并不能了解雷达对于英国拦截体系的极端重要性。在大战爆发之前，德国人即已发现了英国沿海的雷达站防线，但是他们对于英国装备的灵敏度和精确度，却没有加以重视。他们自己的试验，尤其是在占领捷克的时候，似乎很少有成就。德国科学家一向自认他们是天下无双，所以当然不肯相信英国人会跑过他们的前面。但是他们的成绩，比起英国人的确还很幼稚，在试验的时候也不能得到戈林的青睐，因此也没有特别的拨款供继续研究之用。

在战争爆发的时候，德国空军也使用另外一种形式的雷达装备来保护德国北部的海军基地，但是戈林所特别感兴趣的，却是雷达对于攻势作战的应用，这一方面却毫无发展。此外，德国科学家也没有制成任何种类的高频无线电电话机，足以适合战斗机的使用。1939 年，英国空军在地面对空中控制体系方面，已经可以有高度的效率，但是德国空军一直等到两年之后，才到达这个同样的标准！在 1940 年的时候，它在科学知识和装备两方面，都是处于落伍的地位。

一直等到不列颠之战开始了之后，德国人才发现了他们自己的弱点。7 月间，加兰德曾经说过："我们明知英国的战斗机群，是由地面上用一种新的技术来加以控制的，因为我们可以听见敌人很巧妙而精确地命令喷火式和飓风式机去迎击德国的机群。我们那个时候还不懂用无线电控制战斗机的方法……当然也不明了英国人的秘密。所以，德国人在作战的时候，都是先依照一定的战斗计划，将每一个编队飞往预定的地方，以后就完全靠他们自己的观察和主动来攻击敌人……这种计划总是要用许多办法来迷惑英国的战斗机指挥部，而希望在混乱中，获得几次成功的机会。"

可是无论德军如何施弄狡计，地面上的雷达和侦测人员都还是可以看得很清楚，将它们的活动详细记在地图上面，而用无线电通知在空中的战斗机。所以这是机会和力量对科学和技巧的战争。虽然德国的飞行人员没有英国人那样的热心，但是却并不缺乏勇气；可是当他们自知好像是盲人、瞎马一样乱撞时，他们的信心就不免大为降低。

在这种环境之下，戈林的唯一办法就是想凭着数量上的优势，来击毁英国的战斗空军。在 8 月 15 日所下的一道命令上面，他说："作战的目标将绝对以敌方的空军为限，包括航空工业在内……其他的目标暂时都予以放弃。"同时，他又下命，规定每一个俯冲轰炸中队，应由 3 个战斗中队担任掩护，但是虽然如此还是并不能够减少它们的损失。8 月 18 日，德军曾向英军机场发动 3 次大规模的空袭，一共损失了 71 架飞机，其中 37 架是轰炸机，这个结果使戈林吃了一惊，他决定把他所剩余的 300 架斯图卡完全撤出战争以外。换言之，由于喷火式和飓风式的截击，已经可以使德国全部轰炸机的四分之一不敢升空作战了。

一连 5 天的恶劣天气使空战暂时停顿，到了 8 月 24 日，在戈林的新指示之下，德国空军又继续出击。这个指示是说："我们的第一个目标就是击毁敌人的全部战斗机。假使它们不升空应战，我们就应该在地面上把它们炸毁，或是轰炸一些在我方战斗机航程以内的目标，以来引诱敌军出击。"他又认为事先应有详细的计划，他说："与英国作战，若无周密的计划，只不过徒然增加损失而已。"戈林对于他们的损失惨重，很感关心；虽然陆军总司令部极希望晓得空战的成绩究竟有多大，可是戈林却不愿意将真相告诉他们。在 8 月 8 日到 26 日之间，根据德国空军的档案，一共是损失了 602 架飞机，可是空军参谋本部却告诉哈尔德只损失了 353 架。在此期间内，英国空军的确损失了 295 架飞机，但是戈林却宣称已经有了 791 架之多。以这个数字为根据，戈林认为他已经把英国战斗空军的实力削减了一半，而事实上英国的实力和战志却正在继续增高之中。所以他又下命令说："现在只要用一半的战斗机去掩护我们的轰炸机，另外的战斗机就可以作自由的奇袭，以间接的方式来保护轰炸机，而且同时可以趁着有利的机会来搜捕敌人的战斗机。"

德国的战术改变使英国方面很吃亏。一个由 10 架或 12 架战斗机所组成的中队，要和 20 架到 40 架密集编队的轰炸机，外加上 100 多架的掩护战斗机作战，当然是有寡不敌众之感。由于德国人集中兵力，所以常常突破了英国的拦截网，而得到较多的战果。在此后的两个星期当中，一共有 33 次大规模的空袭，其中又有 23 次是集中在真正的神经中枢上面——战斗机的基地和地面第 11 联队（No11 Group）的指挥中心，这个联队负责防卫伦敦和英国的东南部。

根据当时该联队的队长派克（K. R. Park）中将所报告的："敌人的日间轰炸对于五六个前进飞机库和六七个指挥站都曾构成严重的损失……直到 9 月 5 日为止，这种损失对战斗效率上都很有影响……此外通信设备被炸毁，有许多地面组织失了联络，也使指挥作战时极感困难。"

这 3 天内，英国的损失已经与德国一样重，截至 9 月 6 日，从统计表上就可以看出来英国方面所占的优势，在这 14 天以来是越来越少了。德国一共损失了 378 架飞机，而英国则为 277 架。这种严重的死伤把飓风式和喷火式的预备兵力已经减到了前所未有的最低点。把损失补充起来之后，库存的飞机就只剩下 125 架。这两个星期的损失已经超过了生产和修理的能力。

不过，更使人感到焦急的，还是驾驶员的问题，道丁在以后的报告上曾经说过："从 9 月初起，死伤的数字就逐渐增加。其严重的程度使一个新的中队，在整编轮换的中队还没有准备好之前，就已经打垮了。战斗机驾驶员的产量再也补不足缺额。"

海军航空队、轰炸队和海岸防守队等单位中的驾驶员，都纷纷转移到战斗空军方面去，加以短期训练之后，即开始作战。驾驶员的最后训练期，由一个月减到两个星期，但是虽然如此，一个星期还只能训练出来 60 个人，而在此紧张阶段内，战斗空军的损失却要超过此数之一倍。7 月底，全部战斗机驾驶员的总数为 1434 人，一个月以后，却减到了 1023 人。到了 9 月 6 日，已经没有新的中队足以调换疲兵久战的单位，而从海峡那一面的情形判断，则这个战争却还并没有到达它的最高潮。

× × ×

到了 9 月的第一个星期，虽然战斗空军是已经精疲力尽，但是整个英国在这个阶段当中，却已有不少的收获：最主要的是时间，在这个时间当中，英国已经建立了一支新的陆军，足以有抵抗入侵的充分信心。现在保护危险地区和英国南部的陆军，已经

有了 16 个师，武器虽然并非完全充足，但是却已经够用。最缺乏
的武器为战防炮，但是装甲车辆却已不感缺乏。自从敦刻尔克之
役以后，工厂里已经出产了 350 辆坦克，所以英国本土防卫的陆
军已经一共有了 800 辆以上的坦克实力。（注：从哈德尔日记上
得知，德国在登陆的最初期，并没有能力将大批的坦克运到英国
使用）

英国军事力量的复活使希特勒的问题更为复杂，因为除非空
军能够把英国的海军完全赶出海峡地区以外，否则他就无法运送
一支相当强大的陆军在英国海岸上登陆，以击败英国的新陆军。
不过戈林却向希特勒提出保证说可以办到，因为戈林认为英国的
空军是已经差不多就要打垮了，所以，登陆的计划就已经在积极
准备之中。希特勒并且告诉齐亚诺，他已经拒绝了瑞典国王的调
停建议。

入侵的计划一切都准备好了，只等待空军的最后胜利，就开
始动手。海军方面认为必须在狭窄正面登陆的意见，最后也终为
希特勒所接受。伦德施泰特集团军是领头进攻的部队，其作战的
计划也已经拟就，其大致内容如下：

> 陆军的任务就是与海空军合作，使强大兵力能够在
> 英国南部登陆，击败英方守军，并占领伦敦。若是有机
> 会也可以占领英国其他的地区。A 集团军共辖第 16 军
> 团[1]、第 9 军团，负责执行陆军的任务。

---

[1] 本书中的"军团"一词，对应的英文为"Army"，目前通常译为"集团
军"。——编者注

A 集团军的任务，首先是要占领在福克斯通与沃辛（Worthing）之间的英国南部海岸线，并建立一个宽广连接的桥头阵地，其纵深为 20 公里到 30 公里。

在增援部队到达之后，该集团军即应发动坚决的攻势，占领由泰晤士河口，经伦敦以南的高地，以达朴次茅斯之线（第一号战略目标）。机动部队应向伦敦西面挺进，首先切断英国首都在南面与西面的联络线，然后再继续攻击，一直到达伦敦东北的马尔登（Maldon）到塞文河口（Severn Estuary）之线（第 2 号战略目标）。

第 16 军团的任务，是自鹿特丹（Rotterdam）以达加来之线为起点，向福克斯通地区［包括圣伦纳兹（St. Leonards）在内］登陆。并沿坎特伯雷（Canterbury）之线建立一个宽广的滩头阵地。

第 9 军团的任务，是以布洛涅到勒阿弗尔（Boulogne–Le Havre）之线为起点，与第 16 军同时出发，以占领贝克斯希尔（Bexhill）到沃辛之间的英国海岸。然后与第 16 军团的行动相配合，一直向西推进。

估计至少要在登陆后一个星期，才能够到达第一号战略目标……若是环境突然变得有利的话，我方的高度机动化兵力，自然就会和以前各次战役一样，自动去适应新的有利环境。

在以上这个作战命令当中，可以说是一切都已经有了明确的规定，除了最后一句最重要的话以外：

第一次登陆的日期——S 日（S-Tag）——还没有决定。

这个日期的决定，基于两个互相关联的因素，而又不是德国陆军所能够控制的：（一）空军的胜利，（二）海军的准备工作完成——它是早已迟过了规定的限期。自从 8 月中旬起，已经改装好了的驳船，都分别集中在马斯河（Maas）和斯海尔德河（Sheldt）的河口里面。9 月 1 日，入侵船团的主体开始由德国北部的各港口，开往鹿特丹到勒阿弗尔（Le Havre）之间的各港口，准备搭载部队，但是却已经很明显地赶不上原定的 9 月 15 日。根据 8 月 30 日的德国海军部日记，上面的记载是说："在沿海岸的海路上，使用拖船或汽船，事实上都很少有可能性，因为空中的威胁并未解除，而敌人的海军也可以加以截击（德国空军并不能消灭英军的海军）。"它又说扫雷和布雷的工作也都没有如期完成。此外它又补充说："只有空战发展能够顺利，运输工具才可能在 9 月 15 日以前完成集中的工作，因此登陆船团出海之期，最早应定在 9 月 20 日。"

照理说，时间还很充裕，因为雷德尔本身也曾经说过，最有利的潮汐和月光条件，都是集中在 9 月 19 日到 26 日这个时间段里面。所以，在 9 月 3 日那一天，希特勒就暂时把登陆发动的日期定为 9 月 21 日。希特勒既已决定攻英，但是雷德尔却还没有完全赞同他的意见；不过他的信心却已经比以前大有进步。9 月 6 日，他向希特勒提出报告说："假使空中优势能够继续日益加强，那么就可能到达这个新的死线。渡海工作本身固然是非常困难；陆军每一个师都不可能希望全体到达彼岸。不过假使空中优势、气候等条件都有利的话，则'海狮'计划的执行是可能会成功的。"

在雷德尔提出这个报告的同一天，德国空军也几乎在海峡上空，已经建立起来了前所未有的空中优势。激烈的空战和相当的地面损失，在过去 4 个星期当中已经把英国战斗空军的实力用到最大限度。现有的 1000 个驾驶员当中，只有 814 人是训练优良、可以作战的。假使德国空军今后的攻势，还是保持这几个星期一样的激烈程度，而且继续倾全力来攻击飞机场和指挥系统，那么英国人还能够支持多久，就会很成问题了。

到了这个阶段，忽然又有一个新的因素参加进来，足以影响战争的进行方向。在 8 月 24 日到 25 日之间的夜里，第一颗炸弹落在伦敦的中区。第 2 天丘吉尔命令立即对德国首都采取同样的报复行为。那一天晚上，105 架英国飞机飞到柏林去投弹。希特勒马上也要求再报复英国人，并且用歇斯底里的口气在广播中说道："假使他们攻击我们的城市，我们就会把他们的城市在地图上面都全部擦掉。我们双方之间拼倒一个的时间快要到了，可是那却绝不是纳粹德国。"

戈林对于希特勒的要求，马上表示热烈的反应，因为他相信英国的空军是已经够弱了，现在可以向伦敦发动大规模的日间轰炸。9 月 3 日在海牙（Hague），戈林和他的两员大将，凯塞林（Kesselring）与施佩勒（Sperrle），曾经开过一个极重要的会议。戈林宣布：对伦敦的空中攻击应自 9 月 7 日开始，并且夜以继日地不停进行，一直使英国空军在空战中完全被击毁，而英国人民的抵抗意志也已经崩溃的时候才停止。施佩勒则主张仍然继续攻击飞机场，并且坚持着说：英国还保有 1000 架可用的战斗机。但是凯塞林则认为英国的空军实力已经接近于零，最近只是因为天气恶劣的原因，才会使德国轰炸机达不到它们的目标。德国空军情报处长施密德（Schmid）也认为英国战斗机的"绝对最高数字"只有350架（事实上是650架）。戈林于是终结了这场辩论，认为英国战斗机之所以尚有少数余留，未被消灭的原因，是因为他们已经把机场撤退到德国单引擎战斗机的航程以外去了。所以他坚决主张对于伦敦实行日间攻击，以为这就可以强迫英国人必须把喷火式和飓风式的最后预备兵力也完全用光。

9月7日，星期六的下午，伦敦之战才开始展开序幕。戈林尽其所有调集了大批的飞机，一共是372架轰炸机和642架战斗机，分两次连续向伦敦作集中的攻击。道丁早料到在伦敦上空一定会有一场猛烈的苦战，所以预先已经把侧翼的兵力抽调来增援第11联队，而派克对于战术方面也已经发布了新的指示。他觉得他的中队在过去，是巡逻得太高，而拦截得太慢。所以他们常常只是与高空飞行的德国掩护战斗群，互相纠缠苦战，反而让敌人的轰炸机安全接近了目标，而没有强大的兵力足以拦截住它们。因此派克的新战术命令就是只用少数的喷火式机中队去对付敌人的高度掩护兵力，而所有的飓风式机则集中全力来攻击敌人的轰炸机。此外只要情况许可，各中队应尽量双双作战……并应以最大的兵力，在海岸与基地之间的地区，拦截敌方的主力。

在9月7日这一天，这个新战术是相当成功的。战斗一直延续了两个小时之久，共有23个战斗中队升空应战，其中21个都拦截住敌机。不过敌方的攻击是如此的猛烈而漫长，所以要经常加以防御，颇为困难。当第二波敌机到达的时候，那些与第一波已经交战多时的英方战斗机都需要下来加油了，所以大部分的敌人轰炸机还是进入了伦敦的市区，仅仅是在回程的时候才再受到拦截。伦敦的东区（East End）受害最重。沿江两岸数英里的距离，船坞码头都纷纷着火燃烧，火光冲天，而成为夜间 255 架德机夜袭的良好目标。

在这一次日间大空袭之前几个小时，英国的参谋本部，根据侦察的结果和秘密情报，判定希特勒已经完成了渡海攻英的一切准备，随时都可以动手。对于伦敦的直接攻击更加强了这种印象，所以在晚上 8 点的时候，英国防卫总司令部即向东部和南部防卫司令部发出"克伦威尔"（Cromwell）的秘密讯号——意即入侵之期快到了。那一天夜间，当敌人的轰炸机在他们头上嗡嗡作声、飞向伦敦的时候，地面上的防守者，却怀着一颗冷静沉着的决心，在那里枕戈待旦。有些地区，因为教堂的钟声，引起一场虚惊，使民团们都纷纷赶来集合。而谣言则传播得更远更快，说敌人的伞兵已经降落，敌人的船团已经在海上了。

可是到了第二天，9 月 8 日，星期天，海峡方面还是毫无动静，虽然浮在伦敦上空的烟柱，在海上老远的地方都可以望见，但是日闻轰炸机却并没有重来。德国的损失并不算太重（24 架战斗机，14 架轰炸机），但是他们对于英国战斗机的实力和战术，却很有无可奈何的感想。那一天，英国空军一共出动了 817 架次，但是一共只损失了 28 架飞机。夜间轰炸机虽然还是继续轰炸伦敦，但是"海狮"作战所最需要的空中优势，却只有在日间的空战中才可以赢得。

9 月 9 日，戈林又在日间对伦敦和英国战斗空战作了另外一次重大打击。这一次，英国人的战术就更成功。差不多有一半的轰炸机编队都被逐回，其余的也被战斗机和高射炮打得四分五散，只能在零星地投弹之后就仓皇逃走。德军把攻击的重点由飞机场改为伦敦，这是战争中的一个转折点：因为德国战略的改变，才使英国的战斗空军有机会恢复了他们的实力和效率。

这是戈林的第二个大错误。它对于"海狮"作战的影响更是立刻就显了出来。9月10日，希特勒在那一天本应作他的最后决定，可是他只好又延期3天，但是在这个等待期中，情况反而变得更坏，不仅是在空中，而且是在海上。因为自从"克伦威尔"讯号发出了以后，英国的海军和轰炸空军也就开始加强执行他们的反入侵对抗战略。9月12日，德国西方海军军区司令部从巴黎向柏林提出报告说：

> 敌方空军、长射程炮兵和轻型海军的干扰，这是第一次，发生了重要的意义。奥斯坦德、敦刻尔克、加来、布洛涅等港口都不可以再供船只停泊过夜之用，因为时常会感受到英国炮弹和炸药的威胁。英国的舰队现在几乎可以完全自由地在海峡中活动。
>
> 由于以上所列举的困难，登陆船只的集中势必有所迟延。

当雷德尔在9月14日将这些事实向希特勒报告的时候，希特勒也同意他的看法，认为"'海狮'作战只能当作一个最后的手段，因为所必要的空中优势到现在还是没有能够得到"。不过，这位"元首"却执迷不悟地说："空中攻击是已经有了很大的效力，若是天气能够更好，那么它的效力还可以更大。"他相信若是在继续空中攻击之后，再加上迫在眉睫的登陆压力，英国人的抵抗就会随之而崩溃的。根据哈德尔的记载，希特勒曾经说过："有四五天以上的好天气，就可以获得一个具有决定性的成果……我们有相当的好机会，足以强迫英国屈膝……即使在 10 天或者 12 天之内，空战还不能够胜利结束，但是英国的士气也会支持不住，而终于非投降不可。"所以希特勒决定不取消这个渡海攻英的计划，而改将 9 月 27 日当作新的目标日期。陆军总司令布劳希奇也支持这个决定，据哈德尔说，他曾经建议陆军可以不必去考虑海军方面所选定的日期，假使空军方面还不能够建立空中优势的时候，那么陆军可以使用烟幕的掩护，去单独完成登陆的任务。最后，大家同意，延期 3 天再作决定；在这期间，空军应再作进一步的努力，以企图在伦敦的空战中，将英国空军完全击败。

9 月 15 日，又是一个星期天，戈林使用了在全盘战役中最强大的掩护兵力——1 架轰炸机配 5 架战斗机——其目的是希望一举击毁英国的防御力量。为了使他们能够谨慎地集结在一起，所以增加了不少的麻烦，结果只是徒然使英国的雷达站能够提早获得警告。所以派克能够有充分的时间，去将他的中队组成大的编队，并且从侧翼的地区调集增援的兵力。对于这一场战斗而言，这是一个具有决定性的因素。这场战斗的地区从伦敦以遍及英国的东南部，时间在中午约一小时后。当德国飞机一跨上海岸之后，立即受到英机的拦截，虽然众寡之势差得很远，可是激烈的空战马上就展开了。戈林的编队被攻破，各个飞机分别逃回。在下午又有一次大空战，结果还是英国的战斗空军占了上风。

这是对于英国防御体系的最后考验。那一天和后一天的夜间，在海峡港口地区的德军同时也尝到英国空军攻势力量的滋味。到了 17 日的上午，准备登陆使用的船只，差不多有 12% 已被炸毁；而德国海军当局认为，假使希特勒命令其余的船只出海，那么他们对于那些船只的命运，也不敢存什么幻想。希特勒的最后决定，也就是在那一天下午宣布，从德国海军参谋本部的日记上，可以知道它的内容是这样的：

"我们仍然没有方法把敌人的空军击败；相反地，它却比以前更为活跃。气候的条件，就整个情形来说，也不许可我们能够希望有一个风平浪静的时期。所以元首决定将'海狮作战计划'予以无限期地搁置。"

两天之后，在9月19日那一天，希特勒命令将大批准备登陆时使用的舰队疏散到比较安全的地区，甚至对于不列颠的海岸，也不准备再加以突袭了。

×　　×　　×

对于伦敦的空中攻击，又继续了6个星期之久，但是在9月底以后，就几乎全是使用高空飞行的战斗轰炸机了。戈林之所以坚持还要打下去的理由，已经不是为了想要成功，而只是恼羞成怒的缘故；因为9月15日那一天就已经判定了德国空军是早已失败。在那一天，英国人说他们一共打了敌机185架，不过事实上德国人只损失了56架，可是，这56架当中，有34架都是轰炸机，这却是一个很有重要性的事实。戈林曾经调派了679架战斗机，去保护123架轰炸机，相当于5∶1的比例，但是轰炸机还是有三分之一被击落。这个惊人的损失，最后也使戈林认清了，他无法消灭英国的战斗空军，也无力在白天里掩护足够数量的轰炸机来打击英国的经济和士气。这就是9月15日一战的真正教训，而它也就决定了战局的前途。

为什么这个教训会这样的沉痛，主要的原因是戈林强迫他的驾驶员，采取一种错误的战术。在战役开始的时候，他所采用的是疏开的战斗机编队，并且使用自由的巡逻方式，直到9月初为止，这个战术几乎使他获得了胜利。可是，以后当他的轰炸机损失数字逐渐加重的时候，他就慌张地改变了战术，命令战斗机作密集的掩护。当攻击重点移到了伦敦以后，他命令更严格地遵守他这种新战术，其严格的程度已经是太不合理。加兰德说："我们只准随着那又慢又笨的轰炸机群，水平地向前直飞，除非受到了攻击，否则不得向英国战斗机挑战。由于有了这种命令，我们在奇袭、主动性、高度、速度等方面，都被强迫着无法和喷火式与飓风式相抗衡。更重要的还是使我们丧失了战斗精神和攻击意志，这是所有战斗机中队要想战胜的最基本条件。"

据说加兰德曾经向戈林提出过抗议，戈林问他说："好吧，少校，你喜欢用哪一种战斗机呢？"

他回答说："大元帅，给我一个中队的喷火式好了。"

这件事情成为德国空军中的历史故事，但是用来解释德国人失败的理由，则未免过于简单。喷火式飞机只不过是一个因素而已，而且还不是最重要的因素；这次英国的胜利是具有许多不同的因素，它们密切地配合在一起，所以很难以分出它们彼此间的高下，以及相互的关系：奋不顾身的驾驶人员、雷达和战斗机的控制体系、科学家和设计家的智慧、道丁的远见和决心、丘吉尔的领导，以及英国人民的坚毅精神。

另外，德国人失败的原因，也是因为他们本身具有严重的内在弱点。德国空军的基本战略理论认为，在第一次将地面设备完全炸毁之后，敌人的空军就会丧失了作用。从此对于敌人的城市和军队就可以任意在白天里施以轰炸。

和一个具有高度组织与科学指挥的强敌，在空战中分高下，这是德国空军所最不拿手的事情。他们缺乏第一流的战斗机，也没有优秀的技术装备足以发挥他们的最大效力，同时生产量也不够补充严重的损失。在白天被击败之后，他们对于夜间轰炸就使不出全力来，因为他们在技术设备和人员的训练两方面都感到不够。

就飞机的性能方面来说，德国空军最大的弱点，是他们轰炸机火力太弱，而且易于被击伤；至于单引擎战斗机则航程又太短。在 1944 年到 1945 年之间，美国人在德国上空所使用的日间编队，大致是轰炸机与战斗机各半；但是在不列颠之战的末期，戈林所使用的比例却是 4∶1 或 5∶1。可是虽然如此，在 9 月 15 日那一天，英国战斗机在实际上，却还是占着数量上的优势，其原因就是雷达能够老早就发出警报、而无线电又可以作精确指挥，假使德国人也有了相似的科学工具，那么他们对数量上的优势就一定可以作更好的利用，也就不至于被迫放弃他们的主动。因为一定要等到德国战斗机看见了敌人之后，才会晓得英国飞机是在做些什么，所以戈林才会命令他们，集中全力去保护轰炸机，而不让他们去作攻势的巡逻——可是这却是在空战中获得优势的唯一方法。

在全部战术中，对于德军作战的主要限制，就是单引擎战斗机的痛感缺乏。德国空军甚至于无法维持它的第一线兵力，战争继续发展之后，情况就更每况愈下。它自己的记录就足以说明这种颓势：

单引擎战斗机的数量

	第一线兵力	全部可用的兵力
8 月 10 日	1085	933

续　表

	第一线兵力	全部可用的兵力
9 月 7 日	958	761
9 月 28 日	957	741
10 月 19 日	945	711

　　这种颓势形成的原因之一，是德国的航空工业，在开战后的最初 12 个月当中，没有增加战斗机生产的缘故。1939 年 9 月的产量为每月 200 架，一年之后，平均产量都还是没有提高，因为戈林让轰炸机占了优先。在 7 月 10 日到 9 月 30 日之间，德国战斗机的全部产量没有超过 600 架，但是他们在战斗中的损失就已经达到了 623 架。

1940 年英德两国的飞机生产比较表

	英国	德国
轰炸机	3710	3954
战斗机	4283	2424
各种军用机	9924	8070

　　所以相反地，英国在作战上，却从来没有太感到战斗机的缺乏。以 1939 年 9 月为起点，当时飓风式和喷火式的产量，总数每月不过 93 架；到了 1940 年 1 月，就增加到 157 架；4 月又增到 255 架；5 月又增到 325 架；6 月又增到 440 架；7 月间最高增到 490 架。即使以后的 3 个月当中，英国的飞机制造工厂，一直不断处于敌火威胁之下，但是每一个月的产量却还没有跌到 460 架的

标准以下。

　　道丁的最大难题就是他的地面组织的被破坏和驾驶员的缺乏，不过当戈林把他的攻势重心由飞机场移到伦敦方面去了之后，这个危机也就随之而过去。在 9 月以后的日子当中，战争情势的发展对于英国空军更日益有利。在 9 月 7 日到 30 日之间，德机被毁者的总数为 435 架，而英国人所花的成本却只有 164 架。到了这个月底，登陆的危险已成过去，严重的日间空袭也已经被放弃，再来计算双方的损失：从 7 月 10 日的序战算起，德国一共损失了飞机 1408 架，而所击落的英国战斗机则只有 697 架而已。这个数字就可以用来测量英国胜利的程度，而且内在的原因是：英国空军远在大战尚未爆发之前，就已经在作不列颠之战的准备，但是德国人却事先并没有这样的准备。

　　1917 年，为了建立一个独立的空军，有一个以南非联邦首相史末资将军（Gen. Jan Smuts）为主席的小组委员会，曾经提出了一个报告，在那个报告上面有一句警语是很值得回忆的。史末资委员会说："我们不仅需要获得空中的优势，而且还需要获得大规模的优势；而在这一次战争中获得了之后，我们就要不惜一切的努力和牺牲，以求在将来永远保持这种优势。在长远的途径上，对于帝国的防务而言，空中优势可能会变成一个和海上优势具有同等重要性的因素。"

　　这个预言在这次不列颠之战总算是灵验了。德国空军的失败使海狮计划终成泡影，使德国开始走上衰颓的道路，最后逼得希特勒移师东指。甚至于在尚未交手之前，丘吉尔就已经预料到了它的结果。在敦刻尔克之役以后的 5 天之内，丘吉尔发了一份电报给史末资说："我现可以准确预料得到的，就是希特勒一定要对英国发动攻势，结果却是把他的空军打垮为止。"3 个星期以后，丘吉尔又另外发了一份电报给他那个伟大的朋友："假使希特勒在这里无法将我们击败，他就可能会转头来向东发展。实际上，他可能不作侵英的尝试，而就改变方向了。"

第三章 | 胜利者的苦闷

1940 年 7 月 31 日，丘吉尔电告罗斯福说："若是我们再能够支持三四个月的话，那么我就会开始对于战争的前途感到很有希望了。空军方面守得很好。我们已经给予那个人以重大的打击……但是由于空中攻击的原因，驱逐舰的损失可能会日趋严重，足以影响到英国的粮食问题和大西洋上的海运。"在这一个电报里面，丘吉尔又重复提出他 5 月间曾向罗斯福所作的一个要求，他说："我深信你一定肯鼎力帮忙，将你们最旧式的驱逐舰五六十艘，立即设法送给我们使用。"几个星期之内，这个要求就变成了事实。英美之间签订了一个协定，美国把 50 艘逾龄的驱逐舰让给英海军，其交换条件为英国将纽芬兰（Newfoundland）、百慕大（Bermuda）和西印度群岛（West Indies）的海空军基地借给美国使用。

在同一天，希特勒在柏林向他的高级将领训话。他当然还不知道这个"驱逐舰调基地"的交易，但是他却已经认清了美国不会坐视着英国亡国。因此，希特勒现在就宣布："既然不再准备渡海攻英，那么我们的一切努力就要用来消灭一切足以使英国人感到有希望使情势发生变化的因素……英国人的希望寄托在苏美两国身上，假使苏联在这个局势中被取消掉了，那么英国人同时也就丧失了美国的帮助，因为苏联的消灭将使日本在远东的力量大为增强……所以决定：毁灭苏联应算是这个战争中的一部分……苏联越能早日灭亡则越好……唯有在一击之下，就把苏联的根本砍断，这个攻击才能达到它的目的……假使我们在1941年5月间动手，我们就可以有5个月的时间来完成这个工作。"

这是英国拒绝投降之后，希特勒对于他面临的难题，所能想到的解决方法。他这个问题的要点，就是除非两面作战（那是他曾经宣誓说要避免的事情），否则他就无法获得足够的资源，以来和盎格鲁－撒克逊国家作持久的战争。除非他已经大量扩充海空军，并且可以自由地把陆军的主力都集中到西方来，否则他要想击败英国都不可能，遑论美英两国的联合势力。但是当东面苏联的威胁还继续存在的时候，这种假定当然就完全不可能，因为他势必要把他的全力分为两部分，为了防备苏联，使他不能不把三分之二的人力和军需生产，分配给陆军。进一步说，除非他能够确实地把握下述两点，否则他在征服英国的时期当中，就无力供养占领欧洲的人民，也无力控制他们；同时也无力量进行强烈的海空战，以来达到胜利的目的。这两点就是：（一）完全控制着巴尔干的经济。（二）保证苏联有谷物和石油源源地送来。但是，到了8月底，希特勒就非常害怕苏联会趁火打劫，所以加派了12个师的兵力驻在波兰的南部，以防一旦有突然的变故，可以保卫罗马尼亚的油田。

对于他所准备进行的这一条路线，所具有的危险性，希特勒并非完全不知道，因为他的总司令们都曾经一再向他提出警告，尤其是雷德尔和戈林，他们都主张向南面发展。甚至于在"海狮"计划尚未被搁置之前，雷德尔即已鼓吹向地中海进攻的战略。在9月26日，他告诉希特勒说：

> 英国人一向认为地中海是他们世界帝国的一个枢纽……假使德英两国之间发生了空战和海战的话，则意大利，处于英国力量包围之中，一定会很快变成主要的攻击目标。英国人是一向惯于先向较弱的敌人下手的。意大利人现在还没有认清这种危险，所以拒绝我们的帮助。但是，德国人却不可再迟疑，应该使用所有的一切力量来打击英国人，以使美国人赶不上来援助他们。因为这个原因，所以在这一个冬天里面，应该将地中海问题完全予以解决。

为了支持他这个理论，雷德尔又宣称："英国在戴高乐（de Gaulle）法国，可能还有美国的支持之下，希望将非洲的西北部变成一个抗战的中心，在那里建立空军基地以来攻击意大利。"所以，他建议，占领直布罗陀（Gibraltar），派遣德军到达喀尔（Dakar）和加那利群岛（Canary Islands），与维希法国取得密切的合作，以阻止英美两国对法国西北非洲殖民地的任何阴谋。利用这些手段将西翼巩固好了之后，德国就可以支持意大利去夺取苏伊士运河，经过巴基斯坦和叙利亚，以到达土耳其。雷德尔说："假使我们做到了这一点，土耳其就也在我们掌握之中。那么苏联问题就会另有一种新的发展。本来苏联是害怕德国的。所以从北面进攻苏联是否有此必要，的确还是一个疑问。"

希特勒对于雷德尔的看法，表示大体同意，并且说他要和墨索里尼商讨这个计划，不过他又指出，地中海本是划为意大利的势力范围，所以墨索里尼在建立他的新罗马帝国的时候，也许不会太愿意接受德国的帮助。此外，德国的陆军总部也不愿意在东地中海区作大规模的军事行动，因为他们不相信意大利的海军足以保护德军的交通线，而让他们可以安全作战。可是，希特勒在内心里，却又另外有一种打算，他不认为在地中海的行动是可以代替他的侵苏计划，不过只是把它当作一个序幕，目的是要巩固他的后方，以防英国人在他歼灭红军的工作尚未完成之前，而先在西方开辟了"第二战场"。

因为既然不能用直接的行动来击败英国人，所以希特勒决定必须用其他的方法，来使英国人无力过问欧洲大陆上的事情。9月19日，里宾特洛甫（Ribbentrop）到了罗马，在他的公事皮包里面，带来了一个密件：与日本的军事同盟条约草稿，在几天之后即将在柏林签字。他向齐亚诺解释着说："此举有双重的利益——一方面对付苏联，另一方面对付美国。在日本舰队威胁之下，美国就会不敢乱动了。"

这个三国同盟，就是对于"驱逐舰调基地"买卖的一个答复，也就是警告苏联人，叫他们不要管英国人的闲事。从此美苏两国若敢与英国携手，则有受到日本攻击的危险，所以希特勒无异于是在它们的中立上，又加了一层保障，并且也打断了英国人对于外援的痴心妄想。同时，他又希望逼得英国人只能够取守势，一方面使它不断感受到入侵的威胁，另一方面使它对于在远东的帝国领土安全，感到焦急不安。

为了获得更进一步的保障，希特勒又在西面和南面寻求与国；

把西班牙和维希法国拉进战争去，作为德国的助手，同时更鼓励中欧和东南欧的小国们加入三国同盟。为了配合这个计划，希特勒早已开始限制墨索里尼在巴尔干方面的野心，到了8月间，诚如齐亚诺所形容的，"命令全面就原地停止"。墨索里尼也立刻回答说："我们在希腊与南斯拉夫边境上，所采取的军事行动，都不过是一种预防的性质。因为这两个国家早就想乘虚攻击轴心国家的背面。"

虽然如此，"元首"的命令还是没有收回，因为希特勒自信他可以用政治手段，耍弄他所惯用的分化阴谋，以来获得巴尔干的控制权。此外，他在这个时候也希望避免任何侵略性的行动，以免刺激苏联的猜疑和鼓动美国加紧援助英国。美国的总统大选将在11月的第一个星期中举行，不过共和党的候选人威尔基（Wendell Willkie）对于轴心国家也是和罗斯福一样的不友好，同时两党的政策也都不可能发展到距离民意过远的程度。所以，希特勒希望能够纠合西班牙、法国和巴尔干各国，来支持他的新秩序。于是，他就可以向世界表白，尤其是向新世界说，在他的协调之下，欧洲已经到达了统一和和平的境界，仅仅是由于英国不明大义、负隅顽抗的原因，所以战争才没有结束，经济孤立的情形才没有改善。这样一个富有戏剧意味的表演，足以显示出轴心欧洲的强大和巩固，他希望这个行动可以助长孤立主义者的威风，延迟美国国内反德民意的发动。

对于美国方面而言，希特勒的希望也许未免太高，但是对于近邻而言，则似乎颇有成功的可能性。6月间，当法国崩溃的时候，驻柏林的西班牙大使曾以备忘录一件送交德外长里宾特洛甫，在那上面佛朗哥自动表示说："准备在某种条件之下参加战争，与德意两国合作。"这个条件就是轴心国家应把直布罗陀、法属摩洛哥（Morocco）和西阿尔及利亚（Algeria）等地分给西班牙，以作奖赏；此外还要给予西班牙以相当的军事上和经济上的援助，尤其是石油和小麦。可是希特勒在当时，却认为西班牙实无参战之必要，同时他更不愿意在将来和会席上多一个分肥的人。所以里宾特洛甫只用闪烁之词作答，除了派一个德国军事代表团到西班牙去就近研究占领直布罗陀的问题以外，在其余各方面，西班牙都并没得到什么其他的鼓励。在 9 月中旬，佛朗哥又派他的内弟，内政部长苏涅尔（Scrrano Suner），到柏林来向希特勒提出保证说："只要西班牙在粮食和军需物资的供应上不感缺乏的话，那么它就可以立即加入战争。"希特勒这次态度比较好，因为苏涅尔这次来到的时候，正是攻英企图在当年内无法到达的时候。所以佛朗哥的参战现在未尝不是一个可以争取的目标，因此希特勒允许："德国愿意尽全力来帮助西班牙。"第二天他写了一封信给佛朗哥，他同意西班牙对于摩洛哥的要求，唯一的条件就是德国对于该地区的原料供应应占一份；此外，他又允许尽德国最大的可能，来供给西班牙以军事上和经济上的援助，并且建议他愿与佛朗哥面商一切的细节。

佛朗哥立即作复，措辞恭顺有加。他在 9 月 22 日的回信上说："你的高见使我们感到满意……我们相信我们是完全一致的……我对于你个人，对于德国人民，对于你们作战的目标，都衷心地拥护。为了达到这个目标，我更希望两国的军队能够重温旧日的友谊。"不过话虽然说得极亲热，实际上的诺言却一点都没有，同时对于西班牙准备何时参战的确实日期也没有提及。

此时，轴心国家似乎正可以获得一次外交胜利，以影响其军事局面，可是突然有两个新的因素闯了进来，使原有的计划全被扰乱。在马德里，9 月 18 日，正是苏涅尔会晤希特勒的第二天，突然发生了一个严重的石油危机。在 1940 年的上半年，美国对于西班牙的石油输出日渐增加，到了 6 月间已比战前的每月输出量超过了 1 倍以上。7 月间英国要求美国政府开始限制这种输出，于是在 8 月初华盛顿方面即通知马德里政府，今后的石油输出量应以英国所能允许其通过封锁线的数量为限度。起先英国政府还不敢过于认真，怕的是使佛朗哥获得一个参战的借口；可是自从英国空军光荣地战胜了德国空军之后，英国的外交实力也就随之而增强。9 月中旬，丘吉尔才敢于坚持地表示，英国海军所能准许通过的油量，只能以够西班牙日常使用，并维持两个半月的存量为限度。在这种环境之下，除非德国对于石油供应能向佛朗哥提出保证的话，那么凡是一个战争预计会超过 3 个月以上者，西班牙都决无参加的力量。他从英美方面所能够获得之油量还是只够平时的需要，那么希特勒又有力量足以供给他战时的需要吗？

第二个外来的因素，是当戴高乐将军，带着一支自由法国的军队和英国的舰队，在 9 月 23 日企图去夺占西非洲的达喀尔基地时，维希法国曾予以坚强的抵抗。这个偶然的事件使希特勒对于维希政权改取略为友好的态度，因为贝当元帅（Marshal Petain）对于这次攻击曾经预先提出警告，派遣强大增援兵力到达喀尔去，并准备以轰炸直布罗陀为报复。所以希特勒觉得，只要维希政府有决心保卫他们的殖民地，则英国和戴高乐之徒对于西北非洲的阴谋都将是徒劳无功，而且甚至于还可以引诱贝当对英国宣战。因此当齐亚诺在 9 月 28 日来到柏林的时候，希特勒告诉他："希望将法国拉入反英的联合阵线，但却反对西班牙参战，因为那是得不偿失的。"希特勒又说："我害怕关于摩洛哥问题与西班牙所作的协议，会给法国人知道，这样就会驱使他们投向英国人的怀抱里。"不过，以后他又想到因为意大利海军实力相当脆弱，所以还是非要西班牙的支持不可。要稳定西地中海的形势，就需要这两个国家的合作：西班牙负责征服直布罗陀，法国负责保卫非洲的西北角。最后，他决定他本人来调和西班牙的希望和法兰西的恐惧。

10月23日，希特勒与佛朗哥在昂代伊（Hendaye）会晤，并且也预定次日在蒙图瓦尔（Montoire）与贝当见面。对于佛朗哥，希特勒建议缔结十年同盟条约，并主张在新年开始不久之后，即联合向直布罗陀发动攻势。佛朗哥回答说"西班牙极愿与德国比肩作战"，只要它的军事上和经济上的弱点都已经改革，而政治上的精神也已经重整了起来。可是当希特勒告诉他，因为法属北非可能发生叛乱，德国不愿降低维希法国保卫殖民地的决心，所以不能向西班牙提出某种诺言的时候，佛朗哥就不免感到有一点失望。他回答说，当他对于法属摩洛哥和阿尔及利亚的一部分，不能够获得保证的时候，他恐怕很难以接受这个同盟。希特勒回答说，西班牙可以从法属北非获得相当的领土，但以法国可以从英国殖民地方面获得相当的补偿为原则。这并没有使佛朗哥感到完全的满足，所以并没有表示肯定地接受。花了漫长的9个小时，他们两人互赠勋章，互相捧场。最后连希特勒都感到精疲力竭。他以后写信给墨索里尼说："这种场合我再不想参加了，宁可扳掉三四颗牙齿都比较还舒服一点。"

虽然如此，不过只要希特勒能够劝诱维希政府接受他的殖民地分配计划，那么西班牙还是会可能加入同盟的。第二天在蒙图瓦尔，希特勒发现贝当在赖伐尔（Laval）的影响之下，已经愿意在原则上与德国合作，并且决心保卫他的北非殖民地，以对抗英国的侵略。希特勒向贝当保证着说，假使法国能够帮助德国早日击败英国，那么它也可以提前获得有利的和平条件，因为轴心国家可以改用大英帝国来当作分赃的对象。他又暗示着说，在战争结束以后，对于非洲的殖民地应重新加以分划，轴心国愿意保证法国可以获得领土上的补偿……并且在非洲所占有的领土决不会比今天所有的还小。

贝当同意了这种计划，所以使希特勒可以向佛朗哥重申前议，不过对于法国向其过去的同盟国宣战一节，贝当却没有反应。希特勒多少有点恼怒，但是他的希望却并未断绝，因为贝当还是接受了他的建议，任命赖伐尔为外交部长。假使这个奸贼在维希可以抓到政权的时候，希特勒就可以放心，这种在原则上的合作，一步步就会发生出实际上的作用。那一天夜间里宾特洛甫在法国打电话给齐亚诺，告诉他说："德法事先的计划正向具体结果的路上走着。"

假使说希特勒还没有完全获得他的要求，但是至少他可以自信对于西法两国的协议，是已经建立了一个基础。在这种微妙的谈判阶段中，当然希望在国际局势中不要发生一点的扰乱。

× × ×

希特勒挖空了脑筋，在打算盘想要如何使战争缩短，但是这个幻想却在一夜之间，被另外一个人破坏掉了——那就是地位仅次于希特勒，关系也最密切的意大利"领袖"（Duce）墨索里尼。

他的行动，尤其是他作此行动的态度和原因，都足以使轴心国家间的所谓"钢铁似的团结"，现出了一个极大的漏洞。这两个独裁者对于外面的世界，常常花了许多的功夫，来表示他们真是合作无间的；可是事实上他们之间，只有很少的互相磋商，更少的联合计划和完全没有的共同政策。表面上，他们互相标榜，彼此捧场，但是实际上的关系却是充满了猜忌、怀疑、不信任和野心上的冲突。专就墨索里尼而言，嫉妒和害怕又加上了更多的毒素。墨索里尼本是最老牌的独裁者，当他看到那位后进的奥地利无名小卒，居然高升得这样的快，自然使他感到相当不愉快。在过去他一向把希特勒当作高足弟子看待，常常用师父的口气向他说教着。有一次他写信给希特勒说："没有一个人会比我懂得更多的，因为我已经有了 40 多年的政治经验……"

可是当局势发展下去之后，墨索里尼才发现他已经从轴心坦克的驾驶座位上，颠簸了下来，而车子却还是拼命向前直冲。当他害怕前途危险的时候，他真想宁可跌断手脚而冒险地跳下车去；但是事实上他却攀得更紧，要想说服现在的驾驶者听信他的指导，甚至于再把缰绳抢过手来。

1939 年 8 月，当墨索里尼晓得希特勒在波兰的真正目的以后，他怀着严肃而沉重的心情和齐亚诺商谈，有无与德国拆伙之必要。在波兰战役结束之后，他又力劝希特勒谋和。齐亚诺在日记上曾经说过："对于墨索里尼而言，希特勒居然要发动战争，而且更糟的是他居然又战胜了，这才使他感到难于忍受……假使希特勒吃了一个败仗，那才会使他大为高兴。"所以当墨索里尼得知纳粹准备入侵低地国家的计划以后，他就立即命令他的外交部长向荷比两国的驻意大使提出警告。

这个时候，希特勒对于墨索里尼还是很有真正的好感，他从来不会怀疑墨索里尼居然会泄露他的机密，所以他以为一定是意大利国王埃马努埃莱出卖了德国。此后，希特勒就不把他的企图事先告诉意大利人，而事情成功之后，就更使墨索里尼感到难受。他尤其是感到嫉妒，因为希特勒在外交上和军事上无往而不利，但是积弱的意大利却使他一筹莫展。他曾经向齐亚诺说过："这实在是一种耻辱，我们的手一直被束缚着，而坐看着别人在写历史。"他非常烦恼，因为德国每一次新的成功，不是违反了他的意见，就是事先根本上没有告诉过他。当希墨两人会晤的时候，齐亚诺说："事实上几乎只有希特勒一个人说话，这也使墨索里尼很难堪……他常常会有很长的时间，没有开口的机会。作为一个独裁者，甚至于首席独裁者的身份，这也是他所最不习惯的事情。"此外他又感到十分害怕，因为他不知道希特勒的凶暴和不可预测的野心，会把他拖到什么地方去，但是另一方面他却又情不自禁地被强迫着跟着希特勒走，若是可能的话，还想和他竞争。

当两位轴心领袖于 1940 年 10 月 4 日在布伦纳山口（Brenner Pass）会晤的时候，上述的背景就足以解释以后所发生的各种事情。关于这一次会晤，齐亚诺说："希特勒至少曾经把他手里的牌，在桌子上摊开了一部分，准备和我们讨论他对于将来的一切计划。"英国、法国、西班牙、苏联等问题都在讨论之列，但是希特勒却并没有提到，他已经安排好了，在 3 天之后德军即将开入罗马尼亚。这个片面的决定使墨索里尼非常愤怒，尤其是只有几个星期之前，希特勒曾经"下令"制止意大利在巴尔干的行动，并且德意两国还联合一致为罗马尼亚解决它与匈牙利之间的边界纠纷。墨索里尼对齐亚诺说："希特勒总是让我去面临既成的事实。这一次我要以其人之道还治其人之身。我要让他从报纸上才看到我已经占领了希腊的消息，只有这样才可以重建原有的平衡局势。"

意大利定在10月28日进攻希腊。在10月22日，墨索里尼写了一封信给希特勒（故意倒填日期为10月19日），把它送到柏林，让希特勒由法国回来才能看到它。墨索里尼在信上说明他将对希腊采取行动，但是既不说明日期，也不说明行动的方式。希特勒在24日夜间接到柏林的电话，得知墨索里尼来信的内容，就立即要求与墨索里尼面谈这个问题。墨索里尼却故意建议说，最适当的日期就是10月28日。在那天上午，希特勒在佛罗伦萨（Florence）走下火车的时候，墨索里尼走向前去欢迎他，并且很高兴地宣布："元首，我们已经开始进攻了！"

墨索里尼的这次莽撞独立的冒险，把那个将近完成的"欧洲和平"幻梦，完全打破了；并且不久也把德国人所建立起来的轴心国家百战百胜的印象，也完全弄糟了。希特勒当然非常不高兴，可是他却不能够公开埋怨人家，因为这种事先不通知就采取行动的恶例，本是他所创造的。无论如何，地中海本来是划给意大利的势力范围区，而墨索里尼也早已不满意希特勒与赖伐尔吊膀子。所以，希特勒只好暂时忍着不发作，并且向墨索里尼表示，德国将尽量支持他。不过在柏林方面，德国当局却都认为意大利的行动，实在是一个殊堪遗憾的大错；尤其是在发动攻势时，所使用的兵力又完全不足（只有3个师），在第一个星期里面就给敌人阻止住了。

希特勒马上对于地中海和巴尔干的情况感到焦急，因为丘吉尔是深通历史的，对于这样一个天赐的机会，是决不会放过的。

他不会重演阿丁顿（Addington）的愚行，为了对抗拿破仑的侵英威胁，就把所有的兵力都控制在国内，而且还把海外重要基地的守兵也都抽调回来。和彼德（Pitt）一样，丘吉尔认为英国的任务不是如何避免失败，而是如何使对方失败。正和往常一样，这个使敌人失败的地方，就是地中海。他决心充分利用敦刻尔克一役在战略上所带来的优点。当时看来敦刻尔克虽然是损失惨重，可是事实上，却正是英国得救的转机，使它不再遭受到另一次西线战场消耗战的巨大损失，使它在战略上摆脱了法国陆权主义的束缚。

每当英国人不想在欧洲大陆上集结大军与强敌作正面的战争，而只是正确利用他们的制海权，将少数精兵向敌人的后方或侧翼上的要点和弱点发动攻击时，他们对于战局的影响力量也就最为有力。在与英国海军密切配合之下，近代的英国陆军在战略上所能产生的效果，将会远超过他们力所应有的比例。

在第一次大战时，英国的多数领袖人物（不包括丘吉尔在内）对于这个经验的教训，不是已经忘记了，就是不注意它。由于法国比肩作战的原因，英国人民在法兰德平原上，流出了大量的鲜血。当英国第二次再和德国人交战的时候，它上次在人力上所受的亏损依然都还没有恢复。尽管英国人在最近已经在反对这种"牺牲战略"，但是在1939年，为了使法国参战起见，英国人还是只好硬起头皮派遣远征军到法国去。不过敦刻尔克一战，希特勒却使英国人恢复了他们所已经丧失了25年之久的战略自由。

尽管秋季攻势的威胁尚未解除，丘吉尔和他的战时内阁却已经准备从国内防卫部队当中，抽调几个师开往地中海和中东，11月底以前，已经有1个装甲师和相当于2个师的步兵。同时，英国海军部在地中海里面，也保持着一支相当强大的舰队，足以使意大利海军不敢出港。这实在是一种大胆的行为，既不顾本国的危险，也不管海上的损失；但是它的代价也极高，在10月最后一个星期里面，被德国潜艇所击沉的商船总数，不在19.8万吨之下。英国人在每次战争当中，都常有这种海军战略上的争端：认为海军的主要任务，到底是为了达到重要的战略目标呢？还是应以护航为主？经验却证明前者更重要，和马尔波罗与纳尔逊（Nelson）一样，丘吉尔也是作这种主张的。当墨索里尼进攻希腊的时候，机会就来了。

假使不是英国人已经握有地中海的制海权，那么毫无疑问，希腊的首相梅塔克萨斯将军（Gen. Metaxas）也就早已投降，否则英国的大使也不敢立即向他提出英国马上援助的保证。在一个星期之内，一支象征性的英军已经在希腊国土之内登陆；英国的海军阻止了意大利人入侵克里特岛（Crete）的企图，英国空军从希腊的基地起飞，对于意大利南部各港口，作第一次的空袭。在这个时候，多数的意大利战斗舰队都集在塔兰托（Taranto）港口之内，但是这却也逃不了它们的厄运。11月11日的夜间，英国海军的航空队直逼意大利海军的巢穴，一共伤毁了2艘巡洋舰和3艘战斗舰（意大利一共只有6艘）。英国的海军在意大利海面上挑战达24小时之久，而敌人始终不敢出头。

这种勇敢而富有戏剧性的挑战，再加上希腊在陆上战争中的成功，使地中海的局势完全改观，也更提醒维希和马德里两方面，认清了战争并不是那样容易结束。当10月18日，希特勒在贝希特斯加登（Berchtesgaden）接见齐亚诺和苏涅尔的时候，苏涅尔就公开批评德国想获得法国谅解的举动，并且表示对于希特勒所

希望贝当接受的"殖民地计划"，西班牙不感兴趣。这很明白地表
示出来，自从上次会晤以后，佛朗哥已经提高了他的价格。

齐亚诺在那一天晚上写着："希特勒很悲观，认为巴尔干若不
发生这些事件，则局势要好得多了。他的批评是公开的，肯定的，
坚定的。"两天之后，希特勒就写了一封信给墨索里尼，大发了一
顿牢骚：

> 当我要求和你在佛罗伦萨会晤的时候，我希望能在
> 你和希腊冲突之前，将我的意见讲给你听。关于这件事，
> 事先我只是获得了一点模糊的消息，最重要的是我要准
> 备劝你迟几天下手，等候一个有利的时间，至少应等到
> 美国总统大选以后……现在所发展的情势，已经足以在
> 心理和军事上产生极严重的后果。

希特勒认为意大利在希腊的行动，已经使某些本来要参加轴
心集团的国家，现在暂时采取了观望的态度。罗匈两国仍愿加入
三国同盟，但是保南两国却拒绝了，而在法国也使反对派的势力
增强。关于军事方面，希特勒认为情况更为严重。英国人已经获
有若干空军基地，其航程足以到达罗马尼亚的油田……假使炼油
厂被炸毁，则损失将不堪设想……所以为了阻止英国人在色雷斯
（Thrace）建立一个强大的空军基地起见，德国决定用全力来对
付它。

再说到这个问题的对策方面，希特勒说："西班牙应设法诱其
参战……假使直布罗陀可以攻陷，则我们可以关上地中海在西面
的大门……并使贝当政权对于北非具有稳定的控制……我继续认

为地中海方面的第一号优先问题，就是消灭英国的海军……适当运用我们的空军，只要 3 个到 4 个月，地中海将成为英国舰队的坟墓。"接着他又说，这个对于攻击希腊的春季攻势，将是一个具有决定性的引信，进一步又可以争取南斯拉夫的积极合作。

墨索里尼的答复表现出了他内疚的样子。他开头就说："元首，我非常感到遗憾的，就是我在 10 月 19 日发出的信，没有能够使你适时地收到，使你无法事先对于希腊问题给我忠告。对于你的忠告，我和以前一样，都一定是会严格遵守的。"他又承认希腊人已经争取到了主动，不过他却也不愿意过分摇尾乞怜。为了表示他并不完全只是奉命办理，所以就有意夸张地说道："西班牙这一张王牌现在是可以运用了。我想去亲自会晤佛朗哥，加以必要的压力以促使他参战。"接着他又把希特勒所说的那一套，完全重复地照抄了一遍，表示这似乎是英雄所见大抵相同的意思。不过最后却又说："我愿意竭尽全力，听你的指挥以来重整这个局势。"

自此以后，这位伟大的"领袖"毫无疑问已经变成了一个第二流的伙伴。从此他再不提到他那个 40 多年的政治经验。最难受的，是他只有夹着尾巴，听任希特勒呼之即来，遣之则去；一直到了最后，他那已经负了伤的骄傲心理使他不能不喊了出来："我已经是多病疲乏，实在是不堪驱使了。"

即使到现在，墨索里尼对于希特勒的地中海计划，与他整个战略的关系，还是一无所知，不过从同一时期中的德国文献方面，可以证明地中海只是一个附带的目标，而希特勒的真正主要目标，却还是征服苏联。当时英国人很害怕会有一个巨型的钳形攻势，直以苏伊士为目的，可是事实却完全是过虑。希特勒早已决定不对土耳其采取行动，以获得经过叙利亚以达苏伊士运河的目标；

因为他认为这是一个不能速战速决的行动，而且具有非常多的困难。在他 11 月 20 日写给墨索里尼的信里面，他说："我认为在明年秋季以前，都还不能考虑到攻击尼罗河三角洲的问题。"他的计划只以占领直布罗陀、消灭英国舰队、用空中攻击封锁苏伊士运河和对于巴尔干实行绥靖政策为限。这个战略的目的，就是为了使他在深入苏联的时候，在侧翼和后方，都可以有充分的保护而已。因此，他坚持向墨索里尼表示："地中海问题应在这个冬天里完全解决……我在春天里要把我的德国兵全部撤回，至迟不得超过 5 月 1 日。"

× × ×

在 11 月 20 日那天的信里面，希特勒告诉墨索里尼说："我们应作一切的努力使苏联人不注意巴尔干，而注意到东方去。"为了达到这个目的，里宾特洛甫才邀请莫洛托夫到柏林去开会，讨论如何划分他们在全球上的利益。这个会议对于整个战局具有莫大的影响。在 11 月 12 日举行第一次会议的时候，德国的外长向他们的贵宾郑重表示："英国是已经败定了，它最后承认失败的日子只不过是一个时间问题……所以，轴心国家在今天所考虑的问题，已经不再是如何赢得这个战争，而只是如何结束这个已经战胜了的战争。假使苏联愿意在政治上和经济上参加三国同盟，则在大英帝国被肢解以后，它也可以获得一个分肥的机会。"

里宾特洛甫建议，应沿着一个极广泛的界线，将苏德意日四国的势力范围予以大致的划定。在这个原则之下，这四大强国应正常指导它们"生存空间"的膨胀，应该全体向南发展。德国、意大利和日本都早已采取这个方向，里宾特洛甫问道："为什么苏联不也改向南面发展，以寻找它的天然海口？"

莫洛托夫说："哪一个海？"对于这一个直率的问题，里宾特洛甫却采取大绕弯的答复，他说德苏两国之间，在过去以欧洲为牺牲品，彼此间已经做过很好的买卖，现在再以大英帝国为牺牲品，也又可以再做一次很好的买卖。他说："这个问题就是说，从远大的立场上来看，向波斯湾和阿拉伯海方面发展，也许才是苏联的最有利出海口。"谈到黑海海峡问题，德国人承认应重新改订一个公约，以保障苏联的若干特权，包括它自由进出地中海的权利。莫洛托夫带着一种莫测高深的表情，静听着。他的答复更是不着边际，不过似乎他却很明白问题的真正关键在哪里，他说："要划定苏德两国间的势力范围，那是一定要十分审慎的。"

以后在那一天，希特勒又亲自参加这个讨论，他又把里宾特洛甫瓜分世界的建议，重复鼓吹了一回。希特勒宣称："现在的问题就是这些强国（德苏意），在各自企图获得自由的出海口时，是否可以有避免自相冲突的可能。"他更庄重地说道："这是他们的责任，防止这个战争变成另外一个新战争的父亲。"

莫洛托夫回答道："他也认为苏德两国若能彼此合作，而不兵戎相见，那实在是一个双方都有利的事情……苏联参加三国同盟，照他看在原则上是绝对可以接受的，只要苏联是处于伙伴的地位，而不是一个傀儡。他觉得这也没有什么困难……但是这个条约的目的和意义却应该首先予以更明确的规定。所谓欧洲和亚洲的新秩序究竟作何解释？苏联在这里又应该算是怎样一个角色？……此外苏联在巴尔干和黑海对于保加利亚、罗马尼亚、土耳其等国的利益，也应该有一个明确的规定。"

那个译员施密特（Schmidt）都吃了一惊。他说："这一连串的问题都是对着希特勒喊出来的。我从来没有看见过一个外国的来宾用这样的姿态向他说话。"更使施密特感到奇怪的，却是希特勒反而特别客气，他避免对莫洛托夫的这些问题直接作答。他建议现在应该暂时休会，并且补充一句说："否则我们就要碰上空袭警报了。"

当第二天继续讨论的时候，希特勒说到德国在芬兰的经济利益时，就提醒莫洛托夫说，"德国从来没有占领过已经划入苏联势力范围以内的任何土地"，但是苏联在立陶宛和布科维纳的行动，都已经超出了原有的苏德协定的范围以外。他警告苏联，在战争期中不要想对德国已感兴趣的地区再存任何的贪念。他说，他要防制波罗的海任何新冲突发生，他更希望知道苏联是否还再想攻击芬兰。莫洛托夫对于这个问题的答复相当含混，不过他的意思却是说，德国应同意芬兰被吸入苏联范围以内。希特勒的答复就是："假使有了全面解决之后，德军一定完全撤出芬兰。"并且警告莫洛托夫，不得再像去年一样，重新挑起苏芬战争。

为了避免这些不愉快的冲突，希特勒又把话说到世界问题上面去，他指出："在英格兰被征服了之后，大英帝国就变成了一个宣告破产的世界大企业。从这些产业当中，苏联也就可以分得一些温水港口。"不过他又接着说："凡是对于这一份产业感兴趣的国家，本身之间却决不可以再有冲突，应该大家同心合力来进行这个瓜分大英帝国的工作。"为了达到这个目的，他希望能够使全世界上志同道合的国家联合起来。

莫洛托夫却打断他这个滔滔不绝、富有幻想意味的雄辩，说他愿意首先讨论一个与欧洲很接近的问题，那就是土耳其问题。

他提出抗议说，罗马尼亚曾经接受过德意两国的保证，而事先并未与苏联洽商。他建议这个保证应予以撤销，因为说得直率一点，这实在是针对着苏联的利益。进一步说，基于苏联对于海峡地带的利益，他希望知道，假使苏联也照着德意两国对于罗马尼亚的榜样，而给予保加利亚以同样的保证，那么德国的反应又是怎样。希特勒答复说，罗马尼亚曾经要求德国的保证，保加利亚是否也曾向苏联作这个同样的要求呢？他知道以前并没有，而以后他也要先和墨索里尼商洽了之后，始能作答。他甚至于不愿意照莫洛托夫的要求，发表一个非正式的意见。他接着以有英国飞机空袭的理由，提议休会吃晚餐。

在休会期间，希特勒命令里宾特洛甫，设法与苏联人谈判，制定一个具体而正式的同盟条约。所以在那天夜间，两位外交部长在里宾特洛甫的防空洞里遇见的时候，里宾特洛甫就把一个约稿交给莫洛托夫。内容就是将三国同盟扩大成为四国同盟，里宾特洛甫暗示着说另外再加上一个密约，以确定各签约国的领土要求。他说德国希望在非洲中部地区，意大利在北非和东北非，日本在日本以南的各岛和中国东北。所以苏联领土要求的焦点应该放在苏联领土的南面，直向印度洋发展。

本来里宾特洛甫是主张苏联应向波斯湾和阿拉伯海发展，现在就说得更远了，所以更不使莫洛托夫感兴趣。虽然苏联人对于印度洋出海口问题并不表示意见，但是他却明白表示出来，苏联的主要兴趣是在黑海和波罗的海两方面。莫洛托夫又说："对于苏联而言，一纸空文的条约是不够的，它坚持着对于它的安全应有更有效的保障。"他又说："无论如何，罗匈两国的命运是苏联所并不关心的。"他更希望进一步知道："轴心国家对于南希两国，究竟有些什么企图？"此外，他又说苏联更希望知道德国在波兰的意图、德国对瑞典中立问题的看法和对波罗的海出口问题的意见。

苏联野心是指向何方，似乎是已经毫无疑问；而里宾特洛甫则感觉到，他实在被拷问得太紧了。于是他又希望闪避莫洛托夫的进逼，而改变方向说道："再重复说一遍，主要的问题还是苏联是否已经准备……与德国合作，来从事于大英帝国的总清算工作。"可是莫洛托夫对于遥远的诺言却不感兴趣。他又有意地说："德国人是认为对英国之战是老早已经胜利。所以，假使'元首'说，德国是在与英国作生死的搏斗，那么他这句话的解释就只可以是说：德国人为了求生而战，而英国人则是为了求死而战。"他接着又图穷匕见地向里宾特洛甫说："假使英国事实上已经被击败，那么为什么我们今天还要坐在你的防空洞里面，作这些讨论呢？"

× × ×

两个星期以后，莫洛托夫将苏联政府对里宾特洛甫建议的正式答复，交给德国驻莫斯科的大使。这个文件表示斯大林对于他的外长在柏林所坚持的立场，是不准备再退后一寸，因为它的内容是说：

苏联政府准备接受德国外长在 11 月 13 日的谈话中，所提出来的四强公约的草案……唯其条件则有如下述：

（一）德军必须立即撤出芬兰……

（二）对于苏联在海峡地区的安全，应用下列的保障：苏联与保加利亚签定一个互助条约，并用长期租借的条件，使苏联可以在博斯普鲁斯（Bosphorus）和达达尼尔（Dardanelles）的附近，获有陆海军的基地。

（三）在巴统（Batum）和巴库（Baku）以南，大致向波斯湾方向的地区，都应承认为是苏联的势力范围。

（四）日本应放弃库页岛北部的煤炭和石油的租借权。

在拟定这些答复的时候，斯大林的态度是绝对的实用主义和便利主义。他目前所关心的问题就只是他本国的安全。他对于英国固然殊少同情之感，但是他却害怕德国会集中全力来危害苏联的安全。除非希特勒首先肯将领土、基地和权力让给他，以使他对于纳粹的最后侵略具有确切的保障；否则他不会同意让德国在西方作自由的处置。德军必须撤出芬兰，以使列宁格勒的侧翼不受威胁。苏联需要在保加利亚和达达尼尔等地保有基地，以保障它对于地中海方面的出路，并保护它在南面不至于受到包围，和保证它（而非德国）可以控制伊拉克和伊朗的石油。这些要求对于希特勒的诚意是一个严格的考验。假使希特勒真是接受了这些要求，斯大林对于德国缔结长期同盟的诚意，就会多少有一点相信；那么在英国被征服之后，他也可能使他的侵略方向向南发展。否则就可以证明希特勒的目的不过只是骗他一时，所说的话全是不兑现的支票。斯大林需要马上能兑现的保证，以防止希特勒有一天变了心，他不至于无法应付。

希特勒不准备永久取消他向东发展的野心，同时他更不希望完全依赖苏联人，来获得他征服英国时所需要的石油。照他的计划，波斯湾地区的石油富源是准备由苏德两国平分，但是苏联的计划却使它完全划归苏联一方面所有。当他发现了斯大林比他还要更厉害的时候，他曾经向雷德尔说："斯大林才真是一个冷血的流氓！"甚至苏联即使肯保持中立，也除非德国在东欧能够保有一支强大的兵力以作威胁，否则它也不一定会继续将足够分量的石油、粮食和原料供给德国人使用。这至少需要 100 个师。他觉得强中更有强中手，他居然也碰到了这样一个狠对手，真使他感到十分的遗憾。

到了这个时候，由于罗斯福又三度当选，使他认清了美国最后一定还是会参加战争。在美国参战之前，他需要击败英国，以巩固他在西面的位置；不然就得要击败苏联，以解除他在东面的威胁。他可以用他现有的战争机器，在 1941 年入侵苏联；但是他将德国的军事组织和战时经济完全改组，使其重点移到海空军方面来之后，他却无法入侵不列颠。可是当他被强迫着在东欧必须保留强大兵力的时候，这个工作事实上就也无法着手进行。希特勒相信，在美援能够使英国在西方恢复攻势之前，他一定可以先把苏联这个祸害消灭掉。所以，在短期之内，宁可冒险两面作战；结果也许可以使他在以后许多年之内，能够集中他的全部军事力量和欧洲的全部资源（自大西洋至乌拉山），以来与盎格鲁 – 撒克逊民族作最后的决战。此外，甚至还有这种可能，里宾特洛甫曾经向他说过，假使德国以反共十字军领袖的姿态出现，那么那些资本主义的国家对于纳粹德国的态度，也可能会有极大的转变。

希特勒对于莫洛托夫备忘录的答复，不是送向莫斯科，而是在 12 月 18 日对德国的三军总司令发布了下述的命令："即使在对英战争尚未结束之前，德国的三军就已经应该准备用速战速决的方式，来击败苏联。"这个作战计划定名为"巴巴罗萨"作战（Operation Barbarossa）。命令中规定一切准备应在 1941 年 5 月 15

日以前完成，并宣布："作战的目标是要沿着伏尔加—阿尔汉格尔（Volga-Archangel）一线，对于亚苏部分构成一道坚强的屏障。"

希特勒深信在 6 个月之内，一定可以击败苏联。他曾经向国防军的副参谋总长约德尔（Jodl）说过："我们只要向他大门上狠狠踢一脚，他那个已经枯朽了的结构就会跟着整个垮下来。"但是他的总司令们却并不敢这样乐观。不过陆军的领袖们——布劳希奇和哈尔德，都根本不敢开口；而戈林虽然曾经强烈地表示反对，不过自从他的空军在不列颠之战中吃了败仗以后，他的意见也当然地减轻了重量。

最强烈反对的人还是雷德尔，他对于地中海的重要性和韦维尔将军（Gen. Wavell）在 12 月间第二个星期中对非洲意军的胜利所具有的战略意义，都比他的同僚们有更多的了解。在圣诞节的两天后，雷德尔曾经和希特勒、凯特尔、约德尔 3 个人作过一个会谈，雷德尔对于英国这次胜利的结果，曾作下列的按语：

> 在一击之下，已经解除了英国在埃及、东地中海、近东、北非等地的整个威胁。……英国已经将陆空军调往希腊地区……要再想把英国舰队逐出地中海……或是在地中海作我们所希望的决定性行动，似乎都不再有可能性了。

雷德尔认为德国若是要想攻苏，则势必有引起两面作战的危险，因为英国的力量还是很坚强的，而且美援也正在源源而来。他说："英国是否能够维持它的供应线，对于战争的结果，将是一个具有决定性的因素。"可是照目前德国对于人力物资的分配，则潜艇的每月产量最高不过是 18 艘，也许只有 12 艘。他认为目前最大的任务，还是集全力以击败英国，所以在英国尚未被击败之前，又转而进攻苏联，这实在是很值得再考虑。

希特勒不听他的劝告，坚持着说："因为苏联已经想要干涉巴尔干的事情，所以我们在击败英国之前，就必须倾全力将这个大陆上的最后一个敌人，先行消灭掉。"

× × ×

希特勒具有天然的乐观心理，对于他自己的军事天才和以往的成功，都一向感到自负和自信，所以才使他把击败苏联的困难估计得太低；同时他又更看不起英国人，不相信他们能够在西面发生牵制作用。不过他也同意雷德尔的看法，认为应再加压力，使英国人忙于在地中海和远东方面采取守势，这就可以使德国人在侵苏之前，大大巩固他们的全盘战略形势。在以后的 6 个月当中，纳粹领袖们在外交和军事上的努力，都是以此为目的的。

因为充分明了封锁地中海西面出口的重要性，所以在 12 月间，希特勒坚决要求佛朗哥，应允许在 1 月 10 日让德军假道西班牙，以便尽早将直布罗陀攻下。佛朗哥却列举出许多理由加以反对，最主要的是英国海军尚具有行动上的自由，足以使西班牙的殖民地感受到威胁。因为这个原因，所以非到英国即将崩溃的时候，佛朗哥是不愿意加入战争的。

1 月间，由于韦维尔在昔兰尼加（Cyrenaica）大败意军，所以使希特勒对于马德里的要求，显得恰非其时；不过到了 2 月 6 日，英军的进展似乎已经被阻止，所以希特勒对于佛朗哥，又重新提出要求，措辞也比较强硬。他说："德国和意大利所进行的战争，实际上也足以决定西班牙的命运。只有我们能够胜利，你的政权才可能够继续存在。"他又说，德国准备尽可能将粮食和物资输入西班牙，但是西班牙却必须立即决定加入战争。最后他说："有一点必须首先予以澄清，我们是在为生死存亡而决战，所以在这个时候，是不能够谈条件的。"

很不幸的，当这封信到达马德里的时候，也正是英军在北非又传出大捷消息的时候。意大利格拉齐亚尼元帅（Graziani）的残部，在班加西（Benghazi）以南全部被击溃；英国的海军已经炮击热那亚（Genoa），那艘德国空军早已认定被炸沉了的航空母舰——"辉煌"号（Illastrious）——也已经通过地中海，由直布罗陀开进了亚历山大港（Alexandria）。所以一点都不稀奇，佛朗哥在 2 月 26 日，答复希特勒说："事实上的合理发展已经使 10 月间的环境完全成为过去，所以过去所已经同意的条约现在应该认为已经不适当。"在接到了这封信之后，希特勒就写信给墨索里尼说："用一句话来说，虽然用尽心机，但是西班牙还是不愿意参战，也不会参战。这实在是相当地讨厌，因为就目前来说，这就使我们无法用最简单的方法，击败英国人在地中海里的力量。"

马德里的回信是这一个冬天里，希特勒外交失败的最高潮。他曾经受到了墨索里尼的欺骗，受到了斯大林的敲诈，并且还受到了佛朗哥的冷眼。甚至贝当也都敢鼓起勇气来，将赖伐尔免职。

在失望之余，希特勒把背转过来对着地中海；这是他的老脾气，也正足以显示他的最大弱点，当他碰到他所解决不了的事情时，就往往以不了了之结束。他没有想到只要把苏伊士运河和直布罗陀海峡封锁了之后，则马耳他（Malta）岛的陷落就是指顾间事。尽管，在 1 月间马耳他岛已经获得了增援，但是希特勒却还是踌躇，没有向它进攻。当雷德尔建议这一点的时候，希特勒说："这个应留待 1941 年秋天再说，等到'巴巴罗萨'作战完成之后再动手。"所以，当德国回首东向的时候，英国却在它的南面侧翼上，仍然保留着 3 个重要的战略基地——直布罗陀、马耳他和亚历山大港。

当希特勒对于建立大陆强国大同盟的尝试遭到失败的时候，在另外一方面，盎格鲁－撒克逊民族的国家却已经有了更密切的合作。1940 年 12 月，罗斯福总统曾经号召美国人民，将美国变成民主国家的大兵工厂。为了响应这个号召，美国国会也赞扬总统所提出的租借法案，丘吉尔曾经称它为"历史上最慷慨的行为"。1941 年 2 月 8 日，美国国会众议院通过了租借法案。这个日期真的是太巧了，也正是希特勒那封信到达马德里的时候，信上的警语就是："我们正在为生死存亡而决战，所以在这个时候是不能够谈条件的。"

佛朗哥的迟疑和罗斯福的主动使得希特勒更认为有将日本拉入对英战争的必要。希特勒在 3 月 5 日的一个训令当中说："此后，应设法将英国小量的大部分和美国兴趣的重心，牵制在太平洋地区。"在那个月的月底，希特勒就邀请日本外相松冈洋右访问柏林。里宾特洛甫力劝松冈，应设法使日本早日对新加坡和英国在远东的其他领土发动攻击。松冈回答说，他是非常想和英国开战的，但是在东京却还有许多人，认为他是一个具有危险思想的危险人物。他很怀疑他有无说服日本政府的力量，因为那些人都很害怕当日本去攻击新加坡的时候，苏联人会乘机袭击他们的后方。松冈又说他希望能够澄清苏联的态度，所以他在回程中将顺便访问莫斯科。这种想法简直完全与德国人矛盾。他们当然不希望在"巴巴罗萨"作战的前夕，日苏的外交关系能够好转，因为这就可以让苏联人将他们留在远东的兵力，转移到欧洲来。所以，里宾特洛甫又劝松冈，在莫斯科不要把问题谈得太远了，而且保证假使苏联要攻击日本的话，德国一定马上进攻苏联。最后他又提到："德苏间的冲突是有此可能的。"不过他却没有说明"巴巴罗萨"作战计划，因为希特勒曾经有过严令，不准把这个消息告诉日本人。

松冈没有作任何的诺言，也没有想利用任何的机会。两个星期之后，德国驻莫斯科的大使向里宾特洛甫报告说："松冈刚刚来向我辞行。他说日苏中立条约已经一切都谈好了，可能在今天下午签字。"希特勒尝到他自己制的药剂的苦味，诚如他向里宾特洛甫所抱怨的话，他是给他的盟友出卖了，但这实在却是他自己那个猜忌心理的直接后果。

希特勒的外交招招失败之后，接着他在战略方面，也完全处置乖方。1月间，为了使意大利势力不至于在北非被逐出，希特勒说服了墨索里尼，要他接受德军的协助以防守利比亚（Libya）。在2月初，隆美尔中将（Lt. Gen. Erwin Rommel）和德国非洲兵团的前卫，就已经到了的黎波里（Tripoli），他的任务就是要与英国人周旋。希特勒在那一年，并没有想到入侵埃及的问题，在他给予隆美尔的命令里面，很明白地表示出来："就目前而论，非洲兵团的主要任务，就是防守到达的黎波里塔尼亚（Tripolitania）的地区，并尽可能在北非牵制住大量的英国兵力。"甚至在他的全部兵力都已经到达北非之后，希特勒还是不准许隆美尔在昔兰尼加作任何深入的行动。

没有晓得希特勒会派兵赴北非，并且以为德军会在希腊境内援助墨索里尼，所以英国政府才老早通知希腊政府，表示愿意从利比亚把韦维尔所部的一大部分调往希腊。希腊的首相帕帕戈斯将军（Gen. Papagos）虽然接受了这个好意，但是却还是充满了疑惧的心理。照他的看法，韦维尔最多只不过是抽出 3 个到 4 个师来，这一点兵力不仅不能保护希腊以对抗敌军的入侵，反而还可能挑起德军的野心。丘吉尔和英国的参谋本部却相信希特勒的加入是无可避免的，要想抵抗纳粹的侵略，除非所有的巴尔干国家能够坚强团结起来共御外侮。所以他们认为英国和澳纽①的部队开进希腊之后，可以鼓励南斯拉夫的斗志，也可能使土耳其参加到这一边来。在 2 月中旬，为了加强巴尔干的反抗力量，丘吉尔派外相艾登（Anthony Eden）和参谋总长狄尔（Sir John Dill）去访问雅典和安卡拉（Ankara）。他们这一次的使命却并没有获得成功。

在 2 月里，南斯拉夫始终拒绝希特勒邀请加入三国同盟的要求，但是到了月底，保加利亚却已经允许德国军队假道南下。包围之势已经形成，所以南斯拉夫才放弃了反抗的念头，可是在 3 月 27 日，一群南斯拉夫军官又发动了一次政变，推翻原有的南斯拉夫政府，这使希特勒不禁大怒。他认为这一次政变一定是英国所策动的，所以他对他的总司令们说："不必等待新政府对于德国是否还作效忠的表示，就赶紧进攻，在军事方面将南斯拉夫完全毁灭，使它不成一个独立的国家。"于是发动了一个比他原先所预定规模要大的战争，希特勒只好宣布："由于巴尔干作战的原因，'巴巴罗萨'作战的开始应延缓 4 个星期。"

---

① 　指澳大利亚与新西兰。——编者注

4月6日，德国的战争机器排山倒海般开入了巴尔干。在这个月底之前，所有在南希两国的有组织抵抗，都完全被消灭掉了，战争胜利已经十分迅速，但是在这个时候，德国分散兵力究竟是害多利少。希特勒的侵苏计划，需要他将所有的攻击力量，都完全集中在东线战场方面，因为据德国最高统帅部的估计，在黑海与波罗的海之间，红军至少可以用到155个师的兵力。德国在这一条战线上，所能集中的兵力一共只有110个师；另外加上16个师的预备兵力和罗马尼亚所能负担的12个师，一共也只有138个师。尽管德国军队在素质和装备方面占有相当的优势，但是比起过去的经验，希特勒所占的优势却并非太大，而这一次的目标又是深藏在敌国领土之内的。

所以当时对于希腊，只准备使用一种小规模的作战，可是自从南斯拉夫的危机爆发之后，希特勒将巴尔干战役中所准备使用的兵力由18个师增到28个师，其中有24个师都是早已拨给"巴巴罗萨"作战计划的。最重要的是它们占去了原有19个装甲师中的7个，12个摩托化步兵师中的3个。其结果就是减少了对苏作战的机动兵力总数的三分之一，在对苏作战中它们是深入敌阵实行大包围战术的矛头，地位非常重要。可是当它们正准备动身向波兰集中的时候，却马上又接到命令开入巴尔干的南部。

现在事后看来，当时希特勒只要用一半的兵力，也一样可以征服希南两国，不过他却不愿意形成僵持的局面，甚至再延误几个星期，也非得策。要速战速决，就需要强大的兵力，所以"巴巴罗萨"计划势必暂缓，由于东南欧的铁路运输情形异常恶劣，要把这24个师的兵力，再由巴尔干运回东线战场去，至少也要两个月的时间［注：根据德国陆军总部机动兵总监冯·托马将军

（von Thoma）的说法，1941 年 6 月，东线战场全部可用的坦克不过 2434 辆，其中还有 800 辆须从巴尔干运回]。

到底巴尔干战役，曾使侵苏战争发动日期延迟多久，这还是一个疑问。因为至少必须等到 6 月的第二个星期之后，气候的条件才适宜从波兰发动攻势作战。不过希特勒之所以决定延期的理由，却并没考虑到气候问题，所以今天是很难判断的，假使没有巴尔干问题的牵制，希特勒是否就会照原定的计划，在 5 月 15 日开始进攻。根据前驻波兰德国第 4 军团参谋长布鲁门特里特（Blumentritt）和哈尔德的意见，他们都认为："巴尔干的纠纷和 1941 年的反常天气，使我们损失了 4 个星期的宝贵时间。"这几个星期要比以后的几个月还更重要。

1941 年 6 月 2 日，当希特勒驱使着他的大军向苏联进攻的时候，距离法国休战条约签字之日，恰好一年。在这一年当中，他的力量扩展到了黑海和地中海，并且也加强了对于西欧和北欧的掌握；但是他却没有达到他的最主要目标——他没有能够使英国屈服。英国拒绝了他的和平试探，支持住了他的轰炸和封锁，破坏了他统一全欧的计划，摧毁了他要把英国人赶出地中海的企图，甚至有一个时期，英国又敢把脚伸回到大陆上来，使他感到很难堪，最后驱使他不得不冒险侵苏，以求获得军事上的安全和经济上的资源，来和英国作一个拼命的决战。当他在 1940 年向西线战场上进攻的时候，他在东部边界上只用了 7 个师的兵力和一张不侵犯条约，就保护住了他的后方；可是这次在 1941 年向东线战场进攻的时候，他却要留下 49 个师的兵力，来保卫大西洋海岸线，以防英国人的乘虚袭击。

希特勒计划的失败，一部分的原因是由于号称他的朋友的人们，都纷纷欺骗他，甚至出卖他。这个事实的起因又可以分为两点：一方面是他们都不敢信任希特勒，另一方面是他们都把英国的实力估计得过高，对它还存三分畏惧的心理。丘吉尔虽然实际上所有的实力十分有限，但是只要有可能，他却决不错过表现力量的机会。

在军事方面，英国人所能做到的，不过只是捋捋虎须，并不足以摇动纳粹大帝国的根本。不过果敢地利用海空军所给予他们的最大战略弹性，他们可以使希特勒无法获得战略上的胜利，使他无法免于两面作战的危险。所以最后，希特勒在西面和南面的防务都没有完全巩固之前，就被迫铤而走险，向苏联去发动攻势了。

在这个时候，希特勒对于他在全盘战略上的失败已经感到恼怒，但是他对于他的大陆帝国，还是具有极大的信念，认为英国人决无力量阻挠他的计划的实现。他甚至对英国人还存着幻想，以为一旦他入侵苏联之后，英国人可能又会与他言归于好，加入他的反共十字军。希特勒向他的将军们说："当'巴巴罗萨'作战开始的时候，整个世界都会屏息以待，决没有人敢妄事批评的。"可是到了6月22日，丘吉尔不仅没有屏息以待，而且复又妄事批评。在那天夜间，他在伦敦广播中说：

> 我们只有一个极单纯的目标。我们决心毁灭希特勒，以及纳粹统治的一切余孽。没有任何东西可以使我们发生动摇。我们决不妥协，决不和希特勒和他的走狗们进行谈判……任何与纳粹主义作战的个人或国家都可以获得我们的援助。任何与希特勒合作的个人或国家都是我

们的敌人……所以我们准备尽可能援助苏联和苏联人民。
我们并将要求全世界的朋友和盟国，都采取与我们一致
的路线。

这个答复，不久罗斯福也承认了它就是整个盎格鲁－撒克逊
世界的答复，因此就使希特勒必须绝对认清在东线战场上的大战
中，他一定要获得一个迅速而具有决定性的胜利，始可以挽回这
种颓势。

第四章 | 直觉在进行中

"我今天宣布——并且是毫无保留地宣布——东西的敌人已经被打倒，而且再也不会爬起来了。"这是1941年10月3日，在"巴巴罗萨"作战发动的15个星期之后，希特勒向德国人民所夸口说出来的大话。就在前一天，他已经命令他的军队向莫斯科作最后的进逼，他并且有把握地说，这是当年来最后一次大决战的开始。他的确是认为他所说的都是真实的事实，所以他已经开始在作来年的准备。早在7月14日他就发出了一个命令，里面曾经说道："在苏联失败之后，德国的军事上已经可以支配全欧，所以在最近的将来，陆军的实力一定可以作相当的裁减。海军的军备也应限制，以直接与对英作战有关，或者以对美作战为其限度。主要的努力将集中到空军方面，要使它的实力大为加强。"

在9月底，为了执行这个政策，他命令陆军总部解散40个步兵师，将这些人力调回到工业方面去。他同时还下令立即减少陆军方面的生产，而增加空海军方面的生产。当空海军正在等候发展，以便向英伦三岛作直接攻击的时候，德军又准备在1942年的年初，在中东方面发动一个全面的攻势：由利比亚到尼罗河和苏伊士河，由保加利亚通过土耳其到叙利亚和巴勒斯坦，由高加索到波斯湾地区。

这些命令里面所表现出来的乐观看法，德国的高级将领们却认为未敢苟同。布劳希奇和哈尔德自始至终就怀疑侵苏之战，是否为一个明智的决定；而且自从开战以来，他们对于希特勒的作战计划，也无一不表示反对。他们主张集中全力，直取莫斯科，因为他们认为作战的主要目的，就是摧毁红军的军事力量，而莫斯科却是苏军所必守之地。相反地，希特勒却比较注意经济上和政治上的目标。在北面，他希望占有波罗的海的沿岸地区，并尽可能迅速地与芬兰军队会师；在南面，他的目的是获得乌克兰的小麦产区和下第聂伯河流域的工业资源，所以莫斯科似乎还可以等一下。

结果所采取的计划，似乎是两者的折中。大致的内容是依照希特勒的观点，但是却并不妨碍在继续的发展中，将主攻的方向指向莫斯科，因为初期攻势的重点是放在普里佩特沼泽（Pripet Marshes）的北面的。在这里，博克所属的中央集团军，要以一连串的钳形攻势，沿着华沙到莫斯科的铁路干线进行，企图将留在白俄罗斯境内的苏军予以包围歼灭，不过到了斯摩棱斯克（Smolensk）以后，博克就应该暂行停止，并考虑是否应分派他的两个装甲兵团其中的 1 个去援助冯·里布（von Leeb）所指挥的北部集团军。这个北部集团军奉命向列宁格勒（Leningrad）方向推进，并以消灭在波罗的海诸国中作战的苏军为目的。希特勒的命令说：“只有在这个重要任务完成之后，并且列宁格勒和喀琅施塔得（Kronstadt）都已被占领之后，然后以占领莫斯科为目标的攻势始可开始进行。”

当里布向芬兰湾地区前进的时候，伦德施泰特的南部集团军，也分头向黑海方面挺进。他是以波兰南部为起点，向基辅（Kiev）方向进攻，其目的是用强大的装甲兵力，迅速突破敌阵，并深入敌人的侧翼和后方，而直向第聂伯河流域进犯。在跨过了下第聂伯河走向亚速海（Sea of Azov）之后，伦德施泰特的目的就是要占领克里米亚。不过他的行动却与北面的主攻势，是分开的而且也是次要的；专就北面而论，则在波罗的海侧翼获得了安全保障之后，就要倾全力来夺取莫斯科。

在训令当中，希特勒说："对于驻在苏联西部的大量苏军，应使用装甲兵楔形深入突破的勇敢战术，予以全部歼灭，绝对要防止苏军保全势力，退入苏联的广大后方。"这种战术的使用立即获得成功，7月3日哈尔德在日记中记载："若是要说对苏的战役，已经在14天之内大获全胜，似乎也并不太夸张。"到了8月中旬，伦德施泰特已经越过了第聂伯河谷，向黑海方面挺进。里布已经切断了在波罗的海沿岸苏军的退路，并已接近列宁格勒。博克也已经前进了450英里，并且占领了斯摩棱斯克。

尽管进展是如此的神速，但是德国的最高统帅部对于这个战役的计划，却已经开始感到忧惧，因为他们觉得希特勒太固执了。一定要完全依照他个人的计划进行。哈尔德在那个时候曾经批评："分散了我们的兵力，并延误了具有决定性方向——莫斯科——的攻势进度。"老早以前，希特勒就没有让中央集团军获得最高的优先，所以才阻止了博克在斯摩棱斯克，不能够像以前在明斯克（Minsk）一样的，采取双重包围的行动。在斯摩棱斯克以东的地区，苏联军队居然逃脱了50万人，这批兵力就转用去防守莫斯科。此外，德国人现在也知道了红军的强度远超过他们原先所想象的程度。8月17日，哈尔德又在日记上面说："我们把苏联估计得过低。我们以为只有200个师，可是现在却已经证实了有360个师。由于敌人的兵力过分的强大，所以我方的战线都不免太薄，毫无纵深之可言。因此敌人的逆袭常常可以成功。"

在第二天，由于看到苏军具有很快的恢复能力，所以布劳希奇力劝希特勒赶紧集中全力向莫斯科进攻。以后在战后受审的时候，哈尔德曾经说过："我们知道苏军是在斯摩棱斯克与莫斯科之间，正在构筑新的防御阵地，并组织新军以来保卫他们的首都，所以苏军的重心是在博克集团军方面。因此我们也应该在这里，在苏军尚未聚集预备兵力之前，即先倾全力作主力的进攻。"

此时在南面，虽然伦德施泰特的装甲部队已经越过了下第聂伯河，可是基辅还在固守之中，而另有大量的苏军越过了德军的镰刀，有秩序地撤退到了该城的东面，希特勒突然想到，应作一个空前的大包围行动，将这些苏军残部一网打尽。8月21日，希特勒拒绝了布劳希奇的"莫斯科计划"，照哈尔德的说法："他是决定将中南两集团军的主力，调集向基辅以东的苏军作一个大规模的钳状攻势……所以，在莫斯科方面予苏军以决定性打击的计划，比起获得重要的工业地区和趋向苏联石油产地的理想，应居于次要的地位……希特勒现在正在迷恋于攻占列宁格勒和斯大林格勒（Stalingrad），他自我陶醉地想着，假使共产主义的这两个圣城被攻陷了以后，苏联即将自行崩溃。"

虽然斯摩棱斯克是在8月7日即已攻下，可是基辅的占领和包围一直到9月20日才完成。在基辅一战中，德军宣称共俘获了65万人的敌军，而希特勒则认为，这是有史以来的第一次大会战。可是，照哈尔德的看法，这却是东线战场上的最大战略错误，因为从斯摩棱斯克的陷落到基辅的攻占，中间一共是 6 个星期，这就把夺取莫斯科的机会完全丧失掉了。在这 6 个星期当中，苏军有了充分的时间来组织他们首都的防务，而德军的装甲部队则由于越野行动的损毁，其实力锐减，尤其是在这次胜利到手之前，天已经第一次落雪。尽管这就是警告当年的冬季可能提早来临；尽管根据情报说苏军的实力已经大事增强；尽管德军的装甲部队已经精疲力竭，而且坦克的损耗也已经超过了工厂的生产补充量；布劳希奇还是再度提出他的主张，希特勒这次却表示同意，于是决定加强中央集团军的实力，以求在冬季来临之前，集中全力将莫斯科一举攻下。虽然希特勒接受了布劳希奇的主力应向莫斯科进攻的原理，可是他却并没有接受他的推论，那就是其他各战区的行动均应暂停。他同意博克的兵力应该加强，但是里布仍应向列宁格勒进攻，而伦德施泰特则还是要继续向罗斯托夫（Rostov）和高加索（Caucasus）推进。于是希特勒又犯了一个致命的大错，就是没有集中全力去对付具有决定性的目标。

若是在 8 月间就动手，博克是可能攻下莫斯科的，但是现在已经是 10 月 2 日，他的攻势才最后开始发动，那实在是太迟了。不过在攻势刚刚开始发动的时候，德军还是锐不可当，在 14 天之内，德军在一跃之下，已经越过了斯摩棱斯克与莫斯科之间距离的一半，它的装甲兵团已经完成了两次大规模的包围行动，据说在维亚济马（Vyazma）与布良斯克（Bryansk）的附近，已经俘获了 60 万人以上。到了 10 月 20 日，领头的装甲纵队距离莫斯科已经只有 40 英里，连素以持重见称的哈尔德也准备承认："只要有相当好的领导和相当好的天气，莫斯科的包围战似乎是可以成功的。"可是在 10 月的下旬，却一直豪雨不止，坦克和车辆都无法前进，所以攻势开始顿挫，到了月底雪已经厚厚地铺在地面上。希特勒手下第一个最聪明的大将——伦德施泰特，现在就建议应该停止进攻，度过寒冬再说。但是博克和布劳希奇，却以为莫斯科已在他们掌握之中，就附和希特勒的意见，主张坚决地进攻，希望在年底以前完成这次胜利。11 月 15 日，当地面上已经冻结了之后，攻势又再度开始。希特勒向约德尔说："只要作最后的一击，我们就可以凯旋了。"而博克也向他的部下高呼着，要求他们作超级的努力，并且宣布说："最后的一营兵力才可以决定战争的胜负。"

到了 12 月 2 日，冯·克鲁格（von Kluge）的第 4 军团前卫部队已经可以看见克里姆林宫，他们正在莫斯科的西郊作战，但是也就在那里停顿不前。一星期后，具有冬季作战的准备和装备的苏军开始反攻，克鲁格军团就遭受到被围的威胁。德军手臂虽长，伸出去已经可以到达莫斯科，可是此时却有被切断的危险，但是希特勒却严厉命令着："第 4 军团不准后退一步。"因为有拿破仑冬季大撤退的先例在，希特勒非常害怕一退即将溃不成军。所以各战线所收到的命令也都是和第 4 军团一样。希特勒固执地认为即使有被绕过或包围的危险，各部队仍应死守原位置不动。哈尔德知道了这个决定之后，就批评说："当温度降到零下 22 摄氏度的时候，怎样也无法叫部队固守下去。"

这个命令又使希特勒与他的陆军总司令部之间，更发生了新的冲突。这个事件的结果具有莫大的重要性；但是要明了它的全盘意义，则更应该认清，这不过是希特勒，以一个过去曾经当过小班长的身份，居然战胜了世界上最强有力的参谋本部，而取得了世界上所未曾见的最强大的军事机构的绝对控制权的许多步骤中的最后一步而已。在这里也就埋下了德国最后失败的种子。

× × ×

当希特勒在 1933 年 1 月做了德国总理的时候，德国还是受着凡尔赛和约的限制，陆军限制为 10 万人。国防军的最高统帅权由总统冯·兴登堡（von Hindenburg）行使，对于军务的政治指导则由国防部长冯·勃洛姆堡（von Blomberg）负责，但是真正的军权重心却是陆军总司令（Oberkommando des Heeres，简称 OKH）。在这里还保持着旧参谋本部的传统和雄心，所有的人员在政治思想上都倾向保守，而认为这位新总理有不伦不类之感。双方都有恶感，据哈尔德说，因为希特勒是一个狂热的革命者，所以他痛恨这些代表旧上等阶级的军官们，他认为他们都已经腐化落伍。希特勒是一个感情用事的人，是一个群众的产物，他的主要战争经验，就是在一个营部里做过传令兵，所以他的一切当然使具有贵族传统、高度理性的职业军人们看不上眼。但是希特勒却需要这一批军人，因为他们控制着国家的实力，只有他们才可以当作德国重整军备的基础。

与历史上多数成功的暴君不同，当希特勒当权的时候，他却还不曾与陆军在战场上共过患难，以赢得他们的忠诚拥戴。他的褐衫军冲锋队（SA——Sturmabteilung），虽然在政治性的街市战中是很有力量，可是却并非国防军的对手。自从党的斗争初起的时候，SA 的领袖罗姆（Roehm）就希望将他的冲锋队改编成为一种民团组织，逐渐将国防军吸收吞食，以使希特勒可以拥有一个纯纳粹化的军事工具。罗姆主张用直接攻击的方式，夺取参谋本部的军权；而希特勒则主张使用慢性渗透的战术。他准备等到年老多病的兴登堡总统死后，他就立即把统帅权抓到手里。

在这个时候，他就想安抚这些将军们，因为他认清了没有陆军的充分支持，他不可能夺得这个最高的威权。所以他向陆军领袖人物们保证："国防军将为唯一荷负武器的人，它的组织将继续不变。"但是陆军方面却需要一个更具体的保证。陆军支持希特勒的代价，就是要他削除罗姆和党内一些极端分子的权力，因为这些人要求"第二次革命"和"人民的军队"。有一年多的时间，希特勒设法避免冲锋队与国防军间的冲突，但是到了1934年夏季，罗姆公开要求将褐衫队编成国防军中的一部分，于是危机遂无法避免。在1934年6月30日的"流血清算"中，希特勒用快刀斩乱麻的手段解决了这场纠纷，他谋杀了罗姆和他的主要拥护者，并且用强迫的方式将SA解散。

用这样的苦肉计，希特勒似乎是将他自己完全交给军人们摆布，但是军人们的胜利却只是好景不长。1934年8月2日，兴登堡总统逝世。由于有了军人们的支持，希特勒遂敢于大胆地采取行动，将宫中、府中并为一体，他以总理身份又兼任总统。在这同一天的上午，国防部长勃洛姆堡和三军的首长都被召来希特勒的办公室，照着希特勒在一张便条纸上草拟的誓词，向他宣誓效忠，这个誓词不是以宪法为效忠对象，也不是以祖国为效忠对象，而是以希特勒个人为效忠对象。在第二天所有德国陆海空三军中的人员，也都要照样宣誓，誓词如下：

　　　我在上帝之前作这个神圣的誓言：我对于德国国家
人民的元首，三军的最高统帅——希特勒，表示绝对的

服从；并以一个勇敢军人的身份，随时准备为了实现这
个誓言，而牺牲我的生命。

以国防军这个效忠誓词为基础，通过它即足以使全德国人民
在身心两方面，都与希特勒的个人和政策发生了密切的联系。一
直到希特勒死亡之日为止，这个联系都还是相当完好，反抗背誓
的行为可以说是少到了极点。这个誓词就是他的权力基础，所有
企图破坏纳粹统治的军事阴谋都完全为它所粉碎。由于德国军人
们绝对服从他，所以欧洲才会遭到这次空前的浩劫。

对个人宣誓效忠，是希特勒在取得绝对军权途径上的第一步。
他决心要做一个名实相符的三军最高统帅，但是事实上，他的实
力却还不够强大，不能和将军们直接挑战，同时他在陆军总部之
内并无心腹存在。所以他在1935年，就又建立了一个新的高级统
帅部，位置在OKH之上。勃洛姆堡同时兼任国防部长和三军总司
令，而用一个软弱无能的凯特尔担任参谋总长。在他们之下，设
立了一个联合的参谋本部，希特勒就把战争设计的重任交付给他
们。这种制度的创立，在军事理论上看来，实在是非常地健全，
可是它的真正目的却是政治性的——希特勒不过只是想利用这种
制度来削减陆军总司令和陆军参谋本部的权柄而已。

但是陆军的领袖人物，对于希特勒使德国的民族主义和军国
主义复兴的事实，却实在是表示欢迎。诚如勃洛姆堡所说的话：
"为了取消丧权辱国的条约，例如波兰走廊……全体的军官，和
90%的德国人民都会认为为此而战，实在是一种神圣的义务，虽
然战争本身是一种苦事。"但是将军们对于向一个他们所认为是政
治性的统帅部低头，多少不大愉快，同时他们也担心希特勒在迅速

重整军备和积极向外扩张的过程中，会不会遭到邻国的严重报复。他们害怕在他们尚未准备完成之前，就会给希特勒拖进战争中去。

希特勒认为将军们的谨慎小心，实在是缺乏勇气的表现，并且也害怕他们会设法破坏他的计划，甚至推翻他的统治。他深知假使一支陆军，其强大的程度足以够他用来实现他的对外野心；那么也就足以构成国内安全的内在威胁。所以在 1938 年 2 月，他以个人私德的问题为理由，同时将国防部长勃洛姆堡和陆军总司令弗里奇（Fritsch）免职。真正的原因，却是希特勒希望在他发动第一次激烈侵略行动——兼并奥地利——之前，先巩固自己的地位，扩大自己的权力。

勃洛姆堡被免职后，就再没有发表继任人选。希特勒变成了他自己的国防部长，并且下令说：“自此以后，所有全体三军的指挥权，都由我本人直接行使。”从此他就变成了名实相符的最高统帅。同时他又宣布国防军最高统帅部（OKW——Oberkommando der Wehrmacht）也由他直接指挥，而成为他个人的军事幕僚机关。照哈尔德的说法，它变成了这个革命政治家的军事执行机构。

将军们居然沉默地接受了这种指挥系统的改组，虽然中间还夹着弗里奇的冤狱，这个人的地位和威望都足以对希特勒统一军权的企图，作出严重的挑战。军人们对于勃洛姆堡的免职，并不反对，因为他们本不信任那位“政治性的将军”，同时他又与一个曾经做过娼妓的女人结婚，而自毁其地位。可是弗里奇的案件却完全不同。他是一个人格高尚的名将，深得陆军的拥护。希姆莱（Himmler）所指控他的莫须有罪名，说他有同性恋爱的罪行，以后在正式审讯时，证明出来完全是“盖世太保”（Gestapo）的阴谋。

所以陆军总司令部的这种卑劣投降，对于希特勒而言，实在是一个极大的胜利。弗里奇的继任人选是布劳希奇，这位将军的经验比较差，影响力也比较小，而且个人也比较疲软。6个月之后，另外一个具有约束性的势力也消失了，陆军参谋总长贝克将军（Gen. Ludwig Beck），也因为反对希特勒的进攻捷克计划，而自动辞职以表抗议。贝克希望他的辞职可以警告德国人民，使他们明了将被希特勒拖入战争，并且希望陆军起来反对希特勒。但是事实上贝克却是正中了希特勒的下怀，因为在一个警察国家里，辞职实在是一个毫无用处的武器。希特勒把这个消息暂时扣留不予发表，以等待这个危机过去了以后再说。不过，贝克在另外一方面却成功了，他说服了在陆军总部中的同僚，认清了侵略捷克即有引起世界大战的危险，并且劝诱他们联合起来，设法推翻希特勒。由哈尔德和维茨勒本（Witzleben）所率领的将官们，已经决定拘禁希特勒，可是在这个时候，张伯伦飞到贝希特斯加登的消息又传来了。

希特勒在慕尼黑会议中，凭着政治上的判断、军事上的冒险和他个人的魔力，而居然大获全胜。结果使全国人民都拥护他，并且使陆军总部内的许多原先怀疑他的将领们，现在也都转而相信他。这是第三次，他不理会军人们的意见，而获得了不流血的胜利。现在再也没有人敢阻止他，接着在次年的3月间，他完全占领捷克的残余部分时，简直根本上就没有征询陆军总部的意见。一切的命令，都是希特勒由OKW直接发给在前线上的司令官。

到了这个时候，可以说是没有一个人敢对于他的战略计划作政治性的反对；不过到了进攻波兰的时候，陆军参谋本部却想不到，希特勒还要进一步直接指挥到战术问题上面去。可是对于德尔肖（Dirschau）大桥的详细攻击计划，就是希特勒个人的杰作，同时他更极力要求加快进攻的速度。布劳希奇和哈尔德（新的陆军参谋总长）都认为希特勒的计划是太危险和太乐观，但是战争的实际发展却比希特勒所预料的还要更快更好。这就使希特勒更认为陆军总部这一批人，才真是一群饭桶。

在波兰战役结束之后，希特勒曾经召集他的高级将领训话。据哈尔德的记载，他是用一种紧张和狂妄的姿态说着：他们陆军将领们所代表的一种精神，由于上次大战的结果，已经证明了它是完全不合时代的要求……他个人建立了这一支新陆军，但是陆军将领们不但不感谢他，反而还设法反对他一切的成功行动。波兰战役的成功实际上完全是这支新陆军的功劳……所以他要求大家此后死心塌地地接受他的观念，并且无条件地服从他。

但是当希特勒要求在那一个秋天里，就在西线战场上发动攻势的时候，布劳希奇和哈尔德还是反对他的主张。以天气不好为理由，他们一个星期又一个星期地拖下去，一直到希特勒将注意力转移到斯堪的纳维亚方面时为止。他们的拖延行为，结果更加重了希特勒对于他们的不信任，所以关于下一个行动，希特勒简直很少与他们磋商。他仅仅是宣称："关于占领挪威和丹麦的准备，一切由我个人直接指挥。"他只告诉陆军总部供给某些兵力，其目的决定则要听他个人的命令。

这一次作战的伟大胜利，又使希特勒的威望大增；所以当他决定实现更大的野心，向法国和低地国家进攻的时候，陆军总部中就再没有人敢出面反对他。这是希特勒与将军们之间的一个极好的考验。陆军总部主张采用那古典式的施里芬计划（Schlieffen Plan），经由比利时作一个强大的左旋运动。希特勒却采取了伦德施泰特的参谋长冯·曼施坦因（von Manstein）的建议，坚决主张将重点放在阿登高地方面。陆军总部坚决反对这个计划，但是希特勒却毅然付之实行，结果又是大获全胜，其成就之大甚至超过了他个人的料想以外。现在，他的地位和决定，就已经是绝对不可侵犯。凡是反对他的人，无论是从政治方面或是从军事方面来看，都完全是错误的。因此，使他在全国军民的心目中，变成了一个政治和军事上的天才人物。

假使希特勒在西线战场上的计划是失败了，或是仅仅只有部分的成功，那么陆军总部也许就可以重新恢复它的比重，而对于希特勒产生相当的制衡作用。但是结果却完全相反，所以此后希特勒就更是刚愎自用，甚至很多技术性的问题，他都要妄作主张。换言之，他个人所要直接管的事情实在是太多了。一连串的成功使他更相信他是负有一种神圣的使命，要使欧洲大陆变成一个日耳曼大帝国，并且进一步准备统一全世界。如果要说法兰西之战就已经埋下了希特勒最后失败的远因，似乎一点都不过火，因为自此之后，就再没有东西可以限制他那个放浪不羁的野心，而终于将德国带上了覆亡的途径。

当那个可怕的侵苏命令下达的时候，陆军总部里面却已经没有人敢于提出反对。那些将军们知道，现在只要一反对，就只有更挑起希特勒的怒火，而使他更一意孤行下去；结果使他们更无法左右他的意见，以使这个作战计划不至于过分的荒唐，而超出了国防军所能负担的限度之外。不过以后，哈尔德却认为，连这一种消极的努力也还是失败了，因为希特勒的态度是越来越强硬，完全不再听人家的忠告。他对于陆军方面的任何小事，都要过问，那纯粹是陆军总司令的职责，因此无论是战略或是战术的问题，都常常会引起激烈的辩论。由于前几次战役的胜利，希特勒希望这一次的行动也能够和以前一样顺利，而完全不考虑到东线战场上的地形和道路的情形。所以在苏联境内的进展使他感到慢得不可以忍耐。

甚至在第一个胜利月中，希特勒就已经开始过分地伸张他的力量。由德军、芬军、罗军所凑成的150个师，在"巴巴罗萨"作战刚刚开始的时候是够用的；但是当以后战线的正面迅速扩展，就使他们无力支持一个深入的大攻势。经过波罗的海到黑海之间的比较狭窄的颈部以后，德国的陆军不久就被那广漠的大草原所吞噬掉了。他越是对着后撤的敌人穷追不舍，希特勒的地位就越暴露，一旦寒冬来到，使战争的条件变得于苏军有利的时候，他就无法避免苏军的反攻。当对莫斯科的攻势在12月间顿挫了以后，布劳希奇建议将部队撤回，改取守势过冬，但是希特勒却大怒表示，绝对反对撤退过冬的理论，认为即使是在战术上也不可能，所有的部队也应该就原地抵抗，战到最后一人为止。

为了抗议这种毫无意义的牺牲，布劳希奇只好辞职。伦德施泰特早已退休，其余两位集团军总司令博克和里布不久也都以身体健康为由，先后辞职，而哈尔德则一个人苦撑着，直到1942年9月间始离去。1941年12月19日，布劳希奇辞职之后，希特勒又自兼陆军总司令，于是他对陆军独立性的毁灭算是终于完成。自此之后，这位"元首"一身兼任国家的元首、国防部长、三军最高统帅和陆军的总司令，每一个德国的军人、每一个政府中的公务员和每一个纳粹党员，都应该对于他个人宣誓效忠。似乎这些还不够，他又要求德国国会封他为"最高的法律主宰者"（Supreme Law Lord），对于一切惩奖和任免都具有绝对的权力。

希特勒这种自握兵权的办法，实具有激烈的影响，因为他早已经把 OKW 和 OKH 的权力加以平分。一直到"巴巴罗萨"作战为止，OKW 对于所有各地的陆海空三军的战略，都具有普遍性的设计权和指挥权；而 OKH 则专门控制陆军，指挥各战场上的日日行动，负责陆军的补给和训练。在 1941 年的一年中，希特勒却命令把 OKH 的指挥权完全限制于东线战场（唯芬兰除外），其余各战场则一律改由 OKW 直接指挥。于是 OKW 俨然分庭抗礼，成为另外一个陆军参谋本部，负责指挥西、南、北 3 个战场上的作战。

在这种分权制实行之后，又继之以布劳希奇的辞职，希特勒对于将军们，可以说是完全胜利。现在没有哪一位将军，其指挥的范围会超出一个集团军以上。只有希特勒一个人才有权向各战场上的各陆军单位，发出全盘的命令。既无适当的大本营组织，也无适当的参谋本部组织，来负责整个战略的计划和指导。事实上，东线战场与其他各战场之间，OKH 与 OKW 之间，除了希特勒个人和他个人的一个小幕僚组织以外，彼此之间更无其他任何的联系。尤其是 OKW 与 OKH 之间，隔离得是那样的严格，甚至要把一个团的兵力由东线战场调到西线战场去，都也要经过希特勒本人的批准。

这种高级指挥系统的变化，其目的不是为了使战争中作战的效率可以提高，而只是为了使希特勒的政治地位更为稳固，他对于国内外的政治敌人，都是惯用分化之后，再各个击破的战略，所以他现在用来对付陆军的也还是这一套老办法。所以他使任何一位将军，或是一群将军，都无法控制足够的力量来危害他的权威。

希特勒削减陆军总司令部权限的计划，还不仅此而已。自从 1934 年冲锋队被迫解散以后，希特勒为了对抗陆军的要挟，又借助于他的两位得力助手——戈林和希姆莱——分别扩充新的独立兵力。1935 年，所有高射炮部队都划归纳粹化最深的空军统率。这个办法使希特勒在全国各地及各陆军部队中都控制了一部分忠诚可靠的武装人员；而且使陆军没有直接控制的力量，足以反抗空军的攻击——于是他们要想造反的话，戈林就可以用空军来剿平它。1942 年，希特勒又再设法增加戈林的实力。当时因为东线战场急需增援的兵力，所以决定将空军方面的剩余人力，改编成为陆军。OKH 希望将这些新兵编入各原有的陆军部队，因为他们虽然是疲兵久战，但是却具有充分的作战经验，所以这些新鲜血液的加入，对于双方都可以深受其利。可是在戈林的主张之下，希特勒却把他们编成 20 个空军野战师（Luftwaffe Field Divisions），虽然在作战上受陆军的指挥，但是在本质上他们却还是空军的一部分。

无论从军事方面还是政治方面来说，比较严重的却是党卫军的扩充——Waffen Schutzstaffel，本意译为"有武装的 SS"。所谓 SS 者，亦名黑衫队，原本是希特勒个人的卫士队，但是在战前就已经发展成为一个国家警察部队，其实力在 1940 年，约相当于 3 个师，到了 1941 年，它又更迅速地膨胀，所有人力和物资的补充都一律占有最优选的程序。其最终的目的是编成 30 个师以上的党卫军，并且都是精兵。

这些发展使地面部队之中又产生了内在的裂痕。一个军团司令，甚至一个军长，所指挥的对象都可以不全是正规的陆军，其中常常混有 SS 或是 GAF 的师。但是这些师却是分别为戈林和希姆莱的"私人部队"，当他们觉得陆军的决定不对的时候，他们可以直接诉之于他们的老板。所以这又使各级的指挥都感到混乱而困难，并且削弱了指挥官的权威。

这个政策对于希特勒个人和政治上而言，假使是有利的话，那么对于军事上而言，则后患却是不堪设想。德国战时的生产部长斯佩尔（Albert Speer），虽然是希特勒的一个幸臣，但却是一个很聪明能干的人才，他对于希特勒的认识要比其他的人都更深刻。他曾经说过："希特勒决定自兼陆军总司令，这可以说是这次大战中的一个最不幸的决定，因为结果就是使陆军从此再没有总司令了。一位总司令的职责是要保卫他的部队的利益，并且和他的部队发生密切的接触；他应该不怕麻烦地处理许多细节的问题。希特勒既没有充足的时间，而且又缺乏专门的知识，所以事实上，从那个时候起，陆军总司令一职就等于已经撤销。"

这个职位被撤销的时候，也正是德国陆军最需要平衡的和专业的指导的时候。由于美日之间已经发生了战争，因而引起了许多的严重问题，但是希特勒对于这些问题的答复，却越来越不肯听信专家的意见，而一切都由他个人自作主张。所以从1941年12月他扩充了个人的权力之后，接着欧洲战争，就一变而为世界性的战争，这似乎并不全是偶然的。

× × ×

自从"巴巴罗萨"作战开始以来，希特勒的全盘战略目标中之一个，就是要使日本继续保持对于英苏的敌对地位，和美国继续保持中立地位。约德尔曾经引证过希特勒的话，他说他希望有一个强大的新盟友，但是却不希望有一个强大的新敌国。所以，他在1941年6月21日告诫雷德尔说："海军应尽量避免与美国人发生冲突，直到'巴巴罗萨'作战的发展已经明朗化的时候为止。"他又命令里宾特洛甫劝诱日本人加入战争，不过攻势的方向却不要再像希特勒上次所建议的，指向新加坡，而应该指向海参崴，以切断美国租借物资的运输路线。

7月10日，里宾特洛甫用电报命令他的驻日大使说："我请你用最大的努力，敦促日本在最短期间之内，对苏作战，日期在我与松冈的通牒中曾已经提及过……天然的目标是德日两国在冬季尚未开始之前，即在西伯利亚铁路上会师。"

东京的反应却并不好。10月间德国人又重申前议，结果还是一无所获。当东条出组日本新阁时，外交方面的两个主要位置由东乡及西春彦所分任，他们都是力主对苏亲善的。根据凯特尔的看法，这个结果使日本继续保持中立，而让苏联人在以后数月中，从远东方面调动了18个到20个师的兵力去阻止德军的进攻。

由于没有能够将日本拖入对苏战争的缘故，所以希特勒就更决心希望不要让美国人找到任何参战的借口。1941年7月间，美国兵接管了冰岛的防务。9月间，当一艘德国潜艇与一艘美国驱逐舰发生了冲突之后，罗斯福就提出警告说："自此以后，若德意两国的军舰进入了美国所必须保护的海面以后，则它们的损失将是咎由自取。"美国军舰并奉命先开炮射击。在美国这个命令宣布了之后，雷德尔和邓尼茨都立即要求希特勒，取消限制潜艇活动的命令，但是希特勒却还是以东方战役尚未结束为由，力主避免引起美国宣战。所以他命令在10月中旬以前，对于袭击商船的战争，应绝对小心以防止发生意外事件。

到了10月间，希特勒在东线战场上还是没有能够获得具有决定性的胜利，所以他心里更着急，很害怕在对苏战役尚未能结束之前，就先要和盎格鲁－撒克逊国家打起来。在那个月的月底，美国又向战争更走近了一步，它决定修改中立法案，并且美总统还宣布说："美国商船将武装自卫，以对付海上响尾蛇的袭击……此后美国武装商船，在美国海军保护之下，将直接运输美国的物资，开入我们朋友的港口。"罗斯福又说："希特勒和希特勒主义的进展是可以阻止的——也应该加以阻止。"

要是两年前，希特勒对于这种挑战是不会不答复的，但是现在却为了战略上的需要，他只好重申前令，命令他的潜水艇，绝对避免与美国船只冲突。他还没有准备好摊牌，同时他又并不想促成美日间的冲突。不过，他却又害怕温和派可能在东京得势，那么他们也和对苏联一样，未尝不可以与美国取得谅解，而使美国更可以在远东方面无所顾忌地来参加欧战。所以，里宾特洛甫就设法鼓励日本，在11月间华盛顿所举行的会议中，采取强硬的态度。29日，他向日本驻柏林的大使提出保证说："假使日本与美国之间发生了战争，德国当然会立即参战。"

可是，他们彼此之间却并没有具体的共同作战计划。在日本尚未通知德意两国，说华盛顿会谈破裂的时候，日本舰队就早已向珍珠港兼程进发。1941年12月3日，日本政府要求轴心国家，当他们与美国间的战祸一经爆发的时候，德意两国都应立即对美宣战；可是他们却并没有说明拟在何时何地，作第一次的打击。根据轴心国家间的这种外交程序，希特勒和墨索里尼事先都不知道日本人偷袭珍珠港的计划。虽然在两天以前，德意曾给予日本人保证，但是日本人的攻击却正是代表希特勒的世界战略的总失败。从1939年9月起，他就想尽量避免两面作战，以各个击破的手法来击败他的敌人。现在到了1941年12月，他已经陷入了一个全球性的大战，这是他所没有准备的，全世界的力量都集中在一起，从各个方面向德国进逼。

对于这个新形势的全盘战略重要性，希特勒很久才完全认清，因为日本人的眼前胜利，使他忽视了长期的危险。12月12日，雷德尔告诉他说："由于日本人的胜利，大西洋方面的情势似乎可以松懈。"希特勒又反问说："有无这种可能，英美会暂时放弃东亚不顾，而先使用全力将德意击溃呢？"雷德尔答称："甚至暂时放弃东亚，对于敌人也是不可能的。因为这样的做法，将使印度蒙受极大的危险，而当日本海军占上风的时候，美国的舰队也势必不敢撤离太平洋。"

希特勒也完全同意于雷德尔的敌情分析。于是雷德尔就又进一步主张：当英美两国都给太平洋方面的战争所牵制住的时候，德国人应乘机夺取马耳他岛，进攻苏伊士运河，并以与日本会师印度洋为目的。在这个冬天里，雷德尔一再为他的主张争辩。他说："目前，地中海的有利情势，可以说是千载难逢的好机会。"希特勒却错过了这个机会。他的全副精神都用在苏联方面，至于说到西线战场，他的目光却并没有摁在地中海方面，而却看在挪威的身上。

在1941年圣诞节后的一个星期，英国的陆战队曾在挪威的沿海，作了两次小规模的突袭。12月29日，希特勒向雷德尔说，他认为英国人可能将使用大批的海陆军，在此实行登陆，所以德国的海军应开始集中力量作防卫挪威的准备。战舰"沙恩霍斯特"号（Scharnhorst）和"格奈森瑙"号（Gneisenau），巡洋舰"尤金亲王"号（Prinz Eugen），都应最快地由布雷斯特转移到那一方面去。希特勒又说："最好的办法是使这些军舰，由海峡中冲过，使敌人措手不及。"海军方面认为这种企图殊无成功的可能性，但是由于"元首"的严命，却只好去准备进行。

这个果敢的行为，对于希特勒和他的战略，其影响之大远超过其本身的重要性。这又使他低估了英国的攻击力量，并使其自信重新复活。他常常相信胜利就只是意志的问题，而他的那些专家顾问们就是缺乏决心。在过去，他常常不听陆军将领的意见，而终于获得了成功。在海军方面，他却一向还拿不太稳，因为过去他还没有机会能够证明他是对的，而海军将领们是错的。

当希特勒对于他自己的军事天才，正感到信心倍增的时候，哈尔德和陆军参谋本部却正在不识时务地在他面前力争，说德国的资源已经不够在东线战场上作另外一次新的攻势。他们主张采取一种战略防御的政策，计划一方面消耗苏军的实力，一方面保存德军的实力，以便应付西线战场上具有决定性的大战，这是他们料定迟早总会要来的。希特勒却并不重视这个忠告。他并不认为由于他个人固执地命令部队不准撤退的原因，而使德国遭受到了很大的牺牲。反之，他却认为德军居然能够抵挡住苏军的冬季攻势，就正可以证明他的将领们无能、怯懦、具有失败主义的色彩。他的意志力既能阻止冬季的撤退，所以当然也可以发动新的春季攻势。他相信苏联的预备兵力现在也已经用尽，而德国人占领了高加索油田之后，即足以使苏联的战争机器完全陷于停顿。

所以希特勒又驱使德军向斯大林格勒进攻，希望在美英两国从西面开辟第二战场之前，即倾全力将苏联完全解决。他原先开始赌博的时候，是认定了只作一个短期的战争，并且仅以欧洲大陆为其限度；可是现在似乎他必须要与英美的联合力量，作长期的苦斗，因此高加索的油田对于他就更为重要。

1941年，希特勒的全部石油供应量，到达892.9万吨之多（在战前最后一年他只用了 700 万吨），而他之所以还能够继续作战的原因，是由于他已经在那少得可怜的预备存量中，又抽出了 114 万吨。到了年底，除了海军的需要不计以外，所有供军用和民用的全部油量存额，只有 79.7 万吨，仅仅只够一个月的消费。这个存量实在不够希特勒挥霍，因为他还没有开始被迫着在两线作战呢！

希特勒现有的来源，在一年之间，决无法供给他以多于 1200 万吨的原油。1941 年的人工石油产量为 400 万吨，到 1943 年预定可以增到 600 万吨，但是因为罗马尼亚的石油产量已经逐渐减少，所以正好对销。连年的损耗早已使它的产量由 1937 年的 870 万吨，减到 1941 年的 550 万吨。其中有一半要供罗马尼亚本国的使用，以维持他们的经济力量和在苏联作战的陆军。所以，即使希特勒在东面采取战略防御的政策，他的油量还是不够对于西方国家，作大规模空海战争之用，以来挽救他的失败。

1941 年，德国空军所消费的油量，其中已经有 25% 是出自库存，假使再在西方恢复大规模的空中攻势，使其到达 "不列颠之战" 的程度，则所需要的航空油量，将要超过德国所控制的欧洲所能生产者的一倍以上。海军方面的情形也一样严重。11 月 13 日，雷德尔将下列的统计表送呈希特勒供参考，更是令人触目惊心：

燃料油

（一）德意海军的全部存量…………41 万吨

（二）两国海军每月需要量…………20 万吨

（三）每月的供应量……………8.4 万吨

潜水艇的行动还不至于受到影响，因为柴油的供应还是很充足的，但是在年底之前，因为燃料油的缺乏，曾经强迫德国海军放弃使用战斗舰在大西洋作战计划。12月12日，雷德尔提出报告说："石油的情况已经非常严重。海军的需要量已经削减了50%，这个使我们舰艇的机动性大受影响……罗马尼亚对于德美两国的石油输出，几乎完全断绝。"雷德尔又说："罗马尼亚要求德国把黄金送给它，以便稳定它的币制。"希特勒答应立即将黄金送去，但是虽然如此，石油的产量还是无法足额。罗马尼亚燃料油的交付，在1941年中，每月为4.6万吨，而到了1942年4月，则只剩下了0.8万吨。在那一个月内，轴心的海军一共配得6.1万吨燃油，只供他们所需要的三分之一，但是再多却无法筹备。在过去5个月当中，海军石油的存量由38万吨，降到15万吨。

里宾特洛甫向罗马尼亚的独裁者安东内斯库将军（Gen. Antonescu）作外交上的交涉，结果所得到的回答是："关于原油方面，罗马尼亚是已经倾全力作了最大的贡献，它不可能再增加。在这个情况之下的唯一出路就是设法夺取产油丰富的地区。"希特勒个人所得到的结论也正和安东内斯库相同。1942年6月，他在向高加索发动夏季攻势的前夕，向他的南面集团军中的高级将领训话说："假使我得不到迈科普（Maikop）和格罗兹尼（Grozny）的石油，那么我就势必要结束这个战争。"

在东线战场采取战略防御的政策，最好也不过是一个僵持的局面，或者可以导致一个妥协性的和平。可是希特勒却不会接受这种形式的解决方案。他知道全世界不会再第二次宽恕德国人。他也知道他个人的权力和纳粹帝国的生命，在这种和平解决的方式之下，都将不可能幸存下去。他既然已经孤注一掷地发动了战争，所以就只好再继续赌下去，以存万一的希望。不是全面的胜利，就是全面的毁灭——这本是虚无哲学的原理，也正是纳粹主义的基础。所以他决定坚持到底，这也就还是他在 1939 年 11 月 23 日，秘密向三军首长所宣布的理想：

> 我要作战到底，决不投降。帝国的命运就完全只是寄托在我一个人的身上……任何想妥协的希望实在都是幼稚。不是胜就是败。问题不仅是纳粹德国的命运，而是在将来，究竟是谁支配着欧洲……没有一个人曾经有过和我这样多的成就。我的生命在这些成就中是没有什么重要性的。我已经领导德国人民爬上了一个高峰，甚至全世界现在都在痛恨我们。我正在把我所有的成就来作一次赌博。我要在胜利与毁灭二者之间，选择一样，我选择了胜利……

于是他好像有先见之明一样补充说：

> 只要我一息尚存，我就只想到我们人民的胜利问题。任何东西都不能够使我退缩，任何人敢反对我，我都会把他毁灭掉……在这一场斗争当中，我不是站住了，就是跌下去。假使我们人民失败了，我决不偷生。对外来的势力决不屈服，而在国内也无革命发生之可能。

这个宣言不过是把他 7 年前所说过的话再重说一遍："我们决不投降——不，决不！我们也许会毁灭，不过假使我们要毁灭的时候，也就会把整个世界都拖在一起——一同跳入火坑！"

第五章 | 蓝图的追寻

在"巴巴罗萨"作战开始后的 12 个月，其余的欧洲国家慑于法国陷落的余威，还是俯首帖耳，不敢乱动；但是英国却已经开始采取步骤，作尝试打回大陆的企图。德法休战条约是在 1940 年6 月 22 日签字的，在当时，希特勒宣布："英国是从此永远被赶出大陆以外去了。"可是希特勒尽管有如此的说法，英国的突击队却在第二天夜间，向布洛涅附近的法国海岸上，作了一次侦察性的突击。这支突击队由 200 人组成，不过使英国人为难的是，当时他们的船只却最多只能容纳 120 人。他们这一次突击并没有什么收获，也没有找到什么情报，也没有抓到俘虏。回航的时候，有一队人回错了港口，反被宪兵扣留，以为他们是逃兵。以这样一个平凡的开始，于是慢慢地就发展成为 1944 年的大规模登陆战。

在下一个月里，丘吉尔成立了一个联合作战指挥部（Combined Operations Command），专门负责为最后反攻欧陆作战作准备铺路的工作，同时对于已被德军占领的海岸线上，经常作一连串的突击。1940 年 10 月 5 日，当日间空袭还尚在伦敦上空进行的时候，丘吉尔已经开始命令联合计划参谋部（Joint Planning Staff）研究对欧洲攻势行动的可能性，其中包括在瑟堡半岛上建立滩头阵地的问题。

不过，假使只有英国一个国家在苦撑中，那么它还是没有力量向大陆上的希特勒政权实行挑战。守方是占有绝对的优势，因为入侵的可能性，其基本问题就是一个力量平衡的问题。在任何一个特殊的时间当中，这个可能性都是可以用算学的方式，计算得出来的：英国能够运用多少兵力实行登陆，在登陆之后又能维持多大的兵力，德国用来对抗的兵力又有多少？这是数量的问题，装备的问题，而尤其是一个运输工具的问题。统计数字在事先即可以判决这次行动的成败，战略战术的运用、牺牲的决心都不足以使它有所改变。这个答案就是说，一定先要有下列3个条件：（一）大部分的德军实力都被牵制在其他的战场上；（二）英国的力量获得了帝国范围以外来源的增援；（三）英国的制空权足以确保大西洋上的供应线，它的制空权也可以控制着西欧的上空。这样才可以谈到渡过海峡，实行反攻。

对于海峡两岸的力量平衡，第一个重大的影响就是希特勒入侵苏联。在一个月以内，苏联的态度由一个不友好的中立国，而变成了一个利害相关的盟友，斯大林向丘吉尔一再要求，尽量提早在法国开辟第二战场。这个要求是英国所无力做到的，尽管德军已经将150个师用在了东线战场上，但是留在西欧和挪威的驻守兵力，仍然在50个师左右，照当时的英国兵力而言，这个数字实在还留得太多了一点。可是到了9月间，苏联的要求就更是急如星火。9月4日，斯大林给丘吉尔的私函中说："德国认为西方的危险不过只是虚声恫吓，所以它已经将全部的兵力都转移到东线战场上面来了。"接着他又向英国人抱怨说，因为英国人没有能够在法国采取行动，所以才会使希特勒占据了半个乌克兰，并且已经到达了列宁格勒的大门。第二天，丘吉尔用电报通知英国驻莫斯科的大使克里普斯爵士（Sir Stafford Cripps），他完全照着现实的军事立场，分析如下："假使对于法国和低地国家的入侵，能够逼迫德国人抽回侵苏的兵力，则牺牲虽更惨重，我们也应该勉力为之。不过我们所有的将军们都认为，即使是浴血苦战，可是对于事实却还是颇少补益……因为德军留在西欧的师数尚多于我们在英国所有的，而且将大量部队运往欧陆的船舶，现在也不存在。"所以总结起来，丘吉尔的结论是说："我们今天无论将采取何种行动，或已采取何种行动，其结果都还是不足以影响东线战场方面的战局。"英国大使就把这个事实老老实实地告诉了莫斯科当局，但是斯大林却还是回答说："我只能够再重说一遍，没有能够开辟第二战场的事实，只是使我们的共同敌人占了便宜。"当苏联的要求和指责还是继续不断飞来，丘吉尔又电告克里普斯说：

　　我非常同情于你的处境困难，也非常同情于苏联的愤怒。但是他们实在无权指责我们。他们的命运是他们自己所造成的，由于和里宾特洛甫签订了那个条约，所以才放松了希特勒，使他侵略波兰而挑起这场大战。当他们坐视法军的毁灭时，就是自己破坏自己的第二战场。假使在6月22日以前，他们即已和我们事先磋商，那么我们也可以早就有所安排，而使军火供应的数量增多。一直等到希特勒动手了之后，我们才知道他们的确实态度……我们所已经做的事情都是绝对忠实的。我们已经尽我们的可能去帮助他们，甚至会影响到我们的重整军

备的计划，而且在春天入侵季节来临的时候，就会使我
们更感受到严重的威胁。

丘吉尔又命令克里普斯，不要把这些所有的"真实之盐"，擦
入苏联人的创口；但是只要向苏联政府保证，英国是一个具有忠
诚勇气的民族。虽然在这个时候，英国人并没有力量可以帮助苏
联，抽回德军的兵力，但是他们却已经早就在拟订计划，诚如丘
吉尔在 8 月间向罗斯福所说的话："为了援助已被征服的人民，当
机会成熟之后，应使解放军登陆。"9 月间，丘吉尔又命令联合计
划参谋部，尽快完成反攻大陆的作战计划，其特别应注意的要点
为，对于实际作战和训练之用，应该需要多少特种船舶，都应有
详细的估计。1941 年 12 月，就拟好了一个准备在 1943 年夏天入
侵法国的计划大纲，当这个计划草拟完成的时候，美国已经与英
国并肩作战。所以自此以后，一切有关渡海反攻的计划和准备，
都是以英美合作为基础来进行的。

在珍珠港事变发生后的两个星期，罗、丘二人率领着他们的
参谋总长们，在华盛顿集会，一共作出了两个重要的决定。第一
个是两国所有的一切军事经济力量都应该集中在一起，由联合参
谋本部（Combined Chiefs of Staff）来作全面的指挥。这实在是
同盟国胜利的根本，因为，照美国联合参谋本部（Joint Chiefs of
Staff）主席马歇尔将军的看法，它足以使军事行动上获得完全的
统一，而达到以前任何两个国家联合作战时所未有的密切程度。
对于两国的一切军队的战略指导、人力和军火的分配、交通的联
系、军事情报的控制和占领区的管制，都一律当作两国的联合
责任。

在联合参谋本部之内，不免常常有尖锐的意见分歧，个人间、民族利益和民族性之间，都常有激烈的冲突，但是却还是无碍于马歇尔的总评语的真实性。诚如丘吉尔所说的，这种分歧只是所注重的优先秩序之不同，而并非原则上的差异。联合参谋本部，在罗、丘二人一般指导之下进行工作，这是用民主方法做事的一个真正例子。也许最大的成功，还是主持的人，他们之间尽管具有不同的意见，但是却终于能够制定一个共同的政策，并且动员全部的力量去执行这个政策。联合参谋本部的建立，使联军具有完整平衡的领导，在战争的高级指导方面，占了极大的优势。

这次华盛顿会谈的第二个重要决定，就是决定了一个所谓"联合战略的基础"（Fundamental basis of Joint Strategy）。1941 年 2 月在伦敦所举行的英美参谋会谈，就曾经谈到这个问题，并且大家都同意，一旦美国与德日同时发生战争，联军的主要努力应先用以击败德国。不过在珍珠港事变发生之后，他们再到华盛顿去开会的时候，丘吉尔和他的僚属就都很担心，因为日本人在太平洋中的攻势非常顺利，所以很害怕美国人会改变他们的计划。在第一次会议时，马歇尔就提出了一个备忘录说："虽然日本已经加入战争，但是我们的看法仍认德国为主要的敌人，而它的失败才是胜利的关键。一旦德国失败之后，意大利、日本两国即将随之而崩溃。"这才使英国人感到大为放心。

这个建议就变成了美英联合战略的基础。这虽然是一个纯军事性的决定，但是罗斯福的毅然接受，却代表一种伟大的政治勇气，因为他知道美国人民早已感到不耐，希望早日对日本加以报复。美国人民觉得德国人并没有使用像珍珠港事变那样的下流手段来向美国挑战，同时他们更感觉到他们的重要利益，在太平洋方面所受到的威胁，其严重程度并不亚于在欧洲方面。当他们向远东方面看的时候，美国人民是一致的，只有一个美国人的观点；但是当他们向欧洲方面看的时候，他们和他们祖先所带来的传统敌友观念，就会破坏了他们的一致性。所以美国人对于德意的态度，远不如对日本那样的一致。当战争发生的时候，他们的怒火主要都指向日本；在太平洋方面，他们有一位统帅——麦克阿瑟将军，他的雄心和自负使他看不见其他的战区，只看得见他自己的战区，他不仅痛斥"希特勒第一"的战略之不当，而且还使用一切的策略和政治手段来破坏它。

这个基本战略决定毫无疑问是正确的。当联军领袖会晤的时候，德军已经打到了列宁格勒和莫斯科的外围，而且谁也不敢预言苏联人还能再支持多久。苏联的抵抗力早已超出美英两国参谋本部料想之外，他们害怕它会在美国实际动员完成、挑起重担之前，就已经会崩溃掉。所以美国总统坚决主张，在 1942 年间，美军应尽可能提早与德军直接作战，并且在原则上接受了丘吉尔所提出的美英联军在突尼斯登陆的建议。由此，联军可以攻入的黎波里塔尼亚，与英国第 8 军团的攻势相配合。

不过在那一天，澳大利亚的总理柯廷（John Curtin）却发出了一个警告，说新加坡的陷落已经不过只是短时间的问题，要求立即援助。在以后的两个星期当中，丘吉尔还逗留在美国，但是远东的局势却已经急剧逆转，情况十分紧张，使得调动生力军去阻止日本人扩展的问题，又获得了最高的优先。美国人一方面要向太平洋地区增援，所以就没有足够的船舶，来载运部队参加突尼斯作战。英国人也调派了 5 个师的兵力到远东去，这些兵力本来都是驻在中东，或是准备派往中东，所以英国提早攻入的黎波里塔尼亚的计划也就因而搁浅。

在 1942 年的头三个月当中，日军进展到新几内亚岛（New Guinea）和缅甸，其威胁之大足以强迫英美非要修改他们的全球战略不可。3 月间，英国的海军总司令庞德上将（Adm. Pound）用下述的措辞，来总述情况的变化："虽然德国仍然还是我们的主要敌人，而它的失败才是胜利的关键，但是现在却必须要阻止日本的攻势，以使我们有击败德国的机会。"本来华盛顿会谈时，所作的基本假定是认为日本在没有到达联军方面所认为重要的地区，即将可以被阻止，而联军方面也可以不要动用大量的资源——尤其是船只——与日本作战。可是到了 4 月间，日本人的势力却已到达了孟加拉湾（Bay of Bengal），而希特勒也重新发动了对高加索的攻势，所以轴心国家在印度洋会师之说，就已经显示出相当严重的危险。

面对着这种可能性，英国的参谋本部认为战略重心，应该是波斯湾附近和它的油田，因为在这个地区两方面的战争才发生了战略上的连锁性。所以他们主张 1942 年的最迫切的工作，就是：（一）阻止日本；（二）保卫中东；（三）取得制海权。非要等到这些目标达到了之后，因为他们害怕不能集中足够的兵力，来对付德国发动任何严重的攻势。

在这个时候，以及以后的许多月数当中，英美战略计算当中的一个最主要因素，就是船只的问题。可是在华府会议时，联军的领袖人物却没有一个人曾经想到海上运输力量，会那样迅速激烈地锐减。在 1939 年 9 月到 1941 年 12 月，商船被毁的吨数约近 1000 万吨，其中已经补充好的不过三分之一，不过却估计美国的造船工业在 1942 年可以生产 800 万吨，足以补足这个损失，以及新近的损失，上年的经验表示英国人已经可以控制潜水艇的为害。在 1941 年的上半年，平均一个月损失 47 万吨的商船，但是在珍珠港事变发生前的 5 个月当中，这个数字平均降到 17 万吨。这个事实上的进步，使大家获得了一个乐观的结论，认为大西洋的战争已经走向胜利的途径。所以在华盛顿会议中，对于潜艇问题并未作任何特殊的决定，也没有给予它以特殊的优先。

这种乐观的想法不久就消失了，因为战争扩展到太平洋和印度洋，使船只的需求量大为增加，而同时潜艇所造成的损失量也突然增加。从开战之日起到珍珠港事变止，德国的潜艇舰队的实力，已由 57 艘增到了 249 艘。由于美国参战的缘故，邓尼茨在西大西洋中又开辟了新的战场，这个地区在以前是为了政治上的原因，而不能进入的。1941 年 12 月 9 日邓尼茨在他的日记上写："全部美洲海岸线都成了潜艇活动的地区……使我们对于截击敌人商船的机会，到达空前的水准。所以我们应该可以希望有一个辉煌的成功。"结果真是如此。

在美国的大西洋海岸上，以后在加勒比海和墨西哥湾里面，德国潜艇在 1944 年的上半年，真是满载而归。罗斯福在 3 月 18 日，写信给丘吉尔说："我的海军对于在沿海地区进行驱潜战争，实在是完全缺乏准备。我似乎可以不用告诉你，多数的海军军官在过去，都不愿意考虑 0.2 万吨以下的小船。你们在两年之前就已经学习了这个教训。我们却还要学习呢。"对于沿海航行的商船也没有作护航的安排，用来负责驱潜作战的军舰和飞机，数量都极有限。美国商船甚至都没有武装。而且一直过了 5 个月之久，沿海地区才开始管制灯光。根据美国海军历史学家摩里逊教授（Prof. Worison）的记载，他说："像迈阿密（Miami）这些繁华的地区，它的霓虹灯的灯光可以照耀到 6 英里以外，使向南航行的船只都可以显出阴影。船只被击沉，海员被溺毙，为的是要让人民照样地享受和作乐。"联军商船在美洲海面上的损失，1 月为 19.6243 万吨，3 月增加到 35.4489 万吨，而 5 月则更增加到 45.2 万吨。5 月的损失有一半是发生在墨西哥湾，6 艘潜艇一共击沉了 41 艘商船。摩里逊说："使人感到悲痛的，就是至少有一半的损失，都是可以补救的——例如使用护航制度，或是加以适当的空中保护。"在 5 月，德国潜艇成功的机会，其中有 95% 都是发生在美国海军所应负责的地区。在那一个月里，利用英国所借给的驱潜船只，美国最后才开始组织它的护航舰队，但是到了这个时候，德国潜艇所造成的严重损失，已经足以威胁到英美战略的根本问题。在这头两年中的巨大差额，始终没有补充起来，而自从珍珠港事变发生以来，各地区的沉船总数，又已经超过了造船场中所能供给的数量，到达 200 万吨以上的差额。

× × ×

虽然船只的损失是如此的严重，但是美国的总统和参谋本部却还是继续作攻势的打算。3 月 9 日，罗斯福致电丘吉尔说："我对于当年夏天在欧洲大陆上，建立一个新战场的问题，越来越感兴趣……即使损失毫无疑问非常重大，但是这个损失至少可以使德军蒙受同等程度的损失以作抵偿，而且还可以逼着德国人从苏联战场上抽回大量的兵力。"英首相对于此项建议，只给了一个很富有保留性的答复，但是美国人却还是照着他们自己的计划进行。4 月 8 日，马歇尔和美总统私人代表霍普金斯（Harry Hopkins）

一同到伦敦去，其目的就是为了敦促英国人提早对欧陆采取行动。英国人并不和马歇尔发生争论，马歇尔本人也是主张："对于德国的最后打击，必须越过英吉利海峡，并向东进入西欧平原。"他们接受了美国人的建议，立即开始准备预计在1943年春季即向欧陆作大规模的登陆行动——其代号名称叫作"围捕"作战（Operation ROUNDUP）。丘吉尔对于这个理想也表示接受，但是他却作了一个广泛而基本的保留，那就是首先要加强印度与中东的防御，以防止德日两国的会师。

当他们已经对马歇尔长期计划表示同意之后，马歇尔又建议，联军应准备在1942年在法国登陆，这是一种牺牲性的举动，其目的是挽救苏联的崩溃。这却使英国参谋本部感到相当震惊。马歇尔主张在这一年的秋天，先在欧陆上建立一个小型的桥头阵地，以作为1943年春季发动大规模攻势的立足点。但是他自己也承认，最小限度的部队和船只，在10月以前都不可能集中起来；而到了那个时候，海峡中的气候却是最不适宜于两栖作战的。即使能够登陆，也还需要有充分的运输能力，才最多能够维持9个师的兵力，在欧陆上立定脚跟；可是照英国人的看法，这样微弱的兵力也并不足以使德国人感到烦恼，甚至还很难守过那个冬天。在4月14日伦敦会议的时候，最后英国又同意，到了非要援救苏联不可的时候，才考虑在1942年在法国登陆。这个作战计划的代号定为"大槌"作战（SLEDGE HAMMER），可是至少英国人认为，这所能分散的德国兵力实极有限，但是相反地，却足以引起严重的灾祸。

4月11日，当"大槌"计划还正在伦敦进行讨论的时候，在任何有关实行问题可以作决定之前，罗斯福却打了一个电报给斯大林，他说："我正在考虑一个非常重要的军事计划，其中包括使用我们的兵力，以解救你在西线战场上的危局……在我们决定最后战略动向之前，我需要先征求你的意见。"罗斯福建议，可派莫洛托夫和另外一位军事顾问到华盛顿来，共同商讨这个问题。

莫洛托夫并不急于到华盛顿来，可是当他来的时候，却带来了一个紧急的要求。在美总统邀请后的 6 个星期，他才在 5 月底来到了华盛顿。莫洛托夫向罗斯福和马歇尔提出警告说："希特勒可能将他所有的人力和物资，都增援到东线，那么苏军就会支持不住了。"相反地，若英美能够开辟一个新战场，牵制住德军 40 个师的兵力，那么情形就会完全不同。莫洛托夫说，他在伦敦也曾和丘吉尔讨论过这个问题，但是却没有得到具体的答复。所以他现在希望罗斯福能够给他一个直截了当的答复。

根据美国方面的会议记录，美总统就问马歇尔，发展是否已够明了，足以使美国人可以向斯大林说"我们准备开辟第二战场"。马歇尔回答说："是的。"于是美总统才授权莫洛托夫先生，请他转告斯大林先生说，美国人准备在当年内建立第二战场。马歇尔补充说，美国已经有了训练精良的部队，已经有了足够的军火、飞机和装甲师，唯一的困难就是运输问题。在以后的讨论当中，美总统指出，由于船只的缺乏，美国无力负担双重的任务，一方面继续把大量的租借物资供给苏联，另一方面又在英国建立登陆所必要的庞大兵力。所以他建议在以下的 12 个月当中，运往苏联的租借物资，由 410 万吨减到 250 万吨，不过却又指出对于坦克、弹药以及战场上立即需要的物资，却绝不减少。罗斯福又说，苏联人不可能吃下他们的饼子，而又想保留它。

对于这个声明，莫洛托夫又再加强语气重复说，假使第一战场能够守得更紧，则第二战场也就可以更坚强。接着他又以似乎很讽刺的态度问道："假使苏联的需要量被削减了，而第二战场又不开辟，那么就又将怎样呢？"虽然他又不能够作任何的保证，表示苏联可以同意减少租减物资的供应量，但是反过来，莫洛托夫却继续要求，美国应作一个公开而肯定的声明，说明在当年内一定反攻欧陆。为了达到这个目标，他拟定了一个公报的草稿，上面有这样一段话："在这次谈话之中，对于在 1942 年在欧洲开辟第二战场的重要任务，双方已经获得完全的谅解。"当这个草稿送给马歇尔看的时候，他认为所说的已经超过了他的保证以外，觉得不无遗憾，所以就建议美总统将"1942 年"字样删去。但是莫洛托夫却不肯让步，当他回莫斯科经过伦敦的时候，就发表了他那个原拟的公报。

在伦敦，丘吉尔接受了莫洛托夫的公报，相信这样的一个公开声明可以使德国人感到惊慌。不过他私人却认为，英国政府无法保证在这年内，一定可以在法国开辟第二战场。因为害怕莫洛托夫对于英国人的观念，会不免有怀疑之处，所以他将下列的备忘录交给莫洛托夫：

"我们正在准备于 1942 年 8 月到 9 月，对欧洲大陆实行登陆……不过很明白的是，为了苏联的利益，或是为了整个联军的利益，当然不希望这是一个无意义的牺牲……现在还很难预言，到了那个时候，这种作战是否有成功的可能性。所以我们对于这一方面，不能做任何的诺言。"

虽然这个备忘录是很清楚明白的，但是苏联人所注意的却只是那个公开发表的公报，他们认为那才代表着一个肯定的诺言。英美两国的人民也抱着同样的看法，所以当 1942 年第二战场开辟不了的时候，大西洋两岸的民意，也都广泛地表示不满。这个"莫洛托夫公报"对于西方盟国，尤其是美国总统，才真是一个极难堪的事情。在以后的两年当中，这一诺言一直使他在良心上感到负疚，而且更使他和斯大林交涉的时候，在精神上处于不利的地位。

当英国人研究这个问题越深入的时候，他们就越感觉到，若是在1942年英美联军要想作任何大规模的两栖作战，则其最理想的地点实莫过于北非。6月间，在华盛顿作更进一步的商讨时，丘吉尔和英国参谋总长布鲁克将军（Gen. Alan Brooke）都强烈主张这种看法。罗斯福有意接受，但是马歇尔却希望"大槌"作战计划还可能实现，并决定美军运往英国作登陆准备的工作，不愿意中途受到影响。当这个问题还正在反复辩论之中的时候，利比亚的战争却突然变得于德军有利。图卜鲁格（Tobruk）已经沦陷，隆美尔的部队直逼着英国第8军团向埃及溃退。一方面由苏伊士，一方面由高加索所发动的包围运动，可以使整个中东感受到威胁，因为在苏联境内的德军已经到达了顿河（Don），似乎很可能突入里海（Caspian）地区。所以英国所害怕的德日两国将要会师印度洋的想法，似乎就有实现的可能了。

因为感觉到了这种危机，罗斯福建议立即派遣一个美军装甲师到埃及去，但是马歇尔却坚决表示反对，因为他认为那足以影响到"围捕"作战的准备。所以他建议改运300辆谢尔曼式（Sherman）坦克和100门自动推进的大炮到埃及去。这个建议倒也使布鲁克感到满意，因为英军所需要的正是装备，而并非人力。谢尔曼式的坦克，与英国十字军式（Crusader）坦克完全不同，在非洲沙漠作战中，似乎足以对抗隆美尔所有的任何种类的坦克。

此外，美军也派遣飞机助战，但是美国的参谋本部却并不主张进行一个所谓中东的战略，他们仍然主张尽快将兵力运往英国，以便反攻欧陆。丘吉尔和布鲁克十分勉强地接受了美国的意见，因为他们认为，以现在所有的船只，来供应现有的战场，都只是勉强够用，所以根本上就不可能有余力来进行大规模的登陆战——即使是小型的"大槌"作战也都不一定可能。但是他们不敢太强烈地反对美国人的计划，否则可能会刺激美国转向太平洋方面。丘吉尔同意继续进行运兵往英国的行动计划——"博莱罗"计划（Operation Bolero），照马歇尔的看法，是认为假使苏联情况一旦变得十分紧急，则英国人将会愿意在当年之内，在法国实行登陆。但是当隆美尔向阿拉曼（Alamein）迅速前进，逼得丘吉尔和他的顾问们不得不赶回伦敦去的时候，美英之间却还没有得到明确的谅解。

× × ×

当联军的战略还正在华盛顿检讨之中，美国的艾森豪威尔少将就去到伦敦，充任欧洲战场中的美军司令，准备尽可能提早进攻欧陆。但是，他不久就发现了，英国的参谋本部深信在 1942 年入侵法国是不可能成功的。而且这种轻举妄动的攻击不仅无益，而且有害，因为他可以使希特勒在几个月之内，不用再担心西方有被入侵的危险，而使他可以乘此机会将全力集中去消灭苏军。当丘吉尔回到伦敦之后，他更极力主张这种说法。照他的看法，最迫切的问题就是拯救中东的问题，因为那里的战略情势，在华盛顿讨论的期间当中，已经更是每况愈下。所以照他和英国参谋本部的见解，那些分配给"博莱罗"行动和"大槌"作战的船只，最好还是用来增援埃及，并且用作入侵法属北非之用。

船只的困难情形，甚至比在春天还要更严重。马歇尔一向是很坚定而自信的，现在也不免感到惊慌。6月19日，他写信给美国海军总司令金（Adm. Ernest King）说："在我们大西洋沿海和加勒比海里面，潜艇所造成的损失现在已威胁到我们整个的作战努力……分配给陆军在7月间使用的74艘船只……其中已经有17艘被击沉……我害怕要是这样的再过一两个月，则我们的运输工具就会全被毁灭，使我们再无能力将足够的人员和物资，运到紧要的战场上打击敌人，对于战争上发生决定性的作用。"这就可以表示6月这一个月，实在是整个海上战争中的最坏的一个月。在这一个月里，平均每4个小时，就要被击沉一艘商船，一个月内的总损失到达82.531万吨。在7月间，这个损失数字继续增长，所以在7月14日，丘吉尔致电罗斯福说："在这前7天以内的联军船只损失，使这一个星期当中，到达将近40万吨的总数。这个比例在这次和上次战争当中，都还没有先例。若是长此以往，则实无法加以补充。"

到这个时候，自从开年起，这半年内的商船总损失吨数，已经超过了450万吨以上，早已比1941年的总量还要超出。对于这样大的损失，德国人一共已经付出了的代价，在6个月当中不过只有21艘潜艇。在这期间，他们每损失一艘，即已经补充好了5艘之多；在7月初，邓尼茨所统率的水底舰队一共有331艘潜艇，经常作战的为140艘，所以短时间似乎很难制止住他们的凶焰。

在这种环境当中，英国人认为若是在当年内企图渡海登陆，那才真是一个最大的愚行。艾森豪威尔和现在伦敦的其他美国将领，并不完全赞成英国人的看法，所以当他们把英国人的意见报告回华盛顿去的时候，美国参谋本部的反应，就是立刻劝告罗斯福说，美国对德国应采取守势，而先集中力量击败日本。主张这种战略最激烈的人就是海军军令部长金。

在联合参谋本部的会议席上，金坦白说明了他的态度，认为他的战争是对日本的战争。这个本来一点都不稀奇。太平洋战争本是一个海上的战争，海军应该是首席军种，它有要求其他军种配合它作战的权利。金是一个自负而有野心的人，在太平洋里面，他的海军赢得他们自己的光荣和荣誉，但是在大西洋里面，却没有什么敌人值得他们一击。在那里所负担的任务不过是护送商船和支持陆军的两栖作战，这都是所有的美国海员最瞧不起的工作。此外，在欧洲水面上，美国海军似乎一定是要受着英国海军的指挥，而金一向认为英国海军是一个落伍陈腐的部队。据说金曾经说过："在第一次大战时，我曾经在那个天杀的英国人底下作过战。这一次要是可能的话，我所统率的船只就要绝对避免再受英国人的指挥。"不管他这一番话是否是已经考虑过后才再说出的，但是他尽量地限制美国海军去对德国作战，却是一个无可置疑的事实。因为他采取这样的看法，同时罗斯福对于他的专门学识和判断，又相当信任，所以在此后的 3 年当中，金对于英美联合战略的发展，实具有相当强大的影响作用。

而且，在这一个阶段中，不仅是金一个人想回到太平洋去。7 月 10 日，当艾森豪威尔的报告到达华盛顿之后，美国军政部的史汀生（Henry Stimson）在他的日记上记载："英国的战时内阁……现在正在设法违反过去所作的决定，这是丘吉尔在没多久以前，在这里所辛辛苦苦谈妥的。……我觉得马歇尔是已经很冲动……

他主张与英国人摊牌，我也热诚附和他的主张。因为英国人既然不愿意履行他们的诺言，所以我们就也可以把背转过来向着他们，去进行对日本的战争。"

7月15日，马歇尔和金向罗斯福提出一个新战略计划，准备在西南太平洋采取大规模的行动，而史汀生也认为这种战略的转变，可以用来威胁英国人就范。可是罗斯福总统拒绝了这个提议。相反地，他却派马歇尔、金和霍普金斯3人到伦敦去，其所负的使命就是要设法使美国的地面部队能于1942年以内对德国采取行动。他们主要的目的还是要争取"大槌"作战的实现，不过假使英国人确认当年内无登陆法国的可能性时，那么他们就也要负责和英国人将北非计划作一个最后的解决。在第2天给予马歇尔的训令中，罗斯福说："我是反对美国在太平洋中作全面性的努力……最应该重视的问题是，日本人虽然战败了，但却并不能使德国人也同时失败。反之，假使我们在今年或是1943年，集中全力去对付日本，那么就可以增加德国完全控制欧非两洲的机会。"所以罗斯福还是坚持原有的决定，他这个立场是从来不动摇的。

自7月18日开始在伦敦作战略的会谈，经过了许多的时间，花费了许多口舌，但是美国人却争不过事实。对于这些事实，美国人想尽量使它轻描淡写，但是却无法否认它的存在。英国人坚持着说，假使在1942年越过海峡进攻欧陆，则只有使用强大的兵力，直对着加来窄海（Pas de Calais）进攻，才可以使希特勒感到烦恼而在东线战场上去抽调兵力。但是这个地区具有坚强的设防，并且德军极易聚集兵力，来向暴露着的敌人实行逆袭。从这里入侵法国，是一定会被击退的，因为目前所有能用的登陆船只只能供一个师的使用，而且在10月气候转劣之前，绝不可能集中适当数量的船只。

接受了这个分析之后，马歇尔就又提议在瑟堡半岛上登陆。那个地区的敌军实力当然比较软弱，但是这个有利的条件却为下列诸因素所抵消：海程较远，船只来回更慢；空中掩护较难，因为长航程的战斗机到目前尚未研发成功。英国人又进一步辩论着说，即使在瑟堡附近能够获得一个立足点，但是它却并不可以当作发动主要攻势的基地，也不足以使德国人从东线战场抽调一个师的兵力回来，因为凭着他们现在留驻在法国的兵力，就可以很快而且很容易地守住半岛的狭窄颈头。在冬季中，这个桥头阵地将成为一个累赘，它可以把"围捕"作战所需要的资源都零碎地消耗干净。仅是一个登陆的威胁，已经可以使40个德国师被牵在西欧；这个威胁只要用更频繁的突击和空袭，以及船只的欺诈行动，就可以永远维持住。因此，唯一足以从苏联战争吸引更多的德军兵力的方法，就是用入侵法属北非为手段，而建立一个全新的威胁。

美国人却答复说，在法国登陆即使不能成功，也聊胜于无，北非实在是太远，不足以影响到苏联的命运；而且假使在1942年就在中东方面引起了大战，那么1943年登陆法国的企图又会被阻碍了。美国人真正所关心的就只有这一件事。对于马歇尔而言，实际上是对于多数的美国领袖人物而言，如何击败德国的问题就只是生产和组织的问题。诚如丘吉尔的某一个幕僚所说的，马歇尔的想法是，只要把运送美国部队越过大西洋的运输工具，再增加一点推动力，那么它的动量就已经可以自动将美国兵送过多佛尔海峡。换言之，他只是要想把大量生产的技术应用到战略的领域以内来。马歇尔是那样热心于攻势的战略，这也正可以代表美国人的民族性——充满了乐观和自信。马歇尔和金对于两栖作战和德军的实力，都是毫无经验的，所以他们感觉到英国人的确是败军之将，不足言勇，由于一连串的失败，使他们对于登陆的危险和困难更是谈虎色变。马、金两人认为不管是怎样的困难，用美国人的热心、资源和努力，一定还是可以克服的。

马歇尔也受到一个政治因素的影响。美国已经组成了一支空前庞大的陆军，这个不可能长远地留在训练营中而不拿出去使用。美国人的本性是不肯忍耐的，他们非常想痛击日本以作报复，只有在德国方面已经有了赫赫的战功，才可以使老百姓对于在太平洋方面取守势一节，不至于说闲话。所以他怀疑进攻法属北非的行动，除了不足以满足同盟国的战略需要以外，恐怕也不足以满足美国民意的要求。

最后，当 7 月 22 日，英国人正式拒绝了"大槌"作战计划的时候，美国人实在是深深地感到失望。艾森豪威尔认为这一天可以算是"历史上最黑的一天"，而马歇尔和金也似乎已经决定了放弃欧洲，转向太平洋了。可是却有两个因素挽回了这个危局：（一）罗斯福还是坚持看他的"希特勒第一"的主张；（二）丘吉尔也坚决表示北非作战〔现在已经定名为"火炬"作战（TORCH）〕只不过是"围捕"作战的一个序曲，因为地中海的打通，至少可以放出 100 万吨的船只——这些船只现在都是使用在中东方面，或是绕着好望角以供应印度。美国的参谋总长们则主张暂时保留"大槌"作战计划，直到 9 月 15 日为止，若是苏联情况转劣，则仍然可以进行。但是 7 月 25 日，罗斯福又有一个电报来，说"火炬"作战的开始不得迟过 10 月 30 日，于是问题才算是解决。

当他们回到华盛顿之后，马歇尔和金都力劝罗斯福改变他的决心。不过 8 月间"迪耶普突击"（Dieppe Raid）损失惨重的消息传来之后，才使他们认为当年内可以登陆成功的过分乐观的说法，受到了一个大的打击。参加这次突击的为 5000 名加拿大士兵，结果死伤了 3369 人，但是他们这个牺牲却并非无益的。这一次的"威力侦察"证明了所有的已经设防的海峡港口地区，用 1942 年英美两国所能应用的兵力，都是无力作正式攻击的。这个经验在以后两年之中救了不少的联军生命。现在才知道了，西线战场的兵力不仅没有减弱，而且希特勒由于害怕英国人会登陆的缘故，已经又将兵力增强了。在那个夏天，有 7 个师的兵力（其中 4 个为装甲师）由苏联调回法国。所以西线战场（连同挪威在内）上德军的总兵力已经是有了 45 个师——约相当于德国全部野战军的四分之一——而这个时候，高加索方面的战争，却正是需要兵力最为迫切的时候。至于空军方面，则所分散的兵力更多，东线战场仅占其总兵力之一半，其余一半则分布在地中海和西欧方面（根据德国空军部的档案，1942 年 9 月 30 日，在东线战场上的第一线飞机共为 2417 架；在西欧和德国国内共为 1467 架；在地中海方面为 754 架）。

到了 8 月初，因为相信北非的作战已经获得了最后的决定，丘吉尔就亲自前往埃及，改组英国在中东方面的指挥系统，以便由阿拉曼发动攻势来配合"火炬"作战计划。他又由开罗飞往莫斯科，将联军的计划告诉斯大林。在克里姆林宫会谈的最初阶段，气氛十分凝重，斯大林不理会丘吉尔曾在 6 月间有一个备忘录给莫洛托夫，而只是一口咬定攻击联军在 1942 年没有能够开辟第二战场，实在是一种背信的行为。此外又指责西方国家太害怕德国，没有敢与它作战的勇气。丘吉尔以坦白肯定的言辞，答复了他的这些指责，然后才说到"火炬"作战计划。这个计划的公布就使紧张的气氛转为松懈，因为斯大林立即认清了这个计划的战略重要性。不过他却还是没有完全满足，而他的参谋总长伏罗希洛夫（Voroshilov）也一直在向丘吉尔的军事顾问们纠缠不清："第二战场是必需的，所以也就是可能的了。"不过，苏联人却自信只要天一旦下雪，就可以守住高加索，斯大林说他还有 25 个师可供调遣。除此以外，斯大林又说苏联现在一个月已经可以生产 2000 辆坦克，至于其他的计划和资源数字，斯大林却不肯多加以泄露。不过丘吉尔回到伦敦的时候。他却已经深信苏联人是一定还可以守得住，因此他更认为"火炬"作战是一个正确的计划。当他发现美国人对于北非作战仍然表示怀疑，而且对于英国参谋本部所主张的立即勇敢进攻的见解，也感到很勉强的时候，丘吉尔才真是相当沮丧。

×　×　×

以这个作战为中心所发展出来的美英两国间之争执，是很值得详细加以检讨的，因为它的方向足以显示出来两国对于战略观念的基本差异，而其结果对于整个战局都有深切的影响。有些美国人认为，"火炬"作战计划和地中海战役实在是把实力作了不必要的分散，足以使真正第二战场的开辟延缓了一年，而使战争也跟着拖长。另外又有人认为，"火炬"作战计划实际上就是反攻欧陆的前奏曲，这也正是古话所说的："绕着最长的路线走，也就是回家的捷径。"那么这两种看法究竟孰是孰非？

在 8 月一整个月里，当参谋首长们正在寻找一个实际的折中方案时，大西洋的两面还是继续在辩论不休。现在双方的态度转变了，英国人很热心，而美国人却很勉强。丘吉尔认为这个战役的最后目的，是打开地中海，击败意大利，而使德国的南翼暴露。为了达到这个目的，他希望用东西夹攻的方式，将留在北非的轴心势力完全肃清，不过这个作战是否能成功的先决条件，就是要看联军是否能阻止德国的可能反应，在突尼斯建立一个坚守的力量。所以英国参谋本部主力攻击应在10月初发动，这就是在苏联战场上冬季僵局尚未形成之前，这样才可以使德国人无法抽动他们的预备兵力。同时入侵军的登陆地点应选定在地中海的中部，距离突尼斯海军基地比塞大（Bizerta）越近越好。

这个勇敢的计划对于美国人而言，却并没引起太多的兴趣，因为他们觉得它足以使美国人陷于一个漫长的地中海战役之中，而更使反攻欧陆变得遥遥无期。他们不相信英国第8军团有能力在埃及击退隆美尔，他们更害怕德军会假道西班牙，直取直布罗陀，不要几天即足以切断在地中海以内登陆的部队的生命线。

对于内定的联军统帅艾森豪威尔，在其最初所拟定的训令中，英国参谋本部建议在卡萨布兰卡（Casablanca）、奥兰（Oran）、阿尔及尔（Algiers）和波尼（Bone）等地登陆，其最近之点距比塞大只有120英里的陆路。以后因为发现了在大西洋和欧洲海面上的英美海军实力，其强度还不足以保护这样宽广正面的攻击，于是英国人又建议选取卡萨布兰卡这个登陆地区。但是美国人却坚持在地中海以外一定要获得一个据点，一旦直布罗陀海峡被封锁，可以由此从陆路补给在地中海以内登陆的部队。但是为了不缩减攻击的正面，美国海军就必须增加它的负担。不过，金对于"火炬"作战所唯一感兴趣的地方，就是希望利用这个方法，使德国的潜艇不能够将达喀尔（Dakar）和卡萨布兰卡当作基地使用。所以他同意从美国大西洋舰队中，调派军舰来掩护和支持非洲西岸的登陆战，但是他也明白表示，除非是奉上级的命令，否则他决不会从太平洋方面调派兵力来进行地中海以内的作战。海尔赛上将（Adm. Halsey）早已在所罗门群岛（Solomon Islands）开始了攻势，金希望能在日军抵抗力凝结之前，就能收到大捷的全功。这个攻势对于非洲战役也并非毫无贡献的，因为它使日本人在印度洋中的海军实力，减到只有 5 艘潜水艇和 4 艘辅助巡洋舰，因此使日本人无法接受希特勒的要求，对于开往中东的英国护航舰队，采取攻势的行动。不过这个贡献却极有限，对于英国人而言，他们认为要想在北非大获全胜的话，那么联军就必须集中一切的海军实力，而采取孤注一掷的勇敢行动。

负责"火炬"作战的海军总司令为英将坎宁安爵士（Adm. Sir Andrew Cunningham），他是主张不顾西西里（Sicily）和撒丁岛（Sardinia）两个岛的空袭，而勇敢直前地去攻击比塞大。在 8 月的第二个星期当中，这个计划还仍在考虑之中，当时却恰好有一个护航力强大的船团准备开往马耳他岛，但在突尼斯的海面上却遇到了猛烈的攻击，自从过了撒丁岛以后，就一直陷在火网之中。丘吉尔向下院这样报告："一共有三四百架陆上基地的德意飞机，包括轰炸机、鱼雷机和远程战斗机在内，向我们的船团进攻。而船只又是密集地聚集在窄狭的海面上，水里不仅布有水雷，而且还有潜水艇和鱼雷快艇的袭击。所以护航舰队中的军舰和商船都受到严重的损失。被击沉的军舰有 1 艘航空母舰'鹰'号（The Eagle）、2 艘巡洋舰、1 艘驱逐舰，其余的船只也都分别负伤。"不过最严重的事实却是在当时并未公开发表的，15 艘商船当中却一共只有 5 艘到达了马耳他。这个虽然足够使马耳他岛解围，但是所付出的代价却足以使反对坎宁安冒险计划的人，更是振振有词。当丘吉尔从莫斯科回国的时候，还是没有能够获得一个折中的方案。

美国的参谋总长们，虽然以前主张在 9 月间即渡海反攻欧陆，现在却不愿意在奥兰以东的地区登陆，即使以这种小规模的作战行动而言，他们还怀疑是否能在 11 月以前完成。他们这种小心谨慎的态度，一部分是由于他们根本上不喜欢这整个计划，另一部分是因为他们从经验中，已经学会了他们从前所不愿意向盟友低头学习的东西。对于两栖作战的实际问题加以更详细的研究之后，马歇尔和他的顾问们才认清了内在困难的巨大性，并且感觉到美国还是缺乏充分的资源和训练精良的部队。美国军部幕僚方面认为成功的希望尚在 50% 以下，马歇尔本人虽不如此悲观，但是他对于失败的可能性，却也很感到不胜忧惧。

因为害怕这种过分的小心，会使整个计划受到影响，丘吉尔在 8 月 26 日又致电罗斯福说：

> 迟疑不决只会徒然使困难和危险再增加一倍，而并不能增加我们的力量，想在每一个细节方面，都计划周详，想在每一个打算当中都考虑到安全第一；对于一个长期的战役中，所有可能遭遇到的一切逆境，都事先有远见的对策；这种想法在理论上固然是很可钦佩，但是事实上却足以使这个行动一无所成……
>
> 为了减轻军事指挥人员的责任，我主张由我和你两人在政治上作最后的决定，这个冒险的责任也由我们

承担。

这个电报才促使美国总统亲自干预这件事。金同意再增派军舰，而美国军事当局也允许将攻击正面延展，将阿尔及尔包括在内，但是对于再向东延展的地区，则决不作初期的登陆。英国人虽然接受了这个折中方案，但却还是感到很不满意，因为他们害怕入侵军要想到达比塞大，中间的距离实在是太大。不过在当时的环境中，美国人是决不能再采取更勇敢的战略。这是他们第一次向德军发动攻势。他们似乎完全缺乏自信，而且最近马耳他护航舰队所受到的损失，更使他们感到寒心。不管是有意的还是无意的，希特勒的这一个举动使突尼斯，在没有遭到攻击的前两个月，就已经先稳定了它的局势。希特勒这一次"攻心"战术所获得的胜利，远超过于实际作战，因为它使联军放弃了原有的计划，对于一个无疑问的可以获致大胜的行动，反而感到踌躇不前。坎宁安在事后向联合参谋本部提出报告时，曾经如此宣称：

> 在最初攻击时，没有能够在波尼，或是更东的地区实行登陆，而采取比较勇敢的作战观念，这是我永远感到遗憾的。假使我们能够在东部各港口登陆，即使是一支极微弱的兵力，也足以击败轴心国的守军，而获得完全的胜利。他们在奇袭之下，就会感到手忙脚乱。我们很可惜没有作这样的最后一击，否则它也许就立即可以左右战局。

坎宁安的看法的确是对的，若是在最初行动中就表现出较大的勇气，那么希特勒就可能提早垮台，因为甚至到12月1日，联军在阿尔及利亚和摩洛哥已经登陆了 3 个星期之久，希特勒却只是调了一个师的德军，去增援突尼斯。不过当联合参谋本部作这个战略决定的时候，他们不敢相信一定可以收到完全奇袭的效果，同时他们也不知道意大利的舰队会因为缺油的关系，而完全丧失了机动性。可是事实上，这种过度的小心却是不幸之至，因为它使战役的时间拖长了一倍，但是却也不能够批评他们的疑惧是不适当的。

不过，对攻击开始时间的延迟，却是很难作合理的解释。关于"火炬"作战的原始决定是在 7 月 25 日，但是如何实现作战的计划，却一直等到 6 个星期以后才获得批准——还是由于罗斯福的命令，他的参谋首长们才勉强接受了。以后金对于这个计划，又再作翻案性的攻击，结果使英国人所建议的在 10 月初实行登陆的计划又为之搁浅，所以要想在冬天雨季来临之前获得一个决定的机会又被打消。于是非洲战役才一直拖到 1943 年的晚春时节，始告结束，结果使那一年渡海反攻欧陆的可能性也因之而消失。为了"火炬"作战计划所引起的争论，其所消耗的时间使联军的战略受到永远弥补不起来的损失。

不过话虽如此，法属北非的登陆战却也获得了不少的利益。希特勒虽然使南欧受到攻击的时间暂缓了几个月，但是这个代价却是损失了 15 万人的精兵，并且使意大利的精神和力量退减到了即将破裂的程度。约德尔以后虽然曾经宣布过："突尼斯的防御战使我们在时间上，的确有重大的收获，足以值得它的一切牺牲。"但是德国陆军总部方面的看法，却认为这是仅次于斯大林格勒的一次惨败。

这个战役联军的地位和力量都有直接的增进，在这一方面的意义实更为重大。整个北非海岸的被控制，使联军多出了 100 万吨的船只，足以供新的攻势目标之用，并且使联军可以威胁到的"占领欧洲"，面积增加了一倍。此外，"火炬"作战对于两栖作战的技术和装备，都是一个极有价值的考验，这些技术和装备，为了想使渡海反攻能够顺利完成起见，是必须事先使其发展完善的。"火炬"作战更可以显示出来联军的准备和训练是如何的不够水准，更使联军官兵都获得了经验和信心，只有这种在力量和技巧两方面都使他们不太吃力的小型战斗，才可以供给这种经验和信心。

对于美国人而言，在北非战役中所获得的利益尤其重大。假使他们要比英国人还应该更多学习一点，那么他们对于自己经验所获得的教训，就更容易吸收和应用。那个两年之后横扫欧洲的美国大军，其基础却是在北非建立起来的。同时在这里，美国人又在"艾克"艾森豪威尔的身上，表现出来他们可以产生一个伟人，特别适宜于扮演联军最高统帅的这个角色。北非对于艾森豪威尔也是一个试验场，使他深信可以建立一个密切合作的英美联合指挥组织，以统一的精神和共同的目标，来消除国际的偏见和军种间的争执。这种使战场上的联军融合成为一个整体的工作，才是艾森豪威尔对于胜利的唯一贡献。他也许并不能算是名将之一，但是他却深谙将将之道，使当代的名将都乐于受他驱策。无论是政治界还是军事界的领袖人物，无论是英国人还是美国人，无论是后方的人民还是前方的军队，对于他都一致表示爱戴、尊敬、忠诚和信赖。

艾森豪威尔在北非联军总司令任内的成功，是非常值得特别注意的，因为一直到这个战役开始的时候为止，他对于战争和高级的指挥技术都毫无经验。在第一次世界大战中，他错过了海外服役的机会，而在两次大战之间，他几乎又全是在担任着幕僚工作。1928 年在陆军大学服务一年之后，他就一直做陆军部次长和陆军参谋总长的特别助理，前后共达 6 年之久；接着他又在菲律宾度过了 4 年，出任麦克阿瑟的参谋长，负责菲律宾的建军工作；1940 年，在短时间担任队职以后，他又连续担任师、军和军团级的参谋长，每一个阶段也都只有 3 个到 4 个月。据说他所深引为憾事的，就是在珍珠港事变以前的 14 年当中，他一共只做了 9 个月的主官，而且那还不过是一个正在训练中的步兵团而已。在珍珠港事变后，马歇尔立即将他调回华盛顿，让他在战争计划处（War Plans Division）内工作，命令他去拟订一个渡过海峡进攻欧陆的计划，接着就把他派往伦敦，担任美军的司令。在一年当中，这位原任美国某军团参谋长的人，就摇身一变做了联军的总司令，指挥着有史以来最大规模的两栖作战。

提拔艾森豪威尔，使他很快就升到了最高的位置，这表示马歇尔的确是有知人之明，但是其不可避免的结果就是使艾森豪威尔没有时间从一步一步的上升中获得战斗的经验。相反地，在华盛顿和马尼拉的 10 年当中，却使他对于最高水准的政治军事问题，获得了相当的了解，所以他的见解就远非一般正规军人之所能及。当他被擢升成"火炬"作战的总司令时，他这种训练对于他极有价值。在这个位置上，一个人的人格和政治上的完整，要比一个军人的职业性能更为重要。其他的人在战场上可以表现出专门和有经验的领导能力，但是却没有一个人能够像艾森豪威尔这样协调各盟国间和各军种间的冲突，而使之成为一个完整的力量。自从他就职之日起，他就要求大家一致效忠于"统一"的观念。在战役结束之后，他向联合参谋本部提出报告说：在他的麾下，所有的人员都肯接受他自己的信条，认为在这个作战当中，最大的爱国者就是能够用尊敬合理的态度来对待他的伙伴的人；而且对于每一个问题，都能够不囿于民族的私利，以获得一个客观的结论。因为艾森豪威尔本人的确是忠于他自己的理想，所以他才会成为战史上统率联军作战最成功的一个统帅。

第六章 │ 伟大的设计

1942年12月，在"火炬"点着了3个星期之后，罗、丘二人向斯大林建议，他们应该举行一个三强会议来考虑同盟战略的未来发展。丘吉尔在他的电报里面说道："我们需要决定在1943年当中，尽可能提早用一切的力量在欧洲攻击德国的最好方法。"斯大林的回答是，他很支持三强集会的想法，不过非常抱歉，由于军书傍午，他实在无法离开苏联……甚至于连一天都抽不出来。实际上他送给罗斯福的答复，其含义就是说他最感兴趣的东西不是讨论而是行动。他说："让我来对于你两位所曾作的诺言，再来表示我的信心，无论如何在1943年的春季，总可以真正地开辟第二战场。"

罗、丘二人都不想失信于斯大林，因为关于来年的战略计划，尚未有所决定，所以就同意双方带着他们的参谋人员，再举行一次会议——不管斯大林是否出席。这个会议于1943年1月在卡萨布兰卡举行。在这一次军事会议当中所热烈讨论的问题，倒不是1943年的主要攻势是应该放在地中海方面，还是放在海峡方面；而是今年的攻势重心到底是应该用来对付德国还是对付日本。英美两方都已经认清，突尼斯的战争在 5 月以前似乎是很难有结束的希望。所以要从英国进攻欧陆的话，其最早的时间不会早过 9月，那已经是太迟了，不可能在冬季来临之前，获得一个决定性的成就。因为今天在法国北部登陆的问题，已经不再是为了分散德军的兵力，以来减轻苏联人的负担；而是为了使用强大的兵力解救西欧，并直接打入德国的心脏地区。

联合参谋本部不用花多少时间就可以决定，像这样一个大规模的作战，在 1944 年的春季以前，都是不可能开始的。在进攻之前，至少要在英国集中 40 个师的兵力，而最后所使用的兵力可能要到达 100 个师，其中大部分都是由美军负担。为了充分动员美国的资源，为了建立供应线，使美国的力量可以安全地渡过大西洋，为了获得欧洲上空的制空权，都需要有相当长的时间。所以参谋首长们决定，对于德国的潜水艇展开全面的攻击，并且对于德国的工业重心加以猛烈轰炸，以降低它的作战潜力。在此同一时间之内，由美英两国人员所共同组成的一个幕僚机关，就在英国开始草拟进攻法国的详细计划，进行一切的准备——不久这个作战就改名为"霸王"行动（Operation OVERLORD）。

以上所说的是美英两国的共同见解，可是对于目前的问题，则双方的意见却大有区别——在 1943 年，主要的战略行动应该放在哪一方面？在突尼斯被克服了之后，艾森豪威尔所统率的陆海大军应该以什么地区为其第 2 个目标？丘吉尔对于这些问题的答案，在卡萨布兰卡会议的前夕，曾经用一个电报告诉罗斯福。他说："我们当前的重要任务有如下所述：（一）克服地中海的非洲海岸，在那里建立海空军基地，以保护地中海内的军事运输线可以畅通无阻；（二）以非洲海岸为基地，在极短期间之内，使用有效的力量，以打击轴心国家的腹地。"

英国人的意见是在联军没有越过海峡进攻欧陆之前，应尽量牵制住德军，使其在地中海地区不停苦战。他们建议首先入侵西西里岛，再以此为踏脚石向意大利本土进攻，希望用这个方式吸引着德军参加地中海方面的大型战役，并迫使它不能兼顾西方的防务而增援南欧，来阻止联军由意大利入侵巴尔干，或是法国南部。同时他们又认为，只要一向意大利进攻，即足以使墨索里尼崩溃，当轴心伙伴有一个被打倒时，则在德国国内和其他占领国家当中，对于希特勒都是一个很严重的政治性打击。此外，利用意大利南部的基地，联军的空军可以到达以英国为基地时所不能够到达的德国战时工业目标，而更重要的就是罗马尼亚的油田。

以后英国又建议以实质上的援助为条件，劝诱土耳其对德宣战，其中理由之一也就是为了使这个重要的目标（油田）能够包括在轰炸航程之内。土耳其的参战当然还有其他的利益，可以打通经过博斯普鲁斯以达苏联的最短航线，因此可以节省目前经过波斯或摩尔曼斯克（Murmansk）的浪费。发展并维持一个活跃的地中海战场，可以使削弱德军实力的工作上多了一个新的机会，并强迫希特勒继续分散他的兵力，以使他在西方对于具有决定性的打击，更感到暴露。

美国的参谋本部则坚决反对这个战略。他们不赞同英国人的说法，认为在地中海作战会对于"霸王"没有多少实质上的贡献；反过来说，马歇尔害怕在意大利会形成一个真空，将所有本来准备渡海反攻的资源都全部吃光，正好像德国人在北非战役中所受到的消耗一样。他和他的同僚们都一致觉得，假使在当年内，联军的主要攻势不能够用来向法国直接进攻，那么就应该用去对付日本。

在作此项建议时，美国也并不一定是要将双方已经同意的全盘战略作整个的修改，不过过去 6 个月以来在远东情况的发展，却使美国人感到十分焦急，认为有赶紧阻止日本巩固它在太平洋诸岛上的地位以及加强控制中国大陆之必要。

由于在珊瑚海（Coral Sea）和中途岛（Midway）的海战（1942 年年中），日本的海军已经受到了重大的损失，所以日本再向其他太平洋岛屿发展的威胁，实际上已成过去。可是在瓜达尔卡纳尔（Guadalcanal）和新几内亚岛的一连串战斗中，却又显示出来一个新的可怕因素。在那里日本人真是死拼到底，这种作战方式才是近代人经验中所没有的。对于他们而言，所谓"战到一兵一弹"的成语才真算是兑现了。日本兵将天皇视作神圣，愿意为他粉身碎骨，所以只要有一口气，他们都会继续打下去。欧洲军队当发现敌人居于绝对的优势，认为再打也是毫无希望的时候，就会自动放下武器，可是日本人却完全没有这种科学的头脑。因为他们真正相信，为天皇而战死可以加速使他们的灵魂升入天堂，所以日本人很乐于将他们的飞机俯冲下去，与目标同归于尽；或是手腕上缠着炸药，跳上联军的坦克，拼死将它炸毁。

新几里亚和瓜达尔卡纳尔的例子显示出一个可怕的预兆。日本已经占据了所有的战略基地，足以保护攻向他们本土的进路。假使他们能够有充分的时间，就会在每一个基地中都囤积大量的军火和粮食，来实行凭险死守；那么以后要消灭他们，就必须逐岛浴血苦战。这些岛有的当然可以绕过，或是暂时不去理它，不过其中有些主要的据点，在进攻日本本土之前，却是必须要先打下来的。在这种丛林沼泽中的原始战争里面，甚至疾病也是对于敌人有利的，美国人虽具有庞大的工业力量，也会感到英雄无用武之地。这样看来，对付日本人和丛林将要牺牲不少的美国血液，而使太平洋的战争拖得很长都无法结束。

政治方面，也和军事方面一样，显得非常迫切。美国早就很热心地负起了对日作战的主要责任，而丘吉尔也早已接受了罗斯福的见解，认为"在太平洋地区的一切作战责任都应由美国负担"。所以金的解释认为这就是说太平洋的战役与美英联合参谋本部毫无关系。既然负起了这个重责，所以当然希望赶紧把这个责任交卸掉，美国人看出来这个长期吃力的生死决斗，是他们军民所不愿意和不能够接受的。

在卡萨布兰卡会议当中，为了调和这种争执，并且引诱美国使用较大部分的力量来对付德国，丘吉尔向美国许下诺言说："一旦希特勒失败后，大英帝国的陆海空三军都会以最快的速度，调往远东战场，英国仍将继续用最大的努力以与美国比肩作战，直到日本被迫无条件投降时为止。"丘吉尔建议签订一个特定的条约，将这个诺言正式化。但是罗斯福回答说，只要英国人有这个话就已经够了。很明显，虽然并未明言，但美国人为了某种原因（以后才表现出来），希望能够不要英国人的协助而单独赢得太平洋的战争。而且对于一个消耗战争当中的人力代价，也并不会因为有了英国的帮助而就会减少。问题的重心并不是人力和资源，主要的是要获取基地，以便向日本本土作决定性的打击——尤其是从空中方面。专门砍断日本帝国的岛屿枝叶还不够，必须要砍断它的树干和根本。

因为他们的理想是采取这样的路线，所以美国人特别担心中国人的抵抗会有崩溃的可能性，因为现在缅甸已经丧失，使到重庆的陆路也被切断。假使中国真的崩溃，则美国人认为对日胜利就会成为不可能了。所以他们主张，在 1943 年之内，将所有供给两栖作战的重要资源，都移用到远东方面去：首先收复缅甸以重新打开对中国的供应路线，并继续在所罗门群岛采取攻势，使日本人无法稳定他们的局势。也许在当时，美国人对于太平洋战争有许多过虑之处，可是他们的态度是那样的天真而激烈，所以对于同盟国的欧洲战略，具有决定性的影响。

不过，罗斯福和他的参谋首长们最后也认清了，假使西方国家在 1943 年间对于欧洲战场上转取守势，那么到了次年的春天，就还是不可能反攻欧陆。这时苏联人也许就会感觉到还只有他们一方面独负欧洲战争的责任，因此甚至就会一愤而与希特勒妥协讲和。他们以前不是没有和希特勒妥协过。无论如何，假使不强迫着德军在西欧或南欧进行活跃的战争，那么希特勒就还是可以照旧集中全力去先击败红军，这样在 1944 年春季来临之前，他又可以调动相当数量的生力军到西线战场上来。

这个辩论最后才算是结束。仍然还是认定了"希特勒第一"的战略。1 月 23 日所拟定的英美军事决定声明上面，就明白地写着："虽然为了维持对于日本的压力起见，太平洋的作战仍应继续进行……但这些作战却应有一定的限度，照美国联合参谋本部的意见，决不可以妨碍同盟国在 1943 年使德国受到决定性失败的任何良好机会。"在这个声明当中，所最应注意的一个名词就是"美国联合参谋本部"，而非英美两国间的联合参谋本部，这就是为了要使美国对于太平洋战争的范围，可以有完全自主的决定权。这个限制相当严重，因为马歇尔和他的同僚们对于地中海战役的价值，仍然还是表示怀疑。他们同意丘吉尔可以向土耳其谈条件，而艾森豪威尔在 7 月间也可以向西西里进攻［是谓"黑犬"作战（Operation HUSKY）］，他们又同意在原则上应向意大利增加压力，使它屈服投降；不过关于"黑犬"作战以后的行动，他们对于艾森豪威尔却无所指示，同时也没有了一个长期作战的计划。马歇尔认为，一旦希特勒丧失了西西里岛之后，将不会再企图坚守意大利南部，所以联军对于意大利本土将会没有举行大规模两栖攻击之必要。所以美国人在拟订他们的对日作战计划时，都是假定在"黑犬"作战结束之后，艾森豪威尔就不再需要太多的登陆船只。这是一个最不幸的假定，不久事实就会证明它。

虽然卡萨布兰卡会议中的军事讨论方面，留下了许多问题没有解决，但是有一件事却为联军领袖们所无保留地、公开地加以宣布。会议最后一天，1 月 24 日，曾经举行一个记者招待会。美国总统曾经发表了一个声明，不管它是好还是坏，对于战争却具有极大的影响，因此对于战后的世界也具有极重要的关系。罗斯福告诉记者们说，同盟国决定要求德、意、日三国作"无条件的投降"。据《泰晤士报》记者的记载："这也许是他心里刚刚得到的一个快乐的想法，我们似乎可以把这一次会议定名为'无条件投降'会议。"

罗斯福本人后来还曾暗示霍普金斯说，当他谈话的时候，这个名词突然涌入心头，于是他就灵机一动使用了这个名词。这个故意的解释并未为霍普金斯传记作者舍伍德（Robert Sherwood）所接受，他本人也是罗斯福的私人幕僚之一。舍伍德说："关于无条件投降的宣布是事先经过慎重考虑的。"他坚持着认为当罗斯福提出这个名词时，绝不是偶然的。这种说法毫无疑问是正确的。卡萨布兰卡会议的前一个星期，美国的参谋首长们就曾在华盛顿讨论并赞成总统所提出的"无条件投降方式"。在卡萨布兰卡会议的第三天，当他与丘吉尔和霍普金斯共餐的时候，罗斯福就提出了这个名词。丘吉尔立即表示同意，并且在次日（1月19日）致电英国战时内阁说："我们主张对于这次会议的工作制定一个声明，并在适当时机向新闻界发布。我们准备在这个声明当中，坚定地表示美英两国将继续作战，直到德日两国无条件投降时为止，希望知道战时内阁对于这种说法的意见。"他又主张为了加速墨索里尼的崩溃，这个公式应不适用于意大利。但是英国战时内阁的回电却表示，他们全体主张应将意大利也列入，并对于一般原则表示赞同。

丘吉尔接到了这个回电之后，似乎他就再也没有和罗斯福讨论过这个问题，以后当僚属们草拟正式公报时，也没有把"无条件投降"问题列入进去。罗斯福心里，当然知道他的建议是已被全体接受，于是在新闻记者招待会举行之前，他拟定了下列的声明：

> 总统与首相对世界情势作了一个完全的观察之后，就更坚决地认定，只有将德日两国的战争力量完全消灭之后，世界上才可以获得和平。因此这次战争的单纯目标就是要使德意日三国无条件投降。

当罗斯福向记者们发表声明时，他手里正握着这一张字条。他又提醒记者们说，在美国南北战争的时候，格兰特将军（Gen. U. S. Grant）曾获有"无条件投降"的格兰特的美名——这个绰号的来源是他向田纳西（Tennessee）多纳尔森要塞（Fort Donelson）

守军要求无条件投降。不过这个公式对于内战中的一个孤立的要塞，也许还可以适用，但若无条件地应用在国际战争方面——尤其是德意日三国在民族性和尚武精神方面，又具有很大的差异——则似乎不仅是不合乎逻辑，而且更是危险。可是当时对于这个要求在敌人抵抗力方面的反应会怎样，却似乎很少有人考虑到。很明显，当时并没有心理战争的专家就这个名词对于德国军民的可能反应，作一个事先的研究。在当时这个口号似乎只是一种自信的表示，一种号召同盟国努力作战的呼声，而最重要的，是向斯大林表示，即使在 1943 年还不能够开辟第二战场，但却并不表示西方同盟国家的决心有任何的弱点。至于这种死拼到底的战争，对于战后欧洲有什么影响，则似乎并没有人能够注意到。

英美两国之所以作此项决定，一方面是表示对于他们自己的力量，具有充分的信心；另一方面也是表示他们决心使德国不再成为世界和平的威胁。在卡萨布兰卡会议之前，英国在 1941 年 7 月的英苏协定中，即已经公开表示决不与德国单独媾和，之后艾登又宣布，无论在任何环境当中，在任何时机，对于任何问题，英国都不准备与希特勒进行谈判。

这种立场，以后曾经一再又为美国所赞许，他们的态度正和英国人一样坚决，在这个时候，他们是主张一直打到德国的心脏以内去，和魔鬼决无妥协之余地。同时对于德国的人民，也不能再像 1918 年一样，一点都不加以教训和处罚。他们不会再让德国人有机会来控诉联军没有实行"14 点"的原则，因为这一次他们连"一点"也没有。对于存这种想法的人，他们觉得为了对付一个进行"总体战争"的敌人，"无条件投降"才是最恰当的回敬。就过去的经验来看，这种观点也并无不合理之处，不过秘密作此项决定，并最后予以强制执行，这是一件事；事先就向敌人作公开的声明，这又是另外一件事。

这样的做法，使美英两国完全丧失了外交运用的自由，同时也使德国人民断绝了推翻希特勒的退路。在卡萨布兰卡会议的前10个月，戈培尔（Goebbels）在他自己的日记上写着："英国人愈是想使德国人得到一个屈辱的和平，那么我就愈容易使德国人民抗战的决心加强和坚定。"在卡萨布兰卡会议之后，美英方面就无异于是将一件最有威力的宣传武器，亲自送到戈培尔的手里。纳粹党现在可以振振有词地向德国人民宣布："他们所要毁灭的对象，不仅是我们，同时也是你们。"

×　×　×

当罗斯福一行经长途飞行到卡萨布兰卡去赴会的时候，他们中途第一站曾经于1943年1月11日在特立尼达（Trinidad）着陆。在这个港口里，两星期以前，有一支行动迟缓的护航舰队，由9艘油船和4艘军舰所组成，开始横渡大西洋向直布罗陀进发，这批石油是准备运给北非作战的联军使用的。在旅途中，他们首先被一艘德国巡逻潜艇发现，接着就受到邓尼茨"狼群"（Wolf-Packs）的攻击。9艘油船中间，一共只有两艘到达了直布罗陀。当卡萨布兰卡会议已经开始时，这幸存的两艘油船才算是到达了目的地。

1月19日，联合参谋本部决定，如何击败德国潜艇才是对于同盟国力量的第一个挑战，所以他们建议总统和首相，对于"海上交通的安全"应予以最高度的优先。军政双方的领袖人物都一致同意，认为除非大西洋之战已经胜利结束，否则对于西欧决不可能作具有决定性的入侵行为。

联合参谋本部对于海战的进展，在卡萨布兰卡会议中所提出的报告，是更足以使人震惊的。护航军舰的数量仍然极感缺乏，而驱潜用的军舰在美国的造舰计划中，还是仍然没有居于优先的地位。北非登陆时之所以尚能获得适当的保护者，是由于对英国的粮食输入量，已经减少45%，而对摩尔曼斯克的运输，也早已停止。艾森豪威尔的大军在抵达非洲时，可以说是中途完全没有受到阻碍，但是这个安全的代价却极为高昂，在北大西洋的贸易航线上行驶的船只，受到极大的损失，因为那一方面的护航力量已经减到安全水准之下。邓尼茨当然不放过这个好机会，在11月这一个月里，联军船只由于潜艇攻击，而所受到的损失共在60万吨以上。

在这一年的最后一个星期当中，有20艘德国潜艇集中攻击在北大西洋中行驶的某次护航舰队，在3天的战斗当中，就一共击沉了14艘商船。这是1942年的最后一笔损失账。在这一年当中，单被潜艇击毁的商船总吨数在600万吨以上，而邓尼茨的水底舰队实力，总数已经到达400艘，从比较数字上来看，在1942年一年中，联军方面每击毁一艘德国潜艇，就要受到相当于6万吨的商船损失。在这个秋季里，英美两国的造船厂中的生产力，已经开始超过了沉船的比率，但是中间还是具有一个很大的差额，年底结算起来，一共还是净损失了131.8万吨。这个损失由英国人负担了一大部分，因为在1942年当中，有三分之二的沉船都是属于英国的。

在那一年当中，所谓驱潜战争的进行就好像扑灭森林中的火灾一样困难。当这一方面的危险似乎消灭了之后，另一个地方的火焰又烧起来了，因为联军的空军和海军不可能在同一时间对所有的海面作周密的保护。因为如此，所以对于联军而言，大西洋之战始终还是一个守势的战争，因为德国的潜艇在弹性上具有极大的便利。必要时，只要邓尼茨发出一个简单的无线电命令，就可以把一个"狼群"由大西洋中的这一个部分，调到另外一个部分去。为了适应敌人战略的变化，而想将巡逻的空军和海军，也作适当的调度，则其方式比较复杂，并不那样简单。而且，德国人对于这种水底游击战，具有一切的优势——奇袭式的攻击，在时间和地点的选择上保有主动的机会，而且最重要的是，假使环境需要，它可以迅速逃走。所以这种战争中几乎是很难有还手的机会。

在卡萨布兰卡会议的一个星期以后，希特勒表示他将加强对于联军商船的攻击。他认为雷德尔是一个"战舰派"的海军上将，所以把他免职，而将潜艇司令邓尼茨升任为德国海军总司令。此外，在以后的岁月中，德国的战时工业是由斯佩尔负责主管的，他也奉命对于潜艇的生产，给予最高度的优先。德国海军主将的变换，使大西洋之战进入了一个新的阶段，2月间英海军部对于当前的局势，曾作下列的报告说："在过去，敌人从来没有像现在这样，以全部的力量来追寻一个单纯的目标——那就是切断美国到英国的供应路线。步调已经越来越急，潜艇战争似乎是已经到了危急存亡之秋。"

第二个月，1943年3月，可以算是这个战争的最高峰。在那个月中旬，有4个连续横渡大西洋的船团，都受到德国潜艇的集中攻击，其中在某几天的潜艇总数竟达到70艘之多。双方都使用全力来搏斗，战争一共长达4天，其最后结果表示德国人占了极大的优势。在有保护的船团里面，一共损失了 29 艘商船，另外还有 8 艘因为失了联络而被击沉。而德方一共只有 1 艘潜艇被击沉，2 艘被重伤。不过在 3 月 19 日的日记上面，邓尼茨却写着："几乎所有的潜艇都曾受到轰炸或是深水炸弹的攻击。"

在 3 月间，德国潜艇在大西洋里面，一共击沉了 52.3 万吨的商船，到了月底英国海军部又报告说："最使人感到狼狈的情形，就是大部分被击沉的商船，都是在护航舰队以内的——差不多一共是 40 万吨……这是自从战争开始以来，在船团中损失最高的一个月。"不过在下一个月里面，卡萨布兰卡会议所决定的对付方法就开始生效了。护航专用的航空母舰总数已经增加，使整个大西洋航路上都有了更密切的保护。英国海军所组成的独立支援队，在船团的四周较远地区实行前后的巡弋，一发现了目标就进行攻击。最重要的，是使用"非常长航程"的飞机，以纽芬兰、冰岛、爱尔兰等地为基地，终于对于中大西洋的空洞，以前所不可能作空中巡逻的地区，现在也可以加以巡逻了。而且，这些飞机和英国的海岸巡逻机，也可以在比斯开湾（Bay of Biscay）和主要的德国潜艇基地的出口处巡逻，使用一种新型的雷达设备，使他们可以很精确地发现敌人潜艇的位置，而本身却不至于为敌方所觉察。这些发展的结果遂使联军在 4 月间的损失，降到 3 月间的一半，护航舰队一共受到了 15 次德国潜艇的攻击，但是却只损失了 11 艘商船。到了月底，英国海军部才敢说："这是第一次，潜艇似乎已经减少了它的威胁。"

联军方面在科学上所占的优势，足以使德国人感到震惊，并且有无可奈何之感。5 月 6 日邓尼茨在他的日记上面写着："各有关部门都已经在努力工作，以期使潜艇能够获得一种新式装备来对抗敌人的雷达。"一个星期以后，德国人曾经使用 41 艘潜艇，来截击一支北大西洋中的护航舰队，结果双方损失船数相等——6 艘潜艇对 6 艘商船。邓尼茨即向希特勒报告说："现在潜艇战争的最大危机似乎已经过去。因为敌人自从有了新式雷达装备以后，已经使我们再不能打下去，并且使我们蒙受重大的损失。"

在 5 月的下半月里，邓尼茨对于大西洋上的护航舰队，又倾全力再作了一次大的截击，但是这一次他损失了 4 艘潜艇，而没有击沉 1 艘商船，在这一次痛苦的经验之后，邓尼茨又在日记上写着："假使敌人的商船也同样有相当的损失，则即使更惨重的损失也还可以忍受。但是在 5 月间的大西洋里面，要损失 1 艘潜艇，才能够赚回 1 万吨的商船损失……所以这种损失就已经高到不可忍受了。"

5 月底，邓尼茨又向希特勒提出报告，由他所说的话就可以看出来大西洋之战，是已经发生了如何巨大的变化：

"敌方空军实力具有实质的增加，这是构成目前潜艇战争严重危机的主要原因……目前在冰岛与法罗群岛（Faroes）间巡逻的飞机架次，一天以内的数量就已经超过了过去一个星期内的总量。此外敌人在护航舰队以内，又使用航空母舰，所以所有的航路都完全是在敌人飞机保护之下……不过，更具有决定的因素，是敌人已经有了一种新工具，使飞机可以发现潜艇的位置。当然海面船只也照样可以使用这种工具。"

邓尼茨告诉希特勒说，他现在最需要的就是一种有效的雷达拦截仪器……能够测知敌人飞机上雷达所用的频率，并且可以警告潜艇不至于受到突然的袭击。可是他却自认："我们并没有这样的仪器。我们甚至不知道敌人对付我们是用什么样的一个波长。

我们也更不知道他们是使用高频率呢，还是用其他的测定方法。"为了应付目前起见，邓尼茨认为只好将潜艇撤出北大西洋，而只以亚速尔群岛（Azores）以西的地区为活动范围，其目的是减少空中搜索的威胁。他补充说："我们必须保全我们的实力。否则就会落在敌人的手里。"他告诉希特勒说，潜艇战争还是要继续打下去的，但是它的效力今后能够到达什么程度，再恐怕很难加以预言。

希特勒回答他说："对于潜艇战争是决不能停止。大西洋是我在西方的第一道防线，即使我被迫着要在那里实行防御，也还是比在欧洲海岸上实行自卫强得多。"

不过，到了这个时候，战争的主动却早已转而操在联军的手里，而邓尼茨唯一的对策，就是重申他将潜艇撤出北大西洋的决心。1943 年 6 月，丘吉尔向英国下议院报告说："从各方面看来，这个月是 46 个月以内的海战当中，最好的一个月。"在这个时候，他还不能发表数字以作为他的佐证，但是事实上，大西洋中的损失，在 3 月间为 90 艘商船，5 月间为 40 艘，而 6 月间则减为 6 艘。

× × ×

海上的情况，尤其是北大西洋的情况，已经有了这样显著的进步，所以在 5 月底华盛顿举行的英美高层会议当中，就有了很重要的反应。这一次会议的代号为"三叉戟"（TRIDENT）。在会议中，联合参谋本部已经有了充分的信心，决定将渡海反攻的目标日期定为 1944 年 5 月 1 日。为了配合这个决定，英国的参谋本部也在英国作相当的准备，不过他们却还是相信，在 1943 年的其余几个月当中，对于地中海的攻势还得要用最大的努力来进行。

到了这个时候，丘吉尔已经到安卡拉（Ankara）访问过土耳其的总统，所以他和布鲁克都已经知道土耳其人暂时还是无意参战，因此在东地中海进行任何大规模战争的机会，事实上已不存在。所以就更使他们热心主张向意大利本土发动攻势，这并不是作为"霸王"的代替，而为"霸王"作向导。

轴心国家在北非所遭受的挫败，其严重的程度实远超过以前所有的料想之外，因此英国人就更主张补给艾森豪威尔所部，使其在西西里战役结束之后，既能够不延迟时间，而又入侵意大利本土。马歇尔和他的同僚们却并不作如此的主张，他们认为由西西里，最多进到撒丁岛为止，就不再前进了；所以他们仅同意给予艾森豪威尔以下的命令："在西西里攻击之后，就只是取一种姿态，其行动的目的是要威胁意大利退出战争。"他们又坚持认为，必须得到联合参谋本部同意之后，艾森豪威尔始可以作进一步的行动，并且为了限制他的行动自由，所以对于供应补充都加以控制。他们告诉艾森豪威尔，在"黑犬"作战结束之后，就有4个大队的重轰炸机要调回英国去，此外还有一大部分的海军舰艇和两栖作战装备，也都要开始运往英国或是远东地区。另外还有7个师、4个美军师和3个英军师，为了准备"霸王"行动起见，也定于11月1日调回英国。

这些命令的原因，是由于美国参谋本部对于缅甸和太平洋的情势，已经逐渐感到严重的不安。他们认为在意大利若是要进行任何的战役，则势必使对于日本的作战计划和对于"霸王"的准备工作，都要受到影响，而他们却绝对反对这两方面再受到阻挠。罗斯福也和他们抱着同样的见解，因为即使他具有相当的勇气，可是他也不能忽视一个重要的政治因素——麦克阿瑟的朋友们在华盛顿，已经发动了强烈的宣传战，要求给予西南太平洋以更大的增援。总统大选之期又只有 18 个月了，麦克阿瑟是共和党的一位可能候选人，他对于他个人和政治上与罗斯福意见不合的地方，是不会不公开发表出来的。

在决定一个战略的时候，一个民主国家的领袖人物们对于国内的政治意见，常常是会很敏感的，而尤其是以美国为然。罗斯福和马歇尔能够如此坚定地支持"希特勒第一"的战略，是已经很难能可贵了；但是为了如此，他们却还是不能不付出相当的代价。他们必须对于主张"日本第一"的人们，作某种程度的让步，同时他们也要谨慎小心，不让人家有所借口来攻击他们使用着美国的兵力，去为英国人在非洲和欧洲，达到他们的政治目的。

关于地中海战略的辩论，使这两个盟国之间，为了对于战争的态度和执行的方法，引起很尖锐的争执。美国人在军事上的态度是天真而鲁莽，德国人既然是一个主要的敌人，所以就应该先用最直接的方法打击他——渡过海峡，入侵法国。假使在法国的德军力量还是太强大，那么就应该一心一意在英国累积我们的兵力，使它一直达到超过敌人力量的标准。他们这种想法的理论基础，就是认为只要能够建立一个够伟大的战争机器，那么他们一定可以随心所欲地将这个机器驾驶到任何地方去。只有一个拥有无限的资源和充分的自信的民族，才有资格采取这样的想法。

反过来说，英国人却从来没有在战争当中占有数量上的优势，所以他根本上没有资格和敌人打硬仗。他们的胜利都是斗智而非斗力的。因此，这似乎是本能的动作，他们决不愿意一头撞在敌人的铜墙铁壁上面，而主张使用一种间接的战略。他们也认为最后还是有越过海峡进攻法国之必要，因为在其他的地方，或是使用其他的方法，似乎都很难使德国人获得决定性的失败。但是他们却主张，先应该利用一切的其他战略手段，使德军在法国的抵抗力逐渐削弱，然后再作这最后的一击。他们从欧洲战史上的长久经验得知，一个准备入侵欧陆的国家应该首先发挥海权（现在更加上了空权）所给予他们的最大机动性，以使敌人实力分散，并抵消敌人能够在内线上自由活动的天然优势。因此，英国人主张在"霸王"行动尚未开始之前，先尽量发挥地中海战略的功效。

美国人却认为这种斜着走的方向实在是浪费时间。英国人这种玩弄敌人，使他自败的观念，在战略运用上需要相当的技巧，这是美国人天然没有的本性，而且也很难于欣赏。他们宁可用生产力量来击败希特勒，也不愿意耐性地来和他斗智，而且他们认为他们的方法是的确有把握的。在工业方面，他们是惯于用大规模的方法，来解决大问题，他们深知自己经济力量的雄厚，有把握供给联军以所需要的资源。虽然他们对于英国人的忠告和警告，很不愿意接受，他们觉得英国人太谨慎而且缺乏想象力；可是他们对于自己经验所获来的教训，却能够很快接受，而对于自己所犯的错误也能够迅速加以改良。所以，他们觉得在英国人眼中所看见的困难，虽然似乎是很大，但是用美国人的热心和天才，则大多数都是可以迅速而简单地加以解决。战争使美国人的边地精神又重新复活。他们对于他们在物质上和工业上的优势，具有充分的信心。这种乐观的态度是他们的优点，也是他们的弱点。因为这一方面使他们获得了充分的自信，另一方面却也使他们视事过易，对于像"霸王"行动这样的艰巨工作，也照样估计得太低。

他们之所以都主张直接进攻，一方面是由于他们对于自己的兵员，具有充分信心——美国兵是不怕死的；另一方面他们在第一次大战中，没有受到像英国人一样惨重的损失，同时他们这个民族还生气勃勃，仍然在继续膨胀之中。相反地，英国的军政领袖人物们，却不敢相信他们的部队对于前一两年所受的重大挫败，到底已经恢复到了何种程度，所以他们不敢接受太多的要求。他们知道英国再也吃不消另外一次的"惨胜"，所以觉得宁可把战争再拖长一点，但是希望能使它的成本降低、收获增加。他们不受到时间因素的影响。美国人希望战争赶快完，好让孩子们早点回家，即使回家的人数少一点也不要紧。这个原因，一方面是由于美国的民族性就是不愿意忍耐，另一方面是由于在 1944 年的总统大选中，美国人民对于战争的进行，一定会作公开的裁判。美国的战略决定，是在一种纷扰不安的政治空气中作成的，即使是纯粹军事方面也很难不受到影响。

美国的参谋首长们因为对于自己的力量具有信心，认为渡海进攻是绝对有把握的，所以就怀疑英国人主张地中海战略的原因是纯粹的政治作用。美国人常常喜欢表示他们所关心的问题就是"战争的胜利"，好像战争的目的就是要证明哪一方面在军事艺术上更有本领。但是在作战的时候，大战略的指挥者实在应该随时注意到政治和经济的目标。否则，就会和常常惯有的例子一样，只是赢得了战争，而输掉了和平。

英国的首相和参谋本部，也从来没有建议过，一个对于德国的大规模攻势，可以或应该从南欧方面发动。不过丘吉尔却相信只要分散有限的力量，去支援土耳其和希腊及南斯拉夫的游击队，则一定可以吸引德国人调动海峡方面的兵力，对于战争的胜利，甚至和平的赢得，都具有极大的贡献。不管西方国家对于到达柏林采取哪一条战略路线，法国、低地国家和斯堪的纳维亚国家仍将留在民主国家的阵营中，似乎是不太成问题的；可是巴尔干国家若是将来为苏军所"解放"，则它们的态度就会有问题了。英美两国的长期目标，都是为了想在中欧和东南欧，重建民主政治的势力范围。在1943年，虽然他仍然是以毁灭希特勒的权力为最主要的问题，丘吉尔却已经逐渐想到，斯大林的野心也实在有加以约束之必要。所以，在一方面仍以击败希特勒为首要任务的时候，另一方面丘吉尔却在寻求一种战略，不仅可以使战争上获得胜利，而且还要保证在战后，任何重要的地区中，民主势力在政治上都不至于处于劣势。

美国人却无此认识，也无此计划。美国参谋本部认为，只有用最直接迅速的方法，达到击败德国人的纯军事目标，才能够使他们的人民认为把美国军队用在欧洲作战，是一种合理的行动。所以他们的态度完全与丘吉尔不同，认为在决定军事战略时，绝对不应该受着政治因素的影响。

罗斯福对于这一方面，其态度也正和他的参谋首长们完全相同。事实上，美国总统曾经努力避免人家批评他的战略受了政治因素的影响，所以他故意不和国务院讨论任何有关军事细节的问题。在珍珠港事变以前，国务卿赫尔（Cordell Hull）还是罗斯福战时内阁中的一员，可是自从事变发生以后，关于有军事性质的任何会议，赫尔却从来没有被邀请参加过。赫尔自己说过："一切有关如何征服希特勒的军事问题，例如我军应在何处登陆，在大陆上应采取何种路线，总统和他的一切高级军事顾问们都从来没有和我讨论过。"

有一部分的理由是美国人生来就不敢对欧洲的政客们表示信任。美国人有这样一个传统的信念，认为美国的外交家都忠厚而正直，所以很容易上欧洲人的当。虽然美国的参谋首长们都很佩服丘吉尔，但是他们对于他的战略思想和政治动机，却还是不免于感到疑惧。他们很佩服丘吉尔的魄力和精神，但是却害怕他们不知道会给他拖到什么地方去才打止。他们从不真正了解丘吉尔的心事，他们想不到为什么他会有许多的想入非非的想法。在丘吉尔的脑海里，新计划层出不穷，使他自己的参谋首长们也感到头痛，不知道他下面又会变出什么新的把戏来。

在开会的时候，或是在会餐以后，丘吉尔常常会提出若干天马行空的怪意见，他的目的似乎是挑战性的，是想引诱别人说出反对的意见来。罗斯福懂得他的用意，常常听任丘吉尔一个人去乱吹，但是却自信在辩论当中，他是可以坚持自己的信念。但是马歇尔、金和阿诺德（Arnold）却很难分辨出来丘吉尔的意思，是真正作此主张，还是只是试探而已。他们不愿意与丘吉尔发生辩论，因为他们知道在口才方面，远非丘吉尔的对手。所以他们似乎坚决地采取一种态度："不要和他辩论，就是干脆说'不'好了。"可是丘吉尔所希望的却是公开的批评，而不是沉默的反对。他周围所用的人都是个性很强，并具有高级的专门知识的，他是准备向他们请教的。同时他也没有忘记他是巴力门的仆人，所以当他作决定和采取行动的时候，总是要征求战时内阁和参谋首长们的意见。可是对于美国人而言，他却被人感觉到有一点高深莫测和无法控制。他们决定不上他的当，不为他的辩才所说服；假使换一个比较中庸之士，那么他们对于这些建议，也许就会能够多接受一点。

× × ×

尽管多方面的美国人，对于意大利战役的继续发展，都已感到勉强，可是丘吉尔却还是无畏直前，因此到了 5 月底，他偕同马歇尔和布鲁克，一齐飞到阿尔及尔，决定把联合参谋本部所给予艾森豪威尔的那一点狭小的自由行动权，也要尽量予以利用。丘吉尔想说服艾森豪威尔，使他认清当年战役的最低要求，不能比罗马的攻克再少，而且对于"霸王"行动这也是一个极好的准备。艾森豪威尔却也并不比马歇尔肯听话，他回答说，一定要等到 7 月 10 日，对于西西里的攻击战做了一番实验之后，他才敢于作进一步的决定。

西西里作战却进行得十分顺利，所以在一个星期之内，艾森豪威尔才决定应该入侵意大利本土。7 月 20 日，在联合参谋本部中的美国代表才勉强批准了这个行动，但是仍然要求在攻克西西里岛之后，从地中海区将空海军调往其他战区的计划，还应照旧进行。他们的英国同僚们很反对这个短视的政策。照英国人的看法，艾森豪威尔已经有获得一个伟大胜利的机会，但是减少了他的实力，则会坐失良机。

丘吉尔一向主张采取勇敢进取的行动，他说："为什么要像一个臭虫一样，从脚踝慢慢地爬上小腿呢？让我们一拳打在他的膝盖上面！"有了丘吉尔的鼓励，艾森豪威尔遂建议在那不勒斯（Naples）附近的萨勒诺（Salerno）登陆，不过其先决条件则为具有适当的资源可供调遣。因此，英国的参谋本部基于他们自己的立场，立即下令将准备从地中海撤往其他地区的飞机和军舰，都暂时留下来仍供艾森豪威尔使用。这个行动使华盛顿方面为之哗然，因为马歇尔和金都坚持 7 月 24 日所已经发出的命令，一定要继续实行。可是，不到 24 小时之内，突然又有消息从罗马传来，说墨索里尼已经被驱逐下台。这个机会是英国人在 6 个月以前就预料到的，现在已经成为事实了。

所以用强大兵力入侵意大利本土之举，是已经刻不容缓，但是艾森豪威尔的部队还正在西西里一时不得脱身，而更使艾森豪威尔不满意的是，他已经发现了所分配给他的船只，根本上就不够在 9 月初以前作大规模登陆之用。甚至于用空中攻击的方式，来阻止德军在意大利的行动也受到阻碍，因为马歇尔在 8 月 2 日又重申前令，认为 4 个大队的"解放式"轰炸机，必须遵照"三叉戟"会议的决定，调回英国去。

既然不能作一次迅速的闪击来加速意大利的崩溃，所以艾森豪威尔就想提出一个合理条件的休战，并且宣布暂停轰炸，来从心理上鼓动意大利分裂，但是巴多格里奥元帅的新政府却毫无反应。在那个时候，以及之后，大家都认为这种沉默是由于"无条件投降"所引起的不良印象，这个原则是罗、丘二人曾经明白认定的。不过到了现在，真相才为人所明白，事实上巴多格里奥并没有太考虑到那个问题。最主要的因素，却是他缺乏实力，不足以作有效的投降。在整个半岛上，他一共只有 12 个师的残兵；而德军却有 8 个师，其中 4 个是装甲师，另外还有一支强大的空军。除非受降当局对于他的政府能够有确实的保护，巴多格里奥才敢投降，因为诚如他自己所写的话："若是意大利片面地表示愿意求和，那实在无异于将我们自己的手脚全绑了起来，送到德国人的手里……我认为当时一方面只有尽可能敷衍德国人，而同时尽我的力量以求与英美两国取得接触……我很有自信，假使我只要能够与联军方面取得接触，那么我一定可以获得比'无条件投降'更优厚的条件。"

最大的问题就是如何建立接触。巴多格里奥不能经由驻梵蒂冈的美英两国公使取得与联军的接触，因为缺乏远见的原因，他们并没有一种密码是德国人不知道的！所以巴多格里奥只有等候，一直等到了 8 月中旬才有了机会，他派了一个特使到里斯本（Lisben）去，假装欢迎一个由智利回国的意大利大使。在这个时候，由于表面上还是效忠德国，所以巴多格里奥也无法阻止德军占领了他的全国。

可是德国人方面却一点都没有延误，因为自从突尼斯大败之后，希特勒就早已料到意大利会发生政变；因此在隆美尔统率之下，德国人早已在奥地利和意大利的北部集结大兵，以防止意大利的反叛和联军入侵南欧。7 月 25 日，希特勒正在与他的幕僚讨论，如何增援隆美尔的问题，墨索里尼垮台的消息就开始传来。

希特勒的第一个主张，是先使用伞兵以孤立罗马城，另外派遣 1 个装甲步兵师，直入罗马，将所有的意大利政府要人，连同意大利国王、太子和巴多格里奥都在内，一齐抓起来。不过以后他又还是决定，在没有巩固意大利北部的地位以前，暂时放手不管。在这个阶段，希特勒是准备放弃意大利南部，包括罗马在内，因此他命令留在西西里岛内的 7 万德军立即开始撤退。他说，假使隆美尔守不住"这只靴子"，实际并没有什么要紧。最重要的事情是在北部构成一条防线，由比萨（Pisa）经过亚平宁山脉（Apennines）以达里米尼（Rimini）。防守这一线的兵力是从苏联前线调来，甚至在东线战场上，要放弃若干土地亦在所不惜。其结果是使意大利国内的德军总数增到 15 个师，而另外还有 4 个师也正在增援的途中，但是这个时候巴多格里奥的特使却还没有到达里斯本。到了这个时候，局势就已经很够明朗了，不管外交的谈判是怎样的一个结果，联军要想入侵意大利南部，还是必须一番苦战不可。希特勒已经充分利用了这个喘息的机会，现在就决心不放弃意大利南部，而准备抵抗。

意大利人表示只要联军的大兵一在意大利本土登陆，则他们立刻开始投降，这个消息传来的时候，恰好罗、丘二人又在魁北克（Quebec）举行另一次有历史意义的会议，它的代号是"四分仪"（QUADRANT）。8月18日，他们命令艾森豪威尔："接受意大利的无条件投降，并由此获得最大可能的军事利益……占领撒丁岛和科西嘉（Corsica），并且在罗马地区及北面建立空军基地。若是可能的话，还要对意大利北部的德军加以不断的压力。"

这些命令实际上是言过其实，因为艾森豪威尔并没有那样大的实力，足以达成这样多的任务。根据"三叉戟"计划，在地中海的实力还是照旧向远东和英国两方面撤走。那些指拨给"霸王"行动的7个师，应该撤走是自不在话下，可是在这个有利的时机，而又一定要分兵去增援远东，则在战略上似乎是很不合理。最后艾森豪威尔奉命，可以将18艘TST暂时留用，直到第5军团9月初在萨勒诺登陆之后，再开往印度洋方面去。但是因为艾森豪威尔这一次的实力是如此有限，这一次攻击几乎被敌人打退下海了。

而且到了魁北克会议的时候，对于意大利局势的利用，事实上已经太迟。当墨索里尼刚刚崩溃的时候，联军即应派遣一支军队，直接开入意大利，但是由于5月间三叉戟会议的决定，再加上美国参谋首长们的固执己见，这个行动实际上当然不可能——因为早已决定在1943年的下半年，太平洋和缅甸地区应比地中海居于优先的地位。当意大利投降的时候，在太平洋作战的美军一共有 13 个师，而在英国和地中海则一共只有 10 个师。在这 10 个师当中，还只有 4 个师可以用在意大利，而且还不能够充分发挥他们的力量，因为运输船舶也不够用。因为力量分配失当，所以联军一共花了一年的时间，才把德军逐退到比萨—里米尼之线。希特勒的原意本来早就想退守这一条防线，以后因为看到联军没有能够充分利用墨索里尼垮台时的好机会，所以才改变初衷，又去防守意大利南部。

虽然如此，意大利战役还是有很多的收获，这是其他地区所不能得到的，而且对于"霸王"行动的成功更是具有重大的贡献。在 10 月初就已经占领了福贾（Foggia）飞机场，使轰炸机可以由此起飞，遍炸罗马尼亚的油田，以及在德国南部和奥地利的战斗机制造工厂。这些都是对付德国空军的最优先目标，必须使它们相当地削弱之后，才可以谈到越过海峡进攻欧陆。此外，意大利战场对于德军兵力的消耗也远比对联军为大。10 月间艾森豪威尔的 11 个师，专就意大利本土而言，却已经牵制住了德军加倍的兵力。因为希特勒决定在那不勒斯以南地区作战，所以使他的侧翼方面变成了一条延长的海岸线，随时都有受到袭击的可能。为了防止联军在罗马与热内亚之间登陆，希特勒又必须在意大利北部控制 10 个师的兵力，完全只是备而不用——约德尔说："这个时候东线战场正是受着猛烈的攻击，对于预备队的需要实在比任何时期更迫切。"

× × ×

当地中海战役正在热烈进行之中的时候，"霸王"行动也开始进行准备的工作，在伦敦由摩根中将（Lt. Gen. F. E. Morgan）和巴尔克准将（Brig. Gen. R. W. Barker）负责主持。在卡萨布兰卡会议当中，摩根被任命为联军最高统帅的参谋长（当时统帅人选尚未发表）——它的缩名为"COSSAC"（Chief of Staff to the Supreme Allied Commander）。摩根奉命成立一个英美联合组织的司令部，负责为未来的最高统帅准备由英国入侵西北欧的计划。

在魁北克会议时，COSSAC 计划就已经提会讨论：它主张使用 3 个海运师和 2 个空降旅，首先向诺曼底（Normandy）地区进攻，另外还有 2 个师也预先装载在登陆艇上，准备立即跟上增援。在卡昂（Caen）与卡朗唐（Carentan）之间占稳了一个立足点之后，英美联军就应该倾全力去夺取瑟堡。但是因为认清了必须要花上几个星期，才能够将海港中的水雷和障碍物扫清，所以设计者主张利用 2 个"人造港口"，来供应和增援桥头阵地中的部队，这种"人造港口"预先在英国拼好，再用拖船拖过海峡使用。他们预计在 14 天当中，一共要登陆 18 个师，并且指出在这个阶段的最后时期，桥头阵地的范围应该包括瑟堡和西诺曼底在内，其最远的防线应为由圣米歇尔山（Mont St. Michel）经过阿朗松（Alencon）以达特鲁维尔（Trouville）。以后美军的主力就可以从美国直接运往这个桥头地区，一直等到兵力增到 100 个师，才可以开始进攻德国本土。

根据这个计划，联军可以按部就班在法国领土之内建立一支强大的陆军，但是最重要的因素却是最初攻击的规模问题，现在所拟用的兵力比较进攻西西里岛的时候还要少。因为摩根在拟订这个计划时，他在登陆艇和运输机的数量方面受着极严格的限制。所以他指出这个计划唯一能成功的先决条件是："德国人在法国所保有的机动预备兵力，其总数不超过 12 个师；而在卡昂地面，当 D 日那一天，德军所能运用的这种兵力不至于超过 3 个师，在 D+2 日不超过 5 个师，在 D+8 日不超过 10 个师。"

虽然这个 COSSAC 计划的成败之机窄如一线，可是联合参谋本部却还是采纳了它，并且拟定 1944 年 5 月 1 日为目标日。美国人对于这个决定十分热心，可是英国人却害怕最初进攻的兵力实在太单薄，不能突破希特勒所建立的大西洋长城。丘吉尔主张将攻击的重量再增加 25%，但是却没有被接受，因为所增加的船只需要美国人负担，可是美国人却认为除了影响到太平洋方面的作战，否则就无法再抽调船只，这又当然是美国人所不愿意让步的。

为了代替这种普遍的增加兵力起见，马歇尔又建议可将在地中海方面的两栖作战装备，用来对于法国南部实行登陆，这样就可以在土伦（Toulon）—马赛（Marseilles）地区建立一个立足点，并向北发展，以期分散敌人的兵力。丘吉尔愿意接受这个计划（"ANVIL"，号称"铁砧"作战），但作了一些保留。他认为只要作一种入侵的威胁姿态，即足以吸引住该地区的德军，所以他主张最好是将"铁砧"作战所需要的兵力用在意大利北部登陆，或是用去支援南斯拉夫的游击队。

魁北克会议最后决定在 1944 年的春季，应从南北两方面入侵法国。当 10 月间三国外长在莫斯科商的时候，这个决定也就同时通知了苏联人。莫洛托夫对此还是很感到怀疑和不放心，因为代表英美联合参谋本部的伊斯梅将军（Gen. Ismay——丘吉尔的参谋长）和迪恩将军（Gen. Deane——美国驻苏军事代表团团长）明白表示，他们不能够作无条件的保证，因为假使德军从东线上抽调大批的兵力，则"霸王"行动实际上将决无成功的可能。当他们指出 COSSAC 计划的先决条件是假定德国在西方的机动预备兵力不超过 12 个师的时候，莫洛托夫却故意地道："那么 13 个师又会怎样呢？"伊斯梅说这不过是一个大概的说法，但是莫洛托夫却坚决认为这是一种遁词，并且继续要求联军方面给予确切的保证和日期。但是为了保密的原因，伊斯梅却不敢将日期告知苏联人。

莫洛托夫对于"霸王"行动似乎非常重视，所以他又建议联军方面，应设法使瑞典和土耳其参战，这个建议颇使英美的代表感到震惊。他对于瑞典问题还没有太强调，但是对于土耳其参战的重要与开放达达尼尔海峡的问题，却表现得非常坚决，使得艾登同意在他回伦敦经过土耳其时，再和土耳其当局作一次商讨。这个机会并不太好，因为在多德卡尼斯群岛（Dodecanese Islands）上立足的英军，正好刚刚被赶逃，所以土耳其人还是重申他的中立决心。

虽然如此，苏联的建议却刺激着丘吉尔，想在地中海地区找到一条打击德国人的新路线。自从魁北克会议之后，他对于COSSAC 计划是否可行，就越来越感到怀疑。德军在意大利所表现出来的抵抗强度和德国空军的作战能力都使他感到焦虑，认为若是用现在所计划的兵力来入侵法国，则结果很可能又会酿成第一次世界大战时一样的僵局，使牺牲非常惨重。假使这种惨重的牺牲必要而无法避免，丘吉尔也是一个不怕牺牲的人；可是当他想到浮尸充满了海峡的时候，却自不免心惊肉跳，他决定不在没有适当的保护之下，而使英军冲向大西洋长城，冤枉地送了性命。

在萨勒诺，其条件似乎要比理想中的诺曼底好得太多了，但是艾森豪威尔的部队，对着一个守军约为 3 个师的正面冲过去，结果几乎只是幸免于难。"霸王"行动所要冒的危险似乎是更大，可是华盛顿当局对于萨勒诺的警告却一点不予以重视。

基于这种分析，使丘吉尔和他的参谋总长们认为，照敌人的防御能力来判断，则魁北克会议所批准的 COSSAG 是计划，不可能在西线战场获得一个具有决定性的成功。英国最大的忧虑根源就是美国人始终为远东方面所牵制。11 月间，同盟国领袖集会开罗（Cairo），以便在德黑兰（Teheran）会议中与斯大林会晤之前，先行解决他们之间的联合计划。在这个时候丘吉尔就更感到忧虑。当丘吉尔到达开罗的时候，发现中国的蒋总统夫妇早已先在那里，他当时就不免吃了一惊。蒋总统夫妇是接受罗斯福的邀请而来的，目的是讨论在缅甸境内中美合作进行大规模作战的问题，这个作战计划的目的是要打通一条陆上运输线，以供应中国。拟定在1944 年的夏天对于缅甸作大规模的反攻，陆军分别由印度及中国攻入，另外还要在孟加拉湾实行两栖登陆。为了力主实行这个计划，美国的参谋首长们明白表示，他们害怕除非立即给予中国以实质的援助，否则中国可能会与日本媾和，至少也会使它的军事力量完全崩溃。若是这两种假定都成为事实，则美国就不能利用亚洲大陆为基地来攻击日本的本土。丘吉尔和英国的参谋首长们并不同意于美国人的忧虑，认为太平洋战争没有太大的重要性。他们以为一旦德国失败了，则很容易引诱日本人投降。所以他们反对缅甸作战计划，反对罗斯福向中国人许下诺言。

在魁北克会议时，丘吉尔主张把分配给"霸王"行动的登陆艇数字增加 25%，马歇尔和金却加以拒绝，说根本上没有再多的两栖作战装备，可是现在他们却又有余力用到印度洋方面去了。美国人坚决主张要入侵缅甸，使英国人感到十分惊慌。英国人在从事于"霸王"行动的准备时，是假定美国参谋本部也和他们采取同样的立场，甚至暂时放弃对日本的作战，而将一切的登陆艇、军舰和商船都集中起来，以期一举获胜。可是现在才知道美国人的态度并非如此。所以在开罗会议中，丘吉尔和布鲁克就又力争，假使没有充分的实力，则"霸王"行动应暂时保留，而先用其他的方法使驻在法国的德军兵力减弱，以便入侵军可以获得有利的地位。他们又说唯一的方法就是在南欧取得攻势，才可以迫使希特勒将西方的兵力转用到南方来。

在开罗会议的讨论中，罗斯福发现了他实在是左右做人难，他自己的参谋首长主张在远东进攻，而英国人又反对立即实行"霸王"行动。最后，他还是倾向于丘吉尔的建议，主张继续在地中海方面进攻，以减弱德国在西面的守军实力，而使 COSSAC 计划有实现的可能性。谈到这个观念之后，美国总统又想到 10 月间苏联人曾有力促西方国家设法使土耳其参战的事实。所以在离开开罗之前，罗、丘二人同意将 1944 年的英美联合战略暂时搁置，不作最后决定，留待与斯大林会晤之后再说。可是在美国的参谋首长心目中，却是一点疑虑都没有。根据舍伍德的报道：当他们离开开罗的时候，他们又在准备应付德黑兰会议中的舌战，并且认为美苏两国是会构成联合阵线的。

当罗斯福到达德黑兰的时候，他是自命有一套对付斯大林的本领。这个机会他已经等待了好久，因为早在 1942 年 3 月，他就曾经写过一封信给丘吉尔说："假使我要这样直率地说话，大概你还是不会介意的。不管你相信不相信，我认为我个人有一套对付斯大林的本领，这是你的外交部和我的国务院所绝对赶不上的。斯大林痛恨你们那些高级人物的态度。他认为他比较喜欢我，而我相信他将来会继续如此的。"以后，在德黑兰会议之前，罗斯福又曾经向曾任美国驻苏大使的蒲立德（Wlliam Bullitt）说过："我的确感觉到，斯大林所需要的东西不是别的，就是他自己国家的安全。所以我想，假使我把我所能够给他的东西都完全给他，但是却不向他要求任何的报酬，那么他也就不会再想去吞并任何地方，而会为民主和平的世界努力工作了。"

罗斯福对于他自己外交才能的信心，以及他对于斯大林意图的判断，对于从 11 月 28 日开始讨论的德黑兰会议的结果，具有极大的影响。第一次会晤是一种私人拜会性质的，出席的人就只有罗斯福、斯大林和他们的翻译人员。在这一次会晤中，他们两位广泛谈论天下大事，罗斯福特别提出说，关于战争的进行和和平的缔造，他个人的意见都不一定完全与英国首相相同。斯大林看出了罗斯福是要表示他并不受到丘吉尔的影响，所以他就尽量地刺激罗斯福的自尊心。在会议开始的时候，他就首先提议在每次会议中都应由罗斯福担任主席，在那天夜里他又邀请罗斯福由美国公使馆搬到苏联大使馆里去。斯大林认为这是安全上所必需的措施，因为已经有这种谣言，说德国人正拟暗杀罗斯福。接着他又更进一步表示好感，将自己的住房让给罗斯福，而自己搬到楼下的一间小房里去。

在第一次正式会议中，罗斯福欢迎苏联人成为"家族中的一个新分子"，接着又详细解释西方国家对于战争的观点，特别着重对日作战与对德作战间的关系。他又解释为什么在 1943 年，英美两国无法发动一个越过海峡的攻击，主要的原因就是船只的缺乏，尤其是登陆艇。但是他又保证在 1944 年，他们的主要目标就是要尽可能来实行任何种类的计划，以减轻苏联的负担。他们是想在 5 月 1 日开始"霸王"行动，但是却恐怕因为其他方面的战役会使它延迟。不过，美总统又说，他和英国首相都曾经考虑到在地中海方面再发动一个进一步的攻势，以作为入侵法国的序曲，不过他却愿意首先征求斯大林的同意。

斯大林回答说，事实上，他所最需要的就是"霸王"行动，能够越快越好。他表示他并不太重视意大利的战役，因为巴尔干距离德国的心脏实在是太远了，而唯一足以打击德国心脏的直接路线，就还是经过法国。他又向罗斯福保证，美国对于太平洋方面实不必过于忧虑，因为只要希特勒失败之后，苏联就也会倾全力来和日本作战。那么在三国共同努力之下，战胜日本当然是不成问题。

虽然斯大林这种说法，美国人事先并非完全不知道（因为一个月以前，国务卿赫尔在莫斯科也曾获得类似的保证），但是它却使美国人对于欧洲战争，在态度上引起了一个显著的变化。现在从斯大林本人的嘴里，罗斯福算是获得了一个正式的保证：假使西方国家集中全力来击败德国，则苏联也就会帮助他们来打败日本。美国人本来害怕对日战争会无限延长，而且牺牲惨重，现在似乎感觉可以放心，因为苏军可以用来对付强大的关东军，并因苏联还可以供给在海参崴附近的基地，来轰炸日本的战时工业。于是罗斯福现在突然感觉到理直气壮，敢于拒绝金等的要求，而把太平洋方面的力量转用到"霸王"方面去。

苏联人的声明虽然使美国人感到满意，但是英国人则不尽然。在以后的会议中，丘吉尔还是尽力主张他的地中海战略，于是斯大林很不客气地向他质问：他到底是对于"霸王"行动真正具有信心呢？还是仅仅为了取悦于苏联呢？丘吉尔说，这并不是要把"霸王"行动搁置起来的问题。问题是要决定在以后5个月当中，当"霸王"行动尚未开始之前，这些已经驻在地中海地区的兵力应该如何运用的问题。斯大林表示他赞成入侵法国南部，但是丘吉尔却主张在意大利北部登陆，以获得波河流域（Po Valley）的飞机场，并且可以援助铁托的南斯拉夫游击队，夺回多德卡尼斯和其他在土耳其附近的希腊岛屿，从而使土耳其参战——这也是10月间苏联本身所建议的。

可是这些计划却没有一个能够使斯大林感兴趣，他一再主张地中海方面的两栖实力，应该用在法国的南部，而不用在巴尔干。很明显，关于土耳其的问题，苏联人是已经变了心，因为自从德军由东线战场抽调了15个师的第一流兵力到意大利去之后，苏联人就感觉到已经可以应付裕如。似乎非常明显——至少丘吉尔是可以看出来——斯大林是不愿意美英的力量进入巴尔干诸国，这个地区是留待他去"解放"的。苏联人希望英美的势力只以西欧和地中海西部为限，这是具有长期的政治战略打算的。

斯大林又表示，联军根本上不需要在东南欧方面作牵制德军的行动，因为苏军可以为了配合"霸王"行动起见，在东线战场上发动一个攻势，使德国人无法兼顾。于是斯大林就进一步要求决定确切的日期。罗、丘二人又再重复说，大概是定在5月间，但是具体的日期还无法确定。为了更慎重起见，斯大林又追问这个作战将由什么人指挥。罗斯福告诉他说还没有决定，他就催促说："最好还是早日决定，因为时间已经很紧迫了。"他要求在年底以前应公开发表最高统帅的姓名，罗斯福当时就表示一定可以办到。

到了会议结束之后，罗斯福相信他与斯大林之间已经建立了私人关系，在他回到华盛顿之后，他提到斯大林都是用一种极具有温情的词句。他说："我相信我们一定可以和他以及苏联的人民，处得相当的好——一定可以相当的好。"这种公开的声明也真是代表罗斯福本人的良心话：他曾经告诉他的劳工部长帕金斯（Frances Perkins），说他怎样去接近斯大林。他说："在头三天当中，我绝对没有进展。虽然凡是他所要求我做的事情，我都做了，但是我还是无法与斯大林建立私人的关系。……他强硬、沉默、不言不笑，一点人性都不表现出来……我感到相当的失望，认为是不易于成功。"接着罗斯福又说他在开会的第三天，就调换了一个方法："当我一坐下了之后，我就开始和丘吉尔开玩笑，说到他的英国人作风，说到约翰牛，说到他的雪茄烟，说到他的怪习惯。这个开始使斯大林感兴趣。丘吉尔面红耳赤，感到很难堪，越是这样，斯大林越是微笑，最后他也哈哈大笑了，这是我3天以来第一次看到曙光。以后我又喊斯大林是'乔叔叔'（Uncle Joe）……自此以后，我们的关系就发展成为一种私人的关系……我们之间的冰块被打破了，现在我们可以用人与人之间的态度，像兄弟们一样谈话了。"他相信他已经赢得了斯大林的友谊，这个事实在德黑兰与雅尔塔（Yalta）之间的时期当中，对于罗斯福的政策具有极重大的影响。

不仅是罗斯福一个人，对于德黑兰会议的结果，认为是对于西方国家有利的。苏联人答应支持"霸王"行动，并且保证将来对日作战，也使美英两国的参谋本部，在心头上抹灭了一些疑团，他们本已同意，认为渡过海峡进攻，是具有最后的必要性，所争论的就只是时间与兵力的问题。布鲁克和他的同僚们虽然也力主对意大利作战，但是他们对于丘吉尔的巴尔干和爱琴海的计划，却一向不表示热心。现在在"霸王"行动未发动之前，而能够有了一个明确的政治决定，这也使他们感到放心。

不论是对于美国人，还是对于英国人，这种过分遥远的政治后果，是很难引起他们的重视；即使是丘吉尔本人，在当时他也不一定会料想到斯大林的胜利是会大到什么样的程度。一方面有苏联人推，一方面又有美国人拉，所以西方国家的全盘战略完全离开了苏联感兴趣的地区。甚至在德黑兰会议之前，因为德国既已规定必须无条件投降，所以苏联成为东欧方面的支配者，实已成定局；不过对于中欧和巴尔干，则苏联的势力将深入何种程度，却还在不可知之数。在德黑兰会议之后，则中欧和巴尔干的局面也就大势已去。所以德黑兰会议不仅是决定了1944年的军事战略，而且也调整了战后欧洲的政治平衡态势，使其大有利于苏联。

不过这些可能性却还在视线之外，联合参谋本部现在所想到的就只是为了打胜仗，所以对于这些后果当然完全没有考虑到。在12月初，他们又在开罗集会，所讨论的问题还是"霸王"行动和"铁砧"作战的问题。预定的目标日期到现在不过只有5个月的光景，可是他们现在所能找得到的资源，甚至还不够COSSAC计划之用。在长期的争辩，毫无结论之后，丘吉尔又只好直接向罗斯福提出控诉，最后美国的参谋首长们才同意，暂时放弃入侵缅甸的计划，而把多余的登陆艇调供"霸王"行动使用，可以够另外再增加1个师的需要。这当然还不够丘吉尔要求增加攻击兵力达原数25%的标准，不过在这个计划还没有经过艾森豪威尔（他在12月6日已被任命为最高统帅）审核之前，关于这一点还不能够作最后的决定。

在 12 月 6 日那一天，联合参谋本部才决定"霸王"行动和"铁砧"作战，将是 1944 年的最主要的作战……并且它们应该在 5 月间予以执行。在世界上其他地区的行动都应以不妨碍这两个作战的进行为原则。艾森豪威尔的任命和任命的目的，在那年圣诞节的前夕，曾经加以公布，以后艾森豪威尔又从联合参谋本部方面，接到下边的训令，将他的任务作了一个明确的规定：

> 你可以进入欧洲大陆，并且与其他联合国家的行动相配合直接攻入德国的心脏部分，并歼灭它的军事力量。

第七章 | 德军的实力

　　1943 年 12 月，在德黑兰会议之后，柏林当局由秘密的情报来源，就已经知道西方国家决定了在 1944 年的春天，在法国境内开辟第二战场。希特勒对于这个情报却并非不欢迎，因为根据过去两年在苏联作战的经验，可以证明出来当他一直在把三分之一的陆军和三分之二的空军留在西欧，防守西方国家的入侵和镇压被占领地区的时候，那么他也就无余力来击败苏联。反过来说，假使联军的渡海进攻，一旦能被击败——照希特勒的想法，那是绝对可以击败的——那么他就可以抽调西线战场的一切兵力，再集中到东线战场上去，去争取一个具有决定性的大胜利。同时，当英美联军被逐出了西欧以后，他就可以用新的海空军武器，逼迫着英美转取守势而使整个战局都发生转变。这些新武器有电动潜水艇（其设计和性能都有革命性的进步）、喷气飞机、飞弹和长射程火箭等等。利用这些新武器，希特勒希望在空中和海上重新获得他的主动优势，至少可以在他把东线战场和南线战场稳定了之前，先获得一个喘息的机会。于是，照他的想法，此后他的对手们就除了被征服以外，再无其他的路可走了。

这个计划的主要基础就是希特勒认为联军的渡海入侵是绝对可以击退的。12 月 20 日，当他和他的幕僚们讨论这个入侵问题的时候，希特勒用藐视联军的态度说道："我绝对相信他们解决不了这个问题。"地中海登陆之所以能够成功的原因，是因为有奸细做内应。现在在西欧并没有奸细可供他们利用，而且没有哪一寸海岸线是不曾设防的。他更坚持说德军的部队饱具战斗经验，而所有的要塞几乎都是不可以攻破的，所以联军要是以那种毫无经验的部队来进犯，则实无异于飞蛾扑火。譬如迪耶普，它的防御强度就已经比 1942 年加拿大部队来突袭的时候，增加了 1000 倍以上。同时希特勒又说，他本人是不断在用脑筋想方设法改进防务并且施出一切的妙计，所以联军的攻势在碰着大西洋长城之后，马上就会崩溃。

希特勒这种乐观的信心，当然为他的亲信部下们所接受，唯一的例外就只有约德尔，他是 OKW 的作战主管，除了苏联战场以外，他负责指挥其他一切的战争。在 6 个星期以前，约德尔在谈到西线战场的威胁时，他曾经坦白说过："东线战场的战事虽然日趋激烈，但是除非我们丧失了罗马尼亚的油田，敌人虽有小胜却并不足以为大害。反过来说，最高统帅部对于西线战场却决不可以漠视，因为这里的局势才真是星星之火，可以燎原，若不赶紧加以扑灭，则马上就会无法控制。"接着约德尔又纵论防卫整个大西洋海岸线的困难："沿着一条长达 2600 公里的防线，当然不可能在每一个地方都构筑纵深的防御体系，来增加海岸正面的抵抗力……所以，在西线战场上必须要控制着强大机动部队，具有最优良配备的预备兵力。若是这种战术性的预备兵力一有削弱的现象，则马上就会使整个的战局发生危险。"

约德尔上面所说的，就是代表参谋本部对于这个问题重心的看法；预备兵力比要塞工事更为重要，因为联军具有制海权和制空权，所以他们也具有充分的机动性和弹性，几乎可以从挪威北部直到西班牙国界之间，随便任何地点加以突击。照约德尔的看法，为了对抗联军这种优势，决不能够企图死守每一英里的海岸防线，而应该建立一个强大的中心预备兵力，不管联军在哪一个地区登陆，都可以迅速地赶去加以迎头痛击。在战争的前两年当中，德国的确占领了不少土地，约德尔曾经说过这是一种空间的投资，但是这种投资却把德国军事上的一切收入都吸收光了。希特勒很快就变成了他自己所征服地区的俘虏。在这个时候，德国野战军的师数已经比发动侵苏之役的时候多了一半，但是却还是不够分配。1943 年 11 月，驻在第三帝国以外的德军一共是 320 个师，去对付苏军的有 206 个师（另外还有 30 个师的附庸国兵力：芬兰 14 个师，罗马尼亚 10 个师，匈牙利 6 个师）；驻巴尔干的有 24 个师；驻意大利的有 22 个师；驻法国和低地国家的有 50 个师；驻丹麦和挪威的有 18 个师。在德国国内还另有 15 个师在整训之中，但就是没有战略性的总预备队。

在 1943 年的春天，希特勒开始组织一个中心的预备兵力，但是在夏天又把它补充到东线战场上去了；到了秋天加以重新编组之后，又转用在意大利战场上。最高统帅部计划在该年冬季再另外组织一个新的总预备队，其兵力约为 20 个师。但是在东线战场形势尚未稳定之前，事实上却无从着手。东线战场在斯大林格勒惨败之后，希特勒损失了 30 万人，所幸德军在溃败之余，还能够很有技巧地撤出高加索，并且在 1943 年 3 月又再度攻占了哈尔科夫（Kharkov），这样才得到了一个喘息的机会，一直拖到仲夏的时候。假使希特勒在当时不再妄想发动新的攻势，那么乌克兰和白俄罗斯也可能都守住了。希特勒对于这次作战的原有计划，是以哈尔科夫以北的库尔斯克（Kursk）突出地为目标。这个计划曾经得到陆军参谋总长蔡茨勒（Zeitzler），克鲁格及当时中部、南部两个集团军的总司令曼施坦因等人的赞同。他们主张这个攻势应在5月间发动，其目的是扰乱苏军对于夏季攻势的准备。希特勒对于这个有限的目标感到不太满意，于是听信另外一位军团司令莫德尔（Model）的劝告，决定等待他集中更多的坦克兵力之后再来发动攻势。当最后，希特勒在7月中旬发动对库尔斯克的攻击时，他一共用了17个装甲师，约为他全部装甲兵力之一半；可是到了这个时候苏联人却早已有了准备，结果希特勒遭受到了一场严重的失败。

因为把所有的机动预备兵力都用到这里来了，所以当7月25日墨索里尼被意大利人民推翻的时候，希特勒手上简直无兵可调来应付这个危机。为了防止巴多格里奥的政府立刻向联军投降，防止意大利被联军入侵，希特勒又只好从苏联再抽调6个最精锐的师，开到意大利去。假使希特勒在东线战场早已建立了一条预备防线，则兵力可以从这里抽出，那么也就不至于在苏联前线上引起更大的危机。在斯大林格勒之战以后，蔡茨勒就曾经建议沿着第聂伯河，立即建立这样一条预备防线。可是希特勒却坚决反对，认为假使他的将领们知道了后面还有一条防线可以退守，那么他们就不会再努力前进。一直到夏天，沿第聂伯河的工事都还没有动手构筑；而以后又等不到新阵地（Hagen Line，通常称为哈根防线）完成，希特勒就下令让曼施坦因和克鲁格仓皇撤退，以便可以赶快抽调兵力到意大利去。

在 7 月 26 日的军事会议当中，克鲁格提出抗议说，他不能退到一条根本上并不存在的防线。所以他还只能够在第聂伯河以东继续作战，以等候哈根防线的完成；而且，一定要等到他获得了这个防线的保护之后，他才可以抽调兵力。他又说："要想退守哈根防线，最快也还得要 4 个星期的时间。"可是希特勒回答道："好吧，我们决不能等候那样久的时间，我们马上就要抽调兵力出来。"希特勒不顾一切地抽调了他所需要的师数，于是德军开始撤退，但是苏联人在 8 月 3 日却已经发动了他们的夏季攻势。在以后的 7 个星期当中，德军在苏军强大的压力之下节节败退，克鲁格和曼施坦因都已经无法收拾残局，所谓哈根防线在败军尚未收容完毕之前，即已被突破。

在秋天强渡过第聂伯河之后，苏军在冬季里还是继续进攻，在 12 月间由基辅向西进展，准备在下第聂伯河的大转弯处对德国南部集团军实行迂回包围。到了圣诞节的时候，曼施坦因的情况已经是很危急，所以他建议他的集团军应从下第聂伯河湾地区完全撤出以缩短阵线，并形成一个预备兵力，来对付苏军在基辅以西地区的继续突破。在 12 月 27 日的会议席上，蔡茨勒也强烈支持曼施坦因的建议，认为第聂伯突出地区事实上已无法守住，并且除非立即能够获得增援的兵力，否则就无法阻止苏军的攻势。希特勒却回答说，假使曼施坦因一撤退，那么克里米亚也就等于丢定了。他说这对于土耳其人的态度将发生重大的影响，因为联军方面早就已经使用压力去促使土耳其参战；同时对于罗马尼亚又会产生严重的悲剧，因为它的油田就会处于暴露的位置，而受到苏联空军的威胁。希特勒坚决认为苏军的攻势是已经到了衰竭的阶段。他说："他们也已经消耗得差不多了，绝没有理由可以相信他们是一种神秘的巨怪，在每次被打倒之后就会更增加他们的力量。"他认为他可以不需要再放弃更多的土地，就可以阻止苏军的攻势。他说："你们只要等等看吧，以前有两次都是这样的情形，所有的人都认为是毫无救药的。可是事后却证明了苏军的攻势却是可以阻止的。"

　　在希特勒的总部里面，关于曼施坦因的建议一直在争论之中，直到新年的时候还没有结论，而且问题也越谈越远。现在主要的问题是希特勒能否同意趁着冬季在东线战场上作真正的大撤退，以便抽出相当的兵力来在春天应付联军在西线战场上的新攻势。当约德尔也参加这个会议的时候，他更力劝希特勒不仅应从乌克兰撤出，而且还应该撤出波罗的海三小国，以便集中全力来守住黑海到波罗的海之间的最短防线。约德尔认为这可以节省出 20 多个师的兵力，把这样强大的兵力转用到西线战场，那么就一定可以击败联军的渡海进攻。可是，希特勒却还是不肯放弃他的主张。他同意在苏联战线的北区当中，作相当的调整，于是可以抽出 8个师的兵力。但是他还是不肯放弃波罗的海诸国。他说他害怕，假使这样做了，苏联的海军就可以阻止在夏季中从瑞典北部运输铁矿石到德国去的行动。此外，邓尼茨在 1 月 1 日的另外一次会议中，曾经提醒希特勒一定要守住波罗的海的东岸，以便保护德国唯一的安全潜艇训练基地。在这个会议之后，邓尼茨记载着说："元首决定尽可能坚守，不轻易放弃寸土。"

✕　✕　✕

　　希特勒为什么坚信，他一方面能够守住东线战场，而另一方面又能击退联军的登陆呢？因为他知道，在过去两年当中，虽然德军的攻击力量不免有所退减；但是尽管在联军轰炸之下，在德国战争机器背后的经济实力却已经发展到了空前的高度，而且还仍然在继续发展之中。在 1943 年，钢铁、煤炭、石油，以及其他各种基本物质的供应总量（生产和输入都包括在内）已经到达了德国有史以来的最高峰，而武器和军火的生产量也到达了此前所未有的标准。下表可见一斑：

	1940 年	1941 年	1942 年	1943 年
弹药（以公吨为单位）	865000	540000	1270000	2258000
自动武器	170880	324800	316691	435400
火炮	5499	7082	11988	26904
装甲车辆	1359	2875	5573	11897
飞机	8070	9540	12950	22050

附注：（一）火炮包括战防炮及高射炮在内；

（二）装甲车辆包括所有重型及中型坦克、突击炮、自动推进炮等在内；

（三）飞机包括一切作战用的飞机类型。

假使这种生产上的进展可以归功于某一个人的话，那么这个人就应该是斯佩尔，他在 1942 年 2 月被任命为军需生产部的部长，那时他还只有 36 岁。斯佩尔的本行是建筑师，对于工业生产本是一无所知，但是他有一颗聪慧的心，还有充沛的精力和善于应对的特殊才能。因为他是希特勒的私人建筑师，所有在纽伦堡、慕尼黑等地的纳粹建筑物，都是由他一手监造。因为他和希特勒的关系好像是一个艺术家对待另一个艺术家的态度，所以他很能够得到希特勒的宠信。似乎在所有的纳粹要人当中，只有斯佩尔才敢于在希特勒面前坦白发表意见，这可以证明他实在是勇敢过人。

在德国以外，大家都相信希特勒的帝国，是一个真正的极权国家，社会组织已经完全军事化，所有的人力和经济资源都已经依照一个巨型的计划，完全充分动员以供战争之用。可是在斯佩尔上任之前，德国人还没有企图动员本国或是占领地区中的资源，来适应总体性战争的需要。《美国战略轰炸报告书》（*United States Strategic Bombing Survey*）："在 1939 年 9 月到 1942 年 2 月，大部分的经济，在芬克（Funk）所主持的经济部松懈的监督之下，都是照样悠闲自在地，过着和平时的生活……民用货物生产仍然还有过剩，而已感缺乏的原料还是照常分配给那些并不重要的工业。"每周工作的时间没有增加，从事于战时生产的工人人数也并没有增多。对于武器和弹药的产量都只是略有提高，因为希特勒的计划，都假定战争时间短促，而且范围也极有限。OKW 中的经济计划处对于这个假定曾经加以强烈的反对，可是头两年的经验却证明这个假定应是对的。每一次战役都是容易获得胜利，代价都比料想中的水准要低，同时德国军队也从来没有要求过增加军火的生产。德国人从来没有准备长期的战争，也并没有准备将德国的经济潜能，完全发展起来以适应一个全球性的战争。事实上，在 1941 年的秋天，希特勒已经于胜利具有充分的信心，所以他命令 OKW 将陆军所需要的生产资源，改用在空海军方面。这个计划实行以后，在那一年的冬天里，德军在苏联遭遇到了第一次的失败，丧失了很多的装备，于是第三帝国的工厂开始忙于改装、赶造需要迫切的武器。

1939 年 9 月间，德国的战时生产能力远在英国之上，但是在以后的两年半时间当中，希特勒却主动放弃了这种优势。而在此同一时间之内，英国人却加紧工业动员，号召人民降低他们的生活水准，结果在 1941 年与 1942 年当中，英国的飞机、坦克，以及其他武器的生产数量，都完全超过了德国人。在这种最恶劣的环境当中，丘吉尔可以号召英国人民多作努力和多作牺牲，可是希特勒却不敢向德国人民发出同样的呼吁。因为"元首"的威信不是建立在"血泪汗"的诺言上面，而是他敢于保证一方面能够早日获得胜利，另一方面又能够继续维持国内的经济繁荣。

在斯佩尔刚刚就职的时候，这种坐失良机的时期也还没有能够立即结束。那个时候一切的努力和组织还是很松懈。对于整个的经济既没有中心的计划，对于工业也没有真正的统治。在 1942 年这一年当中，斯佩尔受到了各方面的强烈反对：其他各部的部长反对他控制民用的生产，三军的首长也对于他的独立性表示嫉妒。虽然如此，由于原有的工业能力原封未动，而斯佩尔对于现有的工厂、劳工和物费也都能够作比较有效率的利用，所以在他就职第一年当中，斯佩尔已经可以将每个月的生产数字提高一倍。

就一般情形来说，除了希特勒将他的兵力使用过度以外，1942 年到 1943 年的冬天，斯大林格勒一战惨败的原因，却并不是因为军需品生产不足的缘故。在 1942 年，由于斯佩尔的努力，使所有主要的武器、车辆等方面的产量，都完全超过了需用量。不过虽然够用，但是斯佩尔却很难建立一个足够的库存量，而斯大林格勒的惨败，更使储存量降到了最低限度。根据德国陆军总司令部的估计，斯大林格勒一战中的损失：在装甲车辆和一般车辆方面约相当于 6 个月的生产量；在火炮方面约相当于 3 个至 4 个月的生产量；在轻武器和迫击炮方面约相当于两个月的生产量。

在这一次惨败之后，希特勒最后方承认军火的生产量有大量增加的必要。斯佩尔现在的头衔改为战时生产部部长，其权威之所及包括一切的经济生活，民用的和军用的都在内，唯一的例外就是飞机的生产不在他管辖之列。对于决定生产的目标和优先次序，甚至复杂的技术问题，希特勒都还是要亲自加以干涉。但是斯佩尔却已经学会了一套应付的本领，懂得如何将希特勒的那些狂妄而矛盾的要求，变成实际可行的生产计划。在斯佩尔指挥之下，德国的经济才开始走向计划和管制的路，可是却已经太迟了。斯佩尔成立了一个中央计划局，来对于工厂和原料作统筹的支配；此外他对于每一种工业都成立了一个"突击小组"，完全由对技术问题和工业管理有研究的专家来负责主持，以求提高工作的效率。他把所有效率较差的工厂都加以改组，并且采用大量生产的方法和集线生产的技术，这都是以前德国工业界所不注意的。由于积极实行合理化的缘故，在生产时间和原料方面都减少了浪费；同时大量征用外国劳工，使战时工业的劳动人力总数，在 1943 年一年当中，增加了 150 万人之多。

这些努力的结果更使军火的生产量有了显著的增加。到了1943 年 12 月，武器和弹药的生产量比前一年 2 月间的产量提高了150%。所以《美国战略轰炸报告书》上面说："尽管在 1943 年的下半年，德军曾经一再退却，遭受了许多的损失，可是在 1944 年的年初，德军的装备却比对苏作战开始的时候，还要好得多。"尤其是在装甲部队方面，更是如此。自从斯佩尔就职以来，坦克、突击炮、自动推进炮的产量都已提高了 3 倍；1942 年 1 月 1 日德国陆军的全部坦克实力为 4512 辆，但是两年之后却几乎增加到了 1.1 万辆。此外，在此期间，所有的装甲师也都换了更重和威力更强的新装备。早年所用的轻坦克已经完全失踪，一般使用的都是中型坦克，而虎型（Tigers）和豹型（Panthers）的重坦克也非常够用——这两种重坦克，除了苏制的斯大林式以外，其余联军方面的坦克都非它们的敌手。在1943年开始的时候，德国人一共只有72辆虎型和豹型重坦克，可是到了那年年底，各部队中所已经使用的总数就有了1823辆之多，另外，工厂里面每一个月还可以生产375辆。

虽然在1942年和1943年当中，比起头两年来，德国的战时生产是已经有了惊人的进步，但是就全部的产量而言，还是不够在几个战场上作延长的苦斗之用。德国的资源根本上就不够在消耗性的战争当中获得胜利。在1943年的12月间，斯佩尔又在另作一次新的努力，希望在1944年的上半年，再把工业的生产量提高一次。不过他却已经明白了——也许希特勒还不明白——德国的战时经济力量已经快要发展到它的最高限度了；而且因为缺乏钢铁的原因，这个限度是再也无法提高的了。

这个限制的原因之一也就是由于受了希特勒"速战速决"理论的影响。在1938年，OKW中的经济计划处处长托马斯将军（Gen. Thomas）曾经向希特勒提出警告说，德国的钢铁产量每月还在200万吨以下，根本上不足以应付长期苦战的需要。所以托马斯主张应建造新的炼钢炉和钢铁工厂，以加厚德国工业的基础，进一步才可以增加德国的战争潜力。这种长期的发展计划不为希特勒所采纳，他只要求尽量利用现有的钢铁来制造军火。这一次似乎希特勒的想法又是对的。在占领了捷克斯拉夫、征服了法荷比三国之后，德国的毛钢产量几乎增加了50%。似乎再也不需要建立新的钢铁工厂，甚至在1941年，德国人还有钢铁剩余。

　　到了斯佩尔上台的时候已经太迟了，为了要使德国的钢铁生产作大规模的增产，势必就要先进行大规模的设厂计划，可是时间却已经不许可。在1942年，尤其是在1943年主要的问题就是要应付目前的迫切需要，今天的1辆坦克，其价值等于明天的两辆坦克。利用现有的一切设备，斯佩尔在一年之内，设法将德国的钢铁产量，由每月的240万吨，增加到290万吨，在1943年这一年当中，德国和各占领国家，一共为希特勒生产了3464.4万吨的毛钢，但是这却已经是最高的数字，可是还赶不上他的对手们全体总生产数字的五分之一。

　　在长期战争之下，德国的工业弱点，就不免相形见绌，而成为它失败的主因之一，不过在1943年的年底，德军武器和装备却还都是相当的良好充足，对于抵御西面来的新威胁，似乎是很具有信心。希特勒的想法也并非完全不合理，他相信只要他能够很迅速地击败联军的登陆，就可以避免在这个新战场上发生持久战，于是再回过头来对付苏联人，也许就可以获得胜利。此外，他又相信德国的科学家不久就可以在海空战争方面发展出来一些新的武器，足以解除德国工业潜力对于军事力量的束缚。

× × ×

　　1943年7月8日，在"元首"的总部里面，邓尼茨报告希特勒说，已经有两种新式的潜水艇正在设计之中，它们足以使海上战争发生革命性的变化。这2种潜艇的最显著特点，就是它们在水底下的航速也可以和水面上一样快，而且可以在水底作战达相当长的时间，不必浮出水面充电。邓尼茨又说："这种新式潜艇可以完全从水面以下，迅速接近敌人的船团，并且又迅速溜走。使目前敌人所使用的驱潜战术，完全丧失了效力。"他又说他对于这个模型感到非常的满意，并且主张立即开始生产。

希特勒马上就命令斯佩尔，对于这些潜艇的制造，应给予最高度的优先，在这一次会议之前，德国海军参谋本部估计至少要在 17 个月以后才能制出第 1 艘新型潜艇，可是斯佩尔却建议将这个时间减少一半。他主张不必等候模型建造试验完毕之后，就可以开始动工，为了预防联军轰炸的破坏，他又把各部分分开制造，只是等到最后，才送到船坞中去把整个潜艇拼凑起来。这是一种史无前例的冒险方法，邓尼茨为了要赶时间，所以也同意接受。到了 12 月底，各部分都已经制造好了，所以斯佩尔可以向希特勒提出报告说，第 1 艘电动潜艇在 1944 年的春天，准可以完成。

在这同一时间之内，邓尼茨还得使用那些旧式的潜艇继续进行大西洋之战——事实上是早就已经败定了的。在 9 月间，邓尼茨将原有的潜艇上加上一些新的设备——较好的雷达、较重的高射武器、新型的鱼雷等等——要它们对于北大西洋中的护航舰队，再去作一次袭击。不过，还是和 4 月至 5 月间的情形一样，损失很重而收获很少。英国海军早已预料到音响鱼雷（Acoustic Torpedo）的发明，并且已经准备好了一种防御的方法。德国的新式雷达在发现敌机的工作方面，其效率并不比旧式的好太多，而联军装备中的神秘，他们还是没有能够知道。11 月 12 日，邓尼茨在他的日记当中深深表现出了他的失望，他写着："一切的王牌都握在敌人的手里。利用长航程的空中巡逻，可以包括到所有的地区，对于他们所使用的侦测方法，我们还是一无所知……敌人对于我们的秘密完全都知道，但是我们对于他们的秘密，却是一样都不知道。"

在上年中，联军方面每一个月损失商船达 60 万吨以上，所以邓尼茨相信就是利用他现有的潜艇舰队，他在"吨数的战争"（the Tonnage War）中还可以获得胜利，但是现在他才知道这种希望是已经落空。在 1943 年这一年当中，在全世界所有的水面上，联军每月的商船损失还不到 30 万吨，而且为了抵补每 1 艘沉船，他们就已经造好了 4 艘新船。横渡大西洋的船团，容积越来越大，从前他们害怕潜艇的袭击，现在却横冲直撞，如入无人之境。希特勒在西面的第一道防线已经被突破，在新式潜艇尚未参加行动之前，它是再没有重建的可能。

×　×　×

德国海军的无能为力，它的潜艇已经再不能够阻止联军在英国建立起一支强大的入侵力量，因此希特勒就感到更要加速完成所谓"复仇武器"（Vergeltungswaffen）的制造——一种是 V-1，也就是飞弹（Flying Bomb）；另一种是 V-2，也就是长射程火箭——准备用它们来袭击入侵的基地，尤其是伦敦。生产这种无人驾驶的飞弹计划，斯佩尔在 1942 年就已经开始进行（注：哈尔德说，在 1939 年就已经有了发展这种长射程火箭的计划，当时的陆军总司令布劳希奇曾经将这个计划提请希特勒注意，但是却被他所拒绝接受）。但是希特勒对于它们的价值却始终表示怀疑，一直等到那年的圣诞节前夕，在波罗的海中的佩讷明德岛（Peenemunde）上，V-1 的试验真正成功之后，他才肯相信。对于这个计划固然曾经作了严格的保密措施，但是到了次年 4 月，英国的间谍得到波兰地下组织的协助，已经获得了不少的情报，足以向英国的军事当局提出一个危险警告。1943 年 5 月，有一架英国空军的侦察机，发现了佩讷明德岛上的研究站，以后又经过了多次的空中照相，才判定了德国人正在进行"无人驾驶喷气飞机"的试验。这个秘密固然是拆穿了，但是他们将在何时何地使用这种新武器，那却还是一个谜。

在那年夏天，V-1 又作了第一次长射程试验，一共飞行 243 公里，但是它在弹道航向上的偏差却还不到 1 公里，于是希特勒才作了最后的决定。这个试验使希特勒对于它的精确度已经不再感到怀疑，1943 年 7 月 10 日，他才命令斯佩尔对于飞弹的生产应加以特殊的注意。发射基地也就沿着海峡海岸上动工开始建造，主要的地区是加来海峡，发射的方向是指向伦敦和自南安普顿到朴次茅斯之间的地区。预定在 12 月 15 日以前，应该建筑好了 96 个发射基地，而在这个时候，每月 V-1 的产量应该到达 5000 颗，并且还另外有 5000 颗的存量以作为开始攻击时的本钱。

8 月间，征集来的劳工一共是 4 万人，开始动手建筑这些基地和补给中心，到了 11 月中旬，似乎一切都进行得很顺利，预计在圣诞节之前一切都可以完成。可是在 11 月底以前，却已经有 63 处发射基地为联军空中侦察所发现。最先，英美的空军当局还很不敢相信，以为这是德国人耍的花样，以便吸引联军的战略轰炸机，不去炸德国以内的目标，但是他们的顾问人员却认为这可能是一个未来的大患，所以在 12 月 5 日，联军就开始轰炸这些发射基地。恶劣的天气和良好的伪装都不能给予德国人以任何的保护。利用最新式的雷达来帮助航行和轰炸瞄准，美英两国的轰炸机可以用前所未有的高度精确度，来炸毁极小的目标。

这样的攻击持续了 5 星期之久，德国人得出一个结论说："像这样的攻击若是再继续 14 天，那么所有的发射基地就会完全炸平。"这个悲观的预测，事实上却并没有兑现，因为后来联军的飞机又转变了方向，去轰炸其他的目标。虽然如此，到了 2 月间，原有的 96 座发射基地，其中却已有 73 座受到了严重的损毁，无法加以修复，所以德国人决定放弃这个整套的计划。一直过了 8 个月之后，他们才又开始重新做起，这一次他们所采用的是一种新型的发射工具，效率较低但是却比较容易建造，而且有良好的掩蔽，使空中侦察无法发现它们。

为了不让联军的间谍从地面上发现这些发射基地的位置，所以对于保密的措施规定得特别的严格。在建筑工人当中一概不准利用不可靠的外国工人；负责发射行动的高射第 155 团（Flak Regiment 155）更完全是由纯粹的日耳曼人所组成。那个团长甚至改换了假名，装上了假胡须，他的团部位置也时常移动，极尽机密的能事。

另外有一件保密措施，却对于作战上具有很大的影响。德国空军总司令部曾经命令，除非到了攻击开始的时候，一切飞弹和发射装置都不准运进发射基地里面去。在春天里，又完成了 64 处新的发射基地，但是现在又因为生产计划上面发生了漏洞，而又使攻击的时机再度延误。1943 年 8 月，英国的空军曾经猛炸佩讷明德岛上的试验基地，使它受到重创，不能再加以利用，所以刚刚当飞弹设计完成之后，这个研究组织就解散了。但是在这个时候，模型上面却还有一些毛病仍然需要改正，可是希特勒却已经等得不耐烦，希望使 V-1 早日能够参战，所以就不等待再试验改良的结果，而命令立即开始大量生产。结果，第一批飞弹出货时再拿去试验，多数都中途炸毁，只有对于每一颗飞弹再作仔细的校正之后，才可以使它飞行成功。换言之，这头3个月的生产都完全是糟蹋了材料。

到了12月间，产量不仅没有到达5000的预定数字，而且总数还不到1000，因此必须等到来年3月，才可能累积起来一个适当的存量。不过甚至到了那个时候，每月的产量也还不过2000之数，仍然还是不够支持一个猛烈的攻击，所以希特勒决定还是暂不动手，一心累积他的飞弹存量，认为联军发动登陆战的时候，也许才是他发动"复仇攻击"的最好机会。因为，他相信在那个时候，联军的空军一定都在忙于支持登陆作战，所以就不会有余力来对于飞弹发射基地作有效的反击。因此在1944年的前5个月当中，飞弹的攻势始终还是没有发作，假使当初不是联军空军去加以阻扰的话，那么也许早就已经开始了。

这些意外使得希特勒无法立即发动他的复仇之战，这是他认为对于联军轰炸德国的最好答复。不过直到1943年的年底为止，希特勒对于联军的空中攻势，却并不太感到惊慌。在卡萨布兰卡会议的时候，联合参谋本部曾经决定这种空中攻击的目标，应该是"对于德国的军事、工业和经济系统，逐渐加以摧毁，打击德国人民的士气，以间接削弱德军的抵抗力"。不过在这一年当中，对于这两个目标联军方面都并没有什么成就之可言。美国的战略空军，以地中海地区和英国为基地，与英国轰炸司令部所属的轰炸机，一同向第三帝国进攻，这个攻击的重量比之1942年时已经增加了4倍。虽然如此，但是德国战时工业上所受到的损失却并没有相对增加了4倍。根据斯佩尔的报告，这一年当中，联军的轰炸虽然使原料和军火的出产量都略微减少，但是由于紧急抢修的原因，这种损失却已经降低到了可以忍受的限度之内。

1943 年所投掷的炸弹，以吨数而言，大部分都是英国空军在夜间作区域性的空袭时所投掷的。这种攻击曾经产生广泛的物质损失和严重的生命死伤，尤其是鲁尔（Ruhr）和汉堡（Hamburg）等地区，但是它们对于军火的产量却并没有太大的影响。当然部分的损毁和暂时的停顿是有的，不过因为当时德国并不缺乏人力、工厂和工业设备，所以这种障碍很快就被克服。德国人早就已经征用了 600 万人以上的外国劳工和战俘，所以希特勒并不需要动员大批的妇女，或是延长工作的时间，除了少数的例外。德国的战时工业在 1943 年的工作时间，实际上比 1941 年还要短，而且每天还只有一班人工作。因为德国在经济上具有如许的潜力，所以它对于联军的最初攻击是可以应付自如，甚至在损失最重的城市里面，斯佩尔也还有办法维持军火的生产数量，使它不至于降低，有时也许还反而可以提高。照希特勒的看法，英国空军的这种滥炸不仅没有坏处反而还有好处，因为它可以唤醒德国的人民，使他们认识国难的严重，而更愿意牺牲自己的福利来接受他的指挥。

虽然斯佩尔早已料想到在以后的岁月当中，联军的轰炸将会日趋于猛烈，而且效率也会越来越高，可是他却无法说服希特勒和戈林，使他们也认识到这种危险具有真正的严重性。1943 年 8 月间，刚刚在英空军狂炸汉堡城之后，希特勒向邓尼茨说："技术家正在制造一种新型的防空武器，而使空袭的代价变得太高，结果就会使他们不再作这样的尝试。"11 月间，当英国空军开始对于柏林作大规模空袭的时候，戈林在飞机制造厂家的一次会议席上提出保证说："对于首都的空袭虽然已经很严重，但是却并不足以酿成大祸，而且在将来也不过如此。"

由于英国空军的夜袭并不准确，而美国空军的日间攻击，其突入的深度又极为有限，所以更使纳粹领袖们感到相当放心。1943年10月，美国的第8航空队，曾经不用战斗机掩护，而派遣它的重轰炸机去攻击巴伐利亚（Bavaria）施韦因富特（Schweinfurt）地区德国球承轴工业的中心。参加作战的轰炸机一共是228架，其中62架被毁，138架负伤；而更严重的是有599个美国的飞行人员丧失了他们的生命。在这一次惨痛的经验之后，美空军就决定，除非他们的战斗机航程能够延长，否则绝不让重轰炸机在白天里作这一类的冒险。因为相信美国人绝制造不出来一种长航程的战斗机来作足够程度的深入，所以戈林向希特勒保证，德国的工业对于联军的日间空袭，实在没有什么害怕的必要。这位德国大元帅一直固执着他的成见，到了以后他的私人飞机在汉诺威（Hanover）上空受到了美国长程战斗机的拦截，并被穷追到柏林，才算是幸免于难。这个时候戈林也许明白了，可是却已经太迟。

在这一次亲身的经验之前，戈林都一直是很具有自信的。1943年联军的空中攻势可以说是劳而无功，所以就使德国人产生了一种虚伪的安全感。他们把危险估计得太低，对于德国空军的战略，既不想作彻底的修正，对防御的力量也没有作任何大量的增加。于是在1944年面临着最大的考验时，德国的空军，尤其是战斗空军，就不免大吃苦头；对于他们的期望实在是太大，而他们却事先一点都没有准备。

从不列颠之战到斯大林格勒之战的中间阶段，希特勒对于德国的空军实力，一直就没有想到应该作大量的扩充；而在对苏作战的时候，为了想要速战速决，希特勒对于空军的使用，又不惜竭泽而渔。同时，虽然在这个时候飞机的产量已经增到过去的一倍，但是东线战场上和地中海方面的损失，已经是如此的严重，所以使德国空军的第一线兵力，在 1942 年的年底，变得比两年前还要更少。而且这么多年以来，为了配合希特勒的攻势战略，在生产方面一直都是轰炸机占了优先，这个政策一直延续到 1943 年的春季才停止。当希特勒勉强地同意将优先给予战斗机的生产以后，它们的产量就立即有所增加，3 月间为 962 架，而 7 月间则为 1263 架，但是这种进步却被联军的轰炸所阻止。这种轰炸并不太重，但是其精确度却足以迫使德国人必须实行疏散，这样就使日常的生产停顿了，而且更使他们无法照预定的计划扩充。12 月间仅生产了 687 架新战斗机，而在这年年底的时候，德国战斗空军的实力，比之夏天还要更脆弱，当时德国人并非没有预备的生产能力，假使要充分使用这些力量，则这种情形绝对可以避免，但是斯佩尔对于航空工业无权过问；戈林却是懒洋洋的，一点都不起劲；而希特勒在当时所更注意的问题却是 V 型武器和喷气飞机的发展，对于这种普通战斗机的生产也并不十分注意。

　　喷气飞机又是另外一个好例子，足以证明希特勒为了速战速决的理想，而又牺牲了一个大好的机会。早在 1940 年，德国空军的参谋本部就已经提出了生产喷气战斗机的计划，可是这个计划却被搁置，因为照加兰德（以后做到德国的战斗空军司令）的说法，希特勒当时是认为战争已经就快要结束了。一直等到 1942 年的年底，喷气飞机的生产才开始着手进行，可是不幸又受到了宫廷政治的影响。由于他个人对于希特勒的影响力量，梅塞施密特获得一种优先，开始制造一种单喷气引擎的战斗机，定名为 Me-163 型。德国航空工业总监米尔赫将军（Gen. Milch）具有充分的理由，拒绝接受这种设计，因为这种飞机需要一种特殊的燃油，现在正感到极端的缺乏；即使加足了油量也只能在空中飞行 7 分钟；同时还更需要极长的跑道。但是希特勒却不听忠告，并且停止其他种类喷气飞机的发展，到了 1943 年的秋天，Me-163 的产量就已经到达每月 80 架的标准。可是那种燃油的生产却无法赶上，加兰德所收到的燃油，1 个月之内只够供他训练 10 个驾驶员之用。那年 11 月英国空军对于汉堡所作的空袭，又碰巧把生产这种燃料的唯一化工厂炸毁了。因为再也找不到其他的代用品，所以这整个计划只好打消。德国科学界对于喷气飞机的研究本来是居于全世界领导者的地位，可是经过了两年的犹豫，再加上 1 年的浪费，这种优势的价值就不免大打折扣。梅塞施密特现在又转而制造一种双喷气引擎的战斗机——定名为 Me-262 型——它的耐航力比 163 型长得多，同时它也可以不需要太特殊的燃料。不过时机已经耽搁了，似乎在联军发动登陆战之前，德国人是不可能对于这种新型飞机作大量的生产。

由于喷气飞机发展计划的失败，和普通战斗机产量的低落，到了 1943 年的最后一季，德国空军所处的地位就已经岌岌可危。全部军用机的生产数量，在 1942 年为 12950 架，到了 1943 年已经增到 22050 架，但是这种总量上的增加数却只刚刚可以补足当年内的损失，而此起英美两国的生产总数，则不过只相当于五分之一而已。12 月间，戈林才被迫认清，战斗空军有迅速作大量扩充之必要。这个扩充计划还只是刚刚开始进行，可是到了 1944 年 2 月 19 日，联军的空军对于德国的航空工业，就又展开了新的攻势。在下一个星期当中，联军对于位置在德国中部和南部的战斗机生产中心，加以一连串的攻击，这些地区以前是日间轰炸所不能够到达的。

这个攻击对于德国战斗机的生产，马上就显示出相当的效果，但是损失的真正情形却可能永远不会给人知道，因为工厂里和空军总部里的记录都早已经过伪造——其原因是戈林和米尔赫，不敢把事实的真相告诉希特勒。从各方面旁敲侧击地详细观察，大致可以证明这些攻击至少使希特勒损失了 2500 架战斗机：其中在空战中损失了 500 架，在工厂中损失了 1000 架，另外由于生产停顿又损失了 1000 架（注：美国的第 8 航空军认为在一星期的空战中，已经击毁了 692 架德国战斗机。但是德国空军总部却只承认在一个月当中，损失了 688 架单座的战斗机。关于工厂中被炸毁的飞机数字，也许估计过低，因为专就 Me-110 型而论，就已经知道共炸毁了 465 架之多，事实上其余各型的飞机被炸毁的也不在少数）。

这种损失虽然如此严重，但是德国人却恢复得很快。从 3 月 1 日起，所有战斗机的生产也改由斯佩尔主管，他马上就着手改组这一个工业。在一个月之内，他就恢复到了 1 月份的水准，在 4 月间这是第一次，战斗机（单座与双座都包含在内）的产量增到了 2000 架以上。不过这种成就的代价，却是集中全力生产某几种既有的模型，并且实行严格的标准化，使一切进一步的改良工作都无法进行。特别严重的，尤其是单座的日间战斗机，现在只集中全力生产两种主要的型式——FW-190 型和 Me-109 型，可是它们在英美两国却是早已落伍的东西。

因为他们必须使用这种次等的飞机，所以日间战斗机队在保护第三帝国领空时，当然会遭受到惨重的伤亡（注：根据德国空军部的记载：3 月至 5 月的 3 个月中的空战，一共损失了 2442 架单座战斗机；由于失事和其他原因，又另外损失了 1500 架。在此同一时间内，工厂中所生产的新机总数为 3918 架）。长航程保护机的发展，盲目轰炸新雷达仪器的发明，使美国空军在 1944 年的春天能够大显身手，其威力之强大是德国空军所难料及的，和所难比拟的。在这一年的年初，加兰德还想建立一支总数 1000 架战斗机的总预备队，以来作为"反入侵"的打击力量。但是这个计划却已经成为泡影，因为他所训练的人员和所节省的飞机，本来是准备进行一次"法兰西之战"，但是却早已给"德意志之战"所吃光了。

在空中和海上，在东线战场上和南线战场上，以及在德国本部以内，一切情势的发展都足以显示出来，在 1943 年与 1944 年之间，在西方的均势局面当中，已经逐渐变得对联军有利了。不过话虽如此，这种有利局势的形成也只不过是造成一个先决条件，使入侵法国的行动可以开始进行而已。攻击是否能够胜利，还并无保证，而除非能够获得胜利，否则同盟国也更无其他方法去强制执行"无条件投降"的要求。希特勒的权力还是完整如故，1944 年 1 月，联军在意大利安其奥（Anzio）建立了一个桥头阵地，但终为德军所击败，所以就更增加了希特勒的自信，认为他自己一定有力量击退联军的登陆战。他相信只要他能够击败这一次的登陆攻击，然后再使用他的新型武器和新型潜艇，那么他就依然还是欧洲的主人翁。

第八章 | 希特勒理论的实践

1943 年 11 月，在纳粹党地方代表大会（Gauloter）的席上，约德尔曾经发表了一篇演讲，他的结论是申述他个人对于"元首"的信心，并且还说明了他为什么会相信德国必定胜利的理由。他说："我最深刻的信心，其基础是建立在下列的事实上面：在德国的头顶上正站着一个人……命运之神托付他去领导我们人民走向光明……我敢说他不仅是政治上的灵魂，而且也是军事上的主宰者，是由于他的意志力和想象力的作用，才使整个国防军团结一致，而发挥出来高度的威力。"

许多资深的德国将军们，虽然并不一定这样佩服希特勒的军事天才，但是却没有一个人会否认，希特勒是德国战争机器的推动力。希特勒由于早期的胜利，和第一个严寒的冬天里，在苏联实行防守战略的成功，使他对于自己的才能更增强了自信，更认为战争只不过是一个意志力的问题而已。斯佩尔曾经说过："照希特勒的看法，军事上的领袖才能最主要的就是智慧、坚忍，和钢铁一样的神经。他觉得他自己对于这 3 种性格，要比他手下的任何将军们，都还要更多占了一点分量。他觉得只有他这一个人，足够坚强不屈，能够支持得住'命运之神'的打击。"希特勒相信，在战场上要想获得胜利，最主要的问题就是你要有勇气，能够比你的敌人更鲁莽、更野蛮。在攻击中要拼命穷追，而在防守中却要不失寸土。他认为这就是最重要的策略，可以不顾及物质力量的强弱，而终于获得胜利。此外，他对于战略上的机会特别敏感；他有一种出人意表的机智，善走偏锋；不过他对于阵地战却是一无所知——这种作战需要有职业性的技巧，以来对于军队作战术性的运用。

因为希特勒缺乏这种技巧，所以他的将军们就借口讥讽他是一个"冒充内行的业余战略家"，是一个"妄自尊大的小班长"。但是，事实上，他却饱读兵书，他的学问要比他的将军们远为渊博和深入。从腓特烈大帝、克劳塞维茨，以至于毛奇、施里芬、塞克特（Seeckt）等人的著作，他都曾经加以深切的研究。在战争的前几年当中，他还是继续博览群书，甚至对于很专门的技术问题也很有了解。斯佩尔曾经说过："关于陆军装备的问题，他的知识要远比他的幕僚们更优越。对于某些特种武器的性能和武器上的新发明，他都了解得很详细，远在一般将领之上。实际上，像他这样身居高位的人，懂得太多对于他是一种坏处，而不是好处。"

一般说来，希特勒的博闻强识足以抵消他缺乏职业军人训练的弱点，而且在某一方面看来，只要德国人还一直操着主动权的时候，那么这种缺点却反而使希特勒获有决定性的利益。几乎对于所有的问题，他都有一种特殊的看法，他的军事思想是不受传统观念的束缚，那些典范令和层层的限制，已经把一般正规的德国军人们弄得毫无想象力可言。因为希特勒是一个彻底的异教徒，所以他对于头两年的战争，实在是具有决定性的影响。德国的成功并不是完全靠着人力和武器的优势，而希特勒战略的勇敢与奇特，也是一个重要的因素。

希特勒在 1933 年，就曾经对劳希林说过："战争已经变成了一个神秘的科学，使人有莫测高深之感。但是战争却是一个极自然的东西，也是日常生活中所最必要的东西……战争就是生活。"对于战争的指挥，希特勒所使用的一套魔术，也就是在政治上使他成功的那一套本领。在政治方面，他一直是一个革命家，也是一个独裁者。他完全不懂得民主的程序，由合理讨论的方法来求得一个切合事实的答案。对于他而言，一个政治性的集会是用来让他一个人发表政见，而不是让大家来进行辩论的。当他夺取政权的时候，对于反对者就是轰他们下台，或是用冲锋队破坏人家的集会；对于自己的意见无一不是，对于人家的意见是无一不非。在第三帝国之内，他的权力越来越大，以后他只要略表示他的意志，那么他的命令就自动推行下去。这种在国内的绝对权力虽然是一个现实的事实，可是却使希特勒对于国外，也引起绝对权力的幻想。由于战争初期的胜利，他认为这完全是由于他的个人天才和果断所造成的，于是这个幻想似乎也就会变成现实。此后，他的左右亲信——尤其是那位号称"元首影子"的鲍曼（Martin Bormann），他是希特勒的私人秘书——就更设法增加这种幻想实性，凡是足以唤醒他的迷梦的事实，都一律避免让他知道。斯佩尔说，他们的目的是要让希特勒保持一种"夜游病患者的安全感"。

自从 1941 年 12 月，他自己兼任了陆军总司令之后，希特勒就很少访问柏林或是前线。除了偶然到贝希特斯加登去休息休息以外，他总是一直把他自己禁闭在他的野战大本营里面：首先是在乌克兰的文尼察（Vinnitsa），以后又搬到东普鲁士的拉斯登堡

（Rastenburg）。约德尔在纽伦堡受审的时候，曾经说过："'元首'的大本营好像是一个修道院和集中营的混合体……除了情况的报告以外，外面世界上的一切新闻，就很少能够透入这个圣地的。"甚至这些新闻，也都是经过详细的检查，并且只分送少数的份数。遵照希特勒的命令，外交部的情报不准送给参谋本部看，而军事情报也不供给外交部使用。根据"元首海军会议"的记录，可以看出来甚至邓尼茨，也还要先求得元首的批准，才可以参阅外交部的报告，以求对于敌情有所明了。同时希特勒并命令只准海军总司令一个人看。

在战争期间，德国的内阁除了承认希特勒的一切决定以外，就再没有召开内阁会议之必要。只有在很少有的偶然情形之下，他的政治、经济、军事顾问们会被召来举行联席会议，但是他们被召来的目的，却是为接受希特勒的训示，而不是听取他们的意见，或是作圆桌会议形式的讨论。在纽伦堡受审的时候，凯特尔曾经说过："当希特勒真正要听取某种意见的时候，他会依照一种计划，召见有关部门的人员，但是时间都安排好了。不让他们彼此之间见面，也不会同时召见他们。希特勒总是分别接见部下，把他的命令当面吩咐了之后，就叫他退出。"凯特尔说："希特勒只把他所认为那一个人应该知道的事情，告诉那一个人，再不多说一点。"邓尼茨也说："只有元首本人对于全局有一个整个的了解。"这些说法似乎都是确实可信的。

希特勒限制他的部下，获得太多的情报，这种愚民政策正是为了行使他的统治权，因为没有一个人的知识可以和他立于平等的地位，所以也没有人能够和他辩论。譬如说，假使约德尔对于某一项决定，根据军事观点提出反对的意见，那么希特勒就马上会以政治理由来作为掩饰的解释，约德尔也就无词以对。同样地，假使斯佩尔根据经济上的观点，提出每种反对的意见，希特勒就会以战略上的考虑来搪塞他，这是斯佩尔所完全不知道的。所以，不让他的部下有充分的知识，也就是不让他们的权力能够提高，因而就更使他们必须遇事依赖希特勒，而完全没有独立性。1943年8月，邓尼茨曾经和希特勒作过一次长时间的私人谈话，回来以后他在日记上写着："元首所发挥出来的惊人精力、他那从不动摇的信心和他对于意大利情况的具有远见的认识，都足以表示出来在今天，我们这些人比之元首实在是太渺小了。而且从我们有限的观点所得的看法也都是支离破碎的。任何人若是相信他能够比元首还做得更好，那么他才真是其愚不可及也。"

真正具有独立自尊人格的人，在希特勒的左右亲信圈子里面，是不会停留得太久的，但是要说所有这些人都是唯唯诺诺之辈，像里宾特洛甫、凯特尔一样，这也未免太简单。甚至有一部分人，对于他们的本行的确具有相当的能力，并且也有智慧足以看出他的政策的后果，有勇气将自己的信念说了出来。像斯佩尔、邓尼茨和约德尔都是属于这一类的，但是却也为希特勒人格上的魔力所慑服。

斯佩尔说："凡是长期与他密切共事的人，没有一个人不是完全倚赖着他、完全服从他。不管他们本人在他们自己的范围里面是如何有力量，可是到了他的面前却马上变得微不足道了。这不能够说他们都是一些懦夫。因为与他长期合作之后，他们对于他就不仅是早已养成绝对的信心，而且也完全受着他的影响。他们为他的魔术所禁制，而完全丧失了他自己的意志。我发现我自己，在他的面前时间一长久之后，就会感到困乏和空虚。"邓尼茨，照他的部下看来，是一个威武不屈的好军人，可是他也有同样的供词："我尽可能避免到他的大本营里面去，因为我觉得这是保持我的主动力的最好方法。当我在他的身边过了几天之后，我就常常感觉应该设法摆脱他在精神上对于我的一种控制力量。"

约德尔比其他的人，在精神上受希特勒征服的程度也许是最深的，所以他在纽伦堡的供词实在可以代表一般的观感。他说："希特勒的知识、智慧、辩才和意志力，使他在精神方面，最后终能战胜任何的对手。"这就是和希特勒密切接近的人，对于他的共同批评。这些人都死心塌地地承认他是天才，但哈尔德却持着若干保留的意见，他说："这一个人在 12 年当中，不仅扰乱了中欧，而且还扰乱了全世界，所以当然和普通的人多少有一点儿不同，不过我却从来没有发现他是什么天才，只不过是一个魔鬼而已。"

× × ×

虽然希特勒的权力是绝对而不可侵犯的，但是他在使用这种权力的时候，却是像狂风暴雨一样，毫不稳定，而且他对于在战场上如何指挥作战，也完全缺乏经验。当他一旦丧失了战略上的主动力以后，他的短处就更会越来越明显，因为他在 1942 年 12 月，自己也深有所感："率领一支军队勇往直前，争取胜利，要比在顿挫失败之后再使军队有秩序地退却，要容易 1000 倍以上。"1943 年的环境需要一种职业军人的专门技术，这却是希特勒所没有的东西，但是他以陆军总司令的身份，却遇事坚持，认为一切详细的战术决定都完全要经过他个人批准。在苏联的第一个冬天里，他觉得德军的唯一弱点，就是高级将领们缺乏决心，所以他下命令说，即使是一个极小的战术性撤退，也必须先得到他的同意，任何指挥官才可以下达撤退的命令。这个命令是如此地严格加以执行，所以东线战场上有一个很普遍的笑话，就是说一位营长不敢将他的卫兵由窗口调到门口去。他一天举行两次参谋会议，在那个时候希特勒听取情报，并下达命令，甚至调动某一个营，或是对于某一小目标的攻守，都完全要由他个人指挥。结果是，本来他不应该管的战术问题，现在却管得太多，而最高统帅部所应该重视的全盘战略计划，却反而搁置在一边。

希特勒把一切权柄，不分大小都集中在他自己的手里，不让他的野战指挥官们有一点儿自由，结果使他的陆军受着一种又严格而又不可捉摸的约束，有时希特勒会突然丧失了理智地加以控制，简直变成了一个狂人，对于高度复杂的问题，却以赌命运的方式来决定答案，而丝毫不加以思索。有时他又变成了一种麻木不仁的状态，斯佩尔说：“有时重要的决定悬在他的手里达几个月之久，他本来应该当断即断的，可是他却偏偏会优柔寡断。”斯佩尔认为他这种现象实在是因为工作过度的缘故。斯佩尔说：“当军事上的情形日趋于严重之后，希特勒对于他的军事幕僚们却更感觉到不敢信任，因此继续不断地扩大他自己的工作范围，使他自己感到疲惫不堪……他勉强使自己变成一个劝勉而有秩序的工作者，事实上这两点对于他的个性都完全不适合，而且也影响他的决定力……他丧失了他的天才和直观的能力，这本是他的看家本领……当他尝试合理化地进行工作时，就往往再也不能够作决定了。”

当战争的潮流逆转，变成对他不利的时候，他的延误搁置的情形就也变得更严重，因为他不愿意承认现实，所以这种情形就更加严重。哈尔德说："他从来不肯根据任何长期的计划，来检讨战略问题，甚至对于事实的真相，也不肯合理地作一个全盘的考察。希特勒的世界是一个自欺欺人的世界，过分的自信使他分辨不出可能与不可能的区别。在他的大本营里面，直观战胜了理智，应付战胜了计划。事实上，在 1942 年 10 月以后，就再没有研究过长期的计划，因为在研究的时候，就无法得到一个希特勒所愿意接受的结论。"

德国的各高级将领，差不多绝大多数都能够认清，希特勒这种指挥军事的方法，是一定要引起惨败的后果，但是他们都是惯于服从的，在希特勒的淫威之下，都只是敢怒而不敢言。他们互相诉苦，但是却很少有人敢当面反对希特勒的决定，也更不敢采取行动来反抗他。他们为誓言所束缚，并且不愿意蒙受"倒戈"的恶名。此外，他们也知道德军的士兵和后方的人民，对于"元首"的领袖能力还是具有强大的信仰，由于共产主义和联军轰炸的威胁，使得希特勒在国内的威望不仅没有减弱，反而却更加加强。在 1943 年，德国人民才从幻梦中惊醒，认清了他们的安全和前途都已经受到了直接的威胁，他们却不仅不起来反抗希特勒，反而却愿意更努力地支持他。

一般说来，情形固然是如此，但是在这一年当中，德国国内的反纳粹势力却也在不断地增强之中。约德尔 11 月间在纳粹党地方代表大会中致辞的时候，他曾经说过："目前在国内，到处都有魔鬼在阴谋活动。所有这些懦夫们都正在寻求一条出路——照他们的说法——就是所谓政治解决。他们说我们应该趁着手里还有一些东西的时候，就开始谈判……他们攻击人类的本性，那就是在战争之中一定要拼一个你死我活。投降就是民族的末路，也是德国的末路。"

反对希特勒运动的发展进度很慢，而且很危险。在战争尚未爆发之前，纳粹就早已将反抗的旧有核心都完全破坏掉了——那就是魏玛共和国时代的政党和职工同盟。在10年之内，有25万德国人民被送进了集中营，这就是希姆莱（Himmler）强烈镇压的事实表现。只要"盖世太保"的统治一经建立了以后，再想作全国性有组织的反抗，事实上就已经不再可能，所以在战争的初期，纳粹统治者的敌人最多只不过是在局部的地区，保持一点儿反抗的精神种子，使它不断绝而已。这些团体中间只有极松懈的联系，并不像法国那样，能够组成全国性的反抗运动。他们是以个人为组织的核心，其动机和目标由于他们的政治和社会背景之不同，而也各有差异。唯一构成团结的力量就是他们都希望推翻希特勒以结束这个战争，唯一共同的联系就是他们都承认贝克将军的领导权。贝克是前任的陆军参谋总长，在慕尼黑危机的前夕辞职，从始至终他都是反对希特勒的。贝克的道德水准是毫无问题的，但是他对于政治却很缺乏了解，而且他也没有实际参加任何真正的行动和组织。

假使要说贝克是这个反抗运动的头脑，那么它的心脏就是格德勒博士（Dr. Karl Goerdeler）。格德勒的热心和精力都很充沛，但是他遇事过分乐观，并且缺乏辨别力，使许多本来同情他的人都不免感到失望。在政治背景方面，格德勒是一个保守主义者，他的信徒都是过去右翼党派中的分子，以及无党派关系的官吏，不过却都希望能够赶快重建一个法治政府。贝克、格德勒之流所需要的仅是一种政治性的革命，而非经济和社会性的革命。所以，他们当然就很难于获得左派的支持，除了极温和的社会民主党人以外。社会民主党人认为目前第一要务，就是推翻希特勒的统治和结束战争，要发动政变，非有陆军的帮助不可。这种叛变必须从上层开始。

阴谋计划发展得这样迟缓，可以证明在一个警察国家里面，要组织叛变是多么困难，他们的第一个问题就是要找到或创造一个机会，先把希特勒暗杀掉，因为只要他活一天，军人和公务人员由于誓词的束缚，就还是会向他效忠。而且，为了使外面的强敌不至于利用内乱而击败德国，所以这群阴谋者不仅要建立一个他们自己的政府，而且当他们准备与联军谈判休战的时候，还得要守住现有的战线。

在德国以内能够威胁到希特勒地位的唯一力量就只有德国的陆军，但在战争的初期，反对派在这一方面却得不到太多的支持。尽管是在希特勒领导之下，将军们当中却很少有人肯放弃这个征服欧洲的机会。他们不满意希特勒的大权独揽，也痛恨希特勒对于军官们的无礼侮辱，但是就一般而论，促使军人们反对希特勒的原因却不是道义上的考虑，而是军事上的失败。斯大林格勒的惨败大大增强了反对者的势力，到了1943年1月，在东线方面的高级将领们，就几乎都不满意希特勒的军事领导能力，要求他应该指派一位德高望重的军人充任陆军总司令。可是这个动机却并没有成熟，而联军就已经发出了"无条件投降"的要求，于是像克鲁格和曼施坦因这一类的德国高级将领，明知希特勒的政策会将德国引上覆亡的途径，可是却还是不愿意采取行动反对他。因为联军的目的，似乎是已经决心要将德国的军人阶级完全毁灭，所以将军们就准备再让希特勒去碰碰他的运气，也许他可以再创造出一个奇迹，来获得一个胜利，于是德国就可以得到一个"光荣的和平"，而这个和平也可以使他们继续存在下去。

这使贝克和格德勒大感失望，而在 1943 年当中，他们的计划又再受到两次新挫折。第一个挫折是暗杀希特勒的企图遭遇到了失败。这是由一群军官在克鲁格总司令部里面所设计的，希特勒这一次破例去视察前线，当他在 3 月 13 日由前线回去的时候，刺客们把一个定时炸弹放在他的飞机上面，可是这个炸弹因为发生了故障却并没有能够爆炸。第二个挫折是本来建立在 OKW 反间谍机关（Abwehr）当中的反抗组织被破获了。德国反间谍机关的首长卡纳里斯海军上将（Adm. Wilhelm Canaris）本是一个反纳粹分子，不过他宁可一个人单枪匹马去反对希特勒，也不愿意积极参加反抗运动的组织。虽然如此，他却尽量替反抗运动的人员作义务的掩护，对于他主要的助手奥斯特少将（Maj. Gen. Hans Oster）的阴谋活动，也完全不加过问。利用他的特殊有利地位，奥斯特变成了反抗运动的主要执行人，他在许多不同的地下组织当中，建立了一个复杂的联络网。可是到了 1943 年的春天，奥斯特的一个助手多纳伊（Hans Dohnanyi）终于被"盖世太保"抓去了，接着奥斯特也跟着被捕。在他们失踪之后，反抗组织就也只好重新建立他们的新组织，照他们的想法是只要希特勒一旦被刺死之后，这个地下组织就可以马上夺得政权。现在负总责的人就改为一位年轻的上校——施陶芬贝格伯爵（Count von Stauffenberg），他在北非战役之中负了重伤之后，就调到柏林充任奥尔布里希特将军（Gen. Olbricht）的参谋长——他是国内驻军的副总司令。

奥尔布里希特也是反抗运动中的一个巨头，由于他的帮助，反抗组织已经拟订了一个计划，利用国内驻军的部队去占领首都和其他重要的城市；而国内驻军的通讯网，也可以供他们利用，这是希姆莱所监视不到的。施陶芬贝格是一个具有深厚基督教信心和强烈道德观念的人，他在工作的时候表现出来狂热和勇气。1943 年 12 月，他第一次企图暗杀希特勒，他准备在公事皮包里面放一颗炸弹，但是由于希特勒突然取消了预定举行的军事会议，所以没有成功。此后，在那一个冬天里面都再没有新的机会，到了来年的春天，西线战场上联军入侵的空气已经很浓厚，这些反抗分子于是就又发生了犹疑不决的心理，不晓得是应该在联军登陆之前发动好，还是等待联军登陆之后，看看结果如何再来作决定。他们似乎是在想，假使联军的进攻牺牲惨重，或是遭遇到了失败，那么西方诸国就一定会给予德国以相当合理的休战条件。相反地，假使联军登陆成功，那么战局就会更趋于恶劣，于是德国的军民就可能会给予反抗运动以更大的支持。所以无论如何，一旦联军发动攻势之后，他们在国内和国外的地位，就一定可以更加强大。在反抗运动各种组织当中，意见当然也并不能完全一致，不过最后他们还是决定暂时观望，不忙着动手。所以尽管在1944 年的上半年，反对纳粹的势力是已加强了，但是至少当联军在西线战场上，尚未发动他们那个姗姗来迟的登陆进攻之前，纳粹统治者的地位还是很稳固，而没有遭遇到任何具有严重性的政治挑战。

第九章 | 从计划到执行

1943 年的除夕日，丘吉尔正坐在法属摩洛哥的马拉喀什（Marrakech）晒太阳，他刚刚患了严重的肺炎，正在那里养病。刚刚结束的一年当中，联军已经获得了不断的胜利。在海上，德国潜艇是已经遭遇到了惨败，而地中海的航路也已经重新畅通。在空中，西方国家已经居于优势的地位，由于美国人已经制成了长航程的战斗机，所以对于德国的战略轰炸也已经到达了最高峰，无论日夜都可以出动 1000 架轰炸机，遍炸德国境内的任何目标。在陆上，德军在苏联和地中海地区，也都遭受到了严重的失败。在过去 12 个月当中，连战死的加上被俘的，希特勒已经损失了100 万人以上的兵力。德军的死伤总数现在已经超过了 1914 年到1918 年的总数字。由于英美联军在地中海地区的攻势，使意大利崩溃，南斯拉夫也燃起了反抗的怒火，逼得希特勒在南欧也和在西欧一样，要配置着同样多的师数，所以现在的德军实在是已经疲惫不堪。

尽管国内被炸得残破不堪，在国外又接连丧师失地，但是纳粹德国距离崩溃的境地还是很远。德国的战争机器还没有会停止的征兆，平民的士气也没有会土崩瓦解的模样，而任何反抗运动的强度也都不足以威胁到希特勒的权威。环绕在德国心脏部分的外面，还是有很大一片的占领地区，足以形成对抗攻击的缓冲物。苏联的红军虽然已经将德军由伏尔加河赶退到了第聂伯河，但是距离德国本部的边界却还有 500 英里左右。在意大利，由于山地和泥泞的阻碍，联军此时的攻势已经完全停顿，而德军则凭险死守，充分地表现出德国军队的战斗精神和能力。沿着欧洲的西面海岸，纳粹还是挺立在那里，每一个星期间，大西洋长城的防守力量都在增加之中，这条长城挡住了到达第三帝国和鲁尔区的最短通路。

德国的军火工业不仅是生产量已经达到最高水准，同时也有理由可以相信他们所制造出来的武器，在空战和海战当中都可以保持着显著的素质优势。关于新型的潜艇和喷气飞机，是早已经有了许多谣言；同时据联军方面科学家的看法，德国人把原子弹发展成功也并非不可能的事情。而且无论如何，从加来海峡的火箭发射基地的准备，以及戈培尔在宣传中所暗示的内容，也都足以证明德国人是正在准备使用一种新型的武器。很明显地，除非等到英美联军从西面突破了纳粹的欧洲堡垒，这些严重的威胁都不可能会解除，而德国也不可能会遭遇到最后的失败。

在来年中，入侵法国将是一个最主要的任务，但是丘吉尔对于这个任务是否能够完成，还是表示忧虑。他和罗斯福所面告斯大林的目标日期，已经只有 4 个月了，但是最高统帅却还没有就职，最后的计划也还没有决定，而一切细节的准备都还是以原有的 COSSAC 计划为基础。丘吉尔在魁北克会议中，曾经建议把攻击的重量增加 25%，但是实际上却还是一句空话，目前联合参谋本部所分配到的船只，其至供原有的 COSSAC 计划使用都还不够。

在起草这个计划的时候，摩根和巴克尔，一方面受着分配给他们的船只数字的严格限制，另一方面又受着当时在英国对于整个"霸王"行动计划的怀疑空气的影响。他们从联合参谋本部方面，接受到一些遗产，那是一套研究计划（内容很详细彻底，但是态度却十分悲观），其结论是认为一定要有 10 个师使用登陆船只，那么渡海进攻的企图才有成功的可能性。COSSAC 设计者所有的船只总数却只够 5 个师的使用。当摩根就职的时候，英国的参谋总长布鲁克将问题的大概和他所能使用的资源数量，讲给他听了之后，就补充说道："好吧，就是这样一回事。这个计划是毫无用处的，但是你却应该把它好好地做出来。"

以这句话为他的座右铭，摩根在 1943 年 3 月间开始设计的工作。他最初的工作，就是要找到一批英美两国的军官，他们是认为这个作战是可以成功的，但是这个工作就已经很困难。对于在英国接受训练的陆军部队，敦刻尔克、挪威和希腊累战累败的阴影，还是正悬在他们的头上，大有谈虎色变之感，多数的高级军官都认为除了付出极高的代价以外，任何渡海进攻的企图都是很难成功的。联合作战的指挥官们也认为这是孤注一掷的冒险，其最好的结果也不过是导致一个像"一战"一样的消耗战，沿着这一窄条海岸地区长时间地僵持下去。他们的想法只限于如何登陆和如何保持登陆后的地位，而完全没有想到假使这个入侵要是能够产生真正的功效的话，则一定要尽量扩展它的战果。

联合参谋本部给予摩根的命令，是不仅要他拟订一个两栖攻击的计划，而且还要准备尔后战役的蓝图，准备使用 100 个师的兵力，对于德国心脏部分作一个重大的打击。他们给他的训令上面，曾经把"霸王"行动的目的，作了一个扼要的说明：

> 使用在联合王国境内所已经集中的兵力和装备，并且以 1944 年 5 月 1 日为预定的目标日来发动和进行一个作战，其目的为在大陆上获得一个安全的立足点，以便发展此后的攻势。这个立足地的面积当中应该包括足够的港口设备，足以维持 26 个师到 30 个师兵力的使用，并且此后每个月当中应由美国或其他地区，增调 3 个师到 5 个师的援军，开入这个地区。

COSSAC 计划的第一个问题，就是到底应该在何处下手攻击。纳粹所控制的西欧海岸线，全长达 3000 英里，但是可能发动攻势的地区却缩短到 300 英里左右，从弗卢胜（Flushing）一直到瑟堡，因为只有在这个地区之内，才可以获得以不列颠为基地的战斗机有效掩护。其次，所选择的地区一定要有良好的港口，足以供大量物资的起卸，还要有宽广的码头，以便在港口尚未夺获或清除之前，增援部队可以从此登陆。这些因素的限制，遂使可能登陆地区只限于两个地方：（一）加来海峡，在敦刻尔克到索姆河口之间的一段海岸；（二）西诺曼底，在卡昂与科唐坦半岛（Cotentin Peninsula）之间的地区。

对于加来海峡地带，设计者的意见可以综述如下：

> 加来地区有很多显著的优点，例如可以获得良好的空中支援，并且我方的船只来回也最为迅速。相反地，它却是敌方战斗机所荟萃的焦点，他们的空军只要作极

小量的移动，就可以在这个地区获得最大量的空中活动。此外，这个地区在全部法国海岸上面也是一个防御力量最强大的地区。……而且对于未来的发展也不具有良好的机会。这个桥头阵地的发展，必须要包括比利时的港口在内，甚至要远到安特维普；否则就要向西发展，将勒阿弗尔和鲁昂等港口都包括进去。但是向安特维普进攻，就必须越过多数的水上障碍，而向塞纳河口方面的各港口进攻，则侧翼将延长到120英里左右的长度。所以除非德军的实力已经到了就要最后崩溃的阶段，否则这种作战计划是非常不合理的。

诺曼底的弱点比较少。虽然船只的来回比较慢，但是摩根的幕僚人员却认为下列的事实，可以抵消这些弱点：

　　卡昂区的防守兵力比较少，防御工事也相当薄弱，滩头的情况很合理想，而且可以避风。内陆的地形很适于建设飞机场，也易于巩固最初的桥头阵地，多数的地形都不适于德军使用装甲师作逆袭的行动。敌军必须放弃对于德国本土的防空，始能使这个地区获得最大的空中活动。敌军的机场只有少数可以到达卡昂地区，所以可以局部地中和德国战斗空军的力量。不过这个地区当然也有不利的条件：要使我方攻击军获得适当的空中支持，就必须要作相当大的努力，同时要想攻占一个主要的港口，也必须花费不少的时间。

为了迅速占领瑟堡，他们又考虑到同时在科唐坦登陆的可能性，不过最后他们却认为这种想法是不合理的，因为那会使我方有限的兵力分散在低洼的沼泽地上面；而在科唐坦半岛的颈部，河川纵横，使我军又有被各个击破的危险……因此才决定最初期的登陆行动应以卡昂地区为限度，而其最终之目的就是要占领一个立足点，包括瑟堡到布列塔尼（Brittany）之间的各港口。

COSSAC 计划的第二个难题就是最后决定攻击的重量，但是在这一方面，他们的权限就更是非常狭窄。摩根所受到的命令上面是说，所有的船只可以供 5 个师作海上攻击之用，另外用空运的方式还可以运送两个师。等到摩根去实际考察他所有的资源时，他才发现他只能够空运 3 个伞兵旅、海运 2 个师。照设计者的看法，这个估计过高的原因是由于华盛顿方面根本上犯了一个计算的错误。他们没有想到在两栖攻击的时候，一只登陆艇是一只船，同时也是一个"武器"，所以不能够装载得和它规定容量那样满。某种型式的 LST（坦克登陆艇）在普通航行的时候，可以紧凑装载 30 辆坦克，但是在某一种特殊的滩头，它却不能使 25 辆坦克同时登陆。换言之，决定的因素是卸载的能力（Unloading Capacity）而不是搭载的能力（Carrying Capacity），这是许多一连串计划错误中的第一个，以后艾森豪威尔也和摩根一样，要设法纠正这许多的错误。

由于登陆船只的缺乏，就不能不缩小攻击的规模，其结果使这种计划除非在最有利的环境当中，否则就决无成功的可能。因此，摩根才会明白说明，这个计划可能成功的先决条件为：假定当时在法国境内的德军预备兵力总数不超过 12 个机动师，而在 D 日分配给卡昂地区的预备兵力不多于 3 个师，在 D+2 日不多于 5

个师，在 D+8 日不多于 9 个师。

　　加上这样一条但书，使有些美国人对于这个计划发生了讥讽的批评，但是摩根所做的事却的确是削足适履。但他所作的保留条件，只不过是说明胜利所必需的兵力比例而已，当然不能说他是过分的小心。COSSAC 计划的设计者对于"霸王"行动的最大贡献，并不是说他们已经拟订了一个最后的（甚至是可行的）计划，但是他们却决定了成功的基本条件，并且克服了许多实际上的困难——这对于以前的设计人，都似乎是没法克服的。

✕　✕　✕

　　假使 1943 年 8 月间在魁北克开会的时候，就已经任命了联军最高统帅，那么当摩根计划被批准的时候，其中有许多弱点都可以适时加以修正。在这一次会议当中，罗斯福曾经建议提名马歇尔为"霸王"行动的最高统帅，当时丘吉尔也深表赞同，但是他们却并没有作正式的决定。当华盛顿方面风闻到这个建议之后，马上就引起了强烈的批评。不仅是罗斯福的政敌们表示反对，而且另外还有许多人则真正认为参谋总长一席是非马歇尔不可的。这些人中间包括马歇尔本人在美国联合参谋本部里面的同事们，诚如金所说的，他们是认为不应该把一个已经获胜的班子再拆散掉。美国在第一次大战中的远征军总司令潘兴将军（Gen. J. J. Pershing），也作同样的主张。9 月 16 日，潘兴为了这件事曾写信给罗斯福，表示他个人的抗议，他说："主张把马歇尔将军调职的意见，可能会是我们军事政策上面的一个最严重的错误。"罗斯福的回信却说："我想应该让乔治能够有一次大显身手的机会，这也似乎是很公平的……我希望能使他成为第二次世界大战中的潘兴。"

这个时候，反对美总统这种计划的呼声已经发展到了相当严重的程度，因为，据军政部长史汀生说："那些蓄意毁谤政府的人宣称这又是英国人的诡计。其目的是要减少马歇尔对战争中心指导的影响作用。"为了对付这种恶意的批评，并且使马歇尔的新职可以更增加他的权威和声望起见，史汀生主张马歇尔应有权指挥一切对德国的作战，包括"霸王"行动、地中海战役和战略轰炸都在内。英国人却不肯接受这种观念，他们认为这种一把抓的指挥系统在军事上是行不通的，而且更会使所谓联合参谋本部变成一个有名无实的东西。在 11 月间第一次开罗会议的时候，丘吉尔对于任命马歇尔主持渡海进攻一事，又重申他的欢迎热忱，但是他却发现罗斯福到那时还没有能够作最后的决定。假使马歇尔的本性不是那样的深沉和无私，而自己先向罗斯福表示他愿意去接任这个新职的话，那么罗斯福也许就会很迅速而又很容易地作决定。在压迫之下，马歇尔曾向史汀生承认："任何军人都是愿意独当一面的。"不过他却没有向罗斯福作这样的表示。他的责任感战胜了他的雄心。他知道他的地位是以留在华盛顿为宜，但是他却也不愿意明白表示他是一定不可以离开的。史汀生说，在德黑兰会议之前他曾请求马歇尔应以国事为重，而不应重视个人的利益；到了德黑兰会议之后，当罗斯福又和马歇尔谈到"霸王"行动统帅人选的时候，马歇尔却坚决表示总统应自行决定，而不愿意发表意见。罗斯福会错了意，以为马歇尔这种态度就是表示他愿意继续留任参谋总长的职务；事实上罗斯福在内心里也是希望他留任的，所以罗斯福就向马歇尔说："假使你要是派到国外去了，那我在夜里都会睡不着觉了。"所以罗斯福就决定马歇尔仍应留在华盛顿，而改由艾森豪威尔去主持"霸王"行动。

这个决定毫无疑问是十分正确的，因为马歇尔对于国内的政治和行政上的因素，以及全球战争在军事上的复杂性，是已经富有经验，所以他对于参谋总长一职实在是驾轻就熟，再没有一个人可以代替他。但是所不幸的就是这个统帅人选的决定在时间上实在是拖延得太长，因为这无异于是使 COSSAC 计划的发展也跟着拖迟了三四个月。一直要等到有了一个最高统帅之后，他才可以拍桌子要求足够的资源，使这个计划变成事实，否则它仍然是一个暂时性和不完全的草案而已。

最后，所决定的指挥系统是这样的：在联合远征军最高统帅　部（SHAEF——Supreme Headquarters Allied Expeditionary Force）里面，英国的空军上将泰德（Air Chief Marshal sir Arthur Tedder）担任了艾森豪威尔的副帅；美国陆军中将史密斯（Lt. Gen. Smith）则出任参谋长；英国海军上将拉姆齐（Adm. Bertram Ramsay）充任联合海军总司令；空军上将利－马洛里（Air Chief Marshal Trafford Leigh-Mallory）充任联合空军总司令，但是却没有同时任命一个联合陆军总司令。蒙哥马利将军（Gen. Bemard Montgomery）本是英国第 8 军团的司令，现在调回英国，升任英军第 21 集团军总司令，在攻击的时候对于所有的陆军，他将是前敌总指挥，但是大家却已经有了一个谅解，一旦在布莱德雷中将（Lt. Gen. Omar Bradley）所统率下的美军实力，足以扩充成为一个美国集团军的时候，则所有陆上的战争将改由艾森豪威尔本人直接指挥。在这个时候，美军还只是编成一个军团，其番号为美军第 1 军团，由布莱德雷充任司令（请参看附录中的"霸王"指挥组织表）。

在他们将地中海方面的职务交代清楚之后，艾森豪威尔就赶回华盛顿，而蒙哥马利也同时赶回伦敦，他们两人一同经过马拉喀什，其目的是要和丘吉尔会晤一次。在新年的前夕，丘吉尔把一份 COSSAC 计划的抄本拿给他们两位看。蒙哥马利还是第一次看见这个计划，但是艾森豪威尔在 10 月间就已经非正式地对于这个计划作了一番研究，他的意见是认为攻击的分量必须加重，正面必加宽，主要的目的是要迅速占领瑟堡。在那个时候艾森豪威尔的兴趣还只偏于学术研究性质的，他当然不知道他会来主持这个作战，到了现在他就把他的批评在丘吉尔面前重述了一遍，蒙哥马利也立即强调附和他的意见。第二天艾森豪威尔启程返美，并且命令蒙哥马利回到伦敦的第一任务，就是会同拉姆齐、利－马洛里、史密斯等人，共同研究如何修改那个原定的计划。

COSSAC 计划规定攻击军总数为一个军团，但最初的正面为一个军（下辖 3 个师），其余 3 个军（各辖 3 个至 4 个师不等）则尾随在第一个军的后面，在原地陆续登陆，然后再迅速用蛙跳的形式，越过最先登陆的部队前进。对于蒙哥马利的那一颗有秩序的心而说，这简直就不能称为作战。他在 1 月 1 日曾将一件备忘录送请丘吉尔注意，把这种行动的结果，曾经概括地作了一个预测。他说在 D+12 日以前，一共会有 12 个师的总兵力，在最初登陆的同一个滩头上登陆。这种行动的结果将使滩头上的秩序混乱到不堪想象的程度，若是要再想能使陆上的战争顺利进行，那姑且不说是不可能，也至少会非常困难。以后再有更多的师，仍然还是由这一个滩头涌入……其结果是会使情形更糟，混乱的程度更为增加。

他宣称："最初的登陆一定要尽可能采取宽广的正面。一个英国军团应同时登陆两个军，甚至可能是 3 个军；另一个美国军团也应该是一样的。而在攻击的时候，某一个军都可以利用它自己的滩头，作为尔后发展的基础，其他的军当然不应该再利用这原有的滩头作登陆之用。"

在这个批评里面，蒙哥马利指出原有计划的弱点就是会使攻击在战术和补给两方面的发展，受到严重的阻碍。他坚决主张从一开头起，就一定要确保一个适当的桥头阵地，使其强大的程度足够应付扩张战果之用。否则入侵军就无法击破敌军的防御兵力，而且敌人的预备兵力也可以作有效的逆袭，我军集中在一个掩蔽浅薄的地区，而且敌方的炮火也可以经常威胁到我方的滩头，所以这个情况非常危险。

在 1 月间的头两个星期当中，一直都在伦敦进行讨论，蒙哥马利主张将登陆的正面放宽，把奥恩（Orne）河口和科唐坦半岛的东部海岩（瑟堡就在它的头部）等处的滩头都完全包括在内。照他的看法，因为横过半岛的底部有一个泛滥地区的存在，所以就更需要将一支强大的兵力派在科唐坦半岛上面实行登陆，这样就可以利用这个水面的障碍来保护自己，否则它就会变成一个障碍物，阻塞着我军进入这个地区唯一良港的通路。但是，因为这个泛滥区也正好挡着这个海岸上唯一可用的滩头的出口，所以蒙哥马利主张在泛滥的彼岸应先投下相当兵力的空降师，以收到里应外合之效。但是利－马洛里却坚决反对这个作战计划，他认为这个地区的对空防御如此坚强，而且地形险恶，极不适于滑翔机和伞兵的着陆，所以人员和飞机的损失可能会高到 75% 到 80% 的程度。蒙哥马利却认为这种估计未免太过于悲观，所以他还是坚持他的主张，因为他和布莱德雷都认为只有使用强大的空降兵力，才可以保证迅速占领瑟堡。

此外，蒙哥马利对于在奥恩到维尔（Vire）之间的主攻方面，也希望增加攻击的兵力。他认为 COSSAC 计划的设计者在计算的时候未免过于乐观，所以才会假定桥头阵地在 D+14 日，可以扩充到圣米歇尔山—阿朗松—特鲁维尔之线（Mont St. Michel-Alencon-Trouville），但是他却没有考虑到恶劣天气的影响，这种影响实际上必须考虑，因为有时在卸载和下船的工作方面，气候不佳时，一天的工作甚至要 4 天才能完成。即使一切都如理想，照 COSSAC 计划所能运输的兵力其强度也不足以对抗敌人装甲部队的集中逆袭——这个逆袭可能预料在 D+4 日就会遭遇到。

所以，蒙哥马利主张在入侵时，要使用两个，甚至可能 3 个空降师（不仅是 2 个空降旅），在空降部队出发几个小时之后，在海上应使用 5 个师（不是原定的 3 个师）实行两栖登陆，另外还有两个师也都预先装载在登陆艇上面，准备立即跟着增援。这就是说将攻击的正面由 25 英里，放宽到 50 英里，而攻击的兵力在海上增加了 40%，在空中增加了 200%。

不过在计划中增加兵力是很容易的，可是真正实行起来却并不那样简单。拉姆齐强烈支持这种修改的方案，但是他却提出报告说：甚至以 COSSAC 计划而论，英国的海军部都不敢说船只的供应可以到达预定的要求——那一共是 3323 艘登陆船只、467 艘军舰和 150 艘扫雷艇。现在这个新计划就更使扫雷艇的数字差不多增加一倍，军舰增加 240 艘，登陆艇再增加 1000 艘。不久就很明显地看出来，这个差额是在 5 月 1 日以前所无法补足的。所以拉姆齐和蒙哥马利就都主张将登陆之期延长到 6 月初以后，这样就可以从各造船场中搜刮这一个月内所新造出来的船只；而登陆艇则可以从地中海方面去借用，即使是使"铁砧"作战无法与"霸王"行动同时进行，也在所不惜；另外更要求美国海军供给一支特编攻击舰队，以负担护航和攻击的任务。

× × ×

1月21日，艾森豪威尔也对于建议表示赞同，并且批驳了利－马洛里对于在科唐坦半岛上面作空降行动的反对意见。现在就更可以显示出来，这种延误对于英美两国实在是一个极大的不幸，不过在艾森豪威尔与蒙哥马利就职之时，时间就已经太迟了，在5月1日以前已经无法完成登陆的准备。这个责任应由联合参谋本部负责，尤其是美国的代表们更应负责。在1943年8月，他们就已经接受了COSSAC计划并且决定了目标日期，但是他们却始终没有立下决心，一定要使这个计划可以成功。他们拒绝了丘吉尔增加兵力的建议，一直到12月间开罗会议的时候，他们还是重申他们原有的决定，所有"霸王"行动的军舰和三分之二的登陆艇都应由英国各自治领，和其他欧洲盟国负担。美国人对于船只情况的严重性，根本上就缺乏认识，所以到了1943年底，美国海军还把登陆艇由地中海方面调往太平洋方面。

假使在魁北克会议当中，就已经决定了最高统帅和各总司令的人选，那么这些困难就可能容易解决得多了。照那样的安排，在10月1日那不勒斯陷落之后，艾森豪威尔、蒙哥马利、拉姆齐3人就可能解除他们在地中海方面的职务，而开始专心致力于COSSAC计划的修改工作，于是在10月底就可以提出他们的修正案，而不必要等到 3 个月以后的今天。假使能够如此，则"霸王"行动的登陆艇问题也许就会很容易解决，因为这个问题的真正症结，并非如一般人所想象的，是生产上发生了"瓶颈现象"［注：所谓瓶颈现象（Bottleneck），就是生产上已经到了无法扩充的阶段，好像是水装到了瓶颈的时候，再多就会溢出来］。

在 1943 年，由于努力和组织的进步，美国所生产的登陆艇总吨数，已经增加了 3 倍，在这一年当中美国一共制造了 19482 艘登陆艇（两栖车辆还不包括在内）。不过在 1943 年 5 月，当联合参谋本部对于 COSSAC 计划作船只的详细分配时，他们准备在 12 个月的时间当中，一共拨给 3323 艘登陆艇以供入侵之用，而美国海军则同意拨交 1024 艘，仅仅相当于美国这一年年底所能具有的实力的 5%。这个决定在 12 月间开罗会议时，又再度被通过。照马歇尔的看法，问题是登陆艇真正缺乏……地中海战区已经再无余力可供调用……所有的造船场也都打破了纪录……但是还是看不见足够使用的登陆艇。这当然都是真话，不过登陆艇的缺乏却只是相对的，而非绝对的。问题的重心是分配而非生产。真正的困难是怎样从抓得死紧的海军上将金的掌控里面，把登陆艇挖出来。在 1944 年 5 月 1 日，金手里一共控制着 31123 艘登陆艇，但是他拨给"霸王"行动的登陆艇总数却不到 2493 艘，而且态度还是非常勉强。

美国造船场对于登陆艇的生产，是处于美国海军部的直接监督之下，虽然战时生产局可以经由控制劳力和原料的方式来增加它们的出产量，但是海军当局对于产品的使用地区和方式，却坚持他们应有支配的全权。在理论上说，对于美国作战物资的战略支配是应由美国联合参谋本部负责。但是，照史汀生的说法，这个机关是"无法违反某一个代表的意志，来强制执行一个决定……任何人员，即使他只代表一个人的少数，为了保护他那个军种的利益，也照样可以坚持到底……只有总统一个人有最后的决定权，来解决他们之间的争执，但是罗斯福也总是设法使他们之间取得协调的态度，而不愿意像法官一样制定他个人的判词。"

在伦敦方面，虽然各军种之间也有类似的冲突，但是却不至于引起同样的问题。丘吉尔以国防部长的身份，常常勇于作决定，而不像罗斯福那样优柔寡断，而且一切纠纷还可以提交战时内阁作最后的判决，因为内阁是直接集体向国会下院负责，所以它的地位远比美国的行政机关坚强有力。固然英国空军上将哈里斯（Air Chief Marshal Arthur Harris）和他的轰炸空军多少具有独立作战的权限（常常影响到英国全盘战略的需要），不过哈里斯对于他那个"小天地"的范围和权限，比起海军上将金来，还只是小巫见大巫。

由于在第一次大战中，罗斯福和海军曾经有密切的关系，所以多少他是有一点偏袒海军的，而对于他的海军总司令的权限，一向是很少加以限制的。所以，金的意见一般就可以决定美国代表在联合参谋本部中的态度。对于某一个作战所能供给的军舰和登陆艇的数字，实际上都是遵照金的意见。假使有人要追问他，手里到底有多少实力并且准备如何用，金就会毫不客气地回答道："关于太平洋战争是怎样打法的问题，本来与联合参谋本部毫无关系，因为那是一个纯粹美国人的战场。"虽然英国的参谋首长们对于这个过激的说法，从不表示承认，但是他们对于美国为了对德作战所能拨给的船只数字，却只有俯首接受，因为他们根本看不到完全的数字。

所以，结果是这样的，尽管在 1943 年底，联合参谋本部已经决定了"霸王"和"铁砧"是 1944 年的最主要作战，但是美国海军的登陆艇却还是绝大多数都用在太平洋方面。在冬季中，美国的战时生产局拼命提高在大西洋沿岸和墨西哥湾方面各造船场中登陆艇的生产数量，结果的确是斐然可观；但是即使如此，"霸王"行动所需要的数量却还是无法在 5 月 1 日以前赶上。相反地，假使艾森豪威尔所需要的数量在 11 月间就已经发表，那么就可以有从容的时间，从太平洋方面将登陆艇调到西方去。现在到了 1 月底，时间已经是太迟了，对于重新分配的问题已经无法解决。

同样地，提高英国造船场里的生产数字，也不可能补足这个差额。他们现在正忙于制造那个"人工港口"，并且也忙于修理在行动和训练中遭受了损毁的各种船只，因此目前一个月的产量，减到只有 150 艘新登陆艇。所以需要增加的船只只有由美国人供给之一法，但是要想在 5 月间发动攻击，则时间上却绝对赶不上。

撇开船只的问题不谈，另外也还有其他的因素足以作为支持延期的理由。因为攻击的范围已经扩大，所以就需要再多训练几千名驾驶人员，来操纵登陆艇、运兵船和滑翔机；此外还有两个师参加两栖作战的陆军兵员，连同为了支援他们所需要的工程人员和滩头工作人员等都在内。反过来说，这个时间上的延迟又可以使战略空军获得更多的机会，以减弱德国的工业力量，破坏他们的交通系统，而且下一个月的飞行天气特别好，可以对于桥梁和铁路作准确的针尖轰炸，这也就可以对于德军装甲预备兵力的行动作有效的阻挠。此外，在 6 月初东线战场的气候最好，所以苏军在这个时候也最利于作大规模的攻势，以来配合"霸王"行动。最后还有另外一个考虑，就是再延长一个月的时间，可以使亚历山大将军（Gen. Alexander）能够有机会在意大利发动一次大规模的攻势，以便将德军紧紧牵制在那里。

虽然艾森豪威尔也愿意在 5 月间就发动诺曼底的登陆战，以便可以获得最好的作战季节，但是他却必须要向联合参谋本部提出要求，请将时间延迟一个月，并且暂时使"铁砧"作战只当作一种威胁作用，这样才可以使"霸王"的正面扩充到 5 个师，而不再是 3 个师。他在 1 月 23 日发出电报说："这已经是要使这个行动能够成功的最低保障了。"

联合参谋本部同意时间延期，但是美国代表们却反对放弃"铁砧"作战。他们认为"铁砧"作战不仅可以分散德军的防御兵力，而且还可以使现在正在北非受训的法军和美国准备在年中直接开入欧洲的美军，多开辟一个作战的场所。他们同时也更坚持要先弄清楚，在地中海方面的两栖装备，是不是会用到意大利或是巴尔干方面去。

华盛顿的设计当局认为这几个月所增加的数量，就已经够用。艾森豪威尔说："照他们的估计，到时所有的船只可以在'霸王'方面，够 7 个师登陆之用，另外在'铁砧'方面，还够两个师登陆之用。这个数字与我们自己所计算的大有出入。"

华盛顿的计算基础是以太平洋作战经验为基础。可是，事实上却差得很远，因为在太平洋方面，攻击军并不需要工兵去扫清滩头的障碍物，爆破混凝土的防御工事；他们使用装甲兵的机会也很少，同时也不需要用战防炮，对于防空武器的需要就更少。这两种问题的性质完全不一样，可是美国海军却还是继续挑剔艾森豪威尔的估计数字，弄得艾森豪威尔只好派参谋长史密斯亲自回美国去加以解释，告诉他们在攻击大西洋长城时，1 个师的兵力差不多要当作 1 个半师计算，这样才可以容纳得了一切必要的工兵、坦克、战防、防空等部队的人员和滩头控制的全部组织。不是这样，则兵力的增援就不可能适时而迅速顺利地赶到，来对付第一个星期当中，就可以预料得到的敌方装甲部队的逆袭。这是太平洋战争中所不必要考虑到的一个因素。把麦克阿瑟和尼米兹所已经进行过的两栖作战，拿来与艾森豪威尔现在所要面临的行动作一个比较，那才真是小巫见大巫。专就入侵的最初 2 天而言，他就要准备使兵员 176475 人，车辆 20111 辆（其中包括 3000 门火炮、1500 辆坦克和 5000 辆其他的装甲车辆），同时登陆完毕。

虽然艾森豪威尔的计划是理直气壮，但是关于登陆艇的争论还是拖了两个月之久。最后到了 3 月 24 日，美国的参谋首长们才同意将"铁砧"作战的日期延缓到 7 月中旬，于是准备使用在南面的一切船只，就都可以先拿去供诺曼底登陆方面使用。不过实际上这种决定是多余的，因为金手里所掌控的船只，实在足够同时进行两方面的作战而有余，问题只是他不肯作如是的想法而已。"霸王"行动一共准备动用 6047 艘登陆艇，但是美国海军所供给的数量却还不到总数之一半，比起他们全部的实力则更只占了很小的比例。请参看下表：

1944 年美国海军的登陆艇

LST	LCT	LCI	TCM	LCVP
5 月 1 日的数量				
409	687	478	5058	9950
拨给"霸王"行动的数量				
188	279	124	315	1382

附注：本表包括在"霸王"行动中所曾经使用的一切各种登陆船只。

LST（Landing Ship Tank，坦克登陆船），LCT（Landing Crarf Tank，坦克登陆艇），LCI（Landing Craft Infantty，步兵登陆艇），LCM（Landing Craft Mechanised，机械化登陆艇），LCVP（Landing Craft Vehicle and Personnel，车辆人员两用登陆艇）。

华盛顿方面又花了更长的时间，才同意增拨军舰，为了保护和支援扩大的行动，这是拉姆齐所最迫切需要的。这种长期的犹豫，可以用拉姆齐自己所说的话来加以说明，他说："有好几个月的时间，我们虽然在计划一切，但是对于我的要求能否完全满足，则感到毫无把握。这种犹疑不决构成一个经常的忧虑，一直到了'11点'的时候才算是解除了。"事实上是到了4月15日，距离D日已经只有7个星期，金才勉强同意派遣一支美国特编舰队——由3艘战舰、3艘巡洋舰和40艘驱逐舰构成。

［注］在实际作战时，所有参加轰击、护航和掩护的海军舰艇总数，有如下表所示：

	英加海军	美海军	其他盟国海军
战舰	4	3	
低舷战舰	2		
巡洋舰	21	3	3
驱逐舰	116	40	8
总计	143	46	11

其他小型军舰共553艘，其中美海军共供给129艘。

这种迟迟不决的情形，要不是艾森豪威尔坚决假定他的要求是可以达到的，而且尽量鼓励他的部下，使他们表现出显著的热心，否则就一定会引起恶劣的后果。一直到了冬去春来的时候，差不多一切的困难都解决了，大家都知道资源够用，于是信心也就日益增加。

对于击破德军防线的复杂问题，和保证联军获得有利的地位，加宽和增强攻击的力量还只不过是答案的一部分而已。所幸，COSSAC 的设计者和英国陆军部，由于吸取了迪耶普突袭的惨痛教训，所以对于两栖作战的装备和技术，都已经有了革命性的进步。第一个教训就是登陆攻击部队一定需要更强大的和更密切的支持。迪耶普突袭的经验表示出来，先用飞机和军舰的火力作预备攻击，并不足以完全中和敌方的防御力量，当轰炸（或轰击）停止，登陆艇逐渐靠岸的时候，他们也会马上赶紧增援，照样防守滩头。所以为了使登陆艇在这个紧要的关头，不至于完全地暴露在敌火之下，那么就必须要从接近支援的武器里面维持一部分火力不中断。COSSAC 计划所建议的解决方法，是要让步兵和他们自己的浮动炮兵——将火炮、迫击炮、火箭炮等架设在小艇上面——一同行动。蒙哥马利则进一步主张，将火炮、战防炮和坦克，跟着步兵实行登陆，并且完全实弹，当一部分火炮和坦克尚在登陆艇上等待登陆的时候，也就可以趁机开始射击了。这个目的是要使接近的炮火，将滩头维持火力的饱和状态，射击那些接近的目标，这是海军为了怕伤害到自己的登陆部队，而所不敢于射击的。

其次，又决定浮动炮兵的火力更可以用两栖装甲车辆，来予以增强。由于迪耶普突袭的经验，布鲁克就获得了一个结论，认为要想突破大西洋长城而不花太大的代价，即步兵在攻击一开始的时候，就应该具有坦克的支援。所以，到了 1943 年 3 月间，他就把第 79 装甲师改编成一个试验性质的部队，并且命令他的师长霍巴尔特少将（Maj. Gen. Hobart）专心研究发展特种的装甲车辆和装备，以供渡海进攻之用。

霍巴尔特是提倡装甲兵理论的一个急先锋，但是他的理想是太前进了，远非英国陆军部中那些保守分子们所能了解，而且他这个人又是心直口快，所以人缘极坏。在 1934 年首先成立的英国坦克旅里面，他就已经充任旅长，那时他对于坦克的战术已经发展了一套新的理论，那也就是德国人以后所使用的那一套。可是当时在英国，那些死硬派的将军们却故意扼杀装甲兵力的成长，所以当装甲师成立的时候，第一位师长却是一个炮兵出身的军官，第二位又是一个骑兵出身的军官。到了 1938 年，霍巴尔特是已经到了非升级不可的时候，他却又被调到埃及去，在埃及他利用一些乱七八糟的部队，居然又创立了那个著名的第 7 装甲师，但是在进行这些工作的时候，终于还是和正统派发生了严重的冲突，在没有能够用行动来试验他的理想之前就被撤职了。1940 年他被强迫永远退役，于是他跑到国民军里面去充当一名班长。假使不是丘吉尔亲自出面干涉，那么他就会一直被黜到底，虽然如此，但是却也一直等到 1943 年，他才获得了一个真正的机会来发挥他稀有的天才。

在工作的时候，霍巴尔特认为在原则上，要和德国的各种要塞工事周旋的部队，就必须要在装甲车辆掩护的后面，被运载进入战场，而且还要有各种的机械化设备，来完成他们的使命。所以在霍巴尔特设计之下，英国军队所拥有的装甲车辆，型式复杂繁多，远在各国的军队之上。在 D 日以前，英国的发明家和工业家就已经在制造一种"开路坦克"（Bulldozer tank），专作扫清滩头障碍物之用；有一种"连枷坦克"（Flail tank），专供在布雷地区打开一条出路之用；还有一种坦克可以将高爆炸性的炸药抛出，以炸毁敌人的混凝土工事；一种没有炮塔的坦克，它的作用实际上就是一种自动推进的斜坡，以便其他的坦克可以从它的顶上爬上海岸的堤防；一种坦克携带着桥梁，以便渡过洼地和沟道；一种发射火焰的坦克，专用来对付敌人的堡垒；而最重要的是一种两栖坦克，可以用它自己的动力，从水里一直跑上岸去——通常称为 DD 式坦克（Duplex-Drive）。

像这些坦克中的一部分，例如连枷式和 DD 式，都是在霍巴尔特尚未开始试验之前就已经发明了的，不过它们却都还只是在发展的第一个阶段而已。DD 式坦克是匈牙利工程师斯特劳斯勒（Nicholas Straussler）所发明的，尽管英国海军部并不赞成，但是他却说服了英国的陆军部。海军专家认为这种坦克绝对不可能在大海中游泳，同时也不能够由登陆艇放出。

尽管当斯特劳斯勒已经用事实上的表现，来反驳这种批评，但是海军当局却仍然还是继续认为 DD 式坦克是不能在海上应用的，他们所持的理由，主要就是说这种坦克连一个舵也没有！

霍巴尔特所接收的 5 辆 DD 式坦克都是陈旧的瓦伦丁式（Valentine），但是他却能够把那些装备应用在美制的谢尔曼式坦克上面去——这是当时联军所用的主要装甲车辆。1943 年 7 月，布鲁克命令把 900 辆谢尔曼式坦克改装为两栖式坦克，但是供应部却感到很勉强，他们认为对于海军所不赞成的试验装备，而一口气拨付大量的人力和物资加以生产，似乎是很值得考虑。所以产量是如此微小，使霍巴尔特感到焦急，认为在 D 日能否有足够数量以供他们作大量的使用，恐怕都是一个疑问。蒙哥马利一看到这种坦克，就主张应作大量的使用，要解决这个问题就只有求助于美国人的生产天才。1月27日，DD式坦克第一次在艾森豪威尔的面前表演。第二天他就派了一位英国工程师带着蓝图飞往华盛顿。在一个星期之内，美国的工厂就已经在努力于设计的工作，在两个月之内，已经有300辆谢尔曼式坦克改装完毕，并且开始运往英国。

迪耶普突袭的第三个教训是没有一个主要的港口，可以迅速而完整地加以占领。所以COSSAC计划的假定是，即使瑟堡是可以在两个星期当中就被攻占，但是扫雷和修补的工作却至少还要经过两个月。在这个时期当中，"霸王"行动的兵力必须要在开阔的滩头接受补给，所以对于供应船只的停泊，必须要有一种特殊的保护方法。这并不是一个新的问题，好多年以前，丘吉尔因为想在德国领土之内实行登陆，就已经研究过这个问题。在那个时候，他就建议建造一些平底的驳船或是沉箱，所用的材料不是铜铁而是混凝土，当把水排空之后，它们可以浮在海面上，一直拖到彼岸。到达目的地之后，把活塞打开将海水放入，于是沉箱就一直平稳地降到海底……用这个方法，虽然在大海之中，也一样可以建立一个不怕鱼雷、不怕恶劣气候的人工港口。丘吉尔作此项建议的时候是在1917年7月7日，他这个计划没有任何专家的协助，目的是想占领弗利西亚群岛（Frisian Island）。在这同一个计划当中，丘吉尔也曾建造坦克专用的登陆艇！

25年之后，当新加坡沦陷，使英国在远东丧失了它主要的海军基地时，丘吉尔又命令他的联合作战司令蒙巴顿上将（Adm. Louis Mountbatten）研究能否在印度洋中的一个小岛上，建立一个人工的港口。回想到了这个问题，丘吉尔在 1942 年 5 月 30 日，又曾写了一个便笺给蒙巴顿，提出另外一个观点。他说：

> 在滩头所使用的码头设备，一定要能够随着潮汐涨落。投锚的问题必须加以解决……让我们把最好的解决方法找出来。不要对事实辩论。困难的本身就会为它自己辩护。

这两个观念——混凝土的沉箱和浮动的码头——都由蒙巴顿手下的专家把它们变成了事实，虽然印度洋的建港计划并未实现，但是他们研究的结果在诺曼底却大有贡献。最后的结果是建造了两个事先分别做好，只要临时去拼凑的人工港口，他们的秘密名称为"桑子 A"和"桑子 B"（Mulberry A and B）。每一个港口大致和多佛尔港的大小相等，它的组织是一个浮动的外防浪堤、一个固定的内防浪堤（由混凝土沉箱所构成），另外有 4 个浮动的码头，由滩头一直伸到"锄形的码头头部"（Spadder heads）。在这个地方，小型沿海船只和登陆艇可以直接将货物卸入陆军的货车；而自由船和其他的船只也可以将货物卸给驳船，以便转运上岸。这 2 个港口的各部分都是事先在英国做好，再拖过海峡安放在诺曼底的海岸上，其位置一在巴约（Bayeux）的西北，一在其东北。估计要花 3 ~ 4 个星期的时间，才能够将这两个人工港口安置妥善，在此时间之前，对于 5 个主要的攻击区都只好利用沉没的旧船，列成一线以作临时防浪堤，来保护卸载的船只。为了对付敌人对于港口设备的破坏，COSSAC 的设计者又想到另外一个对策，那就是在海峡的水底铺设输油管，直达瑟堡，以后又到达波罗根。因为这就是在海洋里面装置油管，所以这个设计的隐名是"PLUTO"（Pipe-Lines Under The Ocean）。

　　即使有了这样多新奇而神秘的工具，联军是否能攻入德军的防线，也还是毫无把握，因为德军可以利用欧陆上最优良的公路铁路网，来移动他们的增援兵力。艾森豪威尔的幕僚们估计至少需要7个星期，才能够将6月1日以前集中在英国的47个师完全送到欧陆参加作战。攻击和增援兵力的最大限度，都受着船只和飞机数量的限制。在D日由空中和海上一共可以登陆8个师，在第二天黄昏之前还可以增加两个师。到了第5天，在海岸上应该已经有了15个师，但是过此以后，因为要维持这样多的部队作战，就需要吸收很多的船只，所以以后登陆的师增援就不会这样快。设计者所估计的增援速度如下：

　　　　D+10日以前18个师。

　　　　D+20日以前24个师。

　　　　D+35日以前30个师。

　　相反地，当在2月间拟订一个修正的联军作战计划时，所可以预想到的敌军兵力，在D日登陆时，第一线防守部队似乎可以有5～6个师，而在D+4日至少可以增援到12个师，以后敌军的增加比例则有如下述：

　　　　D+10日以前25个师。

　　　　D+20日以前30个师。

　　　　D+35日以前37个半师。

　　这样估计出来，除非这个潜在的劣势可以有方法加以补救，否则全盘战役的命运就会仅仅决定于这一个兵力多寡的因素，因为在最初几个星期的登陆战中，这是一个最重要的因素。要减轻敌人的这种天然优势，只有下述的 3 个方法：（一）在苏联和意大利战线上继续施以压力，使德军无余力对两战场作任何实质上的加强；（二）在加来海峡和法国南部继续维持着入侵的威胁，以使德军的兵力分散而不敢集中；（三）对于铁路和桥梁加以广泛的轰炸，使德军预备兵力的调动受到严重的阻碍。艾森豪威尔在他的作战计划修改完成之后，就马上倾全力来注意到这 3 个在战略上的先决条件。

　　艾森豪威尔的判断，是认为虽然德军在诺曼底还是会拼命顽抗，但是他们在法国境内的主要防线却是以塞纳河一线为基础，一定要等到攻近这一条防线时，德国人的战争才算是真正开始。艾森豪威尔希望在年底之前能决定这一线战争的最后胜负，但是当他将这个修正的作战计划向丘吉尔提出报告的时候，丘吉尔却对他说："假使到了冬季的时候，你的桥头阵地已经可以从塞纳河口，伸展到瑟堡和布列塔尼半岛，而且你已经有了 36 个师都完全上了岸，那么我就要认为是已经胜利了。假定你还能够攻下勒阿弗尔，那么我就要认为是已经获得了一个决定性的胜利了。"

　　艾森豪威尔回答说："到了圣诞节的时候，我们将会已经在向着莱茵河（Rhine）前进。"

第十章 | "霸王"的序曲

在艾森豪威尔与莱茵河之间，就隔着一个史无前例的最大规模的两栖作战，它所要攻击的对象是一个防卫力量最强大的海岸线，是这任何部队所从来没有尝试攻击过的。德国人几乎已经用了4年的光阴，来建立他们这个大西洋长城，而且早在1942年8月，迪耶普突袭就已经用了血肉的代价，来对于它的强度作了一次警告（注：在这次突袭当中专以加拿大部队而言，就死伤了3369人，其中死亡者为907人。而德国陆海空三军的总损失，根据他们的记录，一共尚在600人以下）。但是，在那个时候，德国人还不过只是将主要的港口加以设防，并且将长射程火炮安置在加来地区，此外就没有什么其他的布置。在这个突袭的前一个星期，希特勒已经命令沿着西欧海岸普遍构筑要塞工事，而当1945年德军被迫采取战略防御时，这个设计又曾经重新加以补充。不过此后，这些工作却常常被联军的空军阻挠。在春天里，有为数5万人的劳工，由大西洋防线调回到鲁尔地区去，协助修理英国空军轰炸所造成的各种损毁。之后在比斯开湾又加强深水底基地（Pens）的设备，接着又一再在加来地区修建飞弹的发射基地，结果也使人力、钢铁和水泥的使用都被分散，也影响到大西洋长城的工作进度。

到了年底，虽然 25 万名守兵再加上 25 万名征工，都在努力于大西洋长城工事的修筑，不过根据原定计划来看，则只有勒阿弗尔到安特维普之间的地区，可以算是接近完工的程度。假使西线战场德军总司令伦德施泰特元帅能够对于要塞工事具有任何信心的话，那么这个进度也许还可以更大一点。但是伦德施泰特这个人，正是在 1940 年迂回马奇诺防线，一直攻到海峡地区的人。他觉得把太多的师都钉在一条固定的防线上面，只剩下极少数的师充任机动预备队，来对付任何突破和迂回的行动，这未免太危险。现在他既然来负担一个防守性的任务，所以他就决定要避免法国人所曾经犯过的错误。他在 1944 年初，曾经向一个新闻记者说过："我们德国人对于这个已经疲惫不堪的马奇诺防线精神，是不准备再尝试的。"

伦德施泰特对付入侵的计划，其基本信念是认为登陆的行动，实际上无法阻止。他现在所要防守的地区，在大西洋方面有长达 1700 英里的海岸线，再加上在地中海方面另有 300 英里的海岸线，所以他不可能处处设防。正和约德尔一样，他相信联军在战略上是具有极大的弹性，所以使用像大西洋长城这样的一条固定的防线，是无法抵抗它的。所以他的计划是仅仅在最重要的海岸地区，加以坚强的设防——例如加来、索姆河和塞纳河的河口，瑟堡和布雷斯特——为了使主要的港口不为联军所直接攻陷，他可以用拖延时间的防御方法和彻底的破坏，使联军无法利用这些港口。他希望尽量使联军的增援兵力，受到迟滞的影响，这样当他自己的增援兵力一到达之后，就可以把联军在各主要港口之间建立的任何小型桥头阵地，都完全扫荡干净，将所有已经登陆的联军都赶回海里去。

这个计划能否成功的关键，就要看他自己是否有足够的装甲师和摩托化步兵师，以充任机动的总预备队，使他一旦发现了联军的主攻点是在什么地方，就可以迅速向这个地区发动逆袭。此外他还需要足够的战斗机中队来掩护他的预备兵力，开入受到威胁的地区。但是在1944年1月间，伦德施泰特一共却只有50个师，其中26个师由于希特勒的直接命令，被派担任大西洋长城的任务。其余的部队中，有12个都是新成立的训练师和刚自苏联前线打垮了退下来的师，不过只有一个空骨架而已。此外的师还要继续不断抽调兵力，去补充东线的损失。

在1943年到1944年的冬季里，伦德施泰特曾经一再向OKW要求增援：他所需要的是真正的战斗部队，而不是托德组织（Organization Todt）内的外国劳工营。但是他的要求却毫无效果。德军的战略部署完全由希特勒一个人决定，而他现在所关心的却是眼前的危局：联军已经在安其奥登陆，尤其是虽然已经到了春季解冻期，苏军的冬季攻击却丝毫没有减退的现象。希特勒当然并不怀疑越过海峡的入侵行动，是不久就会光降的。但是因为他在意大利境内防守作战的成功，使他却增强了自信，认为西线战场上的攻势是一定可以被阻止的。他这种乐观的来源，一部分是由于他的情报欠佳；另一部分是他对于迪耶普突袭的重要性，发生了严重的误解。

戈培尔当然会以迪耶普突袭为例证，向全世界宣布："要想入侵欧陆，那真完全是梦想。"不过这只是一个很好的宣传资料，但是，伦德施泰特的参谋长蔡茨勒却照着这种观点，对希特勒提出正式的军事报告，这才是一个极大的错误。从捕获的敌件和其他的证据，都足以很明白地表示出来，这一次的行动不过只是一个"威力侦察"而已。但是在"元首"的大本营里面，这种荒唐的见解居然就当作是定论，而蔡茨勒的这种逢迎态度也马上受到了奖励。1942 年 9 月，他奉命继哈尔德之后，充任德国的陆军参谋总长，从此对苏的作战就改由他负责指挥。因为他现在成了东线上的负责人，所以他对迪耶普突袭的意义，就更是有意固执己见，对于入侵的危险加以轻视。蔡茨勒的这种外强中干的态度，就更加强了希特勒的信心，使他不肯虚心考虑当前的问题。

在希特勒的大本营里面，由于各种情报的内容互相冲突，所以使事实的真相就更无法弄清楚——主要的原因是党纳粹与国防军之间，希姆莱的 SD（Security Service，保密局）和 OKW 中由卡纳里斯海军上将所主持的反情报组织（Abwehr）之间充满了矛盾。希姆莱决定要将德国的所有情报机关，都完全派在他一个人的手里，因为他有很充分的理由，足以使他相信 OKW 中的反情报组织，是在从事于反抗运动的组织。由于 OKW 的反情报工作效率实在是太差，它对于联军入侵北非和西西里，事先都完全没有提出警告，而且他们常常会受到英国特务人员的玩弄。尤其是在西西里战役之前，英国的特务人员故意利用 Abwehr 将假情报送到希特勒的手里，使他相信联军的登陆对象是沙丁尼亚和伯罗奔尼撒（Peloponnese）。所以更使希姆莱感到振振有词。在以后的几个月里面，当希特勒正对于可靠而正确的情报感到十分需要的时候，希姆莱就故意用种种手段来中伤 Abwehr，从他自己的特务人员手里，有意制造出许多与 Abwehr 相冲突的情报，直接送到希特勒的手里。知道希特勒是并不需要真正的事实，而只是希望用情报来作为他自己信心的印证，所以 SD 就故意把西线战场的情势，描写成为一幅乐观的景象，对于联军的实力和准备都有意地加以曲解。

为了对抗这种荒唐的乐观心理，德国陆军的情报当局在 1943 年底凭空捏造说，在英国已经有 30 多个师的联军兵力，都集中好了准备入侵欧洲。这一个部门的主管人冯·伦内上校（Col. von Roenne）却认为他的部下这样的伪造情报是一种合理的办法，因为他说照平常的惯例，一定会把这个数字改小，于是所剩下来的数字就可以和事实正好接近了。到了冬天终了的时候，这个办法是已经发生了即效性的作用，使德军当局不能不作更现实的打算，不过它的坏处却是要把这些虚伪的番号填在地图上面，似乎是很容易，可是要想把它们再取消掉，却很困难。这个假情报在 D 日之后，使德军统帅部对于西线战场的情势估计，始终受到歪曲的影响。

×　　×　　×

希特勒对于伦德施泰特一再求援的第一个反应，就是把已经过时的北非英雄——隆美尔元帅，派到西线战场上去。这个时候，1943 年 11 月，隆美尔正在意大利北部担任 B 集团军的总司令，这也正是希特勒所计划成立的战略总预备队。最初隆美尔所奉到的命令只是视察从丹麦一直到西班牙边境的西线防务，但是在 1944 年 1 月间，他却向希特勒提出报告，主张将伦德施泰特的防御计划作一个全新的改变。他要求由他本人指挥自须德海（Zuider Zee）到卢瓦尔河（River Loire）之间的 2 个军团，并负担最重要地区的防务，希特勒立即答应了他的要求，伦德施泰特仍然还是做他的西线战场总司令，但是他的部下集团军：

      B 集团军，由隆美尔指挥，包括：

      第 88 兵团　　荷兰

      第 15 军团　　安特维普到奥恩

      第 7 军团　　奥恩到卢瓦尔

      G 集团军，由布拉斯科维茨（Blaskowitz）指挥，

包括：

      第 1 军团　　比斯开湾

      第 19 军团　　地中海沿岸

这样的改组使防御入侵的重责，都是由那位年轻的元帅一个人负担去了，由于他是希特勒的红人，所以他保有充分的自主权。这对于伦德施泰特当然是一种侮辱，不过他已经 69 岁了，对于地位远比权力更为重视。他在希特勒的底下做官的时间也已经太长久，使他感觉到任何人当真正战争开始的时候，横直都是没有权限的。

他以后曾经说过："当我做西线战场总司令的时候，我唯一可以自由支配的事情，就是调换我大门口的门卫。"这个人在战争的前两年当中，曾经为德国赢得了极伟大的胜利，这种待遇对于他而言，才真是一种不公平的侮辱。伦德施泰特在 1939 年，曾经以集团军总司令的身份，指挥在华沙以南的对于波军的大包围作战，第 2 年又指挥着海峡的突破战，在 1941 年又冲过乌克兰以到达克里米亚和罗斯托夫。但是到了今天他已经变成了一个傀儡，他所以肯接受这个傀儡地位的原因是他的爱国心战胜了职业上的自负心理。

从希特勒的观点看来，伦德施泰特能够做他的傀儡，实在是一个具有决定性的利益。他是军官团的偶像，是唯一的从来没有打过败仗的元帅。东线战场的挫败与他毫无关系，因为在1941年11月，当他对希特勒冬季作战计划提出抗议无效之后，就已经自动请求退位。这个退位更增高了他的声望，使他获得了勇敢独立的美名。他现在就是靠着这个美名混下去，事实上当他在1942年7月，又同意再度出山出任西线战场德军总司令的时候，他就是已经无异于向希特勒卖身投靠了。对于一般的德国陆军军人来说，他代表一个军事界的完人，可是对于希特勒而言，他的最大价值就是肯苟合取容，心里虽然不愿意，但是表面上却完全执行希特勒的政策。

事实的真相是伦德施泰特已经完全丧失了他的自控力。他已经老朽无能，过去的活跃头脑今天已经变得迟钝不堪，因为他夜间常常失眠，所以不得不拼命喝酒。在这18个月当中，他生活得舒服，很少离开设在圣泽门（St. Germain）的总司令部（在巴黎附近），几乎一切的事，无论大小，都交给他的参谋长布鲁门特里特处理。尽管如此，他在外表上却还是很像一个总司令的架子。他出身高贵，是将门之子，一切自非市井无赖出身的隆美尔所可比拟。他的个性是冷静、稳重，与隆美尔的狂热、暴躁，更是如冰炭之不兼容。

伦德施泰特对于军事问题的解决，完全是遵照他在德国参谋本部里面所学到的老办法。他对于情况常常是存有主见，并且爱使用教科书上面的正统解法，不过他对于这一套本领却使得烂熟，因此熟能生巧，所以也就马到成功。普鲁士的军事训练政策，在目标上是很少具有弹性的，所以它也使各级指挥官的心灵上跟着变得硬化了起来——伦德施泰特就是其中的一个例证。他缺乏幻想力，而且因为他的办法都是传统和直接的，因此他也会假定他的对方是完全和他一样。在1940年，当他计划渡海攻英的时候，因为缺乏海空军的支持，所以他不得不将攻击的正面放在海峡中最狭窄的地区。3年之后，当他反转过来应用他的计划时，他也就假定联军的主力一定还是会摆在加来地区的。

隆美尔的第一个判断，就是认为敌军一定会在索姆河河口登陆，并且以自背面夺取勒阿弗尔为目标，但是他和他的上司意见真正冲突的地方，却是关于抵御联军入侵的详细方法。隆美尔所提出的建议都是具有幻想力的和非正统性的，它们使伦德施泰特以及他的多数老前辈都骇了一跳。国防军中的将军们对于隆美尔的真正能力，一向表示怀疑，戈培尔对于他又极尽捧场之能事，更使其他的军人感到嫉妒。在他们的眼中看来，隆美尔只是一个政治性的将军，只是徒有其表，他在3年之内由上校升到元帅的唯一原因，不过是他能够和党打成一片而已。这种批评实际上并不太公平。隆美尔也许还不能称是一个大战略家，但是他却能够独出心裁，具有充分的常识和惊人的领袖才能，并且战术上从不肯放弃机会，敢于冒险深入。他这样的将才正是希特勒所最赏识的，因为他的行动不是以理智为基础的，而是以直观为基础的。此外在希特勒与隆美尔之间，也又不免有同病相怜之感。他们的军事才能是同为德国参谋本部所看不起的，但是他们在战场上面却是老打胜仗。

隆美尔一生最得意的时候是在非洲，当时的战争是一种流动性的战争，而他本人却是一个运动战的圣手。他最初在西部沙漠中的胜利，其中有一部分原因当然是因为他的坦克和战防炮在素质上都比较优秀，此外又因为那一连几个英军指挥官——皮尔斯（Beresford Peirse）、坎宁安和里奇（Ritchie）——都实在太不行，他们的心灵还是用步兵的速度前进。不过话虽如此，最具有决定性的因素却还是隆美尔对于他的装甲兵的调度，是能够神速而又大胆。这种行动使他的对手丧失了平衡，暴露出弱点，而使隆美尔获得了打击他们的好机会。一直等到蒙哥马利上场之后，隆美尔才算是碰到了一位势均力敌的对手，不管装甲师的冲突是如何的激烈，但是蒙哥马利却从来不会丧失他的平衡。不过，一般人又都认为蒙哥马利最后之所以能战胜隆美尔，还是由于第8军团的兵力日渐加强，而使他在数量上占了绝对优势。实际上却也不尽然。隆美尔最重要的一次失败发生在阿拉姆哈尔发（Alam Halfa），这时距阿拉曼大战之期还有7个星期，而那个时候蒙哥马利的部队在火力和装甲两方面，却还是居于劣势的地位。

自从阿拉姆哈尔发失败之后，隆美尔又已经学会了不少的新教训，当他这一次来到法国的时候，他的勇气固然还是和过去一样的高昂，但是由于联军空军实力日益强大，他的信心却已渐次降低——因为他已经认清了这个在未来的战争当中，将会是一个最重要的因素。隆美尔认为蒙哥马利可能登陆的地区，一定只会以能够获得强大空军支持的地区为限，所以主要的登陆地区一定会在敦刻尔克到瑟堡之间的某地。他预言联军的飞机可以阻止伦德施泰特中央总预备队的行动；只要桥头阵地一经建立之后，入侵军即使没有占据一个港口，他们也一样可以逐渐增加物质上的优势，而最后终于突破德军的防线；最后等到战争一经变成了运动战之后，因为德国空军实力较弱，所以陆军的失败也就已经成为定局了。他说，因为联军握有制空权，所以一旦他们在海岸上立定了脚跟之后，他们就可以在战术机动性方面占着极大的优势。因此德军的唯一希望就是要强迫它的对手在大西洋长城前面，作决定性的战斗，这个时候联军的大部分兵力还是留在海面上，所以它是处于一种极不利的情况之下。所以专使港口不能为敌人所攻入还不够，要想击败入侵军，那么就一定要在滩头上把他们打回去。

在他的命令当中，他宣布："在大攻势尚未开始以前的这一个短时间中，我们应该把所有的防务都完全整顿妥善，使它们的强度能够对付任何强大的攻击。这是有史以来的最坚固的海防。在敌人尚未到达我们主要决战场之前，就应该把他们完全歼灭掉。………我们要趁他们还在水里的时候，就把他们击退，不仅是要延误他们的行动，而且还要把他们留在水面上的一切装备完全毁灭干净。"

所以隆美尔建议，每一个士兵和每一件武器都应该集中在大西洋长城上面，或是它的后面，构成密切支援的预备队。他宣布说："高水线也就是主要的决战线。"因为这个理论与希特勒不准放弃一寸土地的命令在原则上不谋而合，所以希特勒就给予隆美尔以全权，命令他修改伦德施泰特的原定计划。他在2月间开始实行一个广大而奇特的防御计划，将所有的海岸线上都一律加设水底障碍物，利用钢铁和混凝土所构成的各种障碍物，再加上水雷，他希望能使联军的登陆艇，甚至尚未到达滩头上的布雷区以前，就已经损失殆尽了。为了抵抗空降部队的着陆，距离海岸线7英里以内的一切开阔地区，也都密布着障碍物——将许多粗重的木桩埋在地面上，中间用铁丝网连着，椿头上都挂着炸弹，一触即发。放水将所有低下的地区都淹没，在泛滥区的空隙间又布上极厚的雷阵。

隆美尔命令所有海岸炮和战防炮的阵地，必须上下周围都用混凝土筑成极厚的掩盖，以对抗空军的轰炸，即使使炮火的射界受到影响，亦在所不惜。新的碉堡、新的布雷区和新的铁丝网使这个防御网的厚度大有增加，尤其是塞纳河以北的地区，不过在哈费里到碉堡之间的地区，以前是从不注意的，现在才开始在重新设防。

照隆美尔的计划，海防线上的重炮可以不怕空中的攻击，而且可以将尚未靠岸的联军船只和正在向滩头进发的登陆艇，在半途上击毁。假使当他们接近滩头之后，攻击波将在德军机关枪和战防炮的直接火力威胁之下，这些枪炮的位置都是隐藏在坚固的工事里面，同时较后方面迫击炮和火炮也可以间接向他们集中射击。那些没有被火炮击毁的登陆艇，又越过了水底障碍物，则所剩下的一定不多，隆美尔更希望这些幸存的船只在滩头边的雷阵中，可以全部被毁灭。在沙丘上和沿着水线又另外再加布着地雷和有刺铁丝网，在沙丘后方又设有火焰喷射基地：它的燃料是由地下油管所供给。凡此种种，都足以使已经上滩的敌军，必须要付出极高的代价，才能向内陆缓慢地推进。海堤上的空洞都一律用混凝土将它堵塞，其他通到前岸的入口也都用地雷和战防壕阻塞，所以入侵军的装甲车和运输车都被迫封锁在狭窄的滩头上，使他们像迪耶普突袭一样被集歼。

为了使这些防线有足够的人力，隆美尔就准备牺牲它的纵深。他将伦德施泰特原先留作预备队的一些摩托化步兵师，都全部抽调上第一线去。他更命令所有最前线的部队，应把所有的人员，包括号兵、文书军士、炊事兵在内，都全体送进防御工事，不准擅留一人。在这个狭窄的海岸防线的紧后方，他就准备将所有的装甲师都分布在这里，距离前线是那样近，使他们的火炮和坦克炮几乎立即可以向海岸射击。他说："在 D 日有 1 个装甲师，要比在 D+3 日有 3 个装甲师，其价值还重大得多了。"

这个不平凡的计划引起了各方面激烈的反对，尤其以控制着伦德施泰特的全部装甲兵力的，西线战场装甲兵团司令施韦朋堡将军（Gen. Geyr von Schweppenburg）反对得最激烈。施韦朋堡认为这种建议是无异于将一切的货物都放在橱窗里面。隆美尔回答说这不是一个寻常的军事问题，关于纵深防御较为有利的传统理论在这里并不能够适用，因为卸载和供应的问题，足以使联军无法像 1940 年的德军那样迅速深入。所以事实上，不必将预备队控制在距海岸颇远的地方，以来应付这种形式的突入；而且假使敌人能够突破的话，则在联军空军的威胁之下，这支预备队也绝不可能如期赶到桥头阵地。他又说，无论如何，从没有遭到攻击的海岸地区，调动这个装甲兵力，也决不会比从后方集中的地区调动它们，更为困难。隆美尔的思想重心是认为在登陆的第一天，就一定要用最大的兵力来将联军击败。他说："最初的 24 小时将决定一切的局面。"

由于施韦朋堡的反对，隆美尔首先向伦德施泰特提出控诉，不得要领之后，又再向希特勒本人控诉，而希特勒却给出了一个极不合理的折中解决方案。希特勒把装甲兵的控制权分割为二，结果是既没有一个强大的战术预备队，又没有一个强大的战略预备队。这种解决方案使两个人都感到不满足，直到联军的登陆前夕，他们还是在那里争吵不休。

在1944年的整个春季当中，隆美尔天天都在视察防务和激励士气，因此大西洋长城的力量是在日日增强之中。在他没有就职之前，筑城的工作，除了主要的港口以外，其余的部分都没有一个真正的计划和信心。伦德施泰特的意见是认为登陆是不可能被阻止的，他的这种想法使他的部下都受了感染，所以他们对于他们的防线缺乏信心，而且也觉得犯不着再花力量去增强它。在几个星期之内，由于隆美尔的热忱，把这个颓局完全扭转过来了。根据鲁格将军（Adm. Ruge）的说法（他是隆美尔的顾问和心腹）："隆美尔对于军事的准备工作，带来了一个新的活力。他把过去的偷安和苟全的心理，改变成为刻苦的工作和明确的计划。他不断努力，使他的部下相信他的见解，结果他们都完全信服了他，因为他们敬佩他的人格、经验和常识。"

在个性上说，隆美尔是有一种急就的天才，而在战争当中，他更是一员猛将。但是他对于联军入侵技术的仔细和精确的研究，以及他所拟定的切合实际的对抗方案，都足以证明他对于计划和组织方面，也同样具有极大的天赋，这却是他的同僚和对手们所一向没有认清的。这也可以说是联军的幸运，隆美尔没有能够在6个月以前就开始他的工作，而且同时他的计划也既不为他的上级热心接受，复又不为他的部下认真执行。不过虽然如此，当时间一个星期又一个星期地过去，德军的防御就日益增强，而使入侵的问题就变得更为困难。

× × ×

由于联军方面握有制海权和制空权，所以使联军的设计者可以一步一步紧跟着隆美尔的广泛准备计划，而按部就班的拟出预防和对抗的方法。侦察机利用空中照相的方法，将德军的防务进度照摄了出来，有时这种空中照相简直差不多是在海平面上举行。海军侦察队利用小型的潜水舰和小型的登陆艇，去测绘海岸线、海床和海岸边的布雷区的详图。英国的海军陆战队也在黑夜里登陆，去侦察滩头和工事的情况。在内地对于德军一切防务的布置，也由空降下去的特务人员和法国地下组织中的男女们加以严密的监视。

在隆美尔的许多作为当中，以水底障碍物最使联军方面感到关心。它们在 2 月底出现之后，就使那些主张拉姆齐应在黑夜掩护之下径行登陆的人，不再敢作声了。这虽消除了一个矛盾，却也使联军当局感到烦恼，因为一切的计划都需要修改，而且这种计算非常复杂而微妙。在这个时候，蒙哥马利所能够有的登陆艇总数，似乎还不够攻击的步兵和他们的支援武器之用，但是现在障碍物既然加多了，所以又必须加派特种的爆破人员，和步兵一同登陆。为了给这些工程人员寻找登陆艇的问题，一直到入侵发动的前夕，都还是在使设计人员很伤脑筋。

比较严重的问题却是，假使第一攻击波还是照原定的计划，趁涨潮的时候着陆，那么就有一大部分的登陆艇会受到损毁；相反地，假使趁着退潮的时候实行登陆，则为了扫清当前的障碍物，就需要有极长的时间，而且步兵又更要越过数百码^①距离的开阔滩头，在敌人的强烈火网之下进攻，甚至要在水中挣扎很久，才能够到达干地。不管是哪一种情形，伤亡的数字都会是一样惨重。所以蒙哥马利就决定采用一种折中的方法，这种方法在时间上却需要有极精密的计算：第一批部队，趁着半潮（必要时还可以更早一点，大约在涨潮前 3 ~ 4 小时）实行登陆，除了主要障碍地带以外，其他障碍物都可以利用水位迅速越过。蒙哥马利希望这个方法可以使登陆艇所受到的危险大为降低，而且也可以使工兵有充分的时间，在海水涨高足以妨碍他们的工作之前，就可以为后续的船只，将进路完全扫清。

不过这个办法却会使步兵，在他们的足以对付敌军防线的重武器到达之前，必须暴露在敌火的前面相当长久的时间。为了应付这个危局，蒙哥马利就采纳了霍巴尔特的建议，用装甲车辆来当作攻击的前锋。他决定将 DD 式坦克当作第 1 个攻击波，特种装甲车辆当作第 2 个攻击波，而第 3 个攻击波才是步兵。

这种决定使入侵的技术发生了革命性的变化，但却也引起了意想不到的困难。因为滩头都完全是布了雷的，所以霍巴尔特建议首先用连枷式坦克，去为 DD 式坦克或其他种类的装甲车辆开路，但是设计者却又接到了一个警告，说在准备进攻的滩头上面，有些地方在深水线以下的区域，会有一种松软的黏土层。这是蒙哥马利的一位科学顾问所提出来的情报，因为他在战前曾经在塞纳湾度过一个假期，才偶然发现了有这种黏土的存在。从空中照相中也发现了这种地区的位置，而突击的陆战队也找到了泥土的

---

① 1 码 =0.9144 米。——编者注

真正样品，证明了这个情报的正确性。在英国诺福克（Norfolk）的布兰克斯特（Brancaster）地区，地质学家找到了一个滩头，也具有同样的泥土，于是就把坦克开到那里去作试验，结果坦克陷于泥中不能行动。

霍巴尔特还是不肯承认失败，他马上发明了一种工具，可以使一辆坦克放出一条地毯式的金属片，为它自己铺开一条道路，并且可以把那个地毯留在原地，以便后续的坦克可以经过它越过这种黏土地带。这种坦克就被称为"纺车式"（Bobbins），在每一个 LCI 的载运表上，假使它的预定登陆地点是具有这种黏土层的，那么它的第一辆坦克一定就是一辆"纺车式"坦克。

这个解决办法刚刚完成的时候，又有一个新的复杂问题产生。4 月 23 日，当联军飞机轰炸德军海岸炮台的时候，有一颗炸弹落在水底障碍物当中，照片马上显示出来，一连引发了十四次爆炸。这张照片就可以告诉设计者，德国人现在在高水线以下，都已经安放了水雷。在某些黏土地区若是再加上水雷，就可以使攻击的装甲车辆都难于通过，所以对于这些地区必须加以避免。不过对于其他的地区，因为有了"纺车式"和"连枷式"坦克担任开路的工作，再加上 DD 式和其他装甲车辆的应用，使得蒙哥马利可以利用装甲部队，来掩护他的步兵，来攻破隆美尔的新防线。

当设计者还正在钩心斗角地详细研究装载表和登陆艇的问题时，艾森豪威尔和他的总司令们，其注意力的焦点却是整个力量的平衡问题。尽管联军的计划是已经有了改进，兵力也有了增加，但是在诺曼底的滩头上，他们的增援速度是否能够胜过敌人还是没有把握。从他们的情报军官手里，他们尤其希望能够知道下述4 个问题的确实答案：（一）在 D 日那一天，德军在西线战场上一共可以使用多少师的兵力?(二)这些兵力是怎样分布的?(三)假使在距离诺曼底颇远的地区,保持着威胁的态势,那么到底能够牵制多少敌人的兵力?(四)孤立战场的工作可以到达多大的效力,利用轰炸和破坏的方法,可以使德军预备兵力的调动,受到多大的阻碍?

第一个问题的答案,最主要的就是要看希特勒稳定苏联战场的能力,可以到达怎样的程度。在2月间苏联的冬季攻势还是没有被阻止(当希特勒禁止曼施坦因由第聂伯河湾撤退时,曼施坦因就早已预料到这一点),但是伦德施泰特所部的兵力却已经由50个师增加到了53个师。不过这却是已经很明显的事实,除非天气能够提前解冻,否则德军要想阻止苏军的攻势,就只有采取下列两种方法中之一种:(一)从其他战场抽调20个到25个师,来增援东线;(二)全线作有秩序的撤退,退守在波罗的海与黑海之间的狭窄咽喉地带。不听蔡茨勒和曼施坦因的忠告,希特勒却决定与天气赌命运。这年解冻期特别迟,苏军继续推进,在普里佩特大沼泽地以南的地区,将所有的德军都赶走了。到了3月中旬,苏军已经建立了一个巨大的突出地带,由德涅斯特河(Dniester)一直进展到波兰的边境,甚至还威胁到到达罗马尼亚油田的通路。这种进展强迫着希特勒以劣势的兵力,去防守一条比列宁格勒—罗斯托夫之线还要更长的防线,这条防线是他们在8个月以前就已经守不住了的。

从巴尔干、斯堪的纳维亚和德国本部,OKW勉强地搜刮了12个师的残兵,但是从西欧和意大利,却是一个师也调不出来,在那里希特勒的全部预备兵力都已经用尽,完全投入以对付联军在安其奥的登陆战。尽管在乌克兰方面一再遭到惨败,但是伦德施泰特却还是继续获得了新的增援，到了 3 月底他的兵力增到了 57 个师。蒙哥马利的情报处长威廉姆斯准将（Brigadier Williams）曾经这样判断："照目前的情况来判断，似乎敌人是准备宁肯在东线上吃败仗，而希望在西线上去碰一碰机会。在军事上说，这是一个很奇怪的赌博，不过在政治上却另有它的意义，假使西方的决战获得了一个有利的结果，那么就可能获得一个妥协的和平：换言之，他们是想用多次的'斯大林格勒'，来换取一次新的'敦刻尔克'。"

当东线战场的情况日趋严重的时候，西方盟国就密切地监视着法国境内，看他们是否有调动的迹象，到了 3 月底终于来了。柏林的无线电广播还在坚持着说："虽然苏军仍在不断地进攻，但是德国最高统帅部对于战略观念上，却并不会有任何具有决定性的变化。"可是伦德施泰特手下的 4 个最精锐的师，却已经向东调动开往波兰去了，包括第 9 和第 10 党卫军装甲师、装甲训练师和第 349 步兵师。其中装甲训练师（Panzer Lehr）并不是一个训练单位，而是一个最精锐的部队。它在 1944 年初由坦克学校的练习部队改编而成，具有特优的装备，专供反入侵之用。在 1944 年 6 月 6 日，它是德军中最精锐的装甲师，因为它共拥有 190 辆坦克、48 门突击炮和 162 辆半履带车，约为正规编制之一倍，可以使它的步兵作极迅速的调动。

在德国人认为这已经是联军入侵欧陆前夕的时候，居然又这样突然改变他们的计划，调动他们的兵力，就足以证明东线战场的情况是已经严重到了怎样的一个程度，而且也更使英美两国当局相信希特勒已经没有中心控制的战略总预备队。同时在任何其他的战线上，再也抽调不出来剩余的兵力。他现在已经没有能力在这一条战线上取攻势，而在另外的战线上取守势，所有几个战場已經發生了呼應的關係,而結合為一了。

威廉姆斯在這個時候又提出報告說:"因為聯軍的攻勢是互相呼應,所以彼此都深受其利。向利沃夫(Lwow)的一個突破行動使在利雪(Lisieux)的一個師(SS 第 10 師)受到了影響;退入加拉茨(Galatz Gap)的德軍,他們的供應線又受到福賈起飛的轟炸機的截擊。由於聯軍不斷轟炸德國,用租借物資供給蘇軍,在地中海實行牽制,並且在西方保持著登陸的威脅,所以蘇軍才獲得了前進的機會。有三分之二的德軍空軍和 100 個師的陸軍都被牽制住了。這才給了蘇聯一個極大的機會。他們用一雙有力的手把這個機會抓著不放。利用天氣做他們的同盟軍,第一步他們把南部的德軍與中北兩部完全隔開;接著又把南部的德軍分為兩塊;然後現在又再把這兩塊分別撕成碎片。相反地,蘇軍的努力進攻又使'霸王'行動變得更有可能性。"

倫德施泰特本來一共有 7 個裝甲師,現在卻調走了 3 個,所以使他的總預備兵力降到了 1943 年年中以來的最低點。不過到了 4 月中的第 2 個星期,東線戰場開始解凍。蘇軍的攻勢在泥濘中開始停頓,希特勒現在很有理由希望在 3 月以前,紅軍不會再發動新的攻勢。現在還有足夠的時間,可以增強倫德施泰特的兵力,至少在 5 月的第 3 個星期以前,名義上他的兵力是已經完全恢復了。一共已經有 60 個師的番號,這已經是最高的數字,但是距離倫德施泰特所要求的"最低安全保障",卻還差了 10 個師。據他說,若不是由於蘇聯人的勝利和聯軍在安其奧登陸(使希特勒將援軍調往意大利),則他可能會擁有那樣多的兵力。

即使在解凍之後,第 9、第 10 裝甲師卻還是留駐在波蘭南部,不過裝甲訓練師卻已經調回,另外還有 4 個已經被蘇軍打垮的裝甲师残部，也跟着调回西方整训。其中最好的一个师是 SS 装甲第1 师（又号称"希特勒师"），开始在比利时重建，他们的补充是获有最优先的程序，至于其他 3 个师则并入伦德施泰特的新训练师里面，这只是一个暂时的政策，而且会使整个补充计划发生障碍，但是希特勒所注意的却仅是如何应付目前的危机。所以在地图上——至少在希特勒的地图上——准备应付联军登陆的兵力是已经有相当的增强，不过因为苏联人只是暂时停息一下，而意大利前线上也正在酝酿着大战，所以伦德施泰特在仲夏之前，获得更多补充的机会少得可怜。

因为德国在西线战场上守军的兵力，既然受了这样的限制，所以可以使在诺曼底地区，敌军增援率超过联军的机会降低，但是却并不足以取消这种机会。由于伦德施泰特手里还控制有 60 个师的兵力，所以他的胜算还是很大，因为艾森豪威尔在英国所有的总兵力不过 37 个师，而且必须要在 D 日后，过了 7 个星期之久，这些兵力才能够完全用到战场上去。不过德军虽然在数量上居于优势，但是因为有一部分的德军素质较差，而且机动性也有限；同时联军因为握有制空权和制海权，足以使艾森豪威尔对于敌人海岸上任何地区，都形成入侵的威胁，所以这种优势可以被抵消一部分。现在德军的防线固然是从地中海一直拉长到须德海，但是只要伦德施泰特能够事先知道或是猜到联军精确的登陆地点和时间，那么他还是来得及集中他的兵力，以击败入侵的联军，所以联军应不惜一切的代价，来实行保密和欺敌，以收到奇袭的效果。

当 D 日逐渐接近的时候，环绕着英国的保密圈也已经到达了水泄不通的程度。从 2 月起，所有的平民就禁止在联合王国和爱尔兰之间旅行，因为德国人和都柏林（Dublin）政府还保有外交关系，并且以那里为间谍活动的中心，可是爱尔兰人却视若无睹。在4月间，从华西（Wash）到英格兰的顶端等地的海岸上，都划出了一条宽达10英里的地带，禁止游客进入，同时外国的外交官也破例受到了行动上的限制。他们和他们的专差都禁止进入或离开英国，同时他们的邮件也受到了检查。

这些禁令的公布，使敌方感到相当的兴趣和刺激，结果使希特勒在4月6日的幕僚会议中，又不免大放厥词："坦白说，我觉得英国人这些表演实在很够滑稽……我觉得他们也许完全是在骗人……这些禁令实在都是不必要的。他们可以直截了当地集中兵力，装上船只，运过海峡来，而我们事先一点消息都不会知道……所以我认为这完全是一种烟幕弹。"

事实上，这些禁令却一点都不带有欺骗的味道，虽然它多少有一点心理战的作用。英国的情报当局更正在努力制造欺骗敌人的战略计划，那些手段要远比这一招高明，设计也更巧妙。这个计划的代号就叫作"坚忍"计划（Operation Fortitude），它的目的是要使德军在D日以前，一直相信攻击的重点会来自加来方面；而且在D日之后，还要使他们继续以为诺曼底登陆，不过只是一个分散兵力的预先行动而已，这样就可以吸引德军预备队兵力离开塞纳河以北的地区，而使尔后的联军主攻方向可以向这个地区发展。利用这个欺敌的行动希望把25万敌军吸引在勒阿弗尔到安特维普地区之间，使他们完全不起作用，一直到诺曼底之战获得胜利的时候为止。

这颗欺骗的种子是插遍在肥沃的土壤里面，因为伦德施泰特和OKW中的幕僚人员，都是早已判定加来海峡地带是一个最危险的地区。那里有V型武器的主要发射基地，通过那里就是到达莱茵河和鲁尔区的最便捷道路，而且只要在那里登陆成功，那么也就可以说是整个法国都丢定了。对于德国人而言，加来地区的确非常重要，这是德国人的一个老错误，他们总是以为人家的想法一定是和他们一样的。为了加强德国人这种先入为主的成见，英国人就开始设法欺骗德国的情报人员，他们对任何问题的解决，都是采用卡片索引式的头脑，他们勤于收集资料，但是如何整理这些资料，却并不太高明。

实行"坚忍"计划的第一个主要武器就是空军，所以空军的行动计划也跟着要加以相当的修改。凡是派 1 架侦察机到诺曼底方面去工作，那么同时就一定派 2 架侦察机到加来方面去作陪衬。对于海岸炮台的轰炸，每在勒阿弗尔以西投掷 1 吨炸弹时，则在它的北面一定要投掷 2 吨炸弹。在轰炸铁路的时候，有 95% 的行动都是以塞纳河以北和以东的地点为目标。

空军行动所创造出来的印象，又可以用英吉利海峡那一方面所获得的情报，来作为印证——从空中侦察、无线电收听和侦探的报告中，都可以找到同样的根据。为了欺骗敌人的飞行人员和特务人员，自从 1943 年 COSSAC 计划开始的时候，就已经着手进行。一个规模宏伟的联合作战司令部，在多佛尔开始建筑了起来，一个海底输油管的压力站，也放在显著的地方。新的军营和仓库、新的铁路和公路支线，以及新的港口设备，都纷纷在东北地区中开工建筑。凡是不能够在最初期间登陆的各师，也都纷纷集中在加来的紧对岸。许多伪装的登陆艇都集中在泰晤士河口和东南部的各港口中；还有许多伪装的滑翔机也都放在肯特（Kent）和东安格利亚（East Anglia）的飞机场上。

所有在英国东南部分的一切准备工作都是有意地夸张，而在西南部分的一切工作，则尽可能地严守秘密，德国的空军对于这个欺敌的行动，也具有很大的帮助。因为在英国东南部上空侦察，要比在西南部容易方便得多了。德国的空军侦察机把联军所希望他们带回去的假情报，都用了很有效率的空中照相，全部照摄了下来，送给伦德施泰特的情报处。

利用无线电的窃听，也可以证明联军的主要攻击兵力，似乎是集中在英国的东南部。虽然蒙哥马利的司令部，实在是设在朴次茅斯的附近，但是它的一切无线电通信，却先利用有线电将它送到肯特之后，再改由无线电发出。结果使隆美尔也相信联军的集中重点是在英国的东南部，因为他也认为蒙哥马利的司令部是在伦敦的南面。

另一个无线电的欺敌计划，是要设法证明两个准备后续在诺曼底登陆的军团（加拿大第1军团和美国第3军团），事实上就是进攻加来的主力。他们故意使德国人知道这个集团军的总司令就是巴顿中将（Lt. Gen. Patton），他是一个理想中的偶像。在西西里，他已经表示出来他是一个杰出的美国勇将，而且他的资历又比布莱德雷更深，所以照德国人合乎逻辑的想法，这个计划似乎是十分的合理。

从2月、3月到4月，由法国所传来情报都足以证明这种欺敌的计划相当成功。位置在塞纳河以北的德军第15军团，在接受增援的次序上，是始终居于最优先的地位。在这3个月当中，它的步兵实力由10个师增到15个师，而只有在这个地区，从勒阿弗尔到加来之间，德军的兵力在纵深上，足以构成第二道步兵防线，以作为海岸防线的密切支援。对于勒阿弗尔到瑟堡之间的地区，德军统帅部似乎最不加以注意。3月间，德军还抽调了兵力向地中海海岸方面增援；4 月间，又曾向布列塔尼方面增援，但是只有在诺曼底方面，却从无增援的兵力。

当联军的情报军官，研究敌方的战斗序列时，发现敌人的行动实在是太合理想，真是使他们惊喜过望。但是到了 4 月中旬突然接到了一个警告，从空中照相上发现了敌军正在英国滑翔机所拟定降落的地区，布置"反空降"的障碍物。是不是敌人对于我军的计划已经有了风声呢？联军的侦察机又飞到其他各地区去继续侦察，才发现在所有的海岸上也都在布置这种障碍物，而尤以加来到迪耶普之间的地区，布置得最为周密。

联军方面虽然放了心，但是却只是暂时的而已。在 5 月的第一个星期当中，从塞纳河到卢瓦尔河之间的地区里面，铁路上的交通特别频繁。从空中侦察和特务人员的报告，都可以显示出来敌人的预备兵力正在作全面的重新布置，而其进点似乎就是诺曼底。不久就查明了德军第 20 装甲师，已经由布列塔尼的雷恩（Rennes）移到卡昂—法莱斯地区，距离英军第 2 军团所拟攻击的滩头极为接近；而装甲训练师由匈牙利调回之后，也没有回到凡尔登附近的旧驻地，却开到沙特尔—勒芒—沙托丹地区（Chartres-Le Mans-Chateaudun），距离卡昂只有一天的行军路程。这些行动是具有极重大的意义，因为敌人过去在这个地区之内，是从来没有摆过装甲师的。在过去，诺曼底方面的唯一装甲预备兵力，就只是利雪附近所驻有的 1 个党卫军师。现在在塞纳河到卢瓦尔河之间的拉区当中，一共有伦德施泰特所部的 3 个精锐的装甲师，而另外还有第 4 个师（第 116 装甲师）也位置在巴黎的西方，塞纳的附近。

似乎是可以很准确地判断，德军是已经发现，或是猜中了联

军的企图。5月中旬，德军又从德国本部抽调1个步兵师和1个
伞兵团的生力军，进驻科唐坦半岛的底部，其位置正阻塞着美国
空降部队所拟降落的地区。同时联军方面又知道另外一个机动
师——第5伞兵师，也已经调到雷恩地区。另外还有一个传说，由
卢瓦尔河以南的特务人员所报道的，说本来驻在普瓦捷（Poitiers）
附近的第17党卫军装甲步兵师（SS. Panzer Grenadier），也向北移
动开往诺曼底。所以在这个时候联军当局的最大疑问就是：到底
伦德施泰特已经真正晓得了多少？

可是事实的真相却是，德国人这些行动的动机是由于直觉的
作用，而不是由于情报，而这个直觉的来源却是希特勒本人。照
德国人的一般想法，都是认为联军的主要攻势一定还是在塞纳河
以北，不过在主攻尚未发动之前一定至少有一次牵制性的助攻，
其目的是分散伦德施泰特的机动总预备兵力。在年初的时候，希
特勒所最感到焦急的是联军可能以丹麦为助攻点。到了3月里，
他又关心联军有从比斯开湾和地中海方面，同时发动攻击的可能
性。伦德施泰特也有此同感，一直等到4月间，他们才明白了在
目前只有意大利，是联军在地中海方面的主要兵力集中地。于是
伦德施泰特就主张将卢瓦尔河以南地区中的全部兵力都撤出，而
只留下一点薄弱的警察力量。他的理由是说联军现在既已深入意
大利的境内，一时决无力拔出，所以入侵法国南部的企图最近绝
无实现的可能。因此德军在西线战场的兵力也应该集中在海峡地
区，以与集中在英国南部的联军相对抗。

仅从纯军事的观点而言，这实在是一个健全的战略，但是希
特勒却拒绝接受，不仅是因为在基本原则上，他是反对撤退寸土
的，而且他也知道只要他对于占领区的控制一放松之后，马上在

政治上就有出大乱子的可能，因而扰乱了全欧的安定。他这种害怕实际上并非毫无理由，因为法国南部本是法国地下反抗运动的大本营。在这个紧要的关头，他实在不敢冒险让反叛爆发。

虽然他是力主应该防守整个的法国，但是希特勒却猜中了联军的主攻地点。在 4 月最后一个星期，当联军的攻击船只都开始集中在准备搭载的港口中，德国的侦察机发现了在怀特岛以西的各港口中，都有大批的船只集中，而在多佛尔和福克斯东方面的兵力则并无显著的增加。由于这个新的证据，希特勒在 5 月 2 日就向他的幕僚们宣称，他相信联军登陆的重点一定是在诺曼底，于是他命令立即对于塞纳河到卢瓦尔河之间的地区，实行增援。

伦德施泰特很勉强地奉行这些命令，因为西线战场海军总司令克南基（Adm. Kroncke）曾经向他保证，由于当地的岩岸情况十分危险，所以在卡昂与瑟堡之间的地区，要想实行大规模的登陆，几乎是完全不可能的。此外，伦德施泰特的工兵指挥官也坚持认为，在卡朗唐（Carentan）附近的泛滥地区，将使任何在科唐坦半岛上的主要攻势，都会发生障碍。因此德国西线战场的总司令仍然还是确信他原有的见解，认为联军的最初登陆将在费康（Fecamp）与勒特雷波尔（Le Treport）之间（即在迪耶普附近），而主要的攻势将在索姆河以北。他和他的幕僚们，认为在地逢（Deuon）和康沃尔（Cornwall）等地的集中船只，可能是一种欺敌的行动，以使德军注意力离开加来地区。当德军的夜间侦察机发现开向英国西南部各港口的汽车运输队，都开着灯在公路上行动，就又使他们更进一步认为这种故意违反"保密规定"的行动，一定是含有欺敌的作用。

隆美尔的看法却正折中于希特勒与伦德施泰特之间。他仍然相信主要的登陆地点将在索姆河河口，但是他现在却也认为在西诺曼底可能会有一个强力的助攻出现。所以在 5 月间，他对于瑟堡到勒阿弗尔之间的要塞工事，就开始着手加强，增加第一线的守兵和重新配置他的预备队，把他们调到距离海滩更近的地区。他更建议应将 SS 第 12 装甲师——这是希特勒所控制在后方的战略预备队之一，调到圣洛—卡朗唐地区（St. Lo-Carentan）——事实上，这就是在美军选定攻击地区的紧接后方。伦德施泰特反对这种调动，这一次希特勒却并没有偏袒隆美尔的意见。

联军指挥官们对于这些辩论和估计，当然无法获悉，但是他们却知道在"海王星"地区（Neptune）的敌军兵力和性质，在 5 月间已经有了很激烈的变化，使情况变得相当危险。对于他们而言，唯一可以使他们放心的事实，就是加来方面的兵力却一点都没有调动，那个地区还是防守得最坚强的地方，同时敌人对于法国南部的驻兵也并没有任意的减少。

到了 5 月底，据联军方面所知道的，伦德施泰特的兵力还是分布得很广泛，因为他的 60 个师大概是照下表来加以分布：

	步兵	装甲兵	总师数
荷兰	4	1	5
从斯海尔德到塞纳之间	16	3	19
从塞纳到卢瓦尔之间	15	3	18
海峡中岛屿上	1		1
比斯开湾地区（卢瓦尔河以南）	4	2	6
地中海地区	9	2	11
合计	49	11	60

附注：（一）驻荷兰的第 19 装甲师，为自苏联前线所调回之残部，正在整训中，无力应付大战。

（二）在比斯开湾有 1 个装甲师，实际是 1 个装甲步兵师（SS 第 17 师），它的装甲实力只有 1 个突击炮营，而不是像普通 1 个装甲师有 2 个坦克营。

这种兵力的分散，其原因是联军正掌握着制空权和制海权，而希特勒又坚持必须防守整个法国。这使入侵者在最初的阶段，似乎是比较居于有利的地位，但是德军海岸防御工事正在不断加强之中，而且向诺曼底方面增援的兵力也日有增加，所以就地面部队的整个平衡方面来看，则联军还是处于劣势。当修正后的"霸王"行动计划在 2 月间被批准的时候，威廉姆斯估计联军在 D 日所要遭遇到的德军，其总数不至于超过 6 个师。可是到了 5 月中旬，似乎在第一天，德军就至少可以出动 8 个师（其中 2 个是装甲师）来抵抗联军的登陆，另外在 D+2 日的上午以前，德军还可以增援另外 3 个装甲（或机械化）师和 1 个步兵师，而不要等到原先估计的 D+4 日。现在很明显可以看出隆美尔是准备要在滩头上，就把入侵的敌军击败，而最紧要的关头就是第 1 个星期或是最初 10 天。在这个阶段当中，双方兵力增加的比例，也许可能用下表来表示：

	D 日	D+1 日	D+3 日	D+7 日	D+10 日
联军师数	8	10	13	16	17
德军师数	80	12	15	22	27

附注：上述的估计均以算到该日的黄昏时候为止。

从这个预测上就可以看出来，扰乱和欺骗的战争实具有极重大的意义，这是联军的空军自从 2 月间起，就以德军的防线和交通线为目标，而继续进行这种战争。

✕ ✕ ✕

自 1944 年 3 月起，从大西洋和地中海的海岸起，到柏林和维也纳为止，在这个中间的天空中联军是已经建立他们的空中优势。因此使艾森豪威尔就可以充分地利用空权，来当作一种富有弹性的武器，以支持"霸王"行动。不过关于空权究竟应该怎样行使一节，却是经过了长期而激烈的争论然后才决定的。这个争论的中心问题就是，在实行登陆的前几个月当中，战略空军的主要目标到底应该是法国北部和低地国家中的铁路系统呢，还是在德国内的综合石油炼制厂以及其他的工业目标？

艾森豪威尔坚决认为，除非通到入侵地区的一切铁路系统都已经事先变成了瘫痪的状态，否则他实在没有能力对抗敌人的增援兵力。为了达到这个目的，他就主张对于铁路的目标必须加以长期和广泛的轰炸，负担这个任务的飞机，专用远征军所控制的中型机还不够，必须要动用到不归他所管辖的重轰炸机。美国的战略空军和英国的轰炸空军都是直接向联合参谋本部负责，而他们的司令官斯帕茨（Spaatz）和哈里斯也都十分不愿意分散他们的兵力，因为他们现在正奉命摧毁德国的工业，在这个时候他们正认为是已经到达了功亏一篑的阶段。他们两人都深信，只要他们的攻击不间断，那么德国人虽然不说是会被炸得投降，但是至少可以使他们丧失抵抗力；若是轰炸稍一停顿或间断，那么就会使敌人获得一个疗养创伤的机会，并且使他们有时间去实行疏散的计划。

　　哈里斯之所以感到勉强，还有另外一个主要的理由：经验告诉他，铁路是空中攻击中的一个最困难的目标，而这个作战假使要成功的话，又必须要达到十分精确的标准，他实在很怀疑他是否能有这样的把握。英国的轰炸空军在过去所有攻击的目标都是大规模的工业区，所以哈里斯说："要把全部的力量，很迅速地转移到小目标的摧毁方面来，这种想法实在是只有很少的理由。"

　　不过最主要的反对者还是斯帕茨，因为他的空中堡垒和解放式机是正在向德国的综合石油工业发动攻势，这是德国战争机器生命血液的来源，因为苏联对于罗马尼亚石油产地的威胁，已经日渐增强，所以这个攻势的重要性也是与日俱增。对于德国石油工业的攻击，可以说是美国人在空中战争中已经到了最高潮，因为直到最近，他们才真正掌握着空中优势，足够的航程，尤其最重要的，雷达的装备，使他们能够透过云层和烟幕，对于像炼油厂这样小的目标，也一样可以作精确的轰炸。和哈里斯一样，斯帕茨愿意在登陆前后的几个星期当中，将他的兵力用去配合"霸王"行动，但是他们却一致反对，将兵力过早分散，用来轰炸铁路目标。斯帕茨认为在入侵的前夕，对于"海王星"地区的邻近的铁路干线和交叉点，加以直接的攻击，即足以扰乱敌军的交通。

　　这个建议却为艾森豪威尔所拒绝接受，受了泰德和利－马洛里的意见影响，他认为除非将法国铁路的修理保养设备，炸毁到了饱和的程度，否则就不足以产生足够的瘫痪状态。因此，他要求所有的空军力量，都应该用来保证联军主要攻势——"霸王"行动的成功。对于炼油工业的轰炸，即使能够成功，也不足以立即影响到德国野战军的实力，更不足以协助联军在诺曼底登陆。但是对于铁路的轰炸却可能有这样的效果。

艾森豪威尔的意见占了优势，到了3月间，联合参谋本部同意将战略空军拨归他作"战略上的控制"。艾森豪威尔就授权泰德负责英美轰炸空军与利－马洛里远征军直属空军之间自协调工作。换言之，泰德在空中作战方面，行使最高统帅的权力。这是一个很明智的措施。美国人不愿意接受利－马洛里的指挥，但是对于以发言人身份出现的泰德，却愿意接受，因为他是代表艾森豪威尔发言的。

在不列颠防御战和迪耶普突袭中，利－马洛里是一个成功的战斗空军指挥官，以后升任到战斗空军总指挥；但是他于轰炸作战却毫无经验，而且他也缺乏像泰德一样的战略思想和外交才能。在直接指挥作战的时候，利－马洛里猛勇而坚定，但是在拟订战略计划的时候，他却满腹疑惑。他对于空权的使用曾经有过非常过激的意见，而这些新观念中的大部分，都有事实足以证明它的正确，不过他在表达他的意见的时候，十分不善于辞令，而且当受到反驳的时候，特别易于被激怒。他的僚属和他的战斗机队对于他，是彼此间具有忠诚和信心，但是他和其他兵种之间的关系就不这样协调，尤其是美国人很讨厌他那种武断的态度。他不具备一个联军总司令，在一个联合作战中，所必须具有的和衷共济的态度。因为一个成功的空军指挥官在个性上，应该是一种调和性的人，所以他对于他的任务是会感到相当的困难，而美国人最多除了名义上的统辖以外，其余的一概不买账。

相反地，泰德的品性和经验，都使他最适宜于担任一个裁判员的位置。在非洲和地中海，他指挥联军的空军作战，表现得十分精彩，美国人喜欢他也尊敬他，而他也明了陆军方面的需要。在艾森豪威尔麾下的一切英国将领，在军种间和盟国间，担任排难解纷的工作，毫无疑问就只有他最为适宜。不过，即使在泰德受命之后，对于联军空军指挥上的弱点也还没有完全消除。他没有一个幕僚组织，当然更谈不上空军最高统帅部的组织。泰德的最大努力就是尽量协调3个独立空军司令部之间的歧见，这3个司令部各有他们的总司令，彼此之间互相嫉妒争胜。在这种尾大不掉的制度之下，即使泰德善于调度，但也还是很难制定出一个完整的空中作战计划。

关于重轰炸机的控制权，固然已有决定，但是对于轰炸目标的争论却并没有因此而停息。轰炸法国铁路的计划曾经一再引起丘吉尔和法国内地军（FFI-Les Forces Francaises de L'Interieur）总司令柯尼希（Gen. Pierre Koenig）的抗议，他们对于轰炸将会使平民受到死伤一节，感到十分惊慌。柯尼希建议用破坏的方法来达到同等的效果。他向艾森豪威尔的参谋长史密斯说："你只要举出目标的名称，我们就可以把它们都毁灭掉。"这个勇敢的要求结果还是被拒绝了，因为目前作战计划的性质和范围，都使普通的破坏手段达成不了这个任务。

在西西里和意大利，泰德已经学会了用通常炸毁路线和桥梁的方法，要想切断敌人的铁路交通线，其工作是如何的困难；不过他却也发现了假使把攻击集中在修理和保养的中心上面，那么整个的铁路系统就都可以发生麻痹瘫痪的现象。所以，他的主要目标就是铁路工厂和机车车库，把它们炸毁之后可以使敌人发生长期和广泛的困难，而不是他们可以迅速修复的。因为这些修理中心的大部分，都是设在主要的铁路交叉点和车辆会集的地区，所以它们可以构成一种一箭双雕的目标，同时也可以把铁路的日常运输和主要设备顺便炸毁。当这个消耗战的程序进展得非常顺利的时候，泰德又计划将攻击的重点转移到机车、路线和桥梁等方面，而在最后一个星期当中，特别注重塞纳河上的桥梁和路线，他希望使损失能够严重到如此的程度，以致敌人早已减弱的修理能力，无法将它们修复。

虽然对于铁路攻势的主要目标，是要降低敌人运送预备兵力的活动能力，但是它对于欺敌的行动上，却也自有其重要性。由于地理上的巧合，使这一个单独的轰炸计划可以同时达成这两种任务。德军到西诺曼底的主要供应线，都是到加来地区或勒阿弗尔—亚眠地区的铁路线的延长线和支线。它们或者是通过巴黎，或者是越首都以西的塞纳河。所以对于在塞纳和马斯两河之间的铁路工厂和重要交点，加以轰炸的话，那么可以切断到诺曼底的交通，同时也可以影响到后塞纳河和卢瓦尔河之间地区的交通。此外，要想使整个铁路都形成瘫痪的状态，就要攻击诺德地区（Region Nord）的目标，因为最主要的保养设备都是集中在这个地区。同时，轰炸塞纳河上的桥梁也不会泄露出联军的意图，因为似乎是企图孤立加来地区的最后一招行动。

为了执行这个计划，由一个铁路等专家所组成的小组，一共在法国北部和比利时境内选定了80个重要的目标，其中39个划归英国轰炸空军负责攻击。这个攻势是从3月6日开始的，首由英国空军向在巴黎以西20英里的特拉普（Trappes）作第一次袭击。在该地的机车修理厂全部被毁，在路轨上直接命中了190处，停车场到了4月底还仍在修理之中。这一次出击中，英国轰炸空军对于他们攻击的精确度，大有意想不到的感想；同样地，美国第8航空军成绩也很好。在重轰炸机将特殊的目标炸毁之后，中型轰炸机就连续出动，使那些创口永远得不着交口的机会，而战斗轰炸机则拼命阻挠修理队的工作。

在 3 月底的时候，一条被炸毁的铁路线，通常在 48 小时之内就可以修好；但是到了 4 月底以前，就差不多要一个星期以上的时间，才能够恢复通车；而到了 5 月中旬，损毁的累积是已经如此的严重，因此平均在一次轰炸之后，甚至最重要的路线也会停顿 10 天到 12 天，才可以恢复通车。到了这个时候，已经有 15 个主要的停车场和 40 个大机车修理站，都完全被炸毁，因为缺乏超重机，所以根本上就没有办法把它们修复。

5 月初，替伦德施泰特主管一切铁路运输的霍夫纳上校（Col. Hoeffner）就已经向 OKW 提出报告，说情况已经十分严重。他说，为了维持在法国境内德军的补给，每天需要从德国开出 100 列车；在 4 月间的平均数为每天 60 列，而且现在又已经降到了 30 列。在这些列车中间，几乎有一半是从萨尔（Saar）区开出的运煤列车，因为他已经无法从比利时取得煤炭，来供给法国铁路的需要。所以，他所运输的物资就是仅够巴黎以北和西北地区德军的日常需要。他对于大西洋长城增强工事时所需要的物资，已经无法维持，而对于预定在海岸附近囤积大量军火和燃料的计划，当然也更无力使其实现。为了使铁路运输不至于中断，已经用到了 5 万人以上的德国和外国劳工，但是这个数字还不够，因为在巴黎的西面和北面，已经很难找到法国人去管理火车和修理路线。

当霍夫纳提出这个报告的时候，攻势还并没有到达最激烈的阶段。这个阶段从 5 月 21 日才开始，在战略轰炸之后又继之以战术性的攻击，对于桥梁、机车、道路都加以直接的炸毁。虽然这种攻击是很广泛的，但是欺敌的目的却始终保持着，在下一个星期当中，从德国人的记录上可以看出来，对于塞纳河以北的目标一共攻击了 246 次，而对于以南的目标则只有 33 次。在下一个星期终了之前，联军飞机已经炸毁了 430 个火车头；在北部地区中一共有 2000 辆机车，现在由于直接空中攻击和缺乏保养，已经有 1500 辆丧失了行动的能力；而运输的总量降到了 1 月水准的 13%。德军设在布鲁塞尔（Brussels）的北部铁路司令部，对于每周的铁路运输情形，制有精密的统计图表，自从 3 月底以后，这个图表上的曲线就一直往下走，最后到 5 月 28 日，因为损失实在是太大，所以德国人结果就放弃了再作统计的企图。在 D 日的前 3 个月当中，80 个特定的铁路目标只有 4 个幸免于严重的损毁，而经过全部法国的运输量已经减少了 70%。

在预备战役中，对于敌人交通线的最后打击，是攻击在塞纳河、瓦兹河（Oise）和马斯河上的桥梁。这次攻击的计划是由美国第 9 航空军所拟订的，它利用战斗机作为俯冲轰炸机，而得到相当的成功。到了 6 月 5 日，在巴黎与沿岸之间的塞纳河上的铁路公路桥梁，一共是 24 座，其中已有 18 座全被炸毁，另有 3 座正在修理之中，而其余 3 座因为在经常空袭威胁之下，在白天里也无法利用它们供大规模军事行动之用。

这种切断交通的工作的确很成功，使 5 月间德军对于驻在诺曼底的第 7 军团的增援，受到极大的影响，所以在最初阶段的战争中德军所能使用的兵力可能就仅是已经配置在塞纳河与卢瓦尔河之间的部队。现在在这个最接近前线的地区，一共有 6～7 个步兵师和 1 个装甲师，另外在附近还有 2 个装甲师，除非能设法把他们的注意力转移到其他的地方去，否则他们在 24 小时之内也就可以参加第一线的战斗。

当联军的空军，对着敌人的交通线和海岸防线，发动攻击的时候，德国的空军却很少有所抵抗和反击。甚至对于重要的地区作日间攻击时，也很少会遭遇到德国战斗机的抵抗。同时联军方面预料德军可能会利用 V 型武器和普通的飞机，向英国南部大事攻击，但是结果也并未实现。在 2 月和 3 月当中，伦敦一共曾有9 次夜间空袭——很讽刺，被人喊作"小型闪击战"——实际上不过只是对于轰炸柏林作一种象征性的报复而已。在 4 月和 5 月当中，趁着没有月亮的黑夜，德国飞机也曾沿着英国南部海岸投布水雷或作零星的轰炸，但情况都不够严重的标准。德军之所以未能发动 V 型武器的新攻势，其颇有理由地解释，可以说是联军对于它们的发射基地，曾经不断予以轰炸的缘故。但是德军飞机的销声匿迹，其最可能的解释就是戈林为了保全实力，所以暂时不出头，一定要等到联军的船团已经下海之后，才会使出全力来作最后的一击。在最后一个星期当中，凡距离海峡海岸线在 130 英里以内的德军机场，都完全遭到了严重的轰炸，不过在 D 日后的第一个紧要的星期当中，联军所享有的空中优势，其程度是否还能和 5 月间一样，却还是一个没有完全把握的问题。

× × ×

当空中攻击的强度和范围正在日益发展的时候，虽然利－马洛里对于在科唐坦半岛使用伞兵一节，还是继续表示忧惧，但是艾森豪威尔却已经毅然地将"海王星"攻击计划作了最后的批准。陆军的计划是以空降部队的作战为起点，预定在入侵军出海的前夕，投掷 3 个空降师到大西洋长城的敌人后方。这些师——英国第 6 空降师在奥姆河谷（Orme）着陆，美国第 82 和第 101 空降师在科唐坦的底部着陆——主要的目的是稳定桥头阵地的两翼，并且从敌后发动空击，以减弱敌军防线中每些要点的抵抗力。在他们着陆之后，一到了拂晓的时候，海上的攻击也就开始了，其战斗序列如下：

美军第1军团（司令布莱德雷中将）登陆地区为维尔河口的北面和东面。

右翼方面：美军第7军［军长柯林斯少将（Maj. Gen. Collins）］。

犹他海滩（Utah Beach）——由美军第4步兵师担任攻击，后续部队为第9师和第79师。

左翼方面：美军第5军［军长杰罗少将（Maj. Gen. Gerow）］。

奥马哈滩头（Omaha Beach）——由美军步兵第1师（配属第29师的一部分）担任攻击，后续部队为第29师的剩余部分和第2师。

英军第2军团［司令登普西中将（Lt. Gen. Dempsey）］在巴约与卡昂之间地区登陆。

右翼方面：英军第30军［军长布克纳尔中将（Lt. Gen. Bucknall）］。

黄金滩头（Gold Beach）——第50北乌布里安（North Umbrain）师和第8装甲兵旅担任攻击，后续部队为第7装甲师和第49步兵师。

左翼方面：英军第1军［军长克罗克中将（Lt. Gen. Crocker）］。

朱诺滩头（Juno Beach）——第 3 加拿大步兵师和第 2 加拿大装甲兵旅担任攻击，后续部队为第 4 特种任务旅的陆战队。

宝剑滩头（Sword Beach）——第 3 英军步兵师和第 2 加拿大装甲兵旅担任攻击，后续部队为第 1 特种任务旅、第 51 高地师和第 4 装甲兵旅。

（注）和美军攻击师一同登陆的有 4 个美军坦克营，而所有英军各单位之前，都有第 79 装甲师所组成的特种攻击单位，为他们开路。

蒙哥马利对于这些部队，所给予的最初任务就是在 D 日那一天，构成 2 种桥头阵地：一处是在维尔河与奥恩河之间，包括在伊斯尼（Isigny）、巴约和卡昂等地在内；另一处则是在科唐坦海岸上，在维尔河的北面，延展到卡朗唐运河之线，到达梅德列河（River Merderet）的彼岸。至早在 D+1 日以前，这两个桥头阵地不可能合而为一，因为卡朗唐具有坚强的设防，所以在第一天似无攻下它的可能。

蒙哥马利主张在下一个星期当中，这个立足点应向西北、西和南 3 个方面扩展，但是在东南和东 2 个方面却暂时不求发展。在左翼方面，英军第 1 军的任务就是要固守卡昂和在这个城市南面近郊的开阔地，以便把它当作一个枢纽和据点，守军应不惜一切牺牲，以击退驻在沙特尔—巴黎—亚眠—鲁昂（Rouen）地区中的装甲总预备队主力的逆袭。以桥头阵地的中心为起点，美军第 5 军和第 30 军应向南进攻，预定到了 D+9 日，应该占领了沿着圣洛—科蒙—维莱博卡日（St. Lo-Caumont-Villers Bocage）之线的高地，这样才足以获得足够的纵深，以保护"桑子"人工港口不至于受到直接火力的威胁。在同一时间当中，美军第7军应向西进攻，以封锁科唐坦半岛的底部，复又向北面攻击，以攻占瑟堡为目的。若一切能如理想，则在D+8日可能达成任务，虽然布莱德雷认为在D+15日以前恐怕是很难达到这个目的。

在瑟堡攻陷之后，布莱德雷的全部兵力就应该集中向南推进，以求将这个桥头阵地扩展成为一个真正的立足点。蒙哥马利希望到了D+50日，他的部队——包括加拿大第1军团和美军第3军团在内——所占领的地区应该已经包含布列塔尼地区的诸港口，并向南发展到卢瓦尔河，向东发展到多维尔—图尔（Deauville-Tours）之线。若是战事一切都能照原定计划进展，那么到了D+90日，联军（包括由美国直接增援的部队，在瑟堡或可能在布雷斯特登陆）应已经陈兵于沿塞纳河之线，越过了巴黎—奥尔良间的空隙地区，而直入卢瓦尔河谷以到达海边。

这以上关于战争可能进度的叙述，都是直接引自蒙哥马利的笔记，他在5月15日，就是照着笔记和战争的计划，在英国国王和首相之前，作了最后一次讲述。照当时指挥美国第9航空军的布里尔顿（Brereton）的批评，蒙哥马利在发言的时候是充满了坚定的信心，既不作托词也没有夸大。他的观察是精确而周到的，当他说到敌情的时候，就可以显示出来他对于敌人的心理，是有多么彻底的了解。

他说："从2月间起，隆美尔接管了荷兰到卢瓦尔之间地区的防务。现在可以很明显地看出来，他的意图是要阻止任何的突入——'霸王'行动一定要在海上将它击败。"接着蒙哥马利就详细解释隆美尔对于防务，已经有一些什么样的改进，于是又继续说："隆美尔是一个具有活力和决心的指挥官，自从他就职之后，一切都完全改观了。他对于突袭式的攻击是最拿手的，但是对于防守并不在行。他的个性太急躁，易于冲动，所以不适宜于打有计划的仗。他会竭尽全力使我们再遭遇到一次'敦刻尔克'式的命运——不是想在他所选定的地区，和我们作一次装甲战，而是要把他自己的坦克用在第一线上，以根本阻止我们的坦克登陆。在 D 日，他要设法逼迫我们离开滩头，并且守住卡昂、巴约和卡朗唐等地……此后他还是会继续地反攻，但是时间再延长下去，他就会退守重要的据点——足以控制这个地区中的主要干路的。"

于是蒙哥马利提出他的解决办法："我们一上岸之后即应向前猛攻，以便在敌军将大量预备队调齐，足够赶走我们的时候以前，就已经获得了相当良好的立足点。在 D 日，装甲纵队应迅速向内地深入；这样就可以扰乱敌人的原定计划，并且当我们增援时，可以和他们纠缠着不放。我们要迅速占领空间，直向内陆挺进……一旦我们在敌人的主要侧面，占领了格兰维尔（Granville）—阿尔让唐（Argentan）—法莱斯（Falaise）—卡昂之线，并且将线后的地区坚定地守住，作为我们的财产，那么我们所需要的立足点就算是站稳了，于是就可以开始向外扩展。"

蒙哥马利最后作结论说："当我们把军队带到这个地区去作战的时候，我们说是'红的'，他们就应该看到是'红的'。我们要使他们对于这个计划，有绝对的信心，从头到脚都完全听我们的指挥，要使他们具有无限的乐观心理和强烈的攻击精神。世界上没有任何东西足以阻止他们的前进，绝对没有。假使我们能够做到这样的程度，把军队送到战场上去作战——那么我们就一定可以成功的。"

　　为了把他个人这种勇猛刚强的精神，灌输给他部下的一切士兵，在他们这个伟大的十字军还未出发远征之前的几个星期当中，蒙哥马利用了他所有的热心和精力，来从事于军队的锻炼工作。

第十一章 ｜ 预报和坚忍

在 5 月这一整个月里，法境的德军几乎每天都在等候联军的入侵，因为自从在 4 月底他们发现了有大批的攻击船只集中在英国南部沿海以后，他们就开始感到震惊了。但是 5 月间的天气虽然极好，而艾森豪威尔却并没有企图将它加以利用，因此希特勒、伦德施泰特和隆美尔都一致认为，必须等到苏军夏季攻势开始之后，联军才会发动登陆战，而他们又更知道由于今年波兰的解冻期来得较迟的缘故，所以苏军的攻势不可能在 6 月中旬以前开始发动。

在尝试估计联军意图的时候，德国最高统帅部的工作受到了严重的阻碍，因为它的国外情报组织，现在都完全在希姆莱统治之下，所产生的情报多数都是不可靠的。希姆莱在 3 月间，终于兼并了 OKW 的 Abwehr，其结果只是更糟。虽然卡纳里斯的组织工作效率并不太好，但是它却自有其存在的价值，而希姆莱却并没有一个适当的东西可以代替它。他所送往国外的人员，都是"盖世太保"型，这些人虽然凶残有余，无恶不作，但是却都没有头脑。他们的耳朵很大，凡是英国特务人员在中立国首都所有意播送的一切假情报，他们都有闻必录地搜集了回来。到了联军登陆的前夕，这种"秘密情报"简直像雪片一样飞来，他们对此既无时间，也更无能力来加以研判。德国整个情报机关都丧失了作用，其中虽有少数优秀人员（都是 Abwehr 的老人）能够找到一点真正有价值的东西，但是在此鱼目混珠的情况之下，也都真伪莫辨了。第二次世界大战以后，联军从德国海军部的档案里面，发现有关登陆时间地点的情报，一共有 250 件不同的报告。在这许多文件当中，只有一件是正确的，那是在阿尔及尔的一个法国上校所报告的，但是德国人却没有注意到它，而将它和所有其他的神话都一律归档保存了。其中大多数的意见都是认为时间是 7 月，地点是加来地区。

对于情报组织的贡献也很有限，因为它的侦察机很难透过联军的防线。隆美尔在 5 月 21 日对伦德施泰特的周报上，就曾经发牢骚："在此整个期间之内，对于该岛的空中侦察是毫无结果。"在下一个星期当中，德国空军对于拉姆齐攻击船只集中的 17 个港口，一共只发现了 3 个，但是他们对于英国南部海岸的全部情形，却未能作一个详细的观察，而且没有一架飞机能够在白天里透入在怀特岛附近船集中最密的地区。但是他们却也看到了，在福克斯东和多佛尔，"还留有极少数的登陆船只"。在伦德施泰特和隆美尔的司令部里面，这个事实却显出意想不到的重要性，因为这两位元帅都是他们自己偏见的受害者，他们都一致认为危险地区是在塞纳河以北，所以使他们想到最后的警报，也许就是登陆船团在肯特集中的消息。

尽管事实的证据都已经足以说明联军行动的性质和方向，但是德国高级指挥官却还是执迷不悟。5 月 30 日伦德施泰特为希特勒分析敌情的时候，他就曾经这样说道："入侵之期似乎已经逐渐接近，但是照敌人空中攻击的规模来看，则最近似乎尚无此可能。"

当德国人正在作此结论的时候，入侵军却已经在关防严密的集中地区以内，完成了他们最后一分钟的准备工作。在5月中的第一天，他们就已经结束了最后的演习——这种演习就是为了试验登陆和行动——现在在这几个风和日丽的星期当中，真是已经等到不耐烦了。他们希望能够今天马上就开动，等待的烦恼使士兵的心理感到不安，而且使他们有空间、时间去思考前途的危险。由于蒙哥马利本人炽热信心的鼓舞，士兵们对于自己和主将都具有极高度的信心，但是英国人民对于这个未来的大西洋长城攻击战，内心的深处却还是隐藏着一种难言的恐惧，这对于士兵的心理也不无影响。英国人民已经自己磨炼自己，使他们能够忍受所应该忍受的一切。他们对于牺牲并不会畏缩，因为他们的决心远比恐惧更为坚强，但是他们对于敦刻尔克和迪耶普的惨痛经验，却是很难使它从记忆中消失掉。

对于领头攻击的各师士兵，这几个星期的时间对于士气上才真是一个极严重的考验。在军营充满了不安的空气，每一天似乎比较前一天要更长些，真有度日如年之感。由于不活动更使人不舒服。在5月中旬以后，多数的攻击部队就一点事情都没有了，只是干等着那个巨型的战争机器发动。在适当的时机到了之后，这个巨型的机器就会把他们送上船只，送过海峡，送上滩头。但是是哪一个滩头呢？

这些疑问一直都没有解决，直到5月间的最后一个星期，各处营地都开始实行封锁，士兵们逐渐被引导着与秘密接近了。对于英国士兵而言，第一个暗示就是分发法国钞票和一本小册子。

这本书一开头就这样说道："一支新的英国远征军，包括你本人在内，准备开入法国。你个人对于将德国人赶出法国的工作，也与有荣焉。"

在以后几天的最后训练当中，也是特别地强调士兵们个人的责任。在一个警卫森严的"汇报场"（Brief-huts）里面，每一个士兵都可以看到他那单位的任务，和他那一个师的任务，要让他们认清这些任务的范围和意义。差不多是从浪顶上所拍摄的空中照片，使他们对于未来登陆时所遇到的海岸情形，有一个很清楚的印象。其他从各种高度和角度所拍摄的照片，可以显示出来德国防线的一切详细面目：堡垒、布雷区、道路阻塞、机关枪巢、战防炮阵地、炮兵阵地等等；接着再利用大标尺的模型、地图和要图，来使每一段故事都放大，以便士兵们可以按部就班地来加以研究。那个主讲的军官会这样告诉他们："你在这里登陆，接着你这样走，然后占领这里，再做那个。这些地雷会由连枷式坦克来加以扫清；那些堡垒可以由 DD 式坦克去对付它；这个炮兵阵地可以用海军来中和它；那个炮兵阵地则由战斗轰炸机来加以毁炸。"他这样说下去，把一切作战计划的细节都完全解释给每一个士兵听。

士兵们现在自己也明白了，在平常演习中他们所要攻击的那些"阵地"，实际上就是敌人真正阵地的一个精确副本，所以自然会产生一种驾轻就熟的感想。他们利用模型、地图和空中照相作相互的印证。从这种详细的情报上使他们更增加了信心和勇气。关于大西洋长城的强弱形势，现在已经完全裸露地摆在他们的面前，似乎觉得并不那样可怕。所以现在的问题并不是步入黑暗，而是接近光明。

对于空降部队运输机和滑翔机的驾驶人员，又更有一种巧妙的训练方法。陆军方面建造了一个奥姆河谷的详细模型，甚至树木的高度和房屋的大小都完全合正确的比例。利用这个模型，英国空军摄制了一套电影，代表当在法国海岸上飞过时，所可以看到的一切真正景象。这种方法又比普通研究空中照相的方法更为有效，驾驶员可以看到一切目标和标志的真正形象。在普通的光线之下，看了几遍之后，再加上一个蓝色的滤光器，使那种颜色忠实地代表月光的条件。在这个训练之后，飞行人员就更容易发现地面的目标了。

对于攻击的部队，作这样详细的最后训练，是足以使部队对于他们本身、领袖和作战计划都增加了更多的信心。在经过了这一番的训练之后，入侵军的士兵们都知道一切都是有计划的，没有哪一件事是碰机会的。知识使他们不再忧惧，虽然每个人对于自己个人的命运固然想法各有不同，但是却没有一个人会怀疑这个攻击是会失败的。在知晓了计划之后，他们对于等待就更感到不耐烦了，但是这个计划本身却是和某些人力所控制不住的因素相配合——例如潮汐、月光和气候。

× × ×

对于日期和时间的决定，是受着许多因素的影响。在地中海方面，所有主要的登陆都是利用黑夜作掩护；但是对于"海王星"计划，艾森豪威尔的3个总司令却都决定在日间实行登陆，其原因是为了易于辨识滩头上的标志，便于多数小艇的航行，和使空军和海军对于海岸的目标可以作准确的攻击。为了这种"软化"（Softening-up）的工作，拉姆齐和利－马洛里认为至少需要一个小时的日光，这个考虑打消了陆军拟在拂晓发动攻击的计划，不过无论如何，最初的登陆应趁着最初一次涨潮实行，以便后续的部队可以在黑夜来临之前，趁着第二次涨潮继续登陆。

由于水底障碍物的出现，使这些计划更为复杂。为了避免它们，并且使爆破班有充分的时间，趁着它们尚未被水淹没以前加以扫除起见，所以第一攻击波应在最高水位 3 小时以前，就要着陆。不过，因为英吉利海峡中潮汐受了流向的影响，其最西的滩头（犹他）的最高水位，要比最东的滩头（宝剑）早过 40 分钟。在这两个极端之间，又有各种局部的困难，例如有些地区的障碍物是设在半潮位置的。因此每一个主要的滩头都需要有独立的 H 时（H-Hour）。因为登陆的时间有如许的差异，所以犹他海滩的准备轰炸炮击时间就只剩下了 40 分钟，而在东翼滩头方面的部队，却要在白天里暴露于敌火之下达 1 个小时以上，然后才可以开始登陆。换言之，也就是说这个地区的第二次涨潮，要到午后很晚的时候才会来临。

最后的考虑是认为 D 日一定要定为一个满月升起颇迟的日子，使载运空降部队的飞机可以趁着月亮尚未升起之前，就去接近目标，而以后又有月光足以帮助它们识别降落场。最后，各总司令所同意的一个总公式是这样的；在入侵的那一天，拂晓后 40 分钟，科唐坦半岛的东部海岸（犹他海滩）应恰好到达半潮的阶段（Half-tide），而前一夜的满月约在午夜后 1 时之间升起。为了满足这样复杂的要求，在每一个月里面，一共就只剩下了 3 天可以使用的时间。

5 月 17 日，对于水底障碍物作了一次特别照相侦察之后，艾森豪威尔就决定选定 6 月 5 日，星期一，为暂定的 D 日，但是最后的决定却还要取决于天气。陆海空三军所能共同接受的最低条件，大致有如下述：D 日本身应该风平浪静，接着还要有 3 天的好天气；地面风力在海岸上不超过 3 级（每小时 8 英里到 12 英里），在海面上不超过 4 级（每小时 13 英里到 18 英里）；云层底部高度在 3000 英尺以上，其厚度不超过 5/10，能见度至少为 3 英里。为了空降部队着陆应有半月的亮度。从过去 100 年来的记录上看，6 月间诺曼底有这种天气的机会很少，差不多是 13 ∶ 1。

在 5 月间，多数日子的天气都很合理想，海峡中风和日丽，还是一个合乎诗人情调的春天。艾森豪威尔每一个星期与他的气象专家们举行两次会议，试行测验他们预报气象的能力，同时艾森豪威尔也趁这个机会培养他自己的判断力，认识这些专家的能力和可靠的程度。最主要的气象专家是英国空军中的斯塔格博士（Dr. Stagg），他是一个地道的科学家，具有敏锐决断和勇敢的美德。从这种试验性的预报当中，艾森豪威尔发现了在作最后决定的时候，斯塔格是一个可以绝对信赖的人。

在 5 月这一个月里，一共有 18 天可以满足这所有的天气条件，但是到 5 月底，好天气的保证者——亚速尔群岛上的高气压区却已经显出了减弱的象征。6 月 1 日，星期四，拂晓的时候天空是灰黑色，斯塔格在日记上记载："尚可乐观，但是情况已有转劣的危险。"第二天，当专家们在朴次茅斯附近的索斯威克（Southwick House）远征军海军总司令部里面，与艾森豪威尔和他的 3 个总司令举行会议的时候，斯塔格说："情况并不合于我们所希望的条件。整个发展很慢，不容易判断。以风力而论似乎还可以继续有利，但是在云量方面则毫无把握。"最高统帅又问星期二和星期三的情形如何，斯塔格说不比星期天和星期一更坏。在风力方面还是不太坏，但是云量的情形却仍然不好。在这个有史以来的第一次大规模登陆战刚刚要开始的时候，这种预测实在使人感到相当沮丧。当气象专家们退席的时候，拉姆齐的参谋长克里赛（Adm. Creasy）说道："6英尺2英寸①长的斯塔格，却有6英尺1英寸都是代表着阴暗的天色。"

尽管气候的条件是如此不能确定，但是准备去轰击敌岸的海军舰艇中之一部分，在那天夜间就必须分别要从斯卡巴（Scep）、贝尔法斯特（Belfast）和克莱德（Clyde）等地向南移动，这样在6月5日才可以赶到海峡参加行动。它们还是照计划启程，但是到了第二天（星期六），情况还是不稳定，有两个预报台对于未来的发展甚至发出矛盾的解释。不过，到了那一天下午，在最高统帅的会议席上，斯塔格宣布他所害怕的事情现在已经有了确证，在亚速尔群岛上空的高气压正在迅速撤退，而一连串3个低气压会把不友好的气候带进海峡地区。从星期日起到星期三止，这3天在6月里面就潮汐和月光而论，是最适合的，但是天气的预测都极不利：可能有强大的风力、低厚的云层，并且在诺曼底滩头上还会有薄雾。

斯塔格在他的日记里面这样写着："当我把这主要的情况说明了之后，全场都为之寂然无声。最高统帅说：'你昨天夜间似乎还比较要乐观一点。那么是否有这种机会，使你在明天又可以变得比较乐观一点呢？'我回答道：'不，希望你能认清我对于昨天上午的情况，是非常不愉快的，因为当时的情况是利害恰好平衡。昨天夜间似乎略有好转的趋势，但是今天夜间的情况却逆转得太

---

① 1英寸＝0.0254米。——编者注

利害，已经是无可挽回了。'"

战期似乎已经是无可避免，但是艾森豪威尔却仍然决定集中在南德文郡（South Devon）各港口的美军攻击部队，还是照原计划启程，希望情况也许会突然转好。现在还有一个可疑的因素。在西大西洋当中的某一艘气象测候船，所发出的报告与其他的来源完全冲突；另外还有几个气象预报站，这是斯塔格和他的同僚们所必须依赖的，对于事实也没有完全同意的看法，所以斯塔格认为这是自从他负责以后，所遭遇到的最恶劣的情况。

当他们在星期日（6 月 4 日）上午 4 点 15 分再集会的时候，攻击部队的主力是已经定在两个小时之内就要出发了。斯塔格说："他们没有理由能说情况会有什么好的改变，除了冷面（足以扫清低云）本来预计是星期三很晚的时候始可到达，现在却可能会提早一点。风力还是一样：从今天起在英国海岸边是 5 级（每小时 19 英里到 24 英里），在法国海岸边则较低。沿着海峡云量都是 10/10；云底的高度平均 500 英尺到 1000 英尺。在星期日、星期一、星期二 3 天之间不会有太大的变化。"

虽然预测是强风低云，但是外面现在的天气却很好，所以拉姆齐问道："这个云层会在什么时候出现？在目前看似乎是天气明朗、风平浪静的。"

斯塔格回答说："在上午 8 点到 9 点的时候，离现在大约还有四五个小时。"

蒙哥马利准备不顾恶劣的天气，仍然照计划进攻，但是拉姆齐却比较持重，而利 - 马洛里提出警告说，在这种恶劣的气候条件之下，空军所能达成的任务，恐怕只能相当于原定计划的几分之一了。这是一个具有决定性的因素，因为艾森豪威尔曾经说过：

"用我们现有的兵力，来进行现在这种方式的作战，其唯一的先决条件就是强大的空中优势。"

所以斯塔格在日记上这样记着："最高统帅于是就说道：'似乎我们应该命令尚未启行的部队，暂停前进，并且采取必要的步骤，召回现在已经在海上的兵力。有没有人提出反对的意见？'"

没有人反对，他就命令他的参谋长向联合参谋本部提出报告说，攻击决定推迟一天……

当斯塔格走出来的时候，夜色已经很沉寂，但是几乎还是没有云。若是明天上午在这里没有大风也没有低云的话，那么就再没有脸见人了。

由于过分的疲劳，斯塔格一口气睡到了上午10点，一觉醒来，他又记载着说："醒来看见天气还很明朗，并没有太大的风。天呀！现在怎样办呢？照理说天上的云层应该是已经10/16，而风力也应该已经到了4级。可是在我起身之前，云就已经逐渐加厚，风力也开始转强。到了10点30分和45分的时候，云层已经到了8/10，风力早已过了4级，我可以说它是接近5级了，似乎可以证明我们的预测，在第一个阶段是已经有一部分灵验了，我可以大摇大摆地走进海军总司令部，而不怕受到责罚。"

上午11点，英海军部向所有在爱尔兰海面上的船只发出大风警报。现在的问题是：这个恶劣的天气还会持续多久？那个足以使天气明朗的冷面到底在什么时候可以到达？预计是一定要到星期三才能到达海峡，那么就未免太迟，因为那些早已出海的船团，所有的燃料不足以使它们在海上逗留到那个时候。

当星期日（6月4日）这一天慢慢过去的时候，风浪越来越大，似乎这几个月以来的一切准备，都会由于这一个无法控制的因素，而暂被打消。海峡中大浪滔天，狂风怒号，向着雾幕低垂的诺曼底滩头吹吹打打。在距离海岸 2 英里以外，有两艘英国海军的小型潜艇，躺在那动荡不安的海床上面，还在那里等候为入侵的舰队作向导。在海峡的当中，许多被召回的船团正顶着强风，向港口中开去，有一个船团已经走了一半的航程，才为海上飞机所拦回。在所有的港口内，许多的船只都纷纷挤在一起，在风浪中颠簸起伏。有许多已经上船的陆军士兵，早已开始吞服他们的晕船药片。他们上船都在 1 天以上了，有的已经 3 天到 4 天，当他们看到天气转劣，真是焦急不堪——这种烦躁的心理使最坚强的神经也受到刺激。狂风中又夹着暴雨，那些挂在船头上的阻塞气球都在迎风飞舞着。在海岸上，狂风在环绕着索斯威克的松树林中穿过，艾森豪威尔和他的高级将领们在下午 9 点的时候，又集合在那里准备听取气象预报，以作最后的决定。

斯塔格在日记上面这样记载着："还是和昨夜一样，他们都坐在安乐椅上和沙发上面，并没有正式围着桌子坐……我说：'自从昨天的预报以后，在大西洋天空中已经出现了迅速而料想不到的新发展。有一个低气压的锋面被推向南方，预计在今夜可以通过海峡的东部；现在差不多已经是在朴次茅斯的上空。当这个锋面移去之后，就可能会有一个短期间的好天气——云量少于 5/10，云层底部高度为 2000 英尺到 3000 英尺。而且风力也减弱，预计至少可以维持到星期二的拂晓。此后，云层又会加厚，在星期二的下午由西面逐渐增厚，从 8/10 到 10/10，大约持续到星期二的深夜为止。以后天气虽仍常有变化，但是直到星期五为止，中间还是有很长时间的好天气。'"

于是问题就来了。最高统帅说："关于星期五以后的情形，你能不能够也说一两句。"斯塔格说："不，一般的情况总是不太好……不过却也有一个相当好的理由，足以预言有好转的可能。"

"泰德就追问这个预测的理由。我把这个理由简单解释给他听。利－马洛里问我是否已经和他的气象顾问们先彼此讨论过，我告诉他说我们的意见都大致相同。于是艾森豪威尔开始讨论攻击是否应该继续进行，我们就先行退出。"

这个讨论的时机已经是十分迫切，因为拉姆齐指出假使"霸王"行动决定在星期二实行，那么在半个小时之内就一定先期通知美国海军司令柯克上将（Adm. Kirk）。现在问题的重心就是是否接受斯塔格所预测的这个微弱的机会。史密斯说："照我看来，机会是很难得的……这虽然是一个冒险的赌博，但却是一个很有希望的赌博。"其他的人看法也差不多，不过利－马洛里却担忧德国夜间轰炸机可以出动，而联军的夜间战斗机却不能起飞应战。他也怕联军的重轰炸机，在第二次出击时会遭受到低云的阻碍。

艾森豪威尔也并没有轻视这个危险，不过他感觉到假使其他空中行动的计划都可以完成的话，那么他们还是可以成功的。他说："无论如何，我们还有一大批战斗轰炸机可以使用。"于是，他又转向蒙哥马利问道："你看有没有什么理由，足以说明星期二不应该采取行动呢？"蒙哥马利回答说："我说——开动吧！"

拉姆齐也表示同意，于是艾森豪威尔作结论说："别的办法似乎是机会更少。问题是——到底这样千钧一发地能够吊多久？空军方面是一定会受到阻碍的，但是假使我们现在不下命令，那么到了星期二时间就已经来不及了。"

谁也不用再提醒他们，假使他们在那一个星期二不发动攻势的话，那么为了等候适当的潮汐，他们就要再等待两个星期，而且月色在那个时候又不合理想。星期三，6月7日，是不在话下的，因为有许多船只都要重新加油。星期日也许太迟，因为那天第二个涨潮要到天黑之后才能来到，那会把原已精密规定的增援计划完全搞乱。

所以现在问题是非常的明显：在星期二碰这一个机会，否则就要等到两个星期之后。军队都已经受了最后的训示，现在不可能再告诉他们说，这又只是一次演习。既然不能够把他们都关在船上，又无法把他们调回原有的营房里去，因为那些后续的部队早已占据了原有的空间。这整个的巨型战争机器已经开动了，它虽然可以暂时停顿24小时，或者48小时，但是却无法开倒车，否则就会使组织上和保密上，发生严重的影响。美联社的一位荒唐小姐，已经发出了"艾森豪威尔在法国登陆"的消息，美国的广播电台也跟着她瞎喊了一阵，后来才发现了它是谣言。若是再推迟，苏联人又会有怎样的说法？联军早已向斯大林许下诺言，说在6月间的第一个星期里登陆，而且苏军也允许在同时发动夏季攻势，以配合西线战场的行动。

总而言之，推迟的危险似乎是更大，所以艾森豪威尔说："好吧，既然如此，我真想不到还有什么其他的办法。我认为我们是必须要下达命令了。唯一的问题就是我们在早晨是否还要再集会一次？"

拉姆齐是准备以此作最后的决定，但是利－马洛里却主张再开一次会，因为他还不敢相信这种天气会让他能够顺利执行空中作战的计划。他觉得也许这一次还是要推迟。最后大家同意，等到午前4点15分再举行一次汇报，听取了气象学家的最后报告之后，再决定是否行动。

走出了会议室之后，艾森豪威尔走向斯塔格的办公室，向他说道："我们又决定再来一次。看老天爷的份上，把天气变得和你刚刚所预测的一样。不要再给我们带来坏消息了！"

当会议散会的时候，雨还是下得很大，但是等到他们第二次再集会的时候，天却已经开始明朗化。斯塔格这样记载：

> 还是我最先发言，我告诉他们一切与上次所说的都无变化，不过却更有可以乐观的趋势。好天气可能延续到星期四的午后为止……当我看到他们的态度都由紧张而转为轻松，使我感到十分的愉快。……泰德又追问为什么情况会改变得这样快，我把大致的理由解释了一番。
>
> 我又告诉他们，亚速尔群岛的高气压可能又会重建起来，以保护我们这个地区。于是最高统帅转向拉姆齐问道，还应该下达一些什么命令，我们就先行退席了。其他高级陆海空军将领，都三三两两站在外面的附近地区，在等候的时候很少听到他们谈话，他们只是在等待着最后的决定。

他们并不需要等候太久的时间。在那间图书馆里面，会议很快就结束了。大家对于在前一个夜间所决定的方案已经不再有疑问。即使是利－马洛里也同意，虽然机会是比较微弱的，但还是值得一试。艾森豪威尔听取了他们的最后意见之后，停了一会儿，于是再度坚决地说道："好的，我们开动了！"

× × ×

在作了最后决定不到两个小时之后，入侵的船团就纷纷离开了海口，开入了风涛汹涌的海峡，那一面就是期待已久的"第二战场"。风还是非常强大，海浪涌起有 5～6 英尺高，云层密布，天气还是带有威胁的姿态。在那些不舒服的船只上面，若是有懂得历史的人，他们应该可以追忆到，远在 356 年之前，那个在英吉利海峡中航行的最后一次入侵舰队，就是在一阵南风里面，被打得樯折桅摧——这真是往事不堪回首。有些小型的登陆艇被风吹得只好折回港口，但是在这一天当中，许多船舶却都还是纷纷由英国南部 17 个港口，驶出海外。到了中午的时候，已经有 3000 艘登陆艇、500 多艘军舰都已经开到了指定的集中地区——正式的名称为"Z"地区，自怀特岛的南端开始，到达扫雷甬道的起点。

这是不列颠在海上命运的顶点。4 年之前，差不多也是这个时候，英国的海军在多佛尔军区司令拉姆齐中将的指挥之下，从敦刻尔克的滩头，将英国远征军抢救了出来。自此以后，在他的指挥之下，其他的远征军曾经在北非、西西里和意大利等地，都顺利完成了登陆的工作。但是在规模和目标上却要算这一次是最为声势浩大。

在船团的上空，战斗机织成了一个保护的天网。在侧翼方面，海岸巡逻机和英美两国的军舰正在作广泛的搜索，以防潜艇和快艇的袭击，并且保护他们早已布置了的雷阵。在那天下午开始的时候，扫雷舰队就开始动手，要从"Z"地区到塞纳湾之间的海峡海面上，扫出十条道来。他们所遭遇到的水雷，要远比他们所想象的为少，当时他们却不知道这是什么原因。从勒阿弗尔到敦刻尔克之间，所有沿海的海水中在初春的时候都已经密布了水雷，但是德国海军准备在瑟堡到勒阿弗尔之间布雷的计划，却被联军的空海军所阻止住了。对于法国铁路的轰炸，使那些水雷迟迟不能运到，等到 5 月间，在勒阿弗尔的水雷存量最后算是可以够用，于是有一支水雷铺设队，由布雷斯特派遣到这个地区，准备开始工作。联军的海空军却把它们拦截住了，只放过了一条船，所以这个水雷防线始终没有建立起来。

因为这个缘故，拉姆齐的扫雷艇在进度上要比所预计快了很多，到了下午 7 点 57 分的时候，距离天黑还有 3 个小时，最先头的扫雷艇就已经可以望见诺曼底的海岸。在日光将逝的最后一个小时，扫雷艇开到距离海岸很近的地方，船上的人员用肉眼可以看见海岸上的一切。在黑夜降临之前，两支扫雷艇编队都已经完全出现了，但是海岸上却并没有向他们开炮。船上的兵员认为敌人是故意不开炮的，因为似乎不可能认为敌人是没有发现他们或是没有向上面报告。

同时，"坚忍"计划却正在努力地吸引敌人的注意力，使它远离诺曼底地区。自从 6 月 1 日以来，联军飞机就已经加紧攻击在加来到勒阿弗尔之间的各种战术目标，不仅是海岸上的炮位，而且还有实际上的滩头防御工事。根据计划，假使德军方面已经有任何的迹象，足以证明他们对于攻击地点，已经能够预料到，那么欺敌的攻击就应该予以放弃，并在 D-1 日将联军空军的全部攻击力量都用到诺曼底方面来。不过到了 6 月 5 日的上午，还看不出任何迹象来，所以对于加来地区的攻击还是继续进行。

那天夜里在天黑之后，这种轰炸所产生的印象，又再利用其他的方法来予以增强。"霸王"的设计者假定在 D-1 日，到了这个时候，敌人是一定已经可以发现在海上的入侵舰队，并且也应该注意到，虽然有少数的船只是向南行驶，以塞纳湾为目标，但是船团的主力却是向东面渡过海峡来。这些船只，一直要等到黑夜来临之后，才再折向南行，而最重要的就是不要让敌人发现他们转变了方向。这可以使用一种科学的欺敌技术，来达到这种目的。所以照预定的计划，是一方面用干扰的方法，使瑟堡到勒阿弗尔之间的敌人雷达站，都完全丧失作用；另一方面，又要设法使加来到勒阿弗尔之间的雷达站，都相信入侵舰队是正对着那个地区进发。

这个计划的实行由英国空军派出 105 架飞机，海军派出 34 艘小型军舰来负责担任。在天黑不久之后，就有 18 艘船只直向勒阿弗尔正北面行驶，它们都拖着阻塞气球，以便在敌人的雷达管上产生"大舰的回音"。在这个虚拟舰队的上空，有一中队的轰炸机循环飞着，在飞机上面随时投掷大批的金属纸片，使德国的雷达上面产生出虚假的印象。飞机沿着连续的轨道飞，逐渐接近法国海岸，使德国人感觉还有一个巨型的船团正在横渡海峡。在布洛涅的附近，飞机和军舰也使用欺敌的手段，至于其他在海峡上巡逻的轰炸机，也都以入侵伞兵运输机的姿态出现。"坚忍"计划的设计者并不敢奢望敌人会完全受骗，但是他们却希望这些策略可以使敌人感到混乱和不安，因而不注意到联军的真正意图。在这个夜里，英国南部的无线电台和雷达站，都在密切不断地监视着敌方，希望发现德军的第一个反应是怎样。

× × ×

自从 6 月初起，气候转劣，使德国人认为联军最近无入侵可能的假定，更获得了一个印证。6 月 4 日，在巴黎德国空军第 3 军区司令部里面，它的首席气象专家李陶少校，从那个使斯塔格发生焦虑的天气现象上，获得了很大的安慰。照李陶的预测，联军在接下来的两个星期当中都绝无入侵的可能，他说道："有 3 个良好天气的时期都已经过去，敌人并没有加以利用，今后的天气条件就更难于合理想了。"由于这个报告的力量，隆美尔在第二天上午，就由巴黎启程回到他在乌尔姆（Ulm）附近的家，准备星期一和家人聚会一天，并拟在星期二（6 月 6 日）到贝希特斯加登去。他准备当面向希特勒要求再拨更多的援兵，并且要求希特勒让他把党卫军第 12 装甲师调到圣洛—卡朗唐地区。在这个时候，希特勒的主要注意力却已经转向其他方面。6 月 4 日，他曾经命令从加来地区抽调一个步兵师，开往意大利，以挽救罗马陷落后所引起的危局。

6 月 5 日的上午，隆美尔的每周情况报告刚刚送到伦德施泰特的手里。它的首节内容大致如下："一般情况的估计。敌方空袭次数频繁，并在敌方自己港口内布雷……表示敌军入侵的准备仍在进行之中。空袭集中在敦刻尔克与迪耶普之间的海岸防线上以及塞纳—瓦兹河上的桥梁，足以证明我方对于大规模登陆重点的假定并无错误。……自从 6 月 1 日起，敌方对于法国反抗组织的无线电指示次数颇有增加，但是以近情观察，似乎最近还是没有发动攻击的迹象……空中侦察的结果发现在多佛尔区的登陆艇数目并无大量增加。其他英国南部的各港口，则侦察机并未加以侦察。"

这个报告结论是说"应派侦察机速向英国南部各港口作全面的侦察"，但是在这个紧要的关头，恶劣的天气却使德国空军无法起飞。他们只在西线战场上作了一次空中侦察，地点是在荷兰的沿海！海军方面也没有任何有价值的报告，因为所有的巡逻艇都给风暴赶回港口里去了。

在快到黄昏的时候，驻在卡昂的德军第7军16步兵师师长里希特将军（Gen. Richter）还是照常在师部中，召集各团长举行每周汇报。他下达下一周的训练科目，并且讨论在涨潮浪海中保护水底障碍物的技术困难。他说从高级司令部方面，他接获了一个警告，预料敌人会在6月3日到10日发动攻击。不过他接着又用讽刺的口气补充道：自从4月以来，每逢满月期和无月期，他都一定会接着这类似的警告。这个会议在7点左右散会。在下一个小时里面，第一艘英国潜艇就出现于这个师所防守的法国海岸前面。即使德军已经发现了它们，但是至少他们是没有向里希特报告。

下午9点15分，英国广播公司（BBC）的"远征军统帅部之音"，开始和平常一样，用密码向法国地下组织播出工作指示。平常这个节目历时是5分钟到10分钟，但是在这天夜里却长达20分钟，并且发言人还说道："今天，最高统帅命令我作下列的声明：在必要时，还有重要的指示会从这里传达给你们，时间却无法事先宣布，所以你们要养成不断收听的习惯。"

当这个声明被伦德施泰特总司令部所收听到了以后，马上就引起了德国人的疑心。从夜间10点起，从瑟堡到勒阿弗尔之间的雷达站，报告他们已经受到干扰，而其他由费康和加来的雷达站则纷纷报告发现大批的船只在海峡中行动。在10点到11点，德国空军通信情报处发现美军的气象侦察机，正在为美军重、中型轰炸机播送气象情报。因为这种飞机在以前从未发现过，所以德空军的夜间战斗单位也开始作备战的警戒。尽管有这样的证据，伦德施泰特的参谋长布鲁门特里特却还不相信这就是入侵的开始，所以德国西线战场总司令部并未下命令采取任何特殊预防的措施。

不过在隆美尔的集团军总司令部里面，这些证据却早已发生了作用。在 10 点的时候，他们已经发出"火急"的讯号，命令前线各师备战，但是这个警报却只是发给第 15 军团——在奥恩河到斯海尔德河之间的各师。至于正在防守着联军所要攻击的海岸的第 7 军团，隆美尔的总司令部却连一个警告也没有给予他们。

第二篇　诺曼底之战

第十二章 | 天空的攻击

　　1944 年 6 月 5 日的黄昏，当最后的天光也从西方的天空里消失掉了的时候，6 架英国空军的"阿尔伯马尔"（Albemarles）式运输机，就被拖到了哈威尔（Harwell）机场中的跑道上面。在它们的周围有一群人，正在那里喝着茶和抽着烟，那是第 22 独立伞兵连中的 60 位壮士。他们是"开路先锋"（Pathfinder），要去引导英军第 6 空降师降落在卡昂附近的大西洋长城的后方。他们的脸上和装备上都沾染了棕色、黑色和绿色的油漆斑痕，在他们的制服上面也都套上了伪装的降落短外衣。每一个人都是一个活兵工厂。他们的口袋里和背包里都装满了弹药，身上都挂满了武器，简直会使他们在跳伞时，行动都感到很困难。没有一个人的负重会在 85 磅以下，有些人甚至超过 100 磅，此外每一个人腿上还要带着一个重达 60 磅的口袋，里面装着放光和发出雷达射线的设备，以便为后续的空降师，在地面上划定降落区和着陆区的标志。

　　这些人就是自由的开路神。和所有的伞兵一样，他们都是志愿兵，而且经过特别的挑选和训练，以使他们能负担这种艰巨的责任，不过在表面上看，他们却正和蒙哥马利的其他部属并没有什么区别。在第一架领先的飞机里面，有 10 个人准备最先跳落，作为入侵的矛头。他们的职业、籍贯各有不同，由一个年轻的少尉率领着。其中有 3 个人曾经参加过敦刻尔克之战，一个人曾经在非洲作过战，但是其余的人则全都是第一次作战。

这些开路先锋是全军的前卫，在整个"海王星"作战计划里面，占着极重要的位置。这个计划是要占领桥头阵地的左翼，抵抗德军装甲师的逆袭。假使第 6 空降师若是失败了，那么在海运的各师尚未立定脚跟之前，整个桥头阵地就都会从这一翼起，被德军席卷而去。

这些师的最近一个，是英军第 3 师，它的登陆地点是在奥恩河的西面，号称"宝剑滩头"的地区。这条河和运河与滩头平行，由海岸直达卡昂，深入内陆 8 英里远，在天然形势上构成一个坚强的侧翼防线。蒙哥马利不仅想稳占着这一条水面上的障碍物，而且还希望在它的东面，占领一个基地，以便从那里把联军的桥头阵地向卡昂的东南扩展，以到达开阔地带，然后在那里好与隆美尔的装甲师作战。占领这个基地的责任就由英军第 6 空降师师长盖尔少将（Maj. Gen. Richard Gale）负担。他是一个英勇的将领，足以激起他部下的勇气和信心。

盖尔所接到的命令，是要他在 D 日的清晨与半夜之间，完整占领在卡昂与海岸之间，架在奥恩河和运河上面的各桥梁；他还要破坏一个海岸炮兵阵地，这个阵地中的巨炮可以从河口附近的梅维尔（Merville），射到宝剑滩头上；他为了保护这个侧翼起见，更要把奥恩河东面 6 英里多远的迪沃河（River Dives）上的 5 座桥梁，都全部予以炸毁，并且还要控制两河之间的森林高地。这些最初的目标只能使用两个伞兵旅和一小部分滑翔机载运部队去达成它。不过为了防守这个地区，到了 D 日的中午，从宝剑滩头登陆的第 1 特种勤务旅的陆战队，却可以赶到对他们增援，到了黄昏的时候，该师的其余部队也要分别乘坐 250 架滑翔机，在日落之前赶到。

这个任务的完成，其困难程度与重要程度正是恰好相等，而 D 日越接近时，其困难更增加。德军第 21 装甲师调到了卡昂与法莱斯之间的地区，结果使该空降师似乎是注定了在天明后数小时内，就会碰着装甲部队的逆袭。所以必须要趁晚间把战防炮用滑翔机运过去。但是由于地面上都布满了反空降的障碍物和木桩，所以在着陆地区尚未扫清之前，这些滑翔机即行着陆，那才是十分的危险。

为了攻击两个主要的桥梁，这种危险就是非冒不可的。它们都驻有守兵，并且有爆破的准备，所以只有使用敏捷的奇袭，才能使守兵来不及点燃炸药。为了解决这个问题，盖尔拟订了一个勇敢而富有幻想力的计划，这是非常值得重视的，因为这就是为了"解放"欧洲，打在法国领土上的第一个打击。

当 D 日的半夜过去了 20 分钟的时间，距离 H 时还有 6 个小时的样子，6 架滑翔机载满了步兵和工兵，准备就在那 3 座桥的附近着陆，再用奇袭的方法夺下这两座大桥。只要 200 人不到的兵力就可以占领桥梁，但是要守住它们却必须有更多的援兵。因此，盖尔的计划是使那些做开路先锋的伞兵也一同降落，于是布置好了他们的对空联络信号，那两个伞兵旅在半个小时之后（0 点 50 分），就可以开始降落了。对于这两个伞兵旅：第 3 旅负责破坏米维里的炮台，破坏迪沃河上的桥梁，和占领两河之间的山地；第 5 旅则负责接防奥恩河和运河上的桥梁，肃清残敌，并扫清在朗维尔（Ranville）村庄北面着陆地区中的一切障碍物。接着 72 架滑翔机载着火炮、运输车辆和其他重装备，就可以在黎明前两个小时——上午 3 点 30 分，顺利着陆了。

假使一切都顺利，那么入侵军的左翼，在海运部队尚未开始登陆之前，就已经有了保障。不过很明显，这个计划的执行就是要和时间赛跑。开路的部队和滑翔机非要等到天黑以后才能起飞，否则将被敌人所发现。开路先锋们至少要有半个小时，才能够把一切的标志布置好，而伞兵们又需要两个多小时，才能为滑翔机肃清着陆场上的障碍物。等到他们也着陆之后，那么时间就很紧迫，需要迅速各将战防炮布置好，以应付德军第 21 装甲师的逆袭。

这就是全部的计划。其成败的关键就是这 60 名开路先锋，他们现在正在飞机的附近，聆听盖尔的训示。10 点 50 分，空军驾驶人员上机了。这些开路先锋自把茶杯里的最后一滴茶喝干，把香烟弄熄了，整整装备，就一个个爬上了运输机。机门接着就关上了。引擎开始发声。指挥塔上打出了一个讯号，6 架运输机迅速、连续地滚出了跑道，爬高，绕了一个圈子，则向南飞往法国，入侵战从此开始了！全师人员心里的希望都已经升入天空，和他们一同飞去，引擎的嗡嗡声逐渐消失，但是另外一个更大的噪声却取而代之，整夜里吵个不停。1100 架运输机分别在二十几个机场里，分批起飞，载运着英美两国的伞兵。这些飞机升空后，就在那睡意未醒的乡村上空绕圈子，一红一绿的夜航灯好像是流萤一样，在空中飞舞着。过了 11 点 30 分不久之后，许多的飞机都编成了队形，在我们的头上向南面飞去了（注：本书作者当时正是英国广播公司的战地记者，随着第 6 空降师一同在诺曼底登陆。以下的记载都是当时目击的情况）。

两个小时之后，滑翔机也照着同样的航线飞去了。由一架运输机拖曳着，我们坐的滑翔机钻入了云层，上面看不见月亮，下面看不见地面。有一阵轻软的雨声打在机身外壳上面，我们除了前面拖机尾上的灯光以外，其他什么也看不见。一直到了一个云眼的位置，我们才有机会偷偷向英国的南部海岸线，作了一个迅速的鸟瞰，那些准备登陆的船只是早已动身。海峡过了一半的时候，天气又晴朗了起来，我们可以看见在下面黑暗汹涌的海面上，集满了无数的船只。于是又碰着更厚的云层，我们又用 2500 英尺的高度，盲目地飞行着。滑翔机开始不稳定，风力好像会吹断拖索，使我们飘泊无依地落在半天云里。但是这比起未来的危险，却还只能算是一个很小的烦恼。

敌人知道我们来了吗？高射炮的效力到底怎样？在着陆地区上，有些什么障碍物，是地雷还是陷阱呢？伞兵是否已经把它们扫清？在这种气候之中，驾驶员找得到着陆地区吗？

假使同机的 26 位官兵，也和我一样，正在考虑这些问题的话，那么至少在表面上是看不出来他们的心事。在外面呼呼的风声上面，你可以听见从机舱里传出一阵阵歌声和大笑声。

3 点，距离着陆还有半个小时。云又变淡了，我们可以看见下面的法国海岸和邻近的机群。在我们的左面远处，英国的轰炸机正在轰炸勒阿弗尔附近的炮兵阵地，火光烛灭，一直等到云层来到，才封锁住了我们的视线。现在我们正需要有一个明朗的天气，可是云层却反而比先前更厚密，甚至拖机尾上的灯光都变得忽隐忽现的，突然在黑暗里面，现出一群红黄色的闪光，那是敌人海岸上高射炮所发射的闪光弹。有 4 颗炮弹似乎打在我们与拖机之间，另外一颗似乎打中了我们的滑翔机。实际上是的确打中了，但是庆幸却没有构成损伤。

过了海岸线之后，我们又跑出了云层，可以看见下面白色弯曲的法国海滨，而在黯淡的月色中，像一面镜子一样的反光的，就是两条河川——那就是我们的目标——奥恩河和运河。拖机已经把我们带到了正确的目标地区，可是我们却还看不见地面上的着陆信号。地面上的高射枪炮也打成一片，所以很难分出哪一种闪光是我们自己的信号。而且在驾驶员还没有看清地面标志以前，我们又钻进了云层。

不久，运输机就回头通知我们——"准备放松拖索"，叫我们留心。离开了拖机之后，滑翔机就像一只老鹰一样，在空中盘旋着。机身外面本是风声怒号，现在由于速度降低的缘故，已经低微得像是窃窃私语。我们浮游在半空中，飘留在战争与和平之间。我们通过了高射炮地带，顺利平稳地滑翔着，那战争的怒火和烦扰似乎是已经属于另外一个世界。

一个骤然的急转，把我们扭回了现实的境界，我们现在迅速急降，向黑暗中俯冲下去。当地面似乎是升高了起来欢迎我们的时候，驾驶员们突然发现了开路先锋们所布置的灯光和白色的道路，以及在着陆地区旁边的一个正方形的诺曼式的教堂钟塔。于是我们感觉要吐，耳朵里也在响，滑翔机高低跳飞着，最后一头钻进了一块已经耕种的田地里，冲毁了一些障碍物。我们跳出了机舱，它着陆的地点距离指定的地点约在 100 码以内。

时间是 3 点 32 分。我们迟了两分钟。四处都是人声，我们走到一个晒谷场，那里已经成为许多滑翔机的墓地。多数的滑翔机都已经损毁不全，很少有能像我们那一架那样幸运的。在远处有一架失事的飞机，它的油箱中的汽油正在那里燃烧，照得夜空通亮。

看着那一幅零乱不堪的景象，似乎觉得这一次在夜间使用滑翔机的计划，是完全失败了。但是事实上，72 架指定降落在这个地区的滑翔机，其中有 49 架都正确着陆；其余的虽有损伤，但是人员和武器的损失却是相当的轻微。当我们走向朗维尔教堂集合的时候，看见士兵们从被毁的机身下钻了出来，把那些废材弄开，拖出吉普车和炮来。在 18 门战防炮当中，有 10 门立可应用，它们不久就分别移动到指定的阵地。

德军的高射炮还是对着天空乱打，否则就似乎看不出来一点战争的气氛。在大西洋长城的后方行走，而不受到敌人的阻拦，这似乎是太不合理了，我们随时都期待着在黑暗中会有人向我们喝问口令，或是开枪射击。因为附近万籁俱寂，所以一点儿声音都似乎放得很大。部队在田地里行动的声音，斧头砍着木块的声音，吉普车引擎的声音，都一齐清晰可闻，但就是没有期待中的枪炮声。唯一向我们喝问口令的人，就是在着陆地区边缘上布防的伞兵。他们喊道："V 是代表……"我们马上接着喊出口令的下半段："胜利！"

一切不过如是，一直等到我们到达朗维尔教堂附近的公路时，才听着一阵枪声，还夹着德国人的声音，一会儿又沉寂了。在路上行走着的纵队，都迅速躲在灌木丛林的后面，随时准备和德军的巡逻队发生遭遇战。我们冷静而机警地卧倒在那里，以为敌人必定是偷偷地从教堂方面冲向我们这边来。但是打破沉寂的却是一个绝对不会认错的熟口音，他喊道："你敢和我辩论。我是盖尔师长，我叫你赶紧前进！"

在模糊的月色里，我们可以看见有一队吉普车拖着炮，停在路边，盖尔正亲自在那里督促他们前进。在这个纵队的旁边没有几步的距离，盖尔的副官却牵着一匹美丽的栗色战马，在草场上吃草。

盖尔喊道："汤姆，好好照护那个畜生，明天上午的天气一定很好，很宜于骑马的。"

可是，在以后几个小时之内，盖尔所要注意的事情实在是太多了。其中最重要的就是霍华德少校（Maj. Howard）所率领的部队，那是专门负责占领桥梁的。

× × ×

半夜后 5 分钟，在奥恩河口的 5000 英尺上空中，6 架载运奇袭部队的滑翔机，有 5 架都同时解除了拖索，慢慢地盘旋下降，而它们的拖机——哈利法克斯式（Halifax）轰炸机，则继续飞去轰炸卡昂。当高射炮火都在集中射击轰炸机的时候，滑翔机却不声不响地飘到了桥梁的位置。到了 1000 英尺的高度，领先的第一架滑翔机中的驾驶员，向所载的部队发出了一个警告之后，就直向它的目标——运河上的大桥俯冲了下去。轮子着陆的地点距离大桥的东端只有 50 码，滑翔机一直向前跑，驾驶员把它恰好停在敌人战壕前的有利铁丝网的中间。机头撞毁，机门被封。机上的人员都纷纷破壁而出。当他们跳到地面上的时候，听见另外两架滑翔机就降落在他们的后方，可是敌方却毫无动静，多数的德军为了躲避轰炸，还是留在防空掩蔽部里面，不过当英军一个排的士兵冲向桥上的时候，机关枪的枪弹却击倒了他们的排长。他们不顾机枪火力的威胁，冲过桥去打倒桥那端的守兵，另一个排把桥这端的一个堡垒和战壕里的敌人都肃清了，而工兵则赶紧着手工作，使这个头奖不至于被炸掉。

同时在奥恩河方面（它在这条运河的东面，距离约为半英里）滑翔机的着陆就没有这么准确。3 架中有 1 架降落到迪沃河方面去了，但是其余的 2 个排还是迅速地冲向他们的目标，出乎他们意料之外的，却是守兵早已经逃走。这一次成功的原因就是由于奇袭和速度。2 座桥本都已经有了爆破的准备，但是守兵却奉命非要等到接到敌军入侵的警报时，才准安放炸药，而结果根本上他们就始终没有接到这样的警报。

当这些滑翔机载运的部队正在布置桥梁的防务时，那些降落在朗维尔附近的开路先锋们，就正忙于为波特（Poutt）旅长所辖的第 5 伞兵旅，布置降落地区的标志。这个旅一共约有 2200 人，预定在 1 点差 10 分的时候就要降落的。所不幸的是，强烈的风力把这些开路壮士吹散了，使他们落在预定降落地区的东面，因为时间太紧迫，所以他们就只好把灯光记号就铺设在他们所在的地区。由于这个原因，伞兵的主力降落在距离目标很远的地方，一方面由于风力的阻挠，另一方面由于每个人在腿上都带着一个 60 磅重的口袋，从摇动不安的飞机中跳出，也感到十分困难，结果就使他们分散更远。一落到地面之后，降落伞也拖着他们跑，很困难地才把它割断，另外有些人的口袋在途中失落，又四处去寻找。到了这个时候，敌人已经知道了，降落地区已经在敌人机枪火力威胁之下，这是先头降落部队所来不及扑灭的。

因为这些原因，所以集合的速度很慢。到了 2 点的时候，第 7 伞兵营开始吹号召集他们的部队，在 620 人当中，只集中了 200 人，但是时机已经不能再等候，因为从运河桥方面已经传来了激烈的枪炮声。当伞兵赶到那个地区的时候，原先乘滑翔机降落的第52步兵团的部队已经把敌人打退，他们所听见的枪炮声却是一辆被击毁的德国坦克里面的弹药爆炸声。

在奥恩以东，波特旅的其余部队却已经在3点30分滑翔机着陆之前，把大部分的着陆场都扫除干净。接着他们就去驱逐敌军退出朗维尔村，那个村庄正挡着东南面通到河上大桥的道路。这就全师而言，是一个最紧要的地区。所以，当战防炮从滑翔机里面一拖出来之后，马上就迅速经过朗维尔，运到指定的阵地以掩护那一片开阔地区，预料德军第21装甲师的逆袭就可能是从这一方面发动。

在黎明不久之后，战防炮都已经进入阵地，这个时候盖尔师长也已经把他的师部设在朗维尔村中的一个别墅里面，在草地上那匹栗色的战马正和一些牛群在那里吃草。四处常有爆炸声传来，那是空降部们使用塑胶体炸药，来为他们自己炸出散兵坑。这个声音是如此吵闹，所以偶然有一两声枪炮声时，反而不容易听清。

盖尔坐着一辆吉普车驶到这里来，他刚视察过了那两座已被占领的大桥，他现在站在车盖的顶上，想看广场前面的一片森林山地，那是他希望第3伞兵旅早应该已经把它占领了的。

× × ×

波特旅的工作是集中的，而希尔旅长（Brigadier Hill）的第3伞兵旅的工作却是分散的。它的目标物分散在一个广大的地区中，为森林和沼地所隔断，从海岸附近的梅维尔炮兵阵地起，一直深入内陆7英里远，到达特罗阿恩（Troarn）地区的桥梁为止。而夜间降落当然更为困难。驾驶员很难分辨出迪沃河和奥恩河,有些飞机在伞兵跳落时又飞得太快和太高。所以伞兵营散布在几英里远的距离。有成百的人落在河水泛滥的地区或是树顶上面。

尽管有这样多的阻碍,在迪沃河谷上的 5 座目标桥梁,却没有经过很多的困难,就一连炸毁掉了 4 座。第 5 座桥,位置在特罗阿恩,也是最重要的一座,若不是由于 1 位少校和 7 个工兵的过人英勇,那么也许就不可能把它炸毁掉。虽然他们的滑翔机着陆的地区,距离预定的着陆场有 7 英里路远,他们却坐上了吉普车迅速前进。在特罗阿恩的外围又撞进了有刺铁丝网的防地,花了 20 分钟的时间,才挣扎脱身。于是他们一面驱车行驶,一面发射着冲锋枪,冲过了这个城市到达了桥边。把桥梁炸毁了之后,放弃了吉普车,徒步走回希尔的旅部。这些桥梁都能够照计划炸毁,使空降部队获得了宝贵的时间,以来拒抗敌人从东面来的反攻,同时也保护着第 9 伞兵营的后方,使它能够去完成该旅的主要任务——占领梅维尔炮兵阵地。

当第 9 伞兵营营长阿特威中校(Lt. Col. Otuay)接受这个命令的时候,上级告诉他这个阵地里大概具有 4 门 150 毫米的重炮。并且命令他在黎明半小时以前,就一定要把炮兵歼灭掉,这样在奥恩河以西的滩头和入侵舰队就都可以解除威胁,这些炮都是隐藏在防弹的混凝土炮台里面,守兵约为 180 人,掘有深壕,外面围着两道有刺铁丝网,中间夹着 100 码纵深的布雷区,还有 10 挺机枪,监视着各方面。这样坚固的据点,要一个轻装的伞兵营去加以攻击,实在确非易事。除了先用 100 架兰开斯特式轰炸机对它作预备轰炸以外,这个营也更没有其他重武器的支援。

因为认清了伞兵是很难于突破这个坚固的防线,所以阿特威决定用 3 架滑翔机装满士兵，用差不多是自杀的形式，准备在地面攻击正在激烈的时候，直接从天而降，撞落在炮台的顶上。虽然这个任务十分危险，那些士兵可能要受到双方的射击，但是全营的人员都自告奋勇愿意负担这个危险的工作。

除了轰炸以外，他们事先对于一切的行动曾做过精密的演习。在实弹之下，白天里演习了 5 次，夜间演习了 4 次之后，阿特威对于成功已经具有信心，不过他所担心的却是天气问题。兰开斯特的炸弹落在距离目标有半英里远的地方，几乎炸伤了伞兵的侦察部队，5 架滑翔机，载运着该营的战防炮、吉普车和炸药，在狂风中挣断了拖索，落在运河里面。这一次伞兵的降落也只差一点，就要出大乱子。该营人员的一半差不多都落在迪沃河上的泛滥沼泽地上。有一批落在 30 英里以外，而阿特威自己的一队恰好落在一个德军营部的门外，他能逃脱是很幸运的。

2 点 50 分，阿特威一共手里只有 150 个人，1 挺机关枪和一点炸药，刚刚够炸毁炮位之用（假使他能够打进去的话）。他们没有迫击炮、战防炮、吉普车、一切重型的攻击武器、地雷侦查器等等。他们也没有工兵和军医人员，他的士兵们还正在到处搜寻那些用降落伞投下来的武器、炸药和装备，可是阿特威却已经不能再等候了。那些滑翔机预定在 4 点 30 分就要到达，但是他却还要经过 1 英里半的路程，才能够到达那个炮兵阵地，而且四处的德军都已经被惊醒，所以他决定马上进攻。

在半路上，阿特威遇见了侦察队的史密斯少校（Maj. Smith）。他报告说，他已经割断了外围的铁丝网，爬过了防御坦克的布雷区，一直到达内层的铁丝网，卧倒在那里达半个小时之久，距离德军的机关枪巢只有数码的距离，可以窃听到德军的谈话声。他们对于敌人的防务布置情形，也带来了一个好消息，他们没有发现陷阱和对付步兵的地雷，同时铁丝网也没有想象中那样的坚固。

当他们接近这个炮兵阵地的时候，受到相当的火力威胁，但是射击的方向却并不准确。在 4 点 30 分以前，阿特威已经开始组织他的部队，正式发动攻击。刚刚在他准备停当的时候，海岸上的高射炮声又响了起来，那准备落在炮台上面的 3 架滑翔机，已经有两架慢慢地盘旋降落。驾驶员正在寻找那预先约定的信号，可是根本上就没有信号，因为所有的信号弹和迫击炮，在降落的时候都已经丧失掉。一架滑翔机在炮台上飞过，只有 150 英尺的高度，一直强迫降落在海岸的附近。阿特威在失望之余，就决定率领他手里的这一点兵力，直接向炮台进攻。

在 4 点 30 分不久之后，有两处铁丝网已被爆破，在烟尘之中，攻击部队分为两部分，冒着机关枪火，直向空隙中冲入。在铁丝网以内，一部分在战壕里与德军发生了激烈的肉搏战，另一部分则不顾一切地直扑炮位。地面由于 5 月间受了猛烈轰炸的缘故，变得凹凸不平，但是伞兵们由一个弹坑跃进到另一个弹坑，挣扎着前进，一直到达了距离炮台钢门只有 30 码的距离。有两个门是开着的，攻击者就用猛烈的火力向里面发射，结果炮手们在恐怖之中就投降了。那些炮却只有 75 毫米的口径，因为德军还没有来得及调换重炮，马上就给伞兵们炸毁掉了。其余的守兵还继续在外围乱打了一阵，可是真正的任务却已经完成。

4 点 45 分，比规定的时间还早了 15 分钟，阿特威放了表示成功的信号，通知在海岸边的船只，并且还放了一只信鸽，把这消息传回英国去。他那 150 名勇士，几乎一半都已经战死或是负伤，但是他们却已经如期地完成了任务，照一般人的想法，就是有一个整营的兵力，也不一定能够成功的。占领了梅维尔炮兵阵地之后，英军第 6 空降师就算是完成了他们最后的一个重要任务。

×　×　×

当盖尔的部队已经稳占了桥头阵地的东翼时，美军的第 82 师和第 101 师两个空降师，也在科唐坦半岛的东南角上，桥头阵地的西翼方面，执行同样的任务。在这一方面，伞兵对于海运的部队更是具有极大的重要性，因为德军在犹他滩头的附近已经使相当大的地区——这就是柯林斯所指挥的美军第 7 军准备登陆的地方，变成了泛滥的地区。在沙丘上的防御阵地后方，现在就是一个 1 英里宽的咸水湖，上面只有 5 条狭窄的道路。在犹他的西面和西南面 10 英里远的地方，由于梅德列河和杜沃河（Douve）两条河流所构成的泛滥地区，范围则更大。事实上，杜沃河的泛滥是如此广泛，它一直延长到西部海岸，与维尔运河和卡朗唐运河的河口，连成了一个巨型的水上障碍物。

假使海上登陆的攻击部队，不管是被陷在海岸边缘上，或是被围在这些泛滥地区所构成的袋形地区里面，其结果都会是非常的危险。所以，尽管利－马洛里加以反对，蒙哥马利却坚持一定要使用空降部队，以占领这些滩头上的出口和河川上的渡口，而且他更决定要设法使德军所布置的泛滥地区，反而为"我"所用。他的计划是把两个美军空降师深入降落在半岛颈部的后方，并希望在一击之下把这个颈部封锁住，沿着泛滥的北面边缘建立一道防线，而使瑟堡地区完全被孤立。

在 D 日之前两个星期，从法国铁路人员方面，联军情报当局知道了，隆美尔已经调来 1 个师的生力军，恰好位置在圣索沃尔 -勒维孔特（St. Sauveur le Vicomte）附近，美军第 82 空降师所拟定降落的地区当中。这个情报侥幸避免了某些灾害，因为布莱德里根据它才把原定的计划作了适当的修改。修改后的计划如下：

第 101 师：两个伞兵团降落在海岸上咸水湖的正西方，毁灭德军的重炮，占领通到犹他海滩的孔道的西端出口。

一个伞兵团降落在卡朗唐以北地区，破坏在杜沃河上的主要铁路和公路桥梁，并守住沿着杜沃河和卡朗唐运河的阵地，以保护本军的南面侧翼。

第 82 师：横跨着梅德列河，在圣梅尔埃格利斯（St. Mere Eglise）西面和南面降落。炸毁杜沃河上的另外两座的桥梁，守住梅德列河上的渡口，以扩展西面侧翼的掩护范围。这样就可以阻止敌军利用泛滥地区围困登陆军的计划，并且为提早向半岛西部海岸进攻打开了一条道路。

这种修改避免了像最初计划的那样过分分散兵力，减少了意外的危险。同时两个师所降落的地区也很容易为海运部队所到达，不过利 - 马洛里的忧惧心理却仍然没有丧失。在 D 日前一个星期，他又写了一封信给艾森豪威尔，重新提出他的警告，说飞机和滑翔机的损失百分比，可能会高到 80%。他指出载运部队的飞机和拖机要在月光之下，1000 英尺的高度，采取不变的航行方向，飞过一个满布着高射炮和探照灯的区域。而地面上又是布满了守兵，所有开阔的地区都已变成了泛滥区或是布满了障碍物，而其他地区的地形则又完全不适合于空降之用。尽管反对者的意见是如此的严重，但是艾森豪威尔却坚持不为所动，所以空降的攻击还是照原定计划进行。

夜间战斗机把道路扫清，密厚的云层在半夜之后掩护着开路先锋的前进。他们和第一批载运伞兵的飞机都没有遇着多少困难就通过了，可是后续的飞机在云层中却被迫分散了队形，有许多飞机在航向上都发生了很大的偏差。当他们飞出了云层之后，驾驶员们却发现他们已经迫近梅德列河谷内外的降落地区，所以他们已经没有时间来搜寻开路先锋们所布置的引路标志，而且有一部分标志本身的位置也并不正确。高射炮火此时颇为猛烈，所以驾驶员开始采取躲避的行动。结果，当伞兵到了要跳落的时候，有许多飞机都飞得太快，而其高度也高于跳伞的理想标准。

德军的高射炮火一般效力都很差，因为德军并没有雷达式的瞄准工具，所以那天夜里飞过科唐坦半岛上空的美国伞兵运输机，一共是 805 架，却只损失了 20 架。利－马洛里所担心的最坏情况并未成为事实，不过飞机之所以能够保全，却是由于恶劣天气和驾驶员拼命逃避的缘故，但是这两个因素加在一起，却又使伞兵跳落后的任务受到了极大的影响。根据 101 师师长泰勒少将（Maj. Gen. Taylor）的看法：高射炮火的确相当的剧烈，对于那些第一次上阵的驾驶员们，在心理上引起很不幸的影响。他们采取躲避的战术，使跳落的行动增加了不少的困难。泰勒这一个师人员所散布的面积有 25 英里长，15 英里宽，有些人甚至更远。到了天亮的时候，他手下 6600 个伞兵能够到达集合地的，只有 1100 人，直到再过 24 小时以后，他所集中的兵力也还不过是 3000 人。照泰勒的看法，伞兵所受训练不够，不能用自己的力量到达目标也是原因之一。

第82空降师（师长为李奇微少将）却比较幸运。他的领先的一团收到了奇袭的功效，有四分之三的人都落在距离降落区3英里以内。他们迅速地集合，到了4点（在主力降落后2点）就已经占领了圣米尔英格里斯，这个城市正截断了瑟堡与卡朗唐之间的公路。可是从这个时候起，他们真正的困难就开始了。运输着火炮、运输工具和通信设备的滑翔机，一共是52架，却只有22架找到了着陆场。敌人预先占住了梅德列河上的桥梁，使他们的企图受到了阻碍，所以全师现在为一个几乎不能通过的河川沼泽地带分隔成了两段。

在梅德列河以西，其他两团只有4%的人能够正确地降落。其余的人都散布在德军第91步兵师所防守地区的东半部，这个师对于反空降作战曾受过特别的训练。幸亏有一部分伞兵阻击成功，将该师的师长杀死了，但是美军为了求生的原因已经陷于苦战，所以他们无法去执行主要的任务——爆破杜沃河上的桥梁，并且在梅德列河以西建立一个巩固的桥头阵地，以保护河上的渡口。差不多每团都有三分之一的人落于河流的东岸。其余的人则成小组，各自为战，以阻止德军第91师去执行他们预定的任务，反攻任何在海岸上登陆的部队。换言之，德军的预备队已经被迫不能够到滩头上去作战，而先在梅德列河谷里的沼泽果园内打作一团。

相反地，降落在第82师东面的第101师，却另有比较幸运之点，因为它所要攻击的地区是介于海岸防线与预备队之间，所以防守的力量比较单薄，假使不是这样，泰勒一个师可能在没有集合之前，就已经被敌人扫荡完毕了，因为那些伞兵降落的方式就好像是用一个巨型的盐瓶子，把食盐洒在田野中一样。许多人在灌木丛林中和果园中都迷失了方向。根本上就没有什么路标可以帮助他们集合，不过有一件似乎毫无意义的工具却救了不少人的性命。这个师里每一个人都携带着一种玩具式的短枪，它所发出的声音和爆竹一样的尖锐。在黑夜里，这种尖锐的响声使士兵们闻声而至，逐渐集中起来，而且也做了敌我的辨识记号。

在天亮之前，泰勒获得了50架滑翔机的增援，它们都着陆得很正确，但是到了6点，他却还只集中了六分之一的伞兵，虽然如此，他却占领了咸水湖上一条通路的西面出口，并且也占领了炮兵阵地，这个阵地因为一个星期以前，曾受英空军的攻击，所以德军早已自动放弃。不过沿着第101师地区的南面侧翼，敌军的抵抗却比较坚强，因为美军所能集中的兵力是如此地单薄，所以他们无力毁坏在运河上和河川上的桥梁。

但是由于英勇的美军都能化整为零，各自为战，所以战争影响所及的地区很广泛，逼迫着敌军到处取守势，因此在柯林斯军准备登陆的滩头后方，构成了一道保护屏障。尽管空降作战时损失很大，而且情形也极为混乱，但是犹他之战在没有一个步兵登陆之前，却已经被伞兵奠定了基础。

× × ×

对于联军空降指挥官而言，他们着重于在地面上集中部队的工作，所以恶劣的天气和不准确的降落似乎都代表一种灾祸的威胁，但是就整个攻击而言，却意想不到地自有它的优点。虽然第一批开路先锋在半夜后15分钟内就已经纷纷降落，但是负责防

守从卡昂到科唐坦西岸之间的地区的德军第 84 军，却一直等到
1 点 11 分，才开始发出敌人入侵的警报，到了那个时候，奥恩和
梅德列河两个河谷中却已经到处散布着伞兵了。上午 1 点 20 分，
德军第 84 军向第 7 军团提出报告说："自从零点 30 分起，伞兵
降落在卡昂以东和东北地区、圣马可夫（St. Marcouf）、蒙特堡
（Montebourg）、维尔河的两岸，以及科唐坦的东部海岸上。"到了
1 点 30 分的时候，德军第 7 军团整个军区都已经发出全面的警报。

　　同时在巴黎的德国西线战场海军军区司令部，也分别命令在
海峡海岸边的一切德国海军单位开始备战，但是同时在他们的作
战日志上又记载着说："照本部的判断，这似乎还不是一个大规模
的入侵；西线战场总司令部和第 3 空军军区司令部的意见也与本
部一致。由于天气和潮汐的条件都不利，所以并未命令在塞纳湾
内增加巡逻的次数。关于敌军登陆一节并无进一步的征候。"

　　不过到了 2 点 15 分的时候，德军第 7 军团的参谋长彭斯尔
（Pemsel）向隆美尔总部的参谋长斯派德尔（Speidel）报告道：
"在科唐坦的东部海岸上可以听见海面上有引擎的爆音。海峡海岸
防守的海军方面报告在瑟堡附近的雷达已经发现敌船。"彭斯尔
说："根据这些现象判断，这一次的作战已经是一个大规模性质的
了。"斯派德尔并不接受这种解释，同样的伦德施泰特也作如是
观，所以到了 2 点 40 分，彭斯尔接到命令说："西线战场总司令
部不认为这是一个主要的作战。"不过 10 分钟之后，海军方面的
报告又证实了彭斯尔所言之不谬，并且还加上一个极有意义的按
语："由于雷达设备丧失了作用，所以详情不明。"

　　这个对于雷达的破坏，范围是如此地广泛，结果无异于是使
敌军整个最外层的防线，都完全丧失了作用。德国人自从在不列

颠之战中，受到了惨痛的教训之后，就已经沿着大西洋海岸，北自挪威，南到西班牙边界，都建立了一连串的雷达站。在荷兰、比利时和法国西北部的海岸上，布防得尤其周密，每隔10英里就有一个大站，在内陆上也有完整的系统。德国空军已经能够利用这种科学工具，作为第三帝国空防的重要一环，而海军方面也另外建立了它的防御体系，专以侦察船只为目的。在理论上说，这一道屏障是无法透过的。因为所有船只在距离海岸还有20～30英里远的时候，就一定会被发现，而且一切的大批飞机只要飞过布里斯托海峡—华西（Bristol-the Wash）之线，也就绝对难以逃过雷达的监视。

德国人深信敌人决无使用奇袭手段的可能；因为雷达的电限可以使他们获得充分的警告。但是他们却不知道联军方面已有新的对策。在布洛涅与瑟堡之间，有6个长距离警报台，专门负责侦察在英国南部上空飞行的飞机，另有4个主要的无线电台，那是德国空军战斗指挥和无线电情报的神经中枢。在D日前一个星期内，英国空军即曾对这每一个电台加以准确地攻击，并予以重创。在H时以前的夜间，其他剩下的雷达站——分别负责中距离敌机的发现、船只的侦察和海岸炮兵的指挥——也都多数被干扰，使它们丧失了作用。不过在塞纳河以北的地区，却有意留着一部分雷达站，不加以破坏，以便让他们去发现那些伪装的船团。这个结果竟超过了任何乐观的料想以外。那10个被炸毁的主要警报站已经完全丧失了作用，所以利－马洛里在以后才能这样地提出报告说：

在上午1点到4点，当攻击的船团逐渐接近滩头的时候，那实在是最紧要的关头。在那个时候，敌人一共只有9个雷达站还在活动之中。而在夜里，专以"海王星"地区而论，敌人本有92个雷达站，但是能够发挥作用的却只有18个。在勒阿弗尔到巴夫勒尔（Barfleur，在科唐坦半岛的北角上）之间，没有听着一个雷达站是在工作着的。

因为德国人眼瞎到了这个程度，所以空降师的大队飞机，才会完全不受到敌方的截击。德国空军把他们夜间战斗机的主力派往亚眠的上空，以对付那个"虚无缥缈"的轰炸机群。在那里他们从1点一直搜索到4点，而所有的联军空降部队，在这个时间之内，都已经纷纷着陆了。入侵的舰队一直到"U"部队，在2点到达了距离科唐坦东岸11英里的"转运地区"之后，才被敌人发现，那还不是由于雷达的原因，而只是由于音响的原因［注：U部队就是指定在犹他滩头登陆的部队。所谓"转运地区"（Transport Area）就是登陆部队从大船换上小船的地区］！

这是一次伟大的科学胜利。又过了1个小时，德国的海军才开始行动。在3点9分的时候，它才命令轻快的巡逻舰艇在塞纳湾内实行巡逻，同时又为"坚忍"计划所迷惑，也命它们在迪耶普与勒特雷波尔（Le Treport）之间巡逻。逐渐地，联军的行动已经越来越清楚，到了3点30分，德军第84军又向第7军团提出报告说："自从3点25分以后，有大批的滑翔机分别在布利维里（Breville）地区、奥恩河以东和大营（Grandcamp）等地着陆。登陆艇已经到达奥恩的河口。海岸炮已向海中猛烈射击。在大营附近的情况仍然不明。可能也已有登陆艇发现。有一营兵力的敌军曾向第 91 师师部攻击。与圣米尔英格里斯之间的交通已被切断。卡昂以北、贝拉河（River Bella）上的炮兵阵地已为空袭所半毁。"

在伦德施泰特的总司令部里面，混乱的情形尤甚于惊慌。一个空降的攻击，尤其在夜间，要比其他任何种类的攻击，都更容易产生虚伪和混乱的情报。地面的守军虽然能听见飞机声，看见伞兵和滑翔机的着陆，但是在昏夜忙乱之中，却很难于估计敌人的兵力，而且也分不出真假来。这种攻击能力使守军的神经感到紧张过度，而使他们对于敌情容易发生夸大的估计。

所以在那一夜里，各种的情报都纷纷涌进伦德施泰特的总部，使他们无法立即辨别这些情报的可靠程度，也无法估计每一次着陆的实际兵力。在作战指挥室的情况地图上面，不过两个小时的时间，上面就布满了红点子。在卡昂的东北和卡朗唐的北面，红点子特别多，但是在迪沃河以东甚至塞纳河的附近，也出现了具有威胁性的点子。据报在勒阿弗尔与鲁昂之间，也有伞兵降落，实际上却是有伞无兵，附着延迟性的爆竹，使它们的响声很像枪声。由于从德军总司令部的地图上面看来这个降落的范围实在是太广泛，所以使他们对于攻击的正面发生了一种错误的印象。伦德施泰特和他的幕僚们都正在追问着："哪里是重点？""哪里是侧翼？"但是他们却无法找到正确的答案。

摆开了法国的情况地图，德军的情报主管又翻出了在英国本岛上的战斗序列地图。但是他也不能够使他们得到更多的启示。这张地图表示在联合王国境内，一共驻有 60 个师以上的美英两国的野战军，照兵力分布上看来，最危险的地区似乎还是勒阿弗尔—敦刻尔克地区。这个印象由于勒特雷波尔和布洛涅附近的海岸雷达站所送来的报告，似乎更得到一个印证（注：实际上，在当时驻英国的联军兵力，全部还不到 50 个师，而其中只有 37 个师可以负担渡海进攻的任务。其他的都只是训练单位。虽然如此，在 6 月底以前，隆美尔总部却还是估计在海峡两面的联军，连同训练单位在内，一共为 94 个师到 98 个师）。

上午 4 点，情况还是不明，布鲁门特里特向在贝希特斯加登的约德尔通电话，并要求希特勒能够准许他调用党卫军第 12 师和装甲训练师，去对付诺曼底的登陆战，约德尔回答说，元首不想过早调动这个战略性总预备队，所以一定要等到天亮以后把敌人的意图侦察清楚了，再去调动它们。假使空降部队的着陆只是一种佯攻，而真正的攻击主力却实际上出现在塞纳河以北，那么把这些装甲师调往南面，而后方河上又没有桥梁，则可以说是一种疯狂的行为。希特勒在作了这个决定之后，就去睡觉，凭着他私人医师莫雷尔博士（Dr. Morell）的安眠药，那一夜他还是睡得很甜。

希特勒的过分持重，也正足以反映出伦德施泰特自己意见的混乱。根据西线战场海军司令部的作战日志上的记载：

> 直到上午 5 点，西线战场总司令和 B 集团军总司令对于如何对策，还未有所决定，因为他们到现在也还拿不稳，到底敌人的行动是一种诡计、一种分散兵力的企图，还是真正的登陆。

甚至在 6 点，德军第 84 军已经报告联军开始了海军的炮击，接着天也亮了，但是德军当局对于第 7 军团在 6 点 45 分向隆美尔总部所提出的情况报告却仍然是感到狐疑不决。这个报告的内容如下：

> 照敌军在奥恩和南部科唐坦地区的空降行动的纵深看来，足以证明这是一个大规模的攻击。对海岸方面轰击的目的现在还不明显。似乎是一种掩护的行动，与尔后在其他地点的攻击有关。自从天亮起，空中和海上的侦察都未能获得新的资料。

当这个报告发出的时候，实际上在犹他海滩上的海面攻击却早已经开始了。

第十三章 | 海上的攻击（上）

犹他和奥马哈

在波涛汹涌的海面上，入侵的舰队正趁着黑夜，作这一个不愉快的航行。对于那些命运寄托在老远的黑暗地平线以外的人们而言，这一次的航行不仅是孤寂的而且似乎是无穷无尽的。冷酷的浪花打在甲板上面，但是在甲板上面却还是比舱里面舒服。在底下由于船只的摇动，再加上恶劣的空气，更容易使人晕船。呕吐更增加了期待中的焦急。他们不幻想着以为敌人会不知道他们的迫近，当他们发现敌人居然毫无反应，结果更使多数人不仅感到惊奇，而且觉得这并非吉兆。他们决想不到德国人会这样的动作迟缓。

因为这一次航行似乎是有意想不到的安全，所以一直到了 2 点，"V"部队〔由美海军少将蒙（Rear Adm. Moon）所指挥〕已经到达了科唐坦附近的转运区时，人们都仍然有不敢相信的感想——这个地区在犹他海滩的东北面，距离约为 12 英里。换上 1000 多艘登陆艇，那一天一共有兵员 3 万人，车辆 3500 辆，在指定的这个滩头上实行登陆。

好的运气使他们在前途上，没有遇着障碍。奉命自瑟堡出发巡逻塞纳湾的德军快艇，由于天气恶劣，只能中途折回，所以没有和他们接触。两个连在一起的圣马可夫岛，就横在进路当中，却并无德军防守。海岸炮兵毫无声息，因为他们的雷达已经丧失了作用。此外，在夜里，他们也饱受英国空军的轰炸，而一天亮了之后，从空中和海上又对他们发动了新的攻击，5点20分，美国第9航空军所属的300架中型轰炸机，飞在云层的下面，对于这些炮台和犹他海滩的敌军据点，加以猛烈的轰炸。同时海面上也有2艘战斗舰、2艘巡洋舰和12艘驱逐舰，正在纷纷向滩头实行炮击。因为这双重的轰击都很精确，所以当登陆艇载着美军第4步兵师的两个营实行登陆时，就可以安然无阻地接近滩头。船只在暗绿色的海面上，激起了巨大的白浪。尽管如此地刺目，德军海岸炮兵还是很少有反应，而所谓的"蚊虫舰队"（Mosquito Fleet）就跟在登陆艇的后面，在它们的两侧前进，用船上的火箭炮、高射炮和榴弹炮，对着滩头的防御工事猛轰，以掩护步兵的前进。

在步兵的先头是2个中队的DD式坦克。它们本预定在距离海岸4英里远的地方下水，但是由于气候的阻挠，登陆艇将它们多送了2英里路，再让它们下水游泳。到了这个时候，它们在风向上已经可以受到港湾的保护，所以32辆坦克当中，有28辆都安全地爬上了滩头。其中至少有一打之数，在6点30分，和第一波的步兵一同登陆，当步兵们纷纷由登陆艇里跳下的时候，它们就已经开始在浅水中发炮射击。

因为潮势还不大，所以大多数的登陆艇在距离所要爆破的障碍地带很远的地方，就停住了。士兵们还要跑500码的距离，才能到达最低的沙丘线。到达那里之后，他们本来以为一定会遭到敌人猛烈的射击，但出乎意料，却只见零星的火力，原因是守兵给轰炸已经打昏了脑袋。慢慢地，他们才把注意力转移到阵地前面的目标上来，可是德军还未发炮之前，坦克上的炮火却已经开始还击。

虽然隆美尔曾经提出警告说：联军可能采用水陆两用的坦克，但是他的部队却并没有重视他这个警告；因此DD式坦克的出现，曾使他们大吃一惊。他们本以为所射击的目标，只是在滩头上奔跑着的人体，那是毫无掩护的，可是现在美国人却已经有了坦克的掩护。在战场上，出其不意是很有利的。DD式坦克所收到的奇袭效果，远比它的火力作用为大，一方面使德军内心上感到恐怖，另一方面使美军对于滩头上的行动，具有旺盛的信心。到了上午9点，领先的步兵团和坦克已经在海岸与咸水湖之间，在所谓的大西洋长城的外壳上，打开了一段长达2英里的缺口。

在这里又要说到，他们因为犯了一个错误，反而获得了更大的利益。因为有2艘指挥船早已沉没，所以在航向上发生了一点偏差，结果使攻击营的登陆地点，较原先所预定的地点，要向南面移动1英里的距离。哪知道这个地区，德军守兵的兵力恰好最薄弱，所以美军就轻取胜利了。德军一向认为在这个半岛的顶角上，因为有了双重的泛滥地带，可以使任何登陆企图都会失败，至少也可以使入侵军找不到立足点。

接着在攻击波的后方，就是在海军爆破单位和陆军工兵特别班，负责扫清滩头上的一切障碍物，以便让美军第4师的后续部队迅速登陆。这种扫除的工作受到了双重的障碍，因为一方面多数的障碍物附近都布有地雷，另一方面德军长射程的重炮，现在虽没有雷达的指挥，却也已经开始向海岸上猛烈地射击。虽然如此，在规定时间之内，却还是扫清了相当多的缺口，于是后续部队的主力在 10 点就开始登陆。步兵们在炮火中迅速运动，沿着沙丘向北移动，去攻击那个原先所拟定登陆的地区。在那里，他们遇到了坚决的抵抗，他们达不到那些炮位，尽管海军巨炮仍然在不断轰击，但是那些海防炮也还在继续发射。

但是敌人的炮火对于登陆和下船的工作，却并不能构成严重的阻碍。人员、坦克、火炮、车辆都还是川流不息地登陆，使该师在海岸上可以守着一个地带，并且增兵西进。在上午到了 11 点的时候，步兵已经奉命通过咸水湖上的栈道，而两栖坦克则从水上前进，以密切支援步兵。在咸水湖的对岸尚有少数敌人阵地，仍有兵据守，但是坦克却把他们都解决掉了，于是到了下午 1 点，海运和空运部队就已经会合。伞兵早已攻占了 4 条栈道的出口，而那第 5 条是最重要的一条，所通往的道路正是指向梅德列河谷，却根本上既未设防，也没有布雷。

第 82 师和第 101 师两个空降师却尚未取得联系，不过很明显，美军对于半岛却已经把握得很紧。在正午不久以前，蒙向西部特遣舰队司令柯克电报说："在准确的海空军轰击以后，第 1 波步兵就在正确的滩头上实行登陆。到了 9 点 45 分，共有 15 波的兵力已经登陆。后续各波仍在继续登陆之中。2 个滩头上的障碍物都已经扫清。道路正在修筑中，车辆已开始向内陆挺进。敌军的抵抗力颇轻微。敌海岸炮兵已被控制。"

这个电报把当时的情况说得太理想化，因为那一天在滩头上作战的人，决不会说得这样的轻松。不过就一般而言，它的确是

对的，所有的战斗都完全是照计划执行。当时美军的军团司令布
莱德雷也正在柯克的旗舰上，接到了这个电报，心里大感欣慰。
在这同一个上午，布莱德雷也收到奥马哈滩头上所发来的报告，
那个性质却完全是两样。杰罗的第 5 军还正在海滩上，为了争取
立足点而发生了苦战；那个地区德军的抵抗在这一天内，要算是
最强烈的。

× × ×

奥马哈是一个凹进的滩头，约有 4 英里长，两端都为高岩所
控制，它的高度约在 100 英尺以上。在这两端岩壁之间，海岸逐
渐上升，变成了一片已耕种的高原，向内陆进到半英里时，其高
度已达 150 英尺，恰好俯瞰着全部的海岸。在高原的峭壁上，只
有 4 个裂口，那都是流到海里去的小水道，只有这个狭窄的谷地
可供车辆通行。在滩头上，潮汐起落的平地，约有 300 码深，都
是坚固的沙土，接着就是一层重而且滑的卵石，再以上就是陡坡。

在奥马哈滩头西部三分之一的地区，这些卵石一直接到一
道海堤和一条有路面的公路，过此以后，坡度又骤然升高。在其
他的滩头部分，卵石的海岸的后面就是沙丘，那是车辆所不能通
过的——同时卵石上有很多地方也是不能通行车辆的。在沙丘线
的那一边，又是一片沙地，在河谷的入口的地方成为沼地并生有
水草。在这里坡度比较低，但是即使如此，也只有少数地方，才
可以使用有履带的车辆。除了在西面岩岸后面的有路面的公路以
外，其他通到内陆的道路，最多也只能供牛马车来往，而且都
要经过厚密的森林，然后进入岩石林立的村落，例如维耶维尔

（Vierville）、圣洛朗（St. Laurent）和科勒维尔（Colleville）等地。它们都控制着这些道路的出口。

德军在布置防务时，对于这个地区的内在力量，曾经加以充分的利用。在潮汐起伏的平原上一共布置 3 个障碍物地带，在卵石地带以上的滩头地带，连同一部分斜坡在内，都布置了地雷和铁丝网；所有的天然孔道都用地雷、战防壕或其他障碍物，加以彻底的阻塞。主要的据点，包括战壕、碉堡和掩蔽部，备有机关枪、战防炮和轻型火炮等武器，都集中在两端的岩岸上和 4 个水道的谷口。从那些位置，德军可以用直射和侧射的火力控制着整个的滩头，所以这个地区几乎是固若金汤。

不过在河谷的出口处之间，防线就比较脆弱。沿着峭壁的峰顶，都掘有战壕和武器掩体，在高原上也有一些布雷区，但是德军却把他们的预备队集中在一连串的沿海村镇中，以便敌军在主要据点之间若能突入时，就可以就近地予以堵截，这些村镇构成了德军的第 2 道防线。再往内陆前进约 3 英里处，就是欧尔河（River Aure）的泛滥地带，这又构成了第 3 道防线。所以美军若是不想被围困在这狭窄的海岸边缘上，那么就一定要一口气突过这 3 道防线。

尽管这样坚强设防的滩头，当然并不是一个理想的登陆地点，可是自维尔河口到阿罗芒什（Arromanches）之间的整个 20 英里长的地区中，却只有这个地区还可以容许相当的兵力，作登陆之用。至于其他的地区则更是岩岸壁立，无法接近构成了天然的屏障，因此更使德国人可以放心，只要专门集中力量来布置奥马哈滩头的防务，就可以万无一失了。

当美军拟订攻击计划时，是以为这个长达 4 英里的地区，德军却只用第716师的一营多兵力加以防守。这个师实力很差，杂有不少外国籍的新兵，而且只能负担坐守的任务。他们全师所负担的防线，约有45英里长，从奥恩河口一直到维尔河口。但是另有一个机动性质的部队——第352师，素质颇佳，却以接近预备队的姿态驻在圣洛附近。5月间，英国的情报当局开始怀疑这个师已经调到海岸上，去增强第一线的防务，所负担的为该区西半段。但是因为证据并不十分充分，所以美军拒绝接受这个情报。到了6月初，这个情报已经获得若干的证实，但是攻击军却早已上船，已经来不及给予他们以警告。所以，在他们登陆时，心里还以为奥马哈滩头虽然有坚强的工事，但是守兵的实力却并不太雄厚。

美军的攻击计划是以许布纳少将（Maj. Gen. Huebner）的美军第1师担任主攻，其兵力为2个加强团，每团3个营，另附支援兵力2个DD坦克营，2个特种工兵队。在右翼方面，第116团（由第29师配属）拟在维耶维尔与圣洛朗之间登陆，而左翼方面，第16团则拟在圣洛朗与科勒维尔之间登陆。在攻击时，这2个团都归许布纳师长指挥，不过当获得了立足点之后，第29师［师长为格哈特少将（Maj. Gen. Gerhardt）］即接管战区的西段，并负责扫清在海岸与欧尔河间的敌人，直到伊西尼（Isigny）为止。此时，第1师应向东推进以与英军第2军团在贝桑港（Port-en-Bessin）会合，并再向南挺进，以便在欧尔河上占着一个桥头阵地［地点在提维里斯（Trevieres）以东］。希望——也许有一点过望——到了天黑的时候，美军第5军可以占有一个宽达16英里、深达5～6英里的滩头阵地，不过大家也都认清了，这个界线能否到达的先决条件，就是要看德军第352师到底是位置在什么地方。

× × ×

上午 3 点不久之后，由美海军哈尔少将（Rear Adm. Hall）所指挥的"O"海军部队，开始在距离海岸 12 英里远处，将攻击小艇从它们的母舰上，放入波涛汹涌、含有敌意的海面上去。有的登陆艇在接触水面后，不过几分钟就沉入了海底。另外一些船只虽未沉没，但是却全靠上面的士兵用钢盔舀水，才勉强把它们维持住不沉。

对于 DD 式坦克，风浪更产生了严重的后果。有一个营决定不放车登陆；另一个营则放送了 29 辆坦克到水里去，但是当它们一离开了 LCT 之后，多数都纷纷沉没，只有 2 辆勉强爬上了海岸。这个悲剧的主因当然是恶劣的气候，但若是坦克不那样远就被放入水里（它们本来只能游 4 英里左右的距离），而且训练和保养的工作能够比较良好，那么损失也许就不会这样的严重。不过无论什么原因，由于使 DD 式坦克在步兵前头登陆的计划已经完全失败，所以步兵接近海岸上就遭受到严重的打击。此外步兵挤在小船上，全身都已经给浪花打得透湿，又冷又晕船，所以登陆的时候，战斗力自然也大打折扣。

当攻击营开始向海岸出发时，军舰和飞机就开始向海岸上的防御工事，实行轰击。由于低云的作梗，能见度颇差，在数分钟之后，烟尘大起，更使对于目标作精确的瞄准成为不可能。所以轰炸机的工作变得十分的困难，他们害怕误伤了自己的部队，所以必须保留相当的安全距离。这种办法当然是对的，可是这也就是说，多数的炸弹都落在防线的后方，而没有炸中它的本身。此外，许多火箭发射艇为烟雾所迷，同时又害怕海岸炮，所以都没有到达射程就开始发射，多数的火箭都纷纷落在水里，并没有能够到达滩头。

当轰击停止时，敌人的炮位和据点却都还没有丧失作用，所以攻击艇在尚未到达滩头前半小时内，就已经饱受敌方炮火的折磨。火力最猛烈的来源是控制西端的高岩，和维耶维尔的出口处。第116团的第1营，正在用连纵队对着这个地区实行仰攻。

在6点30分时，当领先的一连接近号称"绿狗"滩头的时候[注：在诺曼底滩头上，每一个滩头又分为几个区。奥马哈滩头共分为D、E、F三区，通常喊作狗（Dog）区、容易（Easy）区和狐（Fox）区。每一个区又用颜色分为小区，例如绿狗、白狗、红狗等]，6艘登陆艇当中有1艘自己沉没，另1艘被敌人炮兵直接击沉，其他4艘则冲到了沙滩上，距离海堤几百码远。跳板放下，士兵纷纷跳入水中，其深度自腰部以达肩部。以下就是该营自己所讲述的故事：

> 好像敌人已经是严阵以待，所有船只所都陷在机枪十字火网之下……当第一个人跳入水中的时候，他马上就在水中挣扎起来。于是秩序大乱。因为敌火是正以小艇为目标，所以士兵们都认为唯一登陆的办法，就是跳下水去，再向岸边游泳，但是当他下水之后，重装备使他们难于浮起。有的在水里被击伤，有的就淹死在水里……但是终于有一部分人通过了火网，到达了陆地。不过此时他们却发现已经无法在滩头上立足，于是又退回水中，以水为掩护，只剩着一个头伸在水面上。那些幸存的人随着潮汐前进，在水底障碍物后面躲了很久，

最后才上了陆地。

当跳板放下后还不到 10 分钟，一个连就已经群龙无首，几乎不能动弹。所有的军官和军士不是已死就是负伤……现在大家就只想逃命了。在水里面的人，把负伤的人放在前面，推他们上岸。有些已经上岸的人又爬回水里来，拖救旁人，结果却往往是同归于尽，在发动攻击 20 分钟后，一连人已经完全解体，不死的人逃命都来不及，当然更谈不上战斗。

在这一方面，当攻击的最先头部队还在水边挣扎的时候，后续的一连人在 H 时后 25 分，又分别乘坐几艘小艇，到达了"绿狗"滩头——这是第一波所登陆的同一地区。不过这一批人由于潮汐的帮助，登陆的地点更往东去，也更接近内陆。这一段防线防守实力较弱，同时为浓烟所包围。这些浓烟掩护着他们冲上了海堤，在那里分为两组，每组却不到 20 人，分别偷过了铁丝网和布雷区，爬上了山脊直到深入内陆 700 码的地方。他们并没有停下来对付海岸上的要塞，而只是从它们的空隙中，尽量往里面渗透。

由于风力和潮汐，后续连的全部 6 艘登陆艇都到达了"绿狗"死亡陷阱的东面，一直到达前岸。因为他们找到了敌人保卫天然出口处的据点之间，有一个没有布雷的空隙，所以他们爬上斜坡时也还只损失了十几个人。在 10 点以前，这 1 个连和第 5 突击营（Ranger Battalion）的一部分已与先前的两个小组，在维耶维尔会合，恰好如期赶到，击退了敌人的强烈逆袭。在那里，大约为数 200 多人的美军，阻止住了敌人的攻击，他们若未被阻止，则可能一直扫到滩头，把那些还留在滩头狐穴中，孤立无援的第 1 营残部，都全部歼灭。

再向东面一英里远处，第16团的另外两个营，连续地在莱穆兰（Les Moulins）出口的两侧地区登陆，因为海军的炮击把山顶上的建筑物和野草都烧着了，一片浓烟迷住了德军的眼睛，所以他们所受到的抵抗颇为轻微。这个偶然产生的烟幕虽然救了不少的性命，但是也引起了极大的混乱。多数的连，都比原定的计划，偏走到更远的东面去了，军官们知道了登陆地区错误，所以对于行动的方向就不免拿不稳，这种踟蹰不前的态度损失了立即进攻的机会。他们在集合时已经很慢，向坡上前进时就更慢，因为在通过雷区时，他们又一定要用单行纵队，所以当他们到达高峰时，就已经完全丧失了团结和方向。因为烟幕是那样的浓厚，所以士兵们都只好戴上了防毒面具。

一直都没有什么进展，后来有人发现在莱穆兰的东面，有一个地区的地雷已被轰炸所引发，因此在敌人未用火力将它闭塞起来以前，这实在是一个渗入圣洛朗的好机会。这个机会就更加重了滩头上的充血现象，因为在工兵尚未扫清进路之前，在步兵尚未攻下那些敌人据点之前，后续的支援重武器和运输工具，又已经开始登陆。被击毁的登陆艇、正在燃烧中的车辆、爆炸的军火和敌人的炮弹，都更增加了当时的混乱情形。所以士兵们都纷纷躲在掩蔽物的后面，分散在各地，使指挥官无法把他们组织起来。而后续的团也无法照计划在9点30分接着登陆。

×　×　×

同时沿着奥马哈滩头的东半部，战争也在发展之中，在那里，第 16 团有 2 个营，在早晨 6 点 30 分开始登陆。在这一方面，海空军的轰击也同样的没有命中海岸上的防御工事，而风力和潮汐也把登陆船只拖往东面，距离原定的地点均半英里远。全部的攻击都遭了惨重的失败。在"红容易"（Easy Red）滩头，敌人火力最先颇弱，但是在头半个小时当中，却只有 100 个人上了岸。其余 3 连的主力却都在"绿狐"滩头登陆，正对着保护科勒维尔出口的敌人坚强据点，猛受敌人火力的摧残，情形与"绿狗"滩头不相上下。

在"红容易"滩头，是第 2 营所指定应该登陆的地区。最先，单薄的攻击兵力都羁留在滩头上，以后才有 1 位尉官和 1 位师属工兵中的负伤军士，在敌火之下站起身来，走向前去检查敌人阵地前的铁丝网。那位尉官走回来的时候，失望地看看这些卧在沙滩上的士兵，说道："你们是躺在这里等死呢？还是起来挣扎求生呢？"没有一个人敢起身，于是那个尉官和军士又两个人携带着材料，去把敌人的铁丝网炸毁掉。这个勇敢的姿态刺激了那些士兵，于是他们在那位尉官率领之下，开始成单行沿着一条窄路向高地顶点前进，这条路一面受着敌火的威胁，一面到处都布有地雷。利用这条路，这个排，后面还接着有另外一个连，都到达了可以向那些据点实施攻击的距离。这些据点原先简直使这个地区成了修罗场，现在却一个个被他们击破，不过布雷区却还是继续为害。只要一失脚，虽不丧失生命，至少也会炸断一只手或是一条腿。负伤的人睡在那里不敢乱动，害怕又触发了另外的地雷。后续的人就在他们的身体上践踏过去。敌人炮弹就落在附近，但是却没有一个人敢卧倒在地上，因为每一英尺的土地都蕴藏着致死的危机，当担任预备队的营正在觅路前进的时候，这个雷区已经使领先的 1 连死伤了 47 个人，但是有 300 多人，最后终于通过了它，向科勒维尔进发。这条路虽然已被打通，但是代价极高，而且进展也极慢。

不过在最左端，第 16 团的其他攻击营却能够有合理的进展，虽然最初的情况也是非常的恶劣。海上的波浪和不良的航行技术使登陆的行动延迟了。有些登陆艇自动沉没，有些被炮火所击沉。其中有 1 个连的登陆时间迟了一个半小时，而其他的连则向东移动了半英里的距离，事实上这却是一个幸事，因为士兵们可以在岩岸掩护之下，组织起来，而且没有再照原定计划由"绿狐"滩头向设防坚强的水道出口处猛攻，改依着更东面的一条水沟，向前推进——这个沟坡度固然险峻，但是防守却很松懈。该营的其他部队也就跟着前进，由于海军驱逐舰和小艇都可以用火力来实行支援，所以他们终于在敌人防线上打开了一个明显的缺口。在这里，到了 9 点 30 分，美军已经沿着岩壁的顶点，继续缓缓向东推进，以期在贝桑港与英军取得联系。

不过，就整个奥马哈滩头而说，情形还是十分的严重。到了 9 点 30 分，根据美军第 5 军的战况报告，他们的情形是这样的：

> 攻击部队都已经解体，受到惨重的死伤，丧失了许多有价值的装备……他们为强烈的敌火钉在滩头上……沿着"红容易""绿容易""绿狗"等地区，人员和装备都挤塞在一起，这种拥挤的现象对于敌火构成一个良好的目标，卫兵们在布雷区中所辟的缺口，还不够宽，结果使前进的步兵受到相当的死伤……在这个最初期的战斗中，几乎完全是孤立的小队，各自为战——1 个班或是

1 个排，彼此都无太多的联系。虽然已经在企图把各单位加以组织，但是滩头上的情形是如此混乱，所以并没有什么成绩。

在这种混乱的情况当中，已经登陆的部队当然无力打开目前的危局，而所迫切需要的人员、坦克和火炮，却因为工兵们没有能够炸毁水底的障碍物和岸前的沉船，而也无法赶紧登陆，即使那些已经登陆的坦克和车辆也被限制在窄路上，无法动弹，那些攻击的各团只能守着 100 码左右深度的滩头。那些零星部队虽已部分渗入维耶维尔、圣洛朗和科勒维尔等地区，但是他们的后路却多已为敌火所切断。大西洋长城依然屹立无恙，美国人现在才知道，负责防守的敌军，的确有第 352 师和第 716 师。

× × ×

在 5 月间，由于希特勒的灵感作用和隆美尔主张加强第一线兵力的政策，诺曼底全线上的兵力都已增加，第 352 师也被调上了最前线，负担巴约到伊西尼间的防务。他们接管了德军第 716 师的一部分防务，用 3 个营防守奥马哈滩头，另外用 3 个营防守英军地区中的阿罗芒什滩头。此外还留下了 3 个营留在奥马哈滩头的后方作为预备队，而且碰巧，在 6 月 5 日到 6 日，其中又有一个营恰好在海岸上演习。

所以在巴约到伊西尼之间，德军一共有 8 个营，而美军原先以为只有 4 个营，此外德军防线更有相当的纵深，并且防守部队素质也较好，同时他们更有作机动战的能力和装备。所以当轰炸失效，两栖装甲兵力又没有到达的时候，美军所处的形势，才真是主客悬殊、强弱异势了。德军第 352 师的出现，对于战局是一个极重大的因素。

这就是 9 点 50 分时的实况，当时留在岸上的部队向师长许布纳发出求援的信号说："滩头上的车辆实在太多了，赶紧派战斗部队上来。30 艘 LCT 在海岸边等候着，因为敌人的炮火强烈，无法靠拢。士兵仍在强烈敌火威胁之下，已在滩头上掘壕固守。"

许布纳立即采取行动。他要求海军不必顾虑误伤自己的部队，赶紧对于德军的炮兵阵地和据点，加以猛烈的轰击，同时更命令第 18 团马上在"红容易"滩头实行登陆。可是这一团人当中，只有一个营是已经载在小艇上面，可以即刻登陆，其余的大部分，都还在 LCT 上面，要慢慢换小船，所以过了正午以后，他们才能够开始向大陆进发。

到了那个时候，情况已经渐有改善，因为有一个营的援兵已在"红容易"地区登陆，另外又有一个营在"绿容易"地区登陆。当这两个营上岸时，滩头还依然在敌火威胁之下，不过他们立即攻占了几个堡垒，消除了这个威胁。在作此项攻击时，他们受到了 DD 式坦克的协助，同时海军的驱逐舰也开到距离海岸只有一千码的地方，对于岸上作准确的射击。

正午的时候，从"绿容易"滩头上传来的报告说："火力支援良好。德军已离开阵地投降。"几分钟后，从"红容易"滩头也来了报告说：原先钉在"容易"和"狐"两个滩头上的部队，现都已继续向前推进了。

更重要的是，到了这个时候敌人在"红容易"地区出口上的最后据点，也已被扑灭，所以工兵们就开始扫清雷区，经过了 6

个小时的苦战，敌军防线开始崩溃，海岸上已经逐渐不再感到敌人轻武器的威胁，不过尽管在海空军轮番炸射之下，敌人的炮兵还是继续在向滩头发炮。车辆还是没有道路可走，多数通过雷区的道路还只是比单人的狭径略宽一点。敌人继续顽抗，以阻止美军深入。虽然最初阶段的危机已经过去，但是战争却仍无胜利的希望。

在午后不久的时候，美军的进展即告顿挫，德军已有时间可以重新调整他们的防线，大致是沿着从科勒维尔到圣洛朗的公路线。在1个小时之内，美军第18团登陆部队的一半，经过了相当的努力后，到达了科勒维尔的北端。此处已经深入内陆1英里远，第16团有几个已经兵力减弱的连，正在那里巷战。不过敌军也已经获得了增援，在整个下午当中，美军最后只能够守住不退，而渴望滩头上能有更多的援兵送上来。

不幸得很，向内陆推进的行动却非常迟缓，最主要的原因是美国的步兵和工兵都十分害怕德军的地雷，尽管已无敌火的掩护，工兵们对于扫雷的工作，还是进行得异常迟缓，而步兵们因为训练不够的缘故，他们宁可从一条窄路上溜过去，而不愿意勇敢地协助工兵去开拓进路。譬如说，在下午有一个营正在谨慎小心，以单行纵队向高地前进，并从负伤的人们身上爬过去。若是采取坚决的行动，只要一点时间就可以把这段道路完全扫清。但是却没有一个人愿意去冒险一试。

直到下午2点，工兵们才开始开路的工作。又过了2个小时，坦克和车辆才开始从滩头开动，但是还不能充分发挥道路的功效，因为还受着敌人炮火的威胁，到了下午的后半段，敌人炮火的威胁变得分外严重，许布纳的第3团一直到7点以后，才完成了它的登陆，而 2 营炮兵则更迟。所以在内陆作战的步兵，一直过了 7 点之后，才有适当的火力支援。当少数坦克和坦克毁灭车（Tank-destroyer）赶到助战时，海岸村镇中的战事正在拉锯的情形之下。

　　甚至空军也不能充分给予密切的支援，因为许多领先的营连，在登岸时都已经丧失了他们的无线电通信工具，在司令船上，没有一个人能够知道前线到底在哪里，在地面上作战的部队又实在太忙，所以没有空闲时间，来布置对空联络信号，同时到处烟尘大起，使对于目标作准确的瞄准也不可能。海军舰艇当然也受着这些障碍，不过步兵所受到的支援，还要算海军的炮击最为有效。

　　一直到了这一整天将要完毕的时候，美军才勉强到达了沿海的公路上，这个成功主要的原因，还是由于第 1 师具有极高度的战斗精神，在右面，第 29 师的单位开始第一次作战，在上午占领了维耶维尔，到达圣洛朗之后，就再很少有进展，因为德军一再反扑，所以格哈特的部队能够守住一个纵深达 1200 英尺的滩头，已非易事。因为在那一天当中，他的部队已经登陆的只有 2 个步兵团和 1 个炮兵营，而该营一共 12 门火炮，却已经只剩下 1 门了。到天黑的时候，情况还很混乱，圣洛朗尚未全部肃清。美军对于奥马哈滩头的掌握，还谈不上安全，因为敌人很可能趁着黑夜，向疲倦和兵力脆弱的美军，发动一次逆袭。机会的确存在，只要德军能够适当地运用它的预备兵力，则极有成功的希望。

✕　✕　✕

　　从空降攻击开始时起，8 个小时之内，德军第 84 军〔军长为马尔克斯（Marcks）〕的军部，始终因为缺乏可靠的情报，而受到很大的阻碍。关于伞兵和滑翔机的主要着陆，所接到的报告都很迅速而准确，但是由于沿海雷达都已丧失作用，所以一直到天亮，德军才发现了海上入侵部队的地位和实力，可是那个时候，联军的海空军已经开始向海岸防线发动轰击了。虽然这种轰击对于奥马哈滩头的防线，并未能造成太严重的损害，可是它却扰乱了敌方的交通，尤以科唐坦地区为甚。海军炮击的开始，德军第84军都曾经在上午6点，立即转报第7军团司令部。不过一直过了2个小时，马尔克斯军长才获得了联军登陆的消息。差不多到了11点，他才知道联军已在科唐坦地区登陆了。这个消息还是由德国海军所转来的，也并不能够证实，所以在11点45分，第84军发出报告说："关于科唐坦东岸方面，一直未能接获报告，因为截至目前止，交通都被切断。"

在此同一时间，从奥马哈地区所传来的战报，虽很稀少，但是都很令人兴奋。9点25分，马尔克斯军部的报告上说："第352师防区中的前进阵地虽已被突破，但是情况却不如第716师方面那样严重。"所以他要求装甲师立即向巴约与卡昂之间的地区实行逆袭——这就是716师的防区。这个政策似乎是很对的，因为在下午1点35分，第352师的参谋长还报告说："本师已将入侵军逐回海里去，只有科勒维尔附近的逆袭仍在进行之中。"根据这个消息，第7军团就向隆美尔总部报告说："第352师防区的情势现在已经恢复正常。"一直到下午6点为止，从这一方面都没有获得相反的报告，所以德军的全部装甲预备兵力都用去对付英军，其目的是防止卡昂的失陷。对于巴约以西地区，完全没有派遣预备队。

不过无论如何，马尔克斯对于奥马哈战场上，所能投入的援兵，却并不如联军情报当局所估计的那样高。在圣洛附近德军只有1个机动旅，但是它的机动性却很有限，因为士兵所使用的都是机器脚踏车，而缺乏其他摩托化的运输车辆，虽然如此，假使他们要能够在下午用到奥马哈滩头上面去，则也一样可以发生很大的作用，不过在正午的时候，他们却已经奉命开往巴约以东，去向英军实行逆袭。所以在奥马哈地区之内，德军所唯一可以调用的预备队就只有第352师的3个营，位置在巴约与伊西尼之间。在天亮以前，由于联军空降部队在科唐坦着陆的影响，有2个营已经奉命西调，以维持通过卡朗唐的联系。其中一个营，在马尔克斯知道联军在奥马哈登陆之前，就已经开拔，只外一个营因为驻在巴约的附近，结果也参加了对付英军的战斗，所以就只剩下了1个营，可以用来增强奥马哈方面的防务，它正在维耶维尔和圣洛朗，向美军的右翼反攻。假使德军要想趁着黑夜，向联军发动大规模的反攻，那么就一定要把那两营兵调了回来，但是他们却犯了一个大错误，始终认为这个地区的登陆决不能构成大患。

× × ×

在那一天上午7点钟后不久的时候，3连美国突击兵，在奥马哈以西3英里处，奥克角（Pointe du Hoe）的正下面，实行登陆——那是一个高达100英尺的悬岩。他们的主要任务就是要破坏一个强力的海岸炮台，这个炮台可以打到犹他和奥马哈2个滩头上面。岩岸似乎是高不可攀，但是在2艘驱逐舰火力掩护之下，突击兵用火箭射出挠钩和绳梯，一路爬上了顶点。海军的炮火使德军躲在掩蔽部里，不敢出头，所以突击兵走向炮位时，并未受到太多的抵抗。他们发现炮台表面已经被炸弹和炮弹打得大疤小洞，好像和月亮的表面一样，圆顶已经毁去，重炮不知去向。

美军立即派巡逻队向内陆侦察，走了半英里远，有 2 个人发现了那些重炮，在伪装之下完整无恙地放在那里。地面上置有大批的弹药，似乎是准备向犹他方向发射，但是却并没有炮兵在那里守卫着。那两个人就用炸药将重炮炸毁，但是为什么炮兵会弃炮而逃，这个谜却始终没有解决。不过无论什么理由，这个控制着美军登陆地区最危险的炮兵阵地，却始终没有发射一炮，而被两个人所毁灭掉。

这一支小型的突击兵力，虽然总数只有 130 人，却逐渐引起了敌方的注意。德军对于它，下午曾经实行两次逆袭，到了夜里又再实行第 3 次逆袭。这些预备队，德军本应用在西面比较吃紧的地区上面，但是却被这些突击队所吸引住了。

但是美军第 1 师却并未受到这样好的帮助，它一直在独力苦战之中，到了黑暗来临之前的 1 ~ 2 个小时，才越过了科勒维尔—圣洛朗公路。自从上午恢复了活动之后，许布纳所部曾经有优异的表现。虽然僚先的一团曾被打得七零八落，但是由于团长泰勒上校（Col. Taylor）的英勇，居然又集合了起来。他最著名的集合口号是说："在滩头上现在只有两种人，一种是已死的人，另一种是等死的人——所以我们还是离开这个地狱吧！"

凭着这个精神，他们分批前进，终于在千钧一发的机会之下，突过了科勒维尔，最后攻破了德军的第 2 道防线。自从德军放弃了海岸上第一道防线之后，这个村庄就是第 2 道防线的关键所在。一直到夜晚，还有少数的德军在科勒维尔村内负隅顽抗，没有撤出，但是美军的步兵和坦克对于他们加以重压，使这个村庄已经

丧失了战术上的价值。在天光未断之前，美军在东南两面，一直
维持着他们的压力。此时，美军第1师的各团已经把他们的滩头
阵地，扩展到了4英里的宽度，1英里到1英里半的纵深。这固
然是一个很狭窄的立足点，但是据守的人却是曾经转战北非和西
西里的精兵，他们即使在最困难的情况当中，也不会感到灰心的。
假定奥马哈地区是分配给一个经验较差的部队，或是指挥官能力
较差，那么这个攻击也许早就失败了。

美军在奥马哈地区几乎惨败的原因，有一部分是受了恶劣气
候的影响，这个影响使最初的轰击不能准确，同时也使登陆的位
置发生了错乱。但是就一般而言，海面上的危险程度，却并不比
英军在较东面的地区内所面临的更厉害。可是美军在波涛汹涌的
海面上，所遭遇到的损失却特别大，因为美国海军过分地当心海
岸炮兵的威胁，一定要在12英里远的海面上，就放下小艇，而英
国海军的放船地区，却在8英里距离之内。较长的海程不仅增加
攻击步兵的疲劳，而且也使沉没的机会加多。领先的登陆艇在天
没有亮之前，就开始前进，饱受风力和潮浪的摧残。其他的滩头
上，在D日这一天，登陆地点的错误都很少，但是在奥马哈滩头
上，在一个攻击营中，只有一半的连，其登陆地点是距离原定地
点在800码以内的。美国海军不肯接受拉姆齐的忠告，是引起混
乱的一个最大原因。

至于说到陆上的作战，照美国军政部史学家的看法，认为在
D日这一天，第5军所遭遇困难的最大原因，还是由于滩头上敌军
兵力，超过他们估计的限度之外。但这却只是一部分的解释，因
为美军作战计划里面本来就隐伏着一个极严重的缺点。美国人一
向主张不顾一切地正面攻击，这次就是自食其苦果。奥马哈的作

战计划，就是马歇尔蛮攻战略的战术应用。美国人明知敌人主要的防御工事，是保护着那些天然水道的出口，可是他们的计划却是故意地在它们的正前方登陆，并准备用冲锋的方式将那些据点攻下。他们藐视过去两栖战争的经验，那就是说最好还是在据点间的空隙地登陆，不要正对着它们，然后用渗入的方式，从侧面或后方进行攻击。以"狗"区的计划而言，就是一个标准的例证。"绿狗"和"红狗" 2 个地区防务最为坚强，但其中的"白狗"地区则比较脆弱。可是美军却计划在前两区中，在第 1 个小时内都登陆 4 个连，而中间地区则只登陆 2 个连——但是这个地区却是成功希望最大的。依照计划，第 2 突击营的 2 个连在"绿狗"地区登陆，在 130 人当中只有 62 人到达了海堤。但是第 5 突击营的450 人，同时在"白狗"地区登陆，则一共只损失了 5 ~ 6 个人，其余都安全到达了海堤。

假使美国人肯接受蒙哥马利的计划，在攻击之始即大量使用装甲兵力，作为开路的工具，利用霍巴尔特第 79 装甲师的各种特种装备，以扫除岸上的要塞和水底的障碍物，那么这种正面攻击的计划也许还会有相当的希望。当蒙哥马利第一次看到霍巴尔特所设计的各种装备之后，他马上命令将其中三分之一交给英军使用，并且设法使艾森豪威尔和布莱德雷两人，对于这种具有革命性的战术，发生兴趣。霍巴尔特对于这 3 位大将的观感，很有趣味，现在就引述如下：

> 蒙哥马利似乎最精细，在彻底试验之后又问了许多详细的问题，然后明白地说道："这些是我所需要的，那些是我所不需要的。"艾森豪威尔虽然也很感兴趣，但是

态度却比较含混。他说："无论你把什么东西给我，我全要。"布莱德雷似乎也还感兴趣，但是当我问他需要哪一种装备时，他却问答说："我要先和我的参谋们商量商量再说。"

最后，布莱德雷和他的参谋们只接受了DD式坦克这一种，至于"蟹式"（Crabs）"鳄鱼式"（Crocodiles，喷火式）"工兵式"（AVRE-Armoured Vehicle Royal Engineers，专供爆破防御工事之用），以及其他霍巴尔特的心爱产品，他们都一律认为不需要。他们表面上的理由是说没有这样多的时间，来训练美国的士兵，学会怎样使用英国式的坦克和装备。实际这不过是一种托词，只是表示他们根本上不信任这些新观念，因为姑以"蟹式"坦克而论，所使用的根本上就是美国谢尔曼标准坦克，在训练上是并无太多困难的。

这种短视的眼光，在奥马哈滩头，立即产生了可怕的后果。由于轰炸和炮击的不准确，再加上DD式坦克没有出现，所以步兵们就完全在敌方据点控制之下，遑论用冲锋的方式来攻击它。当以后坦克从LCT上直接登陆，固然显出很大的价值，但是因为数量太少和分布得太散，同时又因滩头上挤满了其他的车辆，使它们很难于行动。

这个拥挤的主要原因，就是因为没有特种的装甲车辆去对付那些天然的障碍物和人工的防御工事。英国人从迪耶普突袭的经验上，学到了除非给予工兵以装甲的保护，否则在敌火之下，他们是很难完成那种精细复杂的工作。在奥马哈滩头却并没有这样的保障。除了轻型的装甲开山机（Bulldozers）以外，美国人就更无其他的机械化设备，以来对付天然和人工的障碍物。他们是希望他们的官兵们，能够在敌火威胁之下，用血肉之躯去和铁丝网、混凝土、地雷搏斗。所以他们经常遭到失败，那是无怪其然的。在那一天整个早晨，坦克、大炮和车辆全都挤在水边，无法开动，主要的原因就是工兵们在卵石的堤岸上打不开一条出路，实际上这并不是一个太严重的障碍物。在整个下午中，因为工兵们没有适当的机械工具来清扫地雷，用手工作实在太慢，所以步兵们只好一直都用单行纵队前进。在维耶维尔的出口处，最后一个据点是在下午2点就已经攻下了，但是一直再等了8个小时，才把那个地区的地雷和障碍物扫清，因为那完全是用手工方式进行的，所以才会这样慢。

到了黑暗降临之后，能够通行车辆的道路就只有这一条和另外一条而已。而整个滩头还仍然是在敌方火炮和迫击炮的火力威胁之下。这一个军的滩头一共只有6英里宽，最深入的地点也还不到2英里，同时对于坦克、战防炮和火炮都极感缺乏。多数的营兵力都是不足额的，因为这一天的战斗损失了3000人。简单地说，虽然美军是上了岸，但是他们所占据的地方，几乎还算不到是一个立足点，而在以后最紧要的2天之内，也不足以抵抗敌人使用装甲兵力的任何大规模逆袭。不过德军是否能够发动这样一个逆袭，那么就要看登普西所率领的英军第2军团方面的发展而定了。

第十四章 | 海上的攻击（下）

巴约和卡昂

当英军第 2 军团驶向诺曼底的时候，可以算是丘吉尔开始使他的诺言兑现了。1940 年 10 月 2 日，他曾向法国人民广播说：

> 请记着我们将永远不会停止，永远不会厌倦，永远不会放弃。我们整个民族和帝国已经宣誓，决心要把欧洲的纳粹毒害肃清，要拯救世界脱离这个新的黑暗时代……现在我向诸位道晚安；安息吧，好为了明天天亮时培养一点新的力量。因为天总是要亮的。这就是天亮的时候到了！

登普西的军队，官方定名作"英国解放军"，照欧洲人的看法，这似乎是名正言顺，但是对于英国人民而言，则可以称为一支"雪耻军"。当他们实行"霸王"行动时，多少有一洗敦刻尔克之耻的意味，而更主要的是洗刷张伯伦和绥靖政策所给他们带来的耻辱，恢复了他们的传统精神。从不列颠之战、北非和意大利之战都表示英国民族精神已经在复活之中，而这一次渡海反攻则是他们民族精神的最高表现。

4年来的千锤百炼，已经把第2军团变成了英国有史以来所未曾有的真正精兵。这个军团在组织上，由两大主流所会合而成。第1军，包括英军第3师、加军第2师和第49师以及突击队在内，这都是过去曾经在挪威和敦刻尔克英勇作战的部队，以后又一直防守着英国的基地，并曾向大陆不断地实行突击，和受过反攻法国的严格训练。第30军，则包括第7装甲师、第50师和第51师，他们曾在非洲和地中海地区，转战数年之久，颇负无敌之名。在这么多年来的等待和准备之中，曾经有许多人感到怀疑和忧惧，不过到了今天兵力集中之后，由于计划的周密和进行的顺利，遂使一般悲观论者也都感到对于成功，颇具信心。

当英国海军少将维安（Rear Adm. Vian）所率领的东面特编舰队，在那个风涛险恶的6日夜晚，掩护着陆军渡海时，以上所说的就是他们的背景。黎明的时候，船上的人都在瞭望那还看不大清楚的海岸，这时登普西所属各师指定负担攻击的地区，为自贝桑港以达奥恩河口，宽度达25英里，比起美军所负担的地区，似乎较易于攻击。那里不像犹他海滩，没有广泛的泛滥区，同时也不像奥马哈地区，没有险阻的高地。但是这种平易的地形却是有利也有弊，因为敌军装甲师就驻在卡昂的东面和南面，所以他们一定会选这个地区来最先发动逆袭。因此，登普西必须迅速推进，使桥头阵地到达相当的深度，以使它具有真正的抵抗力量。这样他才能够完成他的任务，掩护美军第1军团的侧翼，以便他们去攻略瑟堡和布列塔尼地区的各港口。

英军所奉到的命令，是要他们在 D 日的黄昏以前，占领巴约和卡昂，通过这些城市的主要道路，以及在奥恩河以东的空降桥头阵地。从这个已经确实巩固的基地之内，装甲纵队就应该冒险地向南面挺进（顶好就是在第一天之内），其目标为深入内陆 20 英里左右的维莱博卡日和埃夫勒西（Evrécy）等处的高地。尽管自从 5 月份以后，德国人对于诺曼底的防守兵力，已经大有增加，但是蒙哥马利却还是坚定地采取这种冒险深入的战术，他所最当心的，就是不要像过去加利波利（Gallipoli）战役一样，士兵们因为没有奉到命令，所以坐失了成功的机会。

至于登普西本人，他的注意力是完全放在海岸和敌人防御工事上面，他目前所最关心的问题，就是如何使部队登陆，如何占领巴约、卡昂地区。对于这个地区的西半部，由第 30 军负担攻击的任务，其主力为第 50 师和第 8 装甲旅〔第 50 师师长为格雷厄姆少将（Maj. Gen. Graham），此时还配属有第 56 独立步兵旅的部队。至于各滩头的特种装甲车辆，则全由霍巴尔特的第 79 装甲师供给〕。这些部队登陆的地方是在巴约的东北面，号称"黄金滩头"的地区，是一个平滑凹进的滩头，后面就一个沼泽地带，两头都是坚强设防的村庄——勒阿梅尔（Le Hamel）和利维拉（La Riviere）。在此处由 DD 式坦克和其他特种装甲车辆领先，紧跟着后面就是两个步兵旅。在右面，第 231 旅要在勒阿梅尔以东地区登陆，肃清这个村落中的敌军，再沿着海岸线向西挺进以与美军会合，并到达贝桑港（这里由英国突击队从后方加以攻占）。在左面，第 69 旅在利维拉以西登陆后，即沿着瑟勒河（River Seulles）向南进攻，以到达深入内陆 8 英里处，圣莱热（St. Leger）附近的卡昂—巴约公路。这两路进攻兵力之间的空洞，则由另外两个预队旅（第 56 旅和第 151 旅）加以填塞。他们预定在 10 点登陆，向西北推进，直到巴约和它外围的高地。

为了这个攻击作准备起见，英国海军的军舰在日出前 40 分钟，就开始向德军防线轰击，集中射击的对象就是沿海的炮位，那是夜间空军所已经轰炸过的。在英军第 30 军的前线上，敌人唯一的答复就是在巴约以北，隆古斯（Longues）地区的 4 门 6 英寸口径重炮。这些炮位本都已经受到了准确的轰炸，但是因为隆美尔坚决主张用厚重的混凝土工事对它们加以保护，所以这些炮并没有被炸毁。可是他们第一排炮却并没有打中那载着指挥部和军长的司令船。接着英国军舰"Ayex"号，就赶紧用 6 英寸炮对之还击，20 分钟以内，英军大获全胜。4 个炮台的圆顶，有 3 个都被直接命中，它们的炮声已经不响了，有两个是由于炮弹弹片打进狭窄瞭望孔，而把它打垮的。

在这个炮台被打毁之后，登陆军在集合时所受到的阻碍，就只有恶劣天气这一个因素。维安军长说："这种天气可以说是完全不适宜于作此次的作战。"一个风速达 15 英里的强风，吹起了高达 4 英尺的白浪，一直向海岸上打去，有些小艇在半路上打转；另外有些因为引擎里已经被水浸满了，无法开动；像木筏一样的"犀牛"式（Rhino）渡船，本是用来载运车辆的，现在却挣断了拖索。因为海面风浪太大，所以决定不将 DD 式坦克放下海里，一直把它载运到滩头上，再在步兵的后面登陆。因为风力太强，潮汐被吹向内陆，比正常的时间早了半个小时，这对于那些预定在障碍物地带以外着陆的登陆船只，也有相当的影响。

那些倒霉的步兵，当他们从比较平静的大型登陆船上换下了小艇之后，马上就感觉到了天气恶劣的可怕。他们奉命都吃下了晕船药，但是药物的效果却并不太大，于是大家都在使用呕吐袋。在他们没有到达陆地很久之前，多数的兵员都已经疲弱不堪，又冷又湿了。

完全是因为船员们都有充分的训练和坚定的神经，所以才能够使第一波的登陆小艇们没有受到太大的损失。在他们的后面，潮汐迅速升起，在1点以内，外面的障碍物上已经有7～8英尺深的海水。所以后续的攻击波通过是很困难，若不是船员们有优良的技术，结果将不堪设想。

在7点30分不久之前，汉普郡（Hampshire）团第1营的领先各连士兵，就纷纷跳入2英尺深的水里，这时DD式坦克以及其他各种特种装甲车辆，都早已在海岸上对敌人的防线开始进攻。空海军的轰击，所收到的效力并不如理想中那样的伟大，在最右端的勒阿梅尔据点，简直完全没有受到损害。本来预定在登陆之前，应用轰炸机、驱逐舰和在登陆艇上的1团炮兵，对它作猛烈的打击。可是炸弹没有命中；因为观测单位的船只被毁，所以炮兵也没有击中这些工事；此外又因为敌人的炮台对于沿海一面，都具有极坚固的掩体，所以驱逐舰上的火炮也不生效力。不过这些炮台虽然没有被击毁，但这却也正显出了所谓大西洋长城的一个极严重的弱点。

德国人为了要保障这些据点起见，所以连限制它们火力的射界，亦在所不惜，由于要使它们的机关枪和战防炮不受到海上炮击的损害，所以结果使他们自己不能直接向海外发射。它们的位置只能以纵射的方式来监视前岸，德军只希望水底的障碍物可以阻止住登陆艇，那么当敌军的兵员纷纷向海岸上挣扎时，就可以从侧面扫射他们。这样的布防是基于两个假定上面。第一，德军相信登陆的时间，是一定在涨潮前后的时候，所以直接射击的火力应集中在高水位线与海堤或沙丘之间的地区上。第二，他们以为，假使各据点能够设法保护着，使其不受到海空轰击的损害，那么攻击的步兵就绝没有能力消灭躲在混凝土掩体后面的德军重武器。因此在他们支援作战的装甲部队到达之前，这些步兵就应该已经全部被清除掉了。

可是这两个假定却都落了空，因为蒙哥马利决定在半潮以前就登陆，而且又使特种的装甲车辆来作为步兵的矛头。所以当汉普郡第 1 营的步兵在 H 时到达勒阿梅尔以东的滩头时，在涉水登陆那一段最紧张的时候，却并没有遭到敌人强烈火力的狙击。德军多数的枪炮都达不到这个位置，而当步兵再前进 200 ~ 300 码，到达德军认为可以集歼他们的地区时，他们却早已有了装甲兵的掩护，而不再感到畏惧。

假使没有这种装甲兵的支援，那么奥马哈滩头的悲剧也许就会在此地重演，因为勒阿梅尔敌人据点中的火力是不仅强烈而且也很准确。3 辆领头的蟹式坦克，在布雷区中开路时，其中 1 辆被敌人战防炮所击毁，1 辆陷在沙丘后面的沼泽里面，只有 1 辆最幸运，一路打进了勒阿梅尔。在这一辆坦克的攻击之下，德军设在一个海滨疗养院中的主要据点的火力被压制住了，其时间的长度足够让两个连步兵越过前岸绕到勒阿梅尔的后方，向阿内勒村庄（Asnelles）进攻。可是以后这一辆蟹式坦克还是给德军击毁掉，于是德军的火力又开始激烈，使滩头的西端几乎无法通过。汉普郡团附其他部队，差不多花了一上午的工夫，来对付沙丘上的敌人防线，但是却还是攻不下这所疗养院。

英军第 231 旅的另外一个攻击营——多塞特郡（Dorset）团第

1营，却比较幸运，因为他们登陆的地区远在勒阿梅尔据点射程之外，而对于他们正面的敌人抵抗，却又能够迅速加以克服。在这个地区，特种装甲队的一切行动就好像是照着书本演习一样的顺利，它们渡过了黏土层，扫清了布雷区，击毁了混凝土的障碍物，填起了洼地。在1个小时之内，装甲攻击部队已经扫清了3条道路，于是步兵就开始向内陆推进。蟹式坦克当DD式坦克不在的时候，就负起了双重的任务，用火力掩护步兵前进。步兵利用这种难得的机会，也就奋勇坚决地向前猛进。他们的主要目标就是在阿罗芒什以南的逐渐升起的高地，那里由德军第352师的部队坚守着，一直到下午，英军用步战协同的方式才把他们赶走。

在英军第50师所负担的东段战线上，海空军的准备轰击，一般来说，效力要比勒阿梅尔这个地区良好。小型的火力支援船只，一直护送着第69旅的步兵，几乎到达了他们登陆的地点。当步兵们纷纷冲上海岸时，那些火炮就从他们的头上向岸上打过去。利维拉的大部分都早已变为废墟，但是这条防线的西部一角上，还留着少数的据点没有完全被击毁。所以当英军向海堤前进时，就受到了火力的阻挠。从一个巨型的碉堡里面，伸出1门88毫米巨炮，一连击毁了两辆"工兵式"坦克。以后一辆蟹式的坦克，用技巧而勇敢的方法，进到100码射程之内，才把它击毁了。在这个据点被毁之后，敌人的防线才开始崩溃，不过英军东约克（East Yorks）第5营的步兵，还继续再打了两个小时的街市战。

此时，在利维拉的西面，英军绿霍华德（Green Howards）第6营的步兵，曾经没有经过太多的困难，就穿透了敌人的防线。最初两个碉堡和1个设防的房屋内的敌人用火力阻止住了英军的进路，同时狙击手也在海堤后面对他们加以暗袭。不久第6攻击工兵团的 3 辆"工兵"式坦克到达之后，马上就打开了这个死结。英军用爆破筒炸毁了一个堡垒，步兵也击毁了其他的据点。但是在海堤后面的德军还是继续射击和投掷手榴弹。这个时候该部队的指挥官已经忍不住了，所以留下他的部下去用爆破对付那所设防的房屋，而自己率领两辆"工兵"坦克，直向海堤冲过去，把敌人赶跑，于是步兵继续前进。到了 9 点 30 分，一英里外的缪费尼斯山脊（Meuvaines Ridge）已进入英军的掌握，而绿霍华德团的第 9 营则又与坦克协同前进，继续执行攻击的任务。

当后续的两个步兵旅（第 56 旅和第 151 旅）在 11 点左右开始登陆时，攻击又获得了新的力量。他们比原定的计划迟了 1 个小时，但是到了这个时候，通过水底障碍物地带的缺口，已经打开了好几个，而在海滩上也已经有了 7 条大路可供利用。所以一切运输都非常顺利，到了 12 点 30 分，这两个旅就都已经向内陆集中。这时滩头阵地已经有 2 英里半的深度，和 3 英里的宽度，不过勒阿梅尔村庄守兵的顽抗，使这个滩头无法再展宽一点。在这一个侧翼上，大西洋长城是由德军第 352 师的一个营负责防守，这个部队正和在奥马哈地区所遇见的一样的讨厌。一直到下午 4 点，这个村庄才被肃清，于是英军开始向西沿着海岸防线滚进。利用驱逐舰和小型火力支援船只，在他们的前面构成一道掩护的弹幕，步兵和坦克就拼命向前挺进。到了午后 9 时，他们一路破坏敌人的据点，经过了 2 英里的距离，占了阿罗芒什，把高岩上的德军都赶跑了。英军稳占了这个地区之后，该军滩头阵地的西面侧翼就有了安全的保障，同时那两个号称"桑子"的人工港口中之一个，也就是选择此处为安置地点，它们在这个时候已经快要拖过海峡。

现在，英军的攻击主力就已经指向南面和西南面。在下午和黄昏的时候，第 56 旅已经前进了 6 英里，击败了德军拟在海岸与巴约之间的高地上，重建防线的企图。巴约城已经是唾手可得，法国人民躲在百叶窗的后面，看见最后的敌人都从黑暗中的街道上遁去了。英军在那一天夜里本可以占领该城，因为第 56 旅所派遣的巡逻队已经进入了该城东北面的郊外，而第 151 旅已经到达了巴约—卡昂公路，在该城东南面 3 英里处。在左翼方面，第 69 旅自从清早起，就一直战斗、前进，没有停息过，到了日落的时候，已经向南推进了 6 英里。这是一个可观的成就。

在天黑的时候，英军第 50 师的全部滩头阵地，大约是 6 英里宽和 6 英里深。最先头的各营距离原定的 D 日目标线，平均还差 2 ~ 3 英里，但是巴约之战却是早已成定局，敌军再无法利用这个重要的公道中心，以向危险的奥马哈滩头，实行任何的反攻。在那个滩头与黄金滩头之间，却还有 7 英里的海岸线，仍在德军据守之中。不过这个地区的德军却早已感到压迫，因为英国海军陆战队的第 47 突击营已经进到了贝桑港的附近，并已经深入敌军防线后方达 9 英里远。在东翼方面，也已与加拿大部队取得了密切的联系——那就是英军第 1 军的右翼。

× × ×

克鲁克中将（Lt. Gen. Crocher）所指挥的英军第 1 军，在 D 日所负担的任务，可以说是最重要而困难的。当第 6 空降师在奥恩河以外地区，为联军桥头阵地建立左翼侧卫时，英军第 3 师则负责占领卡昂，而加军第 3 师却要作这一天内最大的深入，一直到达深入内陆 11 英里的卡尔皮屈埃（Carpiquet）飞机场。给予克鲁克所属海运师的目标，实在是未免有野心过大的感想，因为这个部队登陆时间定在最后，所登陆的滩头最为暴露，要前进的距离最远，而可能遭到的抵抗也许会最大。由于潮汐的流向和海岸附近暗礁颇多的原因，英军必须等到天亮后 1 个半小时，才可以开始登陆。到这个时候，敌人可能早已有了准备，而他们的预备队也在附近，只要一呼即到。此外，由于礁石的阻碍，两个师所可以适用的滩头，中间却隔开了 5 英里的距离。

关于敌军兵力的估计，英军相信在瑟勒河与奥恩河之间的海岸防线上，由德军第 716 师派遣有 2～3 个营的兵力担任防守。另外还有几个营在他们的后方当作预备队。但是敌军的主力却是第 21 装甲师。它的正确位置还没调查清楚，但似乎是驻在卡昂的东南面，从它最近的演习上（空中照相发现了坦克的车轨），可以看出保卫该城将是他们的主要任务。它可能会被空降部队吸引住了一部分的兵力，但是似乎可以稳定地判断着，在 D 日开始时，它的主力就一定会直向卡昂到海滩之间的高地上开动，以图截击英军的登陆部队。

在这个情形之下英国人似乎是败定了，因为克鲁克在登陆几个小时之内，绝不可能调集足够的坦克来击败一个在自己土地上作战的德军装甲师。若是想作这样的企图，那似乎是太不合理。此外过了 D 日以后，克鲁克的主要任务就是确保左翼方面的安全。假使他和德军第 21 装甲师先拼一个你死我活，那么德国党卫军第 12 装甲师再赶到之后，他就会毫无抵抗的余力。这个师驻在埃夫勒（Evreux）与加塞（Gacé）之间，在 3 月 6 日的下午即可能到达战线。

　　这两个装甲师，恰好位置在一起，使他们的坦克总数约在 350
辆，所以要想在 D 日就占领卡昂，那就只有碰到好运气才行。对
于克鲁克而言，唯一最重要的问题就是，他能否迅速地突破海岸
防线，而使英军第 3 师在德军第 21 装甲师尚未到达之前，即已经
先到达了卡昂城？但是这个机会却又太难。空降部队的着陆至少
使他们在 6 个小时之前，即已获得警报，即使德军的装甲部队是
驻在法莱斯附近，他们所要经过的距离也不过只比英军远了一倍。
但是他们除了空军以外，就不会受到任何的阻止，而英军则必须
战斗前进，所使用的运输工具就是自行车和士兵的双脚。

　　所以克鲁克也明知成功希望颇少，所以他向英军第 3 师所下
的命令是说："在 D 日黑夜之前，该师应占领卡昂或有效地监视
该城。各旅应分别稳占贝努维尔（Benouville）的西北和卡昂的
西北。"

　　当克鲁克在 5 月作此判断时，他还不知道德军第 21 装甲师，
除了坦克部队以外，其他大部分兵力都已经集中在卡昂城内和它
的附近地区。在隆美尔命令之下，它的高射炮营就正驻在这个城
里；它的 4 个摩托化步兵营，1 个驻在该城的西郊，1 个掩护着东
面的道路，另外第 3 个营连同战防炮营的 24 门 88 毫米炮在内，
都驻在佩里耶高地（Périers Rise），距离英军第 3 师所拟登陆的
滩头只有 3 英里远。这个营和这些炮正挡着到卡昂的大路，更大
大增加了天气因素的重要性。所以在 D 日天黑时，即使克鲁克只
是想要对于该城作有效的监视，那么他的各师也就需要有极顺利
的登陆行动，极大量的火力支援和用极迅速的行动来透过大西洋
长城。

× × ×

在"朱诺"地区登陆的部队为加军第 3 师，该师师长为凯勒少将（Maj. Gen. Keller），由加军第 2 装甲旅加以支援。登陆地区正对着瑟勒河的河口，由于海岸外面有礁石出现，所以使行动颇为困难。这个地区的 H 时必须延后，以等待涨潮的来临，所以即使是第一波的登陆艇也要在水底障碍物的上面通过，那是一个极危险的办法。这个险是一定要冒的，但是最重要的问题就是登陆的时间绝不可以再迟。可是，在 6 月 6 日的上午，这个地区的天气情况却是再坏没有，所以把原定计算弄坏了。最先头的登陆艇，要比原定计划上的时间，迟了半个小时，所以结果它们被涨潮送过了水底布雷障碍地带，达数百码的距离。在进入的时候，并未受到什么损失，但是许多船只在开回去的时候，却纷纷被炸毁和炸沉。有一个营一共 24 艘船，就毁了 20 艘之多。

他们虽然已经延误，但是多数的加拿大步兵却都在装甲兵之前到达了陆地，而更糟的却是敌人的防线虽然经过海空军的炸射，却似乎一点都没有受到什么损失。由于能见度太差，所以大多数的炸弹和炮弹都落在海岸防线的后方，又因为登陆时过迟，所以德军已经有充分的时间恢复了他们的士气，和掌握住他们的武器。

在向瑟勒河口敌军阵地攻击时，加军第 7 旅曾获得 DD 式坦克的协助，它们在距离陆地 800 码处始放入水中，但是工兵用的攻击车辆，却直到第一波登陆后半个小时才姗姗来迟。所以步兵虽然英勇，坦克也肯卖力，他们在 1 个小时之内，就把海边的主要据点都肃清了，但是为了要开辟前进的道路，却还是延误了不少的时间。到了 9 ~ 10 点的时候，加军的先头两营已经深入内陆达 2 英里远，但是在他们的后方，那狭窄的滩头却塞满了装甲车辆、大炮和其他运输车辆。预备队的各营一共费了 1 个半小时的时间，才使这个拥挤的情形解除，而因为这个时间上的延误，遂使那一天的攻击损失了不少。

在更东的那一端，加军的第 8 旅在第 7 旅登陆后数分钟内，也跟着上岸了，但是却没有任何 DD 式坦克的支援。因为海面风浪太大，所以它们不能放下水中，只好以后直接运到步兵的后面登陆。在伯尼尔斯（Bernieres）方面，战斗一直非常激烈。皇后卫队步兵营（Queen's Own Rifles）的登陆小艇，为潮水所推送，一直到达距离海滩只有 100 码的地点，但是这个 100 码却是敌人预定用火力击败联军的地区。有一个连因为登陆的方向错误，正好对着一个坚强的据点，一上岸就损失了一半的实力。以后由于海军炮舰冒险地驶到海岸边，用强烈的火力加以压制，步兵才把这个据点攻下了。

当前卫部队正在逐步地攻击这些据点的时候，后续的部队也就纷纷登岸，15 分钟后，海岸上的敌人渐稀，只剩下了零星的狙击手而已。这时装甲车辆已经打开了两条出路，而攻击部队正在肃清村落中的残敌。到了 9 点 30 分，伯尼尔斯已告全部肃清，联军部队通过它继续向前推进。不过在该村的南面郊外，他们的进展即被阻止，德军的机枪和 88 毫米炮正对着通向贝尼（Beny-Sur-Mer）的道路上，实施封锁射击。一共花了两个小时，这个阻碍才被克服，此时在伯尼尔斯地区内，交通的情形却已挤得水泄不通，因为该师师长在没有知道前方发生阻碍之前，即已命令师预备队——第 9 旅，在那个地区继续登陆。它的 3 个营在下午 12 点 30 分即已登岸，但是滩头上和街市上却都已塞满了各种车辆，一直等到 3 点，他们才开始向南移动。到了这个时间加军的先头部队已经向贝尼推进，只差 3 英里的距离，而且仍在持续行进中，但是所浪费的时间，其损失却无法补偿。

到黄昏的时候，预备旅还只动用了 1 个营，虽然加军的最先头部队却已经深入内陆达 7 英里之远。有些加军的坦克甚至已经透过卡昂—巴约公路，但是因为没有步兵的配合，所以又只好退回去。总而言之，这一方面敌军的抵抗实极轻微，若非联军没有把交通情形整理好，则加军那一天是一定可以到达他们原定的 D 日目标。不过这种交通阻塞的现象，却又是恶劣气候的必然后果，它使登陆的时间发生了延误，使水底障碍物无法提早肃清，使破毁的沉船都堆积在海岸边上。在这种环境之下，加军的进展实在可以说是很够惊人，事实上比其他任何 1 个师在 D 日中的进展都更大。在天黑的时候，他们已经可以望见卡昂城，其中有两个营距离该城的西北郊就只有 3 英里远。在右面，第 7 旅已和英军第 50 师取得联络，使双方共有的滩头宽达 12 英里，深达 6 ~ 7 英里。但是在左面，英军的第 3 师与加军第 3 师之间，却还有一个地带仍在敌人扼守之中。

✕　✕　✕

6 月 6 日的上午，当"S"海军支队装载着英军第 3 师和它的支援部队，在奥恩河口外的海面上集合时，指挥官塔尔伯特少将（Rear Adm. Talbot）所最关心的问题不是恶劣的气候，而是勒阿弗尔的 16 英寸和 11 英寸的重炮。舰队停泊的地方绝对是在他们的射程之内，但是他们却鸦雀无声。事实上，16 英寸的重炮，由于英国空军的轰炸，已在几天前即已丧失了作用。至于 11 英寸炮，因为雷达已不能使用，同时联军飞机在天亮之前，即已布下了烟幕使敌人无法射击。不过在烟幕之外，刚刚天色黎明的时候，就有 3 艘德国鱼雷快艇出现，它们匆匆放射鱼雷之后就跑回去，两颗鱼雷在军舰中间溜过，另外 1 颗击沉了 1 艘挪威籍的驱逐舰，而第 4 颗则险中了旗舰"拉尔格斯"号（Largs），这也是宝剑滩头的联合指挥中心。

德国快艇没有等着观测结果，就迅速溜进了烟幕，在这一天之内，联军的舰队就再没有看见德国海军的踪影。联军方面以为德军一定还会作若干自杀性的袭击，但是巡逻的联合海军却再没有发现德国的海面船只和潜艇。

既然没有受到敌军的阻挠，负责轰击的船只就继续向奥恩西面的滩头和它东面的海岸重炮阵地拼命发炮。在天亮之后不久，空中堡垒和解放式的重轰炸机就也开始加入作战，接着后面就是中型轰炸机和战斗机，它们在海岸边上下飞行着，搜寻任何有活动现象的目标。在这两个小时之内，宝剑滩头所受到的轰击和轰炸，打破了这一天内最重的纪录。因为这一天所有支援英军第 3 师的一切火力，都是集中在 1 个旅的正面上，只有 3 英里宽和半英里深的一个狭窄地带。

对于守住奥恩河大桥的空降部队而言，这种天崩地裂的巨响真无异于是最美妙的音乐，因为他们正在渴望着海上的援兵。他们的位置距离滩头还有 3 英里远。当第 1 架轰炸机出现的时候，天还只有一点微明，但是那强烈的闪光照着遍野像白天里一样亮，地面也正在那里发抖。在 H 时的前几分钟，各种的爆炸声是到达了最大的限度，好像是天空都要震落下来一样。

在弹幕的后面，英军的第 8 旅开始登陆。右面，第 1 南兰开夏营（South Lancashire），趋向"白后"滩头（Queen White），而第 2 东约克（East York）营则向"红后"（Queen Red）滩头进攻。在他们的前面就是 DD 式坦克和搭载装甲攻击小组的 LCT。

海面风浪极大，而能见度又极差，所以一队 LCT 跟在游泳中的坦克后面行进，几乎闯了大祸。有两辆坦克被撞沉，若不是恰好一排火箭炮弹落在这个地区，逼着 LCT 不得不改变航线，否则坦克的损失一定还要更大。DD 式坦克侥幸都没有被火箭炮所击中，但若不是驾驶人员的技术精良，则 25 辆放入水中的坦克，一定不可能有 21 辆安全到达陆地。尽管如此，DD 式坦克和特种装甲车辆却都能够在步兵的先头登陆。当步兵在 7 点 30 分跳下登陆艇时，它们都早已经在滩头活动着。

在装甲兵火力支援之下，步兵很快肃清了前岸的敌军，开始突入沿着沙丘的网状防线。在 1 点之内，已经为坦克开出了 3 条出路，攻击的部队深入内陆 1 英里半，到了 9 点 30 分就占领了埃尔芒维尔（Hermanville）。在那里他们已经可以望见他们的目的地——佩里耶高地，但这却是由德军第 21 装甲师的步兵和战防炮兵所据守。当德军的 88 毫米炮把英军的坦克逐回埃尔芒维尔的时候，步兵的攻势也就跟着受了顿挫。这个时候，在"红后"滩头方面，东约克营正在沿着一个一个的据点挣扎奋斗，直到第 4 突击营已经占领了乌伊斯特勒昂（Ouistreham）的西边以后，这个滩头的枪声才开始停息。

当攻击各营正在扫除沙丘上的残敌，继续向内陆挺进时，装甲攻击小组则忙于打开那些道路，这时滩头因为风力鼓动潮水的缘故，面积越变越小，所以显得异常拥挤。潮水涨得太快，使工兵没有能够在后续部队到达之前，就将水底障碍物完全清除干净。这虽然可以减轻危险，但是后续的船只，却还是要小心翼翼地通过障碍线。此外被毁的船只和车辆也都挡住他们的进路，并且还要避免敌人的炮火。

当拥挤的情形到了最坏的时候，德军就开始向滩头实行轰炸，所以联军只好张挂起阻塞气球，来防御俯冲轰炸机。到了11点30分，联军才撤出了阻塞气球，此后德军的火力也就渐次微弱，不过到了正午的时候，交通阻塞的情形又到了极严重的程度，所以后续部队没有疏通之前，只好暂停登陆。在这个时候，后续旅固然已经上岸，但是担任预备队的1旅，一直到了午后3点左右才开始登陆。

不过，前进迟缓的最大原因，却还不是因为缺乏步兵之所致，最主要的是先头的3个营，有两个营缺少果敢猛进的勇气。在正午之前很久的时候，他们的压力就已经现出松弛的现象。英军第3师的部队，缺少那些曾在西西里和意大利登陆的经验，多数的人最后一次与德军的接触就是敦刻尔克，此后他们就一直在国内负担防守的工作，过了4年之久。当他们被指定为入侵部队之后，他们当然就立即开始登陆战的训练。但是他们却把敌人的力量估计过高，所注意的就只是如何争取滩头一线的地区。他们的长官告诉他们说：一旦滩头攻下之后，他们就可以在森林和果园当中开始休息整编，然后再去攻击最后的目标，不过目前，所最要注意的，还是滩头的争夺战。

可是，到了真正作战的时候，情形却没有那样严重，损失之轻微出乎他们意料之外。所以他们反而有不知所措的感想。多数的人都希望暂时停息一下，掘壕固守，以防敌军的强烈逆袭。由于这种心理作用，所以攻击的速度就自然降低了。

这种守势心理的作祟，对于第3师的训练上，具有极深切的关系。师长雷尼少将（Maj. Gen. Rennie）虽然本人作战经验很丰富，他对于他的部下能够登陆并守住所得的位置，固然深信不疑；但是他却并不主张立即催促所部在战斗的初期，不顾一切地迅速挺进。旅长卡斯准将（Brigadier Cass）是一个"猛犬"型的人物，咬着的东西绝不松口，但是却不适宜于追击的任务。由于这两个人的领导，他们的部下都受到了很大的影响。当克鲁克由北非回来接任军长的时候，就想倾全力来矫正这种守势心理，但是它却已经根深蒂固，很难动摇。

在这一天上午，东约克营固然是曾经苦战，但是卡斯旅长的其他两个营则并未发挥他们的效力。南兰开夏营在10点以前，即已占领了埃尔芒维尔，并未经过太多的困难。可是他们却不想迅速向佩里耶高地进发，而只想掘壕暂取守势。至于预备队的第1萨福克（1st Suffolk）营对于攻占科勒维尔和附近两个据点的工作，则更是踟蹰不前。可是这个地区，实际上，敌人并未有太强大的防守力量。当支援的炮火向这些据点射击时，德国守军即举手投降。因为海空军的攻击实在太猛烈，使敌人都为之丧胆，所以后第1特种勤务旅的突击队，带着1个工兵的架桥纵列，直向科勒维尔通过时，并未遇到任何的抵抗，在下午1点30分，他们就到达了奥恩桥上，与第6空降师的步兵相会合。可是一直再过了8个小时，英军第3师的步兵才开始准备经过贝努维尔，以去接应那些伞兵。

在奥恩河的东面，"空降桥头阵地"在这一上午之内，不断地受到敌人的攻击。早在上午7点的时候，德军的装甲搜索巡逻队，即已接近朗维尔，但为布防在该村南面的英军战防炮所阻止。虽然如此，但是盖尔所部各营的实力，由于降落时所受的损失，已经无力指示突击兵扫清后奥恩河到迪沃河口间的海岸，以达到其指定的任务。照情况来判断，只要德军第21装甲师有时间来集中他们的兵力，则似乎一定马上就会发动更强烈的反攻。有了突击兵的帮助，盖尔自信他有力量守住奥恩河以东的桥头阵地；但是在它的西岸，雷尼所部的前线方面，却需要立即采取果敢的行动，直向卡昂进攻。

雷尼将此次任务交给第185旅负担，它的原先意图是想利用坦克搭载的方式，将其第2营从埃尔芒维尔经过大路以达卡昂，而其余两个营划分任左右两面的侧卫，以保护这个通到卡昂走廊地带的安全。在11点以前，这两个营都已经分别按照计划在埃尔芒维尔北面的果园内集中，这时困难的问题却来了。在正午的时候，坦克和步兵的重武器却还搁置在滩头，无法前进，右翼方面敌人已经开始攻击，而第8旅尚未开始攻击佩里耶高地和在科勒维尔西南的据点。

在这种情况之下，若无坦克的支援而冒险前进，则实在是颇为危险，于是该旅旅长在犹疑不决的时候，又损失了很多的时间。最后他方决定命令步兵徒步前进，而让坦克从后面尽快地赶上他们。

不过这个时候对于攻占卡昂城，似乎尚有一线的希望，那就是德军第21装甲师并没有显出他们的兵力来。自从一清早起，该师的部队即已在奥恩河的两岸，与第6空降师作战，但是它的主力坦克部队现在何处，还是一个疑问。9点45分，空中侦察的结果曾发现在卡昂的东南面，集结有60余辆坦克，但是却无移动的迹象。12 点 15 分，英国空军也报告在卡昂以北发现德军坦克，但详细情形不明。他们到底有多大的实力？德军的计划如何？这是向卡昂城孤军深入的英军所最关心的问题。

第十五章 ｜ 第一个黄昏

自从 1942 年的夏天起，德国人就开始准备迎击和击败在海峡入侵的联军，可是真正到了 D 日来临的时候，他们对于指挥和作战，却反而没有一个明确一致的计划，因为隆美尔和施韦朋堡两人对装甲预备队兵力的使用问题，所具有的歧见迄今也还没有解决。在 B 集团军的地区之内，从卢瓦尔河（Loire）以达须德海之间，德军一共有 6 个装甲师作为预备兵力。在行政、供应和训练等方面，全都由施韦朋堡司令部（西线战场装甲兵团）所控制，但关于作战方面，却并无统一的指挥。希特勒指定其中 3 个师，由隆美尔指挥，负担战术性的任务：那就是卡昂附近的第 21 师，在巴黎附近跨着塞纳河的第 116 师和在阿布维尔附近的第 2 装甲师。在 5 月底才成立了一个新的第 47 装甲军军部，以指挥这 3 个师，当联军登陆时，他们的接管工作却还正在进行之中。

其余 3 个装甲师——在沙特尔—勒芒地区的装甲训练师，在埃夫勒附近的党卫军第 12 师和在安特维普附近的党卫军第 1 师——都由党卫军第 1 装甲军指挥，军长为迪特里希（Sepp Dietrich），司令部设在鲁昂。这 3 个师由伦德施泰特保留着当作战略预备队，不过他却奉有严命，非得最高统帅部（那就是希特勒本人）的同意后，才能调遣这个部队。

用这种分权和分力的方式，希特勒使他的部队在西线战场上，无论是战术性的预备队还是战略性的预备队，都感到兵力不够用。为了想协调 2 种不同的计划，结果使他丧失了两方面的优点，而只保留着弱点，并且使他的部下到了最紧要的时候，感到无所适从。譬如说指挥第 21 装甲师的福伊希廷格尔（Feuchtinger），一旦联军在塞纳和瑟堡之间登陆时，他就不知道他这一师到底是由第 84 步兵军、第 47 装甲军，还是西线战场装甲兵团所指挥。他所认定的就是在没有奉到 B 集团军的命令之前决不调动他的兵力。

对于福伊希廷格尔而言，他还有另外一件伤脑筋的事情，那就是由于德军当局企图用一个部队来适应两种目标。他所奉到的指示是这样的，假使联军在奥恩河口附近登陆，他的某些部队就要立即自动转交给其他的师指挥。他的两个前进步兵营和战防营应交给第 716 师指挥，而他的高射炮营则由卡昂城防空部队指挥。所以，即使他已经搞清楚了，他是该哪一个军指挥，可是他自己的部队却已经被分得七零八落，不能成为一个完整平衡的单位。他的坦克没有高射炮的保护，他的步兵又没有战防炮的保护。这个结果如同把一个战略预备队，肢解成为战术预备队一样，这个战术预备队又继续被分割，用去补充海岸上的防御兵力。

因为缺乏一个一致的计划，对于装甲预备兵力的指挥，更无一定的系统，所以使那一天的情形变得非常的严重。最有关系的 5 个高级德军指挥官，其中有 3 个当入侵开始时，都恰好不在司令部里面，其余 2 个人虽然没有离开职守，但是由于上面命令的限制，也变得一筹莫展。隆美尔在乌尔姆附近的赫尔林根（Herrlingen），第 7 军团的司令多尔曼（Dollmann）正在雷恩指挥一个演习，迪特里希则留在布鲁塞尔，只有伦德施泰特和施韦朋堡两个人在司令部里，但是施韦朋堡根本上没有指挥权，而伦德施泰特在没有得到 OKW 授权之前，也不能够调用战略预备队。

6 月 6 日上午 1 时过几分钟之后，福伊希廷格尔就已经知道联军伞兵在特罗阿恩地区降落，这时德军方面的指挥情形就是有如上述的情形，伞兵降落的消息被马上报告到隆美尔的总部，并且根据既定的指示，福伊希廷格尔命令他的最前线上的 2 个步兵营，向奥恩河两岸的伞兵实施攻击。天色黎明之前，他又派遣他的搜索部队在卡昂以南进行搜索，因为据报已有更多的伞兵在这个地区降落。但在黑夜里，他的坦克本应从法莱斯赶到卡昂，但是它们却安然未动，其原因是 B 集团军也不给予他们以指示。由于隆美尔不在司令部里，他的参谋长斯派德尔不敢做主，在没有看清海面攻击的重点之前，他不愿意过早调动装甲预备兵力。最后，到了上午 6 点 45 分，与隆美尔通过电话之后，斯派德尔才授权第 7 军团在卡昂地区，使用第 21 装甲师。但是由于通信的阻碍，一直又过了 2 个小时，福伊希廷格尔才收到第 84 军马尔克斯军长的命令，始知道该师已拨归该军指挥。在这个时候，由于他个人的决定，第 21 师已经派出了一个战斗团，包括坦克在内，向奥恩以东的英军进攻。这个部队早已开始行动，但是德军的主要注意重点却又恰好是在西面。

上午 9 点 25 分，马尔克斯向第 7 军团的参谋长彭斯尔报告着说："奥恩河左岸的情形已经很危险，敌军的坦克已经到达我方的炮兵阵地；第 84 军没有装备战防武器的机动预备队。"他要求立即将党卫军第 12 装甲师调到卡昂城以西的地区，因为第 21 装甲师早已用在奥恩河的东面去了。彭斯尔的答复在第 7 军团的电话记录上没有记载，不过根据约德尔的"等等看"的命令，第 12 装甲师在表面上还是没有移动。但是事实上，伦德施泰特却已经调动了该师的一半兵力，开往利雪的北面沿岸方面，以对付伞兵和据报正在多维尔附近登陆的部队。因为没有适当的空中侦察，伦德施泰特不知道联军的威胁在东面到底延展到什么地方为止，而从西到东，到处都有攻击的情形发生，使他更觉得主力应在勒阿弗尔附近，那里正受着英国军舰的猛烈炮击。

在没有获得党卫军第 12 师的支援之后，马尔克斯更无其他的办法可想，于是就命令第 21 装甲师停止对于奥恩河东岸的攻击，同过河来，以重建卡昂与巴约之间的危险防线。他发出这个命令的时候是在上午 10 点 30 分以后，距离福伊希廷格尔最初报警时已经有了 9 个小时。这时，第 21 装甲师才第一次接到如何使用他们装甲兵的命令，可是时间已经太迟，使他们无法达成任务。福伊希廷格尔的步兵之一半，搜索部队和突击炮兵的一部分，都已经陷入了奥恩河以东的战斗中，抽不出来。他现在最多只能将他的坦克主力部队开往西面，可是这个行动却受到联军空中攻击和海军炮火的阻挠。

一直到下午 3 点，福伊希廷格尔的坦克团才肃清了卡昂城附近的敌人，开始分为了 2 个纵队向海滩上挺进。即使如此，他们的逆袭还是很有限度，因为他们缺乏步兵的配合。当这一方开始的时候，他在奥恩河以西只有 2 个营的兵力，其中 1 个自清早起就一直在劳维利与英国的伞兵作战。他的战防营，带着他们的88 毫米炮，位置在佩里耶高地上，在海岸和卡昂之间可以构成一道坚强的防线，在天明之前已拨归第 716 师指挥，并奉命向西移动。若是和这些炮集中起来，福伊希廷格尔很可能把英军第 3 师逐回海岸，可是实力分散之后，却一点作用也没有。当毛来斯中校（Lt. Col. Maurice）所率领着的英军第 2 营（号称 KSLI 营——King's Shropshire Light Infantry）在下午 1 点以后，向卡昂进攻时，佩里耶高地上的火炮在原有的 24 门当中，只剩下了 3 门。

绕过了高地上的火力射界，毛来斯的 1 营和 1 中队的坦克，勇敢地向南进攻。但是当其他的坦克正要跟着前进的时候，却遭到敌人的猛烈射击，于是毛来斯就必须要派遣 1 个连的兵力去对付这些挡路的炮兵。他们从后面攻击这些炮位，成绩非常好，到了 4 点的时候，坦克和步兵就开始通过比埃维尔（Bieville），此地已经深入内地 5 英里，距卡昂的北面只有 3 英里远。

他们怀着希望，可是当他们通过比埃维尔前进时，就有 24 辆德国坦克从西面开来，向他们迎击。双方对战颇为激烈，最后德军终于失败。德军坦克被击毁的共有 5 辆，其余都被逐退。这个时候，勇敢的毛来斯仍继续驱兵前进，但是再前进不到 1 英里的距离，先头连即在利比西森林（Lebisey Wood）前面，为敌军强烈炮火所阻止，该连连长阵亡。不久即发现非有整营的兵力集中攻击，是无法通过这一关的。但是毛来斯却没有这个实力可供调用，因为德军第 21 装甲师随时可以从西面对于他的侧翼加以威胁。

这时 KSLI 营已与后方完全脱节，由于萨福克营不能占领希尔曼（Hillman）据点，所以后续的诺福克营也被阻止得无法赶上。当萨福克营在第一次攻击失败之后，第 2 次就准备要有充分火力支援之后，再进行攻击。在这个时候，要有这样的准备，对于一个入侵的登陆军，实在可以说是一种太奢侈的想法。这个时候所最需要的就是速度和行动，几乎完全显不得死伤的损失。假使最初为了想避免死伤，而采取过分慎重的态度，那么就会丧失了主动，以后再多死一些人也挽救不回来这个错误。可是萨福克营却差不多花了一整个下午，去准备它的攻击，在这个时候才真是极大的错误。这可能一部分要算是雷尼师长的错误，因为他只告诉该营营长古德温中校（Lt. Col. Goodwin）说："在黑暗之前攻占那个据点。"一直到下午8点15分的时候，德军才放弃了最后的抵抗，虽然古德温的报告上说"敌人抵抗极强"，但是在这一天之内，萨福克营一共只死了7个人，伤了25个人（其他各营损失都在100人以上）！但是希尔门的防御却使绕道经过的诺丽克营在那天下午一共死伤了150人左右。等到他们通过了这一关的时候，却已经太迟，无法追上KSLI营，遂奉命占领比埃维尔东南面的一个森林高地，以等待后命。他们奉命办理，因此已经前进的英军就再获不到增援，而坐视德军加强他们对利比西森林的控制。

黄昏的时候，毛来斯的所部在比埃维尔地区，企图巩固他们的地位。它们曾经作过一次果敢的企图，以期一鼓作气打下卡昂城，但是这个机会已经错过，而且气候的条件也于敌人有利。若非德军在指挥系统上的混乱和犹疑，则英军由于滩头上的延迟和困难所受到的损害，必会更大。这种拥挤的情形使得第9旅无法提早登陆和迅速向内陆推进。等到下午该旅可以准备作战的时候，该师西面侧翼方面就十分需要他们去加以掩护。在那里，英军陆战突击队企图扫清克鲁克两个滩头之间的地区，但不久即遭到失败。到了D日黄昏的时候，雷尼1师中的各部队，都只能够沿着他们所已经突入的地区，坚守侧翼待援。在它和加拿大师之间的地区，还是由德军所控制，一直到海岸线为止。

×　×　×

当英军在比埃维尔受阻时，德军第 21 装甲师又派遣了一个由
50 辆坦克和 1 个步兵师所组成的战斗团，向上进的空隙进攻。它
的右翼不久即被阻止，这时佩里耶高地已由英军所稳占，当德军
装甲兵力一进入了英军战防炮的射程之内，就立即被击毁了 6 辆。
但是在更西面的一端，德军却有 1 个步兵连和 6 辆坦克溜过去了。
到了下午 8 点，这一小队兵力在吕克（Luc-Sur-Mer）到达了海
岸线，并且发现从此往西去，有 2 英里路的防线都完整无恙。假
使这支兵力能够获得增援，那么它就可以在两个滩头阵地之间，
维持着一个楔形的裂口，这样进一步就可以将已在奥姆河谷中登
陆的英军，全部歼灭掉。德国人很快地就认清了这个走廊的重要
性，并准备立即采取扩展战果的行动，可是由于一个意想不到的
干扰，使这个计划成为泡影。

在下午 9 点不久以前，德军第 21 装甲师正在集中一个纵队的
兵力，准备冲向海岸边的时候，从海峡的那一面，远远地传来一
阵几百架飞机编队飞行的噪声。它们一窝蜂地低飞在闪耀反光的
水面上，使落日的光线照耀在它们的下面，以迷惑勒阿弗尔方面
炮手的眼睛。一共是 250 架拖机和 250 架滑翔机，外加上许多随
护的战斗机，这还是有史以来的第一个巨型的滑翔机队，它所载
运的为第 6 空降旅的大部分，加上盖尔的炮兵和搜索团，其中包
括轻型坦克在内。

当这些飞机经过海岸时，那些尚未降服的据点都向着它们以
高射炮加以射击。这种互型的滑翔机实在是一个很好打的目标，
但是德军的炮火却极不准确，因为随护的喷火式和野马式战斗机，

都一直几乎俯冲到了高射炮的炮口位置，用机关枪炮向他们扫射。在炮火网中，驾驶员一点都不慌张，一直照预定的航线向前飞行，最后终于降落在奥恩河岸上的田野中。这些驾驶人员的精神和技术简直可以说是妙不可言。一共256架滑翔机在英国起飞，中途失事和迫降的一共7架，所以到达法国海岸的只有249架，而其中只有1架被德军击中，其余都完全着陆在规定的地区内。

他们通过高射炮火的时候，可以说是似有神助，但是在地面上却有更大的危难在等待着他们。在最初几架飞机着陆之后，德军即开始向着陆地区猛烈射击，有些滑翔机在卸载的时候被射中起火，但是部队和装备却都能够很快离开危险地区，死伤数字也很轻微。一架哈米尔卡（Hamilcar）滑翔机不仅着火燃烧，而且飞机头部也撞毁，机门打不开。但是飞机里面的坦克驾驶员却不慌不忙地开动坦克，从废材中冲出去，好像是一个飞蛾钻出了茧壳一样。这一次援兵的到达，一下就把第6空降师的实力增加了一倍，这样才使盖尔手下的那些伞兵感到放心。现在可以说，沿着奥恩河的侧翼，是一定可以守得住的。

这样大批的滑翔机在白昼里登陆成功的主要原因，就是联军掌握着了制空权。这一次成功对于地面战斗上，具有极显著的心理作用，因为在卡昂北面的德军看见这种滑翔机和降落伞蔽空而下的情形，都不免为之大吃一惊（注：那些降落伞所投掷的都是补给物资，并非伞兵，但德国人却分不清楚）。德军本拟直趋海岸，实行反攻，此时气为之沮，因为对于福伊希廷格尔所部而言，这个空降部队着陆的地方是恰好挡着了他们的进路。等到德军惊魂甫定，恢复了理智之后，天却已近黑了，这个攻击也就草率地结束了。其中有一个纵队，向卡昂—库尔瑟勒（Courseulles）公路前进，中途遇着加拿大部队的埋伏，受了重创后仓皇逃回。

在一整夜里，克鲁克所属各部都严阵以待，预料敌军必会发动大规模的反攻，因为黑暗所能给予德军的掩护要比它的空军还强，所以这正是趁势反攻的时候。攻击军正在忙于构筑临时的工事。因为受了气候的延误，所有坦克、战防炮、火炮都未能照计划如期赶上，因此兵力很单薄，金钱上到处都有空洞。但是德军却并不能够利用这个唯一的机会。在最高统帅部尚未作下决心之前，却已经浪费了不少的时间。

×　×　×

希特勒在那天上午4点禁止动用装甲战略预备兵力的命令，其有效限期一直长到12个小时。一直到下午他照例召开幕僚会议时，这个禁令才解除，而第7军团晓得党卫军第12装甲师和装甲训练部，已经拨交他们指挥的时候，那却已经将近下午4点了。到了那个时候已经太迟，赶不上参加卡昂附近的战斗。虽然如此，在5点刚刚要到的时候，伦德施泰特总部却警告第7军团说："最高统帅部的意思是希望在6月6日黄昏以前，将所有桥头阵地中的敌军，全部予以歼灭，因为敌军又有从海空两方面，作新的登陆的危险。根据约德尔将军的指示，所有能用的兵力都应该派往敌军的突破点……所以敌军的桥头阵地必须在这一夜之中予以全部肃清。"彭斯尔回答道，那根本上是不可能的。

约德尔发出这个言过其实的夸大命令，是很容易的；但是，一部分由于希特勒本人的过失，那驻在塞纳与卢瓦尔河之间的坦克预备队主力，距离主要战场还有1天以上的行程。当彭斯尔将上边的情形，在数分钟后向斯派德尔报告时，斯派德尔却告诉他："无论有无增援兵力，第 21 装甲师必须立即发动攻击。OKW 曾经有命令说，这个恶劣的气候条件必须尽量予以利用，以便趁着 6 月 6 日到 7 日的黑夜里，将局势扭转过来。"

不过，即使是使用夜行军，到了 D+1 日的上午，唯一到达卡昂地区的援兵，也就只有库尔特·迈尔（Kurt Meyer）所率领的一个由党卫军第 12 师中所抽出来的战斗团，这本是在前一天上午，由伦德施泰特命令开向利苏克斯的。在下午 3 点的时候，迈尔奉到命令兼程赶往埃夫勒西地区，在卡昂西南面约九英里处，以便与第 21 装甲师相会合，共同扫除已经入侵奥恩河以西地区的敌军。在途中迈尔的摩托化和装甲纵队，曾一再受到空中的扫射，使他们行军速度减到平均每小时只有 4 英里。虽然到了半夜，他们已经到达了埃夫勒西地区，可是所携带的燃料却已经快用完了。他们本想在埃夫勒西附近的一个油库中可以获得补充，但是到达之后却大失所望。联军的飞机已经把它炸毁，所剩下的只有碎瓦颓垣。

× × ×

党卫军第 12 师所遭遇到的情形，只不过是一个例证而已，由此即足以证明联军的空中优势。战略和战术空军在 D 日 1 天内，一共飞行了 10585 架次，此外空运部队为了配合空降作战，还飞行了 1730 架次。在这样庞大的数字当中，没有 1 架飞机是因为德国空军的抵抗而丧失的。所有联军的海陆部队都知道德国的空军现在几乎是已经不存在的。在整天之内，滩头上都从来没有看见德国飞机的踪影，一直到将近天黑的时候，英国军队才第一次发现敌机。4架亨克尔（Heinkel）式轰炸机溜了过来，准备对加军所占领的滩头，开始投弹。1队喷火式战斗机闻讯赶到，结果德机全被击落。

到了D日的时候，德国空军是已经消耗殆尽。它的全部轰炸机实力已经比1939年9月间的数字还要低，而多数的飞机都是陈旧不堪的。在不列颠之战开始的时候，有1290架德国的轰炸机可以准备在西线战场上作战；当"霸王"行动开始发动的时候，在法国北部和荷比两国的德军轰炸机总数，可堪使用的却只剩下了153架。早自1944年初，联军对于德国战时工业的战略轰炸，即曾以战斗机的生产部分作为最优先的目标，在联军入侵的前夕，德国单座战斗机的产量本非最高，但却在继续增加之中（5月间为1523架），不过主要的机型却都已陈旧，而第一线兵力已经比1年前更低，因为在德国上空中的日间空战的损失已经把生产量的增加数字都吃光了。1944年6月1日，美英两国的空军从不列颠起飞作战的战斗机在5000架以上，但是德军的全部战斗机实力仅为1789架。在海峡地区的前线上，只有169架，而真正能够作战的又只有119架。

当联军的入侵已经是风雨欲来的时候，戈林很想把一部分较强大的战斗机部队，由德国调到法国来。但是在5月间，OKW虽然天天都在期待着敌军的登陆，这种调动却并不可能，因为美空军在那1个月中间，倾全力攻击德国的综合炼油工厂，逼得德国人不能不拼命抵抗。在D日的前2个星期，驻在巴黎的第3空军军区却还把他们的最优秀的战斗机中队，调了6个回德国去。所以在6月初的时候，德国空军在西线的实力是已经削弱到了前此4

年来的最低点。

在 6 月 6 日那一天，德空军在法国上空一共只飞行了 319 架次，其中除了极少数的例外，都统统不是为联军所逐回，就是被击落。在那一天黄昏的时候，第 7 军团司令多尔曼与隆美尔通电话，对于没有空军的掩护不免有许多诉苦之词，隆美尔却只好告诉他："空军已经正在调动之中。"一直到了这个时候，空军因为奉到了 OKW 的命令，才开始慢慢调动它的兵力，他们一直深信这第一次的攻击只是一次佯攻。一直到 6 月 7 日的黄昏时候，空军的预备队才开始移动，到了这时他们所开进的机场，却早已被联军的轰炸机炸得零乱不堪，无法使用。这种犹豫不决的结果，遂使他们最早也要到 D+2 日，才能参加对于桥头阵地的反攻战。因此，在最初 48 小时之内，联军握有完整的制空权，这 48 个小时，照隆美尔的看法，正是战局成败的最大关键。

这个空中优势的价值简直可以说是高到了无法估计的程度。毫无疑问，这是使这一次登陆进攻能够成功的唯一主要因素，因为它的影响所及，几乎到达了德军方面每一种的计划和行动。德军的战略和战术、工事和武器、补给和心理等等方面都无一不受到联军优势空权的打击。在对付潜水艇的战争当中，空权是居于决定性的地位，这就是"霸王"行动的序曲，非此则兵力无法集中。空军保护着那个反攻基地，英伦三岛不至于受到敌军轰炸机和 V 型武器的袭击，并且使敌人无法实行空中侦察，以发现联军对于渡海进攻的一切准备情形。利用空权，联军不仅可以奇袭敌人，而且还可以欺骗敌人。那个"坚忍"计划若无空军的协助，则也决不会那样顺利成功的。

假使德军曾经完全依照他们的计划，将大西洋长城的防御力量予以增强，那么它的实力可以坚强到怎样的一个程度，那才是很难估计的。至少可以判断诺曼底这一段的防务，也会和加来那一段一样的坚强。根据隆美尔在 D 日以前的最后一个情况报告，他说在第 15 军团所负责的区域，防务大致已完成了原计划的68%，而在第 7 军团方面，则只完成了 18%。自从 1943 年以后，希特勒就迫不得已的，将修建大西洋长城的人工和材料移用到其他方面去——例如修补德国国内的工业和交通、法国境内的 V 型武器基地和铁路，以及从圣纳泽尔港（St. Nazaire）到挪威之间的潜艇基地。甚至在隆美尔就职之后，他虽然给大西洋长城带来了新的生命和活力，但是他的计划却还只能够完成一部分，因为法国境内的铁路运输时被切断，所以一切物资和增援都不能够如期到达，同时联军对于德国本部的战略轰炸，也吸引了德军的大量雷达测照部队和高射炮实力，使沿海防线空虚，无力阻止联军空降部队的着陆。战略轰炸空军的手臂实在是太长，它的手指伸向许多意想不到的地点。

最后，要提到对于塞纳河上桥梁的成功切断，使战场在战术上处于孤立的地位，并普遍打击德军的士气。把这许多方面比较起来看，对于海岸防线的实际轰炸也许要算是空军对于登陆行动中的最不重要的一个贡献。固然，多数的重炮在 H 时以前都曾被联军的空军所炸毁，或暂时使其丧失作用，接着美国第 9 航空军的中型轰炸机，在云层的底下实行投弹，曾经把犹他海滩的敌方防线，加以彻底的破坏；但是在多数的地区，由于气候的影响和敌人工事的坚强，轰炸的效力都大大降低了。

甚至那么猛烈的海军炮击，对于防御工事所能产生的实质效力，也远不如原先的希望，所以艾森豪威尔以后对于联合参谋本部的报告上说："当我们部队登陆之前，一般言之，海岸上的防御工事大都还是完整无恙的。"联合作战指挥部的详细调查报告上的结论说："除了宝剑滩头以外，那个地区的火力是特别的强烈，其余各滩头当我军登陆时，敌方的防御工事大都还是照样可以发挥他们的效力。凡是登陆之所以能够不受到阻碍的原因，只有 2 点理由：轰炸对于德军士气上的打击，使他们惊慌失措；当登陆部队已经接近海岸时，敌人的炮火已经打不着他们。"

在滩头的战斗中，最具有决定性的因素应该首推特种装甲车辆的应用。无论是在哪一个滩头，只要能够使用装甲兵力，则尽管天气恶劣和前期轰炸失利，而一切的登陆的工作却还是可以照着原定计划顺利进行。根据艾森豪威尔的报告，他认为："除了战术上奇袭的因素以外，我军除了奥马哈滩头以外，其他各滩头的生命损失都很轻微，这个成就的主要原因就是各种新奇机械设备的使用。大批的装甲车辆在步兵的前头挺进，在物质上和精神上，都给予他们以不少的支持。假使没有这些武器的协助，那么攻击军能否在滩头上立定脚跟，恐怕就会很成疑问了。"

只要把奥马哈滩头的情形和其他的滩头作一个对比，就可以证明上述的判断是非常正确的。在上文中，我们已经详述过为什么奥马哈防线显得那样的坚强和难攻，其主要的原因就是美国步兵没有装甲兵支持，但这却完全是人谋的，假使美军肯虚心接受他们比较更有经验的盟友的忠告，则这种损失是绝对可以避免的。

在布莱德雷的司令部里，他们对于蒙哥马利准备使用装甲兵力作为攻击矛头的计划，无不嗤之以鼻，认为这又是一个例证，可以证明英国人缺乏自信，过分谨慎小心。假使在奥马哈滩头，也和黄金滩头一样，有了两打以上的蟹式坦克，去代替 DD 式坦克，从滩头上打出了几条出路来，那么德军的炮火和地雷对于那些毫无掩护的步兵，也就不会创出那样重的伤亡数字。奥马哈滩头一共冤枉死伤了3000人，才使美国人认清了专靠匹夫之勇还是不够的。

至于在其他的滩头上面，英国第79装甲师到底曾经拯救了多少人的性命，这是谁也弄不清楚的，不过若是没有这种特种的装甲设备和使用它们当作攻击矛头的政策，那么英军在滩头上的进展，当然也就会像美军在奥马哈滩头上一样的迟缓和损失重大，那么当这一天终了的时候，联军就可能还局促在海滩上的狭窄地带之内，若是德军从各点同时发动反攻，则马上就会守不住了。

德军设防的基本理论，是认为大西洋长城可以吃得消第一次的震撼，把攻入的敌军吸着在海滩上面或是它的附近地区，其时间的长度足够让装甲预备队赶到，并且在敌军战防设备尚未布置妥善之前，就一鼓作气将敌人赶入海中。尽量使第12党卫军装甲师，能如隆美尔的理想，位置在接近前线的地区，则在奥马哈滩头这个理论是可能会成为事实的。但是在英军第2军团的前线方面，则虽然第21装甲师的位置极力接近，这个理论依然却还是不会兑现，因为特种装甲部队能够使登普西的各师迅速突入敌阵，继续前进。天气所造成的延误，却又为德军最高统帅部的迟疑不决所抵消。所以在D日终了时，登普西仍然还是保持着主动。

在入侵前线的另一端，科唐坦半岛上面，敌军防线之所以能迅速被突破，DD式坦克实具有极大的贡献，不过突破的速度和深度却更要归功于联军的一个英勇的决定，那就是不顾危险而把2个美军空降师降落在这个地区。这些伞兵的成就颇为惊人，因为他们只剩下了三分之一不到的兵力，但是却完成了所赋予他们的一般任务。

在 D 日天黑的时候海运部队和美军第 82 空降师还并没有取得联系，但是他们之间的空隙却已经不到 1 英里宽，而美军第 7 军也已经确实控制住在海岸线与梅德列河之间的地区，其北面的正面自卡朗唐运河一线起，长达 5 英里。在梅德列河以西深入内陆达 10 英里远以外，第 82 伞兵师又分为几个独立的大股，散布在那个地区中各自为战，因此使滩头的深度实际上显得更深入。

在该军滩头的右翼方面，美军第 4 师的主要任务是在越过咸水湖之后，即继续向北挺进，但是进度却远不如想象中那样的便利，距离其 D 日预定终点线，尚在 3 英里远以外。这个占领地区的大小固不足道，但是心理上的影响却很大，因为德军一向就认为联军是不可能在这个地区以内作大规模登陆的。把半岛底部加以泛滥之后，再留下第 91 师加以驻守，德军就相信他们已经把瑟堡的后门关好了，可以万无一失，却没有料想到美军却从窗户中和烟囱里溜了进来。

在维尔河与奥恩河之间，到了 6 月 6 日的夜间，联军已经突入了希特勒堡垒，其正面的宽度共达 30 英里。德军失败的主因，完全是遭遇到奇袭的结果，他们的海岸防线被击破，他们的海空军都无能为力，而他们的装甲预备兵力也没有作有效的运用。不过战斗却还并没有结束。犹他海滩还是处于孤立的地位，在几天之内，那 2 个美国军之间，恐怕还不能取得联系；奥马哈滩头的突破是既不深入，又不安全；英美两军之间还留着一个宽达 7 英里的空隙，而英加二师之间又另外有一个 3 英里宽的空洞；所有规定应在 D 日内到达的最后目标，还没有一个能够到达；登陆的部队，兵力固然已经不在少数，但是由于风浪的作梗，下载的时间已经比规定的日程，平均慢了 8 个小时到 12 个小时；所以此时若是敌人大举反攻，前途还是不可乐观。

不可知和几乎无法预测的因素，就是天气。在 D 日这一天，它所给予联军的阻碍，实际上还不如艾森豪威尔在仅仅 36 个小时之前，作那赌命运的决定时，所想象中的那样可怕。相反地，它对于奇袭的因素却很有贡献。那一天的天气逐渐好转，而夜间则更晴朗，不过气象学家对于它是否能维持长久，却感到毫无把握。在增援的竞赛当中，天气却又是一个具有决定性的因素，所以丘吉尔事后对人说："这一切都只好听天由命了。"

不过这种危险却还是后话。到了 6 月 6 日的黄昏时节，联军一共还没有牺牲到 2500 条性命，但是却已经获得了一个惊人的胜利，这第一个阶段的成就，诚如丘吉尔所形容的，那实在是"有史以来最困难和最复杂的作战"。

第十六章 | 立足点之战

当"霸王"诞生的时候,联军方面在军事上具有 3 个重要的特点——战略上的欺骗、战术上的奇袭和技术上的新奇——三者联合并用,遂足以补救联军的不利形势,而使敌人完全处于被动的地位。在 6 月 6 日的黄昏时候,伦德施泰特对于联军攻击的范围和目标还在疑惑之中,因为他的侦察机,已经在天空中被联军扫荡完毕,他的通信网已经被轰炸得七零八落,同时他那颗已经失去了弹性的心灵,也始终深信登陆至少会有两处,而且最先一处必是佯攻的理论。

这一次,希特勒、伦德施泰特和隆美尔 3 个人的见解却是不谋而合。他们都一致认为,这次联军的攻击,是为了要把德军的预备兵力吸引到塞纳河以西地区去,以作为加来方面主攻的前奏曲。这样再进一步的分析,他们又认为科唐坦的登陆,更是分兵计划中的一个小分兵计划,以威胁瑟堡的企图来吸引德军不注意真正的危险地点——卡昂城,和这个作战的最后目标——塞纳河。换言之,他们始终假定目前诺曼底登陆的联军,与未来的更大计划一定有连锁的关系。

　　为了应付第二次的攻击，他们决定把第 15 军团仍然完整地留在塞纳河以北，以保护 V 型武器的发射基地和通到鲁尔地区的最近道路。其中有一个师（第 346 步兵师，集中在勒阿弗尔到奥恩河谷之间的地区中），在 D 日那一天，已经开始渡过塞纳河，但是其他的部队都未移动，除了一营虎型坦克和一旅高射炮兵以外。〔注：“虎型”（Tiger）坦克也称为第 6 号（Mark VI）坦克，为德军最重最坚强的坦克。第一次制造全重约 58 吨，第二次则为 70 吨。另有“豹型”（Panther）坦克，也称为第 5 号（Mark V）坦克，则全重只有 40 吨。虎型坦克的火炮为 88 毫米，而豹型则为 75 毫米。以外第 4 号（Mark VI）坦克，虽为中型坦克，其火炮也是 75 毫米。〕第 15 军团的战术预备队，一共有 5 个步兵师和两个装甲师（共有 300 辆坦克），都完全停留在原地，丝毫没有加以利用。第 7 军团用来迎击在诺曼底西部登陆的敌军的兵力，就只有它自己的部队，外加上伦德施泰特部下 5 个师的战略装甲预备队。在这 5 个师里面，又只有两个师，第 12 党军师和装甲训练师，是可以马上调来；其余党军第 17 师，驻在卢瓦尔河以南，距离巴约约有 200 英里远，而且根本上也没有坦克；第 1 党军师还在比利时整编，也没有恢复它在苏联所受到的损失；第 2 党军师则驻在图卢兹（Toulouse），距离在 600 英里以外，沿途都有法国游击队的袭击。

　　在这种环境之下，隆美尔命令：美军的突破，就必须用步兵师去加以堵塞，这些步兵师有的已经在科唐坦地区，有的则可从布列塔尼地区去抽调；此外装甲部队的逆袭应由卡昂城为起点，直把英军赶下海去。这个作战就交由党军第 1 装甲军负责指挥，军长迪特里希奉命立即用第 21 装甲师和第 12 党军师的兵力去达成这个任务，而不必等待装甲训练师的赶上。这一个师直到 D 日下午 5 点钟才开始行动，恐怕在 6 月 8 日以前，都很难赶到，因为它的坦克有 130 英里的距离，完全要用自己的履带行军。

当这个命令在 6 日天黑之后，下达到第 21 装甲师师部的时候，师长福伊希廷格尔立即提出反对的意见，认为没有 3 个以上的装甲师，则这个攻击一定是会失败的，因为英军差不多已经突入了卡昂城，而且早已建立好了坚强的战防设备。这种反对的意见却为第 7 军团所驳斥。隆美尔已经发下了命令，这个攻击应在 6 月 8 日开始，并且一定要攻到海岸为止。事实上，德军成功的希望要远比福伊希廷格尔所想象的大。英军第 3 师和加军第 3 师之间的空隙仍然还是开放着，在杜夫尔（Douvres）与海岸线上的据点也仍然在德军固守之中。但是福伊希廷格尔对于这些情形却毫无所知，因为一切与第 716 师前线部队的联络线都已经完全中断。

在半夜不久之后，第 12 党军师的迈尔，到达了福伊希廷格尔在卡昂的师部。他充满了自信地说道，英军都是一些"小鱼"，他们的部队都是希特勒所选拔的好青年，马上就可以把这些小鱼赶回海里去。他和福伊希廷格尔一共有 160 辆坦克和 5 个步兵营，他们应该是已经很够了。福伊希廷格尔还是感到疑惧，不过他却同意当迈尔把部队调到卡昂城以北地区的时候，他在拂晓之后，即开始向杜夫尔实行猛烈的反攻。由于找不到燃料的缘故，当天亮之后英国的战斗轰炸机已经开始行动，而党军师的部队却还没有到达集中进攻的地点。而在迈尔准备好之前，由于英军已经开始向李比西森林进攻，所以福伊希廷格尔也就被迫地改采守势了。

当第 21 装甲师正在卡昂以北地区苦战的时候，由于加拿大部队的进展，足以使该城受到迂回的威胁，而且卡尔皮屈埃机场也有被占的危险，所以第 12 党军师的部队，也就被吸引着向西移动。在下午的时候，迈尔奋勇地将加军击退，并使他们受到重大的损失，不过为了达到这个目的，迈尔用尽了他这个战斗团的全部力量。

在两翼方面的战斗，吸引了大量的德军兵力，使他们再无余力驱逐英军下海。一直到那一天的下午，迈尔才勉强地集中了一点兵力，来照原定的计划，从空隙中向杜夫尔进攻，但是他手里的兵力却已经是今非昔比，一共只有一个步兵营和 17 辆坦克。到了这个时候，英加军已经取得了密切的联系，这个空洞已经堵塞住，所以"小鱼"们上了岸就再不肯下水了。

既然为了保卫卡昂城，德军已经用尽了他们的装甲预备队，所以在 6 月 7 日那一天，敌军在其他前线上，就更不是登普西的对手。到了日中的时候，巴约城的法国人，已经在庆祝他们这一次几乎是毫无痛苦地重获自由，英军第 50 师在该城南面和东南面的高地上开始构筑工事，巴约—卡昂公路在东面远到布雷特维尔（Bretteville-l'Orgueilleuse）为止的这一段完全归入英加军的控制之中。

这个收获使英军第 2 军团获得了一个坚固的桥头阵地，宽达 22 英里，深达 5 英里到 10 英里不等，所以到了 D+1 日的夜间，登普西一方面可以具有充分的自信力，凭着有利的地形来迎候敌人更重大的反攻；另一方面厚集兵力使第 30 军可以作更进一步的进展。这个军在那一天本应该有更多的进展，因为在他们的进路上，除了党军第 12 师的搜索营以外，可以说是没有什么其他的阻力，不过增援的进度却早已比规定迟了 12 个小时，而以后还可能更落后。也许登普西是过分地谨慎，但是由于前途尚难乐观的原因，他认为此时最好还是不要冒险前进，免得使整个战线发生了动摇，尤其是美军在奥马哈滩头上的立足点似乎还没有站稳。

× × ×

在英军第 2 军团这一面的侧翼上，6 月 8 日清晨以前，突击队占领了贝桑港，使英军和美军第 5 军之间，建立了坚固的接触。此时联军的阵线连成了一气，在海岸线和大西洋长城上面，一共达到了 35 英里的宽度。不过，在前一天当中，美军虽尽力想把奥马哈滩头逐渐向西扩展，但是却受到了强硬的阻力，美军第 29 师只能作少数零星的进展。敌人的炮火仍然可以向滩头发射，四处都是沉船废材，所以物资的起卸更是十分的困难。当美军第 1 师在南面有了进展之后，这一方面敌军的火力才开始减退。D 日的苦战已经把德国守军的精神和实力，都削弱了不少，所以美军现在可以跨着欧尔河，建立了一个有利的立足点。说起来也够讽刺，唯有这一段大西洋长城是差不多可以说是完成了它的使命，但是德军却偏偏没有预备队可供调遣来利用这个好机会。虽然前线的部队和联军的最高统帅部对于这个事实，都完全不知道，但是奥马哈的争夺却在 6 月 7 日的夜间，就早已经解决了。

在科唐坦半岛方面，情形却并不这样的稳定，虽然犹他海滩的登陆是很轻松，但是这却并不足以证明向内陆推进时，也可以同样的顺利。在这个地区，敌人手边有援兵可供调遣，有一部分的预备队，由于联军空降部队正好降落在他们当中，所以都已经自动地参加战斗。其他的德军预备队在 D 日天亮不久之后，就都已经接到了开始行动的命令，攻击的重点就落在美军第 82 空降师的身上。在黑暗中，这个师还是处于孤立和分散的状况之下，他们的无线电报告说："缺少60%的步兵，90%的伞兵，不过战斗效率还极优良。"不过到了那一天的夜里，这个战斗效率也就开始下降了，因为德军已经越过梅德列河大举进攻，仅仅到了距离师长李奇微的指挥所，只有400码远的地点，才被击退。黎明的时候，美军已经弹尽力竭，可是7点钟不久之后，大批的援军就乘滑翔机赶到，其他的供应品也用降落伞纷纷地投下。10点钟的时候，就已经和海运登陆的部队发生了直接的接触，在这个时候之前，滑翔机送来的步兵正占领着梅德列河，与敌人对峙中。德军竟日内对这一线猛攻，但却毫无进展。这一方面既然能够固守，而第4师又向西北推进了两英里，于是一共使美军第7军的桥头阵地，在D+1日天黑的时候，到达8英里的深度和9英里的宽度。

此时留在泛滥地区后面的美军，仍然有被包围的危险，不过德军能否如此做的机会，却全看布列塔尼方面的援军能否如期赶到，可是这些援军的行动却早已延误了。一直到了D日下午将完的时候，德军第7军团司令部还是相信在科唐坦登陆的联军，就只是空降部队，所以认为在那个地区现有的兵力已经足够应付。差不多到了下午11点钟的时候，该军团司令，多尔曼才开始命令大量地抽调布列塔尼方面的预备兵力。于是乘着夜间行动以避免空袭干涉的机会已经错过，当德军的行军纵队企图在6月7日的白天里赶赴前线增援时，他们不久就受到了联军战斗轰炸机的扰乱。此外，他们又接到在阿夫朗什（Avranches）北面和西面都有更多伞兵降落的消息，也使他们感到捉摸不定。7日清早的一个报告说，有300架飞机曾在圣洛以西地区投掷了不少的伞兵。事实上，这是用木偶所伪装的假伞兵，但是隆美尔却突然灵机一动，认为这就是联军拟在下科唐坦西岸，从海上登陆的前奏曲，于是就命令所有能调动的兵力都集中运往该地区。这个命令的有效期一直维持到 6 月 8 日的上午，以后虽另有命令去把他们调回，可是通信的设备已被联军飞机所破坏，所以迟迟不能到达，结果这支部队就越走越远，完全与第 7 军团丧失了接触。

这种犹豫与错误，使美国人获得了极为宝贵的喘息机会，尤其是在科唐坦地区。到了 6 月 9 日，美军第 80 和第 101 两个空降师都跨过泛滥区，分别向西和向南扩展他们的桥头阵地，所以敌人已有丧失他的坚强防御位置的危险。不过，截至目前为止，美军第 7、第 5 两军之间，却始终没有取得联系，于是布莱德雷决定在没有去达成他的主要任务——占领瑟堡之前，应首先占领卡朗唐。关于卡朗唐的重要性，是双方面都有所认识的，隆美尔也已经下令，要德军战至一兵一弹，以维持住两个桥头阵地间的楔形突入地带。

× × ×

当卡朗唐之战正在如此发展中的时候，敌人的主要攻击力量却还是集中在卡昂城的附近，因为他们的想法始终是害怕还有第二次的登陆，所以他们认为目前最紧要的工作就是乘英军脚跟尚未立稳之前，先把他们打垮。但是根据迈尔在 6 月 7 日的经验，就可以知道在联军空权压力之下，要想集中一个相当强大的反攻力量，是多么的困难。德国空军根本上就不能给予他们以任何的保护，前方来的报告说："因为受了空袭的影响，兵力的集中恐非几天之内可以办到。"

虽然如此，在 7 月 8 日的清晨，隆美尔还是命令迪特里希在巴约到卡昂之间，使用 3 个装甲师的全部兵力，开始反攻。但是第 21 装甲师，还是被牵制在奥恩河的两岸，从事于防御性的战争；装甲训练师则根本上还没有到达，虽然党军第 12 师的全部兵力现在都已经到达了卡昂城，但是因为缺乏燃料的缘故，他们也无法用出全部的力量来。所以在那一天，迪特里希所可能做到的，就是把新的坦克和步兵增援迈尔所部，让他去进攻在卡昂—巴约公路上掘壕固守的加拿大部队。

大约在 9 点 30 分的时候，在普托特（Putot）的加军温尼伯步兵营（Winnipeg Rifles），就已经在强烈敌火之下，不久就看见德军的步兵和坦克，从村南的高玉米田里，向他们这一面进攻。德军奋勇攻击，在房屋中和果园中作战竟日，终于把加军逐退。占领了普托特之后，德军又转向布雷特维尔进攻。到了黄昏的时候，迈尔亲自骑在一辆豹型坦克的背上，指挥着 20 辆坦克，冲进了加军的防线。里贾纳步兵营（Regina Rifles）的防线虽被突破，但是他们却还是死守不退，并集中火力射击，使德军的步兵无法通过，以支援坦克的作战。有一辆豹型坦克冲达了加军的营部，始被击毁，接着德军又一共损失了 5 辆坦克，于是迈尔不敢恋战，命令坦克退回去了。德军攻击布雷特维尔不下之后，加军也就乘胜反攻，又夺回了普托特。在 9 日黎明之前，原有的战线又完全重建了起来。

这个攻势失败之后，就使这些希特勒的青年们也为之丧气，他们现在忙于防守一条长达 10 英里的防线，以抵抗英加两军的不断袭击。当装甲训练师开始在 6 月 8 日向巴约以南的瑟勒河畔蒂伊（Tilly-sur-Seulles）前进的时候，也同样地发挥不出来攻击的

力量。该师师长拜尔莱因（Bayerlein），从北非战役中已经认识了
联军空中优势的意义，并且努力教导他的部队学习伪装的纪律。
但是多尔曼却命令他在白天里前进，当他的行军纵队一走上公路
之后，几乎马上就被联军飞机所发现了。拜尔莱因说：

> 在 7 日正午以前，我的部下给公路取了一个名字，
> 叫它是战斗轰炸机的竞赛场。每一辆车辆上面都遮盖着
> 树枝，并且都是沿着树荫旁边进行……但是到了这一天
> 终了的时候，我一共损失了 40 辆运油车和 90 辆其他的
> 卡车。有 5 辆坦克被炸毁，另外还有 84 辆半履带车辆和
> 自动推进炮。对于一个尚未正式接战的师，就有这样大
> 的损失，那实在可以说是很严重。

而更严重的却是破坏了他这一个师的组织。拜尔莱因完全没
有一点喘息的机会，用来集中兵力从事于大规模的反攻。当他的
部队一到达之后，马上就分割地使用到战场上去，此时英军已经
向瑟勒河畔蒂伊发动攻击了。

迪特里希所指挥的各师既然都已使用完毕，于是隆美尔在 6
月 9 日又决定："在维尔河到奥恩河之间的地区，应暂取守势，等
到一切准备完成之后，再开始大举反攻。"他是想等到第 2 伞兵军
［迈因德尔（Meindl）指挥］由布列塔尼调到之后，再开始对于英
美两军的桥头阵地实行大规模的反攻。

这个新的攻势组织，交给施韦朋堡的西线战场装甲兵团司
令部负责，因为伦德施泰特和隆美尔都不敢信任迪特里希有这样
的能力，来指挥一个大规模的作战。不过很明显的是，蒙哥马利

也已经在准备发动一个大规模的攻势，所以问题就是要看谁能够抢先。

在争取主动的竞赛当中，英军第2军受到了恶劣天气的阻碍，它使后续的部队和补充的物资都迟迟不能赶上，同时也使敌军的预备兵力赶上前线时，受到了相当的保护。主要的就是这个原因，德军才能够阻止蒙哥马利攻下卡昂城，并且也使他原先想乘最初48小时情况尚在流动的阶段，即派装甲纵队通过维莱博卡日和埃夫勒西前进的计划成为泡影。到了D+2日，德军已在巴约与瑟勒河畔蒂伊之间，建立了一道坚强的防线。

在卡昂—巴约公路的南面和西南面诺曼底地区的地形是充满了高低起伏的丘陵，中间又有无数的小河川流经该地，造成了坡度颇高的河谷，因为山地上满是森林，所以地形就更显得险阻。当你沿着少数公路向西南面前进时，就大有曲径通幽之感。在河谷的斜坡上充满了农庄和果园，这个地区风景优美，景色宜人。不过旅行家和游历家所欣赏的地方，对于军事家而言，却真不是一个理想的攻击战场。

这个地区的一个最具有特征的地物就是灌木丛林（Hedgerow）——一道三四英尺高的堤岸，两面都有深沟。在顶上就是一线荆棘丛生的丛林，它们的根部深深地埋在泥土里，连开山机也一口气撞它们不倒。田野中的边界都是这种灌木丛林，而果园的四周更有石质的围墙，所以这个地区中遍地都是天然的战防障碍物，都是步兵的天然防御工事，而厚密的森林又便于埋伏中的坦克活动。此处这个地区中的村镇都是石质的房屋，狭窄的街道，而且又挡着道路中间，形成一种无法绕过的坚强要塞。

在这些小块的田野和果园之间，也有几条良好平直的大路，不过它们的方向却几乎毫无例外的都是由南到西。巴克纳尔的英军第30军，想由南向东前进，所以就必须经过那些在山林中弯弯曲曲的小路。这些路是如此的狭窄，坦克简直就会周转不灵。对于前方也无法观察清楚，而坦克也不能够采取越野的行动，因为灌木可以构成一种有效的障碍物，任何空隙也都可以用地雷和火力所封锁。这种地形最便于狙击，一门火箭炮守在路边就可以使坦克无法通过。

6月8日，在装甲训练师尚未参加战斗之前，有一个英军的装甲纵队冲入了瑟勒河畔蒂伊的东面近郊，但是由于没有步兵的支持，所以就不能守住他们所已经获得的东西。巴克纳尔实在无兵可调。在美军进到了欧尔河以南地区以前，他就把第5师的一个旅的兵力保留着以防卫他的西面侧翼。此外，由于蒙哥马利曾经命令各军，应赶紧向内陆前进，以求迅速地多占领到一部分空间，所以巴克纳尔在其他步兵师尚未登陆之前，首先就把第7装甲师先行登陆，并且迅速地将第7装甲师的坦克，调在步兵的先头挺进。所以到了6月9日，当敌人正在迅速地加强瑟勒河畔蒂伊附近的防务时，英军第30军却因为坦克太多，而部队太少，受到了极大的阻碍。

因为认清了卡昂，现在已经无法用直接攻击的方式来把它攻下来，同时他那从西面绕过的企图也有失败的危险。于是蒙哥马利决定使战斗保持着机动性。在D+1日，蒙哥马利即已将他的前进指挥所移到了诺曼底而留下他的参谋长德甘冈少将（Maj. Gen. de Guingand）在第21集团军总司令部里面，主持全局。这个时候，他就通知他的参谋长说："假使德军想采取攻势，冲入我军在巴约和卡昂之间的防地，那么击败他们最好的方法就是我们自己也采取攻势。"所以他主张第 7 装甲师应通过瑟勒河畔蒂伊进攻，以确保维莱博卡日和埃夫勒西，并向东南方扩展。同时第 51 高地师也应在卡昂城的东面，向南对着卡尼（Cagny）进攻。当这个第一步的计划完成之后，蒙哥马利就计划把第 1 空降师，降落在卡昂南面的某地，做成一把从天而降的大锁，把埃夫勒西和卡尼两个据点联系起来，于是卡昂城也就在包围之中。

这是一个勇敢而具有野心的计划，其唯一先决的条件就是要占领维莱博卡日山脊。根据这个计划，登普西就命令第 7 装甲师不等待敌情澄清之后，即向瑟勒河畔蒂伊德军的防线实行突破，此时加军应占领卡昂—瑟勒河畔蒂伊公路以南的巧克斯山脊（Cheux ridge），以便当第 7 装甲师向维莱博卡日进攻时，可以保护它的侧翼。

不过在 6 月 11 日的上午，情报当局却警告登普西说，德军已经准备由卡昂城为基地，发动一个集中的攻势。自从 D+1 日以来，他就一直在期待着德军的主要装甲反攻，这一次似乎是真正来到了。因为他的主要任务就是要保护联军左翼的安全，所以他就搁置了空降计划的执行，要求空军轰炸卡昂城，并命令英军第 1 军军长克鲁克把加拿大部队的进攻当作一种"游击式"的进攻，而将大部分兵力都留作防守之用。他特别地告诉克鲁克，应将他的装甲兵集中在多维里斯以南的高地上。他说"这个弹丸之地就是大英帝国的心脏，万不要把你的装甲部队调离了这个地方"。以他当时所根据的情报而论，登普西的行动是并无错误的，不过他当然不知道在前一夜当中，德军战线以内曾经发生了一些什么事情。

6 月 10 日，德国西线战场装甲兵团司令部的前进指挥所是设在拉克尼（La Caine）的一个果园里面，在卡昂城南面的 12 英里处。施韦朋堡将军在那里为他的大攻击计划作最后的准备，希望一举而将敌军阵线切断，施韦朋堡是将门之子，他的父亲是骑兵名将。施韦朋堡曾在苏联率领装甲部队作战，也颇有建树，不过他在战场上所遇见的对手却没有一个是握有制空权的，所以他对于他的指挥所，甚至都懒得去加以伪装。在拉克尼，一共有4辆巨型的无线电卡车以及其他的车辆，都完全摆在开阔的地面上，使任何飞过的航空员都可以知道这是一个具有重要性的地点。施韦朋堡自己和他的幕僚人员，也都是常常穿着正式的戎装，军裤上绣着显著的红条，手里拿着望远镜，跑出来看英国空军执行他们的任务。

在前一天英国的情报当局就已经发现了施韦朋堡的指挥所，接着空中的侦察又确定了它的位置。那一天夜间，英国空军就向它大举轰炸，除了盖尔本人以外，其他一切都完全毁灭。根据目击者的报告说："所有的幕僚人员非死即伤，无线电卡车完全被炸毁，多数的运输车辆亦复如此。"隔了12个小时德军第7军团才知道有这样一场大祸曾经发生。

施韦朋堡的参谋长和另外17个幕僚，都被埋在一个弹坑里面，德军在上面插上了一个大十字架，并且还附上种鹰和卍字的装饰品，相当的壮观——这的确是很适当的，因为这里所埋葬的，不仅是那些人的遗骸，而且还有隆美尔对于即时大举反攻的一切希望。受了伤的施韦朋堡将军和他这个残破的司令部，同到巴黎去了。迪特里希又再度成为卡昂地区的最高指挥官，鉴于以往的经验，他马上就把施韦朋堡的计划置之高阁。6月11日的情况似乎也正足以证明他这种判断是很正确的，因为登普西在那一天对于守势的调度，从德军方面的看法，所得的印象又完全不同。加拿大部队的进攻和卡昂城的轰炸，被迪特里希认为这是英军将向该城大举进攻的前奏曲，而到了傍晚的时候，他又接着一个警告更使他似乎是可以作如此的结论了。

在英军战线的后方，还有一个据点仍在德军坚守之中，那是杜夫尔附近的一个雷达站。恰好在它的正南面，在昂盖尔尼（Anguerny）的附近，就是那个号称"大英帝国心脏"的地区，克鲁克在那天下午调动他的装甲部队，集中在那里。下午 8 点 45 分，在雷达站里的德军用无线电向迪特里希报告说："万急。在昂盖尔尼地区现在已经集中 200 辆坦克和附属的运输部队，正面向南。"在这一天更早的时候，该站又曾经报告说："有大批重型及中型坦克不断地向东南方移动。1 小时内所计算的数字在 80 辆以上。"迪特里希不需要更多的证据，即可以作结论了。第二天上午，隆美尔总部接到他的警告说："从坦克集中的事实看来，很可以预测敌军对于卡昂城的全面攻势，会在本日中午开始，至少不会迟到今天夜里。"

在卡昂前线上，英德双方都在屏息以待，静候对方进攻，不过当迪特里希的注意力完全集中在这个地区上面的时候，而登普西却还是比较棋高一招，他并没有放过在英军西侧翼方面求发展的机会。

× × ×

自从最初紧张的两天之后，美军第 5 军已自奥马哈滩头，作了惊人的进展，并且使德军没有机会来重建那已经破碎的防线。美军第 29 师派了一个团的兵力，从泛滥区中涉水行军达 1 英里半的距离；另外又派了一个团打通了到伊西尼的道路，借以迂回敌人。于是敌人想守住欧尔河一线的任何希望，也在 8 日的夜间，完全成为泡影。这个果敢的夜间出击，使敌人惊惧无比，因此连有组织的迟滞行动都变得不可能。9 日的上午，蒙哥马利命令布莱德雷迅速南向对圣洛和科蒙（Caumont）挺进，以便从侧翼方面给予登普西以支援。布莱德雷立即奉命照办。在那一天下午，第 175 团，自从登陆以来几乎是不眠不休的，现在又向圣洛方向战斗前进，5 个小时前进了 9 英里。第二天，居于该军前线中央位置的第 2 师，一直前进了 10 英里，而毫未遭到抵抗——虽然这个地区是一个理想的设防地带。到了 11 日傍晚的时候，美军第 2 师和第 1 师，都已经自奥马哈滩头向南前进，到达了 14 英里的距离，已经与英军处于平头的位置，而英军为了争取瑟勒河畔蒂伊，还正在苦战之中。

这个进展使联军士气大振。在奥马哈惨重损失之后，美军似乎本应采取更稳重迟缓的动作，尤其是他们的供应情况也非常不合理想。在最初 5 天当中，原来计划在奥马哈登陆的弹药和其他供应品，一共只真正运输了原定吨位的 24%，但是美军还是继续挺进，并未因此而受到延误。布莱德雷现在也并不反对美军第 5 军冒险进攻，因为从 D 日到 6 月 10 日为止，它一直没有受到德方生力军的抵抗，除了两个机车营，外加几门突击炮的支援而已。德军的预备队主力都用到奥恩河口与瑟勒河畔蒂伊方面，以对抗英军；或是用在科唐坦，以对抗美军第 7 军。至于指定用来对抗美第 5 军的援兵，则因为种种原因迟迟未能赶到，最主要的还是由于联军空军的阻挠。

在 D 日德国最高统帅部即曾命令第 2 党军装甲师由图卢

兹，第17党军装甲师由卢瓦尔河谷，第77步兵师由圣马洛（St. Malo），第3伞兵师由布雷斯特附近，以及由其他3个驻在布列塔尼的师部中所抽出的混成团等，都一齐向西诺曼底增援。但是这部队当中，只有党军师才是够摩托化的。伞兵师的摩托化车辆只够供一团人之用，其他各师则更等而下之，而且不久他们就都发现了，由于联军握有制空权的缘故，在白天里根本上就无法行动。

有些部队利用古老的法国公共汽车运输。其他的则用步行或脚踏车，行军装备全用马拖。又一个团从南特（Nantes）赶来，坐上一列火车向前线飞奔。6月7日它距离圣洛还有一半的距离，就已经为美军轰炸机所发现。结果轰炸所引起的混乱比实际的死伤还更严重。列车的后段所装载的是马匹，但由于列车中段被炸中，就脱了节向后溜回了4英里远。等到德军找到了它们之后，里面的马匹都已经给法国人放空了。德军四处找马，但是毫无结果，于是只好徒步前进。

第2党军装甲师所遇到的又更不同，而且也更复杂。在D日的下午，他们就奉到命令利用铁路和公路向法国南部移动。但是它的装甲车辆却等了4天，才有装车的机会，装车的地点仅自蒙托邦（Montauban）开始，这个地方的调车场早已受到联军的猛烈轰炸，所以花了一个星期才把所有的坦克装完。在列车尚未开出之前，还先要派出巡逻队，因为当地的人民自从听到联军登陆消息之后，态度已经变得非常的恶劣。因为这一条铁路线是法国游击队出没无常的地方，尽管到处设防，但是还不免受到种种的阻碍。有的地方必须要发生战斗，此外游击队也还使用种种的巧计，使德军更穷于应付。

例如第4党军装甲步兵团第3营所遭遇到的事件，就很有趣味。6 月 8 日的午夜，当部队正到达利摩日（Limoges）以北地区的时候，突然发现团长失踪了。这个营只好停止前进，四处搜索。第二天中午发现团长的汽车停在 40 英里以外的一个小村落里，一切都完整无恙。他们又花了一天工夫去检查这个村落，结果仍然毫无所获。这样一来，该营已经浪费两天的行军时间，而前线上正是需要援兵十分的迫切。

游击队对于火车的行动，也曾作极有效的阻挠，当这列车到达卢瓦尔河之前，联军的轰炸机已经把所有的铁路桥梁都破坏了，只剩下了一座。而这一座也受到了重伤，所以车辆必须一辆一辆地拉过去。由于这种种的困难和阻碍，第 2 党军师的步兵单位，共花了 10 天到 14 天的时间，才通过了 450 英里的距离，由图卢兹到达了圣洛，而装甲单位到达的时间还要更迟，因为它缺少燃料而中途无法行动。

在 1944 年的最初几个月当中，OKW 已经在西线战场上储存了相当数量的燃料，但是这些油库多数是设在第 15 军团地区之内，那都在塞纳河以北。希特勒想到联军可能在诺曼底登陆的灵感未免来得太迟，所以德军已经来不及重新分配它的油料仓库，而德军统帅部更相信铁路上的运油车，可以把巴黎附近的燃料总库中的油料运往各前线以作补充。一旦联军入侵之后，才证明这个理想完全落空，而公路上的运输也只能在夜里行动。所以运输量极有限制。在战地中，因为油库和油车都是一个很显著的目标，所以遭到联军战斗轰炸机的猛烈打击，使加油的行动变得非常的困难。

早在 6 月 10 日，德军第 7 军团就已经痛感油料的缺乏。那一天因为燃料的缺乏，使装甲兵团拟定从卡昂城发动的攻势迟迟组织不起来，同时当美军向科蒙进攻时，空洞越来越大，而德军的援兵无法赶上，所以不能够填塞这个空洞。这本是迈因德尔第2伞兵军所应负担的任务，但是它却还徘徊在从布列塔尼前进的公路上面。那一天上午，迈因德尔报告说："因为缺乏燃料的缘故，第3伞兵师必须分批前进……有一个团已经到达圣洛的东面，但是主力却还在布列塔尼。"在正午的时候，第7军团也报告说："第17党军师的先头部队由于燃料缺乏的缘故，已经在圣洛地区受阻无法前进。"

当这一线突破之后，在这一方面和在科唐坦，德军都感到兵力不够，无法撑持。希特勒却发出他那个"死守"的命令说："现在既谈不上这是一个后卫的掩护行动，更谈不上准备撤退到新的防线上去。每一个人都要坚守原有的岗位，准备死战到底。"不过，即使有了元首的严命，这个缺口已经打开之后，也就再关不拢了。因为这已经不是能否守住原阵地的问题，而是根本上找不到那样多的部队，来填满那些原未设防的地区。

在这一天里，多尔曼所送去对抗美军第5军的部队，就只有第17党军师的一个搜索营，它根本无力挽狂澜于既倒。第二天（6月11日）的清晨，第84军军长马尔克斯向第7军团报告说：在圣洛—科蒙地区的情况已经到了危急的阶段，他已经和第352师失去了联络，他说："该师现在已经没有太大的战斗价值，而它与右翼友军（即装甲训练师）之间的空隙已经越来越大，且正在不断地扩大之中。"他想把昂热（Angers）工兵营用来填塞这个空洞，但是他却找不到这个部队在哪里。

一直又经过了24小时，第17党军师的其余部队才开始准备好了，于是在6月12日的上午，正要开始向科蒙前进的时候，突然地从卡朗唐方面又传来了严重的坏消息。在 6 月 11 日这一天里，第 101 空降师经过了整天苦斗之后，通过了泛滥区的栈桥，进入了卡朗唐城的北郊。到了那天黄昏的时候，守军的精神和弹药，都已经到了匮渴的程度。他们要求空投补给，当补给无法运到时，他们就撤退了。卡朗唐的失陷，就是表示插入联军两个桥头阵地之间的"尖劈"已经抽掉，所以隆美尔立即转调第 17 党军师，去争取这个楔形地区。

在卡昂与圣洛—科蒙之间，有一个小山可以控制周围田野，是一个最重要的据点。这一天美军第 1 师奉命攻占该山，由于隆美尔上述的命令，所以这个山头遂在毫无防守的状态中，顺利地被占了。在最后一分钟的时候，马尔克斯临时拼凑了一点兵力，由他本人率领赶往科蒙，设法抢救危局，但是在半路上就为美军战斗轰炸机所击毙。等到他的军部晓得了他遇害的消息之后，时间已经太迟，无法再作任何的措施。那一天美军进展了 5 英里，布莱德雷的巡逻队已经进入了科蒙，到了第二天，该地区就已经在美军确实掌握之中。

× × ×

由于美军有如许的进展，就形成了一个有利的情况，使登普西在 6 月 12 日下午才想到要利用这个好机会。在巴约的南面，经过了两天的苦斗，厄斯金少将（Maj. Gen. Erskine）所率领的英军第 7 装甲师一共才只进展了 3 英里远，而德军装甲训练师还仍然沿着通过瑟勒河畔蒂伊自东到西的主要公路线，在凭险固守之中。这一道防线凭着一个装甲师是攻不破的，而第 7 装甲师则更不足以语此。除了曾在意大利经过一个短期的战斗以外，它一直是在开阔的沙漠地区，打着机动性的仗。甚至它在参加"霸王"行动之前，所受到的再教育也是在平坦地形上实施的，完全和诺曼底的情形不同。这个地区使这个部队感到寸步难移。那些坦克的指挥人员一向惯于把头从车里伸了出来，结果纷纷受到德军的狙击，而枉送掉了性命。这些人员惯于和敌人在半英里路以外接战。现在却发现敌人的战防炮可能距离他们只有50码远，而更坏的是敌人还可以从丛林后面跳上他们的坦克来加以袭击。

在这个地区里面，守军是处于绝对优势的地位。一旦英军站稳脚跟之后，它就只有用更番的跃进，每次的距离为100码到200码，由这一个丛林跳到另一个丛林。坦克掩护着步兵前进，工兵则为坦克炸开进路。像这样的打法，厄斯金既没有足够的步兵，也没有合用的装甲兵。他这一师的主要装备就是克伦威尔（Cromwell）式坦克，上面所装的是6磅炮，在上一年意大利之战中，就已经感觉到它们是落伍了。克伦威尔是一种骑兵型的坦克，对于在诺曼底这种险阻的地形上面，和重武器、重装甲的德军作战，那可以说完全处于劣势。

当6月12日上午，厄斯金又被阻的时候，登普西就命令停止对于瑟勒河畔蒂伊的直接进攻，而改由右面钩击维莱博卡日，他奉命之后，在那天下午开始行动，绕着装甲训练师的西面侧翼，实行一个勇敢的包围战术，并利用美军所已经发现和扩展的空隙。英军第50师的步兵则跟在他的后面前进，并确保他所获得的东西，若是这一条道路被肃清之后，他就准备直向埃夫勒西进攻。必要时，他在那里可以受到第1空降师的增援，该师准备一发现了有利时机之后，即开始着陆。

这是一个机会，也许可以使桥头之战到达一个转折点。德军已经在奥恩河的东面，并越过奥恩河以到达在瑟勒河畔蒂伊西面5英里处的欧尔河水源地之间，建立了一道坚强的防线。但是除此以外，德军的其他防线都很单薄，而且破碎不堪。假使英军第2军团可以从这些防务尚未布置妥善的地区实行迂回，则德军防线将永无完成之日。甚至可能会被迫撤回奥恩河的彼岸去。

虽然领先进发的英军第22装甲旅，对于这个计划并未完全了解，它到中午以后才开始行动，一直前进了12英里（其中有6英里的距离是在敌人地区以内），才在科蒙东北面的利夫里（Livry）被阻。当这个阻碍肃清了之后，英军就只剩下了3个白天里的时间，所以该旅旅长欣德（Hinde）就面临一个难题，那就是到底还是否继续前进。即使没有意外的阻挠，他的时间也只够刚刚在黑夜之前，到达维莱博卡日，而且他现在要向东旋转，于是就会暴露他的意图。所以他决定停留在科蒙附近过夜，这样敌军也许就不会注意他的行动，而以为他只是向南推进的美军之一部分。

第二天上午黎明的时候，一个由坦克和步兵所组成的纵队就开始行动。到了上午8点30分，装甲兵已经走过了5英里的里程，兵不血刃地进入了维莱博卡日，法国人民都夹道欢呼，以表欢迎，另外有两个德国人则惊慌失措地驾着汽车飞奔逃命。在这个意料之外的成功之后，领先的坦克部队就立即沿着卡昂公路，向东北面半英里处的第213高地进发。

在这个时候，后续的摩托化步兵连，也已经通过了该城市，沿着路旁种满了行道树的公路边缘，停住了他们的半履带车辆。这些部队都下了车活动活动他们的身体，而坦克正在前面进路上侦察前进，突然一声炮响打破了早晨冷静空气中的沉寂，第一辆先头的半履带车辆已经着火燃烧。从森林中跳出了一辆虎型坦克，沿着公路对着这一列的半履带车辆，实行扫射，这些车辆就顺次起火。接着后面还有一些英军的装甲部队——团本部所属的12辆坦克，炮兵观测单位和搜索部队。这只老虎依次很快地把它们都击毁，有一辆克伦威尔坦克在数码距离之内，向它用75毫米口径火炮猛射，但是炮弹却撞在装甲上面弹了回去！几分钟之后，在路上就一共有25辆装甲车辆都在燃烧之中——这都是一只单独的老虎的牺牲品。

　　欣德素负有勇敢无畏的美名，此时从混乱中逃出之后，就赶紧设法布置这个村镇的防务。在这一个上午当中，德军算是没有向该镇直接进攻，但是那个早已到达第213高地的坦克分队，却已经处于孤立的地位，到了下午遂为敌人的虎型坦克所全部击毁。虽然如此，但当德军向维莱博卡日本身进攻时，却受到了英军的强硬反抗，到了下午4点的时候，终被击退。它的损失，据拜尔莱因的报告是"6辆虎型坦克和另外几辆4号坦克"。这个村镇仍然握在英国人的手里（注：这个损失不为不大，因为当时整个诺曼底前线一共只有36辆虎型坦克。但是拜尔莱因却被逼无奈，不得不浪费他的装甲兵力，因为他当时根本上无步兵可调。直到下午很晚以后，才从别的师里抽调来了两个步兵营）。

　　不过，到了这个时候，英军第7装甲师所处的地位也是十分的危险。它完全摆在一条单独的路线上，从利夫里以达维莱博卡日，而到了黄昏的时候，德军又有一个师的生力军调到，向它发动攻击。欣德认清了在夜间来临之前，他必须要集中他的兵力，于是他由维莱博卡日撤出，退到西面1英里远的第174高地。

　　此时该军军长，巴克纳尔决定要欣德坚守这个高地，以待第

50师来接替他。巴克纳尔作这样的决定，实在未免过于乐观。在这一天当中，德军装甲训练师沿着瑟勒河畔蒂伊—拉贝勒埃皮纳（La Belle Epine）公路之线，始终坚守不退。对于第7装甲师的突入，也并没有显示出弱点来，而且抵抗正在继续加强之中。英军既自维莱博卡日撤出，所以就更鼓励拜尔莱因在瑟勒河畔蒂伊地区作坚守的打算。

在这种环境当中，布克纳尔所应该做的事就是要集中兵力，增援第7装甲师，使其对于敌方的威胁加大。应增援有成功希望的一方面，而不要坚持那已经看出来是无利可图的路线。厄斯金所需要的就是步兵，而巴克纳尔手里却还控制有两个步兵旅。机会是在那里，只等着巴克纳尔去利用它，而且他也有足够的实力，可以语此。但是他就并不给予第7装甲师以增援，而坚持要向瑟勒河畔蒂伊之线作正面的攻击。不过，在判断敌情的时候，巴克纳尔又受到下列两个令人沮丧的因素的影响。当他下午从第7装甲师的前进指挥所里回来的时候，他遇见了德军的虎型坦克，两辆护送的英国坦克都被击毁。由于这个经验他就认为厄斯金的交通线是已经受到了很大的威胁。到了夜间他又知道攻击欣德的德军步兵，是属于第2装甲师的，更使他感到着急。这一师德军由敏爱斯开来，在过去3天中，秘密而迅速地进入了战场。

当欣德正在孤立无援的时候，英军第50师就又开始对着瑟勒河畔蒂伊之线，再作正面的猛攻，这一次有强大的空中支援，但是装甲训练师却还站定了脚跟，坚持不后退。拜尔莱因虽处于不利的地位，但却具有坚定的神经，结果产生了效力。正午的时候，巴克纳尔又决定把第7装甲师撤回到距离科蒙东面2英里处的布里克萨拉（Bricquessard）。这就是把已经伸入德军侧翼方面的矛头，又收了回来。这个行动却绝不是因为敌人压迫，因为在尚未撤退之前，欣德又已经击退了敌人的另一次坚强的反攻，而表示出来了还有力量可再守下去。虽然如此，欣德还是奉命撤退，而在夜间执行命令时，完全没有受到敌人的干涉。

于是，最初成功的结果，本来可以变成一场伟大的胜利的，现在却又双手送还给敌人。假使厄斯金的部队，在遭遇到那最初一辆虎型坦克时，不受到那样严重的损失；假使巴克纳尔肯积极增援，并督促第 7 装甲师奋勇进攻，那么他就可以在卡昂的后方，造成一个严重的威胁，并且可能逼迫装甲训练师放弃瑟勒河畔蒂伊突出地，以协助堵塞美军在科蒙所打开的空洞。这个切断敌军防线，扩大我方桥头阵地的大好机会，却完全丧失了，其原因一方面固然是受了地形的影响，另一方面却也是该军能力太差的缘故。

这一次作战的失败，再加上山地师在奥恩河以东，扩展桥头阵地的企图也遭到了反击之后，就使得登普西在那个时候作了下边的记载：

> 现在想用伞兵的奇袭以来占领卡昂城，或是加深第30 军前线方面的桥头阵地，似乎都已经不可能。现在已经很明显地可以看出来卡昂城只有用大规模正式的攻击，才能够攻下来。可是我们这个时候所有的兵力和弹药都不足以完成这个任务。

虽然如此，一方面正在等待增援，另一方面登普西还得继续运用他的攻击战术。英军第 2 军团早已经把隆美尔在诺曼底方面的全部 4 个装甲师都吸引住了。要把它们都吸引在卡昂与科蒙之间，这是非常重要的，否则它们就可以抽出身来，重新组成一个反攻的力量。远在 D 日之前，蒙哥马利所拟订的作战计划，就是要用英军第 2 军团来保护美军第 1 军团的侧翼，以便让他们可以去占领瑟堡和布列塔尼方面各港口。他曾经希望登普西能够在最初数日内，即可以控制卡昂—维莱博卡日—科蒙公路，于是英军第 2 军团就好像是一道堤防，隔在美军与德军装甲预备兵力之间。隆美尔过早地使用他的装甲部队，固然可以延迟英军的前进，但是相反地，他却正是自己投入蒙哥马利的罗网，因为各装甲师一旦被英军纠缠住了，就再不可能去负担他们正常的攻击任务。

隆美尔当然也已经看透了敌人的心理，所以在 6 月 12 日，他就向 OKW 的凯特尔报告说：

> 在目前，本集团军应以固守在奥恩河与维尔河之间的连续防线，以待敌人进攻为满足……本集团军正在设法尽可能地用步兵来代替装甲兵，并把装甲兵撤回重组为机动的预备队。本集团军拟在此后数日内，将重点移到卡朗唐—蒙特堡地区，以歼灭该地区的敌军，并解救瑟堡之危。非要等这一步完成之后，才可以再回转头来进攻奥恩河与维尔河之间的敌军。

蒙哥马利却也预料到敌人的计划，所以在前一天，他就报告英国的陆军参谋总长布鲁克说："我的一般政策就是尽量把敌人吸引到第 2 军团方面来，以便让第 1 军团可以迅速地前进和扩展。"这就是他对于战争的最高指导原则。因为他已经不能把第 2 军团当作一面防盾看待，所以他就改用它来当作一块磁石。以从卡昂向东南方面突破作为威胁，他想逼迫着隆美尔不得不把装甲师用在英军战线方面。

到了第一个星期终了的时候，虽然他既没有占领圣洛，又没有占领卡昂，同时也没有到达他理想中的深度，但是蒙哥马利却很有理由使他可以自认为足够满足。尽管由于天气的阻碍，使进展上遭到了不少的困难和延迟，但是两个桥头阵地却已经连成一片，因此联军的立足点是已经站稳了。蒙哥马利本来所最害怕的就是德军装甲部队，立即会发动逆袭，但是所有的逆袭除了有一次以外，其余都全被击退，而且德军也被迫不得不把装甲兵用在防御方面。现在蒙哥马利已经有这样的自信，认为他可以击败敌人的任何反攻，不过假使他想进一步冲出这个桥头阵地，更向前进展的话，那么他就必须要首先赢得所谓"增援之战"。

第十七章 | 增援之战

6月12日，隆美尔向凯特尔所作的报告，其结论是说：

> 在非常强大的空军掩护之下，敌军在陆上的兵力是日有显著的增加。我方的空海军都无力给予他们以相当的阻碍——尤其是在白天里。所以敌军在陆上的兵力，其增加的速度远比我方预备队运达前线的速度为快。……我们的地位是日益困难，因为在整天之中，敌人都可以阻止我们部队的行动，而他们自己则可以用运动迅速的队形前进，并且可以使用空运的方式。

隆美尔又说：

> 我们自己的行动感到十分的困难，有时甚至不可能。主要的原因还是由于敌军握有绝对的空中优势。敌人不仅在战场上，而且在前线后一百公里的距离以内，都握有完全的制空权，所以在白天里一切交通运输都完全被

切断。我军在白天里几乎完全不能活动，而敌军则完全可以自由行动……部队和指挥人员都躲在有掩护的地区……我方的高射炮和飞机似乎都无力阻止敌人飞机作这种毁灭性的打击。部队都尽可能地设法自己保护自己，但是弹药极感缺乏，而补充更是非常的困难。

在这个环境当中，诚如蒙哥马利在5月间所预言的，隆美尔唯一的办法就是利用这个地区的特殊地形，苦撑死守下去，只要他的部队在数量上不太居于劣势，那么就可以坚守达一个相当长的时间。因为德国空军是已经完全无能为力了，所以这个政策之能否成功，就要看德国的海军有没有这个力量阻止联军增援力量的迅速到达，至少使它的增加有一定的限度，而不让德军无法赶上。

邓尼茨元帅的反入侵计划是以一个现实性的假定为基础，他相信他的海面舰队既无力量阻止联军作大规模的登陆，也不足以向联军在海峡中的制海权挑战。但是在非传统性水底作战武器的发展方面，德国却是居于优越的地位，邓尼茨希望大胆地使用他的科学家所设计的两种新武器，即足以延迟甚至破坏联军增援的预定进度表。他认为最新型的电动潜艇（甚至最近制造的旧式潜艇，加装上斯诺克呼吸管"Schnorkel"），可以在海峡地区的浅水中自由地活动；而水压水雷（Pressure mines）也是一种无法扫除的障碍物；此外他的小型战斗单位——小型潜艇、长航程转圈鱼雷和单人鱼雷等——也可以溜进联军的海军防线，作奇袭式的突击，这都是一般水面舰队办不到的。在理论上说，邓尼茨的计划的确是很不错，但是当D日来临的时候，用来执行这个计划的工具，却还没有制造妥善。

到了 6 月 6 日，这种革命性的电动潜水艇，还一共只完成了两艘，而大量生产的进度早已比预定计划迟了三四个月。这一部分是由于联军轰炸的缘故。邓尼茨在 4 月间向希特勒报告说："因为修理轰炸损失的建筑工人太少，所以潜艇的引擎无法完成，又因为引擎无法完成，所以整个船壳也无法焊接。"希特勒对于这种延误，固然感到震惊，但是他却答复说，对于战斗机的生产和飞机工厂的修理，仍应列为最优先的程序，否则其他的工业更会受到更多的损失，而潜艇的生产甚至会可能全部停顿。这是联军对于德国航空工业的攻击，所获得的一个意想不到的成就。

不过，迟误的最大原因，还是由于想在设计和生产上走捷径，以求赶快重获海底战争中的科学优势。当第 21 型（Type XXI）潜艇的模型在基尔区空袭中被毁了之后，德国人就决定不等待另一个新模型完成和试验完成，马上就开始作大量的生产。所以，设计上的错误事先完全没有发现，一直等到各部分都拼好了，甚至下水之后，才表现了出来。即使把这些大错都改正了以后，德国人又发现了有许多部分，必须加以相当的修改，才能够加以拼合。为了节省时间和避免轰炸起见，潜艇的各部分都是分解由各个工厂负责制造，其中有许多都是从来没有参加过海军造船的工作，所以工人们都缺乏必要的技巧和精确。这个赌博失败了，联军的船只在海峡里大摇大摆地来往，而没有受到德国人所设计的空前可怕的新武器的打击。

因为受了这种延误的影响，邓尼茨就被迫而不得不仍然使用那些旧式的潜艇，那是在去年就已经惨遭失败了的。1944 年的春季，他把在大西洋里活动的潜艇召回，以便给它们装上斯诺克呼吸管，这样至少可以使它们在为电瓶充电时，不必一定要浮出水面。但是在这里，他又遭遇着许多实际上的困难，当4月底联军船只集中使他认定入侵之期为时不远的时候，却还没有一艘潜艇在改装的工作上，可以说是已经完全成功了的。所以，在5月中旬，邓尼茨设法将增援的潜艇，由波罗的海和挪威地区，调往比斯开湾。因为它们并没有斯诺克呼吸管的设备，所以它们必须浮出海面，以与英美的飞机格斗。德国人花了两个星期的时间，来企图突破联军的封锁线。成功的只有几艘，有9艘被击沉或重伤，其余则完全退回了原地。

这一次的失败，使邓尼茨当联军开始入侵时，在布列塔尼和比斯开方面的港口里，一共只剩下了42艘可用的潜艇。到了那个时候，其中只有6艘曾经作了斯诺克装置的试验，但是却没有一般敢说是有战斗上的价值。虽然如此，在6月6日的下午，这6艘潜艇从布雷斯特开出海外，而其余36艘则在黑暗中驶出了比斯开湾。这一批潜艇都在海面上行驶，其目的是想出其不意地争取时间，但是到了夜间，它们就都给联军的空中巡逻机所发现。在以后几天内，这36艘潜艇当中就有12艘非沉没即重伤，到了6月12日，其余幸存者也都奉命撤回原港。即使那6艘已经改装过的，在海峡里也还是行进得太慢，因为它们这种新装备并不太可靠。有些为空中攻击所损毁，有些在技术上发生了毛病，所以在D日后头3个星期中，还没有一艘能够到达联军的攻击地区。同样地，邓尼茨也无法使用他的小型潜艇和其他小型战斗单位。有少数舰艇虽已完成，并曾在地中海地区试用过，但是在6月间海峡地区内却并无这种单位可供调用，所以联军的增援是一点都没有受到阻碍。

德国的海面军舰也一样无能为力。从圣纳泽尔（St. Nazaire）出动的驱逐舰，从勒阿弗尔和瑟堡出动的鱼雷艇，都不能突破联军保护船运走廊的巡逻封锁线。唯一足以使拉姆齐感到伤脑筋的，就只有德国人在联军停泊地区，使用水压水雷。这些水雷用低飞的飞机来投掷，极不容易加以拦截，因为联军的雷达对于这种夜间战斗机，还不能够作有效的预防。拉姆齐以后曾作这样的记载说：

> 敌人采用了两种新式的水雷，其原理都是利用船只通过时，水压力减少以作起爆的原动力。其中有一种根本上无法扫除，另一种也只有在某种天气中，可以扫除。

使拉姆齐感到惊奇的，就是在 D 日之前，德军没有将这些水雷投掷在英国南部的各港口中，否则它们对于那许多密集的船舶一定会引起极大的灾难。实际上，隆美尔的确要求过这样的做法，但是邓尼茨反对，因为他害怕英国人会发现这个秘密，而实行如法炮制。他害怕英国人会把这种水雷用在波罗的海方面，于是使德国的新型潜水艇丧失了一个唯一安全的试验训练场。甚至在海峡里德国人所占有的海岸边，也没有预先布置水压水雷，因为它的产量还不够，不足以保护所有的危险地区。最后当联军已经入侵的第三天夜间，德军才开始在塞纳湾布雷，但是飞机驾驶人员却还是奉有严命，无论如何都要避免让这种新型水雷落入联军的手里。不过，在 6 月 10 日的上午，还是在海岸上找到了几颗没有损坏的水雷。在几天之内，根据英国海军部的试验，发现了船只若是慢慢进入布雷区，则这种压力信管并不会被诱发。于是在实行速度限制之后，联军的危险就随之而相当地减轻，不过德军在海岸附近所布置的水雷，常常不止一种，还有音响水雷和磁性水雷，以及其他并用的水雷，所以照拉姆齐的看法，除非扫雷艇和供应船只肯冒相当的危险，否则联军的增援进度就很难于维持。假使邓尼茨若是集中全力，来对付在奥恩与科唐坦之间的船只拥塞地区，那么这种水压水雷对于联军的损害，就一定可以更大。但是，因为德国人都一致相信联军还可能在塞纳河以北，实行更大规模的登陆，所以他把这种牡蛎（Oyster）式的水雷，大量地布置在勒阿弗尔与奥斯坦德之间的主要滩头和港口里面。

6月12日，在接到隆美尔悲观的报告之后，邓尼茨、凯特尔和约德尔三个人，在贝希特斯加登举行会议时，得到了一个共同的结论："假使敌军能自现有的桥头阵地冲出，并重新获得了机动战争的行动自由，那么整个法国就全都丢定了。"因为联军在增援的进度上，早已比德军占先，所以照他们的看法，唯一的机会就在于艾森豪威尔企图作另一次的登陆，而乘着这个机会把他击败。于是，他们希望，只有一条妙计可以引诱敌军在法国北部，企图作第二次的登陆。那就是使用飞弹向伦敦炸射，于是他们就决定了在那天夜间，开始作第一次的发射。

× × ×

D日的下午，负责发射 V-1 型武器的高射第 155 团（Flak Regiment 155），就已经奉到命令应准备立即发动攻击。由于第一次的基地曾被联军炸毁的缘故，所以他们决定不到最后关头，不先将那些设备装上，以免又被敌人飞机发现。这种预防的措施固然很聪明，但是却也有极严重的后果。因为该团团长瓦赫特尔

（Wachtel），现在报告说，至少要先 10 天通知才能够发动攻势。多数的装备和弹药都还是存在内陆的仓库里面。这时已经制造好了12000 多个飞弹，但是为了预防空袭起见，它们都疏散分存在法国北部、比利时、德国各地。在这些仓库和发射基地之间，所有的铁路几乎都已经丧失了作用。不管这些困难是如何的严重，但是瓦赫特尔却奉到了命令，攻击应在 6 月 12 日到 13 日的夜里开始。

他所奉到的命令，是在午夜之前开始攻击，第一次同时发射64 颗飞弹，时间应算好使其同时落在伦敦的中心区，此外德国空军在此时也发动空袭以为配合。1 小时之后，这 64 个基地又同时再发射一次，以后就分别连续地作扰乱式的发射，一直到天亮为止。但是这个命令却完全没有注意到实际上的困难，所以到了 12日零时来临的时候，一共只有 7 个发射基地完成了发射的准备。在那一天夜里几次尝试同时发射都没有成功，结果一共只零星地发射了 10 颗飞弹，而其中到达伦敦的却就只有一颗而已。

在以后 3 天中，瓦赫特尔一共完成了 55 个发射基地，所以到了 15 日到 16 日的夜里，攻击的情形就转趋激烈。在最初的 24 小时之内，一共发射了 244 颗飞弹，但是它们却并不能像原定计划那样，声势骇人地一同降落，原因是设备不够好，而且人员缺乏经验。由于开始不顺利和这 3 天的喘息期，使得英国的战斗机和防空部队，获得了充分的警告，所以在以后的几个星期当中，他们对于这种无人驾驶的飞机，就比较可以应付自如。

当德军一发动攻势之后，联军的轰炸机就开始攻击这些新的发射基地，因为当他们作战时就可以被雷达所发现。到了 6 月底，根据德国方面的记录，联军的飞机已经炸毁了 24 个发射基地和炸伤了 18 个。联军又攻击他们的补给中心和交通线，更使德军的作战受到极大的阻碍。用餐车和客车改装的列车，运输着飞弹，在铁路线上慢慢地行驶着。有一列车装满了飞弹，因为调车场被炸毁了，所以在巴黎的附近停留了很久的时间，结果被法国间谍所探知，通知了联军空军派飞机将它完全炸毁。

这些结果使德军在 6 月的下半月当中，一共只能够发射了 2000 颗飞弹。其中 661 颗被击落，而一共只有 1000 颗到达了伦敦。虽然这个轰炸的规模已经比理想小到了可怜的程度，但是在神经上的刺激却很大，有许多伦敦的居民感觉到要比 1940 年到 1941 年的正规空袭难受得多了。相反地，真正的死伤率却很低，平均发射一颗飞弹只能打死一个人，比正规的空袭效力要小了很多。因为这种武器的精确度太差，所以它们并不能用来对付英国南部的各港口，于是大量的人员和物资，还是由那里不断地流入诺曼底。到了 7 月初，就可以证明飞弹既不足以当作一种恐怖性的武器，也不足以阻止联军的增援进度。同时，它也没有能如德军最高统帅的希望，足以引诱联军企图在法国北部作第二次的登陆。6 月 18 日，丘吉尔向艾森豪威尔提出保证地说，决定不因为想提早占领 V-1 武器的基地地区，而就变更了英美联军的整个战略。为了整个战略的利益着想，伦敦准备尽量地挨炸，在所不惜。

对于欧陆上的作战，飞弹所引起的唯一主要影响，就是联军方面要把速度最高的战斗机保留在英国，而使对于德国境内的战略轰炸和对于诺曼底作战部队的战术支援，都受到了相当的牵制作用。在以后两个月当中，英国轰炸机司令部分了一半的兵力，来攻击这些 V 型武器的基地，但是这种反击性的轰炸对于桥头阵地之战，也同时具有间接的贡献，因为它足以使德国人相信，联军是会在塞纳河以北的地区登陆的。联军方面用种种的诡计，使诺曼底的登陆好像只是一个牵制的作用，而使德国人始终不放心加来方面的威胁。6月19日，隆美尔向伦德施泰特报告着说："从敌人兵力的集中上，和战术及技术上的可能性来加以判断，是可以预测敌人或将在格里内角的两侧，或是在索姆河和勒阿弗尔之间，实行大规模的登陆。这个新的登陆将和诺曼底桥头阵地的大举进攻互相配合，而以巴黎地区为其共同主要目标。"

隆美尔现在陷在极端的矛盾之中。在诺曼底前线上，现在十分需要步兵，来替换装甲师，而好让他们可以移到科唐坦方面去发动反攻。但是他却不敢抽动他那个最方便的增援来源（第15军团），因为他不敢使他在海岸上的侧翼感到暴露的危险。甚至在最初几天，他虽曾经在塞纳河以北抽调了两师的兵力，可是马上就把从德国调来的援军补足了。由于联军握有制空权，所以更使隆美尔感到烦恼。第15军团的18个师，为塞纳河的天然阻碍所隔绝，而与诺曼底战场处于孤立的地位，因为所有的铁路桥梁，在目前都已经全部被炸毁。事先德军必没有能够预料到联军的轰炸会这样的准确，所以他们毫无应变的准备，例如浮桥和渡船等，足以供大量运输之用。对于这些师而言，要想到达前线，还有另外一条路可走，那就是勉强用火车运回巴黎，再徒步行军150英里，因为在巴黎和奥尔良之间，要运的东西实在太多了，所以火车是无法再利用。

对于法国铁路的破坏，使德军感受着双重的烦恼，因为他们没有足够的摩托化运输工具，以供大规模道路行军之用。德军每一个师的标准卡车配备数量，都是假定其步兵和炮兵是可利用铁路运输的。联军的空军破坏了这个假定，所以不仅阻碍了德军的补给系统，而且也更使德军的战略机动性受到了严重的打击。隆美尔知道，假使一个师从加来调到了西诺曼底之后，那么一旦联军再在加来登陆，那么就无法马上将它调回。所以，当布列塔尼的 9 个师已经差不多抽调了 4 个师之后，隆美尔就只好进一步从荷兰和法国南部抽调步兵，那是预计在月底以前无法到达的。

在这个环境之中，隆美尔只好暂时放弃他进攻美军的计划，因为他还是必须用装甲师去守着卡昂到科蒙间的防线，而除了第 2 党军装甲师已经调到了圣洛附近充当预备队以外，其他装甲的增援部队在 6 月底以前，似乎是很难有到达的希望。第 1 党军装甲师还刚刚自比利时启程，而第 9 和第 10 两个党军装甲师还只刚从波兰调回。因为斯大林有诺言在先，一俟联军发动登陆后两个星期，即开始苏军的夏季攻势，所以隆美尔想从东线战场上获得更多援兵的希望也已经断绝。

到了 6 月 18 日，联军在增援的竞赛上，已经显然地居于优势的地位，因为蒙哥马利在大陆上的部队已经有了 20 个师。对抗他的德军不过只有 18 个师，而真正实力则只相当于 14 个师。在奥恩河和维尔河之间，隆美尔的防线已经被绷得紧紧的，美军继续向圣洛进攻，英军也不断向瑟勒河畔蒂伊猛扑。两天之前，迪特里希曾经报告说："为了对付敌军坦克，在瑟勒河畔蒂伊以西，隆格赖埃（Longraye）地方的突破起见，第 1 党军装甲军已经把最后的预备队都用完了。"迪特里希之所以还能堵塞这个缺口，是因为他把一切的工兵、通信兵、驾驶兵以及坦克和火炮打毁了的装甲兵，都完全送上前线当作步兵使用。第二天他又向隆美尔提出抗议说："这样是徒作无益的牺牲，而且我的部队就会将鲜血流尽了。"当隆美尔告诉他，对于联军所占得的寸土，都必须倾全力反攻，以求把它夺回，他就反问道："到底用什么东西去反攻？在以后这几天当中，我们需要 8 个师到 10 个师的生力军，否则一切都完了。"6 月 20 日，当瑟勒河畔蒂伊已经沦陷之后，迪特里希又向第 7 军团提出警告说："假使援兵还不马上赶到，那么敌人再一进攻，整个战线就都会守不住了。"德军的情况是已经日益危急，因为在一星期之内决无大批援兵调到的可能。假使蒙哥马利乘着这个机会进攻，隆美尔的防线就一定会被突破。

× × ×

不过，从联军方面看，德军的窘态却并不那样的明显，因为德军的抵抗力还是非常的顽强，在表面上看来，似乎还具有很强大的实力。在美军地区里面，想攻占圣洛城的企图，曾经受到极强烈的反击，使得布莱德雷决定应该先让他的步兵和坦克，受过一个时期的特殊训练之后，再来继续进行这种攻击。在瑟勒河畔蒂伊地带苦斗了 10 天之后，德军装甲训练师的精神和技巧是那样的惊人，简直使英军第 50 师里面的老兵们，认为他们是又碰到了非洲沙漠中的老对头了。在这几场苦战之后，登普西和布莱德雷两个人手里，也都没有几个师的力量是完整的，足以发动大规模的攻势。当然更没有力量向卡昂城作直接的攻击，因为它还是在德军第 12 党军师和第 21 装甲师的固守之中，在屏障着这个城的一个半圆形的防线上，全长约 15 英里，这两个师一共有 228 辆坦克和突击炮，此外再加上大量野炮和战防炮的支持，其中包括 150门以上的 88 毫米炮和一旅重迫击炮。所以，蒙哥马利决定计划用包围的战术来攻击卡昂城，但是他必须等候英军第 8 军［由奥康纳中将（Lt. Gen. O'connor）所率领］到达，因为他这个计划绝对需要新的生力军。

为了达到他既定的方针，把敌人吸引到第 2 军团方面来，以便第 1 军团可以迅速地扩展，所以蒙哥马利就命令奥康纳，应在卡昂与瑟勒河畔蒂伊之间，突破德军的防线，越过奥东（Odon）和奥恩河，而使他的装甲兵力到达卡昂与法莱斯之间的公路上。有了第 8 军在这样的位置，英军第 2 军团就似乎是已经将卡昂城包围了起来，而且对于巴黎也构成了一个严重的威胁。蒙哥马利希望这个威胁，足以吸引德军的装甲兵力，使其离开圣洛—科蒙地区，那就是美军的主攻地点。为了准备这个攻势，不等到瑟堡的陷落，美军第 7 军就已经从泛滥的多维河谷向南面攻击，其目的是要使布莱德雷可以有足够的地盘来发动他的突破攻势。

蒙哥马利主张在 6 月 18 日，即开始越过奥东河的攻击，但是在那一天，奥康纳的 3 个师，还只有一个师已经上了岸，而第 2 军团的弹药存量也极感缺乏。自从 D 日以来，弹药的情况一直是一个伤脑筋的难题，由于最初遇到了恶劣天气的缘故，这个迟误的结果始终没有补起来。那个开阔的滩头是特别容易受到损害，所以在最初 4 天之内，美军所已经卸下的弹药和补给总量，只相当于预定吨数的 1/3 还不到。过了 D+5 日之后，情况略有改良，但是一直要等到"桑子"人工港口到达之后，才可以有大量的物资流入，足够大规模作战之用。

自 D+1 日起，第一个"桑子"人工港口的各部分，就都已分别地拖过了海峡。一个星期之后，外面的浮动防浪堤已经安放好了，到了 6 月 18 日，主要防浪堤的混凝土沉箱，多数也都已经下水，而浮动的码头也已经完工了一半。两个港口现在都已经在使用之中，此时美军的卸运量已经只比预定的计划少了 25% 的样子。

虽然如此，LST 的来回时间还是太慢，仍然是一个最严重的障碍。它们本来只要将坦克和车辆，卸运到"犀牛"式的渡船上面，但是因为这种渡船多不堪使用，所以拉姆齐就改命 LST 直接开到滩头，将坦克送上岸去，这样就一定要延误 6 个小时的时间，因为要等到第二次大潮时，才能使它浮起退出。不过等到"桑子"人工港口的码头都装置妥善之后，一艘 LST 就可以 30 分钟之内卸下60 辆坦克，因此这个最后的死结也打开了。

这些码头的完成，主要是受了气候的影响，而一再延误，因为有长达 7 英里的浮动道路（Roadway），要从英国拖运到诺曼底，这是所有各部分中的最容易损毁的一部分。7 月 17 日，由于气象预报认为天气好转，所以拉姆齐才决定一鼓作气把 20 节（共长两英里半）都拖过去——通常一天不过拖运五六节。6 月 19 日的上午，这个伟大供应连锁上的最后一环，似乎就可以完成了，可是突然狂风暴起。每一节的活动道路，都在已经快到达人工港口的时候，给大浪吞噬掉了。在以后三天三夜中，联军所受到风浪的损失还要更大，这只不过是一个前奏曲而已。说起来也很巧，6 月 19 日恰好就是 D+13 日。

在英国的南部海岸方面，船团都被赶回了港口；在海峡中的半途上，拖船都挣断了拖索，纷纷地失踪；在滩头上，已经投锚的船舶，都被大风吹向海岸上碰撞。水底下的水压水雷受了波涛的作用，也都纷纷爆炸，增加了许多的意外损失。以后艾森豪威尔的报告上说："到了 6 月 21 日，'桑子'人工港口本身也解体了，尤其是美军所使用的那一个，因为它的位置更暴露，所以受到的损害就更大。损失是如此的惨重，几乎要使我们的部队在大陆上会站不着他们的脚跟。"

美军所使用的那一个人工港口，已经破坏到了不堪修理的程度，所有还可以利用的部分，都只好拆去修补英军所使用的那一个。虽然这一个人工港口，建造得比较慢，但是所受到的损失也比较小，除了地势较佳以外，建造时比较认真也是一个原因。不管人工港口的功效如何，船只的损失却是一个严重的问题。当风暴退去之后，有800艘船只陷在滩头上，一定要等到7月间的第二次大潮，才能够浮得起来。在这个时间之内，渡船的缺乏将会相当的严重，因为损毁和搁浅的船只中间，包括一半的LST。这3天的风暴给予联军船只的损害，要比自D日以来，敌军所能给予的损害，大了5倍以上。

立即见效的后果就是物资的运输几乎事实上完全停顿。在6月18日，弹药和供应品的卸运数字，已经达到了24412吨的最高峰；而在7月20日，这个数字跌到4560吨，这几乎还完全是由英军人工港口上所卸下来的。对于海岸上的作战，这一场大风暴也有直接显著的结果。英军无法照预定计划，在6月22日发动越过奥东河的攻势，因为人员和弹药都没有到达。当风浪初起的时候，奥康纳的所部还有一半仍在船上，他们只好留在那里，一直等到气候转好之后方下船。美军向南面进攻的行动也只好暂时放弃，因为布莱德雷为了想使对于瑟堡的攻击，不至于受到弹药缺乏的影响，已经命令其他各线的部队，限制弹药的消耗量不得超过平常定额的1/3，并且还用空运的方式，送来了1500吨的紧急补充。在风平浪静之前，英美两军的弹药供应量，都已经很成问题。

这个情形，使沿着桥头阵地南面的一切作战，均告停顿，因而使疲兵久战的隆美尔部队，也得到了一个喘息的机会，以增强他的防御力量。而更重要的是这场风暴使隆美尔在诺曼底战场上渡过了一个极大的危机，因为它使英军没有能够在这个紧要关头，对于卡昂—瑟勒河畔蒂伊地区发动攻势。这个时候隆美尔手里除了实力并不足额，而且驻在圣洛以西的第2党军装甲师以外，就一点其他的预备队都没有。

× × ×

美军专用的人工港口被毁之后，就更显得瑟堡的争夺战，有赶紧完成之必要。自从卡朗唐被攻下，和6月12日两个滩头实际打成了一片之后，美军第7军已经倾全力来向这个方面发展。3天内，柯林斯曾经扩展他的立足点，北面到了蒙特堡，西面越过了梅德列河，于是进入了第一道泛滥地带的背面，这是德军希望用来阻止他的。敌人的防线本来就已经守不住，当美军优势兵力向前挺进时，他们就纷纷退走。自从D日以后，那两个空降师都已经获得了滑翔机所载运的步兵和炮兵的增援，第90和第9两个师都已经完全登陆，而第79师也在开始登陆之中。柯林斯一军的兵力几乎增加了不止一倍，但是德军却完全没有获得任何的增援，而最初就驻在这个半岛上面的3个师中间，有一个第91师，在最初5天之内，死伤数字就已经达到4000之多。

从布列塔尼方面所调来的德军援兵，还正纷纷使用脚踏车、公共汽车、农家的大车，甚至徒步，沿着饱受轰炸的道路，慢慢地前进。似乎没有一个部队可以如期赶到，以阻止美军从他们的科唐坦桥头阵地中向外突出。在这种情况之下，希特勒在6月10日下达"死守到底"的命令，结果只不过是作徒然的牺牲而已。不过马上还看不出来它的作用，因为在6月12日、13日两天，德军还继续表示着有相当坚强的抵抗力量。美军第 4 师两度设法攻入蒙特堡，但是却都被逐退。美军的主要攻势是由第 90 师担任，目的是向西面进攻，以求切断这个半岛，但是进展也还是很迟缓。

可是到了 6 月 13 日的上午，隆美尔的注意力却突然由这个地区移动到了其他的地方，因为他发现不仅第 17 党军师无力夺回卡朗唐，并且在那里西面 7 英里的地方，美军突然在宽广泛滥的多维河谷的南面出现了，而且在夜间已经在河川上架好了桥梁。这个行动，柯林斯本来只是把它当作一个辅助性的行动，但是隆美尔却以为美军现在是想向西南面进攻，以求切断这个半岛。所以在 14 日的清晨，隆美尔就下命令把一切的力量都投入这个缺口，不惜一切的代价来保着这个颈部，使它不至于被切断。德军把一切的兵力都调到多维河上，但是那一天柯林斯所发动的新攻势，却并不是朝着西南方，以莱赛（Lessay）为目标，而是向西进攻，以圣索沃尔－勒维孔特为其目标。

因为美军第 90 师是第一次上前线，所以进展得极慢，结果使柯林斯大感不耐，他马上把那个师长免职，并且把有作战经验的第 9 师和第 82 空降师的剩余兵力，都用蛙跳的方式，越过第 90 师，送到了第一线，同时命令他们迅速前进，直抵西部海岸为止。这就可以代表柯林斯的标准作风，他是充满了活力和弹性，而且有本领将他的战术来配合地形。这个所要进攻的地区，其地形的恶劣是尚无前例。这个地区比起诺曼底其他各地区，田野面积更小，灌木丛林更密，堤岸更坚强。在这里既不便于运用装甲部队，复不利于炮兵的观察。但是这对于柯林斯而言，却并不是新的经验。1943 年，美军在瓜达尔卡纳尔与日军浴血苦战的时候，他正是一个步兵师的师长。在热带丛林中有过作战经验之后，诺曼底的丛林就当然不在他的眼里。有一些英国的指挥官们，因为他们一向是惯于在非洲沙漠地区中作战，所以当他们的坦克被道路限制住了之后，马上在战术上就觉得受了很大的束缚。以此例彼，柯林斯却是惯于在没有道路的地区和不用坦克的支援，来作战的。希望他的步兵，几乎能够完全凭着他们自己所背负的兵器的火力，以求通过那些障碍重重的地形。

在科唐坦，柯林斯的战术就是在非常狭窄的前线上进攻，横跨两条主要的道路，发动一连串的短促而锋利的攻势。他用 4 个团以营纵队前进，每一个团的正面只有 1000 码。他可以完全不顾及他的侧翼，因为敌人的交通情形极坏，预备队人数极少，而且除了一些法国旧式坦克以外，根本上就没有坦克。柯林斯督促他的部下，分成短距离跃进，领先的营一天调换两三次。在 48 小时之内，美军前进了 5 英里，而迫使敌军几乎守不住了。

6 月 15 日，多尔曼向隆美尔报告说："现在的情况就好像是一个已经拉满了的弓弦，随时都有断掉的可能。"第二天上午，这张弓就拉断了。第 82 空降师在圣索沃尔－勒维孔特，渡过了上多维河，而第 9 师则在较北面的地点，也如法炮制。这样在美军与海岸之间的最后一道天然防线，也开始被突破。

× × ×

到这个时候，在半岛上的德军已经组织成为两个战斗团，分别以他们的指挥官姓名为番号：冯·施利本（von Schlieben）战斗团和黑尔米希（Hellmich）战斗团。前者，包括第 709 师和由布列塔尼调来的第 77 师的一部分，负责防守通到瑟堡的直接进路。后者，包括第 91 师和第 243 师的残部，奉命阻止美军到达西部海岸。现在由于美军的进展，这两支兵力已经完全被隔断，在 16 日的上午，继马尔克斯之后出任第 84 军军长的法姆巴赫尔（Farmbacher）报告说："黑尔米希战斗团在精神上和物质上都已经到了完全崩溃的阶段，所以这个地区的抵抗，也许只再够维持几个小时罢了。"从布列塔尼并无新的援兵到达，而在附近更是无兵可调。因此要想同时守住蒙特堡和圣索沃尔－勒维孔特，根本上就不可能。

在这个环境之下，对于德军而言，唯一合理的解决办法，就是尽量避免无益的损失，集中全力到防守较大的目标，那就是瑟堡，因为科唐坦之战的唯一目的，也就是为了想阻止联军使用这个港口。但是法姆巴赫尔所奉到的命令，还是叫他不惜一切代价，守着半岛的颈部，使它不为美军所切断。因此他主张应命令施利本将第 77 师的一部分，调来援助黑尔米希，而施利本的共余兵力则应立即后撤，据守瑟堡要塞地区的较短外围防线。

多尔曼刚刚批准了这个计划之后，希特勒的命令却又来了，它说："不准向瑟堡撤退，现有的战线必须不惜一切牺牲加以固守。"但是这一条战线却早已经破裂，现在若再命令坚守，只是把局势弄得更坏而已。这个命令和由于它所引起的后果，全都忠实地记录在第 7 军团的电话记录簿上面，可以当作一个典型的例子，来说明希特勒对于战术事件方面是如何地乱加干涉，以及对于战场上的将领们，其影响是多么的大。以后 24 小时之内，在法国的德军指挥官和参谋人员，都在忙于研究这个问题，希望为这一条命令找到一个解释，使它同时能够满足元首的要求和适应战场上的情况。

隆美尔这时正在第 84 军的前进指挥所里，他也是主张批准法姆巴赫尔的计划，但是在一整个下午的时间当中，希特勒仍然一再地严令不准退却。当法姆巴赫尔向第7军团提出抗议说"施利本战斗团必须退回瑟堡，以免被切断"时，他所得到的回音却是："依照元首的命令，施利本战斗团应坚守原阵地，必要时可以突破敌人的战线。"换言之，它应该不顾一切的后果，在蒙特堡作军事上的自杀——至于瑟堡反而形成暴露的状况，也不在考虑之列。

在那一天黄昏的时候，隆美尔向伦德施泰特通电话，对于这个危险而又糊涂的命令，提出抗议说：

> 假使元首的命令若是照字面上来加以解释，那么在半岛上所有的兵力都应该钉在他们原有的地位，于是敌人就可以从我们部队的后面，尚未设防的道路上，向瑟堡长驱直入……假使我们一定要坚持着现有的战线，而不准使用必要的机动兵力，那么科唐坦的失陷也许就会更快。我们现在所需要的，就是抽调一部分力量，到圣索沃尔－勒维孔特去抵抗美军的进攻，否则在科唐坦的防线就马上会完全崩溃，因为无论在瑟堡还是在泛滥区以南的地区，德军都没有强大的兵力。

伦德施泰特同意再向希特勒请示，但是他却又补充一句，在目前还是要遵守元首的命令。所以隆美尔这个时候所下的命令，也还是严令部队坚守现有的阵地，不准考虑退却的问题。第77师奉命抽出一部分援助黑尔米希，以阻止美军沿着公路，由圣索沃尔－勒维孔特进攻瑟堡，但是所抽调者只是预备队，而并不是前线上的兵力。不过这个师根本上已经没有预备队，所以这个命令也就毫无意义。

12 小时之后，到了 6 月 17 日 10 点 35 分，第 7 军团才知道元首最后对于事实，已经作一部分的承认。他的新命令是说："瑟堡要塞必须不惜一切代价，予以坚守。北面战斗团（冯·施利本）在敌人压迫之下，可以且战且退，但是不得与敌人脱离接触。"

这个命令虽然使战场上的指挥官，稍微获得了一点战术上的自由，但是他们还是不能够立即作有组织的撤退，以便去布置瑟堡周围的防务——照他们的看法，这是唯一可以有成功希望的办法。施利本还是要守住原有的防地，必须等到敌人逼近了之后，才能够后撤，因为敌人就是跟在他们的后面追，所以他们想要作有秩序的撤退，并且预先布置好瑟堡的防务，都不可能。

即使这个有限度的自由，希特勒都认为还是太多了，在那一天下午他举行幕僚会议的时候，他似乎又想重申"坚守"的命令。当人家指出来现有的位置已经无再守之可能时，他马上高叫起来说："那么好吧，他们不守那里（意即指蒙特堡），就守这里好了。"一面说一面用一支红铅笔在地图上画了一条直线，在瑟堡的正南面，横贯着整个的半岛。

由于希特勒这样一意孤行，结果就使瑟堡失陷得更快。施利本在没有受到敌人压力之前，还是不准撤退，而且即使撤退，也只准撤到圣瓦斯特－拉乌格—勒泰伊—沃维莱尔之线（St. Vaast de la Hogue-Le Theil-Vauville）。照希特勒所惯用的话气，这一条线又是要不惜一切代价来加以死守的。

所以冯·施利本无法退守瑟堡周围的最后防线，这一条防线是比较最短也最坚强，本是专为保卫瑟堡而设计的。当他的兵力为了在蒙特堡长期苦战，已经损失颇重以后，现在反而要去守住一条长达 30 英里和半岛一样宽的防线。这一条线比他目前已经守不住的防线，还长了 3 倍以上。他在战略上和战术上都没有获得什么优势，可是责任却反而增加了 3 倍。

对于这种混乱命令的唯一解释，就是发命令的希特勒已经不再是一个最高统帅，而是一个荒唐胡闹的暴君。他的目的是要表示他的权力无限，要部下绝对服从他，才显得是威尊命贱。所以他根本上就不考虑到战场上的实地情形。他只是要求士兵们坚守某一条战线，随便哪一条都可以，只要部下们还忠诚地服从他这种混乱命令，即可以表示元首的权威，还是能够控制人们的意志。但是这已经是 1944 年的 6 月，而不是 1940 年的 6 月了。

在诺曼底，伦德施泰特和隆美尔都完全屈服在希特勒的思想狂潮之下，一方面还要为希特勒作挡箭牌，拼命地压制部下的抗议。在失望和屈服之余，隆美尔还是拼命地鞭策他的部下死守。下面一段电话记录即可以说明当时的情况。

在当天夜间 9 点 50 分的时候，隆美尔的作战处长滕佩尔霍夫上校（Col. Tempelhoff），打电话给第 7 军团的作战处长黑尔姆达赫上校（Col. Helmdach）。这次的谈话可以摘记如下：

> 滕："瑟堡的海军指挥官曾经报告说，冯·施利本将军希望退回瑟堡城，所以已经准备要将半岛西岸的要塞炮位，予以炸毁。……无论如何这都是不许可的。"
>
> 黑："但是今天上午冯·施利本将军不是已经奉到可以自由行动的命令吗？"
>
> 滕："那只是说一种迟滞的行动，并不是整个的撤退。隆美尔元帅已经有命令说，除非奉到了他本人的命

令，才准许撤退。"

黑："但若是要想固守的话，那么守军必须要在敌人
到达之前，先退守他的最后一条防线。"

滕："上面的命令是说——不惜一切的代价，坚守
到底。"

到了 10 点钟，这个谈话的压力又转到了第 84 军军长法姆巴
赫尔的身上，虽然他原先是极力反对的，现在却也保证他已经完
全遵照上级命令的精神，转令施利本坚守。但是在隆美尔的司令
部里面，对于法姆巴赫尔却还是感到不太放心，于是在 10 点 15
分的时候，他已经被免职了。

在这个激烈的行动之后，也使第 7 军团司令多尔曼感到相当
的震惊，一个小时之后，他向隆美尔的参谋长斯派德尔建议说，
也许给予施利本的命令，可以改为"尽可能地延长时间，坚守下
去"。但是斯派德尔的答复却是非常直截了当，他说："关于这一
部分的命令，是出自元首个人的见解。绝对不能改变。"在这个情
形之下，多尔曼问答说："这一条防线是已经垮定了。"

× × ×

当德军在科唐坦半岛上的将领们，被希特勒的混乱命令弄得
进退两难的时候，美军的第 9 师却一直拼命地向西部海岸线进攻，
在 6 月 17 日又前进了 6 英里，已经可以望见海水了。他们之所以
能够维持这个进度的原因，是因为柯林斯能够迅速地调度新的生
力军，以保护他们北面的侧翼。这个侧卫的力量在 17 日到 18 日

的夜晚，受到一次考验。黑尔米希战斗团和德军第 77 师的几个纵队，企图突入圣索沃尔－勒维孔特与海岸之间的地区，以阻塞美军进路。德军以为路上还没有敌踪，但是美军却捕获了三个引路的德国宪兵，并且给予德军行军纵队以狙击。德军的多数兵力都被击毁或击散，但是在总数 5000 人到 6000 人，却有 1200 人左右，在美军第 9 师的坦克和步兵于 6 月 18 日清晨，进入巴讷维尔（Barneville），封锁半岛底部之前，就已经沿着海岸边的道路，溜过去了。

柯林斯不让德军有调整态势，以适应新情况的机会。在 6 月 18 日，第 9 师还是继续向西前进，但是他很迅速地就将兵力重新加以部署，到了第二天上午，他就有了 3 个师——第 4、第 79 和第 91——摆在一线上，准备向北面进攻。而两个空降师和第 90 师，现在改交给美军第 8 军指挥，沿着泛滥地区，保卫着南面的战线。

柯林斯的确是一员虎将。他热心英勇，外表长得很漂亮，看起来不像是一个已经 48 岁的中年人，他素有“大兵将军”的雅号。他御下极严，拼命地督促部下快走，凡是配合不上的人，他马上就予以撤换，毫不姑息。他的战术是重重地打击敌人，使敌人永远在败逃之中，但是他本人却决不仅是凭着匹夫之勇。他的计划总是很周详，他的指挥更是富有弹性，他非常的机警，善于运用奇袭，他的计划是常在变化之中，找着了新的机会就不肯放松，对于地形的变化和情况的转移，具有极高度的适应能力。

柯林斯向北面的进攻，是当敌人的注意力还集中在西部海岸上的时候，就突然在蒙特堡开始发动奇袭式的攻击。6 月 19 日上午 3 点钟，根本没有炮兵的预备射击，美军的第 4 师就含枚急走，偷越过了德军的外围防线，直攻入他们的核心。德军还有一半人在熟睡之中，仓皇应敌，损失惨重。到了天亮的时候，美军已经攻破了蒙特堡两面的防线，差不多已经包围了这个城市。到了天黑的时候，他们已经到达了瓦洛涅（Valognes），并且击破了敌军的主要阵地。不顾希特勒的严命，德军开始全面撤退。在蒙特堡以西，抵抗力逐渐减弱，因为德军由于南犯不成之后，本身已经引起了极大的混乱。那一天第9师前进了大约10英里远，而到了第二天黄昏时节，柯林斯的3个师已经都到达了瑟堡的外围，德军又沿着所谓希特勒防线，准备作不惜牺牲的死守。

瑟堡的要塞工事是很坚固的，尤其是曾经特别地加强，以防敌人由后方攻入。但是施利本的兵力不够，不能够有效地防守它，因为遵照元首的命令，差不多有1/3的兵力还一定要摆在周界之外。他现在对于他那已经突围南去的兵力损失，才感到十分的伤心。施利本现在手里一共只有4个已经打垮了的师，此外就加上一些由高射炮手、海军人员和修建V-1武器基地的工人等所拼凑而成的杂牌队伍，总兵力是2.1万人。他向第7军团报告人数的时候，又再补充一句话："这个数字本身毫无意义，因为他们的素质实在是太差，而且又更缺少军官，所以这种乌合之众是不会有多大的抵抗力。"此外，他的全部兵力当中，还有1/5是外国人，所以施利本被俘时，他向联军当局说："你不可能希望苏联人或是波兰人来为了德国在法国和美国人打仗。"

根据施利本手下的一位营长霍夫曼（Hoffmann）所说的情形是这样的：

> 在蒙特堡的战斗中，由于联军的海军炮击和空军炸射，士兵的战斗力就已经消磨殆尽……在敌人极端重压

之下，再向瑟堡撤退，更把他们最后一点力量也用尽了。当他们退到周界的时候，各单位都已经混杂不堪，但是又没有重新整编的时间。甚至一个连长都不知道他自己到底还有多少兵力，部队在什么地方。

供应的情形也是同样的恶劣。在5月间，德军在科唐坦的守兵数字就差不多增加了一倍，但是由于联军轰炸法国铁路的影响，所有弹药、燃料、食品的储存量都并没有能照比例增加。6月16日，这个半岛才显出有被切断的可能，第7军团才想到瑟堡的物资也许不够长期围城战的需要，但是时间已经来不及，无法加以补充了。德军的补给纵队在白天里不敢使用道路，而他们的摩托化运输工具为数有限，专靠夜间运输，数量当然更少。因为这个原因，瑟堡要塞中所储存的炮弹，在蒙特堡相持的时候，就已经动用了一部分。德军飞机也尝试在夜里空投接济，但是至少有一次是投在海峡中的小岛上面，其他的各次，照霍夫曼的报道，也都是一些不堪使用的东西。

6月21日，施利本正式拒绝了美军招降的要求，不过第7军团的情报就告诉他，在要塞的外面已经有6.5个师的美军兵力，这当然使他非常泄气。他当然不知道这个情报是百分之百的错误。

柯林斯只略微休息了一天半的时间。就开始指挥他手里的3个师，向港口的主要防线进攻，对于其他绵长的德军防线，他完全置之不理，只分派少数的机械化骑兵来予以监视。瑟堡的主要防线是以3道山脊为基础，它们控制着所有的进路，都已经层层地设防，工事十分的坚固。在第一天，6月22日，美军在每一个山脊上都占据了一个立足点，但是守军的抵抗却非常的顽强，几乎每一个堡垒都必须加以炸毁，才能够把守军赶了出来。美军第79师位置在中央，进展得最快，在已经天黑之后，他们还继续在那里攻击，直到达了距离该城东南角只有两英里以内的距离。但是两面侧翼上，还有坚强的据点，仍在敌军固守之中。

在23日午后不久的时候，施利本就向第7军团报告说：

> 敌军已自陆上的防线中突入，分成4个楔形前进。在我军的某些炮兵阵地和指挥所中，正在进行着惨烈的肉搏战。凡是未被攻击的阵地却仍在我方固守之中。海军方面认为最好还是立即破坏港口设备。

这又是一天的苦战，美军的收获固然很小，但是却很有意义，尤其是在左面，第9师虽然前进的距离不到1英里，可是却占领了西南面的据点乐克山（Mont de Roc）。美军逐渐把德军的防线消化掉，他们使用一种非常有效力的技术，一个又一个地把那些堡垒击破。俯冲轰炸机和炮兵把外围堑壕里面的敌人，赶进混凝土的掩蔽部里。于是在一个轻型的炮幕掩护之下，步兵迅速前进，一直到达距离目标只有300英里到400英里的地方，从这里，步兵用机关枪和战防炮对着炮眼中猛射，而爆破班则绕到敌人堡垒的后方，实行最后的一击。他们冲向前去，使用蜂窝式（Beehives）炸药或是火箭炮，把钢门炸开，然后将炸弹和白磷手榴弹丢了进去，利用爆炸和毒烟把里面的守兵赶了出来。这个步骤固然很慢，但是却很可靠，而且牺牲的代价相当的低廉。

当攻击正在进行中的时候，施利本把一些法国的兵器发给那些杂兵们，把他们送到前线上去，以来执行元首的最后命令："瑟堡城和港口，必须死守到底。"甚至希特勒还要求尝试从圣马洛由海路将援兵送去，当他知道瑟堡港是早已布雷之后，才听信了部下的劝告，打消了这种不惜牺牲的姿态。

6月24日，施利本为了激励士气，要求用降落伞运到一批铁十字勋章，由他授予有功的将士。可是美军第4师已经在瑟堡东3英里处，到达了海岸线，不过所有突入城区的企图却还是被德军击退。一直到第二天，美军第4和第9两师，分别沿着海岸线，由两翼夹击，才算是进入了城郊。但是在中央，第79军却花了两天的工夫还没有攻下罗里要塞（Fort de Role），这是一个巨型的要塞，雄踞在一个悬岩的顶上，控制着全城。

到了26日的夜间，全城中有组织的抵抗都完全消灭了，美军已经挤满了一条街。施利本在他的地下司令部里被俘，但是港口上的海军要塞和兵工厂却还都拒绝投降。因为它的坚厚的墙壁，几乎可以抵抗任何种类的轰炸，所以柯林斯第二天清早就派了一个心理战争小组，坐上了播音车，向兵工厂里实行说降。不久，兵工厂里的厂长，扎特勒将军（Gen. Sattler）就派代表出来表示说，他总不能够向这个攻心的"言语轰炸"投降，所以只要美军的坦克再放几炮好了……当这个手续完成之后，沙特勒就带着里面的400人，鱼贯而出，他们觉得很有面子，行囊都已经收拾整齐准备去做战俘。港口要塞还又继续抵抗了两天，而德军的右翼，现在已经被赶到了半岛的西北角上，却一直打到7月1日才停手。到那个时候为止，美军第7军自从D日以来，一共俘获了敌军39042人（注：德军在科唐坦战役中的损失总数应在5万人以上，而美军的损失约为它的一半）。

虽然由于希特勒的妄事干涉，所以才加速了瑟堡的沦陷，不过自从柯林斯在增援的竞赛上，已经领先之后，则瑟堡的陷落就不过只是时间的问题而已。他这个成功的基础，就是艾森豪威尔力排众议，不惜冒险把两个空降师投掷在科唐坦半岛的底部。这两个师使柯林斯在最初期，兵力上就已占优势，再加上其他因素的配合，他的兵力就更是迅速地增加，胜负遂成定局了。对于加来和法国南部，始终保持着威胁，也足以使德军在西线战场上的战略预备兵力，完全调配失当，因此对于西诺曼底所能运到的援兵，为数就很有限；联军的空军和法国的游击队，更进一步阻止增援的人力和物力的运输速度；同时英军对于卡昂城的进攻，最后也完成了它在战术上的使命。

　　德军在科唐坦的守军，始终是居于隔绝的地位。在 D+1 日到 6 月 18 日，当这个半岛正在被切断时，德军运到诺曼底的全部预备兵力，大约相当于 9 个师，但是其中只有一个师是用在瑟堡方面的，而这个师，第 77 师，还是兵力不足额的。在这个阶段当中，柯林斯所受到的增援，在联军整个增援计划里，是居于最优先的地位。他在 12 天之内，一共接受了 30 个步兵营的生力军，而德军则只一共得到了 6 个营的补充。在这个数量优势之下，胜负是已成定案，只不过是时间迟早而已。希特勒固然使这个时间大为缩短，但是却也不要过分轻视美军的成就。自从卡朗唐被攻下之后，柯林斯的手就空了出来，他马上就准备进攻。他从不肯放松他的压力，当第 9 师到达西部海岸之后，他那个立即转变方向的速度，更是快得惊人，恰好配合希特勒所给予他的机会。

　　在这样短的时间之内，即已攻占瑟堡，这可以说是一个相当的胜利，虽然它的港口已经破坏，不能够马上加以利用，但是对于西线战场上的德军指挥官，在心理上却是一个极大的打击。他

们一向希望至少可以使这个港口不至于迅速地被敌人攻占。现在
他们才明白了，诚如隆美尔向伦德施泰特所提出的警告说："海防
要塞的防务也不能抵抗敌军空海军的大规模攻击。甚至最坚强的
要塞（例如瑟堡）也会被炸毁为碎片。"

联军既已占领瑟堡之后，诺曼底桥头阵地就可以说是毫无疑
问地站住了。照伦德施泰特和隆美尔的判断，认为联军现在就一
定要开始进行第二期的作战计划——那就是在塞纳河以北的地区
登陆。他们和希特勒都全受了联军的欺骗，和上了他们自己情报
人员的当，所以才有此失。在 D 日以前，德国的海军参谋本部，
似乎是对于两栖作战的技术完全不懂，居然向希特勒提出警告说：
"联军的船舶可以同时供 25 个师作登陆之用。"甚至在西线战场上
的德国陆军指挥官们也都一致认为联军的登陆正面，可能是 15 个
师到 20 个师。所以，当德军发现在诺曼底登陆的海运师，总数
不足 6 个的时候，他们的结论马上就认为联军一定还保留了更多
的船只，以供第二次登陆之用。因为他们一向把艾森豪威尔手里的
兵力估计过高，所以就始终认为这第一次的登陆并不真是联军的
主力。

到了 6 月 26 日，瑟堡沦陷的这一天，在桥头阵地中的联军一
共已有 25 个师，另外再加上 5 个独立装甲兵旅——它很可能被敌
人误认为是装甲师。在英国还有 15 个师，正等待装船运往诺曼底，
另外还有 6 个训练师，准备补充全线英军各师的损失。可是在同
一天的德军情报却是这样说的（这还是一个最准确的情报）：

　　敌军在桥头阵地所已经使用的兵力为 27 个师到 31
个师，另外还有大量的直属部队……在英国还另外有 67

个师，其中至少有 57 个是可以参加大规模的作战。

德国情报人员，硬给艾森豪威尔的总预备队，凭空地增加了42 个师，这可以证明英国情报人员手段的高明和德国情报人员的冥顽不灵。联军的间谍要想把这些夸大荒唐的数字，出卖给德国人，是一点都不困难，因为德国陆军总部的情报主管人员，为了想引起希特勒注意联军入侵的危险性，更不惜有意制造一些夸大的情报。不过不管这些情报的来源是怎样，但是这些不可确的数字，却使德军最高统帅部的判断受到了影响，因为使他们的战略会举措乖方。当瑟堡沦陷的时候，在塞纳河与斯海尔德河之间的守军总数，要比在诺曼底与联军作战的德军人数还要更多。

6 月 26 日，隆美尔向伦德施泰特提出报告说，根据一切的迹象，都指示出联军不久将从卡昂的北面向巴黎进犯，已经和在索姆河和勒阿弗尔之间的大规模登陆相配合，为了应付这个双重的威胁他很想重新调整他的战线，但是这种办法却早已为希特勒所否决。

6 月 17 日，希特勒在苏瓦松（Soissons）附近的马尔吉瓦勒（Margival）特设的指挥所里，接见这两位元帅和他的参谋长——这个指挥所本来是他准备用来直接指挥渡海攻英战役的。在那里，伦德施泰特向希特勒提出警告说："面对着联军的海空军，德军绝对无法发动一个可以成功的攻势。"隆美尔则表示，除非德国空军能够给予他的供应线以更多的保护，并且他可以有自由作战的权限，否则要想把联军圈禁在桥头阵地以内的企图，甚至也都不可能。于是隆美尔主张逐步撤退到一条新的防线——沿着坚强的天然障碍物，奥恩河一直向南到达蒂里阿库尔（Thury-Harcourt），然后再向西转，经过潘松山（Mont Pincon）和一连串的森林的丘陵地，再在格朗维尔（Granville）附近，以伸延到西部海岸。沿着这一线，仍然可以占有地利，但是却已在联军海军大炮射程之外。应该利用步兵去占守这一线，而抽出装甲兵来对付敌军从诺曼底突破的企图和在塞纳以北登陆的企图。

布鲁门特里特（伦德施泰特的参谋长）当时也是出席人员之一，他说："希特勒似乎已经表示同意，他还是保持冷静的态度，但是却没有作决定。他突然换了一个讨论的题目，叫人送上了许多新型飞机的照片，开始滔滔不绝地说了下去。在吃饭的时候，又只有希特勒一个人说话，两位元帅都感到很不耐烦。在吃完了饭之后，他们又尝试建议希特勒作一次政治上的解决——那就是向西方国家提出和议——但是到了这个阶段，希特勒却突然地把讨论停止了。"

以后当再继续谈话的时候，隆美尔又再度希望能使希特勒认清有和西方国家和谈的必要。希特勒不愿意让他再说下去，但是隆美尔却恳求着说："我的元首，你对于我们再继续打下去的机会，到底是作怎样的想法呢？"希特勒忍不住要发怒了，他回答说："这个问题不是你的责任。你应该留给我自己去解决。"

斯派德尔说，在作军事方面的讨论时，隆美尔对于防务的困难，完全很坦白地说了出来，并且对于他所受到的严格命令，表示抗议。面对着这些不愉快的事实，希特勒却顾左右而言他，他说："V型武器可以给英国人以具有决定性的打击。"他拒绝了把V-1的攻击方向移转到英国的装船港口，或是诺曼底桥头阵地的建议，他说，对于伦敦的轰炸才可以逼得英国人求和。

也许希特勒真是作如此的想法，可是当这两位元帅辞去之后不久，马上就发生了一件意外的事情，足以粉碎他对于这种复仇武器的信心。一颗本来要向伦敦发射的飞弹，突然地在半空中打了一个转身，直接命中在元首的避难室顶上。虽然并没有死伤，但是这个意外事件却使希特勒不免大吃一惊，本来他同意在第二天亲临隆美尔的总司令部，听取第一线将领的直接报告，现在因为这个原因，就又临时取消。

回到贝希特斯加登之后，这两位元帅的建议又涌上了希特勒的心头，他为什么立即拒绝他们关于政治解决的建议，因为他知道，即使可以引诱联军方面获致妥协，但是他们却也会坚持必须他本人下台和整个纳粹统治的崩溃。他现在不是为德国而战，甚至也不是为党而战，而是为他个人而战。所以他更不准许他的将领们在战场上有任何自由处分的权限，因为他相信只有他的神经和意志才有足够的强度，足以阻止大祸的发生。那些将军们心目中所谓的"机动防御"，照希特勒看，实际上就是"无限制退却"的别名。他甚至还是不以"死守"为满足，他认为必须彻底歼灭了入侵军，才可以使他空出手来对付苏联的红军。

6月20日，他又命令隆美尔，等到那些正在向诺曼底集中的党军装甲师到达之后，就马上发动一个新的攻势。虽然国防军是失败了，可是他最后的一张王牌——党军，是绝不会失败的。这是元首的唯一希望。陆军可能是有负于他，但是党军却可以使他的计划终于成为事实。选定攻击的地区，是准备要在美军援兵尚未从科唐坦调到之前，即由科蒙与圣洛之间切入。攻击的矛头为两个党军装甲师（第9和第10），它们正由波兰调来。再加上另外两个装甲师的补充——第2装甲师现正在圣洛地区充任预备队，第1装甲师则由比利时调来。这样庞大的一个装甲部队可以扫开一条通道，由巴约直达海岸线，使英军处于孤立的地位，而再尝到一次敦刻尔克的滋味。这种灾难的重演，再加上 V 型武器的威胁，也许不久就可以使英国人认清了，在大陆上的纳粹德国是打不倒的。

隆美尔也同意这个命令，因为他觉得假使要采取攻势的话，那么这个计划就是成功希望最大的一个，他固然不相信可以到达希特勒那样狂妄的幻想，但是他却也认为可以使联军遭受一个挫折，不管将来的前途如何，至少可以争取相当的时间。但是希特勒的命令是否能够兑现，其关键并不是隆美尔，而是蒙哥马利。

第十八章 卡昂的苦战

　　蒙哥马利设在诺曼底的前进指挥所，也就是一辆指挥车，在车篷的墙壁上挂着伦德施泰特和隆美尔的照片，这两位元帅的眼睛正由上而下地俯视着这位计划打败他们的敌人的脸。当蒙哥马利一个人沉默地研究战局的发展和拟订他自己的作战计划时，他总是喜欢一方面研究着这两位对手的面相，想从这里猜度敌人的心事，预料他们的反应会怎样。他决定要使他的作战，让敌人们会采取一种似乎是顺乎自然的对策，而殊不知却偏偏中了他的计策。他一方面以英军将在卡昂突破为威胁，而另一方面却让美军在圣洛作决定性的一击，这个计划的基础就是这样的决心。

　　蒙哥马利说："这个全盘的计划，我在1944年4月7日，即已向各野战军的将领宣布过。"在另一方面，据艾森豪威尔和他的参谋长史密斯，以及其他的美国将领们说，这个计划是在D日过了差不多两个星期，英军在卡昂攻势被阻之后，才开始拟订的。史密斯说："到了那个时候，原有的战术计划必须加以修改，因为敌军大部兵力都面对着我们的东翼，使在那一端实行突破成为一个不可能的事实。"当这个情况已经变得很显明的时候，艾森豪威尔就在他对于联合参谋本部的报告书里，这样说道："我们的计划具有充分的弹性，可以尽量利用敌方的反应。所以现在可以命令美国从西面冲出，而让英加军在东面与德军纠缠着不放。"

谁的说法是对的？英军是否真如艾森豪威尔报告中所说的，本来曾经拟向塞纳河方面企图突破呢？登普西在卡昂是否已经失败？蒙哥马利是否被迫才改变他的计划？要找到这些问题的答案，其根据不是战后所发表的文件和回忆录而应该是蒙哥马利在 D 日以前，和登岸后数周内所发布的一些命令和文件。

在 D 日前两个月，4 月 7 日的报告中，蒙哥马利对手英军所负担的任务，曾用下列的语句来加以说明："英军第 2 军团应在奥恩河以西进攻，并且向东南方面发展，以求确保机场位置，并且当美军第 1 军团攻占瑟堡时，好保护他的东面侧翼。在以后的作战中，第 2 军团应在它的左翼上面旋转，力阻敌军由东面攻入我占领区。"谈到这个任务的执行时，蒙哥马利又补充着说："美军所面临的补给问题与英军将完全不同。作战计划规定英军与他们的前进基地，距离很是接近，而美军则首先第一步要迅速趋向瑟堡，然后再回头南向，以攻占南特和卢瓦尔方面的各港口。"

照蒙哥马利的看法，在滩头上的攻击仅仅是能在法国的门前石阶上面，获得一个立足点而已。他还需要用力破门而入——至于突破地点则可能有三个方面：在卡昂附近的门铰链上用力突破，用斧头把它一片片地砍下来，将压力巧妙地应用在诺曼底的西部海岸上面，使这扇门自动打开。他反对第一种形式的硬攻，也不赞成第二种形式的消耗战。他所以选择了第三个办法，不过他却预料敌人可能也在这一方面加一个反压力，除非能够引诱敌军将大量兵力集中在门铰链的地区，则使用在另外一端的联军主力就一定要受到阻碍。只要大门一被推开，机动兵力就可以从空隙处涌入，到达敌人的后方，而德军的兵力却还集中在卡昂附近，陷于进退维谷的窘境。

这个作战计划是完全出自蒙哥马利一个人的心裁，当他尚未接任攻击军总司令以前，原有的计划完全不是这样。COSSAC 计划的拟订者，由于看到在奥恩河以西的地形险恶，所以主张英军应向卡昂—法莱斯平原方面突破。他们主张当美军到达阿夫朗什和栋夫龙（Domfront）的时候，英加军也应该进至滨海特鲁维尔—利雪—阿朗松之线。蒙哥马利认为这样计划把最初的桥头阵地发展过快，在东面远出了 20 英里到 30 英里。因此他把界线的位置重新划过，改为阿夫朗什—栋夫龙—法莱斯以西—阿尔让斯（Argences）—卡堡（Cabourg）之线，这就明显地表示他不想在东面实行突破，甚至连地都不想多占。

虽然如此，因为 COSSAC 计划的原设计者摩根，现在还是在远征军总部担任副参谋长，所以原计划在总部中还并没有打消，而摩根本人更是继续拥护他自己的计划。摩根最佩服艾森豪威尔（他常常爱说"有一个人是上帝送来的，他的名字就叫作艾克"），但是也最讨厌蒙哥马利。他认为把左翼缩退的行动，就足以构成一个例子，证明蒙哥马利的"守势心理"是已经中毒过深，无法救药。只要一有机会摩根就马上会提出反对的意见。

因为他是原有计划的拟订者，所以在总部里，摩根是被人当作一位专家看待，所以他的"从卡昂突破"的理论，居然赢得了副统帅的赞成。泰德虽对蒙哥马利并无私人的恶感，但是他却也和摩根具有同感，认为蒙哥马利过分谨慎小心，而利－马洛里则很关心占得卡昂东南面飞机场的重要性。因为在最高统帅部里，有两个高级的英国将领都是作如此的看法，所以就无怪其然，艾森豪威尔和史密斯也会考虑到卡昂城应该是一个主攻的地点。由此，再进一步，就可以误会，以为事实上这就是蒙哥马利的主见。

艾森豪威尔也很容易接受这个观念，因为这正与他自己的战争观念相符合。他的军事思想，也正和其他大多数美国将领一样，都是走直线的，他具有极端的进取心，用简单的话来说，就是"人人奋勇，随时进攻"。假使他的部下没有攻占着新的土地，他就会感到很不愉快。和马歇尔一样，他也是主张直截了当地给敌人以迎头痛击。他的信心寄托在优势兵力的强大打击上面。要想获得这种优势，他认为这完全是补给的问题，等到自己实力充足之后，就可以完全不顾及敌人的反抗，而勇往直前地进攻。当卡昂城在 6 月中旬尚未攻下时，艾森豪威尔就害怕，因为增援的速度似乎还不够快，不足以建立这种绝对的优势，所以联军就会有被封锁在这个桥头阵地里面的严重危险。他所主张的解决方案，就是沿着所有的前线，不断地攻击，使德军在战术上无法安定，逐渐消耗敌人，而终使其溃败。

消耗政策正是蒙哥马利所最反对的。他也是主张必有优势的兵力，始可进攻的理论，当他在兵力不够时，实际上他是决不取攻势的。但是他对于如何获得优势的方法，和如何利用这种优势的态度，则完全与艾森豪威尔不同。蒙哥马利主张应设法引诱德军自乱步骤，使他们自己丧失平衡，或是强迫他们分散兵力，在各处都取守势，而最好是使他们把兵力集中在错误的地方。这后面一个办法又有一种危险，敌人可能会利用这个集中的兵力，来阻挠我们的计划，除非对于他们所可能威胁得到的地区，都设有绝对可靠的防御。这也就是说他总要掌握着足够的兵力，来使敌人陷于不平衡的地位。在获得了这个必要的相对优势之后，蒙哥马利的意图不是要进行一个广泛正面的攻击，而是集中全力在一点上打击。深入地切断敌人的阵线，用力极猛，使敌人无法再立定脚跟，重组第二条防线。

蒙哥马利最关心的问题，就是要使敌人在战略上丧失他们的平衡，而不是要使他们在战术上感到不安定。德军据守了些什么地区，他们的工事建筑得怎样坚固，照蒙哥马利的看法，都没有全盘的兵力分布重要。他对于把德军逐回到塞纳河一线的理论，并不感兴趣。他决心要把他们就在诺曼底地区之内，包围集歼，于是才可以使他们不能够挡着联军向德国进军的去路。

对于追求他的主要战略目标，蒙哥马利是从不后退的，但是他在手段和方法方面，却是时常有所变更。不过，在战后，因为美国人纷纷批评他，使他恼了，于是为了自卫起见，他才说："在6月、7月、8月，3个月里面的战争发展，一切都是和原定计划完全符合的。"他作此声明时，蒙哥马利实在是太小看了自己，因为他的真正军事天才，是非要等到情况随时变化，不可捉摸，而他却能够随机应变时，才可以彻底地表现了出来——例如恶劣气候的影响，希特勒的自杀政策，英美两国在战术上的失败和迟缓等。

在登陆伊始，蒙哥马利相信英军第2军团，为了达到"保护和威胁"的任务起见，应该要一开始就确实占领卡昂的东南地区。可是在第一个星期当中，因为隆美尔把他的装甲师用在防守方面，所以攻占卡昂地区变得相当的困难。不过，因为德军装甲兵力既已被牵制在那里，因此攻占卡昂的需要也就比较少了。所以，蒙哥马利在6月8日虽曾命令登普西，尽量用最高的速度前进，以占领卡昂为目的，但是当他以后看出来要完成这个任务，则登普西的实力必将大受损失的时候，他马上就修改了他的命令。蒙哥马利虽然还是希望占领卡昂城，但是他肯给出的代价却有限度，他不愿意过分制弱第2军团的实力，而使它对巴黎地区丧失了威胁的力量。

在这个环境之下，唯一主张赶快地占领卡昂东南面地区的必要理由，就只是为了争取更多的飞机场基地。关于这个问题，蒙哥马利和空军的指挥官们，却始终没有当面讨论过。在 D 日很久之前，有一次计划会议席上，利－马洛里曾经强烈地主张，第2军团应较现有的计划，提早向东面推进。蒙哥马利的参谋长代表他答复说："我们总司令不赞成这一点，因为他认为敌人可能把兵力集中在这一翼上。"

在入侵的第一个星期中，若是照这样的做法，就会把蒙哥马利的整个战略布局完全弄坏，所以他无法答应利－马洛里的要求。蒙哥马利认为从英国现有的机场，外加上在6月21日以前，在诺曼底可能使用的15个机场，战术空军为了供给陆军以急需的保护和支援，似乎已经可以勉强够用了。这个功效的规模也许没有像利－马洛里所希望的那么大，不过德国空军却已经不那样活跃可怕。对于蒙哥马利而言，卡昂区的飞机场只是一个手段，而不是目的。从陆上战争的观点看来，对于空中支援的需要并不那样的迫切，而一定会要修改整个战略去适应它。

这个意见的被拒绝，对于利－马洛里等空军将领而言，实在是一种侮辱。他们认为这种需要更多的机场的要求，实际上是一种合理的权利要求，蒙哥马利对于它是应该尊重的。这种态度，一方面固然是由于空军人士非常希望在这一场大战中，能够有更多的表现机会，此外也还有其他的原因在内。尽管英国空军已经有无双的成就，但是它在三军之中却总还是一个后起之秀，常有一种自卑感，因此总是要为它的独立和平等而奋斗。所以，照空军将领们的看法，蒙哥马利之所以反对争取卡昂机场的态度，即足以证明陆军认定空军还是一个"补助军种"的趋势。

蒙哥马利和英军第 2 战术空军联队司令科宁汉（Coningham），私人间又有摩擦，更使这个裂痕加宽。在阿拉曼之战时，他们两个人合作得很好，可是当向提波里前进时，这个"蜜月"已经结束，由于战役的特殊性质，使得蒙哥马利必须亲临前线，长期住在他的前进指挥所里，而大多数的时候，只是留下他的幕僚去对付空军。所以他似乎只是把空军指挥官看作一个顾问，而不是以平等的地位看待他们。这是他个人的战争，他们只是支援他一个人而已。这种态度当然使空军方面不满，而尤其是他为了提高第 8 军团的威望起见，也同时表现他个人的声誉，更令人受不了。当蒙哥马利 1944 年回到英国之后，这种不满的情绪就更分外地高涨。他已经成为众人心目中的英雄偶像人物，而科宁汉之辈都不足与论了。英国的人民都一致向第 8 军团和他们的英勇领袖，欢呼致敬。可是很少人想到科宁汉和在沙漠地带同样作战的空军，有一次和新闻记者谈话的时候，科宁汉不禁愤怒地说道："那总是'蒙特的军队''蒙特的胜利'和'蒙特的又一次进攻'。你们从来不曾提到过'科宁汉的空军'怎样怎样。"

既然知道科宁汉是如此的敏感，蒙哥马利应该曲意与他交欢，以便平平他的愤懑，这才是一个聪明的措施。可是不然，当一般计划决定好了之后，蒙哥马利就出发巡视各部队和军区，而让他的参谋长和空军交涉些细节，他的目的是鼓舞士气，但是照空军方面的看法，却不过仅是为了出风头而已。蒙哥马利很少出席会议，而当他直接和空军交涉的时候，他总是以利－马洛里为对手。这在理论上是正确的，但是手段上却很不高明，若非德甘冈本人很得人望，而且很善于办交涉的话，那么对于一个联合作战的计划，一定就会发生破坏的影响。假使蒙哥马利对于争取空军的合作方面，也能和赢得部下的爱戴和群众的拥护一样地肯下功夫，那么他可能就会是一个更成功的将才了。

这种人事上的冲突，若非对于诺曼底的作战具有实际的影响，则也可以省略不谈。科宁汉的观点是完全站在一个空军将领的立场上，只要有机会，他都想改变陆战的形式，来符合他的要求。所以他认为没有占领卡昂的机场，对于他是一种打击。所以在空军圈内和艾帅总部里面，都形成了一个强力的游说集团，主张在卡昂突破的理论。这个很使蒙哥马利伤脑筋，因为这可以破坏他的整个战略计划。

× × ×

6月23日黄昏的时候，第2党军装甲军的军长豪塞尔（Hausser），开始向第7军团的司令报到。这两个实力强硬的师，第9和第10党军装甲师，在4月间曾经阻止过苏军的攻势，现在已经奉元首之命，调回法国，准备将英军赶回海里去。照豪塞尔的说法，他们第一列车是在6月12日离开波兰的。4天之后，他们到达了洛林（Lorraine），在此就必须停止下来，因为过北后的铁路线已经破败不堪，不能负担繁重的运输。这两个师现在就必须在公路上辛苦地行军，经过400英里的里程才到达了诺曼底，一直到25日以后才完全到达了指定的集中地——阿朗松的附近。这使多尔曼很伤脑筋，因为他知道那一场大风暴所赐予的喘息期，已经不能够再拖下去了。英军已经开始要准备攻击卡昂地区，而他手里除了那已经由希特勒指定，应向巴约反攻的部队以外，就再没有其他的预备队可用。

时间过得比多尔曼所害怕的还要更快。联军的情报当局早已注意到第1党军装甲师已经运过了巴黎，第2党军装甲师已经到达了圣洛，而豪塞尔军也已经在南锡（Nancy）和巴勒迪克（Bar-le-Duc）下了火车，经由公路向诺曼底进发。不良的天气固然可以使空中侦察丧失了它的效力，但遍布在法国的地下组织人员和联军的间谍，却监视着通到诺曼底的任何一条道路。从他们的报告上，就可以看出来隆美尔是毫无疑问地正在累积他的兵力。若是蒙哥马利的战略计划要想能够顺利地完成，那么就需要在月底，布莱德雷从科唐坦半岛底部，向南发动攻势之前，登普西就能够将德军这一部分兵力，吸引在卡昂区的苦战之中，而不要放松了他们。所以，即使天气还是不好，弹药的补充已经比规定的进度迟了5天，而英军第2军团向卡昂城西面的进攻，却仍然是定在6月26日开始。

这个计划是英军（奥康纳）应在瑟勒河畔蒂伊和卡昂之中间，担任进攻的主力。第15苏格兰师应在奥东河的对岸，占领一个桥头阵地，并且在这条河与奥恩河之间的阔岭上，建立一个坚固的基地。于是，当第43师正在协助苏格兰部队，巩固他们的收获时；第11装甲师就应该向东南面进攻，越过奥恩河，并且横跨着卡昂—法莱斯公路上，在莱兹河畔布雷特维尔（Bretteville-sur-Laize）与布尔盖比（Bourguebus）之间的高地上，建立阵地。当这个时候，卡昂城已经感觉到有被包围的威胁时，第 1 军就应该占领城西的卡尔皮屈埃机场，并由奥恩河东岸的"空降基地"向南进攻，以增强对于卡昂城的压力。为了给奥康纳军的攻击做准备起见，第 30 军的第 49 师，在头一天应该攻占劳芮山脊（Rauray），以便保护第 15 师的右翼。在占领了劳芮之后，第 30 军应通过努瓦耶（Noyers）到奥东河畔欧奈（Aunay-sur-Odon），而向南面求发展。

这个攻击的开始相当不顺利，受了浓厚雾幕的延迟，到了 6 月 25 日的黄昏时节，第 49 师到劳芮山脊，却还差 1 英里的距离。夜里又下着大雨，到了天亮以前，奥康纳就知道了，在英国基地上的空军由于恶劣气候的影响，都无法起飞助战。所以对于在他左翼方面的敌军据点，就没有轰炸机来加以炸毁。虽然如此，他还是奉命进攻，因为假使要阻止隆美尔的新攻势，那么蒙哥马利就感到连一天也不能够再等了。

26 日黎明后两小时，第 15 苏格兰师，带着第 31 装甲兵旅在一起，开始在乌云密布的天色下，进行着第一回合的战斗。在他们的前面，敌方炮声大作。一个布雷区阻止了坦克的前进，但是步兵却还是不屈不挠地，越过了卡昂—瑟勒河畔蒂伊公路进攻，并且攻入环绕着巧克斯的一连串的小村落内。从那里，第 11 装甲师的一个机动纵队，就开始冲向奥东河上的桥梁。巧克斯郊外的地雷，加上迫击炮的火力和村庄里的碎瓦颓垣，都可以迟滞英军装甲兵的前进速度，而使德军又恢复喘息的机会。从巧克斯向南去，已经成为一片火海。第 12 党军装甲师坚守着这个地区，其英勇的程度可以说是空前绝后。不久英军装甲部队就被阻止，到了下午过了一半的时候，第 15 苏格兰师的预备旅向前推进，想扫清到奥东河的进路。这个攻击在大雨滂沱之中进行，所有通过布雷区的甬道不久都布满了泥泞，而使支援作战的重武器都无法行动。这个新攻势的右翼，被劳芮方面的敌军所阻止，不过在左翼方面，苏格兰人却挣扎前进，到达了在科勒维尔地点的卡昂与维莱博卡日之间的铁路线。距离上午的起点已经向南推进了 4 英里左右，而距离奥东河则尚有 1 英里远。

这就是那一天进展的最大限度，但是却已经足够使迪特里希向上级求援了。在那天夜间，他向多尔曼报告说："假使今天不能够获得增援，则在巧克斯两侧都无法阻止敌军的突破。"多尔曼允许把第 1 党军装甲师的两个营，拨给他作援兵，但是因为缺乏燃料，所以还是陷在蒂里阿库尔（Thury Harcourt）不能动弹。6 月25 日，迪特里希也曾向第 2 党军装甲军求援，但是隆美尔却坚持要这个军的各师，在那天夜里移动到科蒙西南面的集中地区，以便准备进行对于巴约的大攻势。现在英军的攻势益趋激烈，隆美尔才开始发了善心，在 26 日的夜间，他命令"凡是豪塞尔将军所能够集中的兵力，都应该完全投入战斗之中"。豪塞尔的直属部队不动，但是在突破点两翼的装甲师（第 2 师和第 21 师），每个都抽出一个坦克营；而第 2 党军师则自圣洛地区，抽出一个战斗团；又在面对美军地区和奥恩河以东地区，抽出两个迫击炮旅，以供支援的火力。

不过到了 6 月 27 日上午，德军的指挥官对于英军并没有趁着黑夜发动攻击一节，很感到奇怪，他们彼此庆幸，认为他们是已经获得了一次良好的防御胜利。迪特里希报告说，他已经使用了80 辆坦克，向巧克斯方向实行逆袭，所以豪塞尔又奉命不必向奥东河畔欧奈以北移动，仍然准备执行原定的巴约计划。

德军这种乐观的看法未免言之过早。他们的装甲逆袭，为重炮和战防炮所击溃，苏格兰部队的突出地区屹立无恙，它更不足以防止第49师占领劳芮，也不能够吸住奥康纳越过奥东河的攻势。有一座桥梁完全无恙地被英军攻占，到了28日的上午，第11装甲师的主力已经过了河，它的坦克更向南推进。

这个前进又使德军第7军团司令部产生了新的不安，到了6月28日的清早，第2党军装甲军就奉命立即肃清透入巧克斯以南地区的敌军。因为还只有第9党军师到达了最前线，所以豪塞尔主张在以后两天内，首先还是暂取守势，等到他的兵力集中之后，再从两翼方面同时发动攻击，以切断英军的走廊地带。但是多尔曼却不敢再等待。他早已成惊弓之鸟，因为瑟堡的沦陷，希特勒就已经命令进行军法会审，而这个判词的结果当然是不难预知的。在过分焦急之下，多尔曼昏倒了，不久在那天上午就不治身死了。这个事件马上在指挥上就造成了一个重大的危机，因为伦德施泰特和隆美尔在这个时候，恰好奉命前往贝希特斯加登，参加希特勒的军事会议。所以正当这个最紧要的关头，诺曼底德军的3个最重要指挥官却都不在战场上。没有一个人有权更改多尔曼临死之前所发布的命令，豪塞尔一定要不准延迟地，立即发动攻击。

不过英军的行动，却阻止了豪塞尔服从这个命令，他们不断地进攻，以推广和加深他们的走廊地带。在奥东河以南，第15苏格兰师的某一个营又完整无恙地占领了另外一座桥梁，不过一切想从北面与它衔接的企图却都失败了。德军在局部性的反攻中，获得了一些小型的成功。不过即使在这一天之内，已经有6个装甲师的部队都投入了战斗，却还是没有能够作大规模的反击。到了黄昏的时候，登普西就开始知道德军已经动用了他们的战略预备队，因为已经发现了第 1 及第 2 两个党军师的番号。此外，联军的侦察机也报告说，差不多所有通到奥东河谷的道路上面，都有摩托化的纵队在白天里奋勇前进，而高射炮和战斗机的保护也比平常远为严密。

在这种环境下，登普西决定奥康纳在奥东河以北的地位尚未巩固之前，就不应再企图越过奥恩河。在那里的走廊地带宽度还不到 1 英里半，而他对于奥东桥头阵地的唯一供应路线，也是在敌火不断的威胁之下。在全区中，西面侧翼很明显地是一个很危险的地区，因为通过劳芮到巧克斯的山脊恰好构成德军的一个天然的进路。所以，奥康纳就在这里布置好了战防炮、坦克和炮兵，作一种纵深的防御，以等待德军的进攻。

豪塞尔准备先用第 10 党军师（加上第 1 党军师的一个团）对着奥东桥头阵地，实行吸引敌军的攻击。等到这个攻击开始之后，他就要使用相当于两个装甲师的兵力，向这个突出地带的西面侧翼，实行主力的攻击。这一支兵力沿着山脊，向巧克斯进攻，并与从东面发动的一个助攻相呼应。因为英军这个走廊地带实在是太窄，所以假使这个密云的天气还继续下去，那么这个计划也许就可能有成功的希望。不过天气是好是坏，这个攻势在 6 月 29 日清早却一定非发动不可，这是希特勒的命令。

这个决定命运的上午却恰好碰上了好天气，一清早英国的空军就开始出动。10 点钟以前，豪塞尔就向上级报告说：“一定要等到下午，这个攻击才可能开始。我们的集中经常在敌方炮兵和空军的炸射之下。”可是到了下午，情形并没有改善。他又报告说：“13 点 40 分。敌人战斗轰炸机的攻击引起了严重的损失……各装甲师因为缺乏燃料，无法动用他们全部的坦克。”一直到了下午 2

点 30 分，对于奥东桥的攻击才算是开始了，可是却已经太迟。在那天上午，英军第 11 装甲师已经占领了第 112 号山地，正位置在奥东河与奥恩河之间，从这个有利的地势上，英军可以使用强烈而有效的炮火，以阻止德军的一切行动。甚至专就牵制英军兵力的功效而言，这一次的攻击也算是失败了，因为在那一天下午，英军在劳芮山脊上俘获了党军第 9 师的一个军官，在他身上搜出了有关豪塞尔作战计划的全部记载和地图。既然事先收到了这个警告，所以英军对于在下午 6 点钟，德军所发动的主攻，已经早就胸有成竹。这一次德军攻势的兵力，实际上只有预定计划中的一半，其余的一半已经早被英军的炮火所击溃。在一下午的混乱中，德军有 6 辆坦克几乎突入了巧克斯，但是苏格兰部队却坚守阵地，并将随着坦克后面进攻的德军步兵逐回。在天黑以前，党军部队也必须退走，所有孤立的坦克都被击毁。在一整夜里，英军的炮兵向着德军所集中的森林和村落，不断地射击以阻止他们的新行动。

这种炮击是很有效力，所以在 30 日这一天，德军始终未向英军走廊地带发动新的攻击，但是德军也用强烈的火力向它射击，尤其是迫击炮，此外他们把攻击的重心用来对付奥东桥头阵地。在那里他们又夺回了第 112 号山地和格弗拉斯村（Gavrus），因为英军的装甲部队已经奉登普西之命，撤回了奥东河北岸，改任预备队。不过在那一天夜间，现在已经升任第 7 军团司令的豪塞尔却已经自己认输，他向隆美尔总司令报告说："由于敌军炮火的猛烈，再加上海军炮兵的支援，所以第 1 及第 2 两个党军装甲军的反攻，必须暂时停止……敌人这种强烈的抵抗足以使我军的反攻，实际上毫无效力。"

所以，豪塞尔建议他应该撤出卡昂，以保全各装甲师的实力，并与步兵相配合，建立一道新的防线。6 月 30 日的午夜，斯派德尔用电话告诉豪塞尔说，关于撤出卡昂城一节，已向上级请示，等到最高统帅部批准后，即可实行。但是他却不知道这个希望，在 24 小时以前，伦德施泰特和隆美尔与希特勒会谈时，就已经宣告断绝了。

× × ×

6 月 29 日在贝希特斯加登，隆美尔曾经向希特勒建议，第 7 军团应采取后卫战的行动，逐渐向塞纳河背进，而分布在法国南部的部队也应该同时后撤，以便建立一道新防线，沿着塞纳河并越过它直达瑞士边境。英军最近的攻势，直等到他把全部的战略预备队都用光了，才算是勉强被阻止住。假使德军不立即从诺曼底撤出，那么第 7 军团一定会全部毁灭在那里，而第 15 军团也就再没有力量，足以阻止任何第二次的登陆。

不过无论是事实也好，逻辑也好，都不足以说服希特勒。他固然也承认"敌军的优越海空军火力，足以限制我方大规模攻势的可能性"，但是他仍然希望进行另一次的新攻势。他不愿意听到"撤退"这个名词，甚至为了形势上的便利，把战线作战术性的调整，他也都不愿意。他对于奥东河战斗的结果，似乎很兴奋，认为这是一个证据，足以证明联军的突破是可以阻止的。希特勒说："我们一定不要让战争发展成为机动性的，因为敌人在机动性方面远比我们强……所以一切的问题，就是要看我们能否把他们圈禁在现有的桥头阵地里面。我们要建立一道防线把他们阻止住，于是再用消耗战术将他们的实力消磨完毕，然后逼迫着他们退走。"

他宣布他可以阻止敌军的增援，而赢得了物资的战争。邓尼茨和戈林两个人，应该使用一切可能的武器，拼命地攻击联军的船只。他们应该在塞纳湾里面，多多地布雷以防联军的登陆。对于第7军团可以开辟几条"防空公路"，来设法供应他们，这种公路上布置着大量的高射炮，和使用大批的战斗机，来巡逻保护。正和平常一样，希特勒的计划都是纸上谈兵，大而无当，超过了他的实力限度以外。邓尼茨说，在海峡地区里面，他一共只有12艘快艇和8艘斯诺克式装备的潜艇。第3空军军区的司令施佩勒（Sperrle），指明出来假使供应路线想要获得适当的保护，那么他就需要增加1200架到1400架的战斗机（当时德国空军全部战斗机总数为1525架，而其中已有1/3早就在法国境内）。虽然如此，希特勒还是坚持着他的计划，以为可以有奇迹的出现，并且照平常的习惯一样，发出"无论如何，都要死守！"的命令。

照布鲁门特里特的报道，这两位元帅回到法国来的时候，是充满了愤怒和不满的情绪。不过当他们回到总部的那一天，前线的情况又变得更坏，使这种死守不退的政策根本上就更难以执行。7月1日，由于天气恶劣联军飞机并未出动。那一天豪塞尔决定做最后一次的尝试，想从西面进攻，以切断英军在奥东河的突出地带。他一共调动4个党军装甲师的兵力，来势不能说不凶猛，但却还是为英军所击退。虽然没有空军，但是英军的炮兵却似乎可以抵补这个空隙。

那一天夜间，伦德施泰特就把这些情形报告给凯特尔知道。凯特尔在失望之余就不禁喊道："我们怎样办呢？我们怎样办呢？"

伦德施泰特在电话中回答他说："你这个蠢材，求和，你还有什么别的办法？"

这个无耻小人的凯特尔，马上就跑去报告希特勒。希特勒在这个时候正在和克鲁格元帅会谈，他听了之后，反应却是出乎意料的温和。他仅仅写了一封信给伦德施泰特（照伦氏的看法，这封信实在很够漂亮），告诉他克鲁格将来代替他的职务。

这个任命并不是偶然的，因为克鲁格一向就是希特勒的宠臣之一。在1940年到1941年之间，他是第4军团的司令，直趋海峡地带和莫斯科，都有他的一份功劳。在以后两年间，他是东线战场中央集团军总司令，对于"胜利的守势"颇负盛名，同时他更深得希特勒的信任，因为他敢于接受希特勒的混乱命令，而不像其他的将领常常和希特勒发生争论。他最近因为汽车出事受伤，休息了9个月，现在本拟回东线战场任所，于是就接受了这个新的任命。

但是克鲁格实际上，并不像希特勒理想中的那样忠心和坚定。在中央集团军总司令的任内，他已经被他的参谋长冯·特雷斯科（von Tresckow）所控制。特氏是一个热烈的反纳粹主义者，他尽量地引诱东线战场上的高级将领加入反希特勒的组织。他知道克鲁格曾经接受过希特勒个人的大批津贴，所以他就以公布这个受收买的丑事为要挟，来逼迫克鲁格参加他们的阴谋。有几次，他都设法引诱克鲁格公开叛变，但是每逢要发动的时候，这个老奸巨猾的元帅就借故退缩不前了。当1943年3月，他的一部分幕僚们计划实行政变的时候，他也拒绝参加，但是假使炸毁希特勒座机行刺的企图能够成功的话，他却是准备加入推翻纳粹统治的集团。所以克鲁格实在是一个内心中极为矛盾的人。当他在7月4日到圣泽门去接事的时候，照布鲁门特里特的看法，他似乎是充满了乐观和自信。但是在他的内心里，却是天理人欲一直在不断地交战之中。

✕　✕　✕

奥东河的战斗又把德军向巴约发动反攻的机会断送掉了，而且使他们的兵力分布也完全不适当。利用适合时机的攻击，蒙哥马利逼迫着敌人把他们的装甲兵预备队，匆忙地分割使用掉，再利用适合时机的防御，又使敌人的装甲师蒙受到很大的损失；而且每逢战斗到达高潮的时候，他又马上把装甲兵力抽调回来当作预备队，因此对于卡昂地区，他又重新建立了一个大规模攻击的威胁形势。到了6月底，在诺曼底德军一共有8个装甲师，其中却7个半都已经用来阻止英军第2军团的进攻。虽然隆美尔已经正确地预料到，美国就要在圣洛—库唐斯地区，发动集中的反攻，但是他却不敢多抽调卡昂地区的装甲兵力——一共只调动了装甲训练师的一些残部，和在劳芮附近的第2党军师的一个战斗团。因为他说："真正危险的地区还是奥恩河谷，在占领了卡昂城附近的地区之后，敌人的计划就一定是向巴黎进攻。"

两天以前，在对于布莱德雷和登普西两人的训令当中，蒙哥马利就已经决定了他的计划。在重述了他一般的意图，还是左守右攻以后，他又说道："我们对于兵力的支配一定要十分地平衡和稳定，所以不管敌人怎样地变化和行动，我们才都可以不去理它，而仍旧依照原定的计划执行。"在规定布莱德雷的任务时，他说："美军第1军团应在科蒙地区向左旋转，再向南面和东面移动，以到达科蒙—维尔—莫尔坦（Mortain）—富热尔（Fougeres）之线。"

当这一线到达之后，美军应分一个军的兵力，开入布列塔尼半岛，其余的兵力应集中在右翼方面，向以下的连续目标挺进：（Ａ）拉瓦勒—马耶讷（Laval-Mayenne），（Ｂ）勒芒—阿朗松。这个作战预定在 7 月 3 日开始，应该用最大的速度和能力来进行。在部队没有到达科蒙—富热尔之线以前，是绝对不准停息。以后也是越少耽搁越好。

现在美军的兵力一共是 4 个军，下辖 14 个师，所占据的战线约长达 50 英里，而对方的守军为 6 个师，另外有一个师（第 2 党军）的预备兵力。所以布莱德雷在人力和火力上占有绝对的优势，不过他的前线却很受着天然障碍物的限制，而使他这种优势无法尽量地发挥出来。在左翼方面，他为维尔河的深谷所阻害，而且敌军也坚守着圣洛城，那是一切主要道路所必经之地。在中央的 15 英里距离之内，他的部队也受着下维尔河和陶特（Taute）河的冲积沼泽地的阻碍。越过了这个泛滥地区，由卡朗唐到佩里耶，也只有一条固定的道路可走，而中间所经过的干燥地带，其宽度一共只 1 英里半宽。在右翼方面，虽然 6 月中旬曾在泛滥的多维河以南，获得了一个桥头阵地，但是从这个立足点却是很难发展，因为由此往南的前途上，中间有好几个形势险峻、森林厚密的山地。虽然德军在这些山地上都已经设防固守，但是布莱德雷却认为只有这个地区，还可以使大规模的兵力有旋回之余地。所以，他的计划是命令美军第 8 军，率领它的 4 个师，首先向这个地区作主力的攻击。接着第 7 军和第 19 军也发动一个全面的攻势，前者由卡朗唐向南进攻，后者在维尔河上占领了一个桥头堡阵地之后，就用包围的办法攻下圣洛城。

从头起，美军第 8 军就遭遇到最顽强的抵抗，因为和平常习惯一样，守军都是奉了希特勒的手令，不准后退 1 英寸的。从短时间上看，它固然可以阻止美军的前进，但是从长期方面看，它实在是徒然消耗了德军的实力。在拉艾－迪皮（La Haye-du-Puits）附近的地形，实在是非常适合于实行经济兵力的迟滞行动，但是希特勒却强迫他的部队站住不许动，一直等到美军的火力把他们歼灭掉才算完事。第 84 军每天向第 7 军团的日报上，都强调地说明牺牲的惨重。下面即为一个例证："7 月 16 日 19 点 5 分，敌人握有绝对的制空权，使在道路上的行动都已经不可能……利用空中观察的指导，敌军的炮兵可以把我方的步兵在阵地中完全消灭，而我方毫无报复的办法。所以我方每天的损失总在一营半到两营之间。"

德国空军完全不能来助战，因为它现在的主要任务，就是保护那些希特勒口中所说的"防空公路"。在那一天夜里，豪塞尔劝隆美尔把德国的空军主力，转移到美军的前线上去，他说："否则，地面部队就会被全部杀光了。"隆美尔回答他说："今天在天空中一共只有 450 架飞机，他们根本上就通不过美军的阻击网。"

7 月 7 日，德军发动了一次逆袭，略有收获，但是到了那天下午，第 84 军又报告说："由于严重损失的缘故，部队已经完全瓦解。因为执行把一切的兵力都送入主要抵抗线的原则，所以各单位都已经混成一团。有些单位已经改编了几次。严重的损失还在继续增加之中……用目前现有的兵力，实际上是已经无法再支持下去。"

虽然如此，拉艾－迪皮还是守到了 7 月 8 日才失陷。经过了7 天的苦战，德军一共只退回了 5 英里的距离，而且仍然守着该镇南面的山地。在这同一时间之内，美军第 7 军要想通过那在卡朗

唐—佩里耶公路上的狭窄颈部，就感觉到更是困难。在这里简直
无回旋的余地，而且也无法使用炮兵。这条道路上被地雷、断树、
伞兵和党军突击队等障碍，弄成了柔肠寸断的现象。每一天都要
花很高的代价才能够进展几百码而已。经过了 9 天的攻击之后，
从这一条道路进攻的计划终于还是被放弃。

再向东面看，当 7 月 7 日美军第 19 军在圣洛北面 7 英里的
地方，渡过维尔河时，似乎还没有遭遇到太大的抵抗，不过此种
桥头阵地的扩展却受到了泛滥区的限制。当美军拟向南面进展时，
他们在蓬埃贝尔（Pont-Hebert）却被阻止住了，因此他们就不能
够构成钳形攻势的西面一部分，以压迫德军撤出圣洛城。到了 7
月 10 日，就可以看出来美军第 1 军的攻势进度是已经不够快，无
法达到早日突破的理想。

✕　✕　✕

为了配合美军的行动，登普西从奥东河突出地区，也向德军
不断地施以压力，以阻止第 2 装甲军的撤走，并且对于攻占卡昂
的企图，也又在努力之中。到了 7 月初，所有的德军将领，从迪
特里希到伦德施泰特，都一致主张放弃这个城，但是由于希特勒
个人的坚持，才使英军没有获得这个唾手可得的奖品。所以，现
在登普西就必须要对于卡昂，发动一次正面的攻击，因为这个城
占据了道路网的中心，不攻下它来，则无法牵制足够多的德军装
甲兵力。

第一次的攻击由加拿大部队担任，7 月 4 日向卡尔皮屈埃机场
进攻。这个村落不久就攻下来了，但是防守机场的第 12 党军师的

部队，却死守不退。由于这一次守兵的顽强抵抗，遂使登普西相信，若是没有轰炸机的协助，则对于卡昂城的主力攻击是不可能又迅速而又经济地予以完成，轰炸司令哈里斯（Harris）立即接受了这个请求，不过他认为飞机投弹可能会有偏差，所以轰炸线与英军最先头部队之间的安全距离应该有 6000 码远。换言之，目标地区并不包括那距离卡昂北面约 3 英里的一连串的设防村落地带，这些村落在上个月当中曾由德军加以坚强的设防；而只限于该城的北部，实际上德军却并无重要的防御设备。登普西却接受了空军的这个条件，因为他希望对于这个地区的轰炸，可以切断前线敌军的增援和补给路线，而使他们瓦解无法实行巷战。他对于士气的打击比较重视，而对于如何毁灭敌人的物质力量，则比较不感兴趣。

7 月 7 日的黄昏时候，467 架兰开斯特式和哈利法克斯式轰炸机，飞到卡昂城的北部近郊，一共投下了 2560 吨炸弹。本来规定轰炸的时间是要刚刚在陆军拂晓攻击之前，但因为天气的预测认为第二天不利，所以才提前在头天傍晚时实行轰炸。不过时间却已经太迟，无法改变陆军的原定计划，换言之就是使德军在中间至少获得了 6 个小时的恢复时间。哈里斯强烈地批评"陆军跟不上"，但是事实上却是无法配合的。到了第二天上午，受了空军大显威风的刺激，英军第 1 军就决定用 3 个师的兵力，集中攻击卡昂城：英军第 3 师在左面，第 59 师在中央，加军第 3 师在右面。3 个师都直接以城市中心为目标，肃清该城之后，就接着夺取奥恩河上的渡口。在中央方面，第 12 党军师的抵抗还是和过去一样的顽强，英军第 59 师几乎是在每一个村落里都要进行激烈的争夺战。不过在左翼方面，守军的素质比较低劣，是从荷兰新近调来的空军师，不能力战，到了傍晚英军第 3 师的先头部队就已经到达了这个地区的最北面边缘。不过在那里却又为轰炸后的废墟和弹坑所阻。卡昂城的老房屋，都是由奥恩河里面捞起的大石块所造成的。这些大石块被炸得四处飞散，把那狭窄的街道都完全塞满了。所以本来准备派遣一个装甲纵队，通过这个城市，直趋桥头的计划只好临时取消了。第二天上午，巡逻队用徒步的方式才进入了城市的中心，而开山机则忙于扫清街道上的障碍物。在这个时候，加拿大部队由巴约横跨着公路前进，也由西面穿城而过，到达了河边。可是却发现所有的桥梁都已经被炸断，而对岸也正在固守之中。卡昂城虽然已入英军的掌握中，但是由于德军还继续坚守奥恩河对岸的沃塞勒（Vaucelles）地区的工厂和居民地带，所以仍然可以阻塞着英军第 2 军团的进路，使它达不到蒙哥马利想用它来对巴黎保持威胁的作用。

× × ×

到了 7 月 10 日，诺曼底联军所处的情况，似乎已经到了危急存亡之秋。美军的突破攻势已经受到了挫折。而留在卡昂东半部地区中的德军，也还是挡住了到达法莱斯平原的进路。从法国南部调到诺曼底来的德军步兵，现在也就源源地开到。瑟堡港口还没有打通，而“桑子”人工港口只剩下了一个可以用。联军的空军，因为累受恶劣天气的影响，觉得使用英国的机场实在不方便，所以看到第 2 军团还没有能够占领卡昂飞机场，也感到相当地不满意。在艾帅总部里，泰德和摩根两个人已经公开地批评蒙哥马利的指挥不当，而在英国内阁中，也有反对他的呼声。在大西洋的那一面，美国的报纸已经感到不耐烦，而美国的军政部对于作战行动的迟缓，也开始要说闲话了。

甚至艾森豪威尔在这种群情骚动的状态之下，也受到了相当的影响。在3天之前，他写了一封信给蒙哥马利说，他也很害怕这个桥头阵地有被敌人封锁住的危险，所以也敦促蒙氏赶紧发动一个全面的攻势。因为土地的获得并没有能如蒙哥马利所预测的那样快。所以艾森豪威尔也认为计划是已经有了偏差。他对于日常战斗的指挥，其经验远不如蒙哥马利那样丰富，同时他距离战场比较遥远，所以也看不大清楚当前的实况。使艾森豪威尔感到关心的另外一个理由，就是8月间就联军步兵增援的数字上来说，可以算是一个淡月。英军是连一师也再不能够增加，而美军所增加的却几乎都是装甲师，在这个地区中用处很有限。从美国直接运来的步兵师，要到9月间才能够开始到达。所以艾森豪威尔害怕在这些生力军尚未到齐之前，敌军的兵力却已经厚集了起来，足以封锁着联军度过残冬，到了那个时候空中的作战会受到影响，而在塞纳河以北作第二次登陆的威胁，也无法再维持下去。

相反地，这些同样的事实，一方面，固然足以使艾森豪威尔感到忧惧；而另一方面，却使蒙哥马利感到兴奋。他认为德军目前的顽强抵抗，并不能够表示他们具有长期抵抗的能力，因为德军各师的兵力正在战火当中，不断地消耗掉，他知道德军把一切的装甲预备队，都用来对付英军第2军团，实际上是无异于为美军第1军团制造机会。不久他们就会需要艾森豪威尔所能够登陆的全部装甲兵力了。

在7月10日的会议席上，布莱德雷报告蒙哥马利说，必须等到他重新囤足了弹药，和在沼泽地的南面，获得了一个坚强的攻击起点之后，他才有能力作另外一次的大规模攻势。他第一个目标是占领圣洛城，其次再把德军赶回到圣洛—佩里耶公路上。这个预备的时间至少需要 10 天。蒙哥马利当即接受了这个意见，因为他知道美军作战地区的地形实在是太坏，而且新的攻势在发动之后也绝不可以半途而废。相反地，机会之门却并不会永远无限期地开放着。蒙哥马利原先预定英加两国的部队，采取这种牵制的战略，时间最长也不超过两三个星期。由于最初阶段的恶劣天气和接着而来的大风暴，已经把这个估计完全推翻了，不过他却一向小心翼翼，没有过分地使用这支兵力，以免把它的锋刃磨钝了。即使如此，登普西的实力却也消耗了不少，而英国的军政部也早已提出了警告，说像现在这样的步兵补充数量，恐怕不能再继续拖过几个星期了。那么第 2 军团究竟还能够挡住德国的装甲兵力到达多长的时间呢？

在过去 10 天当中，德军已经有 4 个步兵师到达了诺曼底，其中有 3 个师都已经用来对付英军，而把装甲师抽回去以便用去应付美军。不惜一切的代价，这个装甲师西调的行动，必须加以阻止。唯一的办法是迅速猛烈地进攻，而使英军装甲部队到达卡昂以南，布尔盖比山脊上，于是就可以重新保持着向巴黎作强力突破的威胁。

唯一的可能性就是以奥恩河东岸的"空降桥头阵地"为攻击的起点。但是这个地区是那样的狭隘，不够供大兵力集中之用，而攻击的正面又是如此的狭窄，所以用通常的进攻方式，则不等到步兵越过 8 英里的距离到达布尔盖比山脊之前，就已经会被敌人击败了。所以，蒙哥马利和登普西两个就发明了一套具有革命性的作战计划。他们决定调集奥康纳第 8 军所指挥的 3 个装甲师，一同由奥恩河桥头阵地前进，而前面再用空前猛烈的空军轰炸为他们的前导。他们决定在这一个侧翼方面，大量地卖弄装甲兵和空军的威风，以吸引德军的注意力，而把预备兵力都集中在奥恩河以东来，这个时候，美军却正准备在维尔河以西地区实行突破。

最后决定这个攻击，号称"古德伍德"行动（Operation GOO-DWOOD），应该在 7 月 18 日开始发动，首先在 15 日到 16 日的夜间，由奥东河突出地区实行佯攻，而以后接着在 7 月 20 日，才由第 1 军团发动正式的大规模突破战，号称"眼镜蛇"行动（Operation COBRA）。从这些要求上看来，艾森豪威尔和他的统帅部幕僚们，似乎都认为登普西和布莱德雷两个人的攻击，是具有相似的目标。为了表示他对于这个计划的印象，艾森豪威尔曾经这样说过："到了 7 月 18 日，第 1 和第 2 两个军团都已经到达了可以作突破式攻击的位置……英加军的主要攻击方向，是由卡昂区越过奥恩河，再向南和东南面挺进，以塞纳河盆地和巴黎为目标。"

另外一个误会的来源是登普西的参谋长，在 7 月 13 日所发出的作战命令。那上面说第 8 军应向南进攻，并在以下各地区中的每一个里面，布置一个装甲师：莱兹河畔布雷特维尔、维蒙—阿尔让斯（Vimont-Argences）和法莱斯。当第 2 军团的参谋人员回到英国商洽空军支援事宜的时候，所携带的就是这个命令。因为法莱斯的地名都已经列为目标之一，所以使人获得一种印象，认为这个攻势也正和布莱德雷的是同样性质，都是以纯粹突破为目的。

7 月 15 日，当蒙哥马利看到了第 2 军团的命令之后，他马上又向第 8 军军长奥康纳下了一个详细的手谕，把他的意图说得非常清楚，毫无置疑的余地。这个手谕是这样地开始写着：

（一）此次作战的目的。

与德军的装甲部队，实行对战，消耗他们的兵力达到如此的程度，使他们今后在战争当中，已不再有多少的价值。在奥恩河上通过卡昂的地区中，获得一个良好的桥头阵地，以改进我方在东面侧翼上的地位。一般说来应尽量毁灭敌军的装备和人力。

（二）此次作战对于联军政策的影响。

我们须要占领整个的瑟堡和布列塔尼半岛。在东翼方面的一个胜利，可以帮助我们在西翼方面获得我们所想要获得的东西。不过这个东翼方面本身也是一个重要的基地，关系将来整个西北欧的战局。它一定要形成一个坚固的基地，假使它一有动摇的话，那么西翼的作战也就会因之而停顿。

所以，一方面固然要尽量找机会来毁灭敌人，但是另一方面，却又要非常谨慎，维持我方本身的平衡，并且确保这个基地。

接着蒙哥马利就把第8军的任务，再确切地规定于下：

"这3个装甲师应控制布尔盖比—维蒙—布雷特维尔地区，在战斗中毁灭敌人。但是装甲车辆应尽量设法逼近法莱斯，以使敌军感到惊慌和失望。当这种情形发生了之后，现在接守卡昂城区的加拿大第2军，就应该肃清那些居民地区，而建立一个非常坚强的桥头阵地，以掩护我方增援地区。于是，到了这个时候（不过决不可

以提早）第 8 军就可以看情况的变化，而再决定向什么
方向突破。"

在以后两天当中，第 2 军团的情报人员获知德军对于奥恩河
以东地区，正在不断地增援之中。所以，到了 7 月 17 日，登普西
又把第 8 军的目标降低了分量，他告诉奥康纳说："装甲师只要攻
到维蒙、加尔瑟莱塞屈埃维尔（Garcelles-Secqueville）和于贝尔
福利耶—韦里耶尔（Hubert Folie-Verrieres）等地为止。"这个补
充命令就更可表示出来这个作战的真正目的。可是这件事却并没
有为统帅部所知道，他们始终认为"古德伍德"行动是两股突破
行动中之一股，这对于蒙哥马利的名誉而言，委实是一件很不幸
的误会。

× × ×

在奥恩桥头阵地的南面，开阔的玉米田地逐渐向下坡走，一
直到达由卡昂通过特罗阿恩（Troarn）到维蒙的铁路线。自此坡
度却又逐渐升高，一直到达在布尔盖比后面的山脊为止。西面是
卡昂地区的居民地带和工厂，东面是迪沃河地区的森林和沼泽地，
在中间却是一片平原，上面散布着一些小村落。这个地区没有灌
木丛林，除了沿着铁路线上，某些地方有若干堤岸外，就可以说
是再没有天然的障碍物，足以阻止装甲兵的行动。不过村落中却
早已由德军防置好了互相支援的防御网，由步兵和战防炮保守着
一个个的据点，而山脊上也使德军的炮兵获得了极好的观察视界
和射击视界。从桥头阵地出发的唯一已经扫清的出路，就是一个

宽达 1500 码左右的走廊地带，它的长度约为 4 英里，由埃斯科维尔（Escoville）而到达在卡昂—维蒙公路上的卡尼（Cagny）。越过了这条公路，在走向布尔盖比的坡度上面，又有一丛小村落，而在通到加尔瑟莱塞屈埃维尔的多数开阔道路的侧翼方面，也都有厚密的森林地带。这个地区就是被选定来作为"古德伍德"行动的战场。

在计划里面，3 个装甲师，各以坦克团为前导，应该从奥恩桥头阵地出发，一个跟着一个，迅速地前进。从走廊地带一直冲到卡尼，然后再扇形地展开：第 11 师向西南面，转往布尔盖比地区；近卫师（The Guards）向东南面，转往维蒙；而第 7 师则直趋加尔瑟莱塞屈埃维尔。同时，这个走廊地带的侧翼则由步兵予以扫清。在右翼方面，加拿大第 2 军奉命由科龙贝勒（Colombelles）前进，以占领沃塞勒为目的。在左翼方面，英军第 1 军应肃清自图夫雷维尔（Touffreville）到埃米埃维尔（Emieville）之间的一串村落，并最后占领特罗阿恩。

从德军在奥恩河以东所布置的防线的强度和深度而论，则这个计划的成功与否，就要看空中支援的程度而定。但是哈里斯却对于它并不表示热心，因为他觉得在卡昂城的攻城战中，陆军并没有能够充分利用他所贡献的优势。一直等到他知道了登普西所需要的，只是杀伤兵员性的炸弹，而非高度爆炸性的炸弹，就投掷在主要的进路前面，在轰炸终了到地面攻击开始之间，决无迟误之后，哈里斯才允许了出力助战。最后所决定的是，英国的轰炸机应中和位置在装甲攻击进路侧翼方面的德军据点和炮兵阵地，这里可以使用高度爆炸性炸弹，因为所造成的弹坑对于进攻并不影响。真正的走廊地带一直到达第一条铁路线，并且越过它，应由美军的中型轰炸机投掷碎片弹来中和它。站在第11师和近卫师分界地点卡尼，则又由英国轰炸机加以攻击。在第二条铁路以南的地区，由美国第8航空军的重轰炸机，使用碎片弹，实行地毯轰炸，同时也顺便攻击特罗阿恩附近的炮位阵地。在这个轰炸地区以外，第2战术空军的战斗轰炸机应扫射敌军预备队或炮兵所可能隐藏的地区。

这个空中攻击的计划的确很伟大，但是却有一个显著的弱点。对于位置在布尔盖比后面山脊上的炮兵阵地，却并没有分配足够数量的飞机去消灭它，因为这个山脊完全在英军炮兵最远射程之外，所以奥康纳军长认为在这个地区，装甲兵一定会遭遇到相当的抵抗，是不容易把它扑灭的。英国战术空军答应在下午飞回来，再攻击这些炮位，但是登普西却认为若是能够照计划前进，那么到了那个时候他的装甲部队应该已经到达山脊上了。假使他早已经知道了敌人的实力和准备的全貌，那么他也许就不会这样自信。

英军第2军团的情报探知第8军最先的对手是德军第16空军师，接着才是第20装甲师。不过他们却相信固定设防的地区不会延展到第二条铁路线以南去，而且在这个地区中，第12党军师只是一个备而不用的预备单位，它的实力只不过是一个空架子而已。另外唯一可能遭遇到的对手就是第1党军师，但是它的步兵却被判定是位置在卡昂以南，横跨着奥恩河之线而至少它的一部分坦克已经在卡昂城的西面被发现了。所以，登普西估计，当他的坦克部队一旦越过了卡昂—维蒙铁路线之后，他们就可以自由地行动，并且用冲锋的方式来夺取布尔盖比的炮兵阵地。他也认清了这可能是代价很高的，但是他却说准备在这一场战斗中，牺牲200辆到300辆坦克。他的坦克绝对够用，但是他的步兵却经不起牺牲，因为他还要把他们用在东翼方面使其成为坚强的根据地。

实际上德军的情况却完全不是这样。在奥恩河与迪沃河之间的地区，其防务的坚强程度在整个诺曼底全线上，要算是首屈一指。因为隆美尔相信，只要阻止英军在卡昂实行突破，那么他就可以强迫艾森豪威尔放弃他的第二次登陆计划。从"无人地带"起，设防的地区一直向后延展，直达布尔盖比以后的山脊，其纵深为 10 英里，而不是英军第 2 军团所想象的三四英里。隆美尔之所以能够作这样纵深的设防，是因为出乎英军预料之外的，德军第 272 师已经从法国南部赶到，代替了原有横跨在奥恩河位置的第 1 党军师。

到了 7 月 17 日，隆美尔在奥恩河以东，已经建立了 5 道防线。第一道是"准备消耗的步兵"（第 16 空军师和第 272 师），他们准备在沃塞勒和第一条铁路以北的地区，吸收联军空军的轰炸，和炮兵的射击。第二道是接近前线的装甲预备队：第 21 装甲师的装甲部队，另外加上 36 辆虎型坦克，和第 1 党军师的一个中型坦克营。第三道防线横跨着卡昂—维蒙铁路线，是 12 个小村落所组成的"缓冲地带"，每一个村落都由一个步兵连加以据守，外加上三四门战防炮。第四道防线是炮兵阵地线，它沿着布尔盖比山脊，一直远达塞屈埃维尔的森林地，然后再转向东北，越过卡昂—维蒙铁路线，最后到特罗阿恩为止。沿着这一条线，隆美尔有 78 门"八八"两用炮，和 12 门其他的重高射炮，它的位置都是兼顾着坦克防御和对空防御的两项目标。此外还有 194 门野战炮和 272 门"六管发射"的迫击炮（Nebelwerfer），这是联军步兵所最害怕的武器。从这些一共 1632 门的炮管里面，所发出来的火海可以淹没着在奥恩河与迪沃河之间的全部地区。

不仅如此，在炮兵阵地的后面，还有第五道防线，用山脊上的各村落为核心而组成，由第 1 党军师约 6 个步兵营来加以据守。最后，在 5 英里以外的后方，还有一支总预备队，一共是第 1 党军师的 45 辆豹型坦克和第 12 党军师的两个加强战斗团，每个有40 辆坦克。使用这样多的兵力，作特别纵深的配备，并且挖掘着极良好的工事以来对抗地毯轰炸，隆美尔似乎是很具有信心，等候着他所预料中的攻击的来临。

尽管在 H 时之前，只有一个英军装甲师渡过了奥恩河，但是登普西却已经无法掩饰他的意图。从科龙贝勒地区的大工厂里面，德军占着地利，可以对于这个狭隘的"空降桥头阵地"，作一目了然的鸟瞰。他们看见英军在建筑新的桥梁，和开辟了新的道路。在夜里，他们听见坦克行动的强烈爆音，因为英军的 700 辆克正在由巴约向奥恩河附近的地区集中。卡昂平原的石灰石地质构成一个传音板，所以迪特里希说他只要把耳朵贴在地面上一听，就可以知道敌军的行动方向——这是他在苏联所学会的技巧。在 7 月 16 日到 17 日之间的夜里，德国空军侦察机对于越过奥恩河的英军行动，实行照明照相。第二天上午，英军虽然越过奥东河实行佯攻，但是德军却不为所动，隆美尔的总司令部向克鲁格报告说：

> 7 月 15 日在马尔托（Maltot）和旺代（Vendes）之间的局部攻击，只能当作大规模攻势的前奏曲看待，这个大规模攻击预料将会在 17 日黄昏时开始发动，方向是越过奥恩河实行突破。

在那一天，所有在卡昂地区中的德军，都在警戒备战之中，因为英军不仅可以在南面攻击，也可以在东面攻击，所以第12党军师的一个战斗团奉命在夜间，开到利雪去。

那一天下午，隆美尔对于他的防线配备作最后的视察。当他从西线战场装甲兵团司令部的前进指挥所回去的时候，他的车辆为英国飞机所发现。[注：现在装甲兵团司令为埃贝巴赫将军（Gen. Eberbach），又从诺曼底调回负责指挥东半部的战事，而留下第7军专门对付美军。到了7月底，该兵团又改名为第5装甲军团。]当飞机俯冲下来追击的时候，隆美尔高声叫喊地命令着司机赶紧跑，想跑进一个村落里去躲避，但是飞机却还是太快。他的司机心一慌，汽车撞上了一棵树，隆美尔受了重伤。当他被抬到一个村落里的时候，已经完全不省人事，而很巧的这个村落的名字却又叫作蒙哥马利。

✕　✕　✕

7月18日拂晓后的3个小时之内，在卡昂到特罗阿恩之间的地区内受到了最严重和最集中的空军攻击，这种是地面部队以前所从未想到的。炸弹像雨点一样地降落，最先的目标是在第8军进攻走廊地带的两面侧翼上，其次才是走廊的本身。到了7点45分，当最后一架中型轰炸机都飞回之后，罗伯茨少将（Maj. Gen. Roberts）所率领的第11装甲师，开始在一个滚动的弹幕掩护之下，向南进攻。在1000码宽的正面上，第29装甲旅用团纵队前进，一直到达了第二条铁路线，都几乎没有受到什么阻碍，因为炸弹和炮弹的威力几乎已经把一切的抵抗都"中和"了。在两侧的村落当中，受惊过度的敌军还躲在掩蔽部里，而英军步兵却已经开始侧翼的扫荡战。

对于英军装甲兵的进攻，第一次激烈的抵抗是发生在大约 9 点 30 分的时候。当两个领先的坦克团开始爬上卡昂—维蒙铁路线边缘上的峻阪时，从卡尼方面的德军炮火就开始向他们射击。在卡尼有 6 门"八八"炮和一些虎型坦克，在废墟中居然逃出了被毁灭的命运，现在英军却无法对付它们，因为它们的射程远为优越。于是英军留下一个团来掩护这个侧翼，另外两个团就继续爬坡，在 10 点钟的时候，开始向布尔盖比前进。不过，现在他们已经没有炮兵的掩护，不久就受到了躲在铁路线以南各村落中的战防炮的袭击。每一个团里面都有一部分坦克溜过去了，开始向布尔盖比山脊进攻，但是主要的攻势在 11 点钟过去不久之后，即完全宣布停顿。

这些村落当中，只有一个没有受到碎片弹的攻击，但是太碰巧的却是每一个村落里面都还有未被击中的地区，而这些地区，现在却都挡着英军的进路。专门靠装甲兵，他们没有力量把据点中的步兵和战防炮扫荡干净，而第 11 装甲师的摩托化步兵却还正在忙于扫清那些走廊西面的村落。所以第一个回合的攻击已经丧失了它的冲力，虽然第 29 装甲旅在 3 个小时之内，已经前进了 6 英里，但是还没有突破敌人的防线，而领先的各团现在正在德军长射程火炮的威胁之下。

这个时候，后续的各师也遭遇到了困难。在走廊边缘上的德军据点，有一部分又恢复了生机，而在南端的出口卡尼也累次地击败了英军的攻击。近卫师在第 11 师后面跟进时，还没有受到太严重的损失，但是当他们向东南方转趋维蒙的时候，他们的坦克却从两翼方面，受到了由卡尼和埃米埃维尔双方发来的强烈炮火射击。他们还是继续冒险推进，可是不久就又发现了在弗雷努维尔（Frenouville）东面的果园地带，德军也布置好了一个由大炮和坦克所组成的防线，恰好阻止了他们的进路。到了午后不久的时候，当英军第 7 装甲师还没有开始加入作战之前，德军就已经开始反攻。

在英军大举轰炸不久之后，迪特里希就和他的前方部队完全失了联络。强烈的轰炸使他感到震惊，所以他决定把布尔盖比山脊当作他的最后立足点，并且命令第 1 党军师的豹型坦克营，立即赶到那里。在午前不久的时间，他们才由南面刚刚赶到，这时英军的坦克也恰好从北面攻来，所以他们来得正到好处，立即在这个紧要关头向布尔盖比附近的村落增援。德军的坦克不仅占着高地，而且还有建筑物和其他地物的保护，更有步兵和战防炮的支援。他们同时也具有优势的射程。专用火力而不必暴露他们本身，即足以击退英军的任何行动。英军的炮兵也打不过德军的坦克，因为他们根本上就在 25 磅炮的射程之外，而中射程的火炮又不能够集中到这个地区来，以达到足够的密度。装有火箭的台风式战斗机（Typhoons）曾经一再地向豹型坦克攻击，以阻止他们的攻势，但是此种空中攻击并不能与地面作战互相配合，因为英国空军设在地面部队中的指挥所，在上午作战中，就已经丧失了它的作用。

在这种环境之下，奥康纳军长认定了他能否攻占布尔盖比山脊的唯一机会，就要看他是否愿意不顾一切地向前猛攻，并且甘受严重的损失。在下午 2 点之前，英军将领在混乱之中，举行了一次作战会议，他命令罗伯茨再作一次努力，以到达在布尔盖比以西，卡昂—法莱斯公路为目的，又命令第 7 装甲师的厄斯金向拉乌格（La Hogue）及加尔瑟莱塞屈埃维尔进攻。但是这个师的各团却还逗留在道路上。他们刚刚慢慢地渡过了奥恩河，并且仍在走廊地带上小心地踱着牛步。厄斯金认为这整个作战对于装甲兵而言，都完全是一种错误的使用，所以他决心保全实力，尽可能地不让他的坦克卷入混乱之中。尽管罗伯茨在恳求，而奥康纳也在催促，但是厄斯金还是不愿在第 11 师与近卫师之间，实行冲出。他的领先的一团在上午即已在走廊地带上活动，可是一直过了下午 6 点钟，他们才越过第二条铁路线，开始加入作战。到了这个时候已经太迟了，不足以影响到战局的结果。在整个下午，第 29 装甲旅的左翼一直不断地受到虎豹型坦克的逆袭，而罗伯茨也无力向卡昂—法莱斯公路，发动一个新的攻击。近卫师也是同样的徒劳无功。在黄昏的时候，他们攻下了卡尼，但是他们却始终透不过挡着维蒙进路的战防炮防线，这个企图使他们一共损失了 60 辆坦克。

到了天黑的时候，第 11 装甲师已经损失了 126 辆坦克，超过了它的全部实力的一半。于是被迫只好在卡昂—维蒙铁路线以北，暂取守势过夜。在这一线以南，敌军除了一个村落以外，在其他所有的村落中都还是布有坚强的防线，而在布尔盖比山脊上，他们的防线并未受到轰炸，到现在依然安全无恙。

比起上午的进展，下午的战绩当然是令人不满意，不过它却也击破了敌人对于特罗阿恩和卡昂之间地区的控制权。在一直苦战到深夜之后，加拿大部队也肃清了科龙贝勒工厂地区，并且在沃塞勒获得了一个立足点。在夜里，英军工兵仍在河上赶架桥梁，而德军则撤出了卡昂的居民区，退回到布尔盖比山脊的西端，只留下少数的后卫兵力以迟滞加拿大部队的攻势。在另外那一个侧翼方面，敌军的抵抗程度与轰炸的效力，平均恰好成为反比。托弗里维利本是英军第 3 师的第一个目标，因为它没有受到轰炸的损失，所以一直坚守到了下午还未投降。但是乘坐在坦克背上的步兵，在绕过这个村落之后，不久就很迅速地扫清了两个基地已经炸毁了的村落，那些德军在大轰炸之后，都完全丧失了他们的抵抗力。于是一面向东进攻，到达了特罗阿恩的外围，但是向南的进攻，却在埃米埃维尔受到了强硬的阻击。

在 7 月 18 日到 19 日之间的夜里，第 1 党军师的步兵由预备队的位置开入布尔盖比附近的村落，以代替疲兵久战的第 21 装甲师。假使在英军装甲部队进攻之前，再来一次地毯式的大轰炸，那么德军这一条新防线也许就会被突破。但是联军的重轰炸机却都忙着为预定在 7 月 20 日开始的美军攻势作支援的准备，所以无暇及此。因此，现在英军就必须对于这些据点作逐个的击破，于是"古德伍德"行动的整个性质都完全改变。

在以后两天当中，使用一连串精巧的局部行动，英加军将德军从布尔盖比山脊的北面斜坡上所有各村落里，完全驱逐走了，只有拉乌格才是唯一的例外。但是，在同一时间之内，德军对于山脊上的阵地却不断地增援，而且在英军尚未开始向它进攻之前，天气却又变得对于德军有利。7 月 20 日午后，突然来了一场大风暴雨，把整个卡昂平原变成了一个污泥潭。那一天夜里，蒙哥马利命令撤出他的各装甲师，重新回到预备队的位置。加拿大步兵还是继续对敌人施加压力，但是"古德伍德"行动却是已经成为过去。

╳ ╳ ╳

7月20日发生在卡昂地区上空的风暴，比起在联军总部中和利－马洛里总部中所掀起的风潮，却只算得是小巫见大巫。他们有许多人都认为蒙哥马利是已经一败涂地。空军方面本来希望向法莱斯方面实行突破，并且占领在卡昂以南的各飞机场，所以这个失败使他们感到十分的失望。根据艾森豪威尔的副官布彻（Butcher）的报道，这些人对于战局的没有进展，简直感到愤激不堪。尤其是蒙哥马利在18日的晚间，又在特别发表下列的声明中说："在本日清晨，第2军团的英加部队在奥恩河以东和卡昂东南的地区实行突破……苦战仍在继续进行之中。蒙哥马利将军对于这个战斗的第一天进展感到十分的满意。"因此更刺激得旁人感到不满意。

这个声明至少可以说它是措辞不当和没有成熟的，因为当蒙哥马利作此声明时，英军的攻势事实已被阻止，而其原因并非由于蒙哥马利的命令，而只是由于德军的实力太强。甚至也不能说这只是为了欺骗敌人的耳目，因为蒙哥马利自己否认他曾有这种企图。唯一的解释，就只能够说蒙哥马利的内心本来认为这是一个有限制的目标，诚如他在7月15日向奥康纳所说明的，只是想控制布尔盖比山脊。当在18日的黄昏时候，照蒙哥马利的看法，他似乎是已经差不多达到了这个目标，但是他却不知道之后第11装甲师又被迫退回卡昂—维蒙铁路线。不过，无论如何，在这里使用"突破"字样，在心理上总是一个严重的错误，因为这种说法很自然会使舰队街（Fleet Street——英国报馆集中的地区）得到一个结论，认为这是另一次更大的阿拉曼（Alamein）之战，所以各报的标题都是这样的做法。

在这种环境之下，当空军方面知道了一直等到 19 日下午才又继续进攻，而且此后的收获更有限的时候，所以就无怪其然地更会表示愤慨。根据布彻的报道：

> 黄昏的时候，泰德走访艾克，告诉他说，事实上蒙特制止他的装甲部队再向前进攻。艾克也不免大为光火。蒙特老是犹豫不决地等待，泰德代表空军，对于地面部队进度的迟缓，表示不满意。他表示若是艾克要追究这一次事件的责任，那么一定可以得到英国参谋本部的支持。

虽然英国的参谋本部并没有主张调换指挥官，但是在联军统帅部里面，却的确有不少的高级将领希望艾森豪威尔直接指挥陆上的坦克。艾森豪威尔拒绝了这个建议，但是他对于进展之慢，却也感到异常的关心。当时丘吉尔正准备去视察桥头阵地，所以他就把这种忧惧的心理，告诉了丘吉尔。7 月 20 日，艾森豪威尔飞到了诺曼底，和布莱德雷及蒙哥马利会商。当他知道了，本来定在明天发动的美军攻势，现在因为恶劣天气的影响，而又要延期的时候，艾森豪威尔已经感到深深的失望。而当他发现了蒙哥马利对于"古德伍德"行动的结果，居然很表满意；对于"眼镜蛇"作战又深具信心的时候，艾森豪威尔更不免为之一惊。因为他并不真正能够了解集中的重要性，所以当蒙哥马利坚决主张用单纯而具有歼灭性的一击来代替全面的普遍攻势的时候，艾森豪威尔不禁为之大惑不解。诚如他的参谋长史密斯所形容的，艾森豪威尔所希望的是一个由联军全线，一齐发动的全面攻势，而最后使我军获得了决定性的行动。他好像是和一个足球队的教练很相似，鼓励每一个球员都奋勇进攻。但是这种想法却正是蒙哥马利所尽量想避免的，假使所有的人都忙于攻击，那么就没有人会有力量，能够作一个具有决定性的突破，或是扩展这样的战果。

在第二天，蒙哥马利不久就说服了比较敏慧的丘吉尔，承认他的计划是健全的，而且也说明了现在这个计划正还是他4月间所提出的原定计划，和他也已经到达了伟大胜利的转折点，回到伦敦之后，丘吉尔又设法使艾森豪威尔恢复了他的信心，但是他却无法使所有高级的将领都听信他的解释，因为泰德和那些幕僚人员却仍然还是抱着怀疑的态度。

× × ×

照远征军统帅部的看法，"古德伍德"行动应该是一个真正的失败，因为第2军团既未完成战略上的突破，又未达到它的战术目标。至于这个作战已经达到了蒙哥马利的主要目标一节，却并不为大家所认识，因为大家本来就不知他的真正目标是什么。到了7月20日，英军第2军团已经确实占领了经过卡昂地区的一切重要交通线，并且把它在奥恩河以东的领土，由一个小型的立足点，变成了宽达5英里、长达12英里的一个大桥头阵地。固然德军的装甲兵力，并未如蒙哥马利所希望的，被歼灭到那样的程度，不过对于巴黎的威胁却已经比较以前更为重大。

克鲁格，现在亲自指挥隆美尔这个集团军，果然不出蒙哥马利的预料，对于这个威胁马上就发生了反应。在"古德伍德"行动之前，隆美尔对于他在奥恩河以东的防务，是自信确有把握，所以他准备加强他的装甲预备队的实力，以对抗美军的攻势。第2装甲师正准备由科蒙撤出，调到圣洛以南去担任预备队，而第116装甲师也正自亚眠启程，向圣洛城以西进发。现在由于英军第2军团的攻击，这两个师都已经改调往卡昂城以南的地区。在那里更与第9党军师的一部分会合，该师拟在奥东河畔的奥东河畔欧奈镇，实行整编。

所以，在"眼镜蛇"作战的前夕，德军在诺曼底所有装甲兵力的分布，大约是这样的：

在联军第2军团方面：一共是7个装甲师（其中5个半都在奥恩河以东地区）和4个重坦克营。

在联军第1军团方面：一共只有两个装甲师，一个装甲步兵师（实际上并无太多的装甲兵力），也无重坦克营。

现在，德军对于东面侧翼的关心程度，已经更超过了从前，因为"古德伍德"行动是具有革命性的特征，使得德军将领心中产生了新的恐怖。他们现在发现了，像在卡昂—法莱斯平原这种开阔的地形上面，一个纵深不到5英里的防御体系，若是用装甲师在炸弹掩护幕后面进攻，那么只要在一个突击之下，就可以把它完全打破。

7月21日，克鲁格在法莱斯附近，与埃贝巴赫和迪特里希，举行会议。第二天他写了一封信给希特勒，这对于希特勒是一个警告，而同时也无异于是自认失败了：

我昨天与卡昂地区的指挥官们举行过一次会谈，结果发现了一个非常感到遗憾的证据——那就是面对着敌人的完整制空权，我们除非完全放弃战斗，否则就不可能找到一种战略，以来对抗它这种真正的歼灭性的效力。

整个的装甲单位，准备担任逆袭任务的，在强烈的地毯式轰炸之下，都无法行动。结果是他们到达战场的时候总是太迟了。这种大量炸弹的投掷，对于部队，尤其是步兵，其心理上的打击也是非常的可怕，十分值得注意。当一个部队遇到了这种地毯式轰炸之后，不管它的素质是好是坏，却完全不分的是同归于尽。假使这种情形时常发生，那么部队的忍耐力就要受到极高度的考验。

我到这里来的时候，抱有坚定的决心，来执行你那个不惜一切牺牲死守到底的命令。但是当我从经验上看出来，这个代价就是要使部队逐渐被消耗完毕的时候……那么对于这条战线的前途，就不免会感到十分的忧虑……不管怎样的努力，这条战线却是已经危在旦夕，一旦敌人进入开阔地区之后，由于我军机动性较感缺乏的缘故，那么局面就会更艰难了。我的元首，这是我的责任，不能够不先期将这种结论告诉你，并提醒你注意。

欧洲争夺战

Chester Wilmot

THE STRUGGLE FOR EUROPE 下

第二次 世界大战

〔澳〕切斯特·威尔莫特　著

钮先钟　译

新华出版社

CONTENTS 目录 □

上册

序 言 …… 1

第一篇 打回大陆

第一章 必要时单独打下去 …… 3

第二章 小巫见大巫 …… 25

第三章 胜利者的苦闷 …… 59

第四章 直觉在进行中 …… 92

第五章 蓝图的追寻 …… 116

第六章 伟大的设计 …… 145

第七章 德军的实力 …… 182

第八章 希特勒理论的实践 …… 205

第九章 从计划到执行 …… 217

第十章 "霸王"的序曲 …… 243

第十一章　预报和坚忍 ⋯⋯ 284

第二篇　诺曼底之战

第十二章　天空的攻击 ⋯⋯ 307

第十三章　海上的攻击（上）⋯⋯ 331

第十四章　海上的攻击（下）⋯⋯ 355

第十五章　第一个黄昏 ⋯⋯ 375

第十六章　立足点之战 ⋯⋯ 392

第十七章　增援之战 ⋯⋯ 418

第十八章　卡昂的苦战 ⋯⋯ 451

下册

第十九章　"7·20"事变 ⋯⋯ 493

第二十章　突破 ⋯⋯ 516

第二十一章　法莱斯和巴黎 ⋯⋯ 548

第三篇　到柏林之路

第二十二章　咬紧了的牙床 ⋯⋯ 583

第二十三章　罗斯福和巴尔干 ⋯⋯ 601

第二十四章　大辩论 ⋯⋯ 616

第二十五章　幸运的潮流 ⋯⋯ 641

第二十六章　到阿纳姆的路 ⋯⋯ 672

第二十七章　失去了的机会 …… 705

第二十八章　死灰复燃 …… 728

第二十九章　秋季的僵局 …… 760

第三十章　孤注一掷 …… 784

第三十一章　东西两条河 …… 817

第三十二章　斯大林的最大胜利 …… 851

第三十三章　最后的崩溃 …… 892

结　论 …… 953

附　录 …… 969

地图目录

"海狮"作战 ··· 972

1944 年 6 月 6 日西线战场上的德军 ················· 973

1944 年 4 月的诺曼底 ································· 974

1944 年 6 月的诺曼底 ································· 975

侵入前的轰炸 ··· 976

奥马哈的攻击 ··· 977

D 日黄昏时的奥马哈滩头 ························· 978

D 日黄昏时的卡昂地区 ····························· 979

D 日的犹他滩头 ······································· 980

从奥马哈前进 ··· 981

6 月 7—18 日的主阵地 ····························· 982

佩奇行动 ·· 983

瑟堡战役 ·· 984

对敌的计划 ·· 985

6 月 25—29 日奥东河攻势 ······················· 986

7 月 3—25 日的美军战线 ························· 987

"古德伍德"行动的计划 ··························· 988

"古德伍德"的战斗 (7 月 18—22 日) ·············· 989

7 月 25 日德军在诺曼底的兵力分配 ·············· 990

7 月 25—31 日的"眼镜蛇"作战 ·············· 991

8 月 7—8 日莫尔坦反攻 ·············· 992

从阿夫朗什的扩展 ·············· 993

8 月 5—6 日的潘松山攻夺战 ·············· 994

法莱斯袋形地区 ·············· 995

向塞纳河挺进 ·············· 996

1944 年夏季的地中海战线 ·············· 997

宽广正面的与集中攻击的进攻 ·············· 998

向安特卫普的进攻 ·············· 999

比利时运河的战斗 ·············· 1000

洛林的战役 ·············· 1001

9 月 17 日的阿纳姆降落 ·············· 1002

9 月 17—18 日的奈梅亨空降阵地 ·············· 1003

"市场花园"作战的计划 ·············· 1004

"市场花园"作战的突破（9 月 17—18 日）·············· 1005

9 月 20—25 日向莱茵河的前进 ·············· 1006

斯海尔德运河的开放（1944 年 10—11 月）·············· 1007

阿登的攻击计划 ·············· 1008

向鲁尔河的进攻（1944 年 11—12 月）·············· 1009

1944 年秋季西线战场 ·············· 1010

阿登的攻击 ·············· 1011

阿登的扩张战果 ·· 1012

1945 年的东线战场 ·· 1013

波兰和雅尔塔会议 ·· 1014

莱茵地区的战斗 ·· 1015

柏林的头奖 ··· 1016

最后的阶段 ··· 1017

第十九章 | "7·20"事变

　　在诺曼底登陆之后，一个月来德军在所有备战线，都遭遇到一连串的失败，因此使纳粹统治在基础上已经发生了动摇，而更使第三帝国以内的地下反抗组织，达到了采取行动的时机。在1944年的头6个月里面，并没有发生过谋刺希特勒的进一步企图，有许多地下组织里面的小人物们，对于他们领袖的不敢有所作为，都感到相当的失望。这种失败的原因很多，而希特勒本人的保护严密，也是其中重要因素之一。他所住在的地方是在拉斯滕堡（Rastenburg）的大本营里面，四周都是东普鲁士的湖沼，根本可以说是无法接近。他很少离开他那个地下密室，外面的警卫可以说是像天罗地网一样的周密，除了偶尔也带着他的爱犬在森林中散步以外，多数的时间不出室外一步。所有要接近他的人都有极严格的限制和管制。他从来不回到柏林，也不肯去前线视察。偶尔必须要去视察某种新型武器和装备时，他也总是惯于在最后一分钟，突然更改他的预定时间和地点，使一切谋害他的计划无法预作准备。在4月初，因为想到联军渡海侵入之期将近了，所以他又由拉斯滕堡迁到贝希特斯加登，在那里的防卫和检查也是一样的严密。

在这几个月里面，作为阴谋运动的主力泉源的施陶芬贝格上校不仅无机会看见希特勒本人，同时也无法安排一次行刺的计划。但是他却也并没有偷闲。以前反间谍组织 Abwehr 一向是可以供给地下人员以适当的掩护，并且发展成为一个独立的通信网。可是自从 1944 年初起，这个机关却已被破获，而整个组织也被希姆莱的特务组织所吸收。所以地下分子必须要重新建立一个全新的组织，以便在希特勒被推翻之后，可以立即起来接收整个的政权。在 1944 年上半年当中，施陶芬贝格和他的上司奥尔布里希特取得了密切的合作（奥氏也是反抗运动的老前辈之一），专心致力于这个组织的重建工作。到了 6 月间，施陶芬贝格和奥尔布里希特，就拟订了一切的计划，和如何夺取政权的步骤，并且在德国国内和各占领国中，都逐渐建立了一些必要的机关。

在公开的形式上，这一切的计划和组织，都是伪装着假使一旦发生了国内的叛变，或是外国工人暴动和敌人伞兵降落时，对于这种紧急时期，应该如何应付的方法。这些计划一切都是照着参谋本部所规定的正常程序而拟订的，一切详细节目都有明确的规定，因为它的必要条件就是一旦有事，立即可以付之实行。否则，这个政变就可能为希姆莱和戈林的私人军队所推翻，于是全国就会陷于内战的混乱之中。此外，除非陆军能够迅速控制着国内和前线上的情况，不然整个的战线就会完全崩溃，而使新政权丧失了向敌人求谋妥协和平的机会。

这些命令在春天里就已经完全拟好，用密封的方式颁发给各地驻防军的司令，和德国在外国的军政府。他们并且奉到命令说，只要接到"Walkyrie"代字的密电以后，就一切照预定命令执行，而不必再等候柏林的指示。他们应该出动军队占领各重要城市，接管各重要的机关，例如电信局、无线电台、动力厂和火车站等。阴谋设计者的原意是准备在希特勒被害之后，马上就发出这个讯号，接着就分电国内外驻军的指挥官，告诉他们"元首"已经死了，现在陆军已被授权组织一个新政府，以贝克为首领，冯·维茨勒本（von Witzleben）为国防军总司令，而奥尔布里希特则为其参谋总长。并且命令各级部队长开始拘捕所有纳粹党，党军和警察的重要高级人员。

为了防止希特勒大本营里面，会有人出面否认这些命令，所以准备在希特勒一死之后，就立即破坏大本营的一切通信设备。因为希特勒的通信指挥官费吉贝尔将军（Gen. Fellgiebel），也是阴谋分子之一，所以这一点似乎并不难办到。在这个时候，纳粹党人在首都若是有反抗的企图，那么就可以用柏林的军警力量将他们压平，因为柏林警察局长冯·赫尔多夫（von Helldorff）和柏林警备司令冯·哈泽（von Hase）也都是与这个计划有关系的。柏林警备营应该立即出动包围政府所在地区，占领 SS 和"盖世太保"的总部，以及宣传部，连同拘捕戈培尔在内。它同时也要占据主要的无线电台，以便在事变一发生，就可以立即向全德国人民宣布实行戒严命。但是唯一可以动用的军队就只有这一营人，驻在最近的一个坦克训练团，一定要等到接到命令之后，才可以赶来。

利用这样的布置，阴谋者希望能使纳粹党感到措手不及，因而很顺利地把政权夺取到手。再过三四天之后，贝克就可以成立一个文治的政府，而以格德勒（Goerdeler）博士为其首相。社会民主党的威廉·雷歇纳尔（Wilhelm Leuschner）将充任副首相，前驻罗马大使冯·哈塞尔（von Hassell）则将任外长，这样就可以向世界说明，他们所作所为实在不仅是一个普通的军人政变。到了这个时候，贝克和格德勒希望已经可以经由瑞典和西班牙的关系，而与西方盟国取得了接触，以求早日结束这个战争状态。

这些计划虽然都设计得很周详，但是唯一的先决条件就是要首先刺杀希特勒，不过这个机会却已经愈来愈难了。6月初的时候，德国国内军的总司令弗洛姆将军（Gen. Fromm）命令施陶芬贝格充任他的参谋长。当任了这个职务之后，施陶芬贝格就有了合法的理由，当讨论有关国内军的问题时，他可以出席希特勒的御前会议。所以这个计划的主要发动人，现在就有了亲自下手谋刺希特勒的机会。不过施陶芬贝格却并不是一个理想的刺客，因为他曾在突尼斯战役中，身负重伤，丧失了一只眼睛、一只右手和左手的两个指头。毫无疑问的，施陶芬贝格是不惜牺牲自己的性命，以图刺杀希特勒的，但是贝克却坚持地认为他太重要，不能够轻易地牺牲。因为一切的计划都是他拟订的，所以为了要使这些计划能够顺利地执行，那么就必须他亲自在柏林加以指挥，始可生效。所以，他势必要充任两个重要的角色，首先在希特勒大本营里把希特勒刺死，然后再赶回柏林来担任整个计划的执行人。

这就必须要使施陶芬贝格在希特勒死后，还能够安然迅速地逃回柏林。所以他所采取的方法，就是在公事皮包里面放置一颗定时炸弹，把它放在"元首"的面前，然后就乘机溜走。于是他马上飞回柏林，而让费吉贝尔去把成功的消息，通知奥尔布里希特，以便毫不延迟地发出"Walkyrie"信号。费氏同时更应负责破坏大本营的一切通信设备，使纳粹的首领们无法否认那些命令。

这个时候，英美联军已经在诺曼底登陆，苏军也已在波兰发动了夏季攻势，德军在意大利境内遭遇到了惨败，而 V-1 武器不能获得胜利也已经成为公认的事实，所以这个机会的来临，似乎是十分巧合。在这许多因素当中，最重要还是联军入侵法国的成功。在此以前，反抗分子之间还有人怀疑地表示出分歧的意见，有人仍然主张让希特勒再尝试一次最后的机会，因为他们固然不喜欢纳粹的统治，但是他们却希望希特勒能够击退联军的登陆，以加强德国对西方国家讨价还价的力量。不过到了6月底，所有犹疑不决的人们也都明白了不要说是胜利，连僵持也都不再可能，于是他们就都认为不能再拖了。所以联军侵入的胜利，使贝克这一派的地位增强，他们现在可以得到一部分重要将领的支持保证，例如隆美尔就是其中之一，以前他却是不肯明确地表示态度。

他们的代表早在2月间就已经和隆美尔开始接触，那时所得到的印象，照格德勒的说法，是假使战败一定不可避免，而希特勒又拒绝结束这个战争，那么这位元帅就准备以"当代的兴登堡"自居。在5月间，他们又继续与隆美尔商洽，有时是直接的，有时是经过他的参谋长，但是隆美尔却又主张应设法拘捕希特勒，并把他交给德国法庭加以审判。当西线战场的叛徒领袖法国军事总督冯·斯图普纳格尔将军（von Stulpnagel）对此项意见表示反对的时候，隆美尔的答复却说："杀死希特勒只不过是使他反而获得了一个殉道者的美名。"隆美尔一直还是坚持他的主见，到了6月17日他和希特勒会晤之后，才开始改变了他的初衷。他叫人告诉贝克说，诺曼底的战线是已经崩溃在即，所以任何准备对付希特勒的行动，现在应该马上就要动手了。

隆美尔的加入阴谋，虽然来得很迟而且也很谨慎，但是却给贝克和格德勒带来了不少的鼓励，使他们认为只要希特勒一经铲除之后，他们在军事上是可以与西方盟国列于平等的地位。虽然反抗分子中间有一部分人，认为和苏联人讲和是比较容易而有利，但是主要人物的意见，却都是主张在他们一旦当权之后，对于东线战场的战争还是要继续苦撑，而西线战场则完全采取开门政策，好让英美联军迅速地进入德国本土，以免遭到苏联人的占领。为了达成这种谈判，他们现在可以放心地倚赖着隆美尔，同时他们也认为只要时机一到，克鲁格一定也会和隆美尔采取同样的行动。克鲁格徘徊在反抗运动的边缘上，已经有一年以上的时间，不过当他在 7 月初来到西线战场之后，才发现了情况的严重，于是他也就向贝克表示愿意支持这个阴谋。不过，不像隆美尔一样，克鲁格却明白地表示了，只有在希特勒死了之后，他才肯参加合作。

在 7 月的第一个星期当中，贝克、格德勒和施陶芬贝格知道时机是已经迫切。他们知道应该在联军尚未在诺曼底获得一个决定性的胜利之前，就要先把希特勒打倒，否则西方国家看见大势已定，就不再会考虑和他们谈和。他们固然知道罗斯福和丘吉尔会要求"无条件投降"，但是他们希望联军不会拒绝他们的建议，而放弃兵不血刃，直达柏林的好机会。不过一旦艾森豪威尔的部队从桥头阵地突破之后，他们就可以长驱直入，于是这个建议也就毫无价值了。

× × ×

由于德国的军事情况已经迅速地恶化，所以促使这些阴谋分子，不得不赶紧采取行动，而另外有一个因素，又直接影响到他们的安全，更逼迫着他们有马上动手的必要。在 7 月初的时候，反抗分子中间的两个社会党人尤利乌斯·莱贝尔（Julius Leber）

和阿道夫·赖希魏因（Adolf Reichwein），突然被盖世太保抓去了。这两个人本来是在努力争取共产党的支持，根据某一方面的报告，说他们已经和柏林的共产党中央执行委员会产生了很密切的关系，甚至把未来新政府的名单都拿给共产党看过。他们本来约定了时间再举行会商，但是在此以前，这两个社会党人就已经落入盖世太保的手里。反抗组织当然不知道他们会供出一些什么资料来，同时更不知道那些共产党员是不是希特勒的间谍。

第一次采取行动的机会是在7月11日，那一天施陶芬贝格代表弗洛姆到贝希特斯加登，去参加希特勒所召集的一个会议。他就带着那颗定时炸弹到场，但是当他发现戈林和希姆莱都没有在座，所以他就决定不动手。在他们所有的计划当中，这些反抗分子都一致同意他设法把戈希二人同时杀死，因为他们手里都有私人的军队，足以构成大祸。所以施陶芬贝格隐忍不发是有理由的。

4天之后，7月15日，施陶芬贝格又坐飞机到元首大本营去，这个时候它又已经迁回了拉斯滕堡的旧址。到达之后，他从飞机场驾车往希特勒的驻地，把车停在内层的出口处，距离举行会议的混凝土掩蔽部很近，于是他又夹着那个皮包，走进了掩蔽部。希特勒、戈林都在那里，但是希姆莱却没有来。当轮到施陶芬贝格发言的时候，他还是照例地报告了一番，但是他却没有发动那颗炸弹。假使那颗炸弹在那个四面不通的地方实行爆炸，它是一定可以把希特勒和在场诸人都炸成粉碎的。当他报告完毕之后，施陶芬贝格马上又匆匆地离开了会议室，去打电话。他并没有和奥尔布里希特说话，另外一个反抗分子和他讲了一阵，于是他也决定马上采取行动，而不再等候希姆莱。可是当施陶芬贝格再走进掩蔽部的时候，希特勒却早已离开，会议也已经解散。所以，他又只好带着那颗炸弹，再重返柏林。

施陶芬贝格这一次又没有动手，对于整个阴谋计划而言，实在是一个秘密。贝克的一位同谋者吉泽菲乌斯（Gisevius）曾经这样批评说：

> 这个奇特而又危险的电话，就可以证明施陶芬贝格当时是有一点神志不清。所以救了希特勒的因素不是命运，而是施陶芬贝格的心理不健全。而且他已经失败了两次，所以第三次成功的希望也就很小了。

这个解释实在并不够圆满。对于施陶芬贝格的勇气，似乎是无可置疑的，而且他又是整个计划的主要执行人，所以当他发现希姆莱不在场的时候，他是有权决定是否应该动手，而更不必去请示奥尔布里希特。那么他又为什么要打那个电话呢？这个解释似乎是施陶芬贝格和奥尔布里希特曾经决定应在上午 11 点，就通知驻在克兰普尼兹（Krampnitz）的坦克团，以便能够使他们提早赶到柏林。当下午 1 点的时候，施陶芬贝格打电话给奥尔布里希特的目的，就是要告诉他时机并不太有利，但是他却得到了那个警报是早已发出了的消息，于是他才又决定只好马上开始动手。

不管怎样解释，希特勒这一次总算是又逃过了一劫，同时这些阴谋者为了本身的安全着想，所以又决定一定要等待希特勒死讯证实之后，才再发出那个信号。弗洛姆和凯特尔都已经发现了这一次发出 "Walkyrie" 信号的事实，奥尔布里希特只好以演习为理由，勉强地掩饰了过去。这种事情可一而不可再三，于是下一次他们就不敢再这样冒失。这就是说至少要过 3 个小时，驻在克兰普尼兹的坦克团，才能够赶到柏林来实行增援。因为这个团距离柏林位置固然只有15英里远，但是集中行动的准备时间却需要有这样长的时间。在他们尚未到达之前，叛徒们所倚赖的兵力就只有那个柏林警卫营，所以这个营的营长是否服从命令，就成为一切成败的最后关键。

由于这一次虚惊，已经使反抗分子感到不安，而两天之后，又有一个阴谋分子，希姆莱的犯罪部主任尼贝（Nebe），向贝克提出警告说：盖世太保已经发出了拘捕格德勒的拘票。

7月20日施陶芬贝格又飞往希特勒的大本营，他知道了这可能就是最后一次的机会，所以他就决定无论如何，这一次都一定要动手。这一次机会更不合理想。戈林和希姆莱都不在场，而希特勒的掩蔽部因为加工改造的缘故，所以这一次的会议改在一个木质的茅亭里举行。大约12点30分的时候，一大堆的军官都集合在亭子外面，等候元首的到来。其中有凯特尔、约德尔、瓦利尔蒙特（Warlimont，约德尔的副手）、豪辛格（Heusinger，OKH的作战处长）、勃兰特（Brandt，豪辛格的副处长）、科滕（Korten，空军参谋总长）、阿斯曼（Assmann，海军副参谋总长）等人。

施陶芬贝格把车停在内层之外，看到希特勒从他自己的地下室里走了出来，走向这间茅亭。大家携带着地图和文件，各将领都随着希特勒走进了这一间小型的房子，因为天气很热，所以窗户都是打开的。在房子中间是一张大型的橡木桌子，绕着这张桌面的周围，希特勒和他的将领们开始商谈了。

会议开始时，由豪辛格最先报告东线战场的情况。施陶芬贝格一直在他自己的车子上面等候着，到了会议差不多开了五分钟以后，他才打开了皮包，因为他的手已经受了伤，没有力气，所以他弯下身来用牙齿咬开了那个信管。以后他就关上了皮包，匆匆地走进了会议室。当他走进去的时候，豪辛格还正在发言。他挤到希特勒右手的桌子头边，把皮包放在地板上，并且把它靠在桌子底下的支柱上。根据阿斯曼的回忆，他说："施陶芬贝格就轻轻地向勃兰特说道，'我要出去打一个电话，请你留心我的皮包，里面装有机密的文件。'"

施陶芬贝格离开了会议室之后，马上就向他的汽车旁边跑过去。当他已经走了大约60码远的时候，就听见一声猛烈的爆炸声。他回头一看，看见那个茅亭正被灰尘烟雾所包围着，碎瓦废材炸得四散飞舞。他不敢再等候下去，赶紧上车，向门外驶去，他走了四公里才到达了大门，这时门卫已经得到了警报，就阻止了他的汽车。施陶芬贝格不慌不忙地打了一个电话给卫兵司令部的值星官，要求准他离开。几分钟之后，他已经坐在他的飞机里面向柏林飞去，心里以为那个定时炸弹已经完成了它的使命，并且以为在柏林的同谋者也一定早已开始发难了。

当费吉贝尔一听到了爆炸声之后，他就马上告诉奥尔布里希特说，大功告成了，并且开始动手破坏拉斯滕堡的通信设备。收到了费吉贝尔的报告之后，奥尔布里希特就直接跑去见他的总司令弗洛姆，告诉他希特勒已经被刺身死，并且建议立即发出"Walkyrie"信号，以防内乱。弗洛姆并不是这个组织中的一分子，但是他的支持和合作却是非常的重要。在紧急时期，用弗洛姆名义所发出的命令，是可以毫无问题地使受命者服从。但是他现在却拒绝立即发出那些命令，一定要坚持着首先自己打一个电话到拉斯滕堡去获得了证实之后，才肯照办。因为相信元首大本营在这个时候对外界的交通，一定已经被切断，所以奥尔布里希特并没有阻止弗洛姆去打电话。可是使他感到失望的，弗洛姆的电话不仅接通了，而且还是和凯特尔亲自讲话。他们之间的对话，可以略述如次：

> 弗洛姆："大本营里面到底出了一些什么乱子？在柏林这里，已经是掀起各种荒唐离奇的谣言了。"
>
> 凯特尔："你以为是怎样一回事呢？这里一切都平安如常。"
>
> 弗洛姆："我刚刚接到一个报告说，元首已经被刺丧命了。"
>
> 凯特尔："胡说！虽然有人企图行刺，但是天幸已经失败了。元首安然无恙，只是略为受了一点轻伤。你的参谋长，施陶芬贝格上校，现在在什么地方？"
>
> 弗洛姆："施陶芬贝格还没有回来咧。"

这个电话中谈话的结果，使得弗洛姆禁止奥尔布里希特发出"Walkyrie"信号，同时又因为奥氏本身听到希特勒尚在人间的消息，也为之大吃一惊，于是他决定在施陶芬贝格尚未回来之前，不采取任何行动。这样就浪费掉了3个小时，因为施陶芬贝格一直到了下午4点钟才到达了朗斯多夫（Rangsdorf）机场。他一着陆之后，就打电话给奥尔布里希特，发现他们一切都没有动手，使他深深地感到失望。他向奥尔布里希特提出保证说，希特勒已经死了，他命令他立即发出紧急命令，于是他自己赶紧驾车，用极快的速度赶回总司令部。

当施陶芬贝格到达之后，那位总司令弗洛姆还在坚持不肯之中，于是他马上把他拘禁了起来，从此国内军的总司令部就落入了反抗分子的手里。这时"Walkyrie"信号早已发出，现在就接着发出一个通告，说元首已经死亡，在这个紧急时期，国防军已经负起保护祖国的重任。有许多接到这些电报的人都是早已与反抗组织有勾结的，所以马上就开始采取行动。在布雷斯劳（Breslau）、慕尼黑、维也纳、布鲁塞尔、巴黎、雅典，地下反抗分子都已经取得了控制权。举例来说，在巴黎，斯图普纳格尔将军就已经把盖世太保和 SS 的代表们都拘留了起来，并且用电话通知西线战场总司令部，想劝诱克鲁格采取同样的行动。因为克鲁格已经到前方去了，现在正在 B 集团军的总司令部里面，于是斯图普纳格尔就决定亲自去见他，以便强迫他下水。

固然有些地方，这种夺取政权的工作进行得很顺利，但是在有些司令部里却不免对于它发生了怀疑和混乱的感想。因为从柏林发出的命令，有的是奥尔布里希特签署；有的是维茨勒本元帅签署，他是一个已经退休的军人，这是大家都知道的；更有些就是以国内军总司令的名义发出，而没有正式的签署。所以，凡是那些原来与阴谋计划没有关系的指挥官们，都必须要等到他们获得了证实之后，才肯采取行动。在那一天下午，从欧洲各地都有人打电话到国内军总司令部来，询问事实的真相。现在施陶芬贝格已经掌握着全权，每次都在电话中设法增强对方的信心，但是他却并不一定都完全能够成功，因此有许多地方的执行工作都延误了。虽然如此，但是照他看来，这一次的政变却似乎已经快要成功，因为自从弗洛姆和凯特尔通过电话之后，从拉斯滕堡方面就再没有消息传来，而元首大本营方面也似乎没有一个人出面干涉。同时施陶芬贝格也认为对于首都的接管，一定是可以照原定的计划，顺利地执行。

到了下午 4 点 30 分的时候，柏林警卫营已经派兵包围政府所在地区，并且派了一小队士兵到宣传部去拘捕戈培尔。这个营长是一位名叫雷默（Remer）的少校，在当时恰好有一个纳粹党的政工人员哈根中尉（Lt. Hagen），正在他的部队里面作讲演的工作。当他晓得了雷默所奉到的命令内容，心里就不免感到怀疑，于是打了一个电话给戈培尔，问他是否晓得有这样一回事。戈培尔到这个时候为止，还只晓得希特勒大本营里面曾经发生过爆炸事件，此外就一无所知。当雷默的士兵到达宣传部，准备拘捕戈培尔的时候。戈培尔却亲自接待他们，虽然他并不知道实际的情形，但是他却向他们保证：希特勒一定安然无恙，而他们所收到的这个命令一定是卖国贼们所发出的。在这个时候，哈根又劝雷默最好还是先和戈培尔商谈一下，再采取任何进一步的行动。当雷默到了宣传部之后，戈培尔就打电话给拉斯滕堡。这个电话等了相当的时间才接通，但却是希特勒本人与戈培尔亲自谈话。希特勒告诉戈培尔，他是受了一点轻伤。假使施陶芬贝格若是当时再等候几分钟，他自己一定也会发现这个事实了。

那一天下午，当炸弹爆炸的时候，凯特尔首先冲出室外，脸被烟熏黑了，衣服也撕破了，嘴里惊叫着："有人行刺！有人行刺！"约德尔从窗口中弹到了室外的空地上。重伤的也有几个人。希特勒重重靠在两个军官的身上，他的左脚裤管被撕毁了，右肩受一点伤，其余各处似乎还是好好的。那两位军官扶着他走回他自己的地下室，半小时之后，他又穿了一套新制服重新走了出来。他马上坐上汽车开到附近的火车站，去欢迎墨索里尼，他是来此检阅意大利部队——一共 4 个师，正在受训，准备开往东线作战。

当他和墨索里尼握手的时候，希特勒向他说："我刚刚侥幸躲过了一场大难。"于是他就告诉他那一颗炸弹怎样在隔他 6 英尺远的距离之内爆炸，并且说明要不是在这间木质的房屋中举行会议，那么也就完了。不过，希特勒本人和他的幕僚们对于这件阴谋似乎并不太注意，所以当这两个独裁者一同去阅兵的时候，他们简直就没有想到柏林还会有那样的一幕。等到他阅兵回来之后，才和戈培尔通电话，这时希特勒才知道外面的情势已经发展到了什么程度，于是开始采取自卫的行动。

假使费吉贝尔曾经照原定计划，把拉斯滕堡的一切交通工具加以破坏，那么希特勒不仅会与外界隔绝，而且也就会无能为力。在发出了信号给奥尔布里希特之后，费吉贝尔本来就已经开始他的破坏工作，但是当他尚未完成的时候，他就已经知道了炸弹并没有把希特勒炸死。于是，他就不敢再干下去，不过拉斯滕堡的电话总机却已经发生了障碍，达数小时之久，因为戈培尔的电话是差不多到 5 点钟才接通的。

与戈培尔谈话之后，希特勒又和雷默少校直接通话，当时就升他为上校，并且命令他立即去搜捕叛徒，和在戈培尔的指挥之下，确保首都的安全。所以施陶芬贝格和奥尔布里希特所原来希望倚赖着它成事的军队，现在却已经奉命来拘捕他们了。

在几分钟之内，凯特尔又打电话到国内军的总司令部，坚决地告诉他们元首安然无恙，并要求和弗洛姆亲自讲话。由于施陶芬贝格的鼓励，贝克和奥尔布里希特就指斥凯特尔这个电话只是一种虚伪的恫骇，而且即使希特勒没有死，这一次政变也还是可以有成功的希望。反抗分子们在宣布希特勒死讯的工作上，至少已经领先了1个小时，这个消息已经不容易追回，因为他们控制住遍布整个德国的军事通信网。所以这一次冒险的成败关头，就要看通信的战争是孰胜孰负，而最重要的关键就是柏林的无线电广播电台。

没有哪一个人，会比戈培尔对于这个问题更有认识。在与希特勒谈话之后，他就命令雷默还是照旧去执行阴谋者所发出的占领柏林电台的命令，不过占领之后却将它交给他使用。同时，预料到在克兰普尼兹的那个坦克团，也许同样会接到占领这个目标的命令，所以戈培尔就派了一个专差去中途拦截这个部队。当那个团长搞清楚了真正的情形之后，他马上就率领他的部队，退回原驻地，而让雷默控制住这个广播电台。戈培尔就好好地利用这个工具，所以到6点钟过去不久之后，全德国的广播电台就都转播着说："有人企图谋刺元首，但是他仅仅受了一点轻伤，完全没有关系。"

这个广播又使德国各地及其占领国家的各司令部，都纷纷打电话给柏林国内军总司令部，查询事实的真相。那些指挥官们都说他们已经接到了拉斯滕堡方面的命令，叫他们不要听信柏林方面的任何指示，并且只应服从凯特尔和希姆莱两个人所发出的命令。后者已经被任命为国内军总司令，接替弗洛姆的职务。施陶芬贝格还坚持着说，拉斯滕堡的命令和柏林的广播，都是希姆莱和戈培尔想保存纳粹统治的一种诡计。但是在这个时候，已经有了许多怀疑的将领曾经直接打电话到拉斯滕堡大本营，并且已经和希特勒直接通话。另外有些将领们，虽然原先和阴谋没有关系，但是因为相信希特勒已死，所以就开始照那密封命令行事，现在也就犹疑不决了。

　　汉堡（Hamburg）的情形就是一个很好的例证。当地驻军的司令官最先是接到了国内军总司令部的命令，叫他拘捕一切纳粹党、警察和 SS 的高级人员。所以他就用电话通知那些人员，在 7 点钟的时候，应该到司令部来报到。不过，在他们尚未到达之前，广播电台却已经报告出来，希特勒并没有死的消息，于是这个司令官就开始感到畏缩不前。当他正要下决心的时候，施陶芬贝格具名的电报又来了，告诉他说："一切有关元首没有死的消息都是假的。以前所发出的命令都继续有效，并盼赶紧执行。"接着又有一个电报来了，那是拉斯滕堡发来的，说："元首安然无恙，所有柏林方面的命令都一律无效。"到了那些纳粹党的领袖人员到军部报到时，驻军司令官就不敢拘留他们，几分钟后仍然让他们回家去。其他各地的情形亦复如此，不久纳粹党人就也恢复了他们的统治力量。

　　不管拉斯滕堡、柏林和德国其他地方的情形，是如何的不利，假使克鲁格的西线战场总司令部里面，能够有一个迅速而明白的举动发生，那么一切的结果也就会完全不同，因为那就会形成一个局面，使得纳粹党人无法收拾这个残局。照阴谋设计者的原意，是希望克鲁格和隆美尔在一得到了希特勒死讯之后，就马上能够和诺曼底前线上的联军取得接触，并且不顾一切地先与西方国家签订一个局部的休战协定。在这个时候若是党军师拒绝停战的话就由附近的正规军将他们解除武装。这些指示早由阴谋者把它们拟成密封命令，送到了隆美尔和克鲁格的总部。

　　可是，到了 7 月 20 日，隆美尔已经受伤进了医院，现在只剩下了一个克鲁格，身兼两职，可以有资格执行这个计划。所以斯图普纳格尔在电话没有打通之后，他就亲自到 B 集团军总司令部，去想说服克鲁格立即采取行动。克鲁格比斯图普纳格尔先回到了总部,刚好赶上接到柏林来的一个紧急电话。打电话的人没有认出自己的姓名,而只是向克鲁格说道:"元首已经死了,你现在应该决定照所想要做的去做。"克鲁格没有回答他。他只是把电话挂上就算了。不久柏林又来了电话,还是那个人,所说的也还是那一句原话。克鲁格又是沉默地把电话挂上了。(注:根据在柏林目击者的报道,那个打电话的人就是贝克本人。)

在不久之后,克鲁格就听到了戈培尔所发出的广播,不过接着他又接到由柏林所发出来的电报,那是由维茨勒本所签署的。它的开头是这样说:

> (一)元首希特勒已经死亡。有一批非战斗员党派的
> 领袖,想利用这个情势,破坏我们的战斗实力,阴谋夺取
> 政权。
> (二)在这个非常危险的时候,德国政府为了维持法
> 律和秩序,已经宣布进入军事紧急时期,并且任命我为德
> 国国防军的总司令……

当克鲁格接到了电报之后,他就向他的参谋长布鲁门特里特说道:"你是知道的,这是一个具有历史性意义的时机。我很想立即停止 V-1 的发射。假使元首是真正死了,那么我们是应该赶紧和对方发生接触。"不过克鲁格还是在犹疑不决,于是电话铃又响了。这是瓦利尔蒙特从拉斯滕堡打来的。他不一会儿就已经能够使这个西线战场总司令,认清了这个阴谋计划是已经失败。所以,等到斯图普纳格尔来到的时候,克鲁格就告诉他说:"什么事都不

能够做了。元首并没有死。"这个用暗杀阴谋来缩短战争的最后机会也就终归消失。

× × ×

当克鲁格在法国境内一再地犹疑踌躇的时候，戈培尔却在柏林早已开始了强硬的行动。这正是一个往常的惯例，阴谋者失败的主要原因就是他们并不能控制着一支绝对可靠的兵力。即使是陆军，他们对于它的支持也并没有十分的把握，所以他们发给陆军的命令也还是非常含蓄的，只是叫他维持法律和治安，而始终不敢提到"政变"字样。所以，在多数的情形之下，是受命者一发现了事实真相之后，马上就不再会听他们的指挥。

到了黄昏将近的时候，雷默的警卫营和党军已经长驱直入地进了柏林的国内军总司令部，来执行戈培尔的命令。叛徒毫无反抗的力量。这个时候，在总部内被拘禁着的弗洛姆将军，已经重获自由，他马上也开始采取行动，来对付这些叛徒，其目的是希望借此来刷洗他自己的嫌疑。另外也还有一些军官，也都是存着同样的想法，他们就帮助弗洛姆把奥尔布里希特、施陶芬贝格和他们三个党羽，都拘捕了起来，并且将他们拖到院子里面枪毙掉。他们把一杆手枪交给贝克，叫他自杀。当他没有自杀的勇气时，弗洛姆就不客气代替他执行了。

所以在午夜之前，这些主要的反抗分子，不是被杀就已经被捕，而这个政变的计划是已经完全被粉碎，不过大家对于希特勒到底已经怎样，还是在怀疑之中。一直等到 7 月 21 日正午 12 点30 分的时候，希特勒才亲自向德国广播，于是真相才大白。希特勒这样地宣布着说：

> 我今天向你们讲话的第一个目的，就是让你们听听
> 我的声音，让你们知道我的确是安然无恙，没有受到伤
> 害。其次才是要让你们知道在德国历史上，曾经发生过一
> 次空前的大犯罪行为。一群极少数愚笨无知而又具有野心
> 的军官，曾经阴谋暗杀我，和破坏整个德国国防军的指挥
> 系统。

> 这颗炸弹是由施陶芬贝格上校所放置的。它在我的右
> 边距离大约两公尺的地点发生爆炸。在我身边的人有一个
> 被炸死（注：实际上炸死了 4 个人），其他受重伤的人也
> 有好几个。但是我却只受到一点极轻微的伤害。这更使我
> 深信我是受命于天，来完成我的任务的。……

> 这些叛徒人数极少，对于整个德国国防军的精神毫无
> 影响，尤其对于整个德国民族的精神，更是不足轻重。所
> 以我现在命令一切的军事当局、部队长和战场上的每一个
> 士兵，都不得服从叛徒所发布的任何命令。同时，我命令
> 对于任何发布或传达那些混乱命令的人，每一个人都有拘
> 捕他们的义务，若是他们敢于拒捕，就可以格杀勿论。

> 我更深信，由于这极少数卖国贼所造成的紧张状况，
> 更足以使我们的后方空气，适合于前线上的需要……

希特勒这个广播，就是一个大流血清算的开始，其程度的惨
烈远胜过 1934 年的"罗恩清算"。根据这个人人都有拘捕的义务
和可以格杀勿论的宣布，纳粹党就可以利用它来任意将人判罪。

凡是被他们认为有反对政府嫌疑的人，都可以乘此机会一网打尽。还有许多无辜的人，由于私仇，或是为了避免将来的麻烦起见，也都被顺便地解决掉了。

盖世太保发现了反抗分子所拟定的政府人员名单，在这些名单上面的人，有许多是和反抗分子毫无关系的，甚至并不知道反抗分子在将来想借重他们，可是这都不足以挽救他们的厄运。这个专门成立用来审理这些人犯的"人民法庭"，其黑暗的程度更有过于一般纳粹党的审讯。到底杀死了多少人，这个数字始终查不清楚。根据有名字的记录，大约 4980 人，但是至少还有 1 万人是送进集中营里面去，其中多数都是有去无回的。无论如何，那些真正的反抗分子，在这一场大清算中，能逃出性命来的，可以说是凤毛麟角，而数以千计的自由党人和社会民主党人，也都被扫除殆尽——这些人对于德国战后的重建，是具有极大的价值，所以这个事实对于德国元气上的损失，是非常的巨大。这一次政变的失败不仅在目前加强了纳粹统治者的力量，而且也使德国最后复兴的力量，受到了很重的断丧。

这一次失败的主因，应该归功于希姆莱特务组织的有效。假使当施陶芬贝格的炸弹失败之后，反抗分子就很难再有另外一条对策，足以击败希特勒。特务组织使阴谋者无法事先集中力量来确保占领柏林电台、党军总部和首都的其他重要机关。此外他们也无法组织任何的群众活动，例如大罢工，以收里应外合之效。大家都非常害怕希姆莱的特务和警察，所以甚至阴谋分子的本身，在没有确实知道希特勒已经被刺身死之前，也都不敢于冒昧地采取任何行动。

虽然如此，假使希特勒这一次真的被炸死了，则此次政变是差不多可以成功的。希特勒不死委实可以说是一个奇迹。因为恰好那一天的会议是在木质的茅亭中举行，而不是照平常的惯例，在防空掩蔽部里举行，假使是后者，那一定会被炸死无疑。同时那一张桌子也大有关系，因为它构造很特别，恰好挡住了爆炸的威力。即使如此，站在希特勒一面，距离爆炸点较近一码地方的 3 个人却全都被炸死了。所以希特勒的死里逃生的确是十分侥幸。

× × ×

在压制叛乱分子之后，接着就是一连串的措施，希望使德国人民与纳粹战争机器之间，能够发生更密切的联系。7 月 25 日，希特勒命令戈林握有全权，以使整个的公共生活都能适应总体性战争的各种需要，同时戈培尔也接受了类似的使命。对于人力的榨取比从前更厉害，对于任何怠工的工人，都要加以严厉的制裁。此外，希姆莱的权力更是日益扩大。他除了内政部长、警察总监、党军总司令等项头衔之外，现在又兼任了国内军总司令。所以第三帝国以内的军警大权现在就都在他一个人的手里。同时他又负责组训所谓"国民步兵师"（Volksgrenadier）的工作，这是准备要使德国人流尽最后一滴血来保卫纳粹王朝。甚至当这些师被送上前线作战时，它们在纪律方面的事项，却还是受着希姆莱的控制。

这些措施的结果，又使陆军中的一点最后反抗意志，也都完全被毁灭掉。为了要挽救德国军官团的声誉起见，凯特尔、约德尔、伦德施泰特、古德里安（Guderian）4 个人组成了一个荣誉法庭，先把那些参与阴谋的军人们开除军籍，然后再将他们交付"人民法庭"加以审判。但是他们并无力阻止党部把公审和绞死主要军人方面参加者的电影片，在军中放演。这种对于陆军的侮辱，固然使德国军人感到很痛心，但这却是一个极明显的警告，足以打击他们谋反的意图。陆军对于党的屈服，到现在可以说是已经最后地完成了。

在"7·20"事变发生之后，联军方面又曾宣布说："即使希特勒已被推翻，但是'无条件投降'的要求却还是继续不变。"所以从此一切内在的反纳粹运动，就完全销声匿迹。在以后的岁月中，害怕苏联人的心理支配着德国的人民，因而使他们不能不拥护希特勒的作战到底主义。戈培尔现在也拼命地宣传，元首的得救，是天意叫他来保护德国人民，使他们不至于受到斯拉夫共产主义野蛮民族的蹂躏。

虽然希特勒没有送掉性命，但是他的健康却已经受到了极严重的损失。在过去，他的神经有一点失常，所以左臂和左腿都常常发生轻微颤抖的现象。在7月20日之后，有一个时期似乎是已经好了，不过不久就反而变得更剧烈。此外他的耳朵也丧失了一部分的听觉。不过，最显著的变化，却是他的脾气。在以后的几个月当中，古德里安正担任着陆军总部的参谋长，时常和他接触，他的报告是有始下述：

希特勒的猜疑和不信任旁人的心理，到现在是已经到达了顶点，而这一次死里逃生的奇迹更使他对于他天授的使命，感到具有比从前还要伟大的信心。他一天到晚躲躲在他自己的地下室里面，不再和任何人作私人的谈话，他一切的谈话都是有记录的。他自己逐渐沉醉在一个幻想的领域当中，完全和现实脱了节。任何反对的意见都足以使他勃然大怒。他已经丧失了耐性，不能够把人家的一个报告，从头听到尾。他的批评越来越尖刻，他的行为越来越荒唐。他觉得只有他一个人是对的，他觉得他自己是天纵之圣。所以他一天到晚痛骂将领、幕僚、外交官、公务员，甚至党的领袖人物们，都是无能饭桶，最后更骂他们都是卖国贼。

尽管他在心理上和生理上都已经不正常，可是希特勒的权力却已经高升到了空前的高度。纳粹党的领袖人物们都知道他们自己的命运，是和希特勒休戚与共的，所以他们不仅是绝对地支持他，而且还尽量地努力要使全德国的人民都拥护他。德国的大众明知他们的前途上是凶多吉少，但是他们却并没有第二条路可走。一面是纳粹党所控制着的铁丝网，另一面却是联军"无条件投降"要求所构成的高墙。他们明知战争是一定会失败的，但是他们却没有力量制止它。希特勒的地位是绝对的，是无法推翻的。他的意志，他的信心，使他不断地驱策着德国继续向战争的途径上跑去，尽管前方军事节节失利，后方也被炸成了废墟，但是却一点都不发生影响。在 7 月 20 日以后，如何结束战争的问题，已经不再是在战场上怎样击败德国的野战军和怎样用轰炸来瓦解德国人民的士气——虽然这些办法对于德国最后的崩溃是有贡献的。一个人，仅仅是一个人的意志使战争继续打下去。那个人就是希特勒，由于 7 月 20 日的奇迹发生之后，更使他"打到底"的决心益加坚定。

第二十章 | 突破

7月22日，克鲁格把隆美尔在尚未受伤之前，所写的一份报告转呈给希特勒核阅。隆美尔说：

> 在不久的时间之内，敌人就会突破我们这个兵力单薄的战线，尤其是在第 7 军团方面，而深入地攻进法国境内……我军虽然在各处都是英勇地作战，但是这种强弱悬殊的形势是绝难持久的。所以照我的意见，根据目前这个情况，似乎是已经可以作适当的结论了。

隆美尔早就已经暗示这个所谓适当的结论是什么，可是当这个报告到达希特勒大本营的时候，希特勒却要比 3 个星期以前在贝希特斯加登的时候，更不愿意正视当前的现实。他现在是更坚决，而且由于西线战场装甲兵团在卡昂地区"防御成功"之后，使他认为第 7 军团一定也应该守得住。所以他给予克鲁格的命令还是"死守到底"。

但是希特勒一方面发出这个坚守的命令，另一方面却没有注意到他以前在贝希特斯加登所说的，如何赢得补给之战和如何阻止联军增援的计划，是早已完全失败。他理想中的"防空公路"，从来就没有成为事实，因为德国空军的战斗机和高射炮，为数都很有限，绝对不能构成这种严密的防线。虽然在联军登陆以后的最初两个星期当中，差不多有总数800架的单座战斗机，曾经由德国国内调往西线战场，但是德国空军还是不敢向联军的制空权挑战，因为他们不仅是数量上处于劣势的地位，而且地面组织也受到了很大的扰乱，因而更影响他们的实力。加兰德是当时德国战斗空军的总司令，当这个调动开始的时候，他就曾经有下述的报告：

> 许多原有准备齐全的飞机场，都已经被炸毁，所以各单位只好匆匆地在临时选择的地点着陆。通信的设备也已被破坏，所以就更增加了许多的困难。由于许多驾驶员的技术不够熟练，所以很多单位飞到了错误的地方。可供调换的飞机场也太少，伪装也很差，供应的情形更是恶劣。大多数的地勤人员都是用铁路运输，到达的时间都延误了很久。在地面上的活动只是有轻微的暴露，就可以使机警的联军侦察机发现了飞机场的位置，结果低飞的战斗机就会接踵而来。在敌人入侵开始后的两个星期当中，有许多大队都早已损失殆尽，一天最多只能够使两三架飞移升空作战。

在这两个星期当中，所有送到法国来的德空军战斗机，差不多就已经毁灭了一大半，而补充的来源又已经断绝，因为德国空军现在又面临着另外一个危机，足以威胁到它本身的生存。

当他把大部战斗机主力调到法国去的时候，戈林心中是预先有一个假定，认为一旦桥头阵地的战争转趋激烈，那么联军对于德国工业的大规模昼间空袭，次数一定会相对地减少。可是，到了 6 月中旬，美国第 8 航空军就又重新对于德国的综合石油工业，发动新的大攻势。德国空军的石油来源有 95% 都是倚赖这个工业供给。在 5 月间，美军的轰炸曾经使每天的平均产量，由 5850 吨减到 2800 吨。最主要的原因就是两个主要的炼油厂洛伊纳和波利兹（Leuna and Politz）生产工作都完全停止。在 D 日后一个星期，第三个大炼油厂盖尔森基兴（Gelsenkirchen），又被英空军的夜袭所炸毁。这就是对于石油工业准备再发动攻势的先声，可是到了 6 月 18 日，美机轰炸学尔芬（Scholven）炼油厂的时候，德国战斗机几乎毫未作抵抗。以后虽略有抵抗，但是效力也很有限，所以到了 6 月 22 日，德国的航空用燃油的产量就已经跌到了每天只有 632 吨。6 月份的全部产量只有 5.3 万吨（4 月间的产量则为 17.5 万吨），这个月的消耗量是从库存量中抽取了 12.4 万吨之后，才勉强维持过去了。

6 月 30 日斯佩尔向希特勒提出警告说："假使我们对于综合石油工业的保护，不能比过去更好的话，那么对于军民的燃料供应，不久就要发生供不应求的差额……到了 9 月间，恐怕连国防军的最迫切需要也很难以维持。"斯佩尔主张对于石油的消费量，应尽量地实行节约，同时对于石油生产地区，应该切实增加战斗机、高射炮和烟幕的保护力量。

自从联军侵入开始，德国的日间战斗机的实力已经由 991 架，减到了 544 架。若不是冒险地把训练单位都送进了第一线的话，那么这个实力可能还要更会降低。德国战斗机的生产量，比之过去是已经大有增加，而且产量还在继续增加之中，但是它却还赶不上损失的速度。截至 6 月 30 日，3 个月以内德国工厂曾经交出了 4545 架单座战斗机；但是在同一时间内所损失的飞机总数却有 5527 架之多。这种惨重的损失数字，一方面足以表示空战的激烈，另一方面也可以表示德国空军，在飞机和驾驶员两方面，素质都比较低劣。

为了应付这个"石油战线"的新危机，德国空军就只好减少对于西线战场的补充，并且把原有调去的 8 个大队又调回来。［注：其结果使西线战场一共有 15 个大队，而德国国内则有 21 个大队。一个德国战斗机大队（Gruppen）本应有 68 架飞机，不过在这个时候，最多却不过 50 架，平均是 35 架。］于是使用空军保护德军人员和物资运往诺曼底的计划，更是成为泡影。所以战略轰炸也帮助了联军的其他空军部队，在毫无抵抗之中横扫着法国和低地国家的天空，破坏和切断敌人的一切设施和补给线。

攻击铁路、桥梁、公路的战斗也愈来愈激烈，其范围也日益推广。在把巴黎以下所有架在塞纳河上的铁路桥梁，以及奥尔良以下所有架在卢瓦尔河上的铁路桥梁，都完全毁灭了以后，联军的空军就转以通过"巴黎—奥尔良"空隙之间的铁路线为攻击的目标。自从 6 月中旬以后，在这个地区中，就从来不曾有两条以上的单轨铁路，可以同时通车，而且多半都只能在夜间工作。甚至还难免在照明弹照耀之下，受到了夜间的攻击。德国人曾经几次想修复河川上的桥梁，但都被阻止，所以他们一直就只好使用渡船和浮桥。在塞纳河和卢瓦尔河之间，联军的战斗机和战斗轰炸机沿着所有的公路和铁路巡逻，使敌人在天气清明的时候，完全不能作计划的行动，而在这个短促的夏夜当中，一个摩托化的车队很少有能走过 20 英里以上的距离，因为中途总常常会碰到断桥和弹坑的阻碍。到了 7 月间，铁路运输的被阻，就又发生了双重的效果。因为德军尽量地使用汽车运输，结果使油料的消耗大增，其效力正和联军对于石油工业的轰炸相等。

假使不是 6 月、7 月间常常碰到坏天气，而且在桥头阵地以内又缺少飞机场的话，那么联军的空军也许就可以把这个战场封锁得更紧。不过即现有的情况而论，德军对于诺曼底地区的增援，也仍然是十分的困难而迟缓，绝对无法与联军相比拟。在头 7 个星期当中，他们勉强地运来了 20 个师左右的兵力来增援原有在西诺曼底的 8 个师，但是这些师当中，却很少有能够在到达的时候还是保持着全部的实力和良好的状况。他们多数都是混乱不堪，一团一营地逐渐投入战斗，而且差不多都是仓皇应战，所以常常在他们未整理好的时候，就已经受到了很重的损失。这样的结果，是在 7 个星期之内，已经有 3 个师被完全打垮，另外有 6 个师也已经溃不成军，每个师都只剩下了两三营的残余兵力。

预备队固然是来得很迟，但是补充兵却几乎可以说是完全没有。从 6 月 6 日到 7 月 23 日之间，第 7 军团和西线战场装甲兵团一共损失了 116863 个兵员（包括战死、失踪和负伤都在内），但是从后方训练基地所接收的补充兵总数，却只有 10078 个人。装备的情形也是同样的严重。在头 6 个星期当中，一共损失了 250 辆坦克，但是补充的数字却只有 17 辆。虽然补充兵的短少，其主要原因是由于德国的兵源已经枯竭，不过坦克损失的无法补给，却是直接受了铁路被炸毁的影响。在全部战争期中，1944 年 5 月、6 月、7 月这 3 个月，是德国坦克产量最高的时期。在这 3 个月以内，陆军总部从工厂中一共接收了 2313 辆坦克，但是在同期中的损失却只有 1730 辆。所以德军并不是没有坦克，而是无法运到西线去。

当塞纳河以西的德军，正在不断地消耗之中，可是从勒阿弗尔到安特卫普之间的海峡海岸上，还有 18 个师投闲置散地放在那里没有动用。一直到 7 月中旬为止，虽然诺曼底的情况紧急，但是德国人却还是害怕联军有作第二次登陆的危险。此后，才勉强地从第 15 军团方面抽了 3 个师，但是德国方面一般的看法虽已认为大规模的第二次登陆似乎不会再有，不过从索姆河以北到塞纳河之间的地区，仍然感受到威胁。他们在估计敌情的时候，仍然以为在英国南部，还囤积着不少的兵力。斯派德尔宣布着说，联军现在在桥头阵地的兵力不过 40 个师，另外还有 42 个师正在准备渡过海峡。

同时，德军对于蒙哥马利的意图，也完全估计错误。斯派德尔预料，美军的任务不过只是把大陆上的基地，扩充到栋夫龙—阿夫朗什之线，而英军的任务才是向法莱斯方向实行突破，以求创造直捣巴黎的机会。所以他们对于兵力的配置，就是以这个假定为基础的。因此，到了美军准备实行突破攻势的前夕，克鲁格的部队，在天空中是没有掩护，在地面上是丧失了平衡，而且兵员在久战之余又缺乏补充和增援，所以他们的失败是早就已经注定的了。

× × ×

德军对于联军补给线的攻击，要比对于他们自己补给线的保护，还要更少成就。虽然邓尼茨竭尽一切地努力来执行元首的命令，可是无论潜水艇、水面军舰、小型潜艇和单人鱼雷等的工具，都不足以阻止联军的增援进度。水雷是使拉姆齐最感到伤脑筋的东西，但是不断而勇敢的扫雷工作，却也把这个祸害控制住了。在4个星期当中，希特勒使用了一切可能的攻击武器，可是联军商船的损失一共却不过5艘而已。德国人对于联军物资流入诺曼底地区所作的唯一有效障碍，就是把瑟堡港完全破坏掉。由于各种的障碍，一直到了7月16日才有第一只船开入这个港口；再过了3个星期，自由船才能够靠上码头；再过两个月，瑟堡的每天吐吞量，才能够和犹他海滩完全相等。

由于6月间的大风暴，把美军专用的"桑子"人工港口和许多驳船都毁坏了，所以瑟堡港的迟迟不能开放，对于联军发生很严重的影响。到了7月中旬，英军专用的人工港口和其他几个小港，每天要卸下6000吨以上的物资，但是从各滩头上，却直接要卸下5.4万吨的物资，其唯一的保护物就是沉船所构成的防浪堤。在7月中旬，由于德军长射程炮火的阻挠，最东端的滩头无法使用，可是其他的滩头方面，尤其是美军的滩头运量都完全超过了预定的标准。

美军的人工港口虽已被毁，但是他们却毫不灰心。他们在发明和组织上，是具有独到的天才，所以使奥马哈和犹他两个滩头的运输力，发展到了最高限度。美国人不怕冒险，而且有随机应变的才能，虽然有时不免失败，但是成功的机会却很多。所以在7月间，美军在奥马哈滩头的运输量，要超过英国人工港口，在一倍以上。

美军这种成就，使人想到花了那样多的人力和物力，来建造这种人工港口，事实上实在是并不需要。只要多用几百艘登陆艇和驳船，就可以获得那同样的效果。若是专从补给方面来看，这种说法是不无理由，不过它却没有注意到战略因素和心理因素的重要性。当刚刚拟订"霸王"行动计划的时候，既没有太多的船只，更没有确实的证据，足以证明大规模的渡海进攻，是可以利用开阔的滩头来维持它的。在战略方面来说，有了"桑子"人工港口，可以使作战计划的设计者，任意自由选定他的登陆地区，而不限于已经设防的主要港口。在心理方面，它使联军最高统帅部增加了不少的信心，否则也许他们是不敢作这种史无前例的冒险。

联军在物资之战方面，所获得的胜利成果是在头 6 个星期当中，一共已经把 150 万人的兵员，连同他们一切的军械、装备和供应品，都完全送过了海峡——这是一个空前的创举。当德军一共只调了 20 个师去增援诺曼底的时候，而联军却已经有 36 个师都已经登陆了，此外还有不少的支援部队、空军人员和补给单位。到了 7 月 20 日，这个浅浅的桥头阵地，是已经塞满了，快要到燥裂的程度，于是美军就开始准备突破。

[注]到 7 月 29 日为止，联军最高统帅部的增援记录，可以列表如下：

	人员	车辆	物资（吨）
美军	903061	176620	858436
英军	663295	156025	744540
总计	1566356	332645	1602976

两天之前，美军第 1 军团的苦战已经获得了一个结果。布莱德雷的部队已经到达了圣洛—佩里耶公路，并且把德军从圣洛城的废墟中赶跑——这个城阻塞了美军的进路达 6 个星期之久。这个圣洛城的苦战，曾经使美军在 12 天之内死伤了一万人以上，同

时也使步兵的精神和耐力受到了极大的考验，因为在灌木丛林中的战斗重任，几乎完全是由他们来负担的。虽然牺牲如此地大，但是却使布莱德雷获得了一个预定的基地，足以发动他的新攻势——这是一个长达 4 英里的地带，沿着圣洛—佩里耶公路，位置在维尔河的西面。

更有一个同样重要的事实，那就是自从 7 月 3 日以来，美军已经把德军防御的勇气，都吃光了——这是蒙哥马利所形容的说法。的确如此，德军第 84 军的军长，冯·肖尔蒂茨（von Choltitz），在 7 月 15 日就向第 7 军团报告说："整个的战斗过程都是浴血苦战，我曾经有过 11 年的战争经验，却从来还没有看见过这样的惨烈场面。"德军的损失比美军还要重，因为希特勒还是坚持着不准后退一步。到了圣洛城失陷的时候，德军前线上的兵力已经异常单薄。在第二天，豪塞尔报告克鲁格说，第 7 军团的仅有预备兵力，就只有 3 个步兵营。他要求要赶紧补充他的兵员和装备，尤其是要一个实力完整的装甲师，充任他的军团预备队，还希望有一两个旅的连装迫击炮。克鲁格回答他说，目前根本无装甲兵力可以调动，不过有一个步兵师已经由比利时调来，在 14 天之后也许可以抽出装甲训练师来。至于说到连装迫击炮，在诺曼底战场上一共只有 3 个旅，现在却都已经用在卡昂方面的"主战场"上，所以当然又是无法应命。实际上，克鲁格把他手里的 9 个装甲师，就动用了 7 个，连同另外 4 个重坦克营，都完全集中在卡昂这个地区。

不尽是在装甲兵和迫击炮两方面，西线战场装甲兵团是要比第 7 军团，处于优先的地位。而且在瑟堡沦陷之后，德军一共调了 8 个步兵师来增援；其中就有 6 个是用来对抗英军。而在同一时间之内，卡昂地区的防务还更受到另外的 4 个装甲师和两个虎型坦克营的加强。

所以在"眼镜蛇"作战开始的前夕，登普西的 14 个师一共钉住了德军 14 个师，其中共有 600 辆坦克，而这些师当中还有 5 个是刚刚调到前线，时间还不满两个星期。相反地，布莱德雷自己一共有 15 个师，另外巴顿（Patton）的第 3 军团还有 4 个师，可以作为他的预备队，但是对方的德军却全是一些七零八落的队伍，总共实力仅相当于 9 个师，而且只有 110 辆坦克，其中作战不到一个月的部队，只有一个师，而另外有一个师（第 5 伞兵师），照豪塞尔的看法，可以说是完全没有受过训练的。因此，德军的确是给英军第 2 军团所吸引住了。

从布莱德雷对于"眼镜蛇"作战的计划看来，就可以知道他最近的作战经验，对于他是很有益处的。在 7 月初的攻势中，他从圣洛城一直到海岸边，几乎沿着全线到处都实施攻击，因为兵力既已这样分散，而地形又那样恶劣，所以结果才会一无所成。不过到了"眼镜蛇"作战的时候，他却接受了蒙哥马利的建议，把他手中强大的攻击兵力，集中在圣洛城以西 5 英里处的地区，其前线正面不过 6000 码左右。在那里，他准备首先请空军加以猛烈的轰炸，接着就用步兵的攻击，来冲开德军的防线，然后再驱使着装甲机械化部队，从库唐斯（Coutances）与布雷阿勒（Brehal）之间，一直趋向西部海岸，这样就可以把扼守圣洛—佩里耶—莱赛（Lessay）之线的德军第 84 军，完全切断。

对于布莱德雷所计划的这种攻击，是恰好打在德军第 7 军团的要害上，因为它的左翼本已延展得太远。所以，第 84 军的侧翼和后方，当美军从圣洛到库唐斯沿着公路进攻时，则将完全处于暴露的地位。豪塞尔希望能够撤回到这条公路的后面来，但是希特勒却禁止任何更进一步的撤退，而克鲁格甚至更不敢作这样的建议。因为他的防线没有很大的纵深，而且预备队又缺乏机动性，所以豪塞尔决定只用极少数的兵力，占领第一线，而将兵力集中起来，坚守在前线后方约三四英里深处的公路交叉点。从过去一个月的作战经验上看来，坦克采取越野的行动是既不能够进展得太快，也不能够太远，所以，只要守住了公路的交叉点，那么美军的进度就一定要被迫降低，只能够以步兵为标准了。他希望用这样的安排，至少是可以延迟美军的突破，但是他却不知道美军已经发明了一种斩割灌木丛林的工具，足以击败这种战术。

这种工具号称"犀牛"（Rhinoceros），有 8 个锋利的钢齿，焊接在一辆谢尔曼氏坦克的前面，距离地面的高度约为两英尺。装上了这个附件之后，一辆坦克就可以用每小时 10 英里到 45 英里的速度，通过一个灌木丛林地区；它这些钢齿可以挖松那个堤岸，把树篱的根都割断，所以坦克可以照样地冲过去，而不至于损失了太多的速度。布莱德雷马上就认清了这种"犀牛"的价值，所以在 7 月中旬，他的随军工厂日夜加工赶装这种新装备，以期打开那个灌木丛林的死结。

× × ×

布莱德雷原先希望在 7 月 20 日发动攻击，但是恶劣的天气却使他等候了一天又一天。这个延迟的时间使敌人有了巩固防线的机会，并且利用云雨的掩护，将供应物资运往前线，不过却并没有生力军开到，以加强防守的兵力。最后美军决定在 7 月 24 日开始进攻。但是天气却又突然转坏，不过已经来不及通知了，有一部分空军轰炸机早已起飞，于是有一部分空中攻击的计划都已经付之实行了。由于他们不能清楚地辨别目标，所以有些飞机甚至把炸弹投在美军阵线之内。这个错误的开始是相当的不利，因为豪塞尔本来是认为美军将会采取一个宽广的攻击正面。受到了这个预先的警告之后，他开始调动他手里仅有的机动预备队（第2党军师的一个战斗团），由佩里耶以南的圣索沃尔—朗德兰（St. Sauveur-Lendelin）开入这个感受威胁的地区。

虽然德国方面已经认为，甚至已经宣布布莱德雷的攻击已经开始，但是克鲁格还是相信，美军在丛林地区内的进展，其结果的严重性是远不如英军在卡昂平原上再重新发动的攻势。所以那一天夜间，德军第2装甲师的全部都由科蒙地区，转移到奥恩谷地，其原因是预料加拿大第2军将会在明天拂晓之前横跨着卡昂—法莱斯公路发动攻击。

7月25日的清晨，当德军西线战场装甲兵团正在等候着加拿大军向前进攻的时候，圣洛地区的天空已经现出清明的景象，天气终于变得对布莱德雷有利。"眼镜蛇"作战的预备轰炸，在上午9点40分开始。战斗轰炸机首先沿着圣洛—佩里耶公路，向德军的外围阵地实行攻击。接着在一个小时之内，空中堡垒和解放式就对于一个4英里宽、1英里半深的长方形地区，实行饱和轰炸，这个地区包括所有地面攻击的正面，以及德军步兵防线的整个纵深者在内。11点，柯林斯的第7军各师开始前进，战斗轰炸机又在前面担任掩护的工作，而半点钟后，中型轰炸机又沿着通向圣吉勒（St. Gilles）和马里尼（Marigny）的公路，作更深入的轰炸。这一次又有一颗炸弹丢在自己步兵的头上，即使最先头的步兵已经后撤了1500码，但是还有两个单位受到了很大的损失，以至于不能不调动预备队来代替他们。在这个情形之下，当然不免要发生若干的延误，不过其他各部分的攻击，却都尚能照原定计划执行。第9师在右边，第4师在中央，而第30师在左边。他们一般的目标是马里尼—圣吉勒公路；在到达了这个目标之后，处于侧翼的两个师就分别由外面展开，留出中间的大空洞，以便第1步兵师（已经摩托化），第2和第3两个装甲师，从此处冲出去。

空中轰炸的地带，差不多恰好相当于拜尔莱因装甲训练师和另外一个伞兵团所据守的区域。为了遵照豪塞尔扼守主要公路和交叉点的战术起见，拜尔莱因曾经把他的坦克，沿着两条主要公路线，作纵深的配备。只要是可能的话，他总是尽量利用树篱来掩护他的坦克，但是即使有这些天然的屏障，却仍然还是挽救不了它们的厄运。拜尔莱因曾经这样说过：

> 飞机不断地飞来，就好像是工厂里面的传动皮带一样地转动着。地毯轰炸把地面上的东西一块块地吃光。我的高射炮还没有来得及开口，就已经被它们直接命中，有一半的炮被炸毁，其他也都再没有声音了。在1个小时之后，我已经不能够与任何人通信联络，甚至无线电也不灵了。到了正午的时候，就除了灰沙和烟雾以外，其他什么也都看不见了。我的第一线已经好像是月亮的表面，完全都是窟窿，我的部队至少连死带伤，已经有70%损失了作战的能力。所有在前线上的坦克都已经完全被炸毁，而那些道路也已经被阻塞得无法通过。

当美军在中午，越过圣洛—佩里耶公路，向前进攻的时候，在这个被炸的地区里面，就只有少数的孤立据点，还在继续抵抗之中。田野和丛林都受到了猛烈的轰炸，到处都是凹凸不平的弹坑，不仅步兵只能慢慢地前进，连坦克也都很难通过。到了天黑的时候，美军的进展还不到两英里，不过除了西部侧翼方面，因为德军第2和第17两个党军师都已经加入战斗，所以战况较为激烈以外，其余各地区都没有太强烈的抵抗。因此，柯林斯决定不等到步兵到达马里尼和圣吉勒之前，就开始放出他们的装甲师。

在7月26日拂晓不久之后，美军的中型轰炸机又沿着主要公路，向南领先继续实行"地毯轰炸"，跟着它们的后面，就是美军的装甲和机械化部队。在右翼方面，由于敌阵裂口还不太显明，再加上难通过的弹坑，所以美军第1师（加上第3装甲师的一个混成战斗纵队），必须经过相当的苦战，才到达了马里尼，而德军一直守到第二天上午才撤出。在左翼方面，第2装甲师进展比较顺利，一直冲过了圣吉勒，在暮色苍黄时到达了卡尼西（Canisy）——一共进展了3英里的距离。

拜尔莱因说：

> 在那一天黄昏的时候，克鲁格有命令来说，沿着圣洛—佩里耶公路之线，必须不惜一切的代价来予以坚守，可是那条战线却早已破裂，克鲁格又说，有一个党军坦克营的生力军，一共拥有60辆坦克，正向维尔河地区前进，以切断美军为目的。但是当这个营到达的时候，一共却只剩下了5辆坦克。而不是克鲁格所夸称的60辆了。那一天夜晚，我把我这一师的残部，集中在卡尼西的西南地区。我一共只剩下了14辆坦克。我们除了退却之外，就

实在无其他的办法可想。

进路已经被打开，而美军也就很快地抓着了他们的机会，在那天夜里，美军第2装甲师又前进了4英里，并占领了勒梅尼勒—赫曼（Le Mesnil-Herman）的高地。于是当7月27日上午，美军再从马里尼—圣吉勒缺口，向南面西南面突破时，他们东面的侧翼就可以有了充分的保障。

一般人都以为在这个丛林地区里面，想作迅速的进展是不可能的，但是想不到美国人却已经发明了一套全新的战斗技术。在诺曼底的初期战役里面，布莱德雷发现了他的部队，对于这种特殊地理环境中的战斗，是很缺乏适当的训练。所以从瑟堡陷落到"眼镜蛇"作战开始之前的一个当中，美军第1军团在战线的后方，曾经反复地作认真的训练和演习，其目的是增强坦克与步兵之间的合作、装甲部队与战斗轰炸机之间的合作。这种准备的认真，现在就可以看得到他们的效力。

每当扩展战果的机会一来到，行动迅速和火力强大的坦克纵队、坐在装甲半履带车辆内的步兵、摩托化的炮兵和工兵，都纷纷地开始行动。而且，现在他们又和过去不同，并不限定完全要在道路上活动。"犀牛"式的坦克使美军的活动自由限度，大为增加，而使豪塞尔想凭阻塞和爆破公路的办法，来阻止迟滞美军行动的计划，完全丧失了作用。每当某一个纵队为地雷、弹坑或堡垒所阻止的时候，"犀牛"式的坦克和开山机就可以从灌木丛林中，铲开一条便道，使装甲部队照旧继续前进，而留下步兵和工兵来应付那些障碍物。

德军的坦克和战防炮却并没有这种行动的自由，他们必须停留在道路上面或是它的附近，而且更变成了战斗轰炸的固定目标。每一个美军的战斗纵队，总是把它的兵力分成两个行军纵队，实行齐头并进，在每一个纵队的头上，都有四架"雷电"式（Thunderbolts）的战斗轰炸机，在作继续不断的巡逻，它们是半个小时调换一班。行动中的纵队利用发亮的荧光识别布板，使数千英尺上空的驾驶员都可以看得清楚，此外还有一个对空联络官，坐在最前头的坦克里面，经常地用无线电和空中的驾驶员保持着联络。这样，战斗轰炸机就变成了空中炮兵，而且由地面部队直接加以控制。当他们发现对方有阻力发生时，他们或者是直接去对付它，或者是预先警告地面上的纵队。不过，因为地形特别掩蔽的原因，常常必须地面部队撞上了之后，才可以发现敌人的埋伏。这时就由坦克发射信号发烟弹来指示目标，然后通知战斗轰炸机俯冲投弹，把它炸毁。有时甚至飞机上的炸弹，所炸中的德军坦克和据点，距离美军先头部队，仅仅是不过 100 码远近。装甲兵和空军之间的联系，达到如此密切和直接的程度，这是以前所绝对没有的例子。

具有决定性的一天就是 7 月 27 日。美军第 2 装甲师的矛头向南直指布雷阿勒—泰西（Tessy）公路，第 1 摩托化步兵师和第 3 装甲师则向库唐斯猛攻，其目的是想包围正在企图从佩里耶—莱赛地区后撤的德军第 84 军。为了对付这个威胁，德军仅有的两个机动师，第 2 和第 17 党军师，就放弃了切断美军走廊的企图，而改向西移动，以阻止进攻库唐斯的美军。28 日的上午，这两个党军师在该镇的两英里以外，阻止住了美军第 7 军的进展。虽然挡住了从东面来的打击，可是在北面德军又感到另外的暴露威胁。那一天，美军第 8 军的两个装甲师，从佩里耶和莱赛实行突破，横扫着向库唐斯进攻，当天下午就占领了该镇。德军大约6个师的残部就完全被斩成了碎块。

到了28日的黄昏时候，美军沿着在库唐斯和维尔河之间的各个主要公路齐头并进，有些部队已经到达了布雷阿勒—泰西公路，距离"眼镜蛇"作战的起线已经南下了15英里。克鲁格对于美军的攻势，反应是相当的迟缓，因为在"眼镜蛇"作战的头两天当中，加拿大部队一直纠缠着德军西线战场装甲兵团，使它无法抽调兵力去增援第7军团。到了26日的夜间，加拿大部队在没有损失很多土地之后，就开始停止了他们的攻势，于是克鲁格才匆匆地抽出第2和第116两个装甲师，叫他们用强行军由奥恩河赶到维尔河地区去。他们准备由东面攻击突破的美军，而第2和第17两个党军装甲师也准备由西面同时发动攻击，以收左右夹击之效。不过当这两师救兵开往前线的时候，却在中途不断地受到联军的空中攻击，而且在他们还没有布置妥善之前，德军第84军的地区（那两个党军师的假想攻击基地）就已经完全被攻占，于是美军第1军团的突破，就再也拦截不住。

× × ×

在"眼镜蛇"作战的头4天当中，美军所已经获得了的胜利，要比布莱德雷所预料的收获大了很多。布莱德雷在下达命令的时候，总是十分的慎重，他从不把太遥远的目标，交给他的部下。实际上，在他的计划里面是准备在第7军到达了库唐斯和布雷阿勒之后，就接着应有一个巩固阵线的阶段，在这个隔段中第1军团的另外三个军也都开始向德军施用压力，以强迫德军作全面的后退。换言之，集中一点的攻击又将改变为宽广正面的攻击。可是到了 7 月 28 日，就可以看出来根本上没有什么巩固阵线阶段之必要。所以布莱德雷在他的正式报告书中曾经这样说过："本来以下的一个阶段，照原定计划，认定应该是巩固和扫荡的阶段，但是现在却变成了猛烈进攻的阶段。"

布莱德雷现在才看出来蒙哥马利 6 月 30 日训令中所拟订的计划，是具有真正付之实行的可能性。蒙哥马利曾经说过："一旦美军第 1 军团开始发动了攻势之后，就一定要在南面越过了阿夫朗什和莫尔坦，并且到达了科蒙—福格里斯之线以后，才可以有一个喘息的机会。"于是再度尽量地少延迟，开始横扫这个丛林地区的南部，直到勒芒—阿朗松之线。

所以布莱德雷在 7 月 28 日所颁发的命令，是叫第 7、第 8 两军继续向南挺进，后者在战术上归巴顿指挥，他的第 3 军团就要开始正式作战了。在以后两天当中，美军第 7 军向东南方对着莫尔坦进攻，以放宽突破地区的面积，而巴顿则驱使着第 8 军从德军侧翼与海岸之间的空隙中，直钻了过去。第 4 装甲师在 36 个小时之内，前进了 25 英里，在 7 月 30 日的黄昏时候，到达了阿夫朗什。到了夜间，它又已经从阿夫朗什作扇形的展开，并且在蓬托博（Pontaubault）地方获得了一个渡过塞吕讷河（Selune）的桥头阵地。美军已经进入了布列塔尼。

在阿夫朗什沦陷后的 12 个小时，克鲁格从德军第 7 军团的司令部，向约德尔提出警告说："由于敌军的装甲矛头已经突破的结果，整个的西线现在都门户洞开……我军左翼是已经完全崩溃。"在前两天当中，德军第 2 和第 16 两个装甲师，以及第 363 步兵师的一部分，曾经在泰西与维勒迪约（Villedieu）之间，向美军的侧翼发动攻击，以期切断美军而到达海岸上的格朗维尔，他们固然迟滞了美军的进展，但是却没有占到一点地盘，而现在这两个装甲师都已经和敌人纠缠过紧，所以再也无法抽出来在阿夫朗什方面，发动一次逆袭。德军第7军团已经没有力量来重建它的左翼，因为它的右翼现在已经面临着即将崩溃的危险。

× × ×

在"眼镜蛇"作战开始后的第二天，当加拿大部队对于布尔盖比山脊的攻击，为德军浴血战所逐回的时候，蒙哥马利就认清了，他至少会在一个星期之内，无法集中足够的兵力，再向法莱斯平原发动另外一次攻击，以期把德军的装甲兵主力，牵制在奥恩河的东面。所以他就命令第2军团在另外一个地区，发动一次新的攻势，其强度应足够阻止克鲁格把他的装甲主力，用去向美军的侧翼发动逆袭，或是直接对抗已经突破的纵队。同时，德军第7军团已经在美军压力之下，节节败退，所以就也要阻止德军企图利用潘松山和维尔以作枢纽，而使全军可以作有秩序的撤退。

为了支持布莱德雷的攻势，登普西计划在8月2日，从科蒙用英军第8军，发动另一次新的攻势，但是美军进展极快，同时德军的装甲部队也加紧地向西移动，所以英军就无法再等候。因此，7月28日，蒙哥马利就命令登普西，迅速地将他的装甲部队由奥恩移转到科蒙，并且在7月30日即开始进攻。这个攻势就号称"蓝衣"行动（Operation Bluecoat），它的战斗序列如下：

英军第8军：第15苏格兰师、第6近卫坦克旅、第

11 和近卫装甲师。

英军第 30 军：第 43 和第 50 步兵师、第 8 装甲旅、第 7 装甲师。

其作战的目的是想要攻占潘松山脊的西半部，361 号和 309 号两个高地，并向维尔发展。凭着这个攻势，蒙哥马利不仅想可以掩护美军的一部分侧翼，和阻止德军利用这个天然的枢纽，而且德军第 7 军团尝试沿着维尔河建立一道新防线的时候，还可以进一步深入它的后方。这个作战计划的成败关键，就要看登普西是否能够比敌人更快地移转和集中他的兵力。

虽然维莱博卡日与科蒙之间，在 7 月 30 日那一天，并没有德军的装甲师，但是登普西所面临的任务仍然还是不太容易。尽管突破的美军已经把德军的左翼切断了，可是敌人却仍然没有放弃维尔河以东地区的模样。在科蒙与圣洛之间，美军第 5 军自从 7 月 26 日起，就已经一直在猛烈地进攻之中，但是德军一共也只后退了 3 英里。此外，科蒙以南的地区，在整个诺曼底的境内，要算是地形最险恶的，而且据守的德军在此前 7 个星期当中，一直都没有受到阻挠。他们已经广泛地布下了地雷，并且在潘松山北面和西面的山脊斜坡上，都构筑有坚强的工事。

这一次天气又是对于敌方有利。7 月 30 日的上午，当预备轰炸开始时，低云密布，天气异常地恶劣，差不多有 200 架飞机又把炸弹原封未动地带回。不过其余一共有 1000 多架的重型和中型轰炸机，还是冒着恶劣的气候条件，照原定计划进行攻击，而且投弹都很准确。不过当地面攻击开始以后，英军左翼的第 43 师，几乎一上场就被厚密的雷阵和一条坦克跨越不过的溪流所阻止。

在右翼方面，第 11 装甲师在上午也曾为雷阵所阻挠。但是在中央方面，第 15 苏格兰师和第 6 近卫坦克旅却很快地击败了当前的敌军，而在另一次的空中攻击开路之后，他们在下午就有一个坦克营已经冲上了 309 号高地的山坡。而到黄昏时候，步兵们从上午一直且战且进地通过 5 英里的距离，也到达了最高峰。

第二天，苏格兰部队开始巩固他们在山脊上的地位，第 43 师还滞留在半途中，不过在右翼方面突然产生了一个新机会，而第 11 装甲师就充分地利用了它。在 30 日的夜里，有一个步兵营，用单行的纵队沿着一个没有设防的森林小径，向圣马丹—德伯萨斯（St-Martin-des-Besaces）的外围前进。在黎明不久之后，英军就有 4 辆装甲车溜过了这个村庄，到达了圣马丹—德伯萨斯南面 5 英里处的索劳弗利（Souleuvre）河边。他们发现在勒贝尼博卡格（Le Beny Bocage）西面的一座桥梁完整无恙，于是那个部队长就用无线电要求装甲兵和步兵赶紧跟上。在德军堵住这个缺口之前，有 6 辆搜索坦克冲过去了，其余的部队则一直等到下午把圣马丹—德伯萨斯打下之后，才能够继续前进。

到了这个时候，英国空军就报告说，有一个德军机械化纵队，已经渡过了奥恩河，正向勒贝尼博卡格地区前进。于是双方就都开始赛跑，英军一个坦克团，所有坦克上面都载满了步兵，拼命地向桥头赶去。这个部队从北面通过桥梁时，德军也刚好从东面逐渐接近。德军是第 21 装甲师所派出的一个战斗团，正在集中准备攻击时，却已经在河那边的森林中为英军所乘。经过一场激战之后，德军不支开始败逃，第二天上午（8 月 1 日）英军第 11 装甲师开进勒贝尼博卡格时，就根本上没有遇到多少的抵抗。在当天下午，英军的侦察巡逻队一直向南挺进，直达维尔河，也只遭到轻微的抵抗。

这个在敌人所未曾预料得到的地区，所实行的第二次突破，曾经使德军大为震动，因为英军已经在德军第 7 军团和第 5 装甲军团（原西线战场装甲兵团）之间，作了一个深入的楔形突破，而这个趋向维尔的运动，当豪塞尔正在想重建他的左翼时，又使他的右翼有了溃裂的危险。在此以前，虽然美军已经由阿夫朗什突破，但是德军第 7 军团还可以大致沿着泰西—佩西（Percy）—维勒迪约之线，威胁着布莱德雷走廊的侧翼，不过这一条防线的枢纽却是维尔，它是奥恩河西面的一个最重要交通中心。防守这一线的德军，都在维尔的西面和西北面，距离都在 12 英里到 15 英里左右，但是 8 月 1 日的下午，英军已进到距离北面郊外只有五英里的地方，而那方面的德军守兵实力也非常薄弱。那一天豪塞尔把所有能够到手的残余兵力，都已经用到阿夫朗什方面去了，连仅有的预备队第 21 装甲师也早已动用。第 9 党军装甲师虽然已经开始由卡昂地区调来，但是必须要到 8 月 2 日的下午始能到达。在这个时候，维尔真是可以垂手而下，因为在德国两个军团之间，差不多有 10 公里宽的一个缺口。

在 8 月 1 日的夜间，英军的装甲车已经发现维尔城正在就要放弃撤走的状态之中，但是到了第二天登普西却并不向这方面进攻，因为在英美两军的分界线上，维尔是划在美军那一方面。那是布莱德雷的目标之一，所以登普西命令英军第 8 军的主力，改向东南面直趋弗莱尔（Flers），而绕到潘松山的后面。这个时候，英军第 30 军还正在继续向该山猛攻。在那个时候看来，这个决定似乎是很合理，因为联军攻势的走向现在大致都是向东南面发展，而英军的主要任务就是用前后夹攻的方式，来把潘松山上的德军赶走。不过，无论这个决定是怎样的合理，结果却使德军有了时间来组织维尔城的防务，并且使泰西—佩西—维勒迪约一线的德军，可以有秩序地撤出。

8月2日，当英军第8军向弗莱尔进攻的时候，却恰好碰上了德军由奥恩方面调来的装甲预备队。所以，虽然第11装甲师向维尔—瓦西（Vassy）公路方面，固然有了很好的进展，但是在它的左面，近卫师却在勒贝尼博卡格的东南面，发生了激烈的战斗。德军的兵力并不强大，但是他们来势颇凶，很显得声势浩大的模样。他们使用小型的战斗单位（每一个配属两三辆坦克、一连步兵，和一班连发迫击炮），渗入英军的后方，向英军的侧翼猛攻。用这种战术，德军把近卫师阻止在埃斯特里（Estry）地方，并且也强迫第11装甲师不敢继续前进。

要对付这种战术实在很容易，只要采取反渗透的方式，从敌人的空隙当中，发动强烈的逆袭即可以击败它。德军的战斗单位实力相当脆弱，因为他们既无步兵，足以构成一条完整的阵线，而且也无多余的机动兵力，以来保护他们的供应线。英军若是继续进攻，就可以压迫德军撤退，因为第9党军师（这是抵抗的主力），当他们渡过奥恩河前进时，就早已受到了严重的损失。在8月2日的下午，英国空军的战斗轰炸机曾经在途中拦击这个师的主力，使他们的坦克和人员都受到相当的打击。到了8月3日的上午，面对英军第8军的德军，就已经没有力量足以对抗新的攻击。可是，在这个阶段英军的军长却犹豫不前，他决心命令他的装甲部队停止前进，以便步兵师可以赶上，好来保护他的东面侧翼——因为第30军还落后颇远，所以他的侧翼是过分地延长，且全在暴露之中。

8月1日的薄暮，英军第43师已经攻下了第361号高地，比预定的日程迟了两天，但是第7装甲师和第50师都没有到达他们的目的地，欧奈（Aunay）和维莱博卡日。8月2日，登普西就向各师长提出严厉的警告，说："再打不下来就滚蛋。"接着第50师师长布克纳首被免职，第二天"沙漠之鼠"也不再由厄斯金指挥了。（注：这种彻底的人事异动也并不能提高第7装甲师的战斗力。因为它一向是在沙漠中作战，所以对于诺曼底的地形始终无法适应。一直等到他们打到德国北部平原之后，才有机会恢复他们过去的名誉。）因为第30军方面的情况既然如此地令人难以满意，所以登普西也同意第8军应该暂停的意见，于是再向弗莱尔扩展的机会也就丧失了。

虽然如此，"蓝衣"行动却是早已充分完成了它的任务。由于它向维尔—瓦西公路的迅速挺进，已经拦截住了陆军装甲部队，无法去增援第7军团。到8月4日为止，德军为了阻止英军的突入，一共用了3个装甲师和3个重坦克营。同时，在英美两军前后夹攻的威胁之下，德军第7军团也已经被迫放弃泰西—佩西—维勒迪约之线，而迟到维尔和莫尔坦。过一天，美军走廊就变得更宽也更安全，而它的第3军团就经过这个走廊，长驱直入地向布列塔尼挺进。

×　×　×

8月1日，布莱德雷升任美军第12集团军总司令，而第1军团司令则由霍奇斯中将（Lt. Gen. Hodges）继任。此时战场上联军已经有了两个集团军的组织，但蒙哥马利仍然代理陆军总司令，继续负责指挥全盘的作战。布莱德雷现在就命令美军第 1 军团以攻占维尔—莫尔坦地区为目的，第 3 军团应首先确保圣伊莱尔—富热尔—雷恩之线（St. Hilaire-Fougeres-Rennes），以保护阿夫朗什出口的安全，然后再向西移动以进入布列塔尼为目的。可是巴顿却并没有太尊重这个命令，而完全照他自己的理想，自由地作战。在 7 月 31 日的黄昏时候，当美军第 4 装甲师在蓬托博夺获了一座尚未破坏的桥梁之后，巴顿就命令第 8 军［军长米德尔顿少将（Maj. Gen. Middleton）］，由此深入布列塔尼境内，派遣一个装甲师和一个步兵师，从半岛的中心一直进到布雷斯特，另外一支兵力经过雷恩，直趋基伯龙湾（Quiberon Bay）和洛里昂（Lorient）。同时，另外的两个军也前进，以确保富热尔和雷恩为目标。

巴顿老是惯用从侧翼方面突破的战术，而且他也知道在布列塔尼方面，他不会受到太大的抵抗。这个地区的德国守军，其装甲机动兵力是早已抽调殆尽，所有剩余的兵力，几乎都用在海岸防御方面。这个半岛的其余部分，除了主要的公路交点以外，实际是完全控制在法国国内军（Les Forces Francaises de l' Interieur）的手里，这些地下武力分为好几个部分，全部实力约为 5 万人左右，其中有一部分是受着特务人员的领导，并使用联军所空投的武器。因为有了这些游击队的协助，所以巴顿的装甲纵队才可以马不停蹄地直向各主要目标进攻，他不必去理会负隅顽抗的残敌，甚至也不必管理俘虏。

德军唯一严重的对抗行为，就是用空军攻击美军生命线的要害——阿夫朗什桥梁。对于这个重要交通咽喉，德国空军出动了它的全部轰炸机兵力。从 8 月 3 日到 8 月 7 日，昼夜不停地受到德军的轰炸，不过仅是受到一点微伤，而运输却始终没有停顿。

巴顿已经来不及拟定什么行军计划和进度表。从阿夫朗什到蓬托博之间，只有一条单独的公路，所以很容易被堵塞得无法通过。但是巴顿却指挥得井井有条，大家鱼贯而行，每一个师一到了出口之后，就另外指定一道路给它，让它好分头并进。飞机和高射炮对空不断地实施警戒，而地面部队的人员车辆，就像流水一样，每天24个小时不断地流动着。这一切的行动都是毫无成规可循，但是巴顿在72个小时之内，却经由这一条公路，调动了七个师的兵力。

× × ×

8月4日，雷恩已被攻占，第4装甲师横越半岛向南面海岸上的瓦讷（Vannes）前进。布列塔尼已经封锁好了，但是主要的战略目标却是布雷斯特，它距离阿夫朗什约有200英里远。那一天第6装甲师已经走到了中点，但却不能不暂时停止，因为前一天下午，军长米德尔顿曾命令该师师长格罗少将（Maj. Gen. Grow），抽回一大部分兵力去消灭在迪南（Dinan）被围的残敌。当巴顿发现了这个师已经停止不走的情形，他就不免大光其火，所以在8月4日的下午向该师师长说："对于这样一类的任何命令，你都不要去理它。除非我自己下令叫你停止，否则你都不要服从。赶紧向前进攻，一直到了布雷斯特才停止。"自此以后，格罗就日夜不停地前进，并且由于法国人的指引，也避过了敌人的后卫部队，虽然如此，他还是补不起来这冤枉糟蹋掉的24个小时。当他走完这最后100英里的路程时，德军已经有时间，足以将西布列塔尼的海岸守兵，撤回来防守这个港口。当他8月7日到达这个港口时，格罗马上就开始攻击，但是守兵却挡住了这头一炮。假使他能够早 24 个小时到达，那么敌人的抵抗就不会那样的强烈。（注：布雷斯特一直到 9 月 18 日才失陷，一共用了 3 个步兵师，环攻了 10 天才攻下。）

当美军第 3 军团差不多在布列塔尼半岛上，纵横无敌的时候，第 1 军团也继续向东面和东南面进攻，以求使这个走廊地带更安全，而不怕德军的反攻。在将要接近维尔的时候，德军的阻力就变得十分的坚强，不过在南面，8 月 2 日美军第 7 军却占领了莫尔坦，并在城市外围的山地上，建立了一道坚固的封锁线。这个地区被美军攻占之后，到勒芒—阿朗松地区的门户就已经洞开了。所以，8 月 3 日布莱德雷就命令巴顿，只把极少数兵力留在布列塔尼，而将主力转向东面进攻。第二天，蒙哥马利也下了一个训令说："一旦敌人战线上出现了一个缺口，我们就应该赶紧由这里突入，直达敌人的后方。所有各部队都要不分昼夜地挺进。联军的一般战略是要旋动它的右翼直趋巴黎，而逼迫敌人退向塞纳河之线。"

这个缺口是早已打开，当美军从 8 月 4 日开始向东前进的时候，德军已经没有有组织的抵抗。在以后 3 天之内，美军第 15 军一共跃进了 75 英里，差不多到了勒芒，深入到克鲁格所部的后方。假使诺曼底的德军若是不想全军覆没的话，那么毫无疑问的这已经是应该退却的时候，但是希特勒却还不肯承认这一仗是败定了。

× × ×

8 月 2 日的深夜，约德尔的副手瓦利尔蒙特来到克鲁格的总部，带来了希特勒的命令，说防线必须重建起来。在瓦利尔蒙特动身之前，希特勒在他面前曾经承认过，撤退也许是必要的，并且准备沿着索姆—马恩—索恩（Saone）之线，建立一道新防线。不过这些话却不准让克鲁格知道，因为希特勒说："只要他们知道了，在现有防线的后面已经有了新的防线，那么这些将军们就再也不肯打下去，而只想撤退。"

不过，在第二天下午，克鲁格却向瓦利尔蒙特提出警告说："由于美军已经占领莫尔坦，英军也已经拦住了第2党军装甲军，所以现在再也没方法可以补好阿夫朗什的缺口。唯一合理的政策就是撤退到塞纳河，甚至还要更远。"假使他的部队现在马上就开始撤退，这个办法似乎还是可能的。因为第5装甲军团现在还紧守着卡昂地区，而且英军从科蒙所作的突破，也已经被阻止住了。潘松山和维尔也还在德军的手里。从维尔到巴朗坦（Barentin）之间的第7军团防线，还是完整无恙，虽然它的南面侧翼已经暴露，但是美军就还没有开始调换方向，向巴黎前进。所以，克鲁格主张用装甲师组成一个机动兵团，以保护这个侧翼，并阻止美军的攻势，而其余的大部分兵力则可以乘机作有计划的撤退。

可是在8月4日的上午，希特勒又下了一个绝对性的命令，以作为对于克鲁格这个建议的答复。他命令克鲁格应从维尔—莫尔坦地区，对着阿夫朗什发动一次反攻，以到达海岸线为目的。在诺曼底德军一共只有9个装甲师，现在准备使用8个，而德国空军也准备动用它的全部预备兵力，包括1000架战斗机在内。克鲁格和豪塞尔都认为这个命令，对于第7军团而言，实在无异于是一张勾魂票，但是他们却不敢提出抗议，因为他们早知道抗议也不会发生效力。不过，他们却知道，决不能够像希特勒所说的，要等到每一辆坦克、每一门大炮和每一架飞机都集中完毕好了再动手。他们决定在 8 月 6 日的夜间就开始发动攻击。因为假定他们一定要攻击的话，那么就越快越好，时间多过 1 个小时，则情况就更恶劣一分。

当克鲁格正在准备执行希特勒的命令时，联军却已经在不断地前进，使他感到情况越来越困难。到了 8 月 6 日，巴顿的部队已经接近勒芒，德军只好调动新自法国南部赶到的第 9 装甲师，去阻止这个方向的攻击。同时，在北面战线上，联军的压力也仍然是非常的强大，所以对付英军的 5 个德军装甲师，结果只能抽出第 1 党军师，用来担任阿夫朗什的反攻任务。所以，虽然希特勒指定了应有 8 个装甲师参加作战，可是克鲁格却只能够集中 4 个师，而全部的坦克数字还不能够超过 250 辆。

德军的一切准备又逃不过联军空中侦察的眼睛，所以布莱德雷可以早就有了准备，以来应付这个威胁。在沿着维尔、圣普瓦（St. Pois）和莫尔坦等地的一条长达 18 英里的战线上，他一共摆了 5 个步兵师，并且还有两个装甲战斗纵队当作预备队，另外他还把巴顿的 3 个师，暂时羁留在圣伊莱尔附近候命。既然对阿夫朗什的直接通路已经有了保护的兵力，布莱德雷就开始攻击德军集中兵力的突出地区的侧翼。当美军第 7 军的一部分守住莫尔坦地区的时候，它的机动部队却迂回到德军侧翼方面，直达昂布里耶尔（Ambrieres）和马耶讷（Mayenne），并与第 3 军团相会合。不过布莱德雷的主要攻击方面，却是直指维尔城，这是豪塞尔右翼方面的一个重要据点。

在 8 月 6 日这一天当中，对于维尔地区的威胁逐渐增加，因为英美两军都集中地以它作为攻击的目标。在那一天下午，德军虽然不惜把原来准备反攻阿夫朗什的兵力，转用到这方面来，但还是不能够阻止美军攻占该城，并占领了圣普瓦以东地区之一部分，德军本拟利用这个地区作为攻击的起线。

在半夜不久之后，德军的攻势本就应该开始，可是在夜里10点钟的时候，担任反攻矛头的第47装甲军军长，冯·芬克（von Funek）却向豪塞尔报告说："第1党军师的先头部队还正在通过坦什布赖（Tinchebray）地区；第2装甲师还没接到他们所应该领取的豹型坦克和自动推进大炮等装备；第116装甲师师长把部队又调动得一团糟，应该予以撤职并另派员接替，所以攻击的发动势必要延迟好几个小时。"豪塞尔答复他说："这些事实都不能改变原定的计划。我承认这个攻击的开头是很不顺利，但是让我们希望在今天夜里所耽误的时间，可以利用明天上午的晓雾来加以抵补。"

在黑暗的掩护之下，德军第2装甲师，从莫尔坦到苏尔德瓦勒（Sourdeval）之间，突破了美军的防线，一直向阿夫朗什前进，到达了7英里远的距离后，始为第3装甲师的一个战斗纵队所阻止。在这个攻势的南面，德军重占了莫尔坦，但是他们却不能够扩展他们的战果，因为美军第30师还控制着该镇西面和西南面的多数重要高地，并且顽强地阻止敌军的进攻。在德军第2装甲师的另外一面侧翼上，虽然有晓雾的良好掩护，但是德军却还是毫无进展。

到了日中的时候，雾幕已经揭开，美国的雷霆式和英国的台风式飞机，就纷纷飞到前线助战，他们发现德军的纵队都挤塞在莫尔坦的附近。到了下午3点钟，德军第4装甲军对于没有空中掩护的事实，提出了诉苦式的抗议，它警告第7军团说："战斗轰炸机的活动，几乎叫人无法忍受。第1党军师报告说，空袭的强度为过去所从未经历过的。所以攻势势必要停止。"在这个时候，德军第116装甲师的攻击甚至还没有开始，因为英军在它所负担的地区，还继续在进展之中。

在整个下午当中，联军空中攻击更是益加强烈，德军第2装甲师已经无情地全被击毁，尤其是那些装着火箭的台风式机，在开宽的道路上，一次就击毁了德军的200辆卡车和60辆装甲车辆。在傍晚的时候，第7军团报告说："自从13点钟以后，攻势就再没有进展，因为敌方拥有大批的战斗轰炸机，但是我方的空军却毫无踪影。"事实上，德国空军本也准备参加作战，但是自从他们起飞之后，在空中就一直给联军的飞机纠缠着不放，这种空战使他们无法到达目标地区。再过一会儿，芬克又报告说："在莫尔坦附近战斗极为激烈。今日全天内，第116师没有能够进展一步，其他各单位也都差不多。"

克鲁格觉得实已无再坚持下去的理由，但是那天晚上希特勒却又命令他，从面对英军的防线上再抽出两个党军师，重新发动一次攻击。可是，这个援兵尚未开始行动之前，美军又已经重新恢复了他们的主动。布莱德雷的反击是来得恰到好处。在8月7日这一天，美军第30师继续在莫尔坦附近，阻止住德军的左翼，而布莱德雷就命令第4师和第3装甲师的一部分，抑制住德军在中央方面的深入，然后又继续向苏尔德瓦勒进攻，以阻挠芬克的右翼。在这一方面，德军第116装甲师已被迫改取守势。到了这一天将近完了的时候，德军第84军又报告说："现在前线上弱者已经纷纷逃亡，而强者也守不住那宽广的正面。"

当对于阿夫朗什的直接威胁解除之后，布莱德雷就进一步，再在敌人南面侧翼痛加压力。8月7日，美军第2装甲师的一个战斗纵队由圣伊莱尔，冲到了巴朗坦。由那里第二天上午，美军向格尔（Ger）前进，走到全程的中点，而向莫尔坦镇内的敌人后方，实行猛烈的攻击。不过更使克鲁格感到惊慌的，却是在 8 月 8 日，美军的第 3 军团又向南面作了深入的迂回运动，直向昂热和勒芒以东地区进攻。

现在，诺曼底的德军是已经陷于包围的罗网之中。加拿大部队已经向法莱斯发动大规模的攻势，而美军也可以从心所欲地，由勒芒向东或是向北行动，而不会受到什么抵抗。从邓福兰特，经过勒芒，一直到安吉尔为止，全部防线共长 100 英里，但是德军的兵力却只有一个装甲师（第 9）、一个步兵师和 6 个保安营而已。虽然如此，克鲁格在 8 月 8 日的夜间，还命令豪塞尔把第 9 装甲师，由勒芒调到莫尔坦，企图再向阿夫朗什作最后一次的冒险。豪塞尔对于这个必死无疑的计划，提出抗议说："当强大敌人坦克部队，正在向我们侧翼进攻的时候，要是想抽出第 9 装甲师，那不仅是要把第 7 军团的老命断送掉，而且也无异于是把整个西线战场德军置于死地。"克鲁格唯一的答复就是说："这是元首的命令。"

希特勒要求他的将领们盲目地服从他，克鲁格当然也不例外。而克鲁格现在尤其是要设法表示他的忠贞不贰。关于 7 月 20 日阴谋的审讯早就已经开始。也许不要好久的时间，盖世太保就会找到一些证据，把这位元帅圈了进去。由于克鲁格心里怀着这个鬼胎，所以他就更不敢反对希特勒的一切混乱命令，以来挑起"元首"心里的怒火。虽然他也明知这个命令，是无异于叫全军自杀，但是他却还是绝对服从，一句话也不敢说。

第二十一章 | 法莱斯和巴黎

从8月6日下午开始，以下的48个小时就决定了诺曼底德军的整个命运。他们本来应该向东面，撤退到塞纳河之线，但是希特勒却偏要驱使他们向西面去送死。当他们的南面侧翼和北面阵线都给美军席卷而去了之后，克鲁格本想用来当作发攻势起点的突出地带两侧，现在就变成了捕鼠器的两面钢牙了。在这个具有决定性的时间当中，诺曼底南北两区的战斗，似乎并没有太多的联系；它们之间差异很大，好像是两个不同的战役。

从阿夫朗什，巴顿的装甲部队自由地越过开阔的田野，经由长而且直的道路，趋向卢瓦尔河和勒芒。偶然地，在途中有一座炸毁的桥梁或是布雷区，使他们的行动发生了暂时性的停滞。这里那里，他们发现一些村镇由德军的供应部队，或是其他的杂牌兵力防守着。常常当他们到达一个村镇时，德军就已经先行遁走，或是已为地下分子所占领。当这些机械化部队，由阿夫朗什缺口冲出之后，就好像是洪水一样地横扫这个低下的平原，他们没有遇到天然的障碍物、有准备的防线和有组织的抵抗。

可是在莫尔坦突出地带的另一侧翼方面，情形却完全不同，灌木丛林构成了坚强的防御网，而德军的抵抗也比较强硬和有组织。在8月4日和5日这两天，德军第5装甲军团的司令埃贝巴赫为了缩短他的防线，开始从潘松山的北面撤退，放弃了一些已经炸成了废墟的村镇。德军在撤退时，秩序颇佳，并且在退路上布置了地雷、陷阱等障碍物和实行彻底的爆破。埃贝巴赫现在希望固守沿着布尔盖比山脊——奥恩河——蒂里阿库尔——潘松山——维尔的防线，于是就可以保护第7军团的后方和侧翼。假使埃贝巴赫不能守住，那么豪塞尔的反攻当然也就绝无成功的希望。

德军第5装甲军团能否有力量担任这个预期的任务，在8月6日就已经受到了严峻的考验——当时美军占领了维尔，而英军则向潘松山进攻。在所有局部行动当中，最足以形成突破战的典型者，对于潘松山的攻击要算是最有意义的。不仅是它在战术上产生了很重要的后果，而且也是自从诺曼底登陆以来，联军的标准苦战。

潘松山是一个天险，但是却并不太高，因为它的顶点不过只是在海拔1200英尺以下。不过，它的坡度却特别大，尤其是西面，在半英里距离之内就升高了350英尺。8月5日，英军第43师的师长托马斯少将（Maj. Gen. Thomas）计划从南面攻下这个山头。第129旅已经派遣第4威尔特郡（Wiltshire）营，采取大迂回的行动向圣让莱布朗克（St-Jean-Le-Blanc）进发。另外两个营则通过古莱森林（Bois du Goulet），向潘松山的西端前进。但是到了圣让莱布朗克之后，威尔特郡营却已经被阻，于是托马斯开始修改他的计划。他准备叫第130旅从南面发动佯攻，而让第129旅从西面攻取这个山头。这就是说准备从坡度最大的一面进攻，因为已经没有时间，可以把部队移转到坡度较平缓的北面去。这位新军长霍罗克斯中将（Lt. Gen. Horrocks）是一个性如烈火的猛将，立即下令不准再延迟，直向山上攻击。

到了 8 月 6 日日中的时候，第 129 旅的两个营正大致沿着德吕昂斯河（River Druance）之线行进，恰好在西面险坡的下面，并有坦克在支援着他们，坦克部队的番号为 13–18th Hussars。天气是闷热不堪。空气中充满了灰沙和硝烟，已死的牲畜被太阳晒着，尸臭逼人。车辆一行动，就会引起浓厚的灰尘，因而吸引了敌方的炮火。步兵在散兵坑中等待着，一奉到命令就准备渡过小河，直向山坡上进攻。

下午 3 点之前，在烟幕掩护之下，工兵把在瓦利涅勒（La Varinière）公路桥梁上的地雷扫清了，于是炮兵的掩护弹幕逐渐向对岸的山坡爬上去。第 5 威尔特郡营开始涉水渡河，当他们半渡的时候，德军的机枪和迫击炮就开始怒吼了。不过几分钟，领先的两个连就已被打垮。营长亲自去整理残部，马上也被打死，攻击就此停止。在北面半英里远以外，第 4 萨默塞特郡（Somerset）营也遭受到相似的厄运。他们的坦克被地雷所阻，而步兵则被钉在河岸上。

这个前途似乎是极不乐观，但是却也还有一线的希望。向拉瓦雷讷的公路桥梁已经可以通行无阻，有两辆坦克已经过桥前进。在桥南的果园中布满了德军，但是一方面被迫击炮的烟雾蒙着了眼睛，一方面又为英军机枪火力所压制，因此接着又有 6 辆坦克冲过了桥，此外还有 60 名步兵也跟着过去了——这是一个整营所剩余的全部兵力。靠着坦克的密切支援，英军经过了半英里路到达了拉瓦雷讷，而且在 20 分钟之内，保住了公路的交叉点。

步兵就停止在这里，但是坦克部队发现了有一条尚未设防的小路，似乎可以直达山顶。于是两小队的坦克奉命冒险前进，以到达山顶为目的。在 6 点钟以后，坦克开始前进，山路是异常狭窄难行，而一面是险坡，另一面是悬岩。中途有一辆坦克倾覆，一辆又被德军所击毁，但是其他坦克却拼命地冲到了山顶，把那惊慌失措的少数守军消灭掉。

坦克部队的奇袭成功，已经被河谷中的英军所看见，那个旅长立即命令他的预备队，第 4 威尔特郡营，赶紧向山坡上进攻。这个营是早已打得筋疲力竭。在前一天他们曾在圣让莱布朗克激烈地打了一场，在夜里又抽了出来，步行了 7 英里回到预备队的位置，中途还给炮弹杀伤了 50 多个人。当他们开始爬山时，天已经要黑了，他们成单行纵队前进，穿过德军的防线。那些德军虽然已经气馁，但是却还守着斜坡上的阵地，并未逃走。帕森斯少校（Maj. Parsons）是参加该战斗的一位连长，他曾经这样地描写着说：

敌人的抵抗很轻微，但是最大的困难却是山真难爬，因为坡度是那样的大，而且又长满了树木。当我们全身背负着那样重的装备，向上爬动的时候，心里有一种说不出来的奇异感想，似乎是预料着任何时候，都有被敌人包围住的危险。领先的班长很老成地向他的部下说，我们并不是去攻击敌人，而是去调换那个早已经攻上了山的部队。这种说法对士气很有鼓舞的作用，因而使前进的速度也加快了。

当我们快到山顶的时候，有一阵浓雾卷了下来。我们看不见一切的记号，但是却找到了那些坦克。他们看见了我们之后，真是高兴得不得了，因为他们已经听见德军就在附近叫喊和挖掘战壕。我们都已经疲倦得要命，有许多人在一面挖战壕的时候，一面就睡着了。

对于我们而言，潘松山的战斗真是够艰苦。德军却并不是一个可怕的敌人，而如火的烈日、呛喉的灰尘、干燥的喉头和空着的肚皮、高耸的山坡和厚密的丛林，最后还有我们这个拖不动的身体，似乎才是最难对付的敌人。

这就是潘松山战斗的真相，这也就是第1、2两军团中多数部队，在诺曼底战役中的生活写真。他们这种艰苦的血战，才给那个后来居上的第3军团，在横扫法国的胜利上，奠定了一个基础。

在潘松山，德军本来是把一个尖劈放在门缝里面，使这扇门无法打开，现在这个尖劈已经抽去。在攻下潘松山的同一天夜间，第2军团又在蒂里阿库尔的北面，强渡了奥恩河。这扇门已经开始要垮了，现在就轮到在卡昂—法莱斯公路上的加拿大部队，向大门的铰链上施用压力。

× × ×

在8月间的第一个星期当中，德军的装甲部队不断地越过奥恩河，向西移动，其结果使卡昂地区德军的实力大减。为了代替第1和第9两个党军，由鲁昂调来的一个步兵师接替了布尔盖比山脊的防务，另外还有一个步兵师位置在法莱斯以北，作为预备队。从步兵的素质和坦克的数量而论，迪特里希一军的实力，比起7月间是已经减弱了不少，因为现在仅有的机动预备队，就只有第

12 党军师，一共只有 50 辆坦克。不过，他的战防炮实力却还是原封未动，另外还有 100 门以上的"八八"和"七五"大炮。这些火炮有那种大的射程，而步兵的防线也有那种大的纵深，所以联军要想作迅速的突破，似乎是很不容易。但是蒙哥马利的计划，却是希望迅速地获得决定性的战果。假使加拿大第 1 军团能够突破冲入法莱斯，而克鲁格的大部分兵力还滞留在奥恩河以西，那么诺曼底德军总崩溃之期就不远了。［注：这个军团，下辖加拿大第 2 军和英军第 1 军，军团司令为克里勒中将（Lt. Gen. Crerar），在 7 月底就已经接管了奥恩河以东的战区。］

这个任务就由加军第 2 军负担，它的军长是西蒙兹中将（Lt. Gen. Simonds），是一位非常勇敢、能干和具有想象力的良将。他有雄心，有城府，性情激烈，所以西蒙兹是一个不好伺候的长官，因为他对于能力比他差的人，就会感到不耐烦，不过虽然如此，他却还是能够获得部下的信仰和尊敬。正和蒙哥马利一样，他对于战争问题的解决，也是采取一个科学家的态度。他们在军事上都可以说是完人，不过蒙哥马利在本质上是一个技术专家，而西蒙兹却是一个激进的发明家，永远都是在寻找新的解决方法。在这一次"全体"行动（Operation TOTALIZE）计划的设计时，就可以充分地表现出来他的这种特殊的个性。

从"古德伍德"行动的经验，可以看出来最大的困难是，虽然重型的空中轰炸已经为装甲兵打开了一条走廊，可是步兵和炮兵在敌人第二道主要防线之前，还是会被阻止，因为他们无法那样迅速地跟上，同时第二次地毯轰炸也不能够准时地展开。当 7 月 24 日到 25 日间的夜里，加拿大部队的卡昂—法莱斯公路作第二度进攻时，步兵在没有占领敌人主要据点之前，即为强烈的机枪和迫击炮火力所阻止，而白天来临之后，坦克也无法透过敌人的战防炮防线。自此以后，在夜里虽曾使用不同的战术，对于布尔盖比山脊上的设防村落，发动3次局部的攻击，但是每一次却都给敌人打得惨败而回。

对于"全体"行动而言，除了不易获致奇袭效果的困难以外，其他最严重不易解决的问题还有下列几点：

（一）要发明一个方法使步兵和坦克，能够迅速而经济地，通过敌人的前卫阵地，这样才可以在敌人没有把最初的震惊心理恢复之前，即已开始攻击他们的第二道防线。

（二）要供给足够的火力支援，以使装甲师不必等待炮兵行动之后，即可以开始他们的扩展战果的工作。

西蒙兹决定不用任何准备的轰炸，趁夜间开始进攻，利用密集的坦克纵队，突破德军的第一道防线，而随伴的步兵也都乘坐在轻装甲的车辆中一同前进。（这些车辆都是临时改装的）在深入3英里之后，步兵们就开始下车，利用黑暗的掩护，向第二道防线进攻。利用这种新奇的战术，西蒙兹希望可以抵消德军机枪和迫击炮的优势射程，而更重要的却是"八八"炮，它们在2000码左右的射程，不仅命中准确而且威力惊人。

在这个突入的第一个阶段中，西蒙兹决定只使用全部可以动用的空军支援兵力的一半，那就是利用英空军的夜间轰炸机，向走廊地带的两旁，实行饱和轰炸，并封锁它的侧翼。于是当第二天下午，装甲师开始"突出"，向法莱斯平原扩张战果的时候，他就可以充分利用美空军的重中型轰炸机，来支援这个作战。

这个冒险的计划，包括把战略轰炸机作战术性的使用，以及在夜间向一个装甲兵的突破行动，作密切的支援，这对于飞机和坦克而言，都是同样需要非常精确的领航技术。假使英国空军的技术水准不够，那么这个计划就早已成为泡影。不过，陆军方面对比却殊少经验。像西蒙兹所设计的这种攻击，可以说是史无前例的，最大的问题就是如何保持正确的方向。西蒙兹决定使用许多辅助定向的方法。每一个纵队的进攻线都事先测量好了，而领头的坦克也受着无线电的指挥。在目标上空都用绿色的"目标指示弹"来作了适当的标记；在两翼方面，高射炮也射出电光弹来，以作记号。此外还用探照灯来补充月光的照明。西蒙兹说："我们不认为所有的办法都是有效的，但是我们希望把它们联合起来应用，总可以使方向不至于迷失。"

这个计划的革命性质，和它所显出来的无限希望，使得全体官兵都为之兴奋鼓舞。在战斗开始的前夕，军团司令克里勒召集各高级将领训话说："我们似乎已经到达了这5年来世界大战中的一个可能具有决定性的阶段。我深信我们可以把1944年8月8日，当作德国陆军的新黑日，而且使它比较26年前的今天，还要更黑。"［注：1918年8月8日是英军在亚眠以东，开始发动大规模攻势的起点。在第一次大战之后，鲁道夫曾经说过：8月8日是德军在战史上的一个黑日（Black day）。］克里勒预料，在这一击之下，诺曼底的战役即将大获全胜，德军全面崩溃的命运，似乎是已经注定。于是战争也就是迅速地结束了。这种看法也许不免过于乐观，但是加军第1军团当时的斗志，却真是气吞山河。

8月7日的黄昏时候，由加拿大第2师和第51高地师所组成的攻击矛头，开始在卡昂以南地区集中，一共分为6个狭长密集的纵队——包括坦克、装甲步兵载运车和自动推进的战防炮。在每一个纵队里面，都是4辆坦克并列，前后鱼贯而行。在卡昂—法莱斯公路以西，直向莱兹河畔布雷特维尔以北的高地进攻，是两个加拿大旅（第4步兵旅和第2装甲旅）。在主要公路以东，而以圣艾尼昂德克拉梅斯尼（Saint-Aignan-de-Cramesnil）地区为目标，是两个英国旅（第154高地旅和第33装甲旅）。同时，前线则由加拿大师和高地师的步兵所据守，他们将要奉命占领那些被绕过的据点。

在半夜前1个小时，英空军对于那些已由照明弹标出的目标，开始轰炸。半个小时之后，两大密集的纵队分别从法莱斯公路的两侧，跟着流动的弹幕前进。轰炸和1000辆装甲车所激起的烟尘，再加上敌人所发布的烟幕，不久就使坦克上的领航员变成了瞎子，而更使坦克上的驾驶员感到心慌意乱，他们除了前面车尾上的暗淡灯光以外，其他什么也都看不见。有许多车辆互相碰撞。有的车辆走失了方向，向着友军射击，或是一头撞上了他们本想避开的敌人据点。有些车辆被敌军所击毁，而正在燃烧中的车身也帮助敌人炮兵做了瞄准的目标。不过一般说来，虽然进度也许会稍受影响，但是方向却大致没有错误。不久就可以看出来，德军的混乱情形还要更严重，在黑暗之中他们不知道到底有多少的千军万马，已经冲入了他们的防线。

有一个沿着法莱斯公路东边前进的纵队，他们的幸运也许可以算是一个典型。在第1英里的路程上，3辆领航的坦克就已经陷于一个深深的弹坑，为了想避免再蹈覆辙，后续的兵力不久就丧失了联系和方向。这种混乱的情形，照当时的指挥官说，简直是不堪形容。因为每一个人都曾经奉命，紧紧地跟上随着领头的坦克前进，现在却已经变成了瞎子牵瞎子了。有些指挥官只好下车步行和用曳光信号弹引路，带着坦克前进。于是部队继续前进，虽然略有延迟，步兵终于在指定下车场 200 码以内集合。他们的目的，克莱斯尼尔（Cramesnil）村，虽然德军防守兵力颇强，但还是很快地被肃清了。

到了拂晓的时候，英军的各纵队都已经依照原定的计划，在德军战线 3 英里距离之内，占据了确定的地位。此时，加军已经尽量地深入，不过在他们西面侧翼上已经受到了坚强的反抗，所以并不能到达最远的目标。虽然如此，敌人的第二道防线却还是已经被攻破，而这个辉煌的成就，所花费的成本要比一个普通正规的作战，减轻了不少。在拂晓后的几个小时之内，因为起了一幕厚密的雾幕，遂使加军进展受阻，而让德军有了一个恢复的机会。不过到了日中的时候，加军领先部队已经几乎把他们所预定的目标攻下了（只差一个），于是突出的道路似乎也已经扫清。

不过，在德军方面，却也早已开始采取堵截的步骤，这应该归功于一个人，那就是第 12 党军师的师长迈尔。在夜间轰炸开始以后，他就立即赶到法莱斯—卡昂公路，阻止住那些惊慌失措、临阵脱逃的步兵们。他自己站在公路的中央，把那些溃兵又都全数赶回前线，让他们守住桑托（Cintheaux）附近的高地。横跨着主要公路，重建了这个阻塞兵力之后，迈尔又用装甲兵和战防炮来加强他们的防务，并且指挥他自己所仅有的两个战斗团，去反攻突入该地北面的联军。

在中午不久之后，德军即已经开始这种布置。此时美国第 8 航空军的飞机正在向的里特维里—桑托—圣西尔万（St. Sylvain）地区开始轰炸，以为加军第 4 装甲师和波兰第 1 装甲师，打开突出的道路。因为当时迈尔的部队还在轰炸地区以北，所以并未受到太多的损失。虽然他们的反攻是被击退了，但是那天下午，他们却能够在克拉米斯尼尔南部森林中，力阻波军的前进。

在法莱斯公路的另外一面，德军在黄昏之前还一直守着桑托，所以也阻止了加拿大装甲部队，作迅速的挺进。加军第4师和波军第1师以前都没有作战经验，所以他们的攻势并不能够像西蒙兹所命令的那样猛烈。他们很少，甚至完全不懂，利用战斗轰炸机和中型炮兵的支援，并且对于本应绕道避开的敌军阻力，反而停下来对付他们。敌军所扼守的不过少数要点，若是德军战防炮的优越射程可以用烟幕来对付，那么姑且不提波军，至少加军是应该可以横扫而过的。到了黄昏的时候，这两个师不但没有通过敌人的阻碍，反而开始改取守势，准备过夜。结果是在8月8日从拂晓到黄昏时为止，向法莱斯公路上的进展一共只有3英里，而此前果敢"突入"行为所赢得的利益，到此已经丧失大半。

西蒙兹希望维持着攻势的主动，就乘着黑夜派出一个混合纵队，去夺取第195号高地——它位置在主要公路以西，正在桑托与法莱斯之间。这个行动完全失败，因为这个纵队在夜间迷失了方向，而在拂晓不久之后，当他们正在法莱斯公路以东的开阔地点运动时，突然受到了德军"八八"炮的袭击。在整天当中，第12党军师一再地发动逆袭，但加军却艰苦地撑持过去了，不过到了天黑的时候，侥存的残部不能不撤退，一共损失了45辆坦克。

8月9日那一天，德军撤回沿莱生（Laison）河所构筑的新防线，第二天上午以前，虽然加军第2军已经攻下了第195号高地，并将敌人逐退了9英里，但是他们的先头部队距离法莱斯，却还有7英里，而并没有能够获得一个明确的"突出"。大门的铰链固然是已经发生了裂痕，但是还没有断，所以还得需要另外一次大规模的攻击。

× × ×

假使这些装甲师能够更勇敢和更有经验，那么加军这一次攻势是很可能完全成功的。在 8 月 8 日的夜晚，克鲁格自己曾经向豪塞尔承认说："卡昂以南地区敌军已经突破，其来势之猛为我们所从未见过的。"不过，到了第二天下午，这位元帅又向豪塞尔的参谋长冯·格斯多夫（von Gersdorff）说："我刚刚和最高统帅部作了一个决定性的会商。卡昂以南地区的情况必须使它恢复原状，而不让它产生可怕的后果，我主张再向莫尔坦发动反攻。不过这一次攻击必须好好地准备，审慎地执行，不可以鲁莽从事。"

正和以前各次作战一样，希特勒曾经颁发极详细的战术指示。一共准备使用 6 个装甲师，而攻击的重点则比较以前，更移向南面。事实上，这也就是芬克所最原先提出的计划，不过他现在却已经不再是指挥官。这次攻击内定由埃贝巴赫指挥，他暂时离开第 5 装甲军，另行组成一个临时性的司令部。

8 月 10 日上午 9 点，埃贝巴赫打电话给克鲁格总部，说明为了这个新攻势，他所需要的部队弹药详细数量，9 点 15 分，位置在南翼的军长孔岑（Kuntzen）向第 7 军团报告说："敌人已经由勒芒，开始向北面和东北面推进。我现有的兵力只有 4 个营，甚至对于他们的进攻，发生迟滞作用都不可能。我们可以预料敌军在明天一定可以进入阿朗松。"这是一颗炸弹，因为阿朗松就是德军第 7 军团的主要补给中心，而从孔岑最后的报告上看来，足以证明美军正在继续向东推进。

那本是联军的计划，不过等到德军在 8 月 7 日开始反攻时，才算是自投罗网。第二天上午，当艾森豪威尔和布莱德雷在诺曼底会晤的时候，他们两人对于这个突然送上门的机会，都不免感到心旌摇动。加拿大军似乎已经在法莱斯公路上，获得了突破的成功，若是美军第 3 军团此时从勒芒北向对着阿让唐进攻，那么自此以西的德军就可能会被包围聚歼。不过克鲁格的装甲部队也还有一个机会，也许可以突出一直到达海岸，而切断了美军的供应线，但是艾森豪威尔却向布莱德雷保证说，在这个时候对于留在阿夫朗什以南的美军各师，可以用空运的方式，每日供应 2000 吨的补给。所以冒的危险很小，而可能获得的利益却是无法估计的。

在这个时候，蒙哥马利的计划是从美军南面的侧翼作起点，来实行一个宽广的包围运动，一直到达巴黎附近的塞纳河上。同时再从联军阵线的中央和北部地区，也直向这条河流进攻。所以，当他接受了布莱德雷主张第 3 军团应向阿让唐实行"短距离的钩击"（Short Hook）的建议之后，蒙哥马利就又敦促他，同时继续向塞纳河实行"长距离的钩击"（Long Hook），或者至少当莫尔坦地区可以抽出相当兵力之后，即应采取此项行动。由于莫尔坦地区附近还正在发生激烈的战斗，所以布莱德雷在此时实在不可能作长距离的行动，因此他在 8 日下午所下达的命令是说："第 12集团军，应迅速毫不延迟地，向阿让唐方向进攻，孤立和毁灭当前敌军为目的。"到了 8 月 10 日，巴顿已经挥动了 4 个师的兵力，向这个方向前进。

克鲁格现在是已经陷入一个可怕的矛盾之中。这个情况要求他必须当机独断，但是没有希特勒的授权，他不敢采取任何的对策。他知道只有将第 7 军团从莫尔坦—苏尔德瓦勒地区撤出，始可以应付对于阿朗松主要补给中心的威胁，但是那却无异于要放弃他已经命令发动的新阿夫朗什攻势的基地。这个时候要主张撤退，实在是不聪明，因为无论何种理由，希特勒都会认为它是故意违抗他的命令。

所以克鲁格在当时，最多也只有希望上面准许把"埃贝巴赫装甲兵团"暂时从莫尔坦地区调动，以便用它去毁灭敌人北向的矛头，而使具有决定性的攻击可以有成功的机会。希特勒认为即使是这个建议，也还是疑问颇多，在那天上午统帅部曾用电话和电报向克鲁格作种种的盘问，但是最后还是没有作结论。

当西线战场上的德军指挥系统，因为缺乏命令的指导，而已经形成瘫痪状态的时候，联军却已经从各方面施加压力。8 月 11日的上午，德军第 7 军团司令部接到由各方面雪片似地飞来的报告，都是有关美军继续前进的情报。莫尔坦已经失守。苏尔德瓦勒已经感受到威胁，而掩护阿朗松的德军也已经被逐回。在中午的时候，克鲁格因为看到诺曼底德军防线即将有总崩溃之虞，所以才又鼓起最后的勇气，打电话给约德尔说："向阿夫朗什方向的攻势已经不再有可能性，因为敌军已经有了新的增援。向海岸线的突破将会是一个艰苦长期的战斗，我军装甲部队实在已经没有这种力量。"即使到现在，克鲁格也还是很小心，不敢说这就是他个人的意见，他有意说这就是豪塞尔和埃贝巴赫的意见，因为这两个人都是纳粹党的忠实信徒，所以希特勒也许就不会再怀疑有其他的缘故。克鲁格最后才说："他们的意见既然如此，所以我也同意了。"这的确是很有道理的。因为自从 7 月 20 日以来，任何国防军中的将军，任何参谋本部中的军官，都是处于嫌疑的地位。

甚至以身为元帅之尊的克鲁格，也不敢直率地表示他的意见。这对于克鲁格当然是很难堪，但是他还是甘于受辱，因为柏林的人民法庭还正在审讯"七月二十日政变"的罪犯。

那一天下午，希特勒才算是批准了"阿朗松计划"，似乎完全接受了建议，因为他已经准许第 7 军团由苏尔德瓦勒与莫尔坦之间的地区撤出。这个行动早已开始之后，突然又有新的命令来了，它坚持着说："在拒抗美军第 15 军的进攻成功之后，仍然应该以西向对海岸发动攻势为目标。"这实在是一个疯狂的命令，因为它限制了克鲁格自由运用兵力，以解除阿朗松威胁的权柄。

希特勒住在那遥远的东普鲁士大本营里面，一切都和现实世界脱了节，他是充满了幻想、乐观、愚蠢和自欺的心理。他完全不想他的部队已经久战力竭，装备补给都已不够用，而且还又不能够在白天里作大规模的行动。即使没有这些内在的弱点，面对着联军的强大兵力，希特勒的那些要求也很难以兑现，但希特勒却还是完全不了解，平常战术上时间和空间的观念，已经全给联军的空权和机械所改变了。在他自己的地图棋盘上面，他还是继续把"卒子"当作"将军"看待，也完全没注意到克鲁格的军队是已经陷于死境。

到了越是需要决断的时候，希特勒就越坚持只有他一个人可以具有这种决断权，下面只能够把情报供给他，然后由他来作最后的判断。因此一切都受到了难以忍耐的延迟，因为每天只有在中午和半夜开会的时候，才可以得到一个决定的机会，一般说来总是在第一次会议中设法劝说他同意，而到了第二次会议时才勉强可以求准他的正式命令。所以对于一个紧急的战术行动，也一定要经过 24 小时才可以获得批准，而等到元首命令到达前线的时候，一切当前的情况也都已发生了变化。不仅是正在作战中的部队受到这种限制，一切集中地区和目标的选定，以及详细的攻击计划，希特勒也都要求应向他作详解的报告。同样地，对于一个集团军以内的一切装甲军队的分配，也都要由希特勒个人决定。

这种不合理的指挥方法，凡是在法国境内作战的德军将领们，没有一个人不感到伤脑筋，但是谁也不敢不接受。他们明知是要把他们的部队，送上毁灭的途径，但是他们已经惯于绝对服从，对于上级的命令，一律把它当作上帝的圣旨看待。若是谁敢不服从，那么结果就是撤职查办，而在 7 月 20 日以后，可能更有丢掉性命的危险。所以他们没有一个人敢轻易尝试，迪特里希是元首的侍卫长出身，素为希特勒所宠信，有人劝他去把事实的真相讲给希特勒听。他回答说："假使我想要被枪毙，那就无妨一试了。"

在克鲁格还没有来得及根据希特勒的训令，从阿朗松地区发动攻势之前，战局已经瞬息万变，把这个训令早变成了一张废纸。8 月 12 日，美军占领了阿朗松，并且逼迫着埃贝巴赫，必须向他集中准备进攻的兵力，来从事于阿让唐的保卫战。即使如此也没有太大的效力。两天之内，美军第 15 军前进了 35 英里，到了 13 日的下午，在阿让唐的两侧都已经有了一个装甲师，虽然城市本身还在德军的手里。当美军已经到达阿让唐的附近时，联军捕鼠机南北两边钢牙间的缺口，就只剩了 20 英里的宽度。

在那天黄昏时节，克鲁格向约德尔提出警告说："敌军已经倾其全力，来想包围第 5 装甲军团和第 7 军团的主力。"不过他虽然暗示着说这个包围已经迫在眉睫，但是他却不敢建议作全面的撤退。他只是建议第 7 军团应该从这个袋形地区的西端撤回到弗莱尔，以便调出装甲部队来向美军第 15 军发动攻势。8 月 14 日的早晨，希特勒批准了这个行动，但在 12 小时之内，从袋形地区两侧情势的发展上看来，就可以知道这个有限的撤退是完全不够的。在正午不久之前，埃贝巴赫报告说，他已经没有力量在阿让唐地区，将美军赶回去。在正午的时候，加拿大军又向法莱斯发动了另外一次大规模的攻势。

蒙哥马利已经命令加军第 1 军团开始攻占法莱斯的作战，并向阿让唐扩展，以与美军合围。和过去一样，主要的问题还有怎样透过敌军的战防炮防线，这道防线掩护着通到法莱斯的道路，尤其是最直接的卡昂—法莱斯公路。在这里敌人的主要防线是设在魁奈森林（Quesnay Wood）内和在波蒂尼山脊（Potigny Ridge）上面，而西蒙兹却早已派出加军第 2 师去从西面对这个地区，实行迂回。因为这个行动曾经挑起德军一定的反抗，所以他就决定用一个猛烈的空中攻击把魁奈、波蒂尼地区加以中和，并且绕过它向东进攻。这就是说准备攻击莱松河（Laison River）上的敌军战线。这一次，他又是用坦克前导，把步兵装在装甲载运车里，并给予他们强大的空中支援。不过这一次他却在烟幕掩护之下前进，并且采取碾路战术，而上次则是乘着黑夜，使用渗透的战术，他的兵力包括第 2 装甲旅、第 3 步兵师和第 4 装甲师，都已经开始集中进攻，这次所用的不是狭长的纵队，而是一个实心的方阵，每一个边长大约是 250 码。

当位置在莱松河谷南面斜坡上的德军战防炮兵，已经被浓烟所蒙蔽，而且也给炸弹和炮弹所降服了的时候，加军大批的装甲车辆就向河边冲去，驾驶员凭着太阳决定他们的方向，那个太阳透过浓烟之后，就好像是一个大红球。这种战术是史无前例，但是却很有效力。在前进中当然还是不免有混乱情形发生，有些丧失了组织，有些向东面走得太远。不过德军却史为惊慌，他们突然地发现许多的坦克，已经冲进了他们的防线。

加军在渡河时曾受到相当的阻碍，但是到下午将尽的时候，装甲旅已经冲过了德军第一道炮兵防线，并向南挺进，而步兵则紧跟在他们的后面。天黑的时候，第 3 师的先头部队距离法莱斯，已经只有 3 英里远，但是他却仍然遭遇到德军强烈的战防炮火。西蒙兹希望由于加军第 2 师的迂回行动，会吸引德军注意西北方面，但是在 8 月 13 日的夜里，有一辆加拿大的侦察车冲入了德军的防线。在车子里面，德军找到了一些文件才完全知道了西蒙兹的攻击计划。由于事先收到了这个警告，所以德军才能够抽调他们那么薄弱得可怜的预备队，以去应付这个危险。在 8 月 15 日一整天当中，第 12 党军师的残部一共只有 500 名步兵，15 辆坦克，再加上一打的"八八"炮，却在法莱斯前面的最后一个山脊上，阻止住了加军的突破攻势。到了第二天黄昏，整个城市，除了高等经济学院（Ecole Superieure）以外，都已经全被加军占领，而两面牙齿间的缺口现在已经只有 12 英里宽。

当加军正向法莱斯进攻的时候，在南面的美军却正在与埃贝巴赫的装甲兵团，发生激烈的苦战。8 月 12 日，指挥美军第 15 军的海斯利普少将（Maj. Gen. Haislip），已经奉到巴顿的命令，继续向法莱斯北进，但是在当天到达阿让唐地区之后，即由布莱德雷直接命令停止了他们的前进，因为他认为再要前进，就会和英军发生冲突。巴顿对于这个命令表示非常不满，他说他的部队可以很容易进入法莱斯，而把这个包围圈的缺口塞住，因为当他奉命撤回时，他的搜索部队已经接近了那个城市。（注：根据布莱德雷的报道，当巴顿到达阿让唐之后，曾经打电话给他说："让我直向法莱斯进攻，我们可以把英国人再重新赶回海里去，叫他们再尝一次敦刻尔克的滋味。"）

这些要求在正式的记载上面都找不到根据，不过即便如此，似乎美军第 15 军并没有那样充足的实力，足以塞住这个缺口。那一天，德军残部还留在阿让唐，并且挡住了唯一的交通要道。从拉讷（Ranes）到阿让唐，在美军西翼方面，埃贝巴赫还保持着 3 个装甲师，另外还有一个师位置在加塞（Gace）。这些师的兵力虽只有足额的一半，但是克鲁格却已经把所有的装甲车辆，都搜罗殆尽地来增援他们。在同一天海斯利普在拉讷—阿让唐—塞（Sees）三角地带以内，也一共只有 3 个师的兵力，而他第 4 个师的兵力还留在阿朗松以东。这个兵力可以足够维持住现有的位置，但是却不一定能够堵住缺口。除非给他以相当的增援，否则海斯利普是无法达成这个双重的任务，不过那样一来却又会使美军第 3 军团不能够继续向塞纳河，实行更广泛的包围运动——那是蒙哥马利所认定的最主要任务。

蒙哥马利对于加拿大部队由北面进攻的速度，毫无疑问的是估计过高，但是他的眼光却早已看到法莱斯地区以外去了。他希望能够捕获并未进入袋形地区以内的敌军，能够维持他攻势的动量，以使德军没有机会沿着塞纳或是索姆河，建立新的防线。这一次蒙哥马利又为巴顿节省了不少的时间。假使他在阿让唐以及法莱斯和敌人多作纠缠，那么他对于巴黎的攻势就一定会受到不利的影响。但是因为美军第 15 军并不需要再继续北进，所以巴顿才可以调出海斯利普所指挥的两个师，把他们开往德勒（Dreux）去。这样就使 8 月 15 日，美军第 3 军团向东发动攻势时，其兵力竟增强了 50%，而法莱斯袋形地区的战斗到这个时候却仍然还没有结束。

× × ×

当加军在 8 月 16 日进入法莱斯的时候，德军第 7 军团的大部分主力还仍然停留在奥恩河以西，因为他们还未奉到从袋形地区退出的命令。克鲁格曾经擅作主张，撤出党军第 2 装甲军，并命令豪塞尔的供应部队和摩托运输工具撤退，但是他却不敢向希特勒建议全面退却，因为自从莫尔坦反攻失败之后，元首大本营所发来的命令，措辞就越来越严峻。布鲁门特里特说："希特勒命令所使用的文字不仅粗鲁，甚至具有侮辱性。这自然使元帅很感到烦恼。他很害怕，他随时都有被捕的可能。他越来越悲观了。"

不过这个危机的发展，在当时却和柏林人民法庭的审讯工作并无关系，因为第一次提到克鲁格与"七月二十日政变"有关系的人，还是他的侄子，时间还在两个星期之后。危机的起因是发源在 8 月 15 日，那天在诺曼底战场上发生了一个意外的事件。那一天，当克鲁格从拉罗什吉永（Laroche-Guyon）驱车往袋形地区时，他突然和他的总司令部之间，断绝了联系达 12 小时以上。在天黑之后，克鲁格才到了埃贝巴赫的司令部，样子十分地狼狈，克鲁格解释着说，他曾经陷入联军重炮轰击圈之中，他的无线电车又为战斗轰炸机所炸毁，他差不多一整天内都是躲在一个沟道里面。埃贝巴赫和布鲁门特里特都认为他所说的这个是实情，但希特勒对于克鲁格的失踪却另外有一种解释。

在以后和凯特尔等人开会的时候，希特勒指控克鲁格在那一天是准备设法与联军方面会晤。希特勒说：

克鲁格元帅计划率领西线战场全部德军，向敌人投降，他自己先去和敌方接洽……由于敌军战斗轰炸机的阻挠，这个计划才侥幸地失败了。他曾经把他的幕僚遣开，联军的巡逻队也曾前进寻找他，但是结果还是没有发生接触……虽然如此，英国人却还是说他们已经和一位德国将军发生了接触。

从联军方面对于希特勒的指控，却找不到一点印证。当然克鲁格可能是想向联军投降，但是联军方面却事先一点都不知道，至于希特勒说英国人曾经释放一个被俘的德军军官，以求与克鲁格发生关系一节，则似乎是毫无根据的。希特勒的情报是从哪里来的，现在也还是无从查考，但是他却已经毫不犹豫地开始采取行动。8月16日的清早，他从苏联战场上召回莫德尔，命令他即飞往法国，接替克鲁格的职务。

从袋形地区的情况上来看，这个时候调换主帅才实在是太不妥当，但是希特勒相信克鲁格是早已在出卖他，所以他非常害怕，若再不下手，克鲁格的企图也许就会成功了。事后，希特勒曾经这样地说："8月15日是我一生中最不利的日子。只是由于偶然的侥幸，所以那个计划才没有成功。那个集团的行为是很不可解释，除非是采取这个假定，才可以讲得通。"

这个人事异动事先完全没有通知西线战场方面，只是先去了一个预备命令说："克鲁格元帅应立即离开袋形地区，并应从第5装甲军团司令部中，指挥这个战争。"8月15日的夜间，克鲁格在该司令部里，因为受不住各级指挥官的逼迫，又只好打电话给约德尔，提出了立即撤出袋形地区的最后要求。希特勒一直等到第二天才答复，但是他最多能同意的，就是第7军团可以在两三夜之内，撤过奥恩河，并在该河东岸建立一道新的防线。虽然西线的局势已经如此地迫切紧张，但是希特勒却希望那个东线战场上奇迹创造者莫德尔不要再放弃寸土而将局势稳定住。

于是莫德尔就在这个环境之中，开始去接替这个掌舵的职务。这只船已经在风雨飘摇之中，在大浪里面打滚，而希特勒却还要命令它不准靠岸。

× × ×

8月17日，美军第5军在阿让唐附近接替了巴顿所部的防区，并且准备向特兰（Trun）和尚布瓦（Chambois）进攻，以求与加军第2军相联系。尽管联军许多兵力集中在一起很容易引起紊乱，但是为了不让德军第7军团有安全退出的机会，蒙哥马利认为这个险是必须要冒的。那一天，当德军仍然还在法莱斯负隅顽抗的时候，加军第4师和波军第1师就开始在莫尔托库利博厄（Morteaux-Couliboeuf）地区，渡过了迪沃河，实行"突出"，并向东南方作一个宽广的横扫运动。他们所奉到的命令是："不惜一切牺牲，尽最快地占特兰和尚布瓦，并沿迪沃河和在北面的高地上，建立一道防线。"这个行动对于德军发生了奇袭的作用，因为他们已经集中全力去防守法莱斯和阿让唐两地。到了8月17日的薄暮时候，波加两师距离特兰都只有两英里远，而美军也占领了波格圣莱奥纳尔（Bourg St. Leonard）而使缺口缩到只有6英里了。

在美、英、加3个军团的压迫之下，豪塞尔的残部都被锁在一个20英里宽、10英里长的袋形地区里面。在这个袋形里面，受

着炸弹和炮弹的无情轰击，大概还有 10 万人的兵力，这是 15 个
师的残部，和另外 12 个师的散兵游勇，他们唯一的退路就是经过
尚布瓦和圣朗贝尔（St. Lambert）的窄路，这条路的上空和两侧都
在联军火力威胁之下。

当莫德尔就职伊始的第一天，他就要面对着这个危急的局面。
不等到向元首请示，他就命令豪塞尔对于这个袋形地区中的一切
部队，有指挥的全权并且命令他立即由奥恩河撤退，改沿迪沃河
建立新的防线。因为要使这个计划成功，先决的条件就是要把加
军逐回莫尔托库利博厄地区，于是豪塞尔命令第 2 党军装甲军从
东面发动反攻，以求切断向特兰突破的联军纵队。（注：波军曾在
尚布瓦的北面俘获豪塞尔的作战命令。那是在 8 月 18 日下达的，
从这个命令上看来，豪塞尔希望，在 8 月 21 日以前，完成他向迪
沃河的撤退。）

在 8 月 18 日一整天当中，沿着尚布瓦北面的山脊上，都发
生了激烈的战斗。在黄昏的时候，波军的坦克胜利地站在山顶上，
但是缺口却还是没有堵住，已经有好几千的德军从这里逃掉，不
过这种逃走的过程却也是牺牲惨重，尤其是运输车辆纵队，想在
白天里沿着公路进行的时候。在那里，英美两军的飞机可以随意
找到有利的目标。在正午刚过的时候，有一个驾驶员发现有 1000
辆以上的车辆，挤塞在道路上，到了黄昏的时候，另外一个驾驶
员的报告却说："已经完全烧成了一片火海。"

专靠空军还是堵塞不了这个缺口，不过在袋形地区之内，混
乱的情况却 1 个小时比 1 个小时严重，而联军的陆军也就逐渐四
面合围。当波军还正在山脊上作战的时候，在迪沃河谷中的加拿
大部队，却已经占领了特兰，而到了夜间就在西北面距离尚布瓦

只有两英里远。而美军第 90 师和法军第 2 装甲师，也都从南面威胁着它。第二天（8 月 19 日），在法莱斯—阿让唐公路与法莱斯—尚布瓦公路之间的一切大小道路上，都给坦克、炮车、卡车等塞得水泄不通，很少有车辆可以通过，只有浓烟上升，在屠场上构成了一层厚幕，足以使德军稍微躲过联军空中攻击的凶焰。到了黄昏时候，美法军与波军在尚布瓦会师，法莱斯袋形地区终于关闭了。

那一天夜间，豪塞尔的装甲部队，一共是 5 个装甲师的残部，又奉命向东北方面实行突围为步兵打开一条退路。20 日拂晓装甲部队开始进攻，但是在火海之中，攻击纵队马上就丧失了组织。在通向特兰和尚布瓦的道路上，坦克一方面被联军火力所阻，另一方面到处地面上都是障碍物，使它们无法行动。想突围的兵力本身也挤在一起，动弹不得，联军的火力越来越强，一切的联络都中断了，到处只看见烧着的车辆，和听着爆炸的弹药声。人们在恐怖之中，四散逃命，但是事实上却已经无路可走。

不过在特兰与尚布瓦之间，德军第 2 装甲师的残部终于还是到达了迪沃河，一支装甲纵队突破了兵力单薄的加军防线。前后一共有 6 个小时，德军通过圣朗贝尔的南部，打开了一条退路，但是该村的北部还仍在加军扼守之中。在这里，加军第 4 装甲师的居里少校（Maj. Currie）以一共 175 个人、15 辆坦克和 4 门战防炮的实力，抵抗住了一切的进攻。有几次，当德军似乎已经就要成功的时候，居里就命令他的人员躲在掩蔽部里，而请中型炮兵发炮向整个村庄猛射，这样才把敌人打退。在一整天里，他一直在指导加拿大的炮兵，向着渡过迪沃河的德军纵队轰击，而他们的火力产生了猛烈的效力。他们固然不能够阻止装甲车辆的通

过，但是一些马拖的运输车辆却在桥头上为炮火所击中，结果是
死伤枕藉混乱异常。

虽然是死伤惨重，但是还有好几千德军逃出了包围，一直等
到黄昏时候，通过圣朗贝尔的走廊地带也又被堵住了。在夜间，
敌军还是继续拼命地突围，其中有一小部分也渗入了联军的防线，
豪塞尔虽然身负重伤，但仍由一队坦克把他送出了险境。第 2 伞
兵军的军长迈因德尔也率领了亲信的卫士杀出了重围，而第 12 党
军师师长迈尔则靠着一个法国平民的指引也逃到了安全地带。其
他的人员固然是难以脱身，但是将军们却都会逃命。8 月 17 日在
袋形地区中还有 5 位军长，现在只有一个人没有逃出；一共 15 个
师长，只有 3 个人没有到达安全区。在他们的后面，却有 5 万德
军被俘，1 万已经战死，这都是盲目服从希特勒命令的不幸牺牲者。

8 月 21 日，德军还作了一次最后的努力，想救出被围的部队，
第 2 装甲军又向波兰部队进攻。有一个时期，波军已被孤立，弹
药都要用空投接济，但是他们还是死守住了。第二天，该装甲军
也奉命随着莫德尔其他部队，一同实行总退却。这已是危急存亡
之秋，因为美军早已在巴黎的两面，越过了塞纳河。

× × ×

在莫尔坦—法莱斯袋形地区里面，德军受到自从斯大林格勒
之后的第一次惨败，不过从联军方面看来，却并不觉得十分满意，
因为有 1/3 以上的敌军都逃出了陷阱。有许多地位很高的美国人，
都认为蒙哥马利在合围时行动太慢，所以才有此失，因此对于他
很有不满意的批评。不过若专就物质损失而论，则此种延迟并没

有什么关系，因为逃出的德军，已经把他们的一切重装备都丢光了。而且即使带出去了的东西，也很少有能渡过塞纳河的。但是从士气方面来看，则德军虽然大败，其精神上的打击却并不如想象中的严重。

在斯大林格勒之役，德军可以算是全军覆没，它的主将和其他 25 位将领都一齐被俘。在诺曼底，德军并未大量地投降，多数的将领都逃脱了。假使联军在 8 月 15 日即已合围，那么整个第 7 军团和西线战场上 11 个装甲师当中的 9 个师，都会被一网打尽。若是有那样大规模的一个惨败，而且又与七月二十日政变比较接近，那么对于德国军民的士气，也许就可能会有相当重大的打击，希特勒没有自食其愚行的恶果，委实是有一点儿那个。

那么这个缺口是不是可能提早堵住呢？那似乎是可能的，因为我们有证据足以证明联军从北面所做的攻击，并没有用全力和全速。在最后阶段中，蒙哥马利手里已经有多余的英军兵力，但是西蒙兹却并没有获得增援。同时虽然是情况已经如此紧张，可是加拿大部队的进攻却还是不够猛烈。虽然法莱斯北面德军的抵抗很强，但是在 8 月 7 日和 14 日的攻击中，加军都曾经坐失扩张战果的良机，而且在最后向尚布瓦挺进之后，又为了在迪沃河上布防的原因，而延误了不少的时间。克里勒军团司令晓得了这种情形之后，就曾经在 8 月 20 日的上午，撤换第 4 装甲师的师长，以示惩处，但是大好机会却已经丧失。

在另一方面，却也没有理由足以相信美军第 15 军，在 8 月 13 日或 14 日，即可以向阿让唐直趋法莱斯。与报告并不相符，美军一直到 8 月 20 日才正式攻占阿让唐，这已经是尚布瓦会师的次日了。除非牺牲向塞纳河的攻势，否则巴顿也无法向北面进攻，可是当法莱斯之战还尚未结束之际，而巴顿即向塞纳河挺进，其对于德军士气上的打击具有更大的作用。

× × ×

美军第 3 军团对于趋向塞纳河的攻势，是在 8 月 15 日就已经正式开始。到了第二天的夜晚，右面的第 12 军已经占领了奥尔良（Orleans），中央的第 20 军已经在沙特尔（Chartres）发生了战斗，而第 15 军则已经攻下了德勒。在这个北面的侧翼方面，本来以为德军会有最强烈的抵抗，可是第 5 装甲师和第 79 步兵师却发现直接通到巴黎的道路，既没有被破坏，也没有设防。在 8 月 15 日这一天，11 个小时之内，第 79 师由萨尔特河畔拉梅莱（La Mele-sur-Sarthe）赶到诺让勒鲁瓦（Nogent-le-Roi），一共走了 60 英里的距离。虽然是已经深入敌境，但是该师的报告却还是说："并未与敌人接触。"

希特勒曾经命令第 15 军团抽出 3 个师，开到沙特尔地区，以保护巴黎和 B 集团军的后方，但是他对于正向塞纳河挺进的联军兵力，却完全没有概念。他宣称战防部队将沿着那些西向的道路巡逻，以拦截敌军单独的装甲车辆，向巴黎实行突击。但是他的部队现在所面临的，却已经不是零星的突击，而是一个正在加速挺进的整个军团——3 个装甲师，再加上 3 个摩托化步兵师，在扩张战果的专家巴顿指挥之下，不顾一切地勇往直前。

希特勒和德军西线战场总部对于美军的实力和技术，都一直是过于低估。德军总部轻视美军的理由，是说美军的职业军人核心实在太小，而且军事传统和经验都太不够，但是希特勒的看法又自不同。斯佩尔说："每提到美国人在军事上的价值时，希特勒总是认为他们不是一个坚强的民族，照欧洲的标准说来，他们不是一个密切团结的民族。只要一经考验之后，就可以看出来他们只是素质不良的战士。"自从突尼斯战役之后，希特勒就没有学会一点新东西，而在那次战役中，他也相信他的宠臣之一纽赖特（Neurath），所提出的报告。纽赖特说，根据他审讯了几百个美国战俘之后所获得的结论，他认为美国兵实在都是一群懦夫。多数的人就是为了想赚钱、想冒险、想看看新奇的世界而来参战的。没有一个人有政治思想或是伟大的理想，他们是乌合之众，很容易溃散，经不起危机的考验。当希特勒看过这个荒唐的报告以后，他就作断言说："美国是永远没有变成未来罗马帝国的可能性。罗马是一个由农民所组成的国家。"

因为美国人不是农民，所以他们当然不会坚强，因为陆欧强国的陆军基础，都是建立在绝对服从的农民身上。希特勒的思想的确是如此的幼稚。他不知道美国的国力另外还有其他的基础。德国人最大的错误，就是没有想到美国军事力量的基础，就是他们的工业力量。根据德国人的经验，只知道这个力量是可以把无限多的装备，供给美国人使用，但是他们却没有认清，工业也可以当作一个巨型的人力仓库，这些人力具有唯一的特点，就是对于机器有特别的控制能力。

超出了世界上任何民族之上，美国人最具有一颗机械化的心灵。在美国，假使一个青年人不会开汽车，或是不晓得使用机械，那简直可以把他当作稀有的怪物。在对人处世方面，美国人似乎总是显出不够老成的样子，所以欧洲人一直都觉得他们幼稚得可笑。但是在机械方面，美国人却具有充分的自信，甚至可以说是十分的内行，这是欧洲民族所望尘莫及的。就是这种技术上的特长和经验，才使马歇尔能够那样飞快地建立这样一个伟大的陆军。

当战役变得具有流动性之后，另外又有一个因素也具有同样的重要性：那就是他们祖先在过去殖民时代，开疆辟土的边地精神（frontier spirit）的复活。美国在血统中有一种爱好冒险和爱好运动的天性，这也是他们祖先开辟中西部洪荒时的传统精神。对于开着快车越过法国境内的美国军队而言，距离根本上不算一回事情。他们在军事上深入未知的境界，也一点都不感到惊慌。英国军队在这一方面，大部分是赶不上他们的。除了装甲兵和空降师以外，登普西所有的其他部队，就很少能够采取迅速攻势的行动。他虽然也可以用卡车来载运他的步兵，但是他却无法在心理上，使他立刻变成"摩托化师"；在本性上，这些官兵们都还是会采取审慎的步骤。相反地，布莱德雷的部下就完全不同，当突破一经完成，一个师，无论是装甲还是步兵，都似乎同样地能够采取敏捷而果敢的行动来不失时机地扩张战果。

这种情形简直使德军指挥当局骇了一大跳。在诺曼底丛林中作战的时候，德军前线上的报告，几乎还是一致地看不起美英军的作战力量，对于联军的一切成就，都一律推说这是"物质实力绝对优势"的缘故。德军的一般意见，可以用装甲训练师师长拜尔莱因的说法来代表，他在6月间曾经这样地报告说："敌军在突入之后，从不实行追击来扩张战果……英国步兵的战斗士气并不太高。他们全靠炮兵和空军的支援。……敌军对于接近的战斗尤其害怕……他们只想占领土地，可是很不想打硬仗。"拜尔莱因认为英军装甲部队，具有很好的攻击精神，但是德军并认为美国人，一般说来，是不如英国人的勇敢和顽强。当德国第3伞兵师向西线战场总司令部，提出有关圣洛之战中美军战术的报告时，它这样地说："在极轻微的抵抗之下，美军步兵就会停止前进，于是炮兵立即再发动一次轰击来击破敌人的抵抗……在防御时，只有在炮兵和迫击炮的良好支援之下，美军才能好好地作战……一直到目前为止，他们的坦克似乎对于坦克的对战，并不太有热心。"

当布莱德雷的所属各师开始向法国境内，大举进攻的时候，一切的情形都和上述者完全不同。那些部队过去在诺曼底，似乎是那样地犹豫不前，现在却突然变得勇往直前，难以阻挡了。在一夜之间，步兵在精神和行动上，似乎都已经变成了机械化的骑兵。因为军事观念上德国人一向是很自负的，所以德军对于美军的机动性，最多只是用他们自己的标准来加以度量。也许在当年闪击战中，德军的装甲兵团还可以有更高的效率，但是到了1944年，无论在驾驶和保养方面，德国的标准就都已经够坏了。车辆的损毁数量相当惊人，因为德国人缺乏美国人那样的机械意识，他们虐待机器正好像虐待其他的"劣等民族"一样。此外，德军的大部分还是使用马拖的炮兵和运输车辆，他们的指挥官已经忘记了一个完全摩托化的军团，一天可以行走多远的距离。所以当巴顿的纵队一天工夫前进了50英里的时候，德军的将领也和希特勒一样，都不免为之大吃一惊。

× × ×

从8月16日到18日，美军第3军团停止在奥尔良—沙特尔—德勒之线上，一部分是由于补给的原因，但是也是因为布莱德雷，在诺曼底长期苦斗之后，已经不能辨别出来敌人士气崩溃的真相。

他希望巴顿在北面伸长的侧翼，可以受到第 1 军团的适当掩护，这些部队正在由莫尔坦开始运动中，巴顿本可以由德勒直趋塞纳河，但是他却花了 3 天的苦斗，才把沙特尔的德军肃清，这是因为美军尽量不用炮兵，以免将当地的大教堂打毁。不过到了 8 月 18 日，美军又继续向塞纳河挺进，到了夜间，第 79 师已经距离巴黎西面——芒特（Mantes-Gassicourt）地方的河岸，只有 3 英里远了。第二天一个巡逻队在一个水坝上找到了一个尚可通行的步行桥，德军并没有完全把它破坏。不久巴顿就亲自来视察，他内心虽然很想命令该师师长威奇少将（Maj. Gen. Wyche），立即过桥占领一个桥头阵地，但是他却不敢鲁莽，所以决定先飞回去与布莱德雷商量再说。一直等到夜间，威奇才收到渡河的命令，但是他却毫不迟疑地立即采取行动。第 313 团的兵员们，从梦中被唤醒，在半夜里冒着大雨从这座危桥上渡河。在拂晓之前，有两个营已经过河，到了 20 日黄昏以前，威奇没有受到敌军的干扰，而已经建立好了一个坚强的桥头阵地。

在芒特的塞纳河岸上，德军根本上就没有设防，因为本来指定防守该地段的德军，已经给希特勒调回，去防守通向巴黎的大道。不过，在这个阶段，联军还没有用武力攻入巴黎的意图。他们只是计划包围它，所以巴顿又奉命，再在巴黎东南面默伦（Melun）地方，另外占领第二个桥头阵地。这个任务在 8 月 23 日，由第 7 装甲师予以完成，不过到了这个时候，巴黎城内已经发生了新的变局，使得艾森豪威尔的计划非改变不可。

在一个星期以前，巴黎的警察就已经全体开始罢工，到了 8 月 19 日，3000 名武装的保安警察，占据了警察总局，这就是法国国内军（FFI）实行武力反抗的开始。在 8 月 19 日到 20 日的夜间，他们控制住了市中心，占据了许多重要的政府机关。那天夜里，德国的驻军开始计划镇压这个反抗运动，因为希特勒曾有手令给他们说："坚守巴黎到底，破坏塞纳河上的一切桥梁，将这个城市毁成平地。"虽然如此，到了8月20日的上午，军事总督冯·肖尔蒂茨认清了这个叛乱已经势成燎然，无法用兵力来镇压。于是他要求立即休战，以便让他将西区的德军都全部撤到东区来。同时他承认法国国内军为正式交战团体，让他们占领市中心区，并不阻止法国人运输粮食。

双方都同意这个办法。这个休战状况本议定一直维持到8月23日正午为止，因为双方的界线并不清楚，而法国国内军也控制不住他们自己的部下，所以枪声还是持续不断。于是到了20日的夜间，德军所控制的巴黎广播电台就宣布着说："在巴黎仍有不负责的分子，向占领当局实行武装的反抗。这个叛乱必须强硬予以压平。"这也许是希特勒的命令，但是反抗运动的领袖就自然认为德军故意破坏休战协定。于是战斗又起，迅速地延展到全城。到了第二天黄昏时候，德军似乎占了上风，于是法国人赶紧派人去向美军求救。

所以8月22日，布莱德雷命令格鲁的第5军，率领法军第2装甲师和美军第4步兵师，立即进入巴黎，但设法避免严重的战斗。在24日一整天当中，格鲁所部在巴黎的城郊，为德军后卫部队和阻塞的道路所阻止住了，不过到了第二天拂晓的时候，法军从西面，美军从南面，一同开始向巴黎城中心前进。

在里应外合之下，德军的防御崩溃了。虽然他们还据守着少数的据点，但是由于当地人民的指引，都绕道通过。所有的巴黎人都挤在街头上，欢迎联军的纵队，这些狂欢的法国人对于部队的进展，其阻力甚至比德国军队还要大。到了上午 8 点 30 分的时候，美军的骑兵站在圣母院大道的前面，看着法军的装甲部队在凯旋门的下面作胜利的检阅。塞纳河的北面，德军的守兵在下午之前，还一直在作象征性的抵抗，但是肖尔蒂茨只不过是等到有一个向正规军投降的机会，而逃避了反抗分子对他的报复而已。

到了夜里，所有德军的有组织抵抗都已经停止，但是彻夜枪声还是继续不停，因为反抗分子到处搜捕法奸。巴黎正在洗刷她的灵魂，到了第二天上午人们起床的时候，在 4 年的仇恨和屈辱之后，他们又呼吸到自由的空气。他们怀着欢乐和骄傲的心情，因为他们也已经为他们的自由而战斗。而整个欧洲也和 4 年前一样，看到巴黎重获自由之后，就知道法兰西之战是已经胜利结束了。

第三篇　到柏林之路

第二十二章 ｜ 咬紧了的牙床

　　在 D 日后两个星期的时候，蒙哥马利对于他的军团司令们，曾经下过一个训令，说一旦联军占领了瑟堡和卡昂之后，那么就会有一个巨大的机会，足以使德军感受到我方的威胁，并在塞纳与卢瓦尔之间，将他们击败。蒙哥马利一共再花了 5 个星期，才创造出来他所计划的机会，但是在 5 个星期当中，战争的发展已经瞬息万变，结果使胜利之大超出了理想。此外，由于希特勒在莫尔坦和法莱斯所采取的战略，结果遂使德军又有遭到第二次被围的危险。

　　当 8 月 18 日美军在芒特到达了塞纳河的时候，德军第 5 装甲军团和第 7 军团的残部又有被装入另外一个袋形地区的危险——这个地区两边都是海，后面是塞纳河的下流，河上仅仅在鲁昂有一座已被炸坏的铁路桥梁。所以当英加军还正在肃清法莱斯袋形地区的时候，布莱德雷就主张派遣一个美国军，直达塞纳河的左岸，以切断这一条退路。蒙哥马利表示同意，于是这个大包围的行动就在 8 月 20 日开始，美军第 2 装甲师从韦尔讷伊（Verneuil）向北进攻。4 天之内，他们深入撤退中德军的侧翼，直达 60 英里的距离。但是 8 月 24 日在埃尔伯夫（Elbeuf），却受到了德军掩护退却的装甲部队的猛攻。

他们坚守埃尔伯夫达两天之久，并且对于从西面进逼的英加军，实行很技巧的后卫战，这样才使这一次德军能够退而不溃。恶劣的天气使联军的空军，对于塞纳河上的渡河行动，未能作有效的制止。德军在埃尔伯夫到海口之间，一共使用 60 艘渡船和几架浮桥，迅速地渡过了塞纳河。此外更有些兵员利用小船、木筏等应急的工具抢渡。有许多人甚至是游泳过去的。

联军的装甲纵队拦截住了好几千人，空军又炸死了好几千人，不过德军的大部分还是安然逃出了危险。虽然他们已经是两手空空，但总算是逃出了性命。联军陆空协同的压力使他们把一切的重装备都丢光了——所有的坦克、炮车、卡车和半履带车辆。所以当时指挥退却的迪特里希说："从装备的损失上来说，塞纳河渡河时的损失，实在不亚于法莱斯袋形地区。"

这两场惨败是 10 个星期来苦战的最高潮，德军一共损失了 50 万人，其中被俘的约为 21 万。而最严重的损失却是德军装甲兵力的毁灭。在诺曼底作战的德军坦克和突击炮的总数是大约 2300 辆，据布鲁门特里特说，其中只有 100 辆到 120 辆，曾经退过了塞纳河。

8 月 29 日，当他的最后残余部队正在渡河的时候，莫德尔就将西线战场德军所处的情况向希特勒提出了一个报告。他说，所有曾在诺曼底作战的装甲师和装甲步兵师的平均实力，现在每一师都只剩下了 5 辆到 10 辆坦克。从 11 个师的残部中，他最多只能编成 11 个战斗团，每个的实力只相当于一个团，而且先决的条件就是他能够立即获得适当的补充。从已经退到下塞纳河以南的16 个步兵师里面，他一共只能编足 4 个师，但是他却无法把他们装备起来。他说："这些部队所有的军械都很少，而最多也都只有轻兵器……人员和装备的补充都完全不适合……突击炮和其他重坦克装备都已经没有储存。"（注：除这 16 个步兵师以外，另外还有 7 个步兵师已经在诺曼底被打垮，现在已经不再列入德军的战斗序列之内。）

德军已经没有这种机会在塞纳河上暂时立定脚跟，以掩护沿着索姆河和马恩河，建立新的防线。因为自从巴黎失陷之后，英加军已在塞纳河下流，建立了 4 处桥头阵地，而美军则已由法国的首都，向东和东北方面挺进。所以莫德尔就向希特勒报告说："第 7 军团应立即向索姆河撤退，而残余的机动兵力都要集中在兰斯（Rheims）地区，以阻止美军对 B 集团军后方的突击。"

照莫德尔的意见，德军作这种行动的动机，只不过是临时地应急而已。早在 8 月 24 日，他就已经报告希特勒，他至少需要有 30 个到 35 个步兵师和 12 个装甲师的增援，并且更提出进一步的警告说："为了应付前途的危险起见，我们更应在索姆—马恩之线的后面，建立新的防线，一直和德国西境长城连接成为一片。"在这个时候，无论是索姆河也好，其他的河川也好，德军都没有设防的打算，因为希特勒曾经禁止构筑这种后方阵地，以免使他的将军们有临阵后退的心理。

这也许要算是德国的幸运，西线战场总司令一职已经改由莫德尔来继任。虽然他也是希特勒的宠儿之一，所以才会以 44 岁的壮年擢升到元帅的高位，但是他却是一个不怕和希特勒硬碰硬的人。在事业的过程上，莫德尔和隆美尔很相似。他出身微贱，并不属于哪个具有军事传统的家庭，所以他在德国阶级森严的军官团之内，本是不会有多大前途的。但是希特勒本人，也痛恨和害怕这种古老的军事传统，所以总是想用雄才大略的青年人来作为他的心腹。

当德国开始重整军备的时候，莫德尔还在军政部里某训练机构中，担任一个幕僚的职务，但是却已经被希特勒所赏识。等到战争发生之后，他在战场上又证明了他的确是一个杰出的指挥人才，而更获得了希特勒的信任。在对苏战役中，1941年莫德尔已经升任装甲师的师长，他的部队一直冲过了第聂伯河。在6个月之内，希特勒把他擢升到军团司令，而在1941年到1942年的严冬季节中，莫德尔对于守势作战，也和对于攻势作战一样地成功。此后，希特勒不仅时常向他征询意见，而且还常常接受他的意见，甚至在1943年7月库尔斯克攻势失败之后，希特勒对于他的信心也并不减少。事实上，这一次失败的主因，就是因为希特勒拒绝克鲁格和曼斯特的忠告，而听信莫德尔偏见的缘故。

以后在那一年，莫德尔又接任北面集团军总司令，他又击败了苏军对波罗的海国家的冬季攻势，当朱可夫（Zhukov）攻入波兰时，希特勒又调他充任南面集团军的总司令。当他稳定住了在利沃夫（Lwow）的最紧张危局之后，又在7月间调任中央集团军总司令来阻止苏军对华沙的进攻。这一次他又阻止住了敌人的前进。在这次成功之后，希特勒就称呼他是"东线战场上的救星"，并且派他到西线战场上去，希望他能制造出来一个同样的奇迹。现在莫德尔已经为大家所公认，是一个抢救危机和防守战略的专家。同时他在政治思想上也极为可靠，因为在希特勒遇刺之后，在东线战场上通电表示效忠的第一位将领就是他。

矮胖结实的莫德尔，在前线部队的心目中，是很孚人望的，但是他这个人却并不好伺候，因为他希望他的部下也能和他一样具有过人的精力。虽然上级和下级对他都不免有不满意的，但是他的能力却赢得了他们的尊敬。曼陀菲尔（Manteuffel）是德军坦克名将之一，曾经作过这样的批评：

> 莫德尔是一个非常优秀的战术家，而对于防守比攻击还要高明……他的态度很粗鲁，他的方法常不被德军高级统帅部所愿意接受，但是他却深为元首所赏识。莫德尔对于希特勒的强硬态度，是任何人所不敢为的，至于凡是他认为不合理的命令，他都敢抗不执行。

当莫德尔抢救西线战场上的危机，更可以表现出来他这种特性。他从来就不是一个"应声称是的人"（Yes-man），而且也和伦德施泰特以及克鲁格不同，他敢于先斩后奏，造成一个既成事实，使希特勒无法干涉到。当谈到是否应在塞纳河以西维持一个立足点的时候，莫德尔却向希特勒报告说："除非守住它的利益要比害处还多的话，否则这个桥头阵地就应该撤出。"当他疑惑希特勒的幕僚们，会把他的报告删节了之后，再送给希特勒看，于是他对于重要的报告，都加上一个附注："请将原件直呈元首。"

假使要说还有任何德军将领，能够重建西线战场的局势，那么这个人就非莫德尔莫属了，他自己常常说他是"元首的救火队"，并且以此自豪，不过即使如此，除非希特勒能够立即给予他以充分新鲜的补充，否则他也还是一样地无能为力。但是 10 天以来，东线战场上又已经发生了另外的新危机，使得希特勒绝对无法抽调出兵力来。

× × ×

到了 8 月中旬，苏军的夏季攻势已经使红军深入波罗的海国家，到达东普鲁斯的边境，并且进入了波兰南部，一直远达维斯瓦河（Vistula）和喀尔巴阡（Carpathian）的油田。所有希特勒的机动预备兵力，都已经完全送上了战线，他被迫着要守住一条比苏军在 7 月间所突破的战线还要长了许多的新防线。现在已经太迟了，即使放弃北面的土地，也无法缩短战线，和建立新的预备兵力。诚如希特勒对邓尼茨所说的："在夏天里我们无法撤退，因为这个时候敌军可以沿着扩展中的前线，越野前进，而不必依赖道路。"

在春天里，北面集团军实在可以作一个战略性的撤退，从波罗的海国家退到掩护着东普鲁士的防线。假使已经这样地做了，那么希特勒就可以把他的防线缩短 300 英里，至少可以把现在牵制在爱沙尼亚、拉脱维亚、立陶宛三国的兵力——30 师到 50 师抽了出来，以使用到任何其他方面去。希特勒曾经拒绝了这个建议，因为他同意邓尼茨的看法，认为假使苏联人已经能够自由地进入波罗的海，那么他们就可以阻止瑞典铁矿石的运输和新型潜艇的建造。

因为不肯放弃波罗的海国家，所以希特勒就没有足够的兵力来对抗苏军向维斯瓦河的攻势。不过当苏军快接近华沙的时候，攻势就开始顿挫了，因为到了这个时候，朱可夫和罗科索夫斯基（Rokossovsky）的大军在一个多月的时间，已经前进了 400 英里，但是他们的补给却还要从第聂伯河以东的火车站起，就开始转运。苏联西部各省的铁路，在德军进占之后就已经改成了欧洲的标准轨道，而且当德军退走时，都已经完全加以破坏。必须要把这些铁路线修复，并且改成苏联标准轨道之后，苏军才有能力继续前进。

补给上的困难，再加上德国援军的赶到——特别是由意大利调来的戈林装甲师——阻止住了苏军突入华沙，以与波兰各地下武力会合，他们从 8 月初就已经开始发动反抗。为了要想在苏军入城之前，先取得首都的控制权，波兰人仓促发难，不过假使这个叛乱是共产党发动的，而不是反共的博尔—科莫罗夫斯基将军（Gen. Bor-Komorowski）所发动的，那么苏军当然也就不会屯兵城外，故意坐视不救。在此环境之下，斯大林是很愿意让他的军事敌人，去先铲除他的政治敌人，而坐享渔人之利了。

除此以外，苏军在维斯瓦河上徘徊不进，也还有其他战略上的理由。现在希特勒的预备兵力既然已经完全用在北面和中央方面，所以苏军就决定把他的夏季攻势重点放在极南端——喀尔巴阡与黑海之间的地区。在这个长达 300 英里的防线上，一共有德军 27 个师和罗军 20 个师据守着，希特勒在这个地区根本上没有战略性预备队，而且因为喀尔巴阡山脉把这个地区和东线战场其他部分都完全隔开了，所以要想临时抽调增援兵力，也都不可能。当苏军在 8 月 20 日发动攻势之后，很快地就把那不可靠的罗马尼亚军队打垮了。3 天之内，他们就已经渡过了普鲁特河（River Prut），占住了雅西（Jassy），并且包围了正在对抗他们的德军。8 月 23 日，罗马尼亚国王米哈伊（Michael）设法拘捕安东内斯库元帅（Marshal Antonescu），并解散他的政府。那一天，米哈伊就在布加勒斯特（Bucharest）广播说："立即停止敌对的行为，并接受苏英美三国所提出的休战条件。"

德军防线完全崩溃，苏将马利诺夫斯基（Malinovsky）的摩托化纵队开入普洛耶什蒂（Ploesti）油田，而使德军来不及破坏它。8月31日苏军进入布加勒斯特，第二天就到达保加利亚边界上的多瑙河，此时保国却早已宣布退出战争。（注：保加利亚一直只向西方国家宣战，而始终未向苏联宣战。现在它就开始宣布中立。可是苏联人却不理这一套，因为德军还留在保国境内，而保军也参加了南希两国的占领工作。所以9月8日，苏军开入保加利亚，一星期后就占领了索非亚。）

芬兰在9月2日也作了一个类似的宣告，并且要求立即签订休战协定。所以在仅仅两个星期当中，苏军击溃了希特勒的两个军团，打垮了他的3个盟国，占领了他的主要天然石油来源，到达了南斯拉夫的北面国界，并且控制住了多瑙河的下流。

在这一次胜利的夏季攻势中，苏军统帅部所使用的战略，大部分与蒙哥马利在诺曼底所使用的相同，只不过是规模更大而已。在头两个月当中，苏军曾在北区和中区，使德军战到精疲力竭（正和蒙哥马利在卡昂地区的情形相同），并且对于华沙，甚至柏林形成一种重大的威胁，使希特勒不得不把装甲兵的主力集中在喀尔巴阡山脉的北面。这也正和蒙哥马利威胁巴黎，而迫使德军装甲兵力集中在卡昂地区的情形一样。在美军突破的前夕，诺曼底战场德军一共有9个装甲师，但是在潘松山以西地区的却只有两个；而在苏军最后突破时，德军在东线战场上一共有18个装甲师，而其中只有两个是位置在喀尔巴阡以南的。在两种情况之下，德军都是为了要应付一个不能不注意的威胁，而先把自己的兵力消磨殆尽，并且形成一种不平衡的局势，于是当具有决定性的打击打在它的侧翼顶点上的时候，就感到站不住了。东线战场也和西线战场一样，当侧翼被打破之后，就一直趋向海边，而德军再无余力来稳住这个局面。

在东线战场上，由于罗马尼亚中途背叛，所以更使德军的损失惨重。自从 3 月间起，米哈伊即已开始作政变的准备，他的代表斯徒尔贝亲王（Prince Barbu Stirbey），开始在开罗和联军谈判条件。莫洛托夫在 4 月 2 日，从莫斯科发出广播说："苏联政府正式宣布，除了比萨拉比亚以外，不再想要罗马尼亚的寸土，而且也不想改变罗国现有的社会构造。"于是更使这个谈判获得了保证。

在苏联夏季攻势开始之前，就已经有了这种默契，一旦当德军在比萨拉比亚（Bessarabia）前线上遭受了惨败之后，罗王就马上推翻安托尼斯纠的政府。依照计划夺得了政权之后，罗王接着在 8 月 25 日向德国宣战，以表示他对于联合国的忠诚。由于罗马尼亚人的真心合作，所以苏军在两个星期之内，就差不多完全控制住了这个国家。苏军为扩张他们胜利的战果，就在多瑙河盆地发动了一个新的攻势，而以贝尔格莱德（Belgrade）和布加勒斯特为目标。他们之所以能够采取这个行动，一方面是因为他们进展迅速，另一方面也是由于罗王努力协助，所以全部黑海方面的港口和罗马尼亚的铁路网，都完全落到他们的手里。

这样，苏联统帅部利用经过黑海到多瑙河谷的新补给路线，才可以维持和增援他们在罗马尼亚境内的军队。利用这一条路线，当他们还正在白俄罗斯和乌克兰的残破战地中，重建交通线的时候；一方面又可以在巴尔干照样地发动攻势。这对于战争的发展和欧洲的前途，都是一个最重要的因素。那个秋天里，因为德军在波兰还具有相当的实力，而且苏军本身又感到补给困难，所以苏军不能够越过维斯瓦河，向柏林方向继续进攻。但是这却也并不是他们的主要目的。斯大林已经决定了，要在战争结束之前，先获得对于西南欧和中欧的完全控制权。所以，对于他而言，维也纳实在比柏林还更重要。

罗马尼亚的崩溃和德军在那里作战的兵力损失了 3/4 的结果，使得希特勒必须要赶紧重建他在东南面的整个战线。在 8 月底，他已经命令 E 集团军从希腊和南斯拉夫南部撤退，但是这个行动却是不仅迟缓而且困难，因为德军的部队和交通线，现在都经常受到希南两国游击队，和联军飞机的阻挠。希特勒若是要想临时凑成一道新防线，以保护匈牙利的边境，那么就只有从波兰和意大利去抽调兵力，因为他已经没有中心的总预备队。9 个月以前，当他的军队还正在挡着苏军西进的时候，他手里还有德军第 200 师，附庸军第 16 师，守着一个 400 英里长的防线。可是现在，他只有德军第 120 师和匈牙利军第 18 师，自所要扼守的战线由芬兰湾一直到铁门（Iron Gate），比较过去任何时期都要长。在这个环境之下，希特勒当然不敢从东线调出一个师的兵力来增援莫德尔。希特勒最后终于认识了两面作战的痛苦滋味。

× × ×

局势的压力早就已经强迫希特勒考虑到完全撤出南欧和北欧，以便可以比较便于应付东西两方面来的威胁。当苏军从罗马尼亚发动攻势之前，他就要斯佩尔对于这个撤退的经济影响，提出一个报告。斯佩尔假定德军已经完全撤出芬兰和挪威，并在南欧方面，从意大利撤到阿尔卑斯山麓，从南斯拉夫撤到萨瓦河（River Sava），从匈牙利撤到蒂萨河（Tisza）。到了 9 月 5 日，他就提出报告说，在放弃了这些地区之后，德国对于铝矾土、铜、镍和多数轻金属及非铁金属，其供应量或储存量还是足够战时经济的需要维持到 1946 年为止。不过他又说："由于丧失了巴尔干南部的铬苗矿区，并且也停止了土耳其的铬矿区来源，所以铬的供应就会锐减……假使照现在这个速度去继续生产特种钢，那么到了 1945 年 1 月 1 日，德国全部的存铬就会完全用尽，从此一切军需生产也就会全部停顿。"即使铬苗的存量能够多维持相当时间，但是斯佩尔又预料不久将有第二个危机出现，因为到了 1945 年 9 月 1 日，毛钢的产量也就会开始减低了。

希特勒当然不愿意接受这种经济上的限制，同时因为他害怕联军的空军，所以也就更不愿意放弃已经占住的领土。他知道，当德国封疆日蹙百里之后，联军对于第三帝国的空中攻击，也就自然地相对加强，而德国空军抵抗他们的能力，更会相当地减小。这种对于他的石油供应所做的战略攻势，更会使他的军事和工业力量大为削弱。

到了红军占领了普洛耶什蒂油田之后，罗马尼亚的石油对于德国的战争机器，已经没有什么贡献了。在 1943 年中，美军第一次空袭之前，普洛耶什蒂曾经平均每年供给德军石油 250 万吨。自此以后，美军的轰炸遂逐渐使罗马尼亚石油减产，而在多瑙河内布雷之后，又使德军的石油运输大感困难。其结果是到了 1944 年的仲夏，罗马尼亚石油的供应量，已经减少到只有去年的 1/10。

罗马尼亚石油供应的匮竭，由于德国内部综合石油的产量也同时锐减，所以就更显得特别严重。到了 6 月底，斯佩尔向希特勒提出严重警告说，除非这些工厂能够马上获得较好的保护，否则从 9 月以后，石油产量方面就会发生一个无法弥补的差额，而会引起严重的后果。在斯佩尔提出这个警告之后，对于炼油厂的高射炮和烟幕的保护，就立刻有了大量的增加，不过这都是消极的方法，而只有使联军飞机不能够到达目标，才是最积极的手段。可是德国空军却并没有这个力量，尽管它的飞机生产量已经到达了空前的高度。

德国当局征召了 10 万人以上的劳工，去重建或修理那些在春天里被炸毁的战斗机工厂，由于使生产程序简化，并且只集中生产 Me109 和 Fw190 两种型式，所以斯佩尔在 1944 年的夏天，可以把单座战斗机的产量，提高到空前的标准，其数字的比较如下：

1 月	2 月	3 月	4 月
1248（架）	892	1050	1345
5 月	6 月	7 月	8 月
1523	1677	2001	2036

甚至这样高的总数还不足以补足消耗量。7 月间，德国空军接受了 2627 架单座战斗机（新造和重造的都有），它在空战中的损失是 1476 架，但是全部的损失，包括所有毁坏的飞机，总数却在 3000 架以上。这个重大损失的原因，主要的就是由于联军对于航空工业和炼油厂，实施战略轰炸的缘故。因为战斗机产量始终是供不应求，所以逼得斯佩尔只得大量生产几种已有的定型，因此在素质方面，德国的飞机就赶不上天天在进步的联军飞机了。又因为航空汽油已经开始感到缺乏，所以驾驶员的训练和新型飞机的试验，也都受到很大的阻碍。在那一个夏天里，德军战斗机驾驶员所受过的飞行训练时间，只能够相当于美英空军人员的 1/4，而飞机引擎的试开时间由两个小时减到半个小时。这实在是一种

虚伪的经济，因为由于人员训练不够和机械失灵所引起的损失是特别的高，在 1944 年头 9 个月当中，德国空军所损失的战斗机，仅仅有一半是在空战中被击落的。

7 月 28 日，斯佩尔向希特勒又提出报告说："尽管战斗机的产量已经很高，但是可以准备作战的飞机数字不但没有增加，而且还减少了。"他指出在 7 月初德国防空的日间战斗机实力为 991 架，而到了 7 月 27 日，就已经减到了 554 架。

8 月间也和 7 月间一样，德国空军还是无力阻止联军轰炸机的攻势，尽管雇用了 15 万劳工，经常担任抢修的工作，但是综合石油的产量还是继续降低。这些炼油厂在 3 月间，可以出产 54.2 万吨的全部产品；而到了 7 月间，就减到 22.9 万吨；8 月间，就更减到只有 18.4 万吨。而航空油的产量就更是惨落，因为这是炼油程序中的最后一个步骤，所以常常是最后才能够把它修复。斯佩尔说，常常当联军侦察机发现一个炼油厂已经恢复生产了，于是马上就又接着进行再度的轰炸，实际上这个炼油厂虽然已经恢复生产，但是却还不能够提炼最高级的航空用油。

4 月间，当德国空军正在保全实力，以等待联军侵入的时候，他们就已经把那个月所出产的航空汽油——17.5 万吨左右，全部都消耗完了。此后，当德国上空和东西两线的战争都越来越激烈的时候，汽油的产量就更日益锐减：

5 月	6 月	7 月	8 月
15.6 万（吨）	5.2 万（吨）	3.5 万（吨）	1.7 万（吨）

罗马尼亚和德国国内的双重危机，使情况的恶劣已经十分严

重。3月间，从天然和综合石油的全部产量，希特勒的炼油厂可以一共提炼出来96.8万吨的成品。而到了8月间，总量就减到34.5万吨，此处还应该再重复地说一遍，其中只有1.7万吨是飞机用的汽油。为了应付这个危机起见，斯佩尔对于国内战线和国防军，都只好实行节约的办法。在8月间，甚至空军的分配量也比3月份减少了30%以上，为了维持作战的水准，他们只有拼命地吸取库存的油量。

到了8月30日，德国全部航空汽油的存量，已经减少到只够空军5个星期的消耗。那一天，斯佩尔又报告希特勒说，综合石油的炼油厂已经受到了极惨重的损失，不到9月中旬，它们无法再恢复生产；而这还是假定它们的重建工作，不至于受到未来空袭的阻碍。斯佩尔于是建议，德国空军若是要想避免因为没有燃料的原因，而被冻结在地面上的危险，那么就只有乘着下次美军日间轰炸机深入德国境内的机会，对着它们作一次孤注一掷的大攻击。他说："德国空军在9月中旬之前，必须要准备齐全，进行这次最后的大赌博。它必须要用最好的驾驶员，包括飞行教官在内，并且要用出战斗机的最大兵力。为了准备这场冒险，至少需要1200架最近代化的飞机。假使决心这样的做法，那么它的意义不是代表一个新的空军的开始，就是代表这个现有的空军的结束。"

这并不只是一个计划。在8月16日的一次会议席上，斯佩尔就已经向希特勒建议过。在那个时候，虽然战斗空军的第一线兵力并没有增加，但是它的总司令加兰德，却已经建立好了一支800架战斗机的战略预备队，并且也正在忙于训练驾驶人员。和斯佩尔的意见恰好偶同，他准备这一支兵力的目的，也就是为了来实行他们所谓的"大攻击"（Der Grosse Schlag）。可是，在 8 月间的第 3 个星期当中，诺曼底之战已经接近了最高潮，希特勒要求动用这支预备兵力来阻止联军在法国的攻势。加兰德和斯佩尔都提出了强烈的抗议，加兰德辩论着说："在有利的条件之下，这个预备队对于德国的空防，可以有极大的贡献；但是在西线战场的苦战中，他们就会被消耗干净，而不发生一点作用。"希特勒断然拒绝了他们这种合理的辩论，甚至说道："准备把战斗空军缩减成为几个中队，而把其他的兵力都裁减掉，以便大事扩充高射炮兵的实力。"这种荒唐的建议是正代表希特勒的典型；他觉得空军已经是有负于他，所以他就不惜把它来当作牺牲品。

一直等到联军到达了塞纳河之后，希特勒才最后下令把战斗预备队，移转到法国前线上去，照加兰德的看法，这个局势早已无法挽回了。他报告说："当这个战斗预备队移转到法国去的时候，环境是异常的危险，比 6 月份的情形更为恶劣。有的单位丧失了联络，降落到联军装甲兵已经绕过的飞机场里，在找不到燃料之后，就只好自己把飞机毁灭掉。"有许多战斗机在运输飞行中，被联军所击落，另外更有许多架落在地面上被毁掉，所以这一大队兵力似乎只有极少数的成分，曾经真正地参加过战斗。联军空军甚至都没有注意到，西线战场上的德国空军实力已经增加，而且这一点额外的阻力不久也就被扫荡开了。照加兰德的看法："这整个几百架飞机的预备队，一共还没有击毁联军两打以上的飞机。"

在这一次毫无收获的冒险当中，德国战斗空军的真正损失有多大，始终没有确实的数字，但是它却已经很够重了，足以使德军无法在 9 月间，发动任何形式的"大攻击"。在这种环境之下，希特勒必须假定炼油工厂还要受到第二次的攻击，并且他这一点微少的航空汽油存量，应该设法把它维持到 10 月份为止。所以，9 月份空军所分配到的汽油，只好减到 6 万吨，比起联军登陆前最后一个月里的消耗量，还不到 1/3。

在德国空军中唯一不感到油荒的单位，就是那些已经装备了喷气机的中队，因为它们只要使用低级的燃料，那还是很丰富的。不过上文已经说过，Me262 喷气机的生产，一直到了 1944 年才真正开始，而且产量极少，到 8 月底还只有 32 架可以供作战之用。而且对于这种新型机，也并没有好好地利用，希特勒曾经坚持要把 Me262 当作轰炸机，因此使加兰德丧失了这个唯一的机会——因为这种喷气机要比联军在德国上空所使用的任何战斗机都要更优秀。

希特勒现在知道在未来几个星期当中，当联军的陆军从东西两面，向德国集中进攻的时候，德国空军的实力是既不足以制止装甲兵的冲突，并且不足以应付空中的战斗。甚至他也应该明白，假使联军对于炼油工业的攻击，仍然维持现在一样的强度和精确度，则德国空军在 10 月底就会被冻结在地面上，而整个德国陆军在冬季来临之前，也都会丧失了他们的机动性。

在 8 月底，希特勒收到一封信，就曾经把这些事实明白地说了出来。这是克鲁格在 8 月 18 日写的，那正是莫德尔来接替他的职务之后。第二天，克鲁格乘坐汽车回国，但是当汽车到达梅斯（Metz）的时候，这位元帅已经在车内逝世。医师的报告认为他是大脑出血而死的。希特勒命令为他举行国葬，并且派定了伦德施泰特代表他致辞。可是当希特勒看到了克鲁格那封信之后，一气之下，马上又命令取消这些仪式。

　　克鲁格这样地写着："当你接到这封信的时候，我应该是早已经死了……我正在跟随着我那成千累万的伴侣们的后尘，向前进行。"接着这封信就解释莫尔坦反攻为什么会失败，以及西线战场局势为什么会日趋恶劣的理由。他说：

　　我不知道，莫德尔元帅在这个时候是否已经稳住了这个局势，我当然衷心希望他能够如此，不过假使不是这样，而且你那些希望中的新兵器，尤其是空军方面的，又都没有能够成功的话，那么我的元首，你就应该决心结束这个战争了。德国人民的痛苦已经受得够多了，现在似乎已经到了应该结束的时候。现在还有方法可以到达这个目的，而且最重要的就是要阻止祖国陷入波克希维克的铁蹄之下。

　　当 8 月 31 日，希特勒在任命韦斯特法尔和克莱勃斯将军（Gens Westphal and Krebs），到西线战场去接替布鲁门特里特和斯派德尔之前，召见他们的时候，这封信对于他的刺激还仍然在他的心里。他开始告诉他们，克鲁格是自杀而死的，并且补充地说，根据前一天人民法庭所发现的证据，那么这位元帅若不自杀，也就应该立即被捕入狱了。他又告诉他们，克鲁格企图在诺曼底率领全军投降敌人，并且还重申他个人不屈服的决心。

　　希特勒告诉他们说：

　　政治解决的时机到现在还没有成熟……我决不会放过这种机会，但是在军事惨败之余，而希望把这个时候当作一种在政治上有利的时机，那实在是太天真和幼稚。……不久联军各国之间的关系就会够紧张，而终非破裂不可。历史告诉我们联盟是一定会破裂的，但是你却得等候，而这个等候的局面也许是很艰苦的……我决心继续作战，以求获得一个适当的和平，即是德国所能够忍受的，并且不至于断丧后代的生机。那么我也就还谋和了……我们今天奋斗的目的，就是诚如斐德烈大帝所说的，一直到我们那些该死的敌人当中，有一个在失望中表示放弃战争为止！

第二十三章 | 罗斯福和巴尔干

　　现在希望联军的联合阵线破裂，就变成了戈培尔的最得意宣传节目之一。9 月 4 日，他的发言人在柏林的一个记者招待会席上，曾经这样地说道："苏联在巴尔干的捷报，一定会使英国人感到不开心。……当联军似乎已经胜利在望的时候，政治上的冲突就会越来越凶，最后总会有一天，我们的敌人会自己打将起来。"这种想法并非完全不合理。自从 16 世纪以来，英国外交政策的既定方针就是在欧洲维持着均势的局面。为了防止其他的强国控制欧陆，英国曾经打过 6 次主要的战争，而在近百年来，为了不让苏联控制黑海海峡和博斯普鲁斯（Bosphorus），英国也曾作过不断的努力。

　　现在这种危险不仅已经重新出现，而且更日趋尖锐化，当红军开进了波兰和罗马尼亚之后，就可以一天比一天清楚，看出来在德国被消灭之后，将会使苏联控制住中欧和东南欧。所以希特勒和戈培尔相信这种情势会促成英苏间的冲突，尤其是在巴尔干方面，结果会使英国人并不那样热烈要求德国无条件投降了。德国人认为最近在东欧方面的发展，一定会使丘吉尔感到伤脑筋，但是他们却没有认清，西方盟国的战略和外交，都受着罗斯福不卷入巴尔干旋涡的决心的影响。

上文已经说过，在德黑兰会议之前，罗斯福总统对于英国那些有关南欧作战的一切建议，他的看法都是受着一种主观的限制，那就是他相信引到军事胜利的最迅速和最廉价的路线，一定非要经过法国西部不可。在德黑兰会议中的第一天，他曾经向他的儿子——埃利奥特（Elliott）说过："我认为那是毫无理由的，让美国士兵去冒着生命的危险来保护英国人在欧洲大陆上的那些实际和虚名的利益。我们是正在战争之中，所以我们的职务就是尽可能地速战速决，而且不要冒险。"在巴尔干作战，毫无疑问要算是一种"冒险"了。

到了这次会议终了的时候，罗斯福更有远大的理由，使他不想卷入东南欧的纠纷中。他希望苏联能够确实保证参加对日的战争和联合国的建立工作。所以，他决心避免采取任何的行动，以使斯大林对于英美的意图，会有所怀疑，因为他认为假使苏联采取一种独立的路线，则对于联合国组织的打击，将和过去美国孤立主义对于国际联盟的打击是一样大。根据霍普金斯的文件和赫尔的回忆录，可以看出来罗斯福对于苏联的野心，并不是完全没有了解，不过他却希望假使在联合国组织之内，可以足够保障苏联的安全，那么它也许就不会在它本国领土之外，去建立势力范围圈来保护它自己。

所以当丘吉尔正在积极设法，想在中欧和东南欧建立西方国家的威势和影响的时候，罗斯福却十分害怕，因为英美两国若是朝着这个方向行动，那么就会激怒苏联人，而使其更加强控制卫星国家。罗斯福和赫尔在原则上，是反对一切的"势力范围圈"，除了美国在美洲的势力范围以外。赫尔相信："任何势力范围圈的建立，其结果都是无可避免的，要为未来的冲突播下种子……而必然违害国际安全组织的一般权威。"这个主义在理论上也许是正确的，但是对于目前的危机，却并不是一个答案，除非西欧国家能够建立一个明确界线，那么在国际安全组织尚未建立起来之前，斯大林就先想把整个欧洲囊括而去了。

丘吉尔知道，假使苏联在权力平衡上要是占有绝对的优势，那么在大陆上就决无安定和谐的可能。但是罗斯福却相信这个问题，只要把他在西半球所惯用"睦邻政策"延长地应用出来，就可以迎刃而解了。他的意见似乎可以用 1943 年 8 月魁北克会议之前，美国军政部所准备的一个备忘录来代表。这个文件说："因为苏联在战争中是一个具有决定性的因素，所以应该给予它以一切的援助，并且应该用一切的努力，来获得它的友谊。因为毫无疑问的，在轴心国家失败之后，它一定会支配整个的欧洲，所以对于苏联维持和发展更友善的关系，实在是非常的重要。"所以罗斯福似乎是心安理得的，愿意接受苏联支配欧陆的事实，因为他真正相信他的友好和坦白的态度，足以使斯大林发生投桃报李的反应。

虽然罗斯福总统的政治目标，对于联军的战略方向，具有极大的影响，而美国的参谋本部站在纯军事的立场上，也是同样的坚决，希望避免在东南欧采取任何的行动。所以德黑兰和开罗两次会议所批准的基本战略原则，就是英美主要的进攻方向应指向希特勒的欧洲堡垒，应指向德国本土，而应该以从法国西向进攻为原则。至于在南欧方向，除了使用空军攻击德国和它在巴尔干的资源来源以外，就不应该再有任何其他的严重行动。所以，美国人坚持着为了配合"霸王"行动起见，联军在地中海的行动应以入侵法国南部为目的。

英国人虽然已经接受了这个战略上的原则，但是他们却认为，除非能在意大利发动一个辅助性的攻势，以对德国南部和巴尔干，频施压力以外，那么在西线战场是否能获具有决定性的胜利，似乎就很可怀疑。他们害怕西线战场的战争，会退化而变成第一次大战形式的堑壕战争，因为最权威的军事意见，都是认为一旦敌人看到他们要在诺曼底战败的时候，那么它就会逐步撤回塞纳河和齐格菲防线（Siegfried Line），以求据守一个较密集的战线，并保持着战术上的机动性。美国人对于这种敌情分析也表示同意，但是他们却自信，只要艾森豪威尔在 D 日可以动用驻在英国的 37 个师，再加上地中海方面的 10 个师援军，并且当法国深水港口开放之后，还可以从美国直接运去 40 多个师之后，则西方盟国就一定可以设法扰乱敌人的计划，而避免这种僵持的局面。美国的参谋总长们觉得并无在巴尔干作战略上牵制行动的必要，而且当罗马克服之后，在意大利也只要监视敌军就已经够了。他们不想用斗智的方式来获得胜利，他们是应用由美国工厂和训练营中所制造出来的军事碾路机，从正面把德国碾成平地。这也就是罗斯福总统的哲学，在德黑兰会议的时候，他和他的儿子埃利奥特说："我们的参谋总长们认定了一件事。那就是为了要多杀德国人，而少损失美国的士兵，唯一的方法就是发动一个伟大的攻势，并且把我们所有的力量，都用来打击他们。我已很赞成这种看法。"

可是，丘吉尔却从来不赞成这种方法，当 6 月 11 日（"霸王"行动发动后 5 天），联合本部在伦敦开会的时候，英国的参谋首长们要求重新再检讨联军在地中海方面的战略。这是一个大辩论的开始，一直延续了两个月之久，而对于战争的军事方针，和战后欧洲的政治形态，都有极大的影响。

到这个时候，艾森豪威尔的军队在诺曼底已经获得了一个立足点，而所遇到的抵抗也比预料的为轻。仅是一个未来入侵的威胁已经可以把 10 个师的德军，牵制在法国的地中海海岸上，所以照英国人的看法，即使是把这个威胁变成事实，艾森豪威尔所能得到的利益也绝不会比目前大多少。"铁砧"作战因为登陆艇的问题，本已一度延期，现在联军在地中海方面的最高统帅，梅特兰·威尔逊（Maitland Wilson）就提出报告说，这个作战在 8 月 15 日以前是不可能发动的，到了那个时候，这个作战是可能已经无所需要，因为"霸王"行动也许已经成功，无论如何，那总是太迟了，对于夏季战斗的结果已经不能发生任何重大的影响。

"霸王"行动已经延到了 6 月初才发动，所以艾森豪威尔所能享有的可靠好天气，已经不能超过 3 个月。到了 10 月份，或者甚至 9 月份，气候就会变得对于敌人有利了，因为西方盟国到了那个时候，就不能够再维持着作第二次大规模登陆的威胁，同时他们的空军也就不能发挥出全力，来支援地面的作战和攻击德国的工业和交通。似乎可以这样地说，假使希特勒在夏季和初秋，能够避免具有决定性的失败，那么他就可以把战争延长，到达 1945 年的春天。因为这就是未来的趋势，所以在 1944 年的短促夏季当中，所有的联军都应该用一切的方法（威胁或行动），对于德方的重要地区加以最大的压力，这样才可以使希特勒无法采取放弃空间以采取时间的战略。

意大利就是这样的一个重要地区，而根据联军在该地的指挥官亚历山大（Gen. Alexander）的意见，也认为这个地区是已经出现了一个黄金似的机会，足以获得真正具有决定性的胜利。罗马是在 6 月 4 日就已经被攻下，联军正在追击北向败退的德军，直达比萨—里米尼（Pisa-Rimini）之线为止，这条防线由东到西经过佛罗伦萨。所以，英国参谋长们建议，集中全力以扩张亚历山大的战果，要比把地中海的联军实力分用在意大利和法国南部两个地区，实更为有利。在意大利前线上，在好天气季节尚未终了之前，是可以一直保持攻势，而不必需要喘息的机会。

马歇尔、金和阿诺德却仍然强烈地主张"铁砧"作战，不过他们却也同意应将比萨—里米尼之线以南的德军，全部加以歼灭。此外他们也同意从目前起，暂时不讨论地中海两栖作战资源的使用地点问题。6 月 14 日，威尔逊奉命继续在意大利境内发动攻势，以到达比萨—里米尼之线为限，同时准备对法国南部、法国西部或亚德里亚入海口发起进攻，作为第二步攻击计划，至于最后目标的选择则有待于战略情况的一般发展而定。

三天之后，威尔逊又在意大利与马歇尔和阿诺德会谈，他又更进一步指出一条新的可能路线：一方面增强亚历山大的实力，使他的攻势透过比萨—里米尼之线，一直深入波河（Po）流域，同时更在伊斯特拉半岛（Istria Peninola）上实行两栖作战，以作声援，并由此直向匈牙利平原发展。他认为对于欧洲的战略中心，多瑙河上流，若能形成一个直接的威胁，那么就可以强迫德军非要从法国境内撤出相当的兵力不可。威尔逊说："这样对于艾森豪威尔的帮助，也许虽然比较不直接，但是却反而更有效力。"

马歇尔回答说："艾森豪威尔之所以坚持'铁砧'作战的原因是，因为对于重要港口的需要，实在比分散法国北部德军兵力的要求，还更为迫切。"马歇尔又说："在美国已经有 40 个到 50 个师的兵力，已经可以立即加入作战，但是这个兵力却只能用在法国境内，因为在那里可以迅速地展开，而以广阔正面前进。至于地中海方面，唯一可能的使用就是进攻法国南部。无论如何，美国军队决不参加东南欧方面的作战。"

美国重视占领法国南部各港口的想法，照威尔逊看，似乎是宁可牺牲 1944 年底以前获得胜利的机会，而争取 1945 年上半年击败德军的机会。6 月 19 日，威尔逊打了一个电报给英国参谋本部，说明在年底以前对于德国南部，形成一个具有决定性威胁的重要性。在过去两个星期当中，在意大利境内的联军已经前进了100 英里，但若依照计划撤出 7 个师，以进行"铁砧"作战，那么他们的攻势马上就会顿挫了。威尔逊提出警告说：假使把亚历山大的陆军兵力抽去了 1/4，接着抽出相当的空军兵力，那么在地中海方面的攻势，就至少会有 6 个星期的停顿，这样就可以让德国人沿着比萨—里米尼之线，构成坚强的防御工事——这就是所谓"哥德防线"（Gothic Line）。

马歇尔对于这种辩论，却表示漠不关心，他认为在强烈压迫之下，德国人可以不在波河流域抵抗，而就直接退到阿尔卑斯山地，因为他们若是这样做，似乎是一点都没有什么损失。所以亚历山大若是还要继续进攻，那实在是无的放矢。这种想法与过去的经验可以说是完全不合。从沙里尔罗起，德军对于联军的进攻，是一路都曾加以强硬的抵抗，他们现在也并没有任何象征，足以证明会不战而放弃波河流域。

相反地，希特勒对于意大利北部和多瑙河上流的战略重要性，却具有极深切的认识。他害怕以波河流域为空军基地，联军的空军可以加强对于中欧战时工业的攻击，这些工厂都是为了撤出从英国起飞的轰炸机航程之外，才迁到中欧来的。同时他又希望阻止联军有由亚德里亚海而进入南斯拉夫的可能，在那里铁托的民军早已牵制住了11个师的轴心国兵力。巴尔干是一个原料丰富的地区，对于德国战时经济具有重要的价值，所以希特勒不愿意让它暴露在联军侵入威胁之下。他不得不冒这种危险，他并且准备增援意大利前线，可是他对于法国南部的威胁，却不一定太关心。他知道他可以撤出这个地区，而不至于要牺牲任何在战略上和经济上，具有重大价值的土地，同时也不会让联军获得任何的飞机场，其距离他的重要工业的航程可以比目前所已有的基地更近。因为法国铁路线，已经被破坏，所以希特勒早已不能够从西班牙获得钨矿，从罗讷（Rhone）流域获得铝矾土，而在比斯开（Biscay）湾的潜艇基地也是早就已经丧失了它的重要性。

从联军的观点看来，在意大利继续进攻实具有优良的战略理由，因为战术上的机会和补给上的资源是早已存在的。在这里美军的预备兵力可以马上展开使用，而不必等候占领或是扫清新的主要港口。那不勒斯早已在充分使用之中，从那所有直接的公路和铁路，一直到达最前线。战术空军早已发挥了很大的效力。一切指挥和行政系统都已经在顺利工作之中。亚历山大今天所唯一需要的，就是不要抽调他的兵力，可以有足够的理由相信，甚至在"铁砧"作战尚未开始发动之前，他就已经可以到达渡河流域了。

英国的参谋首长们赞成威尔逊的主张，但是这种对于巴尔干作战的公开赞成，反而更激怒了美国人，使他们不想再等候战略局势的发展，就马上作成一个决定，以期有利于法国南部的作战。回到华盛顿之后，马歇尔就要求罗斯福亲自出面干涉，于是他在6月29日打了一个电报给丘吉尔，重申他主张入侵法国南部的意见，他说："根据在德黑兰会议，美英苏三国所获致的协议，我在没有获得斯大林的同意之前，是不主张将人员和装备用到任何其他地区去的。"

× × ×

这样就算是解决了这场争执，因为在德黑兰会议时，斯大林是始终坚决反对美英两国在东南欧作战的。实际上，因为他猜到了一旦诺曼底入侵战成功之后，丘吉尔就一定会重新提出巴尔干战役问题，所以斯大林曾经先下手为强地说："若是可能的话，对于法国南部的攻击，最好是在'霸王'行动前两个月就发动。"

固然，罗斯福因为想要和斯大林维持友好的关系，这是一个主要的政治因素，使他坚持"铁砧"作战。但是同时他又提醒丘吉尔说，任何联军在诺曼底战场上的顿挫，都足以对于美国 11 月间的大选，发生重大的影响。并且罗斯福也注意到在这个大选年中，他的一切行动都要特别审慎，不要让人家有借口可以攻击他，是使用美国的兵力来达到英国政治目的。他知道若是卷入巴尔干旋涡，则势必无法避免这种指摘。相反地，在法国南部发动攻击，则很容易获得美国人民的同情，甚至主张先击败日本的人士们，也都不会加以反对。自从 1776 年以来，法美两国之间就一直有了深厚感情的联系，因为在美国独立战争当中，法国人曾经极力相助，所以今天为了解救"姊妹共和国"，美国人民是似乎应有流血的义务。1942 年 1 月间，美国人投掷在法国境内的第一张传单，就已经充分地表示出来这种信心，它上面这样地写着："你们曾经把自由给予我们，我们将要使你们重获自由！"

不过"铁砧"作战虽然有这些政治上的理由，但是当马歇尔和艾森豪威尔作此主张的时候，他们却并不曾考虑到这一方面。他们认为这个作战，与渡海入侵的主要作战，实在是一个整体，并且是非要不可。早在1942年，马歇尔就曾经认定，法国应该是一个决战场，并且批准了艾森豪威尔的越过海峡进攻的计划。若不是马歇尔坚决地主张，这个计划也许就永远不会变成事实，但是他这种过分单纯的心灵，也自有其弱点。艾森豪威尔对于他的参谋总长，是颇为推崇，认为只有他才能够作这样伟大的决定，不过话虽如此，马歇尔因为要作这个决定，所以就把他心灵的窗关闭了起来，对于世局的演变所创造出来的任何其他有利机会，也都一律视而不见了。他似乎也和艾森豪威尔完全是一样的，相信下边的理想："虽然在战术方面，是常常要用投机主义，但是在战略方面，投机却是非常的危险。"不过假使总是不想投机，那么也许就会丧失了一切的机会。

在这个阶段，似乎应该把马歇尔的弱点，作一个详细的检讨。1942年，他一直主张在那年夏天夺取瑟堡半岛，因而使联军入侵北非的作战，一再地受到延迟，结果使联军丧失了在冬季以前，在突尼斯获得一个具有决定性胜利的机会。1943年，他又反对入侵意大利，使联军在墨索里尼崩溃后，坐失了迅速登陆，以扩张战果的机会。现在，他又在拒绝一个伟大的战略机会，因为这个是与他事先预定的计划不符合的。

马歇尔本是一个军事行政家，而不是一个战略家。在组织工作方面，尤其是如何动员美国人力和物力的问题，这才是他的拿手好戏。他的见解是果敢而清楚，他的决断是迅速而坚定。由于他的人格完整和外交手段，他深得美国国会诸公的支持，有时连罗斯福总统都赶不上他。美国之所以能够这样迅速地建立一支训练优良和装备精锐的大军，马歇尔的功劳是要比任何人都要更大。这就是他对于联合国的最大贡献。但是，到了要把这个庞大的兵力用到战场上去的时候，马歇尔既没有战略上的天才，又没有实际作战的经验，以来指导他怎样地作判断。他的理想是单纯而硬化。对于他而言，一切军事力量的应用似乎主要的都只是补给问题。在考虑战略问题的时候，他似乎很少注意到敌人的观点，因为这种想法对于美国陆军而言，本是一种新奇的想法。美国陆军一向只知道"尽其在我"的道理，他只注意到集中全力来发展他们自己的实力，而与英国陆军不同，从来不想到打击敌人的弱点以来寻求胜利。所以马歇尔所关心的，就是如何把极大量的兵力集中在一条单独的战场上，这完全都是行政问题。他为了"霸王"行动已经建立、训练和装备好 60 个师的美国陆军，所以现在当然需要找一个空间和机会来运用他们。

艾森豪威尔对于战略方面，也是抱着同样的信念。根据他的作战计划，那就是假定联军应从瑞士起到北海止，采取一条不断的广正面，而向德国边境推进，于是法国南部主要港口的占领，当然也就有此必要了。此外，在目前他又害怕诺曼底桥头阵地会被封锁住。到了 6 月底，他已经感到焦急和不耐，因为他并不完全了解蒙哥马利的妙计：是先设法使敌人丧失平衡，然后再用单纯而具有歼灭性的一击来实行突破。所以，艾森豪威尔也要求从法国南部登陆，以解除僵持的危险，这样可以攻击诺曼底德军的侧翼和后方，并消灭那本来会使用到正面来的敌军。艾森豪威尔在 7 月 6 日，曾经写了一封信给威尔逊，说明他这种看法，接着在第二天他又写信给蒙哥马利，提醒他要避免"使我军被封锁在桥头阵地之内"，由这两封信合并看来，就可以明了艾森豪威尔的观点了。

美国人既已决心实行"铁砧"作战，其唯一无可避免的结果，就是使亚历山大徒然丧失了一个扩张战果的难得机会。他不仅是损失了7个师的兵力，而且对于那些本应该休息的部队，也都没有调换机会，甚至在前线上作战的部队也都缺少供应物资，因为一切运输工具，都已经优先分配给"铁砧"作战了。

所以从南面威胁欧洲战略中心的计划，终于放弃了。这个把地中海重心由意大利移到法国南部的决定，就无异于从7月初起到8月中止，把联军沿欧洲南面侧翼的攻势大幅减弱了——在这6个星期的夏季战斗中，诺曼底的斗争已经到达了最高潮，而苏联的夏季攻势也正在全面进展之中。当联军东西夹击的时候，希特勒在这个危险的关头，却不用担心他的南线，这未尝不是一种天幸。

这个判断不仅是代表英国人的见解，美国人士当中了解这一件事情的前因后果者，也莫不持着同样的看法——例如马克·克拉克将军（Gen. Mark Clark），当时在意大利作战的美军第5军团司令，以后又曾任美国驻奥地利的高级专员。在他的《有计划的冒险》（*Calculated Risk*）一书当中，曾经有下边的一段话：

> 一个可能要改变西方世界与苏联间整个关系历史的战役，就是那样听其无形地阴销了，虽然不能说是毫无代价，但是却绝对是得不偿失……这不仅是我一个人的意见，所有曾经与这个问题发生过接触的专家们，也都莫不同意我的看法。削弱意大利战场上的作战实力，改以入侵

法国南部为目的，而不再向巴尔干推进，这实在是战争期中的一个极大的政治错误……斯大林很确切地知道他在政治方面需要些什么，正和在军事方面一样地清楚，而他最希望的事情就是不要我们进入巴尔干……所以，很容易看出来，为什么在德黑兰会议中，斯大林是主张"铁砧"作战的。……但是我始终不了解，为什么当战争情况已经改变了之后，英美两国的当局却不能够平心静气地坐下来，再把整个的局面重新检讨一次。……那是毫无疑问的，英国人对于巴尔干问题是很关心的，但是……美国的高级决策者对此却毫不感兴趣……以后在奥地利，我才完全明了了，由于我们没有进入巴尔干的缘故，真是不知道损失了多少的有利机会……假使我们能比红军早进入那里，那么不仅德国会提早崩溃，而且苏联的势力也就会大大降低。

克拉克这一席话，并不是"后见之明"。当马歇尔6月间在罗马的时候，克拉克对于入侵巴尔干一节，曾经向马歇尔提出坚强的要求。当这个要求碰了钉子之后，他在日记中写着："德国人是已经失败了，组织和士气都已经崩溃。现在是我们扩张胜利成果的时候了。可是，就在这个大功告成的半途上，我却损失了两个军部和7个师的兵力。这才真是糟不可言。"

在法国南部登陆的准备还正在进行的时候，诺曼底的战况由于美军已在布列塔尼突破，而大有改进了。所以英国参谋本部就向威尔逊建议，把原先准备在法国南部登陆的部队，直接开入布列塔尼，因为在这里登陆可以不会受到一点反抗。8月5日，丘吉尔在艾森豪威尔总部会餐的时候，这整个的问题又曾经提出来重新讨论。英国首相指出马赛的占领现在已经没有必要，因为从美国直接开来的部队，现在已经可以在布列塔尼的深水港里登陆了。因此入侵法国南部的行为在战术上，已经对于北面战争的发展不会有太大的作用，所以"铁砧"作战的兵力最好还是用在意大利和巴尔干，因为当地的地下武力早已经起事了。

艾森豪威尔却回答说："我们必须要在北面占领了安特卫普，在南面占领了马赛之后，那么在供应和行政方面才足以应付得了征服德国的重任。"他又指出，从布雷斯特到梅斯地区的距离，还要比从马赛到梅斯更远，而且布雷斯特港口也是残破不堪的。丘吉尔的意见，有英国的海军总司令克宁汉和艾森豪威尔自己的参谋长史密斯等人的拥护，但是艾森豪威尔却坚决不为所动，始终咬紧牙根，只说一个"不"字。

不欢而散之后，丘吉尔又希望从政治阶层方面，重新提出这个问题，但是他知道再谈巴尔干问题也是毫无用处，尤其是戴高乐已经提出保证，说现在地中海方面的 7 个师法军，是准备使用在法国的。丘吉尔于是向霍普金斯建议，把"铁砧"作战的兵力改用到布列塔尼方面，但是像这样一个对于原定计划的重大改变，必须要得到罗斯福本人的同意，而这个时候，他却恰在太平洋北部视察，短时间不能回来。假使早照 6 月间英国参谋本部的建议，让威尔逊事先已有准备，那么这种改变也许都还来得及。不过，现在距离"铁砧"作战的目标日已经只有一个星期；入侵军已经就要准备启程，又因为船只不够的原因，来回就更慢——这时有许多参加诺曼底作战的美国登陆舰艇，都已经纷纷调往太平洋了。

那是早就已经太迟了。意大利的机会是在 6 月间就早已放弃，现在若再把兵力转用到布列塔尼去，结果只是使 7 月初从意大利调去的各师，更迟迟不能回意大利来。亚历山大的部队在 8 月 13 日进入佛罗伦萨，但是他们已经成为强弩之末，而德军已经有足够的时间，守住哥德防线。两天之后，当美军第 7 军团，由帕奇中将（Lt. Gen. Patch）率领之下，在蔚蓝海岸（Cote d' Azur）登陆的时候，希特勒除了在土仑和马赛略留守兵以外，其余所有在法国南部的德军全部奉命撤出。到了 8 月底，联军虽已占领了这些深水港口，但是它们却都已经遭受重大的破坏；而沿着罗讷河谷前进的美法两军，却还没有到达里昂（Lyons）；德军第 19 军团对于后卫作战，执行得十分地技巧而勇敢，所以使联军并不能够切断由比斯开湾退却的德军第 1 军团的退路，同时更难如艾森豪威尔所预料的，对于在法国北部作战的联军，能够作确实的战略和战术性的支援。

实际上，一切正和理想相反，联军在法国南部一经登陆之后，希特勒对于意大利前线却不再感到焦虑了，于是他立即命令凯塞林把戈林装甲师调往波兰，并把他手里的两个最强的装甲步兵师（第 3 和第 15），也调往法国。这两个师就构成一个核心，以供希特勒在马斯河上流，抵抗巴顿军团进攻之用。

入侵法国南部的作战，是来得太迟，对于诺曼底的胜利已经毫无贡献之可言，但是对于这个胜利战果的扩张，却具有相当的影响。在已经把联军地中海战略弄糟了之后，现在又接着要把西线战场的战略也同样地弄糟……结果在目前是使希特勒深受其利而最后更使斯大林得其所哉。

第二十四章 | 大辩论

在巴黎沦陷的那一天，联军最高统帅部的情报汇篇，在检讨西线战场情况的时候，曾经作下列的结论："两个半月来的苦战，使好战成性的德国人也感到吃不消，欧洲战争的结束已经在望，甚至几乎已经可以到达。德军在西线战场上的实力已经全被击溃，巴黎又已经重新属于法国，而联军也正在如潮水一样的，向第三帝国的边境涌进。"

的确如此，欧洲战争的结束实在是几乎可以达到。在滩头与塞纳河之间，联军已经一度获得了空前的胜利，若是对于这个战果能够迅速而适当地加以扩张，则这场胜利也就可以具有决定性了。在 D 日之前，联军统帅部的计划人员曾经拟定一个"长期的战略观念"，艾森豪威尔就采用这个观念，来当作他的作战计划的基础。在这个计划里面，他假定到了 D+90 日，德军应该已经被赶过了塞纳河，但是联军却必须等待布列塔尼方面的港口已经整理就绪，并且从美国已经有直接增援的部队到达之后，才会有能力攻破这一条沿河构成的防线。在第一次大战中，美军进入欧洲的主要港口，就是布雷斯特，所以这次当然还是首选。不过，因为德军可能会把它彻底破坏，使它不堪应用，所以就又有一个伟大的计划，准备在布列塔尼半岛南面海岸上的基伯龙湾，建立一个新的港口，在确保了若干深水港口之后（连法国南部也算在内），联军就可以有力量，将德军再逐退到齐格菲防线。不过艾森豪威尔却认为，他至少要有 60 个师的兵力，才足以获得具有决定性的胜利，或是对于德国境内作任何的深入。

艾森豪威尔说，在渡过了塞纳河之后，他主张采取一个广正面，齐头并进，而把重点放在左翼方面。使他的主要攻击方面向东北面发展，于是就可以打开海峡方面的各港口和安特卫普，扫清那些 V 型武器的基地，并且直接威胁鲁尔地区。不过此外，他又计划让他的右翼向东进展，以威胁萨尔盆地（Saar Basin）为目的，并与南面"铁砧"作战的兵力相会合。艾森豪威尔认为，整个战线的连成一片是非常重要，这样可以使我军不必保护那绵长的侧翼，所以他主张构成一个连续的战线，强迫敌军必须同时应付两个主要的威胁。虽然他也认识包围鲁尔区的重要性，但是他却主张先占领莱茵河全线，然后再向德国内地作一个最后的攻击。艾森豪威尔说："我们要使我们实力的全部都用来抵抗敌人，都具有机动性，也都直接用来歼灭敌人的野战军。"

假使诺曼底战役的结果，并没有把这个计划的假定推翻，那么这个计划也许就会是很适用的。因为希特勒坚持着寸土必争的战术，所以他无异于帮助了蒙哥马利，构成一个完全突破所最需要的好条件；他又坚持在莫尔坦地区发动反攻，并且在法莱斯滞留太久，希特勒已经把他所有的兵力都消耗殆尽，现在既不足以守住一条新的防线，也不足以掩护一个总退却；最后，到了"13点"的时候（意即已经太迟了），希特勒又把第 15 军团的主力调往塞纳河以西，因此他已经没有有组织的精兵，足以扼守通到鲁尔地区的进路。所以艾森豪威尔就说："敌人已经再不能够组成一条连续的防线，以来抵抗我军的前进。"

那么在这个时候，联军究应采取何种的对策？是用 4 个军团的兵力，沿着宽广正面，齐头并进地直趋莱茵河全线呢？还是对于德国国力的心脏地区，在这个时候首先加以果敢集中的一击呢？这就是鲁尔—亚琛（Aachen）地区，它的硬煤产量占德国全国总量的 51.7%，毛钢产量占德国全国总量的 50.4%，德国若是没有这个基本资源，那么它的军火生产虽然不说是会完全停顿，至少也会一落千丈了。在东线作战的德军，也许有一个时期，还可以勉强靠东德、波兰和捷克的矿产和工业，来维持作战，但是这却绝不够两个战场的需要。假使能够占领或破坏鲁尔地区和莱茵兰地区（Rhineland）的工业，那么无论希特勒能够调集多少部队，送到西线战场上来作战，也都不足惧，因为他已经无法使他们获得能够作战的装备。

现在鲁尔地区已经岌岌可危，因为德军已经没有预备队，也丧失了机动性，绝对无法抵抗一个集中的攻势。因为他们一向就缺乏汽油，所以德军的摩托化程度，实远不如西方国家。甚至在闪击战的黄金时代，他们对于大规模的行动，还是依赖铁路的运输。他们的装甲师固然是已经机械化（不过程度还是不如联军方面），但是在一个步兵师里面，有 2/3 的车辆和火炮都是用马拖的。所以德军实际上还是一个徒步行军的部队。他们本来就已经缺乏机动性，现在由于下列的几个原因，就更是每况愈下了：（一）德国空军的惨败；（二）西线战场上铁路几乎全被破坏；（三）自从 D 日起，在法国至少损失了 1.5 万辆卡车；（四）对于幸存的车辆，现在也很难找到燃料。在这个环境之下，逼得希特勒势必要防守一条绵长的防线，从瑞士边境直到北海为止。因为没有预备兵力，而且又无法把这个地区的兵力，迅速转用到其他的地区去，他对于整个防线的哪一部分，都不敢不设防。

可是艾森豪威尔并不是取守势，所以实无采取宽广正面，而分散兵力的必要。相反地，战场上的情况却要求他用狭窄的正面，作深入的突击，因为这就可以使已经丧失了机动和分散了兵力的德军，更感到无法应付。于是更使联军可以尽量发挥在集中和运动两方面的绝对优势。所以假使他要能够作这样的一个单纯而又有力的攻击，那么他就可以一刀将德军防线斩断，一直到达莱茵河。这种行动实际上毫无危险。因为在下一个月当中，德军既没有足够的机动兵力，可以发动一次反攻；又没有足够的预备兵力来加厚防守的力量。同时，艾森豪威尔又可以不必关心南面侧翼的安全，因为巴顿就早已证明过，这是可以使用空军来维持的。

甚至在联军尚未到达塞纳河，或是封锁住法莱斯袋形地区之前，蒙哥马利就已经料想到会有这个唯一的机会出现。8月17日，他向布莱德雷建议："在越过了塞纳河以后，第12和第21两个集团军，应该集中在一起，构成40个师兵力的大集团，它的实力是那样的强大，简直可以说是什么都不怕了。这支兵力应该向北面前进。"加英军直指加来和安特卫普，而美军则向布鲁塞尔和亚琛进攻，而把它的右翼放在阿登高地上面。当布莱德雷第一次听到这个计划的时候，他似乎是很表同意，可是到了19日他却报告蒙哥马利说，艾森豪威尔是主张将这个兵力分割开，把一半送往西方而以南锡为其目标，这样才可以符合最高统帅部的长期战略观念。

现在应该马上作一个明确的决定，这似乎是非常的重要，因为事实上早就应该决定的，可是蒙哥马利一直到 8 月 23 日，才和艾森豪威尔见到面，以前都没有直接讨论这个问题的机会。于是蒙哥马利很直率地提出这个问题来。他说：

> 从补给方面来说，我们所有的资源是不使两个集团军，同时维持它们的最大压力。唯一的办法就是右边暂停而左边攻击，或是左边暂停而右边攻击。我们必须首先决定主攻的方面，然后把一切的力量来支援它。假使我们把所有的力量分散开，而采取一个宽广的进攻正面，那么我们就会无处不弱，而永远不会有成功的机会。

蒙哥马利又重新提出他曾经向布莱德雷谈过的计划，主张集中全力北向，以猛攻鲁尔地区为目的，并且建议仍由他同时指挥这两个集团军，以使这 4 个军团在行动上和补给上，都可以受着一个计划的支配。艾森豪威尔却回答他说，他仍想采取宽广的进攻正面，因为巴顿必须向东行动，以与法国南部的兵力会合；又因为各集团军已经改取分散的进攻路线，所以他提议从 9 月 1 日起，由他本人直接指挥陆地上的战争。

× × ×

这个改变指挥组织的决定并不完全是艾森豪威尔的主张。当 1943 年 8 月魁北克会议中设计"霸王"行动指挥系统的时候，大家曾经同意最高统帅应该是英国人，而联军的海空军总司令则都由英国人充任，唯有陆军方面则不另成立总司令部的组织。因为部队的大部分都是由美国供给（最后美军与英加军之比将为3∶1），罗斯福和他的参谋首长们当然不愿意让一位英国将领来充任陆军总司令，同时美国方面目前又提不出一个有充分声望和经验的人选来。所以，他们就主张在第一个突击的阶段过去之后，每一个集团军都由他们本国的将领指挥，而再直接向最高统帅负责。

在魁北克会议之后，情况的变化也使美国人认清了有另设一个陆军总司令的必要，不过当第 21 集团军总司令发表了蒙哥马利当任总司令，而不是亚历山大的时候，这个机会也就跟着丧失了。1943 年在地中海作战时，亚历山大以联军副统帅的身份，代替艾森豪威尔指挥一切的陆上作战，曾经获得艾氏的信任，他说亚历山大是："英国在战略方面的第一个杰出人才……为人极友好而易于共事，深为美国人所喜欢。"在他受命出任"霸王"行动统帅时，艾森豪威尔曾经表示，他很愿意亚历山大指挥英国的侵入军，但是丘吉尔认为意大利的战局不可以放松，所以决定亚历山大还是留在那里。因为亚历山大对于美国方面的人缘要比蒙哥马利好，所以丘吉尔认为若是亚历山大指挥意大利境内的战争，则地中海方面也许可以比较多获得马歇尔的支持。最后，丘吉尔才决定发表蒙哥马利充任第 21 集团军的总司令，而艾森豪威尔也说："这个人选是我可以接受的。"艾森豪威尔对于蒙哥马利的了解，也许比任何其他的美国人，都要更清楚，但是他却也知道，没有几个美国将领可以与这个阿拉曼的胜利者，长久共事的。蒙哥马利相信从上到下的强力指挥和严格控制，就是争取胜利的唯一先决条件，所以他总是把缰绳拉得很紧，这种态度对于美国人而言，则似乎是对于部下太不公平，而且毫无道理地限制了他们的主动能力。

当艾森豪威尔授权蒙哥马利负起全责来，计划和指挥初期的战事时，美国人的不愉快情绪马上就开始表现出来了。1944 年 1 月 12 日在伦敦的某一次会议中，蒙哥马利发言的姿态，似乎是以英美两军的"指挥者"自居，于是布莱德雷就立即提出抗议，根据美国空军第 9 军司令布里尔顿的日记，他说："从此，蒙哥马利就把他的身份弄清楚了。他仅仅指挥英国和加拿大的部队，但是对于美军的行动，却只可以向布莱德雷提出建议。"

不过，实际上，蒙哥马利的权限却比仅仅是建议，要广泛了许多，因为艾森豪威尔一直坚持着，诺曼底是一个统一战场，所以必须由一个单独的战场指挥官来总揽全局，而蒙哥马利又具有清楚的头脑和坚强的人格，足以使布莱德雷也不能不勉强接受他的领导。不过大家都有一个很明白的谅解，认为他这种权限只是战术性和暂时性，而一旦美军第 12 集团军正式成立之后，艾森豪威尔即将亲自指挥所有的地面部队。这个改组的确实日期并无规定，不过根据联军统帅部和第 21 集团军总司令部的计划，都是假定当联军到达塞纳河时，即可以作这样的调整，换言之大致日期就是 D+90 日。

不管美国人在职业能力方面，是怎样推崇蒙哥马利，但是对于他的个性，却不免有疑忌之感，因为他那种态度和方法都足以激起他们对于握有大权者的传统不信任心理。这与个人的人格无关，这是一种原则上的问题。美国人在本性上，就是对于威权容易发生反感，这是从美国建国以来就一向是如此的，其影响之所及就使他们军队中的指挥政策也具有一种分层负责的特点，几乎每一个阶层都有相当的独立性，和相当的责任感。艾森豪威尔说：

美国的主义总是把一个任务交给一个战区指挥官，并且供给他以一定数量的兵力，然后当他执行他的计划时，尽可能地听其自由，不加干涉。把这个原则推广到战术的范围，他又说："对于一个有资格的指挥官，通常只要把一个一般性的任务指示他，譬如说是攻还是守，然后再给予他以达到任务的工具。这样他就可以有充分的自由，来达到他上级的一般目标。"

布莱德雷对于这个主义更是推行得更远，因为他相信：

当你当军团司令的时候，你甚至也不应该告诉你的军师是去怎样执行他们自己的职务。你只是给予他们一个任务，而怎样去执行它却是你部下的责任。当然地，你可以有随时指导的权限，并且可以与部下讨论和建议他们怎样地工作，但是他们却并没有一定要听信你的必要。

相反地，在英军方面，指挥体系是非常地集中和硬性化。在一般的情形，他们的命令都是很详细，而在执行时也受着很严格的监督，与美军的情形完全不同。在准备诺曼底作战时，海军总司令拉姆齐就曾提出报告说："美国的海军将领们都认为他的命令很琐碎，而且有侵越部下权限的意味。"此外，艾森豪威尔也会说过："伦敦的英国参谋本部和战场指挥官之间，每天都维持着极密切的联系，并且坚持着要他们经常供给极详细的报告……而在我国军中，这种报告通常很少有能到达一个军团级司令部的。"当他发现了英军这种情形之后，简直不免骇了一跳。他和多数的美国将领们都反对这种办法，因为他们相信其结果就一定会使军事计划受到唐宁街十号的政治压力。

关于这两种指挥制度的优劣，不是我们今天所要讨论的目的，因为适合于这一个国家的制度，却不一定适合于另外一个国家。不过，美国将领们对于英国制度表示讨厌，尤其是对于蒙哥马利本人，那却已经是毫不足怪了。对于他们而言，蒙哥马利的方法却是无一不使人讨厌，因为他似乎是一个天生的指挥官，一向以指挥旁人为一种自然的生活方式。同时，他也从不以一个平常人自居，他和普通人都完全隔离。他不和女人们绞在一起，也从来不和那些"孩子们"一同吸烟、喝酒和打扑克。从来没有人敢拍拍他的背心。因为他单独地住在一个小型的战术司令部里面，除了少数的副官和联络官以外，其他人就很难与他发生接触。不仅是美国人讨厌他，连英国海空军也同样讨厌他，譬如说他自己不出席会议，而只派参谋长代表，这都是使人不愉快的事情。

毫无疑问蒙哥马利不免有一点矫揉造作。他并不是一个判断力极为敏锐的人，不过一但当他立下决心之后，他却会表现出有无比的信心，同时他在表示意见的时候，总是很直率粗鲁，似乎没有空来作语言上的修饰。当他专心作战的时候，他似乎是不愿意与社会接触，实际上这却是伪装的，因为他并不如美国人所想象的那样孤立、高傲和缺乏友情。他对于他自己部队的热爱，要在当代一切英国将领之上，同时部队对于他也显示出无比的忠诚。凡是为业务关系来见他的人，总是会觉得他是很和蔼可亲的，同时在私人讨论时，他也尽量地听取专家们的意见，不过他却相信："你决不可以用一个参谋会议的形式来指挥一个军事上的行动。那实在不过是胡闹而已！"

当蒙哥马利召集高级将领们开会的时候，他的目的是给予他们训示和命令，而不是为了集思广益。当他提出一个计划的时候，他总是非常清楚、直接和简单，但是有时又使人感觉他是勉强地说服了他的听众。因为他是惯于用极简单的语言来说明任何的问题，并且同时表现出他的炽热信心，以使大家会感到这个问题是很容易解决的。他的参谋长德甘冈曾经说过："每当谈论到某一个问题时，蒙哥马利总是把那些枝节都完全砍断，而直接提出那些真正重要的因素来。有人说他是过分的简单——这却也有几分中肯。"这是代表英国人的观感，可是对于不常与他接触的美国人，观感却又不同，这种简单的语言就似乎含有一种傲慢的滋味。

美国人对蒙哥马利的态度，不能全归之于民族间的偏见，虽然这也是其中因素之一。有一位美国大将，他的态度和方法很和蒙哥马利相似，结果也同样使美国一般人对他容易发生反感。麦克阿瑟将军就是一个比较专制的领袖，尽管大家都承认他是一个伟大的战略家，但是多数的美国人却很不喜欢他。相反地，巴顿奇特的个性也很像麦克阿瑟和蒙哥马利，甚至表演得还要过火些，但是他却并不曾挑起同样的恶感。他的行动虽然使他得不到高级人物的赞许，但是却并不令人觉得他是一个专制魔王。他腰间挂着宝石枪把的手枪，充分地表现出西方洪荒时代的传统，所以照美国大兵的心目中看来，他是很温和和亲切。虽然他也很会装作他是一个煮硬了的鸡蛋，可是事实上他却是具有强烈的情感，而且心肠很软。当他深被感动的时候，他会不禁下泪。而且，不管他表演得是怎样的戏剧化，他的目的却只是表现他个人的英勇，而不是表现他在职位上的无限权威。虽然他在行为上常常不免要使用高压手段，但是他的指挥方法却还是完全合于美国人的原则，他还是有一个"民主"将军的风度，在每天的会议中和他的僚属们一同讨论他的作战计划，并且他也绝对遵守下边的原则："绝对不要告诉人们怎样去做，而只要告诉他们应该做些什么，那么他们的天才就会使你们感到惊异。"

在登陆突击的阶段，美国人是准备接受蒙哥马利的领导，因为诚如艾森豪威尔所说，他们都认为对于一个正式攻击的准备，蒙哥马利实在是最拿手。在诺曼底作战时，蒙哥马利也特别地修改他的指挥方法，以使它比较可以让美国人所愿意接受。他的这个做法并非不成功，因为布莱德雷也批评他说："在执行他的权限时，蒙哥马利是智慧的、忍耐的和有节制的。"接着他又补充说："我不会希望有一个指挥官，会比他更容忍和更公正。"登普西和其他的英国军官们认为在桥头之战时，蒙哥马利对付布莱德雷，是极尽耍手段之能事，不过事实上却无可厚非，因布莱德雷所执行的都是蒙哥马利的计划。

当蒙哥马利想把德军的装甲兵力，吸引在英军战线方面，而好让布莱德雷去准备突破的时候，在那几个星期当中，美国人就开始感到不耐烦了。蒙哥马利想尽量地减少战斗，而用高明的战略来获致胜利，结果却使人把它当作一个证据，攻击他是过分的小心和软弱，而且使人相信他对于追击和扩张战果的工作，是不很适宜的。所以，在一经突破之后，布莱德雷就逐渐希望能够有完全的独立权，而各行其是了。差不多在同一时间，联军最高统帅部中的领袖人物们（其中英美两国的人员都有），也就拼命地怂恿艾森豪威尔不宜再延迟，而立即亲自接替蒙哥马利的指挥权。

8月17日，美国的报纸又揭载了出来，虽然布莱德雷现在指挥着一个美国的集团军，但是他却还是要接受蒙哥马利的"战术控制"，于是美国民意哗然，这个私人的压力就发展成为公众的要求了。马歇尔立即出面干涉，他警告艾森豪威尔说，这个新闻已经挑起了激烈的评论反应，所以也催促他立即直接指挥陆军的作战。这样就成为定局了，不过即使马歇尔不采取行动，艾森豪威尔也不会再拖延太久，因为这种安排既不为前方美军官兵所愿意接受，又不为美国国内人民所喜欢。

由于艾森豪威尔决定采取宽广正面前进，所以新的指挥组织在某种程度上看来，也就是这种决定的自然后果。因为第 21 集团军和第 12 集团军现在是采取分进的路线，而从法国南部开来的第 6 集团军也就要改归艾森豪威尔指挥，所以他现在连"战术上调协"的工作，也无法再让蒙哥马利担任了。当艾森豪威尔提出这一点的时候，蒙哥马利又建议应该任命布莱德雷为陆军总司令，而他本人自愿在他指挥之下作战。他辩论着说，近代的战争是运动得太快，所以陆上的作战必须要有一个单独的指挥官，继续不断地严密控制着它，这个指挥官要能够一天又一天，一个小时又一个小时，始终不分心地注视着战局的发展。艾森豪威尔却拒绝了他这个建议，他说因为一方面，英国人不会赞成把布莱德雷升到蒙哥马利的上面，同时另一方面，蒙哥马利所主张的这种控制办法，对于美国的军事习惯也是格格不入。艾森豪威尔的见解是："每一个集团军总司令在他的指定地区之内，就是一个陆军总司令；换言之不仅是一个总司令，而是 3 个总司令了。"这种"一国三公"的办法当然是很不妥当，那是不用再解释的。（注：8 月 31 日，蒙哥马利正式交出指挥权，他立即被英国政府擢升为元帅。）

×　×　×

虽然当时的情况，使得艾森豪威尔是不得不亲自指挥陆上的战争，但是他这件事却是十分的不幸。当他担任联军统帅的时候，所给予人的印象表示他是一个军事政治家，而不是一个大元帅。在过去两年当中，除了最初在突尼斯战役中的一个极短时期以外，他从来没有企图过直接指挥他的陆军，他的天才和训练使他最适宜担任下列的工作：建立一种政治上和补给上的条件，以使整个的作战计划和他的野战指挥官们的行动能够极顺利地完成。对于纯粹战略和战术的问题，他仅仅以决定广泛目标和政策为满足，而以仲裁者和调解人自居。在诺曼底也和在地中海一样，他完全把全部责任都交给他的集团军总司令，让他去计划和指挥作战。这是一个很明智的政策，因为他也绝没有时间，来同时担任最高统帅和陆军总司令的双重职务。

此外，艾森豪威尔是一个诚实而严谨的人，他自知他对于战术问题没有什么经验，所以当他与蒙哥马利和巴顿等人在一起的时候，就不禁使他有一种职业上的自卑感——因为这些人都是对于指挥具有长久的经验。因为他自己并没有一种战争哲学，是曾经亲自用行动试验过的，所以除非万不得已必须要作决定的时候，他总是很不想发表他的意见。照一般惯例，他总是愿意征询所有有关人员的意见，然后再制定一个折中方案。当他若是能够把所有的指挥官和顾问们，都会集到一堂来举行会议时，他是具有一种特长，能够把许多不同的意见综合起来，而作成一个单独的解答。不过当他的指挥官们现在所分散在法国战地上，无法共同会议的时候，他就很容易接受那个最后比较强烈的意见。

　　这似乎是一个很公正的批评，艾森豪威尔是具有一种过人的特长，使他能够成为一个最好的最高统帅，但是在这个时候，这种特长却也恰好使他不能成为一个战场上的优良指挥官。他的最大天才就是能够把这个联合的球队掌握着，使他们合作无间，他善于调处民族间和三军间的冲突。不过就目前所发展出来的情况而言，艾森豪威尔的容忍风度和妥协的精神，都变得有害无益。这种情形需要一个有果敢计划的人，一个总司令在实现他的战略理想时，应具有坚决的意志，而不顾及任何其他外力的影响。

　　8 月 23 日，蒙哥马利向艾森豪威尔所提出的计划，是很够果敢的，但是那却要阻止巴顿和第 3 军团的前进，而让他在英美联军直趋鲁尔地区的时候，停下来担任保卫侧翼的防守任务。艾森豪威尔的第一个反应就是说，即使这是军事必需的（他实际上并不作这样的看法），但是在政治上也无法阻止那么狂喊着要前进的巴顿。艾森豪威尔说："美国的公共意见不会支持它，而公共意见却能赢得战争。"蒙哥马利的答复却说："胜利才能赢得战争。把胜利给予人民，他们是不会管这个胜利是谁得来的。"

　　蒙哥马利的这种想法，对于英国人而言，也许是对的，但是艾森豪威尔却知道他那些在战场上的士兵，和在国内的人民，对于战争却另外有一种最单纯的看法，那就是和看美国式足球的情形差不多。巴顿正带球前进，并且正向敌方球门冲去，而所有的美国人也都在向他欢呼。所以照艾森豪威尔的看法，无论是打仗还是打球，都没有把球从他手里抢下来的道理。巴顿已经有事实，足以证明他是一位勇将，而且他的部队早已越过了塞纳河。蒙哥马利没有那样的好名誉，而且他的部队也还没有到达塞纳河。不管是英军还是加军，似乎都没有那种冲力，足以和美军相比拟。

所以，无怪乎艾森豪威尔在这个时候会表示怀疑，他觉得在蒙哥马利驱兵北上，尚未到达鲁尔地区以前，德军也许早就会把防线巩固住了。

相反地，艾森豪威尔对于海峡港口和安特卫普的获得，却认为是越快越好，要达到这个目的，也就势必要给予蒙哥马利以相当的优先权。所以他决定用美军第1军团来支援英军向安特卫普的进攻，而同时第3军团则继续兼程东进。这个折中方案的结果是虽然巴顿的攻势并未被阻止，但是霍奇斯所部的3个军当中，却有两个构成了登普西的侧翼，由巴黎向布鲁塞尔前进。不过艾森豪威尔又说，一旦当蒙哥马利占据了加来方面的V型武器基地和安特卫普之后，巴顿就更要继续东进，以到达萨尔地区为目标，并在孚日山脉（Vosges）与第6集团军相会合。

蒙哥马利似乎也暂时以此为满足，但是却仍然害怕假使巴顿被准许继续前进，那么向北面的攻势就不能够彻底地发挥它的攻效。不过无论如何，这个攻势是并不能够马上就发动的，因为凡是曾经参加法莱斯袋形地区战斗的英美部队，现在还只是刚刚接近塞纳河。登普西只是在韦尔农（Vernon）建立了一个小型的桥头阵地，而他的装甲师也还没有一个曾经到达了河边。所以，第2军团不到8月29日，是无法从塞纳河上开始向前进攻的。

到了那个时候，第3军团却早已越过了马恩河，占据了沙隆（Chalons），开始接近兰斯。一直到目前为止，巴顿是从来没有缺乏过补给而阻碍了他的前进，因为他所需要的补给品都是用空运方式，每日运送500吨到奥尔良。不过现在这种空运却已经不能维持，因为运输机要改用去运粮接济巴黎，和准备在加来实行空降作战。所以到了28日，布莱德雷就想坚持要第3军团停止在马恩河上，而让第 1 军团先向北面进攻。巴顿说："我花了很多的口舌，才说服了他让我继续向马斯河前进，最后他才同意了。"

获得了这个授权之后，巴顿就命令他的军长们继续向东推进，但是到了 8 月 30 日，第 3 军团的石油存量就已经快要用完了。那一天他要求 40 万加仑汽油，但是一共却只获得了 3.2 万加仑，而当他在沙特尔和布莱德雷遇见的时候，布莱德雷却警告他说，在 9 月 3 日以前，他不可能再获得更多的汽油了。假使布莱德雷要是以为这个办法即足以约束巴顿，那他就完全错了。当他当天下午回到自己司令部里之后，发现第 12 军已经停止在圣迪济耶（St. Dizier），因为军长埃迪少将（Maj. Gen. Eddy）认为若再前进，那么坦克就会没汽油了。巴顿马上下命令说："立即继续前进，等到坦克停止不动的时候，就下车徒步进行好了。"巴顿也许不觉他这个命令是代表一种抗命的行为，但是他却十分明白假使他的装甲师真把汽油用尽了，那么布莱德雷就一定还是会把汽油供给他，而不顾艾森豪威尔虽然已经把优先权，给予向比利时的攻势了。

× × ×

这个攻势在 8 月 29 日开始，到这个时候，柯林斯所率领的第 7 军，已经经过第 3 军团在巴黎东南面，默伦地方所建立的桥头阵地，朝北向苏瓦松进攻。柯林斯在这里就想威胁着要迂回索姆河之线，这也就是莫德尔所努力想做成的第二道防线。沿着这一线，莫德尔手里所有的，就只是一些从塞纳袋形地区中撤出的步兵师残部，因为他在 28 日，已经命令把一切可用的机动部队集中在沙隆—兰斯—苏瓦松地区，以来抵抗美军第 4 军团的进攻。这就是说，正当英军准备要从韦尔农桥头阵地实行突破的时候，而巴顿却在东面把那个唯一足以阻止他们前进的德军机动兵力，都完全吸引住了。

在这一次前进中，蒙哥马利决心要用事实，来证明他也具有扩张战果的能力。他不放心他那些在桥头阵地上的部下们，所以又下令说："一切谨慎小心的顾虑都要完全把它摆在一边……现在唯一适合的战术，就是使用强大的装甲和机动化的纵队，过敌方的抵抗中心，而果敢向前挺进，以使敌人后方地区发生惊扰不安的现象。"这一次英军第2军团，必须要迅速勇敢地向北挺进。

蒙哥马利在这个时候，麾下正好有一员勇将，可以配合这种任务，他就是第30军的新任军长霍罗克斯（Horrocks）。在敦刻尔克之前，蒙哥马利当师长时，霍罗克斯是他师里的一位旅长。当蒙哥马利到中东去的时候，他把霍罗克斯一同带去，在阿拉曼之战中，他是第13军的军长。以后在非洲战役中，立有很大的功劳。当他尚未离开北非之前，却不幸在一次空袭中受了重伤，之后住了一年医院。1944年6月，霍罗克斯还正在英国休养，而他的医师也告诉他说，从此恐怕再也不能够驰骋疆场了。但在到了8月间，当蒙哥马利正想为第30军找一位新军长的时候，霍罗克斯马上不请自来。在几天之内，他新鲜勇猛的精神，就已经使士气为之一振。这位瘦长白发的老将，在军队当中似乎不像一个将军，而像是一个先知者。

到了8月30日的日中，英军第11装甲师距离亚眠只有40英里，一路都没有遇到什么抵抗。那一天下午霍罗克斯就命令他们乘着日光前进，把德军逐出亚眠，而使他们来不及炸毁桥梁。那一天夜间，月色却被大雨所掩，但是英军却还是照样前进，当坦克、大炮、卡车等组成的绵长纵队，在狭窄的乡村街道上经过时，男男女女的居民，都穿着睡衣，冒着大雨，从家里跑出来向他们欢呼。在中途，英军曾经几度和德军的运输车队碰头，同时领头的坦克也曾两度击毁准备阻塞进路的德军坦克。到了拂晓的时候，装甲车辆已经在亚眠的石子路上，辚辚滚过。那些昨夜上床的时候，还是睡在占领城市里面的法国人，今天醒来的时候，才知道他们已经重获自由。在索姆河上的四座桥梁，由于法国反抗分子的努力，有三座都已经安然无恙地被占领了。

当那天上午，英军坦克向亚眠挺进时，他们所经过的地点距离德军第 7 军的司令部，已经在 1 英里路之内。当时迪特里希正在把这个索姆河地区的指挥权，移交给埃贝巴赫，迪特里希虽然溜走了，但是埃贝巴赫却还来不及逃避，就已经为联军所追及而被俘了。在另外一辆汽车里，英军又发现了一张有记号的地图，不仅是使英军明了了索姆河区的虚实，而且整个德军在西线战场上所处的窘境，也都泄露了出来。

亚眠被占，埃贝巴赫被俘，他的司令部也被击散，于是整个索姆河防线都已经崩溃，而霍罗克斯就从裂缝中钻了过去。在第 11 装甲师的东面，近卫师已迅速地赶上了，到了 9 月 2 日，英军的装甲车辆就已经在里尔（Lille）的东南面，到达了比利时的边境。在更向东面去，那一天有两个美军的装甲师也已进入比利时，一直到达里尔—蒙斯（Mons）公路，沿着这条公路有数以千计的德军，正由加来方向撤出，纷纷向后方逃走。现在联军方面已经有 3 个军（英军第 30 军，美军第 19 和第 7 两军），沿着比利时的边境一字摆开，距离布鲁塞尔不过一天的行军里程了。

✕　✕　✕

当英军到达比利时，他们的补给还是靠着公路由巴约运来，距离是 250 英里。在蒙斯和凡尔登（Verdun）的美军，则距离还要更远，他们的供应线长达 400 英里左右，由巴黎一直到达科唐坦半岛。勒阿弗尔还在德军的手里，联军所占领的主要港口没有一个比瑟堡更近的。9 月 1 日，加拿大部队得到了一个报仇的机会，在德军尚未来得及破坏港口设备之前，就已经把迪耶普占领了，不过它也还要等一个星期才可以使用，而补给的危机却已经迫在眉睫。

在诺曼底海岸上，还堆积着不少的供应物资，种类应有尽有，不过问题却是怎样把它们大批地送到前方去。在没有突破之前，桥头阵地还那样地浅狭拥挤，所以当然没有空地来安置大批的运输车辆预备队。同时也没有谁想到会需要这样多的车辆。根据第 21 集团军的记录，他们是想以后在某处一定会发生阻滞，那么物资就可以接上来了。此外，蒙哥马利对于摩托化运输车辆的分配，其基本假定是以为他的前线作战部队，距离火车站不会在 200 英里以外，但是在英军地区中一直到塞纳河，也都没有一条铁路是可以通行的。8 月 30 日，才有第一列火车由桥头阵地，经过曲折的路线开达了巴黎，但是这却很明白地表示出来，在以后这最重要的两个星期当中，铁路所能运输的物资，却实在极为有限。塞纳河下流的桥都已经完全被炸毁，调车场和整个的铁路系统也都受到了彻底的破坏，在过去，空中攻击的结果对于德军在诺曼底的失败，是具有极大的贡献，但是今天它却救了德军的残命，使他们不至于受到艾森豪威尔全军追击的充分压力。

当英军第 2 军团向法国北部推进时，第 12 军之所以还能够跟在第 30 军的后面继续前进，只不过是因为第 8 军和蒙哥马利的一切重中型和高射火炮，都完全停滞在塞纳河以西。到了 9 月初，第 21 集团军的一切运输预备队已经在公路上奔驰了。每天进口的数量由 1.6 万吨减到 7000 吨，以便把卸货用的车辆，都分一部分给前方使用。但是这些收获却又为另外一个意外事件所抵消，有1400 辆英国制造的 3 吨卡车，突然发现它们的活塞有了毛病，因而完全变成了无用的东西。这些卡车若不丧失作用，就每天可以运送 800 吨的物资，到达比利时的边境，而足供两师人的应用。一方面减少对于加军第 1 军团的每日供应量，另一方面又从英国调来新的运输车辆，以及使用种种应急的方法，第 21 集团军总算是能够设法供应相当数量的物资，以使登普西的两个先头军，一直深入到布鲁塞尔和安特卫普，但是若专靠他们自己的力量，则总可以说是寸步难移了。

布莱德雷的困难甚至还要更严重。他的补给线更长，而且还有一个额外的负担，还负责接济巴黎的民食。在桥头阵地与法国首都之间，美军早已建立了一个圆环形的单行运输路线，除了属于"红球快车"（Red Ball Express）组织以内的卡车和拖车以外，其余任何车辆都一律不准闯入——这是一个应急的妙计，它效力也和它的名字是一样的惊人。完全不遵守正常的规则，并且夜间开着灯行驶，美军供应部队使运输车辆，1 天 24 小时不断地流动，每天可以运输 7000 吨的物资来供应在塞纳河以北的美军；但是布莱德雷要想使他手里的两个军团都能够同时并进，这个数字还只能满足 2/3 的需要。所以，为了配合艾森豪威尔认为第 1 军团应该深入比利时的计划，布莱德雷命令每天把 5000 吨给予霍奇斯，

2000 吨给予巴顿。

　　第二天，当布莱德雷和巴顿在沙特尔与艾森豪威尔会谈的时候，这个计划曾经引起激烈的辩论。艾森豪威尔又再度宣布说，因为他需要迅速地占领港口，所以在安特卫普被占领之前，在加来海峡和比利时方面的作战应该占有优先。巴顿却提出强硬的抗议，并且指出来，虽然他的巡逻骑兵早已到达了摩泽尔（Moselle），并且进入了梅斯，而他的主力却因为缺乏汽油，在马斯河上已经停顿了两天之久。他说："我的士兵们可以吃他们的皮带充饥，但是我的坦克却一定需要汽油。"给他们燃料，第 3 军团就可以很快地突过莱茵河了。布莱德雷也支持巴顿的意见，并且主张第 1 军团也转向东面。这个联合的压力就又产生了一个新的折中方案，因为巴顿曾经这样说："我们最后还是说服了艾森豪威尔将军，使他承认当加来地区一经稳定之后，就马上让第 1 军团中的 5 军和第 3 军团继续向前进攻齐格菲防线。"在使艾森豪威尔作了这个让步之后，巴顿又向他要求，一旦第 3 军团有了足够行动的燃料，就准许他立即渡过摩泽尔河。当他作这个要求时，巴顿心里还有一个秘密并没有告诉艾森豪威尔，因为他有一个军已经俘获了 11 万加仑的汽油，可以供应他到达摩泽尔之用。

　　艾森豪威尔这个让步实在是深非其时。当他已经决定让比利时的攻击占有优先的时候，那么他再让巴顿越过马斯河多前进一步；也就是自己使自己的计划多受到一份危险。第 3 军团前进得愈远，则所需要的吨数就会愈大，而和敌军发生激烈大战的机会也就愈多，那么就只有牺牲第 1 军团方面，才能够供应这个额外的负担。这个可能性一点都不遥远，因为早就已经知道德军正在集中他们全部机动兵力，以期在摩泽尔河上阻止巴顿攻势。在 8

月底以前，已经发现德军的番号有从意大利调来的生力军，第3和第15两个装甲步兵师，以及由德国之内调来的两个党军旅。巴顿要想在敌军建立坚固防线之前，就突破它们，那么就一定需要有足够的资源，否则就最好还是命令他不要太深入。现在的情形是给他的汽油足以供他接战之用，但是却不够获得胜利之用。对于巴顿这样脾气的指挥官而言，这种办法是使他最感到愤怒的。他认为艾森豪威尔这个决定是"战争中的最大错误"，并且始终拒绝接受它。

✕　✕　✕

9月3日，那就是艾森豪威尔在沙特尔举行会商的次日，希特勒命令莫德尔把所有能够搜罗得来的强大装甲兵力，都集中在摩泽尔河的上游，以反攻巴顿军团为目的，并攻入美军的侧翼。他希望用这个方法，来阻止已经到达比利时边境的联军，继续向北前进，但是当希特勒下这个命令的时候，英军却早已向布鲁塞尔进发了。

蒙哥马利本来想使用空降部队，去占领在图尔奈（Tournai）地区的斯海尔德河（Scheldt）渡口，但现在却已经明白这是毫不需要的。到了9月3日，星期天上午，英军第30军的装甲师已经向比利时境内直驶，近卫师在右方以布鲁塞尔为目标，而第11师则向安特卫普进攻。那一天拂晓，近卫师到布鲁塞尔还有70英里的距离，可是一旦当他从图尔奈两侧渡过了斯海尔德河之后，就再没有什么东西可以挡住他们的进路了。德军只有零星的抵抗，而比国地下组织活动也加速了他们的崩溃。

当英国人来了的消息，像野火一样由这一村传到另一村，地下组织中的男男女女，就都纷纷把埋藏着的武器掘了出来，用以袭击败逃的德军。他们阻止德军炸毁桥梁和建立道路阻塞的工事，而当德军的抵抗太强，非他们能力所能解决的时候，他们就会跑过来与联军会合，并给予前进中的装甲部队以适当的警告。在开阔的公路上，联军纵队以每小时30英里的速度向前挺进，但是每经过一个村镇时，却为欢呼的人民所包围，而不得不慢慢地通过。那些比利时人眼眶里含着眼泪，嘴里发出欢呼，包围在坦克和车辆的四周，把烟酒糖果、鲜花旗帜等的东西硬塞在难为情的英国士兵手里。

到了下午将完的时候，近卫师已经进入了布鲁塞尔，当他们快进入市中心区的时候，人群就已经像潮水一样地涌来。在一个小时之前，除了那最后逃走的德国人以外，这些街道上还是和沙漠一样的沉寂。现在却已到处悬旗结彩，这是比利时人早就准备好了的。在某一个广场里面，坦克为人海所阻止，警察们设法维持秩序，使群众后退，但是他们却无法制止一个年老的小妇人，她穿着黑色的衣服，佩着她丈夫在上次大战中所获得的两个勋章。她冲到最近一辆吉普车旁边，握起驾驶兵的手来和它接了一个长吻，然后说道："谢谢你，汤姆，谢谢你！"她把她所仅有的珍藏，三支香烟，都塞在他的手里。

这就可以代表比利时人对于联军的欢迎热忱。在法国却没有一个地方，曾经对于英军有过这样温情和热烈的欢迎。法国人的确另有一种隐痛，他们对于他们过去的军事传统，本来具有极大的自负心理，这一次却不能不承认他们是由于英美两国的援助，而才能够光复故土，但是过去他们却一向认为在军事学术方面，英美两国是远不如他们。法国人对于重获自由，当然也不无感谢之意，但是甚至在巴黎，他们对于联军的欢迎也都没有比利时人那样热烈。

由于有布鲁塞尔沦陷的先例在，德军在安特卫普的守兵似乎应该把这个城市坚守一个时期，以便让他们可以有工夫破坏船坞和港口设备。可是在 9 月 4 日，英军第 11 装甲师从西面绕过布鲁塞尔，迅速果敢地向安特卫普前进，到正午过去不久的时候，领先的坦克就到达了船坞地区，发现它们既没有遭破坏，也没有设防。这实是非常幸运，因为水闸的大门和一切设备，都完全是电动的，实在很容易被破坏。

这个英勇的突击总算是达到了艾森豪威尔优先占领安特卫普的目的。当斯海尔德河口两岸的道路完全扫清之后，那么他就可以从安特卫普运进一切所需的物资，以供向德国作深入攻击之用。不过现在却也很明白地表现出来，他并不一定要等候将安特卫普港口开放之后，才再向鲁尔区进攻，因为进入比境的英军，在这个时候已经把德军战线切断了。在海峡海岸方面的德军第 15 军团，已经完全被切断，它的背面靠着海洋，已经无路可退。第 7 军团，在一连串失败和包围之下，已经疲于奔命，到达了崩溃的边缘。它的残部，当联军的装甲涌来之前，就已经从索姆河败退，结果被前进的英军所横扫，而被驱逐落于在蒙斯的美军手里。在这里 3 天之内，有一个美国军收容了将近 3 万人的俘虏，多数的俘虏本都是属于奉命向齐格菲防线撤退的 5 个师当中的。德军在比利时的惨败，使鲁尔区的门户洞开，而希特勒又已经命令一切的预备兵力都集中在摩泽尔河的上游，所以情况就更显得严重了。

蒙哥马利现在已经可以充分地证明，鲁尔地区是在一击之下就可以攻下，一切都和他在 10 天以前向艾森豪威尔所说的情形一样，而且在一个星期当中，他驱使他的装甲部队前进 250 英里，已经表示出来他对于机动战是能够和巴顿一样地拿手了。他现在更比从前还要坚信机会已经在那里等待着，只要艾森豪威尔肯放弃他那个广泛正面的理论，而集中向鲁尔地区进攻，那么这个胜利的机会就可以垂手而得了。蒙哥马利相信，只要能够强迫巴顿在马斯河上采取守势的话，那么每天却可以多出 1 万吨的物资，以供美军第 1 军团和英军第 2 军团之用。有了 1 万吨一天，他就可以供应 20 个师。有了 20 个师他就可以攻下鲁尔地区。攻下了鲁尔地区之后，那么到柏林之路也已经畅通了。

第二十五章 │ 幸运的潮流

9月4日，安特卫普沦陷，希特勒又重新任命伦德施泰特做西线战场总司令。自从他在7月间被免职之后，由于他充任所谓荣誉法庭（专门负责把凡与7月20日阴谋有关的德军军官，加以开除军籍的判决）主席之后，这位老元帅已经表现出来，他在政治上还是可靠的。或者，希特勒再召回伦德施泰特，对于德国军官团而言，也是一个收买人心的措施，同时更使一些"老将"们可以在未来的大难中，做替死的羔羊。不过这个时候，真正指挥战事的责任还是由B集团军总司令莫德尔负担，他仍然继续在指挥比利时的危险战局。

伦德施泰特第二次上任时，战局的情况要比他在7月1日提出结束战争呼吁时还要更严重。那个时候，他在法国和低地国家，一共有62个师的兵力，其中20个师在诺曼底守住一条100英里长的战线，其他各师或是驻守在海岸上，或是正在开往战地的途中。自此以后，又有12个师调入西线战场，结果使总兵力达到74个师，但是其中多数的师都已经在陆战中和空袭中，受到了最重的损失，所以目前来据守从北海到瑞士边境之间400英里长战线的兵力，照莫德尔的估计，实际不过 25 个师罢了。在上个星期当中，联军曾经横扫过索姆河和马恩河，直冲过佛兰德斯和阿戈讷（Argonne）地区，进入了过去血战 4 年的第一次大战的旧战场。而且，虽然联军在诺曼底桥头是那样的谨慎小心，可是现在对于闪击战的技术，却已经不比德军在 1940 年所表演的差。

这种无情的惨剧使得全德国军民为之震惊，而夸大的 V 型武器失败更使他们感到失望，因此使他们害怕将来一定会要向东西两面同时无条件投降，最多只是希望可以用齐格菲防线阻住西方联军的攻势，以使他们勉强地挨过这个寒冬。这是戈培尔的夸大宣传，同时也是希特勒的计划。希特勒的目的是要在西线长城上、在摩泽尔河上、在孚日山脉山地上，阻止联军的进攻，以等待冬季的来临。在 9 月 1 日的某次会议上，他说："雾、夜、雪三个因素可以供给他一个最大的机会。"

不过，所谓齐格菲防线实际上却还没有设防的准备。一直到 8 月 31 日，他都相信联军可以阻止在索姆河—马恩河一线，因此希特勒就还不打算去防守西线战场。那个混凝土的骨架子当然还是在那里，但是自从 1940 年的战役之后，在军事上它是既没有加以驻守，而且也为人所不重视。差不多所有的武器和通信设备，大部分的铁丝网和地雷都已经拆除，而野战的工事也都已经夷为平地，此外也更没有根据在苏联和大西洋长城上面所得来的新经验，将那些要塞加以更近代化的修改。事实上，1939 年到 1940 年的混凝土炮台，本是准备使用 37 毫米战防炮，现在当然无法使用 75 毫米和 88 毫米的大口径炮来应付 1944 年的装甲兵。有些地下室已经被轰炸后无家可归的难民，占住作为临时栖身之所，有些在当作物资储存室使用，而另外有一部分还锁着。根据约德尔的副手瓦利尔蒙特的报道，说连寻找这一些钥匙都很困难！

最困难和最迫切的问题，还是如何去搜罗足够的人力，一方面去防守这一条防线，另一方面还要补充重建那些不断从前线上流入后方，已经打垮了的部队。9月4日，莫德尔向希特勒总部提出报告说：假使B集团军所要防守的战线是自安特卫普起，沿着阿尔贝特运河（Albert Canal）、马斯河和西线长城，一直到达法卢（森堡）边境，那么第一线兵力就需要25个师的生力军，另外还要加上五六个师的装甲预备队……不然，德国西北部的大门就可算是完全洞开。

莫德尔这个要求与向天空捉月亮同样荒唐。在整个德国境内，也找不到一个师的生力军。虽然也还有些训练和示范部队，但是却没有一个师是适合于战斗用的。我们上文已经说过，在8月底，希特勒已经把所有可以集中的兵力，一共是7个师，送到摩泽尔河的上游，去阻止巴顿的进攻。在德国境内又已经组成了10个装甲旅，那都是由东线打垮了的装甲师残部所改编的，此外，现在充任国内军总司令的希姆莱，也在拼命设法再编成40个步兵师——这些师的人数只有1万人，实力极为有限，号称"国民步兵师"（Volkgrenadier divisions）。其中有两个师已经运往法国，但是在9月中还能够编成的师也不过半打之数。

在这个危机之中，希特勒又只好采取勉强应付的办法。所有各地的驻防军和要塞的警备队，军官学校的学生和练习训练团等单位，都在一夜之间改编成为作战部队，开往齐格菲防线。在西德的4个军区，都奉命将他们的后勤单位改组成为师部，并且动员他们所可能找到的一切兵力：退役的士兵，医院里出院的伤兵，后勤单位中的人员、海军、警察和奴工等等。

用尽了一切的方法，希特勒和希姆莱一共搜刮到了135万人的士兵和劳工，去防守和重建德国西面的国境要塞，但是伦德施泰特却认为这个兵力是"完全不合用的"。

此外，这些仓促编成的部队走出固定的防线以外，就可以说是一点价值也没有，因为他们既没有火力，也没有机动性足以在野战中对抗联军的装甲机械化部队。

英军在一天半的时间之内，就从比利时边境进展到了布鲁塞尔和安特卫普，这才使莫德尔碰到了一个极严重的问题。德军第15军团现在被孤立在佛兰德斯低地上面，只有越过斯海尔德河口，由海路逃向瓦尔赫伦（Walcheren）这一条退路，虽然如此，在人员和装备方面还是难免极大地损失，并且至少需要3个星期的时间。德军第7军团的残部则被逐向东面逃窜，一直到了马斯河和阿登高地山地。在3天之内，这两个军团之间的缺口就已经宽达50英里，而唯一用去堵塞它的兵力就只有一个素质低劣的步兵师（本是防守荷兰海岸的）、一个在诺曼底被打垮了的师、一个荷兰党军旅和荷兰军区的一些警备部队而已。国内军还可以供给一个后勤单位所编成的师，那全是伤残老伤，本来是陆军所不要的人。他们的编制可以用他们在体格上的弱点来分类，有所谓"胃病"营，那就是说全营的人都是害胃病的；有"聋子"营，那就是全营的人都是聋子。

在这个危急的时候，当陆军已经到了山穷水尽的阶段，突然杀出来了空军这一支救兵。9月4日，戈林的报告却使德国陆军参谋本部吃了一惊，他已经有6个伞兵团正在训练和重新装备之中，此外从伤愈官兵中他还可以再编成两个团，一共构成两万人总数的兵力。因为汽油缺乏，室中还有许多空勤和地勤人员，也都无用武之地，总数也在 1 万人左右。当然这些伞兵和空军对于地面作战，并没有充分训练，但是因为他们是属于德国空军，所以对于纳粹主义的熏陶是特别彻底。他们年轻、勇敢、忠诚；绝对靠得住会帮希特勒打到底。

这些部队就构成了第 1 伞兵军团的核心，在 9 月 4 日的下午，希特勒就从东普鲁士大本营，用电话通知德国伞兵总司令斯图登特将军（Gen. Student）正式成立这个组织。斯图登特是德国伞兵的创始者，对于鹿特丹（Rotterdam）和克里特岛的入侵攻击，都是由他设计和指挥的，但是他却从来没有面临过这样危险的局势。第 1 伞兵军团奉命守住长达 60 英里，沿着阿尔贝特运河从安特卫普直到马斯特里赫特（Maastricht）的防线来堵塞在比国北部的缺口。为了完成这个任务，斯图登特一方面奉命指挥现在已经在荷兰作战的部队，至于那些伞兵团和空军营则至少还要一个星期才能到达前线。

对于伦德施泰特，希特勒所能给予的实际增援，就只有这一个伞兵军团，但是这位老元帅所奉到的命令，却是尽量地争取时间，以使西线长城可以有设防准备。他要沿着阿尔贝特运河、马斯河和摩泽尔河上流等水上障碍物，以阻止联军的前进。并且还要不顾局部的损失，深入美军的东面侧翼，由埃皮纳勒（Epinal）地区向西北方面攻击，以打击美军第 3 军团的右翼。

不过 9 月 6 日，这是伦德施泰特真正重掌兵权的第二天，联军在亚培尔河和马斯河上，都已经获得了桥头阵地，而摩泽尔河上流的防线，所以尚能勉强守住的原因，不过是把元首所指定准备反攻的装甲部队，都动用了。第二天，伦德施泰特就提出报告说，还需要 6 个星期，才能够使西线长城适合于防守之用。

他说：整个的组织都需要时间，但是他的兵力却无法争取到这样多的时间。所有的部队都已经调动，并且在敌人猛烈攻击之下，都已经精疲力竭，而且更无可供调遣的预备队。他又说：当西线联军驱驶两千多辆坦克（估计得相当精确），向前进攻的时候，B 集团军却一共只有 100 辆坦克，是可以适合作战用的。于是他再补充着说："假使要我所指挥的战争，能有一线的转机，那么我就只有再度地提出要求，不管其他的地区情形怎样，却先把一切可以找到的坦克，都立即送去保护莱茵—威斯特伐利亚（Westphalia）工业区域。"

为了补充他这些装甲师自从 D 日以来所受到的损失，伦德施泰特至少需要两千辆坦克和突击炮，可是希特勒手里却早已没有存货了。7 月间，根据德国陆军总司令部的记录，在各战线上所损毁的坦克和七五突击炮，总数是 1969 辆，但是工厂里所补充的数量却只有 1256 辆，这些车辆在西线联军尚未突破，酿成大患之前，就都已经完全送到东线战场上去了。在 8 月间，陆军方面所接受的坦克补充数字，降到 1122 辆，但是所损失的，至少要在两倍以上。多数的损失都是击毁或放弃在法国战场上面的，但是到了 9 月初，东线的情况也差不多是一样的严重，甚至装甲车辆的需要更迫切，因为那里没有齐格菲防线，也没有像莱茵河那样难以通过的水上障碍物，足以挡住红军的进路。

在伦德施泰特尚未奉召出山以前，希特勒即已命令把所有的八八战防炮、虎式 IV 型的坦克和猎豹式坦克都一律送往西线战场〔注：猎豹式（Jagdpanther）坦克实际上就是一门机动的战防炮，它是把一门 88 毫米战防炮装在豹式坦克上面〕。他也已经把 200 辆豹式坦克，超过 8 月份产量的半数，用去装备新的装甲旅，这是他已经答应将来拨给莫德尔的。不过关于所有的中型装甲车辆——第 IV 型坦克和七五突击炮——希特勒却把它们全数拨给东线，而在野战中足以与美国谢尔曼式坦克，在机动性方面一较长短的，却也正是这一类的坦克。

在这种环境之下，伦德施泰特就无法建立一支装甲预备队，其实力和机动性足够应付联军的第二次突破。假使联军采取宽广正面前进，那么他也许还可以阻止他们，因为他还可以封锁着局部性的透破；但是假使联军要是对于任何某一点，实行集中强力的突击，那么照伦德施泰特的看法，联军是一定可以冲开他的防线，击败局部的预备兵力；而且一旦联军突破之后，虎式和豹式的坦克就不免是太少和太慢，绝不足以阻止联军部队的挺进。

所以，战役的成败，就要看伦德施泰特有无力量阻止战斗，再回到流动性的形态，进一步说，也就是要看他能否解除目前的紧急威胁——在马斯河上的美军第 1 军团——以争取足够的时间，使齐格菲防线可以有充分的准备。可是到了 9 月 8 日，马斯河一线是已经完了，列日（Liege）也已被美军占领，而美军更通过阿登高地前进，几乎到了巴斯托涅（Bastogne）。那一天，莫德尔向伦德施泰特报告说："在列日以东地区也仅仅有一个非常单薄和完全不适当的防线。"在这个地区里，联军享有完全的行动自由权，一直到达西部国境防线为止——位置在第 7 军团的后方，在一条长达 120 公里的防线上，一共只有 7 个营的防守兵力。所以莫德尔说，这已经是最后关头。除非第 7 军团能够马上获得充分的增援，否则联军在马斯河与摩泽尔河之间，实行战略性的突破，就已经成为定案了。

这个危机似乎已经到达了它的顶点。在齐格菲防线上，阿登高地地区已经有战略性突破的威胁，而在阿尔贝特运河上，德国西北部的门户也已经洞开，现在只有摩泽尔河上流的地区，伦德施泰特比较还可以有一点自信。在这里，德军第 1 军团又重新建立了 8 个师的兵力，而当本月初巴顿所属 6 个师在马斯河上受阻时，这些师已经沿着摩泽尔河，开始布防了——由蒂永维尔（Thionville）经过梅斯和兰斯，到埃皮纳勒为止。

在整个西线上，只有这一个地区，伦德施泰特的部队和联军之间，硬比较还可以算是势均力敌。只有在这个地区以内，他可以守住掩护的阵地来让齐格菲防线慢慢地增加防务，至于在其他各地区，伦德施泰特就有只靠希特勒所七拼八凑起来的援兵来勉强支持这个危局。

×　×　×

联军占领了布鲁塞尔和安特卫普之后，就使他们获得了一个极大的战略机会，似乎是可以发生具有决定性的作用。现在主张在北面集中全力进攻的理论，似乎是比蒙哥马利在 8 月间最初所作建议的时候，更有充分的理由。德军第 15 军团既已被孤立，而第 7 军团又已经败逃，所以在这个时候，通向鲁尔地区的大路简直可以说是完全没有设防。在这北面侧翼上，联军不仅可以集中最强大的装甲兵力（他们现在比国境内和边界上，一共有 8 个装甲师和两个装甲旅），并且也还可以使用最强大的空军力量。在比国境内的联军可以用英国作基地的战术空军，来加以支援，而不必等待在欧洲大陆上另建立新的基地——这个工作很慢，因为一切地面设备和供应品，都必须从诺曼底由公路上运输，而这些公路运输为了维持陆军的补给，就早已经是很紧张的了。迪耶普港马上就可以开放，而斯海尔德河口也不久即可扫清，所以在联军整个战线上，北区的补给线将要比南区缩短不少。

9月4日黄昏的时候，当他获悉安特卫普已经被攻占的报告，蒙哥马利马上就发了一个电报给艾森豪威尔，告诉他说："向柏林方向，作强大猛烈攻击的日子是已经来到了。"他说目前的运输能力不足以同时维持两方向的强大攻势，所以选定了的一条路线必须要在供应上占着最优先的次序。他又指出从鲁尔地区北进的路线，似乎是最有利的，而且也可能是具有决定性。他说时间是最重要的，一个折中的解决方案只不过是徒然地延长了战争的时日。

在第二天下午，艾森豪威尔回答他说，虽然他也同意向着柏林方面，作重大猛烈的打击，但是他却不赞成在这个时候，牺牲其他各方面的作战，以来发动这个打击。他还是深信他的部队，可以同时占领鲁尔和萨尔两个地区；并且还可以在德军实力恢复之前，冲过齐格菲防线，而采取宽广正面来渡过莱茵河。而在这个宽广正面的攻势，正在进行中的时候，同时也就可以设法使安特卫普和勒阿弗尔等港口开放，以供将来对于德国心脏发动最后攻击时的使用。这是艾森豪威尔的全盘计划，虽然他仍然赞成北面的攻势，应占有优先，但是他却并不相信对于现有补给物资，作任何种类的重新分配，即足以使联军向柏林发动大规模的攻势。

对于蒙哥马利而言，这个答复似乎正足以表示出来艾森豪威尔对于比利时现在的战术情况，以及补给上的困难，都是完全没有了解——这种困难早已使大部分的联军，停顿无法前进。为什么艾森豪威尔没有这种了解呢？因为事实上艾森豪威尔和战斗本身是已经完全脱节。他的野战总司令部设在格朗维尔，位于瑟堡半岛的西部海岸上，距离比利时前线在 400 英里以外。从格朗维尔，他和蒙哥马利与布莱德雷之间的通信，只能利用通常的文书和无线电报两种方式。在他们彼此司令部之间，不但没有电话线，连无线电话也没有。当刚刚从塞纳河上前进时，他还曾经乘坐飞机，几度访问前线和集团军总司令们会谈，但是现在他都不能离开他的总部。9 月 2 日，当他在沙特尔与布莱德雷、巴顿两人会晤之后，在回程的时候他的飞机在格朗维尔附近强迫着陆。为了帮助驾驶员将飞机拖离水边，艾森豪威尔把右膝扭伤了，伤势很重，使得他的医师不能不给他装上石膏夹板，并且让他睡在床上不能起来。

他一个人孤立在格朗维尔，艾森豪威尔和他在伦敦的统帅部也很少联络，同时对于战事的进展也没有接到适当的情报。假使他只是担任联军统帅，这并不是一个太严重的事情，但是现在他却亲自指挥作战，所以情形又自不同。这个时候，前方情况变化极快，有新的机会出现，马上就需要根据最近的事实，立即作出新的决定。一份情况报告要 24 小时，才能够由前方到达他的手里，又要再过 24 小时他的命令才能够再回到前方指挥官的手里。在这同一时间之内，希特勒与伦德施泰特和莫德尔之间，却有电动打字机，在不断地密切联络之中。

艾森豪威尔的通信制度已经坏到了这样的程度，他为了答复蒙哥马利的进攻柏林建议，在 9 月 5 日薄暮时所发出的急电，一直等到 9 月 7 日吃过了早饭以后，才送到布鲁塞尔附近的蒙哥马利总部。即使如此，电报的内容却还有脱落遗漏，而遗漏的部分又再经过了两天才再补送到！

9 月 4 日，在接到蒙哥马利这个建议之前，艾森豪威尔即已颁

发了一个新的训令，命令在阿登高地山地西北面的部队（包括第
21 集团军和美军第 1 军团的两个军），以确保安特卫普，到达掩护
鲁尔地区的莱茵河区域，并最后占领鲁尔为目的。而在阿登高地
以南的部队（包括美军第 3 军团和第 1 军团中的一个军），则以占
领掩护萨尔地区的齐格菲防线和占领法兰克福（Frankfurt）为目
的。专就巴顿的任务而论，艾森豪威尔说："这个作战应该尽快地
开始，但是在阿登高地西北，对鲁尔地区作战的中央集团军布莱
德雷的部队，应首先获得适当的支援。"

　　虽然这个训令似乎是仍然继续把优先给予第 1 军团，但是照艾
森豪威尔的本意和布莱德雷的解释，它实在还是重申"宽广正面"
的原则。第二天在他日授的一个备忘录里面，这位最高统帅说：

> 　　我看不出来有什么理由可以改变这个观念；德军现在
> 已经是完全失败了，唯一需要用来实现这个观念的因素，
> 就是速度……我现在认为让巴顿立即继续前进是很重要
> 的，这样就可以使我们赶紧实现既定的理想，以结束这个
> 战争。

　　所以，尽管艾森豪威尔的命令上曾经说过，首先对于鲁尔区
的作战，应有适当的支援，但是布莱德雷却已经感觉到没有再扣
着巴顿不准前进的理由，同时在供应方面也不可以长此以往地让
第 1 军团每天得 5000 吨，而第 3 军团只得 2000 吨，9 月 4 日，布
莱德雷就决定认为北面的局势已经稳定了，于是第 3 军团从此可
以分得一半的供应物资，并且可以越过摩泽尔河，直向齐格菲防
线进攻。此外，对于巴顿的东进，也还应再加以相当的增援。第 5

军早已从第 1 军团的中央位置，调到右翼方面来，所以当巴顿直趋萨尔地区时，他们就可以掩护他的北面侧翼。同时他的南翼兵力也已经加强了，在巴黎尚未攻下之前，原属第 15 军的法军第 2 装甲师和第 79 步兵师，本已暂时划归第 1 军团指挥，现在也又归还建制了。

这些决定使美军继续经由比利时向鲁尔地区的进攻，受到了严重的阻碍，因为霍奇斯无法用每天不到 4500 吨的物资，来维持他的 3 个军，同时把第 79 步兵师抽出之后（他们本由第 19 军指挥，担任第 1 军团的左翼），他和英军配合前进的力量就更薄弱了。这个第 19 军早就因为缺乏燃料，而在比利时边境被冻结着不能行动，那些运输车辆本可以开回塞纳河而去赶运油料，但是现在却要用来载运第 79 步兵师，从美军的最左翼到它的最右翼——横行 300 英里的距离——而这个时候又恰好是前方最需要车辆以加速前进速度的时候。

有了布莱德雷的保护，巴顿就在 9 月 5 日继续发动他的攻势。到了 9 月 10 日，他的部队已经在梅斯南面的摩泽尔河上，占领了两个小型的桥头阵地，但是他们却受到了希特勒所谓的生力军的强烈抵抗，现在似乎已经很够明白，要想强渡过这条新近已经增强设防的河流，就必须采取更大规模的行动。不过，沿着巴顿的南面侧翼上，情况还是流动的，在这一天法军第 2 装甲师与法军第 1 步兵师已经在第戎（Dijon）附近实行会师。所以"霸王"行动与"铁砧"作战已经合而为一了，而在几天之内联军的战线并已经连成一片，由瑞士一直到达海峡。但是这种远离正轨的行动，使得巴顿更一直向南发展，进入了一个毫无战略重要性的地区，另一方面在北面却又坐失了一个极重大的机会。

德军在 8 月底又向摩泽尔前线，实行增援，因而使比国境内的马斯河几乎完全没有防守的兵力，于是霍奇斯当然没有放过这个好机会。到了 9 月 10 日他的领先的两个军已经接近齐格菲防线，在亚琛与特里尔（Trier）之间，采取宽广的攻击正面。但是第 19 军，因为一方面缺乏燃料，一方面又抽走了第 79 师，减弱了他们的兵力，所以无法和另外两个军齐头并进。依照已经修改过的补给计划，第 1 军团一天内只能够接收到 3500 吨的物资，而这个星期内的真正平均数字却只有 3189 吨，其中大部分都拨给第 5 军，以便它能够赶上巴顿的迅速前进。所以在给予第 3 军团以足够汽油，使他们能够到达摩泽尔河之后，其结果就使美军第 1 军团，无法向左面前进，以支援蒙哥马利向鲁尔地区的进攻，反而不得不向右面前进，以掩护巴顿的侧翼。

× × ×

这些发展使得蒙哥马利进入一个可望而不可即的阶段。他知道鲁尔是可以拿下的，但是他手里却没有足够的实力，足以作这具有决定性的一击。加拿大部队（一共 6 个师）正在准备向勒阿弗尔和加来海峡港口进攻，扫清比利时的海岸线。至于说到英军第 2 军团、第 8 军（包括两个步兵师、两个坦克旅，以及该军团所有的大部分中型和重型炮兵），仍然被冻结在塞纳河上，不能行动；第 12 军位置在西翼方面，正在从事于驱逐德军第 15 军团，回到斯海尔德河口的作战；而只有第 30 军方正在继续向荷兰境内进攻。所以在第 21 集团军所辖的 14 个师和 7 个装甲旅之内，一共只有第 11 装甲师和近卫师两个单位，是在准备继续攻击，希特勒是主张不让联军有利用海峡港口的机会，这就是他这个政策的成功。

虽然如此，登普西还是命令霍罗克斯继续进攻，近卫师的行动轴是鲁汶—迪斯特—艾恩德霍芬—奈梅亨（Louvain-Diest-Eindhoven-Nijmegen）的路线；而第11装甲师，则由安特卫普经过蒂尔堡（Tilburg），以到达斯海尔托亨博斯（s'Hertogenbosch）。不过在安特卫普，第11装甲师的部队是正在忙于保护各船坞港口，使它们不至于遭到破坏，结果反而忘记了去占领该城北面，在阿尔贝特运河上的桥梁。这也是联军统帅部对于未来战略，态度和观点太混乱，所以才有此失。该师的史政人员说："假使早就有命令我们向北进攻的明文规定，那我们入城后在几个小时之内，一定就会把那座桥梁占领了下来。"不过即使没有特定的命令，像罗伯茨（Roberts）师长这样精明的人，也会忽略了这一点，委实是一个奇事。

因为这一个失招，它的代价马上就可以显示出来了。9月6日英军在阿尔贝特运河上面，建立了一个小型桥头阵地，但是却受到德军的强烈反击，使他们既无法架设桥梁，也不能够把战防炮渡过河去。所以在9月8日这一天，罗伯茨就奉到命令，将他这一师移到第30军的右翼方面，在那里近卫师已经在贝灵恩（Beringen）渡过了阿尔贝特运河，现在正在与斯图登特的伞兵军团前卫，以及第7军团的后卫，发生激烈的苦战。

英军的侧翼正处于暴露的情况之下，因为美军第19军并不能够和英军用同样的速度，在比利时境内齐头并进。这个军的主要攻击部队，第2装甲师因为缺乏石油已经在比利时边境停顿了3天之久。当他们在9月6日以后再继续前进的时候，他们的行动还是受着补给困难的影响，一共花了 3 天的时间才到达哈瑟尔特（Hasselt），又再花了 3 天才在阿尔贝特运河的彼岸上获得了一个立足点。

在这一道水上障碍物与下一道水上障碍物，缪斯—埃斯科运河（The Meuse-Escaut Canal）之间，地形是对于防守有利的——布满了沙丘溪流和沼泽地。德军在这个地区中，集中兵力守住主要的十字路口，他们占据其具有坚强设防的村庄，一方面很难绕道，另一方面又无法迅速地从正面攻下它，因为这些装甲师没有足够的步兵和炮兵。德军的防守部队，主要的就是由那些伞兵所组成，作战时具有疯狂的勇气，在村落的争夺战中死守不退。到了 9 月 10 日，这种抵抗的强度就引起了登普西的关心。他的部队现在虽然已经渡过了阿尔贝特运河，并且确保住了第二个立足点，但是在利奥波德堡（Bourg Leopold）、海赫特尔（Hechtel）和海尔赫特伦（Helchteren）等地的德军却还是坚守不动。可是登普西却必须在这一道新防线尚未凝结之前，就将它攻破，因为除非他已经在缪斯—埃斯科运河上面，占领了一个桥头阵地，他就无法再发动另一次的主要攻势。

在 9 月 10 日的下午，英军在利奥波德堡与海赫特尔之间，找到了一个缺口，到了黑夜来临的时候，他们就占领着了登普西所需要的运河桥梁。在黑夜里，德军开始撤出海赫特尔，英军就到达了缪斯—埃斯科运河的北岸，这是蒙哥马利和艾森豪威尔那一天下午在布鲁塞尔所要讨论的大攻势的起点。

✕　✕　✕

在过去一个月当中，蒙哥马利一直在想寻找一个机会来使联军的空降军团可以作一次大规模的运用——这个军团在8月中成立，由布里尔顿中将担任军团司令。这个军团有两种用法：一是切断敌军的退路，二是担任开路的工作，以便让联军地面部队去扩张战果。曾经拟订过六次攻击计划，但是每一次都是在空降师尚未出发之前，联军的装甲部队却已经先把拟订的降落地区都占领了。而更使布里尔顿感到不满意的，就是本应用来运输伞兵的飞机，现在却用去负担运输物资的次等任务。

在9月初，艾森豪威尔曾经主张把空降军团投掷在马斯特里赫特—亚琛地区，以便在美军第1军团所面对的齐格菲防线上，做成一个大缺口。这个主张却遭到了布莱德雷的反对，他对于空降部队殊少信心，所以主张宁可用达科他（Dakota）运输机去空运物资，因为他对于巴顿的攻势很有信心，认为巴顿只要有汽油，就一定可以永远继续前进。所以，为了符合他给予北面集团军（蒙哥马利）以优先的理想，艾森豪威尔就命令布里尔顿去支援北面的作战，包括莱茵河的渡河行动在内。

蒙哥马利现在就主张使用这个空降军团，来实行一次果敢而不合乎正统性的攻击，他希望在这一击之下，就可以造成一个迅速的突破，其深入的程度足以使英军第2军团，可以在一跃之下就跳过莱茵河。他要用空降部队来铺出一条地毯，以便在第2军团的先头，占领那些在运河上和河川上的桥梁，并且扫清进路好让装甲部队可以迅速地冲过马斯河（Maas）和莱茵河。利用这个方法，他可以迂回在亚琛北面的齐格菲防线，并且将强大的装甲部队，陈兵于德国北部平原的边缘上。

第 2 军团的可能进路有两条。它可以从东北面进攻，在芬洛（Venlo）越过马斯河和在韦塞尔（Wesel）越过莱茵河；或是差不多向正北面进攻，通过艾恩德霍芬，在赫拉弗（Grave）越过马斯河，在奈梅亨越过瓦尔河（Waal），和在阿纳姆（Arnhem）越过莱茵河的下流。阿纳姆这一条路线的优点是，虽然要在 3 条主要河流上和 5 条次要的水道上，占领渡河的桥梁，但是空降师着陆时，所遭遇到的战斗机和高射炮的攻击，却可以比较轻微，而且陆军的前进也似乎可以最迅速。此外，第 2 军团从阿纳姆，还有继续向须德海方面前进的可能性，这样就可以切断在荷兰西部的德军。

当这个计划还正在考虑的时候，登普西从他的情报幕僚方面获悉："在阿纳姆和奈梅亨方面，敌方曾有相当频繁的铁路活动，同时这两个地区的轻重高射炮数量也确有相当的增加……荷兰的反抗组织也报告说，德军已被击溃的装甲部队，也已经送到荷兰来加以整编，并且指出艾恩德霍芬和奈梅亨都是他们的集中地点。"这个情报，再加上阿尔贝运河地区的激烈战斗，使得登普西怀疑专靠第 2 军团的兵力，是否能够迅速地向北挺进。在这一次进攻中，在右翼方面他不可能想要获得美军的支援，因为他们是已经差不多全体都改向东面进攻了。所以，登普西认为最好的方法，还是沿着荷兰边境的运河，保持着一个坚固的侧翼，则向东面进攻，以与美军配合，而在韦塞尔渡过莱茵河。

9 月 10 日的上午，登普西到达了蒙哥马利的战术司令部，准备提出照这一条路线进攻的主张。蒙哥马利在欢迎他的时候，就顺便告诉他英国军政部有一个电报来，指出第一点 V-2 已经在 9 月 8 日击中伦敦，它的发射基地是设在荷兰西部，大约在海牙

（Hague）附近。英国军政部又询问，在最近的将来有无把这些基地加以占领的可能，至少应设法截断它们的供应来源。这个消息就决定了这个问题，因为联军空军方面早已向蒙哥马利提出警告说，采取在韦塞尔渡河的计划，其结果必定要遭受严重的损失，因为没有装甲保护的运输机，一定要飞过高射炮密集的鲁尔地区上空。所以就决定采取阿纳姆路线，不过却还要等待艾森豪威尔的批准——他在这一天下午由格朗维尔飞到布鲁塞尔机场，以便与蒙哥马利面谈。

他们在艾森豪威尔的飞机里面开始会谈，在开头的时候已经显出了不愉快的预兆，因为蒙哥马利要求艾森豪威尔的办公厅主任盖尔中将（Lt. Gen. Gale）不要参加会谈，而他的办公室主任格雷厄姆少将却留住不走开。这个要求实在是很不合乎人情，但是艾森豪威尔却答应了这个要求。在盖尔离去之后，蒙哥马利就由口袋里抽出一卷他们两人间在上个星期中的来往电稿，开始用很粗鲁的言语说了下去，他把他的意见很明白地表现出来，并且坦白地说出他所预料的结果是怎样。

一个心胸比较不广阔的人，对于这种无礼貌的态度也许就会马上报以恶声。可是当蒙哥马利雄辩滔滔的时候，艾森豪威尔却冷静地坐着，一语不发。不过在蒙哥马利第一次停下来喘息的时候，他靠向前去把他的手放在蒙哥马利的膝盖上，然后用冷静而坚定的语调向他说道："不要太兴奋了，蒙特！你不能够这样地向我说话。我是你的上司。"

蒙哥马利也为他的涵养所感动，接着也说："我很抱歉，艾克。"以后的讨论就比较心平气和，但是双方的意见却还相距颇远。蒙哥马利还是反复辩论，主张他那个向鲁尔地区的集中攻击

计划，但是艾森豪威尔也重申他的决心，仍然主张采取宽广正面
向莱茵河进攻的理论。他批准了蒙哥马利使用空降军团，以夺
取在马斯河、瓦尔河和下莱茵河（Neder Rijn）诸渡口的作战计
划，这个就定名为"市场花园"行动计划（Operation MARKET
GARDEN）。不过以后艾森豪威尔却在《欧洲十字军》一书中这样
地写着：

> "他认为这个攻势只不过是我们向东面突击延长，使
> 我们可以到达一条为了暂时安全所必需的防线。"

在他三天后所颁发的训令中，可以看出来艾森豪威尔的计划
是"经过敌人西部边界，向前进攻一直到达一个适当的位置，使
我们可以在那里重新整编，以作大举进攻德国本土的准备"。这个
计划的基本假定就是说，以他们现有的补给资源，联军可以攻下
齐格菲防线，渡过莱茵河，并且占领鲁尔、萨尔和法兰克福地区。
但是除非安特卫普港口已经开放之后，他们是不会有力量向德国
心脏，发动任何具有决定性的打击。

蒙哥马利却反对这两个假定。他警告艾森豪威尔说，所有联
军的补给线是早已紧张到了快要破裂的程度，除非至少要让一个
军团暂停前进，否则在其他任何地区都不可能会有实际的进展，
他又指出，假使美军第3军团和加军第1军团能够改取守势，那
么就可以把他们的剩余补给力量，去支援英军第2军团和美军第1
军团。于是登普西和霍奇斯两个人所统率的16个师，再加上空运
军团的4个师，就可以一鼓作气地把鲁尔地区攻占了下来。他认
为只有这一个行动，才可以打击德国的战争机器，和打开到柏林

的大路。

至于说到他可以直取柏林，蒙哥马利可能是有一点夸张。不过，假使这个勇敢的计划，在军事上是的确合理可行，那么美国人在政治上又会不会接受它呢？这个时候，美军第3军团似乎还可以继续向前挺进，艾森豪威尔觉得他不可能叫巴顿停止，而让蒙哥马利去获得一次大获全胜的机会。但是，这些考虑却并不影响到蒙哥马利主张的可能性。

在他的回忆录里面，艾森豪威尔说："在敌国以内还有相当数量的预备兵力，因此我认为像他（蒙哥马利）那种单刀直入，直捣德国心脏的攻击计划，其结果是一定会遭到惨败的。"不过，事实上，蒙哥马利的意思并不是指少数兵力的冒险行为。他在9月4日的电报里面，就曾说明那是一个强大的攻势，而现在他又声明，需要20个师的陆军，其中至少还要有6个装甲师。同时艾森豪威尔认为统帅部相信德国还有相当的预备兵力，也并不正确。当时他的情报处长，斯特朗少将（Maj. Gen. Strong）曾在9月9日的情报汇编中说过：

> 从巴尔干和芬兰，德军也许可以抽回6个师兵力。但是还不够防守西线长城之用，此外在特兰西瓦尼亚（Transylvania）方面，也还有一条防线需要人去防守。那么又向哪里去找更多的兵力呢？从挪威是不可能，因为撤运的时间会太长……丹麦可能再供给一个师，若有时间，在德国国内还可以编成十几个师。但是在苏联和意大利前线，却不能再抽调一兵一卒，否则就有总崩溃的危险……总结说来，德国西线战场总司令部在下两个月当中，所能

希望获得的援兵绝不可能超过 12 个师以上。

联军统帅说对于西线目前的情况，又加以分析如下："西线德军总部在不久，大致可以获得 15 个师的兵力，其中包括 4 个装甲师来防守齐格菲防线。在一个月当中，还可能勉强增加五六个师使总数升到 20 个师左右。用这样大的兵力，是不可能守住这一条防线的，即使再加上很多的零星单位和大量的高射炮也还是不行。"

在这个情况估计中所表示的观点，艾森豪威尔 9 月 10 日在布鲁塞尔会谈时，也曾亲自再加以说明。所以当他拒绝蒙哥马利的计划时，艾森豪威尔似乎并不是害怕德军会有强大的预备兵力，而是他深信，德军已经没有能力找到足够的兵力来守住齐格菲防线。那一天下午，他似乎是深信，可以同时占领鲁尔和萨尔两个工业中心，而不必阻止巴顿或蒙哥马利两个人中间的一个。他在第二天所给予他的副官布彻（Butcher）的印象也的确是这样。在格朗维尔经过了一个长时间的讨论之后，布彻在他的日记上面这样地写着：

> 艾克是主张采用宽广的前进正面，以扩展现有的全部交通线。他想一方面在北面攻入亚琛缺口，一方面又在南面攻入梅斯缺口，并且还将极南端的第 6 集团军也送到莱茵河上。于是他认为他应该用空降部队夺取莱茵河上的桥梁，并由此深入鲁尔地区，并且威胁到柏林本身……艾克已经决定，蒙哥马利所指挥向鲁尔地区的全面攻势，在这个时候，并不能够比其他的作战居于优先的地位。

在布鲁塞尔，蒙哥马利曾经强烈地要求这种优先地位，或者至少在"市场花园"行动时，美军第1军团应该支援登普西的右翼。但是这个要求势必要停止第3军团在摩泽尔河上的攻击，始有达到的可能。在登普西和巴顿两个进攻轴线之间，第1军团的8个师早已一线展开，进伸到长度几乎接近一百五十英里的一条战线。所以，霍奇斯实在不可能再把他的战线向北进展，以来支援登普西，除非巴顿能够掩护他的南面侧翼。但是巴顿现在所采取的路线，正在与这个理想背道而驰，他把第15军调到右翼方面，以求更向南面扩展。艾森豪威尔并不制止这个行动，因为他希望建立一个连续的战线，并与第一集团军取得密切的联系，这个集团军将在9月15日也改由他指挥。艾森豪威尔所最多能够同意的，除了使用空降军团以外他愿意从美国方面的物资中，再拨给蒙哥马利以一部分额外的补给品，但是却绝对不肯牺牲巴顿的作战。

在这种环境之下，"市场花园"行动计划就必须赶快开始发动，以免德军对于荷兰地区再有增援的机会。不过登普西的困难却是，因为美军第1军团现在既然不能够掩护他那个暴露的东翼，所以在第30军向北面发动主力攻击之前，他必须从塞纳河上把英军第8军调到第30军的右面，以来保护他们的侧翼。但是第8军的车辆大部分，都已经抽调去为第2军团的其他单位，负担运输补胎的工作，现在情势就很明朗化，除非艾森豪威尔能够供给比他所已经允许的数量，还要更多的运输车辆，否则登普西就无法为第2军团储存相当数量的物资，并在9月17日（阿纳姆作战的目标日）以前，将第8军运送到荷兰的边境上。所以在9月11日，蒙哥马利就向艾森豪威尔提出警告说，他最早在9月23日以前，是不可能发动攻势的。

这个警告立即发生了效力。9 月 12 日艾森豪威尔的参谋长史密斯，飞到蒙哥马利的总部，代表艾森豪威尔答应他每天用空运的方式，把 1000 吨的物资送到布鲁塞尔。那一天黄昏的时候，蒙哥马利相信他的观念是已经获得胜利了，因为史密斯曾经告诉他，向萨尔地区的进攻就要停止，于是第 12 集团军的全部供应资源都可以给予第 1 军团，而这个军团就可以与他取得密切的合作；此外更停止美军 3 个师的前进，而把他们的运输车辆拨交第 21 集团军使用。在这些保证的鼓励之下，蒙哥马利当即选定 9 月 17 日为"市场花园"行动的 D 日，并且宣布着说，他现在希望这个战事可以很快地就获得胜利了。

× × ×

当史密斯和蒙哥马利正在布鲁塞尔附近，拟订这些计划的时候，布莱德雷、巴顿和霍奇斯三个人也在兰斯举行会议。两天以前，布莱德雷曾经下命令叫第 1 和第 2 两个军团向东前进，并自曼海姆（Mannheim）到科隆（Cologne）之间，在莱茵河上占领桥头阵地，换言之就是沿着一条长达 150 英里的战线进攻。他说，要是可能的话，巴顿应在最南端的卡尔斯鲁厄（Karlsruhe）渡过莱茵河，以后他就可以专心东进，因为新到的第 9 军，在军长辛普森中将（Lt. Gen. Simpson）率领之下，已经接替了在布列塔尼方面的作战。至于说到供给方面，布莱德雷宣布说："除了布雷斯特的攻击应获有最优先以外，其余各军应一律平等不分先后。"

根据这个原则去分配物资，当然就很难符合艾森豪威尔所谓的"首先支援鲁尔地区攻击"的理想。更奇怪的是前一天布莱德雷和巴顿两个人曾经同意，认为"这时攻占布雷斯特实在是毫无用处，因为它的距离太远，而且港口设备也已经完全被破坏"。但是巴顿却又这样说："我们又同意，当美军一旦已经选定了一个目标之后，就不应该中途放弃它，所以攻下布雷斯特仍然还是有此必要。"

不过这个时候却并不是死要面子的时候。只要使极少数的兵力，就可以监视住布雷斯特的德国守军，因为他们既没有装甲部队，也没有运输工具，已经完全丧失了机动性，不足以威胁在东面，远隔150英里以外的联军主要供应线。相反地，占领了布雷斯特之后，对于联军的补给问题，无论从眼前或是未来的情况来说，都并没有什么意义，因为它距离前线要比所有诺曼底方面的港口或滩头，都要更远，而且目前这些港口的输入量已经太多，没有那样多的火车和卡车，能够将这些物资赶快地运往前线。现在唯一值得开放的港口都应该是在塞纳河以北，可是布莱德雷却把4个师（大约8万人）留在布列塔尼，并且给他们在补给上最优先的次序，这个时候他在摩泽尔河上和齐格菲防线前面的部队，却早已感到物资匮竭的威胁。实际上用公路运往布列塔尼的吨数并不太多，但是因为在这个时候，坚持着布雷斯特的战斗一定要继续打下去，结果布莱德雷就把大批的卡车都冻结了，否则他们可以用去维持向德国的进攻。此外，在9月5日后的两个星期内，每天都曾经用登陆艇，将3000吨的物资运到布雷斯特附近的滩头上，若是把这些物资囤积在塞纳河北面的海岸上，则似乎是容易而且也更有利了。

9月12日布莱德雷通知巴顿说，英国人主张在北面发动主要攻势的计划，已经被最高统帅采纳，所以他警告巴顿，第3军团应该在摩泽尔河的西岸上改取守势。于是巴顿就主张让他的部队，在摩泽尔河的彼岸卷入激烈的战斗，这样艾森豪威尔就不可能阻止他了。巴顿以后在回忆录上这样地写着：

> 我觉得只要我们能够强渡过摩泽尔河，那么这种不幸的情况就一定可以避免，而布莱德雷一直等到9月14日的夜间，才准许我这样的做法。

在9月15日的一份新训令当中，艾森豪威尔还是重申他主张采取宽广正面，直扑莱茵河的意图，不过他现在却承认了，不可能同时支持鲁尔地区和萨尔—法兰克福两方面的攻势。为了实现他对于蒙哥马利的诺言，他命令中央集团军（布莱德雷）应把一切的物资，用来支援美军第1军团，以使它可以在科隆和波恩（Bonn）附近，占据桥头阵地，并准备协助鲁尔地区的争夺战。在蒙哥马利的北面集团军和第1军团在莱茵河上占领了桥头阵地之后，第3军团才又可以继续向萨尔地区前进，并在莱茵河上建立桥头阵地。关于补给方面，艾森豪威尔认为在莱茵河上桥头阵地尚未赢得之前，在左翼方面的作战应占有最高的优先，至于右翼方面的补给，应以维持安全、搜索和打通港口等项需要为限度。

不过这种安排，直到第3军团已经渡过了摩泽尔河以后，才开始生效。在授权巴顿作这个进攻的时候，艾森豪威尔认为布莱德雷的集团军只应该把它的右翼，略微推前一点，以便在摩泽尔河上获得一些适当的桥头阵地，并构成一个经常的威胁……以阻止敌军抽调梅斯方面的兵力，去向北面增援。这个想法在战略理论上说，是很正确的，但是结果却是糟不可言，因为它给予巴顿以脱手飞去的机会，从此他就再也不管艾森豪威尔原定在鲁尔地区首先发动攻击的计划，而随心所欲地去乱撞了。

当这个命令颁发的时候，第3军团早已在梅斯—兰斯地区，获得了5个渡河点。巴顿说："到了14日的黄昏，我已经向布莱德雷，实践了我的诺言，根据他和我两个人的意见，我已经在摩泽尔河上占领了一个良好的桥头阵地。"他的进攻受到改编后的德军第1军团的强烈反抗，但是他却已经有了两个师的兵力，准备对兰斯发动攻击，当他在第二天把它攻下之后，照理说，他现在应该遵照艾森豪威尔命令改取守势了。但是巴顿却说，他觉得还是可以继续向东推进，同时布莱德雷也和他一样，是主张第3军团仍然向前挺进，并已对艾森豪威尔的决定极为不满意，巴顿对于布莱德雷的意见，所做的报道似乎是很正确的，因尽管艾森豪威尔有了明白的命令，而所有供应塞纳河以北第12集团军的物资，还是照旧由第1和第3两个军团，加以平分。

巴顿对于继续攻击的行为，是不难找到一个借口。艾森豪威尔曾经准许在右翼方面可以继续作威力搜索。这也就是巴顿所需要的，他可以用搜索为借口来进行真正的攻击。同时他更不择手段地来设法获得物资，据说他的部下曾经冒充第1军团的人员，去诈领了很多的汽油，而巴顿却把这件事当作"美谈"看待。

结果是巴顿既未停止他的进攻，而供应他的物资也更没有能够分出相当的数量，以来支援在阿登高地以北的部队。在他向联合参谋本部所提出的报告中，艾森豪威尔曾经说："为了增加北面集团军的补给起见，美军方面有3个师完全被冻结不能行动。"不过这3个师却并不是在前线上的。他们是刚刚到达诺曼底，因为没有运输工具，就停止在原地不动而已。有了这些师的运输部队的协助，从 9 月 16 日起，在巴约到布鲁塞尔之间，"红球快车"又开始开动了。不过空运量却只有少量的增加，由每天 400 吨增到 500 吨，而利用轰炸机运油到里尔的计划，一直到 9 月 21 日才成为事实。

所以，蒙哥马利在准备"市场花园"行动时，还是被逼迫着，差不多只好完全依赖着他自己的资源。不久他就发现了在 9 月 17 日预备发动攻势的时间，他是不可能把必要的物资，和第 8 军的各师一同运到前线。因为他必须要作一个选择，他就决定选择了吨数，而牺牲了人数，不过他也完全明了当第 8 军不能够和第 30 军一同进攻时，那么第 2 军团的右翼实在是处于极危险的暴露情况之下。到了发动"市场花园"行动的前夕时，由于美军第 1 军团前缀方面的情势发展，而使这个危险更显得严重。

9 月 11 日下午 6 点 5 分的时候，有一支美军的搜索巡逻队，在普吕姆（Prum）附近，越过了德国的边界。入侵德国本土的战争从这个时候起，要算是已经开始了。第二天美军更深入，结果发现正对着安德斯山地的这一段齐格菲防线，是只具有极脆弱的防守兵力，有许多要塞都是没有人据守的。不过因为供应上的困难，这个机会并没有能够立即加以利用，而当美军可以发动攻势之前，德军的抵抗力却已经开始加强。9 月 14 日，美军开始攻击第一道防线，并且前进 8 英里到达了普吕姆的外围，但是到了那里，他们却被德军击退了。

同时，在更北面，美军第 7 军几乎是一头撞在亚琛的德军防线上面，这一段防线在整个西线长城上，除了萨尔地区以外，就要算是最强和最深的。联军的情报当局对于这个事实，早有充分了解，但是霍奇斯却因为自从渡过塞纳河以后，一路进展顺利迅速，所以他希望在德军尚未厚集兵力之前，就一口气突破齐格菲防线。9月13日和14日两天，在亚琛的正南面，有一个美军装甲师突破了德军第一道防线，一直深入了5英里远，被设在城东的第二道平行防线所阻止。到了这个时候，莫德尔已经调到了一个步兵师（刚刚从东普鲁士开到）、一个装甲旅和两个装甲战斗团，来向这个地区增援。

以后两天之内，第7军在透过第二道防线之后，就很少有新的进展。在第二道防线之后，就是施托尔贝格（Stolberg）附近的煤矿工厂地带，那是装甲兵所难以发挥威力的地方。到了9月17日，美军就开始受到德军的反攻，现在已经够明白，必须要采取一个大规模的行动，才可以攻下亚琛城。在这个大规模攻势尚未发动之前，美军第19军必须由马斯特里赫特向前进攻，以便能从北面攻击亚琛城，而和第7军在南面的攻势相配合。

在这种环境之下，美军团当然就更无余力，来发动一个支援"市场花园"行动的任何攻势。由于丧失了弹性，所以第1军团也就丧失了主动力，不过这却并不完全是霍奇斯的错误。因为艾森豪威尔决心采取宽广的进攻正面，又不能够约束巴顿的擅自行动，尤其是他更希望尽快地和"铁砧"作战的兵力发生联系，所以才会有这样的直接结果。由于他从马恩河进到了马斯河，而再由马斯河又进到了摩泽尔河，巴顿已经把联军的战线歪曲，而把它更拉向南方。第3军团已经变成了一个磁石，它把艾森豪威尔所已经宣布应该用在主力方面的兵力的物资，都完全吸引去了。因为巴顿的右翼已经伸展到了埃皮纳勒，所以霍奇斯就被迫必须掩护着一个那样宽的正面，而使他无法在某一点，集中足够的兵力以来突破齐格菲防线。所以蒙哥马利向阿纳姆进攻时，霍奇斯不但不能够发动他自己的攻势来占领科隆和波恩附近的桥头阵地，而且甚至在亚琛地区都不能维持足够的压力，以便对于莱茵河保持着突破的威胁。

9 月 17 日，当艾森豪威尔认识了这种情形之后，他又命令布莱德雷应该把补给的优先，给予第 1 军团，并且第 3 军团也一定要停止前进。巴顿对于这个消息的反应，用他自己那个坦白的口气来说，就是"为了要避免有这样的结果发生，所以第 3 军团就只有马上冲入敌阵，和他们纠缠着在一团，所以我要求布莱德雷在 19 日的夜间以前，不要再打电话给我"。

巴顿倒真是言行一致，他在 9 月 17 日使第 20 军的 3 个师，向梅斯发动了总攻击，当这个攻击被击败之后，他马上又决定不再浪费时间去攻占梅斯，而只留下少数部队监视着它，其余的兵力就尽快地向莱茵河前进。这个攻势的矛头是埃迪的第 12 军，巴顿命他在 9 月 18 日从兰斯向东进攻。当前进中，他们在吕内维尔（Luneville）碰到了猛烈的反攻，但是巴顿却说："不管吕内维尔的情形怎样，我还是决定第 12 军向齐格菲防线的进攻绝对不能停止。"这当然是违抗艾森豪威尔的命令。

到了这个时候，巴顿突破到达莱茵河的机会可以说是已经完全没有。德军第 1 军团在梅斯已经建立了严密的控制，并且为了重新夺取该城南北两面的摩泽尔河防线，也正在不断地苦战之中。希特勒现在已经把他手下最能干的坦克指挥官曼陀菲尔从东线战场上新调到了这个兰斯—埃皮纳勒地区。他在 8 月底曾经在拉脱维亚，用极快的手段击败了苏军。现在曼陀菲尔就奉命指挥改组后的德军第 5 装甲军团，并且负责向巴顿的南面侧翼发动反攻。

美军方面似乎还不知道曼陀菲尔的来到，但是根据 9 月 16 日联军统帅部的情报汇编，他们却应该已经知道，摩泽尔防线的德军，无论在攻击或防守的部队方面，都是接受着最优先的增援次序。巴顿在他的前线上也早已发现了德军有 6 个师和 4 个装甲旅的新番号，并且在他们的后面就是马其诺防线和齐格菲防线的最坚强一段——这一段保护着萨尔地区。

为了一心想使第 3 军团能够直由萨尔以到达法兰克福起见，布莱德雷错过了一个极好的机会——从亚琛以北迁回齐格菲防线，并且在它最脆弱的地段（亚琛到特里尔之间），打开一个缺口，莫德尔在 9 月 8 日的报告上曾经说过："这个地区的防守兵力是不仅太单薄，而且也完全不适合，120 公里长的防线，一共却只有七八个营的守兵。"可是布莱德雷却只晓得墨守成规，驱使美军第 1 军团去攻击亚琛缺口，这是进入德国的一个传统旧路。伦德施泰特也早已预料到这一点，虽然希特勒已经强迫他将大部分的装甲兵力，都送往摩泽尔河地区，但是他在步兵增援上的分配，还是给予亚琛地区以最高的优先。9 月 17 日这个地区已经在坚强防守之中，而预备队还正在增援的途中。所以美军第 1 军团想在这里获得一个迅速而有意义的成功，其机会也就很渺茫了。

所以在巴黎攻陷，德军在法兰西之战中遭到了惨败之后，现在不到 3 个星期的时间，德军居然又几乎已经完全恢复了他们的平衡，至少他们不再溃败了。德国已经守住了一条完整的防线，虽然兵力还是很单薄，预备队也很微弱，但是一条真正的防线。而且，因为他们于海峡方面各港口以及安特卫普的通路，都曾经作了很有效的防御和爆破，所以使艾森豪威尔始终无法获得足够的物资，以维持大规模的全面攻势。同时，艾森豪威尔对于德军的恢复元气，也无异于是间接的帮忙，因为他曾经一再拒绝倾全力来向鲁尔地区，作孤注的一掷。甚至最后他虽然决心采取这一条路线，可是对于北面的部队，却并没有给予他们以应得的优先，因为他没有能力制止遇事推诿的布莱德雷和桀骜不驯的巴顿。

当"市场花园"行动D日来到的时候，虽然艾森豪威尔现在所指挥的兵力已经有52个师，但是他重获主动，再创造机动性战争的条件，并在本年秋季内对于德军作决定性打击的唯一机会，就完全寄托于正在英国机场上待命的3个空降师，以及正在荷兰边境上准备前进的英军第30军（也是3个师）的身上。也许他们自己还不知道，可是对德的战争在1944年内是否能够结束，这一点微弱的希望就完全要靠他们来决定。

第二十六章 | 到阿纳姆的路

　　9月17日，星期天，天气晴朗而又阴暗。风力很微弱，云层很高，是一个空降作战的理想天气。到了正午的时候，有1000多架载运部队的运输机和大约500架滑翔机，都开始启程向荷兰飞去——这是有史以来的第一次最大规模空降作战。这个空中舰队装载着这3个师的最主要部分，准备沿着艾恩德霍芬—奈梅亨—阿纳姆之线，实行降落，其所负的使命就是要夺获马斯河上、瓦尔河上、下莱茵河上，以及其他5条水道上的桥梁，并为准备从缪斯—埃斯科运河向须德海北进的装甲机械化部队，扫出一条前进的走廊。用这种单刀直入的手法，蒙哥马利想把荷兰切断成为两半，迂回齐格菲防线，而使第2军团渡过莱茵河，而直达鲁尔区的北面。假使一切都全合理想，装甲部队在四五天之内可以到达须德海，不过障碍却是非常的多——尤其是关于空降部队方面。

　　因为他们要想构成一个长达50英里的走廊，所以3个师必须纵深地着陆：

　　美军第101空降师，师长泰勒少将（Maj. Gen. Taylor），应在艾恩德霍芬以北，在费赫尔（Veghel）和佐恩（Zon）之间着陆。

美军第 82 空降师，师长加文少将（Maj. Gen. Gavin），应在奈梅亨以南，在马斯河与瓦尔河之间着陆。

英军第 1 空降师，师长厄克特少将（Maj. Gen. Urquhart），在阿纳姆以西，下莱茵河以外的地区着陆。

英军第 1 师和美军第 82 师又在英军第 1 空降军军部指挥之下作战，该军部也要降落奈梅亨之南。军长为布朗宁中将（Lt. Gen. Browning）。另外还有第 4 师、第 52 低地师（Lowland），在占领了一个飞机场之后，就马上可以用达科他运输机将它空运到。（注：这只是一个空运师，而不是一个空降师。）

像这样深地突破和大规模地白昼降落，都是史无前例的。荷兰境内又遍布着高射炮。德国空军也保有充分的基地，航程都很接近，而且它的喷气机最近也曾经作了处女性的表演。所以这整个部队甚至在尚未着陆之前，即可能已被击毁。爆破后的桥梁可以阻止装甲部队的接应，而且这狭窄的走廊地带也很容易在后面被敌人所切断，而使前进的部队陷于孤立。这是一场赌博，这个收获也许可以很高，但是这个机会却极窄。

最大的危险还是天气，因为联军并没有那样多的运输机，足够把这 3 个师的全部兵力，在一次空运中完全运完。每一个师都大约只有 500 架飞机（包括运输机和拖运机都在内），所以决定在第一天，第 82 和第 101 两个美军师，都只能使它们的 3 个伞兵团着陆（注：美军一个伞兵团的兵力大致与英军一个伞兵旅相等），而英军第 1 空降师则只能使它的一个伞兵旅和另外一个空降旅的大部分着陆而已。为了载运这些部队，并且再加上一些后勤部队，所以就更没有多余的地位，来载运野战炮和战防炮。

在 D+1 日和 D+2 日两天之内，美军应该可以获得他们那些用滑翔机载运的步兵和炮兵的增援，而另外两个伞兵旅（英军一个和波军一个），以及第1空降师的其余部队，也都要在阿纳姆附近降落完竣。所以最重要就是至少要有两天的好天气，以便各空降师可以获得第二次的增援，以达到充足的兵力。

对于英军而言，这更是一个特别关心的问题，因为在它的计划当中又具有一个基本的弱点。诺曼底作战的显著教训就是说，空降部队的着陆地点必须要在目标的附近，越近越好，尤其是攻击桥梁时，这一点更为重要。不仅盖尔师长对此曾经有过充足的经验，而且其他有经验的联军指挥官，像加文少将，也曾说过："宁可在降落时冒着较大的危险，而在目标的附近着陆，这要比在陆地上为了达到目标，而先经过一度苦战还要好些。"

在拟订阿纳姆作战计划时，却并没有尊重这个教训，因为厄克特师长所收到的专家意见，是认为假使企图在阿纳姆桥梁附近，河流的南面，实行最初的着陆，那么他就可能要受到极严重的损失。据说这个地区的高射炮火极为猛烈，而地面上的土壤又太软，不适合于滑翔机着陆之用。厄克特对于专家的意见，很难加以拒绝，因为他本人以前并无空降作战的经验。此外，他这一个师过去在西西里作战时，曾经吃过大亏，其原因就是着陆地点太分散，而又遭到敌人强烈抵抗，自此以后，在这个师以内就产生了一种主义，认为宁可作精确而安全的着陆，而不愿意降落在与目标过于接近的地区。厄克特似乎也深受这个主义的影响，因为他接受了这种观念，认为只有在河流的北岸，才是合理的降落着陆地区，这个地区距离他的主要目标，西面的阿纳姆公路桥梁还有七八英里的路程。

着陆地区既然这样远，而整个师已不可能在一次空运之下运完，所以失败的危险性就更大。要使这个作战有成功的可能，厄克特的计划，应该是在着陆之后，立即集中全部兵力向桥梁方向进攻，并且在河流以南占据一块降落场，以便可以在那里获得补给。但是因为他的全部兵力要分成 3 批运输，所以他就决定把那个空降旅留在阿纳姆城外，以保护降落区和着陆区，至少要等到在 D+1 日第二次空运的部队到达之后，才能够调动。也就是说在那第一天下午，最紧要的关头，他就只能够派遣一个轻装的伞兵营和一个搜索排，去争夺那座阿纳姆桥梁，而一直要再经过 24 个小时之后，他这个师的主力才能够开始用来增援城市以内的伞兵。所以这个计划似乎是完全牺牲了奇袭的利益，并且使厄克特的分散兵力，要面临着被各个击破的危险。所以甚至要比那两个美军师更危险，它的成败就要看天气是否会继续良好和敌军的行动是否会那样迟缓。

在第 82 空降师的计划里，也具有这样一个类似的弱点，虽然没有那样的严重，但是那却是无可避免的。加文师长一共有 4 个主要的目标：在赫拉弗、奈梅亨和马斯—瓦尔间运河上的桥梁和赫鲁斯贝克山脊（Groesbeek Ridge），这个山脊沿着德国的边界起伏，并且控制着马斯河和瓦尔河之间的地区。这些目标是彼此之间距离得那样地远，所以加文在第一个 24 小时之内，把他的全部所可能获得的兵力都用光，也不可能把它们都稳占着。所以他决定把他的最初着陆地点，都集中在赫拉弗—赫鲁斯贝克的附近，因为布朗宁军长也曾命令他，"除非在其他一切任务都已完成之后，否则不必企图占领奈梅亨桥"。这个命令是很合理的，因为假使加文不能够首先控制住通到它的其他桥梁，以及对于防守上具有重要性的高地，那么即便能够占领这座桥梁，也并无太多的价值。

除了天气以外，第二个大危险就是恐怕救兵不能进展得那样地快，以使在德军尚未发动逆袭之前，就赶了上来给予空降部队以增援——因为德军的装备一定比空降部队更重型化，所以只要他们一开始逆袭，空降部队就必然支持不住。英军第 2 军团现在沿着缪斯—埃斯科运河，共有 3 个军一字摆开，但是在右面的第 8 军还没完成攻击的准备，而左面的第 12 军则正面对着一个困难的沼泽地带。此外，所有的物资也只够维持第 30 军一个军作深入的突破。

［注］一旦空降部队着陆之后，英军第 2 军团的战斗序列将如下述：

第 8 军	第 30 军	第 12 军	第 1 空降军
下辖第 11 装甲师、第 3 步兵师	下辖近卫装甲师、第 43 步兵师、第 50 步兵师、第 8 装甲旅、美军第 101 空降师	下辖第 7 装甲师、第 15 步兵师、第 53 步兵师、第 4 装甲旅	下辖英军第 1 空降师、美军第 82 空降师、第 52 低地师

所以地面部队是否可以迅速地来接济空降部队，关键就要看霍罗克斯手里的 3 个师，而尤其是近卫装甲师。不过从缪斯—埃斯科运河的桥头起，却只有一条扫清了的道路，可以供装甲兵的进攻，这条路上布满了水上障碍物，所以他们前进姑且不说会可能被阻止，至少是可以被停滞。因为预防有些桥梁会被炸毁，所以霍罗克斯在准备时也有很周全的计划，把架桥材料、水陆两用车辆、突击船舶等都由前卫部队携带着进行。不过虽然如此，要想沿着这一条公路，而使这些重装备的纵队和必要的步炮兵，都能够顺利行动，委实是一件极困难的事情。因为该军的计划是想

要沿着这一条狭窄的空降走廊，一共要调动两万多辆车辆，所以整个作战的成败就要看是否能够利用有效的运输管制和良好的驾驶技术，而使运输的洪流不至于停顿和瓮塞。

因此，对于布朗宁而言，主要的问题就是下列两点：天气是否能够继续保持良好的情况，以使他的空运部队，可以完全增援到达？第30军是否能在德军尚未发动大规模逆袭之前，即能够迅速地通过这个走廊？

蒙哥马利也完全了解这些危险，但是他希望由于这个攻击的猛烈和浩大，足以使德军产生动摇和混乱的现象，而不能够以足够的速度和力量来表示反应。英军第2军团的情报人员估计，正对着第30军的德军实力平均为6个步兵营，外加上20辆坦克和25门火炮（其中包括12门八八式）的支援。这个外壳也许很硬，但是却很脆，而在它的后面，据英军所知道的，是只有极单薄的预备兵力。荷兰地下组织的报告说，在奈梅亨地区大概有6个素质不佳的营，以及在阿纳姆的北面，有从法国撤退下来在此整编的装甲部队。英军情报人员推测他们可能是第9和第10两个党军装甲师的残部，自从这个月初在战场上就再没有发现过他们的番号。假使真是如此，这两个师总加起来似乎也最多不过相当于一个摩托化步兵旅和一个装甲旅。不过话虽如此，却可以料想到德军一定会集中一切的兵力，在此发动猛烈的反攻，因为假使他们要想保持与阻塞安特卫普通路的德军，和海牙地区 V-2 武器基地的联系，则荷兰南部是势在必守的。

× × ×

当联军空中舰队飞入荷兰的时候，空中有 1240 架战斗机，在负担着保护的工作。另外有 1000 多架轰炸机先把沿路和在降落地区周围的敌军高射炮阵地，完全加以炸毁来为空降部队开路。根本上很少看到德国空军的踪影，除了在韦塞尔上空曾经遭遇着 15 架 FW190 型以外。因为在前一天下午，联军的战略空军即已曾向德军战斗机基地，普遍地发动攻击，但是这却并不是德国空军销声匿迹的主要原因。联军空军在上个星期，又已经对于德国的综合石油工业，重新开始大举进攻，所以大量的德国战斗机都已经集中在德国中南部去了。在那一天下午，英军没有一架运兵机是给敌人击落的，而美军的损失（35 架运输机和 13 架滑翔机）则几乎完全是为高射炮所击落的。在这一天的空降作战中，一共出动了各种飞机 4600 架，其中只有 73 架为敌方所击落。德国的空军和地面部队，这一次都感受到了奇袭的效果。

［注］这一次作战中，联军所出动的飞机总数如下表：

战斗用飞机		
	轰炸机	战斗机	战斗轰炸机
美军	891	896	212
英军	222	371	
运输用飞机		
	部队载运机	滑翔机
英军第 1 师	155	50

续　表

	部队载运机	滑翔机
美军第 82 师	482	50
美军第 101 师	436	70
军本部		13

（这些数字尚不包括支援英军第 30 军在地面作战的战术空军，它们曾经出动 550 架次。）

　　假使要说有某一个德国指挥官，能够事先预料到会有这一次空降攻击的话，那么这个人应就是斯图登特，他的第 1 伞兵军团现在正扼守着缪斯—埃斯科运河的防线。可是在他 9 月 16 日向莫德尔所提出的日报上，他还是没有表示出任何的迹象，足以证明他曾经料想到会有空降作战发生。他仅仅说："敌方汽车运输频繁……足以表示最近敌军即将大举进攻。" 9 月 17 日，斯图登特的司令部是设在菲赫特（Vught）地方的一间别墅里面，距离美军的降落地区只有 8 英里远。他说："大约在正午的时候，我正在办公台子前面工作，突然天空中有飞机怒吼声，来势十分地凶猛，我马上离开办公室走上阳台一看，在天空中就只看见飞机运输机和拖曳着的滑翔机。一大群飞机低飞着，就在我们房屋上面流过去。在那个时候我对这种壮观的景象，深为感动，简直使我忘记了当前局势的危险。" 事实上，他这个时候的心理不是害怕，而是嫉妒，当他一面观看的时候，他就向他的参谋长说："唉！我真希望我曾经亲自指挥过这样一支强大的空降部队！" 自从 4 年前，斯图登特曾经亲自计划和领导对于鹿特丹的空降攻击以来，到今天世局已经完全旋转过来了。

首先发觉这次空降攻击的德军指挥官，还不仅是斯图登特一个人。莫德尔甚至还要更接近，因为他的前进指挥所正设在奥斯特贝克（Oosterbeek），恰好在阿纳姆的西面。当英国的伞兵在他的上空和周围纷纷降落的时候，莫德尔并不再等等看。他立即赶往阿纳姆，发现那里的守兵都已经在一次空袭中，死伤殆尽，于是他马上亲自指挥，并迅速调第9党军装甲师增援——根据荷兰人的报告，该师是驻在阿纳姆以北的。

这是德军不幸中之大幸，因为这两个负责保卫荷兰的指挥官，恰好都位置在前线上，所以才能够使联军不能收得奇袭的效果。德军的预备兵力虽然很单薄，但是莫德尔和斯图登特却懂得应该把它们用在一些什么地方。在那一天正午过去不久的时候，在菲赫特附近的地区击落了一架美军滑翔机，斯图登特说："几个小时之后，整个空降作战的计划就都全部摊在我的台子上面了。"

到了下午1点30分左右，在阿纳姆、奈梅亨和费赫尔等地区的上空，到处都充满了飞机引擎声，真是震耳欲聋。许多乡村中的老百姓手里捧着鲜花和食品，跑出来欢迎联军。不过多数的地方，这种庆祝都是不欢而散，一声枪响，战斗展开之后，那些老百姓就都纷纷抱头逃命，钻进地下室里面去了。

在阿纳姆以西，英军第1空降师的伞兵和滑翔机都能够很准确地着陆，很少受到敌人阻挠，虽然厄克特手里的358架滑翔机，并没有一架是给敌人击落的，但是其中却有38架，没有能够到达目的地。主要的原因都是中途断了拖索——这是空降作战中的一个最普通的意外损失——但是这一次却是特别的不幸，因为所丧失的滑翔机，多数所载运的都是搜索排的装甲吉普车，联军一定要利用它们来冲过道路和桥梁，以便用奇袭的手法来占领这些要点。这当然是一个不吉利的起点，不过正当第 1 空降旅［旅长希克斯准将（Hicks）］正在组织降落地区的防务时，第 1 伞兵旅［旅长拉思伯里准将（Lathbury）］就已经很快地集合，在着陆后一小时内，开始向阿纳姆进攻。

向桥头的进攻由弗罗斯特中校（Lt. Col. Frost）所领导，他的第 2 伞兵营沿着下莱茵河北岸的公路，很迅速地前进。弗罗斯特派遣他的第 3 连去抢夺铁路桥梁，但是当他们刚刚到达的时候，那座桥梁却已经为德军所炸断。另外两个连也继续赶上，但是在登布林克（Den Brink），距离公路桥梁还不到两英里的地方，他们遭遇着强烈的抵抗，所以使得弗罗斯特势必要分出第 2 连来与它对抗。

当这个作战尚在进行的时候，公路桥梁一直在没有防守的状态之下。在那一天下午，德军守兵大约 25 个人的样子，都是第一次大战的老兵，早已经逃跑了。到了下午 7 点 30 分，有一位荷兰的警察，才发现了守军早已临阵脱逃。从他在大桥北端的岗位上，他焦急地向西望着，希望伞兵赶紧出现。但是等到他们在黑暗中出现的时候，一部分德国的党军已经从奈梅亨方向开来，稳住了南端的桥头。8 点钟刚过的时候，弗罗斯特率领了他的第 1 连、营本部和一些工兵，占领了北端桥头的一些建筑物，可是当他派遣一个排去向南端桥头德军冲锋的时候，马上就给高射炮火和一辆装甲车所逐回。不久，第 2 连的大部分和旅本部的一部分兵力，也都赶到参加作战，但是他们一共却只有 500 人和一门战防炮，所以最多只能守住原地待援罢了。在那一天夜间，这个大钢铁桥架就变成了一个无人地带。

这个时候，第 1 伞兵旅的其余兵力，都跟随在弗罗斯特的北翼方面，而在降落地区的附近两英里之内，发生了激烈的战斗。

德国党军有一个克拉夫特训练营（Kraft），在前一天刚刚到达奥斯特贝克—沃尔夫海泽（Wolfheze）地区，挡住英军第1、第3两个伞兵营的进路，而使莫德尔所调来的一个战斗团（由第9党军师所组成），有足够的时间来阻塞奥斯贝克以北地区和往安区与阿纳姆之间的一切通路。因为这个战斗团拥有6辆坦克和一些装甲车辆，所以伞兵们不是它的对手。其中有一个连，趁着黑夜溜到了桥头，但是其他部队则完全没有进展。

在夜间，厄克特和拉思伯里都被搁浅在第3营的营部里面，所以对于已经恶化的一般情况，还是毫无所知。德军由于莫德尔的个人指挥，所以他们的反应强度和速度，都比合理的预料还要更好。因为如此，所以在桥头的500名伞兵已经完全陷入孤立的地位。而在西面5英里以外的地区，其他的两个伞兵营也正在各自为战，不能发展成为一个集中的攻击。事实上，他们彼此之间只隔了1英里远，但是因为无线电丧失了联络，所以彼此间并不能发生接触。再向西面看，那个空降旅为了防守降落—着陆地区，兵力分散得更远。在这里希克斯一共有他自己的3个营，另外还加上滑翔机驾驶员所组成的一个营。（使这些驾驶员能像步兵一样地作战是英国人的一条妙计，在战斗中很能发生效力。）假使把这些兵力集中，乘着黑夜冲出，也许在德军尚未布置妥善以前，即可以冲过桥梁。但是根据厄克特的计划，却是要希克斯停在原地不动，以等候预定在明天上午10点钟到达的增援部队。

× × ×

当英军在阿纳姆地区正在苦战的时候，在奈梅亨—艾恩德霍芬地区的美军，却开始伸展"走廊"，所遭到的抵抗颇轻，而所收获的战果颇大。在降落地区，他们只遭遇着极少数的德军，而其中多数的人都在惊慌之中，纷纷逃命。在赫拉弗降落时，他们的位置是横跨着马斯桥，在着陆后一个小时之内，第62师的某一个营就占据了这个重要的目标。在天黑之前，加文的部队已经在马斯—瓦尔运河上占据了一座桥梁，并且沿着赫鲁斯贝克山脊，经过河川的头部，建立了一道哨兵线。在稳住了他的"空头阵地"（Air-head）之后，加文把他所仅仅能够抽出的一个营，送进奈梅亨镇，让他们去试攻瓦尔河上的巨型大桥。不过，进到距离南端桥头400码的地方，伞兵就被阻止住了，因为德军为了保护这座大桥，早已组织好了一道严密的防线。

在马斯河的南面，美军第101空降师在通过艾恩德霍芬周围的高射炮阵地时，曾经受到激烈的射击，但是一经降落之后，美军的进展却很轻松。在费赫尔，他们一下就把全部4座桥梁，都完整地占领了，不过最南端的目标，在佐恩横跨在威廉明娜（Wilhelmina）运河上的桥梁，却在他们的面前被敌人炸毁了。虽然如此，却有一个伞兵团趁着黑夜，从危桥上爬到了对岸，到了拂晓的时候，他们已经接近艾恩德霍芬，预定在这里和从南面进攻的装甲部队相衔接。

✕ ✕ ✕

9月17日13点30分，霍罗克斯军长还正站在缪斯—埃斯科运河的河岸上面。他刚接到通知，说伞兵的降落已经照计划执行，所以他就立即下命令，说地面上的攻击应该在14点35分开始。

有一个时期，他的强力望远镜是一直望着北面的天空，现在却改向着指向艾恩德霍芬的白色平直的水泥公路上。他全部计划的成败关键就都寄托在这一条公路上面，他的全军都从这条公路上面通过，而以近卫装甲师作为突破的矛头。

在荷兰边界北面 500 码的地方，德军沿着公路就已经建立了一条阻塞线，不过因为路面是水泥的，所以霍罗克斯估计在路面底下是不会有防御坦克的地雷的。所以他的计划是派遣一支装甲纵队，从路面上直冲过去，用硬攻的方法从障碍物当中，打出一条血路。在这支纵队后面接着就是另外两支纵队，步兵们就乘坐在坦克的背上。至于近卫师的其他部队，则用密集的队形，紧跟着这个矛头后面前进。

向北面没有第二条路好走，同时装甲部队也无声东击西的余地，因为两面的土地都是松软的沼泽地。坦克必须从道路上经过，使得敌人的战防炮和火箭炮，可以躲在天然的掩蔽物后面，加以袭击。这个时候已经没有空闲的时间派步兵来扫清这些森林地区。所以只有用集中的炮火和轰炸来中和它们，要使火力是那样的强烈，把道路两旁的敌人守兵都赶跑，于是坦克就可以安全地通过了。这就是霍罗克斯的计划。

在 H 时前 10 分钟，第 30 军的炮兵就开始沿着艾恩德霍芬的公路上，以 1 英里宽和 5 英里深的范围，开始作席卷式的射击。空中也经常不断有台风式战斗机飞来助战，它们飞到和树顶一样的高度，才开始发射它们的火箭和机关枪。这些飞机 8 架一批，轮流地实施攻击来辅助炮兵之不及。

当近卫师的坦克沿着公路前进时，在纵队里面有一辆半履带装甲车，随时用无线电对于这些飞机，指示攻击目标。这条白色的公路，以深暗色的松林为背景，是很容易加以识别的，而所有的坦克上面也都挂着发荧光的橘色幕布，使空中极容易发现，不久荷兰的人民就称呼这种幕布是"解放的旗帜"。因为陆空间的联系是这样的有效，所以台风机可以在距离坦克200码以内攻击任何目标。

德军被这种攻击所慑服，所以最先头的英军坦克纵队，在通过障碍地带以后，就一直整队地冲过了第一个森林地带。虽然如此，德军却还是很快地恢复了他们的常态，当载运着步兵的第一排坦克跟上的时候，马上就碰上了敌人的猛烈火力，尤其是火箭炮。有8辆坦克被击毁，但是步兵们却跳下了坦克，开始向路旁两面搜索前进。挨过了一场苦战之后，他们肃清了德军的火箭炮和战防炮，并且捕获了那些炮手。因为没有方法把俘虏送回后方，所以英国就命令他们爬上那些尚未击毁的坦克，跟着他们一同前进。这个命令使德军俘虏大伤脑筋，他们为了本身的安全，不得不把其他火炮的位置，都指示了出来。这个情报马上就转知台风机和中型的炮兵。由于他们的协助，其余的抵抗都逐渐被克服了，到了天黑的时候，近卫师已经到达了第一天的预定目标法尔肯斯瓦德（Valkenswaard），距艾恩德霍芬南面约5英里远。

霍罗克斯的计划，对于兵力的节约实在具有显明的价值。一个坦克营，一个步兵营，加上400门大炮和100架台风式机的支援，就已经为整个一军，打开了一条通路。到了9月18日的下午（D+1日），近卫师和美军第101空降师已经在艾恩德霍芬会合，而装甲兵经由走廊向奈梅亨前进的路线，只要等待佐恩的桥梁修复之后，就可以说是已经畅通了——这个工作工兵不用12小时以上，即可以完成。

× × ×

在 9 月 17 日到 18 日之间的深夜里，希特勒正在拉斯滕堡与他的僚属们举行会议。虽然他们并不知道已经虏获了联军的作战命令，但是他们对于这次空降空战的规模和目的，却已经有很深切的了解，并且为这种富有想象力的英勇行为所骇倒。过去 10 天以内，因为防御作战颇为得手，所以又使希特勒相信两线的联军可以被阻止住，而且在目前他可以放心去填补东线方面的缺口，那是由于罗马尼亚崩溃后所引起来的。现在他才承认，所面临的局面要远比东线战场更为严重，但是从那次会议的记录上来看，他却一时调不出一个野战师来到荷兰去增援。约德尔报告说，第 59 师是刚刚越过斯海尔德河口撤出来的，可以从西面向这个走廊地带攻击；而第 107 坦克旅，本来是用火车由东普鲁士运往亚琛，现在退到芬洛（Venlo），再从东面进攻；再从荷兰和西德境内，临时凑成一些杂牌部队，在几天之内也可以合成几个师的兵力，不过素质的低劣自然不在话下。

希特勒唯一能够立即投入战争中的援兵，就只有空军。在 9 月 17 日那一天，他的喷气推进的战斗轰炸机（Me262）之所以不能够马上参战的理由，是因为他们在莱茵河附近的飞机场曾经受到严重轰炸。不过希特勒已经接到了报告，说这些机场已经在迅速修复之中，同时又有大批战斗机由柏林调到西德，以便从 9 月 18 日起，参加荷兰境内的作战。

在那一天上午，由英国起飞的空运部队，较前一天的部队，更容易被敌人击落，因为这第二次的空运几乎完全是拖曳中的滑翔机所组成——比较迟缓和不灵活，容易受到敌人攻击。虽然如此，因为联军护航的战斗机实力实在是太强大，所以从英国起飞的 1203 架滑翔机，其中只有 13 架被击落。使这一批增援部队不能够准时到达的原因，是恶劣的天气，而不是德国的空军。

在英国机场上空，恰好有厚密的雾幕，所以使空运部队的启程时间遭受到了延误。在荷兰境内，那些在地面上的伞兵实在是等待着有度日如年之感。德军从芮斯华森林（Reichswald）发动反攻。在滑翔机预定到达时间之前，就已经把着陆场攻占了。现在已经没有机会来警告和重新指示那些驾驶员，而且加文也不知道他的援兵在英国动身的时间，已经迟了两个小时。因为恐怕滑翔机随时都有降落的可能，所以地面上的美军伞兵拼命地反攻，结果算是把德军逐回，多出了半个小时的时间。虽然如此，滑翔机还是在敌火之下降落，而且加文把所有的兵力都用完了，才阻止住了德军的进逼。因为滑翔机迟到的缘故，所以才使他们免于受到严重的死伤，不过却丧失了在那一天占领奈梅亨桥梁的任何机会。

这一天在阿纳姆地区，这种延迟和它的后果就更为严重。英军比美军还要迟，运输机和滑翔机都过了下午 3 点钟才到达，足足地迟了 5 个小时。到了这个时候，那原先在奥斯特贝克附近被阻的两个伞兵营，曾经一度冲入阿纳姆，但是在伊丽莎白（Elizabeth）医院的附近和德军发生了激战，被斩成了数段，而他们的联合兵力已经减到 250 个人以下。他们的人数和弹药都不够冲过桥去，而弗罗斯特率领着 600 人不到的残兵，还在大桥北端作垂死的挣扎。

那一天上午，他的部队击毁了从南端冲过来的 6 辆装甲半履带车，并且利用它们的残骸把桥梁也作了有效的阻塞。英军从北部桥头两旁的建筑物里，用火力来掩护这些障碍物。不过到了下午，德军又用步战协同的方式，开始反攻，当英军所据守的房屋有 4 栋已经起火燃烧之后，他们就被迫着不能不放弃他们的阵地。所以只要用这个火攻的方式，不需要多久英军就要被击败了，除非有援兵能够马上赶到。

在这一天黄昏的时候（星期一，9 月 18 日），下莱茵河以北的情况更是极端的混乱。在阿纳姆的英军第 1 伞兵旅本身，也和弗罗斯特这一营一样，都在迅速瓦解之中。在那一天上午，旅长拉思伯里和师长厄克特，想和城市中的部队会合在一起，但是却被切断，并且一直到下午都躲着不敢出头。于是当他们想再回到奥斯特贝克的时候，拉思伯里在途中又受了伤。厄克特和其他的军官们也只好把他交给荷兰的人民代为照料，但是他们自己也过不去，只好躲在另外一家的阁楼上面。甚至天黑之后，他们还是不能逃走，因为周围都是德国兵，而且在外面的街上，就摆着一门自动推进大炮。

当厄克特不在的时候，空降旅的旅长希克斯就只好暂时代理师长，但是他和厄克特、拉思伯里、弗罗斯特和第 1 伞兵旅的任何单位，都已经丧失了接触。一方面因为他们的无线电机在建筑物里面，效率比较差；另一方面是因为有一个英国的强力电台，所使用的周率恰好与这个师的通信网中所使用的相同。结果周频固然是改变了，但是孤立了阿纳姆的部队却不知道，而他们用旧周率去收听，更是一点结果都没有。更严重的却是与外界交通的断绝。希克斯非常迫切地需要有空中的支援，来对付德军的坦克，但是他却不能够照原定计划去通知空军。他和英国空军的联络已经断绝了，甚至他和英国的空降部队基地，以及只有 15 英里以外的布朗宁军部，都无法取得联络。

关于阿纳姆城市以内的情报，希克斯全靠荷兰的地下人员供给，因为他们中间有一批人已经占住了当地的电话局。这些报告也许并没有把阿纳姆真正危急的情况，显示出来，因为希克斯似乎对于"空头阵地"的安全问题，还是给予最优先的考虑。他仅仅从他手中所有的 7 个营当中，只抽出了两个去增援阿纳姆，而他却命令新到达的第 4 伞兵旅［旅长哈克特（Hackett）］，去把德军赶出奥斯特贝克以北的高地以外，并且设法加强师部的防务。这个攻击实在是得不偿失。德军凭着森林坚守，在一天的战斗当中，两个伞兵营损失了他们一半的兵力。

冲向桥头的两个营损失就更为严重。他们一共花了 13 个小时才通过了 3 英里路的距离，虽然他们能够到达伊丽莎白医院，并且与第 1 伞兵旅的残部相会合，但是他们却再也不能前进一步。同时再也没有援兵能够达到。第二天（星期二，9 月 19 日），这些孤立的英军又勉强发动攻势，希望能够攻过大桥，但是德军的坦克和自动推进大炮，却掩护着每一条进路。当他们的战防弹药打完了之后，那些伞兵就只好逐步后退，经奥斯特贝克一直退到了哈滕施泰因（Hartenstein），这时厄克特又已经回到师部，重新亲自指挥。他希望集中兵力，坚守待援，以等候第 30 军的到达。

再从空中增援他们，甚至补给他们，现在都已经是很困难，因为英军所占有的降落场已经不够大，而德军的高射炮和战斗机的实力却已经大有增加。那一天下午，恶劣的天气，再加上有 500 多架德军战斗机出现在战场上空，结果使增援的计划受到了扰乱。因为机场上有大雾，波兰伞兵旅和美军第 82 师的滑翔步兵团都不能够升空出发。从其他基地出发的飞机，一共有 655 架部队运输机和 431 架滑翔机，但是却只有 60% 到达了它们的目的地，而在没有到达目的地的飞机当中，有 112 架滑翔机和 40 架运输机，都损失掉了。而最糟的是用降落伞空投给第 1 空降师的 390 吨弹药和食品，都几乎全部落到敌人的手里。原先预定的补给空投场并不在原始着陆地区之内，而该师根本上就没有能够占领那个地点，厄克特虽然曾经发了一个电报，建议调换一个新的空投场，但是这个电报却并未被英国基地所收到。

因为波兰伞兵旅没有能够到达，所以用伞兵援救阿纳姆桥头苦战的部队，是已经毫无希望了。因为在前一天上午，弗罗斯特就已经完全被切断。虽然如此，他却还是继续阻止德军，利用这座桥以把援兵送往奈梅亨。不过现在到了星期二的薄暮，他的情况就日益危急了。他的部队一共只守住了 12 所房屋和一所学校，并且还正在敌人猛烈炮火之下。地下室里充满了伤兵。周围的房屋都烧成了一片火海。他们的战防炮弹快打完了，剩余的 400 名残兵，当然无法阻止坦克对于他们的阵地作有系统的破坏。但是他们还继续打下去，一心盼望从奥斯特贝克方面有援兵来到，而并不知道这个希望已经断绝，因为自从星期天黄昏之后，他们的无线电通信就已经停止了。

9 月 20 日，星期三的上午，他们经过阿纳姆电话局的接转（这个电话线还是控制在荷兰地下人员手里），居然又和师部发生了接触。到了这个时候，弗罗斯特才知道，除非他能够一直守到等地面部队从奈梅亨赶到的时候，在此以前他是不可能希望有救兵到达的。那一天，第 82 空降师和近卫师已经向瓦尔大桥发动联合攻击，他们所奉到的严命是不惜一切代价，打通到阿纳姆的道路。

× × ×

9月19日，星期二的上午，近卫师的矛头从佐恩，经过这个走廊向奈梅亨南部的森林，迅速地推过。不过，在那里他们发现了美军受着芮斯华森林方面德军的攻击，压得不能动弹，所以不到过了中午之后，是无法向奈梅亨大桥开始采取任何的行动。即使到了那个时候，加文也只能抽出一个伞兵营来，配合近卫师的作战，上文已经说过，他的滑翔步兵团并没有能够离开英国。这时公路和铁路桥梁都还是完整无恙，所以就派出了两个纵队，去分别夺取它们，但是却没有一个能够透入德军的防线，因为德军已经有充分的时间，去准备一切了。

所有通到公路桥梁的道路都要经过一些园地，通常就喊作亨特公园（Hunter park），芬兰人在战前即曾加以设防，并且在1940年曾经坚守过3天之久。德军对于这个公园再加强了它的防筑工事，尤其是那个古老的中世纪堡垒，和一个长满了树木的圆丘，名叫伐克霍夫（Valkhof）。在亨特公园的南边，英美军的攻势被阻止住了。坦克虽然直向桥头冲去，但是却被击毁。想渗入德军防线的联军，也都被包围。那一天夜里，联军就在桥头不远的地方过夜，料想着这座大桥会在他们的眼前被炸毁掉。他们不知道莫德尔曾经亲自下手令，不准炸毁这一座桥。据斯图登特说："莫德尔因为相信他可以守住这座桥梁，所以他才会下令禁止破坏它。"

在9月19日到20日之间的夜里，当德军第10党军师的一个战斗团，正在渡过下莱茵河来增援奈梅亨守兵的时候，霍罗克斯和布朗宁决定了一个新计划，准备从南北两面同时向奈梅亨公路大桥进攻，以期把它完全占领。第二天，有一个美军伞兵团（第

504 团）预定在下流 1 英里处，渡过瓦尔河，以便在北端发动攻击时，同时攻占南端的桥头。不过，首先还要把奈梅亨镇内的德军完全肃清，以使攻击部队获得一个渡口。

这个扫荡的工作就花去了星期三上午的整个时间，一直等到下午 3 点快到的时候，第 504 团才开始跳上了小艇向急流的河中猛冲过去。湍急的河流和猛烈的敌火，使第一波只有一半人到达了对岸。一共只有两百多人，但是他们却英勇地在河岸上获得了一个立足点，在一下午的时间当中，他们的实力也就逐渐增强。这个在白天里，对于一个宽达 400 码的大河，实行敌前渡河的英勇行为，实在是很值得人钦佩，并且也获得了很高的代价。到了 6 点 30 分，美军逐退了德军的抵抗，开始向公路大桥挺进。在中途他们又顺便地占据了铁路桥梁的北端，并且在那里升起美国国旗来。（注：以后当登普西和加文晤面的时候，曾经说："我今天能和世界上最伟大的师长会晤，实在是感到欣慰。"凡是亲自看见第 82 师作战的人，也都一定有此同感。）

当南端的守望者看见了这个成功的讯号时，近卫师马上也就开始进攻。在这里又经过了一下午的恶战，才把公园地区以内的德军完全肃清了。美军一营扫荡公园的东半部，而近卫师则攻下了伐克霍夫圆丘和那个古堡。这两个据点被攻下了之后，到桥头的路也就打开了。在 7 点钟将到的时候，已经天黑，有 5 辆英国坦克，冒着对岸八八炮的火力，直冲过桥去。其中有两辆为火箭炮所击毁，但是其余的却冲过了长达 600 码的大桥，通过了北端的障碍物，而和正从西面攻来的美军会合在一起。奈梅亨大桥完整无恙地落在联军的手里，一条直路一直向北通到阿纳姆为止。

到了现在，死守阿纳姆大桥的英国伞兵，已经由 600 人减到

140 人，而弗罗斯特中校也负了伤。他的部下还据守在北部桥头 6 间房屋的里面，但是却已经不再能够守住那个学校，3 天以来这是一个最重要的障碍物，足以阻止德军的坦克和炮兵向南运动。那一天下午，在两辆坦克的直接瞄准射击之下，那个学校在烈焰中垮了下来，所有的守兵被驱逐到了街心。在英军第一辆坦克越过奈梅亨大桥，向北前进之前的 3 个小时，第一辆德军坦克就已经越过了阿纳姆桥梁，开始向南挺进了。

在夜间，德军尽量地利用这座桥梁，所以到了 9 月 21 日，星期四的上午，英国空军侦察机报告说：有 20 辆德国坦克从阿纳姆向南移动，而德军在下莱茵河与瓦尔河之间，横跨着阿纳姆—奈梅亨公路，似乎已经建立了一道新防线。虽然如此，霍罗克斯仍然希望能够在下莱茵河上面，占据一个桥头阵地，以与第 1 空降师取得联络，然后照原定的计划，直趋须德海。由于厄克特的无线电联络已经中断，所以霍罗克斯也并不知真正的情况已经严重到了什么程度。

到了那一天上午 9 点，霍罗克斯的一个炮兵部队，第 64 中型炮兵团和空降师建立了无线电的接触。这是自从第 30 军开始进攻以来，第一次从阿纳姆方面获得了直接的消息。经由这个通信路线，厄克特到现在还不知道弗罗斯特的部队已经被打垮，所以就这样地报告说：

> 敌军正在向主要大桥猛攻。该处我军兵力单薄，情况极为危险。敌人也东面从赫尔桑姆（Heelsum）附近，西面从阿纳姆，向部队所在地区攻击。情况也颇严重，不过师部与其余部队尚能在哈滕施泰因附近构成一个完整的防

区。这两个地区都需要援救，越快越好。本部仍然能够控制着希维多普（Heveadorp）的渡口。

根据这个电报，霍罗克斯自然认为厄克特还有一些部队，扼守着阿纳姆的桥梁，并且在该镇以西地区获得了一个立足点，假使迅速地加以增援，还可以有扩充的余地。他早已命令近卫装甲师，尽最早和最快地沿着主要的阿纳姆公路，向北面挺进，希望在敌军能够组成一条新防线之前，就先突过那座大桥。现在他就再下命令说，假使直接的道路已经被阻塞住，近卫就应该绕道向大路的西边进行，以到达希维多普渡口为目的。此外又准备在那一天下午，把波兰伞兵旅降落在德里尔（Driel）的附近，以便掌握着渡口的南端，照理说，近卫师和波兰伞兵在合作之下，总可以稳住这一个基地，由此步兵又可以渡河，以与厄克特的部队会合。那么，当河流的两岸都已经落入联军的手里，那么就可以在这个渡口上架设一个桥梁了。

这个计划固然是很清楚，但是用来执行这个任务的兵力，却一时并不能到齐。在马斯河以北，霍罗克斯只有两个师：近卫师和第82空降师。恶劣的天气始终阻止住加文的滑翔步兵团的到达，而第82师的其余部队，则在近卫师支持之下，正在忙于防守马斯河与瓦尔河之间的地区，因为德军正从芮斯华森林的侧翼方面，向此频频地发动反攻。在奈梅亨桥头阵地里面，霍罗克斯只有一个伞兵团和近卫师两个团，但是后者却不能够立即转移攻势，必须要等待第43师的步兵来接替他们的防务——该师还只是刚刚越过马斯河。

英军第30军和美军空降师的一切增援和补给，都只靠着一条路线，所以运输的速度当然不免迟缓。因为从缪斯—埃斯科运河到马斯河之间，公路一共有45英里长，大部分都是窄路，并且中间还通过了艾恩德霍芬和其他6个村落，以及两座修复的桥梁。因为这一条单独的公路，很容易受到空中攻击和炮火的威胁，所以当纵队进行时，车辆之间都奉命保持着相当的间隔，因此他们的平均速度很难于超过10英里。若是车辆能够平静地流动，这个速度也许还可以适合，但是有一个意想不到的限制，却自始至终加在这个走廊地带上面。在第一天黄昏的时候，有两辆3吨重的卡车，跟在装甲车辆的后面前进，却为德军的地雷所炸毁——这个地雷是埋在路旁的草地内，就是他们道路阻塞线的旁边。在通过障碍物的时候，这两辆卡车从水泥路上歪到草地上，结果就被炸了。第二天上午，凡是向北行驶的车辆，都看见了这两辆被炸毁的卡车，上面并张贴着工兵部队的布告："小心在路面上驾驶。草地上尚有地雷未被扫清。"

事实上，到了这个时候，在阻塞地带的地雷都已经扫清，同时在以下的公路旁边草地上，德军也不可能再布雷，因为在前一天下午德军还在利用这条公路，运输他们自己的补给。可是不管怎样，那个警告却仍然在那里，英国的驾驶兵本来就太谨慎，现在就更小心了。在以下的5英里路程上，直通到法尔肯斯瓦德，都是水泥的狭窄路面，刚刚只够两辆车通过。两辆车通过两旁的草地固然很宽，但是把车队中途停止，好让更紧急的纵队通过时，驾驶兵尽量占着路面，结果就产生了一连串的阻塞事情，常常需要好几个小时，才能够使它们疏通。不久在艾恩德霍芬又发生了第二个阻塞现象，因为19日黄昏，德国空军曾经向这个地区加以猛烈的攻击。结果近卫师的一个弹药纵队，被炸爆裂，因此在以后 24 小时之内，该城市中的主要街道都为废材所塞满。

又由于德军对于走廊地带的侧翼方面，一再地施行逆袭，所以运输的行动也常被滞阻，因为第 2 军团的其他两个军都被迫着要通过几乎是无路可走的废地，所以进度就特别慢。到了 9 月 21 日，他们曾经和艾恩德霍芬扯平，但是在此就被阻止住了。到此再前进 30 英里就到了赫拉弗，这一段走廊地带就只是比公路稍为宽一点，而容易阻塞的地点，例如佐恩的桥梁，和圣奥丹乐德（St-Oedenrode）的窄街等等，又都常常受到敌方炮火的威胁。在 19 日和 20 日两天之内，德军从两面向这一段公路，发动逆袭，虽然终被击退，但是交通的停滞却依然如故。差不多这条交通线简直已经变成了一条火线，而且两面都可以受到敌火的威胁。结果是花了 3 天的时间，才把第 43 师由阿尔贝特运河，运到马斯河，一共只有 60 英里的距离，军队用徒步行军也不过只要这样多的时间。

所以一直等 21 日的下午，近卫师才能够开始从奈梅亨桥头阵地，向前进攻，差不多立即就在埃尔斯特（Elst）以南被德军预先布置好了的战防炮阵地所阻止。在瓦尔河到下莱茵河之间的地区，都完全是耕种地，上面布满了堤堰和沟渠，所以越野的行动当然极为困难。近卫师所沿着前进的一条公路，要比周围的耕地更高，并且两侧都是深沟，而是装甲车辆都不能爬过的。在公路上面，坦克构成了一个显著的目标，极容易被位置在田野里面的德军炮兵击中。步兵的直接攻击和迂回行动也都同样不生效，主要的原因是支援火力太微弱。因为弹药的缺乏，所以只有一连炮兵可以应用，而近卫师也无法和第一天一样，能够获得台风机的支援。他们虽然还是招呼飞机，但是由于指挥车已经失灵，所以他们却没有能够炸中德军的战防炮。这实在是非常的不幸，因为没有能够获得台风机的支援，所以坦克们在那一天下午，就再没有突入阿纳姆的机会了。

当近卫师正在埃尔斯特的前面被阻止的时候，波兰的伞兵，在德军高射炮和战斗机的猛烈对抗之下，仍然在埃尔斯特到德里尔之间地区，实行降落。可是，当波兰部队到达下莱茵河的南岸时，希维多普渡口的渡船已经沉入水底，而渡口的北端却已经为德军所占领。厄克特的部队，刚刚在两个小时之前，为德军所赶走了。

在前一天，厄克特命令他的那些分散减弱的各营，都一齐撤入哈滕施泰因地区，有些单位在发现了他们已经被切断之后，就纷纷企图冲出重围，结果都遭受到严重的损失。其中尤以第10和第156两个伞兵营为最，他们企图消灭在奥斯特贝克北森林中的敌人，以与师部会合。当他们到达目的地时，两个营所残余的兵力一共只有135人，比原有着陆人数的1/10还要少。而且，德军追击得那样地强烈，所以该师的侥存者3500人，被压迫在宽1000码、深2000码的狭窄地区内动弹不得。德军从3面用强烈的火力，向该地区内连续地射击，同时更使用步兵和装甲兵，一再地对它攻击。所以，虽然在21日那一天，有一份空投补给是落在守军周界之内，但是英军却还无法去搜取它们。

英军第30军在这一天，所能给予该伞兵师的唯一援助，就只有64中型炮兵团的炮火。在建立了无线电接触之后，这个炮兵团就可以向围攻的德军，发出相当准确的炮击。这个可以使被围的英军略感减少压迫，但是到了那天黄昏的时候，伞兵师的饮水和食物都差不多已经用完，而弹药也不多，所以厄克特报告说："阿纳姆方面的所部已经24小时没有消息。师本部仍在极狭窄周界内固守，死伤惨重。物资即将用竣。希望在 20 小时之内能够获得救援，实属至要。"

在 22 日的早晨，霍罗克斯回电说："第 43 师已经奉命，不惜冒一切的危险，以期在今天之内达成援救的任务，其前进之方向指向渡口。假使情况有此必要，你可以撤向渡口或撤过渡口。"厄克特回答说："我极希望能和你相见。"

× × ×

霍罗克斯现已经放弃了一直突破到须德海的观念，但是他却还希望他能够在下莱茵河的那一面，获得一个适当的桥头阵地，以便等到他的走廊地带放宽，和援兵到达之后，则由北面来作进一步的扩展。所以，22 日，星期五的计划是这样：第 43 师的师长托马斯少将在拂晓的时候即率领两个旅的兵力，从奈梅亨桥头阵地向前进攻。一个旅沿着主要的公路，从艾尔特以达阿纳姆；另外一个旅，则在它的左面，从奥斯特豪特（Oosterhout）以达希维多普渡口。因为这两个旅在 21 日都已经到达了奈梅亨，所以霍罗克斯就假定，为了执行这个命令起见，托马斯师长应乘夜间把部队渡过瓦尔河，以便在第二天拂晓即可以大举进攻。可是事实上，这却并没有办到，所以利用清晨晓雾的掩护，以对敌军作奇袭的机会就丧失掉了。不过利用这个晓雾的掩护，近卫师的骑兵装甲车，在 7 点钟过去不久的时候，却已经通过了奥斯特豪特，而与波兰兵取得了联系。这个时候托马斯的步兵却还没有开始攻击。

当晓雾升起之后，上午 8 点 30 分，在坦克和炮兵的支援之下，第 43 师的步兵才开始向奥斯特豪特进攻。过一个小时之后，当他们到达奥斯特豪特外围的时候，领先的部队即为德军一辆坦克和若干步兵所阻止。于是以后的作战一切都照书本上的规则进行，因为托马斯并没有向他的各级指挥官说："应该不惜一切牺牲。"这样慢慢地进攻就耽搁了一上午的时间。

到了日中的时候，才有一个营开始攻入镇内，德军抵抗并不重，很快地就被克服……到了 17 点钟，全镇即已被肃清。这是一点都不稀奇的。这个攻击差不多获有 100 门炮的支援，而守军的实力则极不足道，因为以后计算战果时，奥斯特豪特一共只交出 139 个俘虏、一个军需仓库、一辆坦克、一门八八炮和 5 门小型的高射炮而已。这一天是第 1 伞兵师和整个战役的全部命运所系，但是第 43 师却是那样地牛步前进，在这一整天战斗中，他们一共只伤了 19 个人员。

不过这却不全是部队的错误，因为我们还可以说他们所作为的，甚至都已经超出了平时训练之外了。托马斯的天性是谨慎小心，所以他的部队也都学着他个人的榜样。他对于他的攻击组织一向是非常的彻底，其彻底的程度，使他手下各营，正和第 2 军团中的多数步兵一样，相信在没有强大火力支援之下，他们就绝对不可能前进。德国人批评在诺曼底作战的英国步兵说："他们是只想占领土地，而并不想为土地而战斗。"这的确也有几分真理。这种政策的后果就再没有比目前在奥斯特豪特的情形更为明显。

那一天上午在德里尔附近，近卫的骑兵找到了厄克特所派回来的两个军官，而把他们的报告转到了军部。他们说："我们缺乏弹药、人员、食物和医药供应。水陆两用的载运车（DUKW）就可以应用，有两三辆都够用。假如补给在今天夜间还不能到达，那么可能就会太迟了。"霍罗克斯马上就通电说："尽一切的可能，使必要的补充能够通过。"当他发现在托马斯的两个旅实际上毫无进展，而埃尔斯特又仍然还在德国固守之中，于是他就命令托马斯集中全力从奥斯特豪特起，打开一条新路。这个时候，这个村镇已经被肃清，所以托马斯奉命派遣一支强大的机动纵队，超过希维多普，以载运物资去接济第 1 空降师。下午 6 点钟的时候，这个由骑坐在坦克上的两个步兵连和一切水陆载运车辆所组成的纵队，开始经过奥斯特豪特出发，以与在德里尔的波兰伞兵相会合。车辆鱼贯而行，一小时大约能走 10 英里，但是当他们到达河边时，天却已经黑暗了。在那里发现河岸是太险太软，水陆两用车辆无法下水，而且时间又太迟，天色又太黑，已经无法再寻找其他合用的渡口。同时又没有突击船只可用，虽然部队在一夜之中，都在忙于制造临时性的木筏，但是一共却只渡过了 50 个波兰伞兵和少数有限的食品和弹药。

现在已很明白了，想要在阿纳姆以西建立一个桥头阵地，那么就必须越过下莱茵河实行大规模的攻击不可，但是必要的兵力和船只却又不是马上可以到手的。在那一天下午，德军的坦克和步兵又在费赫尔与于登（Uden）之间，切断了英军的走廊地带，因此把所有在马斯河以北的英军，都陷入孤立的地位。所以，霍罗克斯不得不把近卫师的第 32 旅又调回去，重新打通这一条交通线。他们从北面，美军的伞兵从南面，一直打到第二天的下午，才算是完成了任务。因为把近卫装甲师的一半兵力，调回去肃清走廊地带，所以就使向阿纳姆的攻势更为减弱。从奈梅亨出来的直接大路，在埃尔斯特还是为德军所扼断，无法通过，至于第 43师用来到达下莱茵河的小路，也位置在埃尔斯特德军火力威胁之下，而且无论如何，都是不适宜于繁重交通之用。

9月23日的黄昏时候，当空投补给又被恶劣天气和敌人干涉所打消之后，厄克特就发出无线电报说："士气尚佳，但是连续惨重的迫击炮射击，却具有很大的影响。我们当然还是拼命死守……不过希望明天的情况能够略为好转。"不过在那一天夜间，英军却还是没有企图大规模地渡过下莱茵河，因为第1伞兵师现在极需弹药的补充，所以援兵必须集中全力来将物资渡过河去。在黑暗到黎明之间，只有250个波兰伞兵渡过了这条河，其中又只有150人曾经到达了哈滕施泰因周界之内。

9月24日，星期天——这是"市场花园"行动开始后的第8天——英国空军才第一次对于厄克特的部队，能够作强有力的支援。在那一天下午当中，台风式机在英军周界附近，攻击德军的阵地和正在开向那里去的援军。这也就是预定在那一天夜晚，作大规模渡河攻击的前奏曲——这次攻击，预定由波兰伞兵和第4多塞特郡（Dorset）营担任。在周界以内的英国伞兵，简直是巴不得天赶快黑。但是到天黑却只给他们带来了失望。攻击本是预定在下午10点30分开始，但是到了那个时候却发现波兰部队根本没有突击船只可以供他们使用，而第4多塞特郡营也只有4只船。这是由于公道交通被切断的直接影响。到了半夜以后，才又运到了5只船舶，于是有250名士兵渡过了河，每次都是一排人；但是因为水流太急，而且天色太黑，所以登陆的地点分散得很远，在多塞特郡营尚未找到第1空降师的周界之前，其本身即已为德军所包围。

到了第9天拂晓的时候，厄克特收到托马斯的通知说第2军团势必放弃建立桥头阵地的企图，所以第1空降师必须撤退了。厄克特就回答说，假使整个计划是如此，他的部队将拟在那天夜里实行撤退。

在前一天（9月24日）的下午，登普西和霍罗克斯在圣奥丹乐德会晤，曾经决定在9月25日到26日之间的夜里，再作最后一次企图，以求在下莱茵河的北面建立一个桥头阵地。不过他们能否达到这个目的，关键就要看公路交通是否能够畅通，把弹药、突击船和架桥设备迅速地北运。霍罗克斯在下午4点30分离开圣奥丹乐德，但是当他的汽车通过费赫尔不过几分钟之后，德军就从西面进入该地，而又将走廊地带切断了——这一次德军兵力很雄厚，一直把交通切断了达48个小时之久。德军这一次的反攻，又加上英国空军侦察机的报告，说德军已在下莱茵河北岸构筑工事，并且把坦克部队开进那个唯一可以渡河的地区，凡此种种遂逼着霍罗克斯和登普西，不能不勉强决定撤出第1空降师。

在那个岌岌可危的周界里面，厄克特现在只有2500人的兵力。在过去5天当中，他们尽量地撑持，虽然弹尽援绝，死伤惨重，但是除了北面一小部分以外，他们可以说是没有损失多少土地。这实在可以表示该师的确是勇敢善战，因为德军自从桥头上的伞兵被解决之后，他们就不断地向这个地区猛攻。自从9月22日以后，该师在人力和火力两方面，都已经到了山穷水尽的阶段，但是他们还是拼命地死守，不肯放弃寸土，所以到了9月25日的下午，德军就已经放弃了攻击的企图，而只想将他们围困着就算了。

在这一天下午，第1伞兵师也就开始作撤退的准备。该师师部的一位通信军官加迪少尉（Lt. Gardy）把他们从英国带来的军用鸽，都全部放走了。其中有一只鸽子飞到了在比利时的英军第8军军部，上面所携带的通信内容如下：

（一）因为缺乏食品和饮水，所以才把这些鸟都放走了。

（二）德军有8辆坦克就停在我们的附近，但是却没有给予我们以太多的麻烦。

（三）荷兰人民很慷慨，但是荷兰烟叶却不够劲。

（四）现在所使用的兵器，是德国制的和英国制的一样多。用德制机枪打德国人似乎更有效。

（五）我们现在已经比赛谁的大胡子长得快，但是却还没有时间来统计谁是优胜者。

他们那一天夜间，在大风雨中撤退。第30军的炮兵用火力构成一个屏障，掩护他们脱离，而敌人则比平常还要更沉寂。经过森林、果园、街道和房屋，这就是他们许多天以来的血战之地，他们分成许多小组，静静地溜了出来，每一个人都牵着前面一个人的手或衣服。在河边，有船在等候着他们，那是由英加部队的工兵所驾驶的。在整夜中，渡河的工作时常受着德军间歇炮火的威胁，但是德军却没有企图直接阻止撤退的行动，因为他们就不知道是发生了什么事情。从南岸来猛烈炮击，再加上多塞特郡营又英勇地在下流一个狭窄的立足点上发动了佯攻，所以就更使德国人以为有另一次的攻击出现。在整夜中，那个周界之内还是乔装着有人防守的样子，凡是不能移动的伤兵就留在兵器和无线电的旁边，使无线电通信和防御的火力都维持着原有的状态。到了9月26日的黎明，撤退就必须停止了，因为德军的机关枪已经在向河流上实行扫射。到这个时候为止，一共有2163人已经平安地到达了南岸。在下莱茵河北岸着陆的总人数约1万人，现在能够撤出的就只有此数，而战死的伞兵则在1130人左右。在周界内的

300 名伤兵和第 4 多塞特郡营的 200 人，都被德军所俘虏，而在阿纳姆内外附近，一共有 6000 人以上的联军被俘，其中有一半都是先负了伤，然后才落入敌人的手里，还有几百人被冲散，由荷兰人民收藏着，最后也多半逃回了南岸。不过无论如何，英军却一道等候了 7 个月，才又再度进入了阿纳姆城。

第二十七章 | 失去了的机会

　　当第 1 空降师的残部，在 9 月 26 日的下午，回到奈梅亨的时候，从南向北的公路又已经打通了。在第 2 军团的右翼方面，第 8 军已经在博克斯梅尔（Boxmeer），到达了马斯河，并且逼迫那一方面的德军不得不撤退。现在联军的矛杆倒是已经稳住了，可是矛头却早已磨钝了。这一条走廊并不能照原有的计划，一直通到须德海，英军第 2 军团现在所能保有者，不过是一个突出的地带，仅仅伸展到下莱茵河南岸为止。这个突出地带的纵深一共达 60 英里，对于驱逐德军离开马斯河以南的地区，以及解除德军对于安特卫普的反攻威胁，都具有很大的战术价值；可是从战略方面来看，除非马斯河上和瓦尔河上的桥头阵地，都能够迅速地扩展，否则这个突出地带就可能会变成一个盲肠。不久秋雨就会使河水增多，德军就可以放水把所有耕种地变成泛滥区，这样就可以阻塞住通到阿纳姆的北面进路，并且使瓦尔河和马斯河之间的交通线，更受到限制。所以，虽然蒙哥马利的部队可以绕过齐格菲防线的北面，但是这个地区却并不会受到迂回的影响。此外，莱茵河的障碍依然存在，而对于鲁尔地区的威胁，就不会像蒙哥马利所预料的那样巨大和即效。

把"市场花园"行动的总结果加一个批评，蒙哥马利宣布："阿纳姆之战已经有 90% 的成功。"除非专以所夺获的桥头数目为根据，否则这个批评实在是很难得到一般人的支持。固然一共占据了 8 个渡河点，但是因第 9 个阿纳姆大桥，始终没有弄到手，结果使蒙哥马利的战略目标完全成为泡影。他的主要目的，是要在一跃之下，使第 2 军团一口气冲过马斯河和莱茵河，他说："我深知敌前渡河的困难，所以总是想尽可能地避免它。"他给予第 2 军团的命令，是说它应该大致到达兹沃勒（Zwolle）—代芬特尔（Deventer）—阿纳姆之线，面向东面，并在艾瑟尔（Ijsel）的东边，建立一个纵深的桥头阵地。从这个位置就可以准备再向前进展，大致到达赖讷—奥斯纳布吕克（Osnabruck）—哈姆（Hamm）—明斯特（Munster）之线。蒙哥马利的想法无疑问地是以为假使他能够到达这个直接威胁鲁尔地区的地位，那么艾森豪威尔就会认清这个机会的价值，而肯把相当的资源给予他来扩张这个战果。

虽然"市场花园"行动的结果，距离蒙哥马利所希望的，实在是太远，但是这却并不是说这个计划是野心过度，或是这些目标本是他能力所不可能到达的。假使在作战的时候，在战术上的执行也能和战略上的理想一样地果敢，那么这似乎是无疑问地可以成为一场完全的胜利。在蒙哥马利的所有计划当中，就只有阿纳姆这一点，可是说是在执行时，犯了极大的错误，但是这却是一个具有决定性的因素，所以需要对它加以详细的检讨。

阿纳姆作战的失败主因，就是第 1 空降师着陆的地点，实在距离大桥太远，而且在着陆之后，又花了太多的兵力去稳固他们的"空头阵地"，而只使用了太少的兵力去争取他们的主要目的。厄克特师长对于阿纳姆之战的教训，曾经提出了一个正式的报告，其内容可以摘录如下：

> 在一个空降作战的最初阶段，我们应该准备接受更多的危险。即使敌人有相当的高射炮火力，仍然应该把空降师降落在与目标比较接近的地区，这实在是一个合理的冒险……这次固然获得了最初的奇袭效果，但是最后的效果却还是丧失掉了，因为部队花了4个小时（注：实际上是6个小时），才到达了桥头。若是能够把一个整旅的兵力，直接降落在桥头上，那么结果就会完全不同了……陆军和空军对于高射炮，都不免太悲观。原有认为滑翔机不能够在耕种地面上着陆的假定也是错误的。在桥头的南面附近地区，是可以寻找到适当的降落地区和着陆地区的。

诚如厄克特的一位幕僚所说的，最大的失败根源就是厄克特，过分重视安全的进路和整齐的降落，他大多数的幕僚们也都认为第1空降师的计划缺少果敢和明确的思想。甚至他们认为即使是下莱茵河南面的耕种地，不宜于滑翔机作大规模的着陆，但是第一天把少数精兵降落在大桥的南端，却绝对是可能的。在诺曼底采取这样的办法，盖尔曾经冒着更猛烈的德军高射炮火，而终于获得了夺获奥恩河桥梁的战果，同时在D+1日，第4伞兵旅为什么不降落在靠近桥头的南岸，反而还要落在更远的西面，这实在也没有可供解释的理由，因为厄克特又准备再过一天，而把波兰伞兵旅降落在那个地方。他也可以这样辩护，假使这个地区的高射炮火力，在 D+1 日已经减少，那么所冒的危险就很有限；若是不如此，那就是表示还可能控制住那座桥，因此就必须把一个整旅的兵力降落在那里，以求占领这个重要的目标。

无论如何，所有一切的办法都是必须要冒着相当的危险，但是厄克特的伞兵营，却都是由志愿兵组成，而且他们受过特殊的训练，准备接受一切的危险。在英军陆军中不会有比他们更精锐的部队。从阿纳姆的战斗中，就可以看出来他们实在是勇敢善战，可是这一次却完全是无意义的牺牲。他们固然是不惜牺牲，但是却也希望能有相当的代价。

向桥头作一次勇敢而直接的突击，其所要付出的代价并不会比逐步攻向桥头，所需要的更大。虽然在阿纳姆地区的德军兵力实际远比所估计的要强大，但是假使厄克特的兵力完全集中在一处，则他们的强度还是不足以击败英军。德军一共花了 3 天的时间，才把桥头那一营伞兵消灭掉，而当那最后 3000 人退入了哈滕施泰因周界之后，德军虽以 3 倍的实力，也没有能够降服他们。不过一切的机会却都错过了，由于最初过分的小心，以后虽浴血苦战也无法补救这个损失。

阿纳姆的故事是一个很伤心的故事，而真正的悲剧却是这个计划本来是很可能成功的。假使在 9 月 17 日那一天，德军第 9 党军装甲师和莫德尔本人，若不是恰好也在阿纳姆地区，那么那一天夜间英军就可能会有相当大量的兵力到达那个桥头。一旦奇袭的优势丧失了之后，这个计划的内在弱点，又因为下列几个因素而更为凸显：（一）德军反应的速度和强度，（二）天气的骤然变坏，（三）无线电交通的断绝。

在这些因素当中，照蒙哥尔马利和斯图登特的意见，却认为

气候是一个最重要的因素。仅仅只有第一个下午，天气曾经允许
空降部队照着原定的计划实行降落。在 D+1 日，厄克特的第二批
"空运"，比计划迟了 5 个小时。在 D+2 日，第三批"空运"的主
要部分始终不能离开它的基地。在 D+3 日，这些飞机还是不能够
起飞。在 D+4 日，飞机虽起飞了，但是其中只有一半找到了降落
场。在 D+5 日，气候还是阻止了任何的行动。在 D+6 日，阿纳姆
的情况已经坏到了不可收拾，空降部队已经是无能为力了。

最具有决定性的一天就是星期二，9 月 19 日，D+2 日。到了
那天上午，厄克特的主力已经很少有机会，冲过那个桥头，但是
弗罗斯特的部下却已经严密地守住了桥的北端。很可能希望那一
天下午预定降落在桥头南端的波兰伞兵和在那天上午已经到达奈
梅亨的近卫师，都会赶到援救他们。可是这两种打算却都受了恶
劣天气的影响，芬兰伞兵旅和加文的三个滑翔步兵团都不能如期
到达。没有波兰部队的援助，弗罗斯特就无法完成阿纳姆大桥的
占领工作。没有滑翔机载运的步兵，加文在那一天夜里也就无法
攻下奈梅亨桥。等到这个桥攻下之后，德军却已经重新控制住了
阿纳姆桥，并且有能力阻止英军向下莱茵河的进展，一直到这个
机会失去为止。

最讽刺的是这一天能够起飞的飞机当中，有 160 架都载运着
第 1 空降师的补给物资。在猛烈的高射炮火威胁之下，他们还是
很勇敢地把物资都投在预定的地区，可是却完全落进了敌人的手
里。这是最后一天，这个师所守住的地区，还可以供准确空投之
用。此后，虽然英军的运输机还是继续飞行，并且冒着很大的损
失，但是地面的部队却还只能得到极少量的物资。

虽然如此，假使天气能够允许波兰伞兵和美军滑翔机在星期

三（9 月 20 日）那一天到达；或是霍罗克斯和布朗宁能够知道真正的情况是怎样；那么这个危局也许还有挽救的可能。那一天，第 52 低地师的师长史密斯少将（Maj. Gen. Smith）向布朗宁建议，派他的一个旅乘坐滑翔机去援救厄克特——他是布朗宁唯一的预备队。但是布朗宁回答说："谢谢你的建议，但是情况却比你所想象的要好，而且无此需要。"

布朗宁假使能够知道第 1 伞兵师的实际情况，那么也许不会这样回答史密斯。但是自从 9 月 17 日黄昏以后，厄克特和桥头部队、布朗宁军部以及在英国的空降基地，都完全丧失了无线电联系。一直到 20 日上午，通信才再度恢复，可还是断断续续不可靠。假使在这失了联络的两天当中，厄克特能够把阿纳姆的实际情况作一个报告，那么在 20 日和 21 日，也许就会有相当数量的援兵，乘坐滑翔机到达了。在那两天，英国空军的运输机场还是"开放"着的，而且也有预备滑翔机可供应用。

同样，也是由于通信的失灵，而使厄克特不能够得到英国空军的密切支援。9 月 21 日，虽然经由第 64 中型炮兵团的联系，而把通信重新恢复了，可是在以后几天内，空中的行动又受着气候的影响。不过，在整个作战中，也还受到政策上的牵制。一方面，美国人坚持英国战斗空军在空降任务中，不要出动，否则恐怕要引起美英两国战斗机间的冲突。另一方面，英国空军的战斗机，不愿意攻击瞄不准的目标。驾驶员当然不愿意误伤自己的友军，可是布朗宁却准备接受这个危险。以后在他的报告中，布朗宁曾经抱怨地说："在'市场花园'整个行动期中，一共向空军要求过 95 次支援，但是英军空军却只答应了 49 次而已。"

另外一个要考虑的因素，就是地面部队并不能如理想中进展得那样快。在事后向美国参谋本部提出的报告内，布里尔顿曾经说过：

> 第 2 军团在第一天就已经不能够照预定的时间表进展——他们并不能够照计划中的 6 个小时到 8 个小时，到达艾恩德霍芬——这才是使奈梅亨桥梁不能被如期占领和使阿纳姆战役终归失败的主因。

这个批评是否正确呢？近卫师沿着一条单一的道路前进，在没有到达艾恩德霍芬之前，一路都受到强烈的抵抗，可是虽然如此，他的装甲部队还是在 24 小时之内，完成了这 12 英里的艰苦旅程。当他们在 D+1 日的薄暮，到达空降走廊的南端时，他们才因为佐恩的桥梁已被炸毁，停下来过夜。假使美军第 101 空降师肯听蒙哥马利的建议，像在赫拉弗一样，把伞兵分别降落在桥梁的两端，那么这座桥梁也许就可以完整无恙地抢到手。最后，当近卫师在 D+2 日的上午，到达奈梅亨时——在如此环境之中，应该要算是很早了——瓦尔河上的桥梁却已经为德军所阻塞了。那一天要想占据这个桥梁，事实上不可能，因为加文的东面侧翼还是受着德军的相当压迫，而他的滑翔营也没有能照计划到达。

实际上救兵最大的失败，不是在奈梅亨这一个阶段，而败在 9 月 22 日，从瓦尔河开始向下莱茵河进展的时候。这一次的失败，其主要的原因也就是英国陆军最严重的弱点：各级指挥官都不愿意命令他的部下，不惜牺牲地勇敢前进，虽然事实上这种迅速的行动可以缩短作战的时间，并且从长期方面看来，是可以减少死伤数字。因为这个原因，所以第 43 师才没有能够迅速地前进，而厄克特也不敢向阿纳姆桥发动直接攻击。

× × ×

这是一个最不幸的事情，联军的高级指挥当局都各有一个主要的弱点——英国人对于死伤的数字，感到过分地小心，而美军却不愿意集中他们的兵力——两个主要弱点对于这一项作战都具有极大影响，否则它很可能成为西线战场上的一个决定性打击。这实在不是计算成本，或是考虑某一个指挥官个人声望的时候。因为这一次的赌注实在是太大了，其中包括着占领鲁尔地区、迅速结束战争和决定欧洲未来前途的种种机会。

当艾森豪威尔在 9 月 4 日把空降军团交给蒙哥马利指挥的时候，他已经动用了他的战略预备队，这是他唯一可以投入战争的主要兵力，以使在法国所已经赢得的胜利，更获得进一步的保证，但是他却没有把足够的资源供给蒙哥马利，使他能够把这个宝贵的预备兵力的用途，发挥到最高限度。此处应该提出，当蒙哥马利在 9 月 10 日，到达"市场花园"行动的起线，缪斯—埃斯科运河的时候，他除了前一个星期中，每天大约收到空运物资 500 吨以外，在补给方面就可以说是完全没有得到艾森豪威尔和布莱德雷的支援。这个空运固然继续维持，但是美军的"红球快车"——每天从巴约再运物资 500 吨到布鲁塞尔——却一直到 9 月 16 日才开始工作。在阿纳姆攻势发动之前，这些物资可以说是 1 吨也都没有到达蒙哥马利的手里，甚至送给英军装甲师使用的卡车连，也在攻势开始 3 天后才到达。

蒙哥马利和霍奇斯，都没有能够获得更多的资源，因为艾森豪威尔仍然是想用一连串的攻击，而沿着宽广正面向莱茵河前进，他认为蒙哥马利的攻势不过是其中第一个而已。9月8日，他写信给蒙哥马利说："我们应该尽可能地，沿着所有的战线，向莱茵河推进，以切断正在退却中的敌军，并集中准备最后一次的大攻势。"艾森豪威尔之所以坚持这种政策，大部分是受了布莱德雷和巴顿两个人的影响，他们的报告中总是自以为能够成功的。在整个战役中，美国人的天然乐观心理是一个伟大力量的泉源，但是在这个时候，却变成了一个危险的因素，因为它可以使指挥官对于军事情况看得过于轻松。有些时候，这种乐观不仅是一种本性的问题，而是一种政策的问题。有野心的美国将军们，像巴顿和麦克阿瑟，都是惯于用夸大的语气，来表示他们的进展和期望，因为他们认为这样，就可以使他们获得更多的补给。"增援成功的人"本是一个健全的军事政策，只要这种成功对于战略计划是有利的，可是美国人在战争中也和在生活中一样，过分重视"成功"本身，而忽略了它的影响。所以对于一个那样成功的部下，像巴顿之流，一个美国的指挥官是很难拒绝给予他支持的。事实上，当艾森豪威尔把空降军团交给蒙哥马利使用的时候，就已经引起巴顿所部不满，他们说："艾森豪威尔是英国人拥有的一位最好的将军！"

在政治上约束巴顿行动的困难，美国高级当局的普遍乐观心理和想从瑞士到北海之间构成一条完整战线的愿望，凡此种种才是使艾森豪威尔不肯把足够的资源供给蒙哥马利，去让他占领鲁尔区的真正原因。

不过，自从开战以来，艾森豪威尔就是坚持资源不够用。在《欧洲十字军》一书中，他说：

假使我们在 8 月底，将其他各线联军的行动都完全停止住，那么或许可能建立一个强大的桥头阵地，足以使鲁尔地区感受到明显的威胁；不过，却并不足以获得决定性成功。

所以他坚持为了这个作战，甚至暂时加以支援的部队，也决不可以多于 10 个师到 12 个师。

在 9 月初，联军的补给情况虽然的确是困难，但却并没有像艾森豪威尔所想象的那样严重，同时他每一个师所需要的数量，也没有他说得那样多。艾森豪威尔说："对于一个正在作战中的师，每天需要有 600 吨到 700 吨的补给。"他所引述的这个数字，并不是根据他个人经验，而是根据美国军政部所颁发的阵中要务令，其中包括一切的工兵和兵工器材，有许多东西在一次短时间迅速作战中，是并不需要马上加以补充的。它还更包括着重中型炮兵的弹药，事实上在 9 月中，这些部队都一道停在后方，并未跟着前进。在这个时候，联军一个师，连同他们的支援部队在内，一天只要有 500 吨的补给，即可以维持着适当活动和进展。（事实上，巴顿每天只接收到 3500 吨的补给，但是却不足以阻止他的 8 个师攻到摩泽尔河。）担任防守任务时，联军一个师还只需要此量的一半。

当艾森豪威尔与蒙哥马利 9 月 10 日在布鲁塞尔会晤时，联军的补给纵队和运输飞机，已经可以从诺曼底的堆栈中和英国的基地中，每天运输大约 1 万吨的物资到摩泽尔河、马斯河和荷兰的边境上，以供巴顿、霍奇斯和登普西三个军团的使用。迪耶普港已经开放，到了 9 月中旬它一天已经可以吸收 3000 吨的物资，足够供给加军第 1 军团还有多余。在 9 月下旬中，运输量又增加到了 1.4 万吨一天。若是第 3 军团改取守势，则在此数中分出 2000 吨给它，也就可以够用了。于是就还剩下了 1.2 万吨，足够支持英美联军 20 个师来完成蒙哥马利占领鲁尔的计划。即使是以艾森豪威尔所举出来的夸大数字而论，这个数量也足够用了，因为当部队继续前进时，一切供应设备也都在改良之中，以瑟堡作起点的输油管，到了 9 月 12 日就已经到达了沙特尔，每天可以延长 25 英里。从诺曼底桥头起的铁路线，到了 9 月 7 日已经到达索美索斯（Sommersous），在巴黎东面 100 英里；9 月 18 日又已经延长到了列日；而 10 天之后就到达艾恩德霍芬。到了 9 月底，迪耶普港一天已经可以吸入 6000 吨的物资，而奥斯坦德（Ostend）也已经开始工作。

虽然补给的统计数字，并不足以证明艾森豪威尔的看法是对的，但是即使是蒙哥马利的参谋长德甘冈也表示愿意大致接受艾森豪威尔的看法。他说：

> 假使艾森豪威尔不想早日与"铁砧"作战会合，而能制止巴顿前进，并且将多余的物资都转用到北面来。那么我相信我们可以在冬季来临之前在莱茵河上占领一个桥头阵地——但是却不会有再进一步的发展。

不过，德甘冈在发表他的意见时，却承认他的根据并不是亲身经验，因为他又和艾森豪威尔一样，距离前线颇远。在 9 月上半月当中，他老是卧病在英国，与实际的情况并无密切接触。毫无疑问地，他从史密斯以及统帅部其他人员方面，所得来的印象是认为巴顿在此期间所获得的资源实极有限。现在我们才知道真正的情形并不如此，除了 9 月的最初 4 天内，第 3 军团每天只获得 2000 吨物资以外，在以后 3 个星期当中，巴顿使用各种手段，所实际获得的吨数，总是高于霍奇斯所得。

当巴顿获得了批准，从马斯河直趋摩泽尔河，而向南横扫进入埃皮纳勒的时候，他的补给物资实在是够充足。根据美军官方记载，9 月 4 日汽油荒就已经开始解除，到了 9 月 10 日就已经完全结束。11 日空运工具又使巴顿获得 1000 吨左右的额外汽油，所以到了第二天，所有油箱都已经装得满满的。此外，在 9 月 12 日，巴顿又获得了 3554 吨的额外补给。所以从 9 月 10 日起，当巴顿领着 8 个师进攻洛林的时候，在北面的第 1 军团和第 2 军团，却都已经因为补给缺乏，而感到寸步难移了。

蒙哥马利当然不能够干等待，以希望建立一个巨大的补给储存量。当他攻入荷兰的时候，他的物资最多只够使第 30 军到达须德海和支援两翼各军作有限的前进，此外就可以说是完全两手空空。他甚至都不能够使侧翼各军到达有利的位置，以供给最大声援。由于缺乏运输工具，在 9 月 17 日以前，第 12 军仅仅只能在缪斯—埃斯科运河的对岸，建立一个极小型的桥头阵地。而第 8 军一直到 7 月 19 日，才能够开始加入作战。甚至到了那个时候，该军也只有两个师可用，因为自从阿纳姆作战开始起，第 51 高地师就暂停前进，而它的运输单位则被调去支援前进的部队。在"市场花园"行动的最初两天，登普西在 9 个英军师当中，只能够使用 3 个师，而实际上的突破工作，已如上文所述，是用两个营沿着一条窄路前进。这都是受了艾森豪威尔政策的直接影响。假使他曾经把巴顿停止在马斯河上，而在布鲁塞尔占领之后，就把充分的资源供给霍奇斯和登普西使用，那么荷兰的作战就可能会变成一场伟大的胜利，因为美军第 1 军团对于亚琛的进攻，纵不能完全成功，也一定可以吸引着大量的德军兵力，而英军第 2 军团也可以更提早用比较强大的兵力，取比较宽广的正面，来发动攻势。

在荷兰边界上延迟了一个星期的时间，使得莫德尔和斯图登特有机会重新改组和加强荷兰的防务。在这一个星期当中，党军第 2 装甲师开入了阿纳姆—阿珀尔多伦（Apeldoorn）—代芬特尔（Deventer）地区；费尔特军（Corps Feldt）连同它的两个师，沿着马斯河布防；戈林所供给的伞兵也已经编组成师；而第 15 军团的 3 个师也从佛兰德斯平原经过斯海尔德河口，撤到了此间，所以，一个星期之内，在"市场花园"地区的德军兵力，是已经增加一倍以上了。

当英军攻势一开始的时候，德军第 9 和第 10 两个党军装甲师（每一个实力约相当英军一个旅，外加上 30 辆坦克和突击炮）马上就采取行动。在阿纳姆第 9 党军师［师长哈特（Harter）］指挥着当地的驻防部队和两个党军训练营，另外从德国国内还调来了一个装甲步兵团和一个重坦克营（包括 45 辆虎型坦克）。加上这些额外的搜索兵之后，哈特的兵力实在可以说是太强大，而决非轻装分散的英军第 1 空降师，所能够应付得了的。虽然如此，他们还是把桥梁的北端守住了 3 天之久，结果使德军第 10 党军军师的两个营，不得不使用渡船渡到下莱茵河，以去增援奈梅亨的守兵。不过，在走廊地带的东面，德军的实力却能够增加得很迅速，在这个地区到了 9 月 22 日，德军第 1 伞兵军团就获得了下列这样多的援兵：从科隆调来的第 6 伞兵师，从国内军调来的两个后勤师，还有第 107 装甲旅和第 10 党军师的一个战斗团。在那一天，西面侧翼的防务就改给德军第 15 军团负责，它现在越过斯海尔德河口，又安全地撤回了两个师。所以到了 9 月 24 日，英军第 2 军团就发现了他们所面对的敌军总数，已经多到了 14 个师。假使他们能够迅速地进攻，或是天气能够允许联军空军干涉德军调动，那么敌军的兵力就不可能听其坐大到了这个程度。

那一天——在联军发动攻势后的一个星期——莫德尔向伦德施泰特提出报告说："自从敌人空降部队着陆之后，B 集团军的地位在北区方面就日益危急……我方的援兵并不合用……而除了坚守阿纳姆以外，就无法阻止敌军达到其目的。"他说，他曾经向走廊地带和奈梅亨发动攻击，以尝试减轻第 1 伞兵军团所受的压迫，但是他的兵力却不够强大到足以产生持久的作用。他现在害怕，由于联军在前一天，已经有新的增援空降部队，在奈梅亨以南地区着陆（那就是加文的滑翔营，已经延迟了好几天才到达），所以联军可能有从莱茵河到马斯河之间，向东南实行突破的企图。莫德尔说："对于这个地区的威胁是特别的严重，因为在假定的敌军进攻路线上，根本就无险可守。敌军有援兵投入，而我方的兵力却无力应付新的进攻。"

莫德尔是对的。这正是蒙哥马利的计划，他虽然在阿纳姆暂时受挫，但是却并不肯放弃他的主动思想。他准备用尽他的一切力量，来利用他现在已经获得的优势。所以，他主张不要等待德军喘息已定之后，就立即从芮斯华森林冲入莱茵地区。他的计划是英军第 2 军团，应对着鲁尔地区，发动一个强大的左面钩击，以与美军第 1 军团的右面钩击相配合，他以后曾经这样地写着：

　　我的意见是认为，当我们沿着莱茵河西岸前进的时候，我们应该随时保持着跳过河去的机会；假使敌军的抵抗使这个机会成为不可能，那么当我们肃清了杜塞尔多夫（Dusseldorf）和奈梅亨间的地区之后，联军就应该准备实行强迫的敌前渡河作战了。

　　这个计划能否实行的关键，就要看艾森豪威尔和布莱德雷，是否肯接受蒙哥马利的那个老意见，那是他在过去一个月当中，曾经一再提出的。换言之，就是巴顿必须被迫采取守势，鲁尔地区的攻击战在补给上应有绝对的优先，霍奇斯的攻势重点应该向北移动，以与登普西的行动合而为一，而在鲁尔地区尚未攻克之前，美英两军应交给一个人作直接的指挥。

　　9月22日，艾森豪威尔在凡尔赛召集了一次自从D日以来的最重大会议，准备详细检讨这个计划。出席这次会议的陆海空高级将领，总数有23人之多。其中包括着艾森豪威尔的副帅泰德，海空两军的总司令利－马洛里和拉姆齐，美军的集团军总司令布莱德雷和德弗斯（Devers），美国战略空军总司令斯帕茨，美军补给司令李（Lee），联军统帅部参谋长史密斯，以及其他统帅部中的各级人员。英军第21集团军则由德甘冈和格雷厄姆代表出席，所以事实上一切的要人都已经参加了，却只差了一个人——那就是蒙哥马利本人。

✕　✕　✕

　　在这一次凡尔赛会议中，关于战略理论方面，艾森豪威尔和蒙哥马利的辩论，就可以说是已经达到了它的顶点。9 月 14 日，当艾森豪威尔因为膝伤尚未痊愈，还继续孤立在格朗维尔的时候，他曾经接到布莱德雷的一个报告，对于巴顿的进展，曾经极热烈地吹嘘。所以在第二天，他写信给蒙哥马利和布莱德雷的时候，一开头就这样地写道："我希望我们不久就可以达到我上次（9 月 4 日）所指定的目标，同时占领鲁尔、萨尔和法兰克福地区。"他又说，在达到了这些目的之后，则各集团军应采取合作集中的行动，向柏林进攻。问题就是从鲁尔和汉诺威（Hanover）进攻呢，还是从法兰克福和莱比锡（Leipzig）进攻？也许就采取两路夹攻的方式。为了这个问题，艾森豪威尔就征询他们二人的意见。

蒙哥马利对于艾森豪威尔，认为巴顿和霍奇斯可以不久到达莱茵河的乐观假定，实在是感到非常惊异。他的回信就毫不客气地驳斥了这种假定，并且还是重申他的意见。时间是一个极重要的因素。现在并没有足够的物资来维持各军齐头并进。所以必须要选择一条路线，使它获有充分的优先。固然北面路线是具有极好的机会，但是，假使艾森豪威尔喜欢从南面进攻的话，那么他就应该把 3 个军团和一切的补给，都给予布莱德雷。不管是怎样决定，都必须要马上作下。

艾森豪威尔在 9 月 20 日，发给蒙哥马利的第二封信里面，表示他完全同意蒙哥马利集中全力从北面攻向柏林的主张，但是他却认为应该等到安特卫普港口开放，联军已经沿着德国西面国界，甚至沿着莱茵河，都已经厚集兵力之后，才可以开始这个行动。这一封信，以及德军对于"市场花园"行动的反抗程度，使得蒙哥马利深信深入德国境内的机会是已经过去了。不过，假使他能够得到充分的补给，以实行他刚刚向艾森豪威尔所提出的钩击计划，那么他就还希望在这个秋天里，仍然把鲁尔区占领到手。

9月22日在凡尔赛所举行的会议，使蒙哥马利可以有一个机会，亲自向大家说出他的计划来——他的发言本来清晰有力，足以使人获得深刻的印象，在D日以前，他就曾经有过那样一次良好的表演。不过那一次，他只是说明他的意图，而不是为他自己的意见辩护。现在他的地位是要以一个原告的身份出现，为他自己而向大家恳求拜托这种角色实在是他所不愿意扮演的。所以他决定请德甘冈做他的代表人。这一个行动，对于其他出席的将领而言，是很引起反感的，因为他们觉得姑且不说是侮辱他们，至少是有一点侮辱艾森豪威尔。但是蒙哥马利之所以不愿意亲自出席凡尔赛会议，照有些人的判断，却绝对不是闹脾气，因为他有自知之明，觉得他自己去，只会把事情弄得更糟。

这一个多月的有关指挥权和战略的争论，已经使他在心理上感到相当的紧张。在8月23日，他就已经得到了一个信念，认为他个人已经握有一个获得胜利，迅速结束战争，拯救千万人性命的大好机会。但是他却坐失了这个良机，假使他是具有人性的，这个事实对于他个人而言，更是一个非常伤心的结果——尤其是过去他受到许多恶意的批评。常常有许多人都指控他是具有"守势心理"，是太谨慎小心，对于攻势的准备太周到，而忽略了扩张战果的机会。当他拥兵塞纳河上的时候，这个机会到来了，足以证明他已经创造出来了一个条件，可以作具有决定性的一击。只要这样勇敢的一击，他就可以使批评和怀疑的人都不敢再开口了。自从阿拉曼会战以来，他天天训练保养他的实力，也就是为了等候这个机会；他一生努力钻研，使他终于敢自信已经成为一个名将，也就是为了等候这个机会。但是这个胜利的杯，在没有沾着嘴唇的时候，就被旁人所打落，这些人，照他的标准看来，简直可以说是完全不懂军事学的。现在当他所有的警告都已经成为事实之后，当他预料到的一切伟大机会都已经成为泡影之后，他实在不愿意在大庭广众之间，来与这些人见面。他害怕，他亲自去也许结果会更坏。相反地，德甘冈是一个很精明的外交家，在美国人中他的人缘很好，而且也都信任他。蒙哥马利认为，这个计划由他的参谋长提出，也许比较容易为大家所接受。

它结果倒是被接受了。照会议记录的记载，是说决定"现阶段作战的主力就是用第21集团军，再加上美军第1军团的支援，从北面包围鲁尔地区"。不过又附加着说，第21集团军应以"开通安特卫普的港口为当前的急务"，因为艾森豪威尔坚持着认为"在北面先保有一个另外的主要大港，才是最后深入德国境内的唯一先决条件"。他又说："这个原则必须全体接受。"布莱德雷建议暂行停止攻击鲁尔地区，等到斯海尔德河口扫清，有大量物资运到足够支持一个全面进攻的时候再说，但是他这个意见却被大家否决。布莱德雷并奉命派出两个师的兵力，接替登普西战线的南段，以便让英军第2军团可以把较多的兵力，集中在马斯河以北。霍奇斯应准备从南面攻击鲁尔地区，以与第21集团军在北面的攻击相配合。至于第12集团军的其余部分（第3军团和第9军团）暂时应不再取攻势的行动。此外，巴顿在南面的各军，改拨转第7军团指挥，它的供应也改由马赛方面接济。

当天夜里，德甘冈用电报报告蒙哥马利说："会议情形极为圆满。艾克百分之百地支持你的计划。你的攻势被当作主力并且获有充分的支援。"这个电报所带来的消息，对于蒙哥马利而言，是未免等候得太久了。现在阿纳姆之战是早已失败了，艾森豪威尔的决定已经迟了一个月。

× × ×

但阿纳姆之战结束的时候，保卫鲁尔地区的德军兵力，也已经过了枯竭的边缘。9月27日，英军撤过下莱茵河的次日，莫德尔报告伦德施泰特说，B集团军所防守之线已经长达300英里，从斯海尔德河口，经过阿纳姆、亚琛一直到达特里尔，所以已经到了维持不住的阶段。在这一条战线上，现在几乎被蒙哥马利的攻势切成两段，莫德尔在西线战场上的德军总兵力52个师当中，一共占了33个，可是有许多师都只是空有一个番号，完全有名无实，即使是有些杂牌部队拼凑起来，但是平均一个师的兵力都在1万人以下。莫德尔提出警告说，虽然士气日有进步，但是人数却日有减少，他报告说："从9月1日到25日，我们的死伤数字约7.5万人，而在同一个时期，我们只收到了6500人的补充人员。"

不过更严重的问题，却不是人力而是火力。他们丧失了许多的武器，但是补充得却太少了，在三个军团里面，莫德尔一共只有239辆坦克和突击炮，和821门轻重各型的火炮。这个装甲和炮兵的比例数字，要比英军在敦刻尔克以后的情形还要更少。莫德尔全部的坦克只够编成一个装甲师之用，而联军在战线上已经有了相当于12个装甲师的实力。

莫德尔把这些事实报告伦德施泰特，并且主张他们应直接向希特勒提出申诉，因为一切装甲兵的补充问题都是由元首亲自控制的。在重掌兵柄的时候，伦德施泰特曾经建议，一有新坦克到达，就应该用来补充在法国曾经作过战的各师，于是就可以在科隆平原上建立一支装甲的预备兵力，那里是最便于抵抗联军向鲁尔地区突破的。可是希特勒却坚持，要把四百辆新的豹式和Ⅳ型坦克（这是 9 月上半月，西线战场上所可能获得的总数）都用去向巴顿的南翼，发动攻势。此外，他又不把这些坦克补充在西线战场上已经有了作战经验的部队，而用来编成新的装甲旅——这些旅都是在 6 个星期之内，匆匆忙忙地在德国国内编成的，根本毫无作战的经验。

这种决定就是希特勒所独有的典型。这个时候正是人员装备两感缺乏的时候，而希特勒却偏偏要忙于成立新的单位。这种政策完全不是出于军事的观点，而是出于个人的观点。当战火把现有的师迅速消耗掉的时候，他就赶紧"创造"新的师来作抵补，这样就使他获得一种自我陶醉的满足，觉得他自己的实力并没有减少。为了维持他这种表面的神话，他在 8 月间下了一个命令，禁止取消一个师的番号。所以尽管实际的战斗力也许已经不够一营的标准，但在德军的战斗序列上还仍然是一个师，再加上新膨胀的番号，就可以显出来德国军事力量不但没有减少，反而更增多了。

希特勒所原定的在洛林地区反攻的计划，是准备由曼陀菲尔的第 5 装甲军团负责，一共包括 3 个装甲步兵师和至少 4 个新成立的装甲旅。因为巴顿在 9 月中的第二个星期里，从马斯河前进，这个计划遂被破坏。这 3 个装甲步兵师被钉在摩泽尔河上，而巴顿的兵力绕过了它们的侧翼，在曼陀菲尔正在准备攻击之前，就先到达了吕内维尔、埃皮纳勒地区。为了阻止美军的前进，德军于 9 月 18 日，从吕内维尔发动真正攻势之前，其两个装甲旅却已经事先损失了他们实力的全部。

虽然这个攻击使美军第 3 军团感到了奇袭的滋味，但是美军的反应是那样强烈，在同一天之内，德军即被逐出了吕内维尔。此后，曼陀菲尔就向北面迂回吕内维尔，以到达兰斯。这个行动使他的坦克恰好与美军第 4 装甲师迎头碰上了——这个师的师长，是勇敢善战的伍德少将（Maj. Gen. Wood）。在吕内维尔的北面阿拉库尔（Arracourt）的周围，一共激战了 4 天之久，伍德对于他的坦克运用得很巧妙，结果在 9 月 22 日以前，就把德军两个新编的装甲旅完全打垮了。第 111 旅刚到洛林的时候，有 98 辆坦克和两营步兵，现在所剩下来的就只有 7 辆坦克和 80 个人。第 113 旅所受的损失也差不多一样的严重，但是正确的数字却不详。这种损失并不能用德军在数量上居于劣势的理由，来加以解释，因为这些损失几乎都是一个美军坦克营所造成的，美军这一次只花了轻微的损失，就获得了一个极大的胜利。

这些装甲旅遭到如此惨败，也是毫不为奇的。虽然他们的人员中间，有一部分曾在东线有一定的经验，但是他们对于西线战场上完全不同的情形，却一点都不熟悉，同时他们的单位是仓促编成的，还没有受过合作的训练。这些旅的坦克都是从工厂中直接出来的，有许多在进入战场以前，都没有试用过，因此机械失灵也使德军蒙受了相当巨大的损失。

这一次失败，使得希特勒有一个借口，可以免除 G 集团军的总司令布拉斯科维茨（Blaskowitz）的职务——希特勒一向认为他在政治上是不可靠的，因为他还具有独立的人格。继任的人选是巴尔克将军（Gen. Balck），他是一个有经验的坦克专家，一个著名的乐观者，负有勇敢无畏的美名。伦德施泰特并不欢迎这个任命，因为巴尔克对于西方国家，并无作战的经验。对于希特勒而言，这却正是他的优点。

巴尔克到达的时候，也就带来了向第 3 军团，重新发动攻势的命令。伦德施泰特对于这个命令提出了抗议，认为在南面反攻的时机已经过去了，装甲兵力应该向北调往亚琛地区，因为莫德尔的装甲预备队早已完全调入荷兰，与英军作战，所以那个地区实际极为危险。希特勒不理会这个抗议，命令曼陀菲尔继续攻击，并把在南面掩护撤退的第 11 装甲师，调来增援他。

9 月 25 日，当攻势再度展开时，第 5 装甲军团比起 7 天以前步兵实力是略有增强，但是装甲实力却大不如前。美军的前哨固然被他们逐退了，但是德军却并无真正进展，而到了 29 日，攻击的主力就被消灭掉了。那一天，希特勒因为已经发现了莫德尔的装甲兵力是那样的单薄，所以不免大感震惊，就立即下令将所有能省出来的装甲兵力，全部集中起来，以阻止英军向鲁尔地区的攻势。不过，为了执行他原有的命令，装甲预备队在南面却已经把实力消耗殆尽。自从 9 月 1 日起，他所送往洛林的坦克一共是 350 辆，其中至少有半数已经完全毁灭，而其余的也多数都进了修理工厂。到了这个月的月底，在整个西线战场上，从瑞士边界一直到达北海，伦德施泰特所能集中的全部坦克和突击炮的总数，最多不可能超过 500 辆。

蒙哥马利在北面进攻，而希特勒在南面反攻，其里应外合的结果就使伦德施泰特的战线绷得更紧，而又没有适当的预备队来填补任何的主要缺口。艾森豪威尔的全部实力当中，只有相当少的部分，曾经参加"市场花园"行动，而莫德尔却已经用尽了他的全力，才阻止住了第 2 军团到达阿纳姆和向须德海实行突破。有一个星期的时间，联军在马斯河以南的走廊只有 1 英里宽，但是莫德尔却无法切断它，并且他也不能够把那些留在下莱茵河以北的伞兵残部，完全消灭掉。

自从战事发生以来，伦德施泰特和其他具有发言权的高级德军将领们，都一致认为联军在 9 月间从比利时境内，若能发动一个集中的攻势，则应该是可以成功的。这些将军们都一致同意，认为在布鲁塞尔和列日既被攻占之后，若能如蒙哥马利所建议的，集中 15 个师的兵力进攻，那么德军也就会无力阻止他们冲入下莱茵河地区和进占鲁尔。布鲁门特里特并且曾经真正地说过："这样一个集中兵力的突破再加上空中优势，就可以把脆弱的德国战线撕成碎片，而在 1944 年的冬季中结束这一个战争。"

不过希特勒准备不惜一切代价顽抗到底，所以认为鲁尔和莱茵地区失陷，即足以使战争在那年以内结束的说法，未免过于乐观。不过，无论如何，这些地区丧失了以后，就会使希特勒再不可能发动一次他早已在筹划中的冬季大攻势了。

第二十八章 | 死灰复燃

　　一直到 10 月间为止，占领鲁尔地区的机会还是存在着的，但是艾森豪威尔却并不能够利用它。到了 9 月 22 日，当他最后决定这一方面应该是主攻的时候，他却已经没有力量集中和维持足够的兵力来完成这个任务。他的交通线因为向各方面伸展，所以都已经紧张过度，而且愈向前线，则供应的分量也愈稀少。假使他不把他的右翼向东面和南面，发展得过远，那么他也许就不会丧失了弹性和主动。

　　9 月底，他在欧洲大陆上一共有 54 个师，但他却说，"把一切的兵种都计算在内——步兵、装甲和空降三种师——我们平均在每 10 英里长的正面上，还摊不到一个师的兵力"。事实上，这个数字也许还太高，因为他的全部战线长度已达 600 英里，而他还有 8 个师被冻结在后方，没有交通工具将他们运往前线。他现在不但不能够把装甲师和空降师，用去冲破德军的防线，反而逼得他非用它们来守住自己的防线不可。结果是艾森豪威尔既不能够集中足够的兵力，以供登普西的第 2 军团或是霍奇斯的第 1 军团，去向鲁尔地区发动新的攻势，同时也不能够在所有的地区，维持着足够的压力，以阻止德军抽调兵力去增援鲁尔地区。

在霍奇斯能够采取行动，以支援英军对鲁尔地区的攻势之前，他就必须先占领亚琛，因为他没有足够的兵力来围困它，或是迂回它。在 9 月间的第 3 个星期当中，当德军还在败退的时候，美军第 7 军曾经对于亚琛以南的齐格菲主要防线，作过一个迅速的突破，但是到了该城东面的广大工业地区中，即被阻止。在这个月下旬当中，当巴顿正在摩泽尔河上面与德军反复搏斗的时候，霍奇斯却已经感觉到兵员和弹药都很缺乏，因此他除了把第 19 军送到了亚琛北面向齐格菲防线的地区以外，其余都很少进展。这个喘息的时间，使德军能够填塞住防线上的缺口，并且调了两个步兵师，以换出原先阻止美军攻势的装甲师。10 月 2 日，霍奇斯虽然在弹药方面，仍感缺乏，但是却已经同时使用第 7 和第 19 两军，重新展开攻势，不过德军却早有准备，足以应付这个打击了。经过了两个星期的苦战，美军包围住了亚琛城，但是在城市中心的德军，却一直困守到 10 月 21 日才撤出。由于亚琛城能够这样地坚守，莫德尔才能够封锁住鲁尔地区在南端的进路，并且使美军第 1 军团被纠缠住了达 5 个星期之久。

在此同一时间之内，9 月底从亚琛地区所撤出的两个装甲师，以及由德国国内调来的一个装甲旅，也都开入了荷兰境内，以对第 9 和第 10 两个党军师实行增援。有了这些生力军以后，莫德尔就可以在从阿纳姆到芮斯华森林之间的地区，发动一连串的反攻，而使英军第 2 军团被迫采取守势。同时马斯河以南的德军，在英军突出地带的两侧，都站住了脚跟。根据凡尔赛会议的决定，在这个地区，布莱德雷应该接替蒙哥马利的防线，但是照目前的情形看，这似乎是不可能的。因为艾森豪威尔曾经说过："布莱德雷的兵力在亚琛以南，已经是过分地伸展，所以假使敌人能够选择适当的地点，作集中兵力的反攻，那么'卡塞林（Kasserine）'的覆辙，又可能会重蹈了。"（注：隆美尔在1943年2月，在卡塞林地方向美军发动反攻，遂使美军在突尼斯战役中，遭受到第一次的挫败。）

没有美军的充分援助，蒙哥马利就不可能完成9月22日艾森豪威尔所给予他的那个双重任务——一方面占领鲁尔地区，一方面肃清斯海尔德河口。所以10月7日，蒙哥马利提出报告说："当他没有将斯海尔德河口和马斯河以南的德军完全肃清之前，他准备暂时放弃莱茵地区的攻势。"这个电报，再加上一次大风暴，使瑟堡和人工港口所输入的物资大为减少，就更显得安特卫普港口的开放，比其他任何行动都具有更高的优先次序。10月9日，艾森豪威尔就下令批准了这个计划。

联军目前所面临的情况就恰如蒙哥马利在8月23日所预料到的。他们在战略上已经有作茧自缚的感想。由于艾森豪威尔原先是想同时占领鲁尔地区和萨尔—法兰克福地区，结果才使他丧失了迅速占领鲁尔的机会。此后，因为他又急于想补过，所以他又先后批准了蒙哥马利的"市场花园"行动计划和"左面钩击"的计划，结果又使安特卫普港口的开放时间发生了迟误。艾森豪威尔政策的最大弱点，就是它的基础是建立在妥协和乐观的态度上面。因为他对于两个完全相反的计划，常常是很难作一个明确的选择，结果他就对于双方都作有限度地批准，而希望他的资源能够勉强地支持两方面的作战。可是最后的结果却是不免遭遇到双重的失败。他一方面没有占领到在西线战场上德军所绝对损失不起的重要目标；另一方面为了要维持那样宽广的正面，又没有占领到那个应该占领的重要港口。他现在所有的空间已经够大，足以让那些在美国国内训练等待中的健儿们，来一显身手，但是他却没有确保有那样多的港口使这些师能够有登陆的地区和补给的路线。所以现在的问题就是：在德军恢复夏季惨败中的损失之前，联军是否能够打通安特卫普港口，并且集中足够的兵力，以向莱茵河进攻呢？

当9月联军主力都纷纷向德国边境进攻时，克里勒将军所率领的加拿大第1军团，就变成了艾森豪威尔全军中的"灰姑娘"。在9月的第二个星期当中，克里勒所统率的英加军，一共6个师，正沿着海峡海岸地区一线摆开，准备向勒阿弗尔、布洛涅、加来、敦刻尔克等要塞地区进攻，并且肃清斯海尔德河口的南岸——德军第15军团的残部，在那里守住一个桥头阵地，以掩护布雷斯肯斯（Breskens）。加拿大部队兵不血刃就占领了迪耶普和奥斯特登，但是在其他的海峡地区港口里面，希特勒在每一个地方都大致留下了兵力相当于一师人的守兵，并且曾经严厉地命令他们炸毁港口的设备和死守到底。

虽然这些港口，在临海的那一方面，几乎是无法攻入的，但是在连着大陆这一方面，却很少有永久性的防御工事。这些在陆防方面的相当弱点，克里勒却并不能十分地了解，他认为必须要有重轰炸机、炮兵和特种装甲设备的强大支援，他的步兵才能谨慎地前进。因为这些支援在数量上都很有限，所以克里勒就决定他每一次只集中攻击一个要塞。

事实上，敌军的防御和抵抗都不如想象中的那样激烈。他使用了两个师的英军，在9月10日开始攻击勒阿弗尔，在48小时之内即已将它完全占领。在布洛涅和加来两个地区，德军的抵抗虽然长达 6 天之久，但是每一次加军所使用的兵力都只有两个旅。在这些港口，加上格里内角的要塞炮台，一共俘获了德军俘虏 29945 人，而英加军所付出的代价，还不到 1500 人的死伤数字。这些作战到了 10 月 1 日就已经完成，但是这些港口却都已经被德军所彻底地破坏，同时又遭到联军的猛烈轰炸，所以一直要花费三四个星期的时间，才能够使它们通航，而且即使如此，它们的吞吐量也还是距离理想颇远。

这些港口被占领之后，联军在前线上作战的部队，就逐渐地解除补给上的困难。不过即使到了 10 月中旬，远洋航行的自由船也已经可以进入勒阿弗尔港，但是从美国运来欧陆的预备师数却还是没有太大的增加。为了节省船上的空间和装卸的时间，这些师的重装备和运输车辆，都是用大板条箱装运着，必须要有强力的码头超重机，才能够把它们卸运下船。在勒阿弗尔也和在瑟堡的情形一样，这些起重机都早已全数被敌人所破坏。所以在安特卫普开放之前，美军都无法在北欧直接登陆，因为事实上，他们的重装备必须在英国卸载开箱之后，才能够渡过海峡来。

因为看到了这个困难，丘吉尔就建议罗斯福，与其他把已经训练好的美国兵，留在国内无所事事，那么就不如把其中一部分运往意大利，因为他们的重装备，可以在纳普尔斯登陆，不至于受到什么迟误。丘吉尔认为意大利的战役，已有发展成为僵局的危险，若是有两三个师可能开去增援美军第 5 军团，那么联军就可能将德军逐退到渡河流域，并且把 9 月间突破哥德防线的既得优势，扩张到最高限度。他们就可以阻止德军再从意大利抽调兵力，去应付艾森豪威尔的攻势。这个建议却被美国联合参谋本部所拒绝，他们认为："敌军是可以自由地从意大利抽调五六个师的兵力……同时敌军是否觉得抽调兵力，要比在波河以南与联军周旋，更为有利，这也是一个疑问。"

此外，美国人还是坚持着不愿意卷入巴尔干的旋涡。在 10 月上旬，英军已经在希腊登陆，并且和铁托在意大利举行会商。这些发展就更使美国人感到忧惧，认为假使地中海方面获得了美军的增援，那么丘吉尔就可以有机会将英军从意大利，送入南斯拉夫去了。事实上，这也是希特勒所害怕的。他为什么要在意大利境内和联军纠缠不放松，也就是怕联军用实力去援助南斯拉夫的民军，而使他无法再利用巴尔干的各种主要工业原料。除了西欧以外，马歇尔和他的同僚们就拒绝把美国的预备兵力，运用到任何地方去，可是他们却又没有方法使这些兵力早日进入西线战场，实地参加作战。所以马歇尔之流是硬使联军坐失了战略上的良机，使联军在战略上完全丧失了弹性——联军因为控制着制海权，本来是具有这种弹性的。

9 月一个月当中，联军对于肃清斯海尔德河口的工作，很少有进展，因为蒙哥马利的眼光还是一直盯在鲁尔地区方面，同时他对于扫清安特卫普通路的工作，所需要的时间，也未免估计得太低。拉直地计算，安特卫普距离海面还有 50 英里远，虽然这是一个大港，每天可以有输入 4 万吨物资的容量，而且在 9 月 4 日就已经为联军所完整无恙地占领住了，但是德军还继续控制着它通海的孔道，并且还占据梅克瑟姆（Merksem）北部的郊区，在那里发射的大炮，其射程就可以到达船坞码头。在斯海尔德河口方面——在瓦尔赫伦岛上，和在布雷斯肯斯与齐布鲁格之间的大陆海岸上——德军也都还掌握着强大的海岸炮台，必须要把它消灭了之后，任何船只才能够进入安特卫普。这两个地区都曾经坚强地设防，而构成大西洋长城的一部分，要从海上攻陷它们，可以说是非常的困难。同时，要从陆地上攻击它们也是同样的困难。

从瓦尔赫伦接到大陆之间的通路，就是一连串的狭窄地峡和南贝弗兰（Zuid-Beveland）半岛，与该岛之间只有一个极狭窄的栈道连接着。这些半岛和岛屿上虽然名义上都是耕种地，但是地势却低于海平面，而且非常容易变成泛滥区。

在南面海岸上，利奥波德运河（Leopold Canal）构成了一道天然的防线，使这个地区被人称为"布雷斯肯斯袋形地区"。在这个地区之内，莫德尔留下了一个德军第64师，这是一个第一流的野战部队，人数约为1.4万人，多数的兵员都是在苏联战场上有过丰富的战斗经验。因为第15军团在这个地区，还遗留下了不少的炮兵和弹药，所以他们的火力支援还是很充分；同时这个地区的地形多数都是可以泛滥的，也使他们可以不怕坦克的攻击。加拿大部队要想攻入这个地区，就只有几个地方可以下手，而德军当然也就会集中全力去防守这些地方。

要想占领布雷斯肯斯袋形地区和瓦尔赫伦岛，那么加拿大部队就一定要经过长时间的血战。假使早就预料到有此必要时，则也许可以设法避免它。当安特卫普刚刚被攻陷之后，德军第15军团已经有无解之势，都纷纷要逃出佛兰德斯地区，在那个时候若在斯海尔德河口方面，实行两栖登陆，则也许不太困难。防守这个地区大西洋长城的两师德军，已经向南调动去阻止英军的进攻，所以海岸防守兵力当时实极单薄。可是，联军统帅部对于这种机会，却坐视无睹。所有他们的计划都是假设在海峡地区的一切港口或是敌军的防区，都可以从陆上攻陷，因此也就没有控制任何的两栖预备兵力，以来发挥制海权的功效。当诺曼底桥头阵地一且稳定之后，所有不需要的登陆艇就已经完全调往地中海地区，或是远东地区。

在9月的下半个月里面，虽然所有德军在荷兰的预备队，都已经投入"市场花园"行动，但是克里勒在敌军被牵制住的时候，却并不能够充分地利用这个机会。他在安特卫普的东面，越过阿尔贝特运河进攻，其目的为封锁贝弗兰半岛和孤立瓦尔赫伦岛，但是他却无法攻入布雷斯肯斯袋形地区。为了攻下这个地区，他至少需要一个步兵师，但是他手中却并没有这样多的兵力。从9月12日到9月28日，德军一直在努力巩固利奥波德运河的防线，本来加军可以用第51高地师去攻击它，但是这个师却搁浅在勒阿弗尔，因为缺乏运输工具去调动他们。

克里勒在9月间，不能够充分发挥他的攻势威力的原因，有一大部分也就是受着"宽广正面"政策的影响。艾森豪威尔不断地增援联军右翼——甚至准许布莱德雷把一个美军步兵师，为了这个目的从比利时调往洛林——所以联军的左翼就是注定了要倒霉的。巴顿在摩泽尔河上的攻势，不仅牺牲了鲁尔地区的攻占，而且也使安特卫普港，迟迟不能开放。虽然如此，假使蒙哥马利能够认清这些港口的重要性，那么作战也许就可以提早一点，当然也就比较有利。可是事实上，联军占领了安特卫普达一个月以后，加拿大军团才开始向斯海尔德河口两面的德军阵地，正式发动了攻势。

安特卫普的锁钥就是瓦尔赫伦岛。这个岛在外形上像一个茶杯碟子。绕着天然的沙丘和人工的堤防外面，就是北海中的海水，它曾经一度将这些陆地淹没。在最初设计时，加拿大第2军的军长西蒙兹，就已经预料到德军会放水把那些田地都淹没，而使联军只能沿着少数的堤岸和沙丘进攻，那可以说是一个根本不可能的任务。所以他建议，英空军应把那些堤岸炸毁，让海水流入。他说这样就可以击败敌人的泛滥战术，并且使联军可以利用这个泛滥地区。敌人将无法利用道路来运动他们的补给和预备队，他们在沙丘上的据点将陷于孤立的地位，假使堤防上可以造成宽大的缺口，则两栖登陆船只可以直冲进去，而从后面去袭击敌人。

西蒙兹这个人具有幻想力，思想相当的激进，所以他的计划也就恰如其人，但是庸才的克里勒和他的幕僚们却认为"这是不能实行的"，不过当蒙哥马利支持这个计划的时候，英国的轰炸空军也就同意作一次试验性的攻击。10月3日，由243架兰开斯特式轰炸机，开始执行这个作战，结果颇为成功，在几个小时之内，北海里的大水就从韦斯特卡佩勒水坝（Westkapelle Dyke）向岛内流入。在下一个星期当中，这个缺口又加宽了，另外还在其他3个地方，炸成了新的缺口。到了10月中旬这个岛上有3/4的面积都已经浸在深水底下，而8000多人的德军守兵所被圈禁在3个狭窄的海岸上以及弗利辛恩（Flushing）和米德尔堡（Middelburg）的两个城市里面。

瓦尔赫伦岛现在已经是岌岌可危，这时克里勒生病，由西蒙兹代理军团司令，他就决定想从3面攻击这个岛——用两栖部队从西面和南面攻入，而陆军则由东面的栈道进入。不过，必须等待海运突袭兵力训练完成和联军已经占领了南贝弗兰和布雷斯肯斯以后，这个三面夹攻的计划才可以实现。西蒙兹本以为对于布雷斯肯斯袋形地区的攻击，只要三四天就可以完成，但是德军的抵抗是那样的坚决，而地形又是那样的险阻，结果一共花了4个星期才结束了这场战斗。

10月6日，加军第3师所属的一个旅在利奥波德运河上，获得了一个宝贵的立足点。3天之后，另外有一个旅从泰尔讷曾（Terneuzen）乘船沿斯海尔德河顺流而下，在德军防区的后面登陆成功，但是德军防线却始终没有破裂。德军的师长宣布着说："任何非不得已的投降应以逃兵论罪，而一旦这个逃兵名单在国内公布之后，这些士兵的直系亲属就会被人当作德国人民的公敌看待。"所以德军非到了势穷力竭的时候，是决不肯放弃抵抗的。

经过了两个星期的激烈苦战，加拿大部队才进入了布雷斯肯斯港口，但是在袋形地区的西半部，德军却还继续坚守着每一个据点，而最后一座海岸炮台，一直到11月2日才被攻陷。在这一场战斗中，加拿大军对于他们的勇敢和忍耐，也已经发挥到了最高限度，一共俘获了德军1.27万人。加拿大的战史家斯泰西上校（Col. Stacey）说："这一次胜利的主要原因，还是步兵具有百折不挠的决心，这样才能使他们通过泥泞、水、火的障碍，而终于克服了顽强的敌人。"

同时，在河口的北岸，加拿大第2师的步兵，所遭遇的物质困难和敌人顽强的抵抗，也正差不多，而且也终于获得了胜利。与在敌后打击的另一支海运攻击部队相配合（这一次是一个英国旅），加拿大军已经确实占住了贝弗兰半岛，并且到达了连接瓦尔赫伦岛的狭窄栈道。10月31日，加拿大部队沿着栈道进攻，并且获得了一个浅窄的桥头阵地。第二天，他们又被德军逐回，不过当德军正在专心于这一方面的反攻时，而联军的主力却已经从海面上攻入了。

11月1日，在黑夜和炮火（从布雷斯肯斯海岸上发出）的掩护之下，联军的海军陆战突击部队驶进了弗利辛恩港，在敌人尚未发现之前，就已经在岸上获得了一个立足点。第二波攻击部队却受到强烈火力的欢迎，因为德军所有在西岸上的炮台，都把炮口转向南面射击，不过到了上午过了一半的时候，这个村镇已经肃清了一半，而后续的部队也都源源地上岸了。这个登陆也吸引住了德军的注意力，使他们没有想到在拂晓不久之后，海军突击部队又在韦斯特卡佩勒附近出现。但是不久就明白了，无论是泛滥的海水也好，空军的准备轰炸也好，其效力都不足以减少海岸上守军的火力。英国的军舰虽向海岸炮台实行炮击，但是由于大雾的缘故，指示目标的飞机却停在英国不能起飞，所以对于德军的损失实颇轻微。

虽然计划的实行并不理想，但是攻击军却并不灰心。25 艘登陆艇，上面载着火箭和轻型火炮，直冲到海岸边，一起向海岸上攻击。9 艘立被击沉，另外 11 艘也被击毁，但是它们的牺牲却并非没有意义的。当这些船只和英国空军的台风式机正在与敌人周旋的时候，第 4 特种勤务旅的海军陆战队，就已经安然地在韦斯特卡佩勒缺口的两肩登陆了。使德军感到惊异的，是有些陆战队乘坐着号称"水牛"的两栖车辆，冲过了缺口，绕到东面攻下了韦斯特卡佩勒村镇。

在黑夜来临之前，陆战队沿着西面的沙丘进攻，占领了两处重要的海岸炮台，但是在该岛的东面，一直到 11 月 4 日为止，德军还继续阻塞住那个栈道。以后第 52 低地师的一个旅，从南贝弗兰半岛，坐着突击船到达了德军的后方，这个战斗才算是告一结束。那一天起，英国海军就开始扫清斯海尔德河口内的航路。安特卫普之战是已经接近尾声，虽然经过是那样的长久和艰辛，可是到了结束的时候，却还有一段轻松的插曲。

11月6日，在西蒙兹计划的最后执行阶段中，一支两栖的兵力迂回着米德尔堡的德军防线，差不多毫未遭到抵抗，就驶入了它的西街——那里还有3.7万荷兰平民，因为躲避洪水，都藏在楼上，现在就已经开始出来欢迎联军了。联军一位少尉搜寻到了德军守军的司令官达泽尔中将（Lt. Gen. Daser），他很愿意结束这一场恶战，但是觉得向这样一个低级的军官投降，未免太有失他的身份，所以不免有一点儿为难。不过，那个少尉马上就获得了临时中校衔，这样就使那位德国将军很感到满足，于是他就同意投降了。

从北海到安特卫普的航路约有70英里长，联军一共使用了100艘扫雷艇，花了3个多星期的时间，才把它扫清。一直过了11月28日，第一次的运输船才进入了安特卫普。德军一共使联军对于这个大港的使用，在时间上延迟了85天之久，这样的做法，却使希特勒获得了时间上的利益。

× × ×

德军在阿纳姆和安特卫普等地，所赢的一连串守势胜利，结果使战祸一直延长到了1945年的春天。这些胜利不仅使艾森豪威尔的战略计划成为泡影，而且在夏季各战场惨败之余，能够有这样的一个转机，也多少使德国的军民，在心理上引起了一个新希望。它似乎足以证明希特勒打到底的决心，和戈培尔说联军可在西线长城被阻止住的狂言，都似乎是正确的。而更重要的，是它号召了德国老百姓作再大的努力，以来达到希特勒的要求。德国人民反应得非常快，因为这些军事上的成功，又恰好和纽约方面所公布的美国人所拟订德国战后待遇计划，发生了配合作用。

这个计划通常就被称为"摩根索计划"，因为它的设计者就是美国的财政部长小摩根索（H. J. Morgenthau Jr）。9 月 15 日罗、丘二人在魁北克会晤的时候，也都对这个计划表示赞同之意。计划的要点是主张应该把德国分解；并且把它变成一个农业性的国家。为了执行这个计划，鲁尔地区现有的一切工业设备都应该完全拆除，使它在将来再无成为工业地区的希望……一切未被军事行动所毁灭的工矿设备，都应该完全予以拆毁。

美国当时的军政部长史汀生和国务卿赫尔都强烈地反对这个计划，因为他们认为这实在是一个盲目报复性的计划，在这个计划之下，整个的欧洲都要深受其害，因为假使把德国的工业完全毁灭了之后，则整个的欧洲经济也就不可能不遭受极大的损失了。这个内阁中意见冲突的新闻不久就泄露了出去。9 月 24 日，美国的报纸就把摩根索计划的重要内容，都发表了出来，这时罗斯福总统已在准备重新考虑这个决定，看到这个新闻当然使他很沮丧，而最高兴的人却是戈培尔。

整个夏季，戈培尔都一直在夸大地宣传着说，假使战争失败之后，敌人对于德国将会实行一种斩草除根的政策。现在摩根索计划公布了之后，就更使他有了确切的证据，足以使德国人民认为他的说法是对的。本来他只可以使德国的人民，对于布尔什维克的苏联人，感到十分地害怕，但是却还很难使他们对于英美发生敌意。在德国军民当中，都有许多人主张守住东面，而让西面进来的理论，可是戈培尔现在却可以用这样的说法，来驳斥那种见解，他说："苏联人和英美人都是一丘之貉，虽然他们的方法各有不同，但是他们的目的却完全是一样的，都是要想把 4000 万的德国人民，消灭掉 3000 万之后才甘心。"

因为摩根索是一个犹太人，又更使戈培尔的宣传找到了一个新的重点。柏林的电台广播着说："犹太人摩根索所唱的调子，正是和克里姆林宫中的犹太人，完全是一样的。"尽管有许多德国人民，并没有受到反犹宣传的毒害，但是他们却以为德国人既然这样残酷地迫害过犹太人，那么当然就很难希望犹太人不乘机报复了。

摩根索计划到了戈培尔手中，就变成了一张在宣传技术上的王牌，因为它的大概原则是已经经过罗、丘两人的批准，所以联军方面也无法否认它。当罗斯福在 10 月 21 日所作竞选讲演中，讨论到德国问题时，这个情况还是没有什么改变。虽然他的措辞比较含混，但是一般的语气还是很严峻。事实上他一定要采取这样的态度，因为大选之期就只有两个星期了，任何对于德国表示"软弱"的言论，都可以使共和党的对手们抓着当一个借口来攻击他的政府是缺乏决心和力量，以使战争获得完全的胜利。虽然在这个时候，赫尔和史汀生两个人已经使罗斯福也认清了摩根索的计划，是不合理而且具有危险性，但是他却并不公开地反对它。罗斯福一方面宣称："德国人民决不至于被奴役，但是他对于'无条件投降'却并没有给予一个肯定的定义。他之所以保持沉默，也许是为了避免重蹈威尔逊的覆辙，所以不愿意对于战后的外交政策许下任何的诺言。"不过无论什么理由，其结果却还是使戈培尔获得了一个最好的宣传机会。

这一次戈培尔并不需要歪曲事实。他可以直截了当宣称着说，联军的目的是要使德国变成块番薯田，这个计划就是要毁灭德国的工业，使至少有 50% 的德国人民，不是要面临着饥饿的威胁，就是要被迫移民到外国去充当奴工。所以德国人民除了拼死一战以外，实不可能再存着什么其他的幻想。魁北克会议的决定只是增加了德国人抵抗的决心。事实上，从前线上所虏获的德军信件当中，就很明显地可以看出来这种心理。

当这个情形已经变得很明显的时候，艾森豪威尔就亲自向联合参谋本部提出要求，主张对于"无条件投降"的要求应作相当的修改。可是在华盛顿和伦敦两地，联军的领袖们却认为这个要求在目前不可能加以修改，否则一定会影响到战争的进行以及和平的建立。

把摩根索计划和"无条件投降"配合在一起，戈培尔就能够使大多数的德国人民，相信唯一自救救国之道，就是一方面无条件地服从元首，另一方面无条件地抵抗敌人。屈服并不是一个出路，因为他们都知道希特勒将永远不会投降，而且也更希望把他推翻。地下组织的反抗运动，经过了 7 月 20 日的政变失败之后，也显得无能为力。只有将军们还有那个权力，但是大敌当前的时候，他们却也最不想反对希特勒。他们不仅是为郑重的誓言所束缚，害怕旁人骂他们是倒戈分子，而且他们也知道联军是有决心要把整个的德国军人阶级都毁灭掉。此外，无论是军人还是平民，也都认清了这个时候若再发生国内的革命，则其结果就只会更加速祖国的分崩离析。就是这种害怕的心理才使党、军、民三者之间，又产生了新的公共利害关系。

德国人害怕现在的政府崩溃，还有一个双重的理由。在第三帝国的境内，差不多有 700 万的外国人，在为纳粹的战争机器充当奴工。这些人都是强迫地征来，并且受着野蛮的待遇，所以德国人民都很害怕一旦政权崩溃后，这些人就会群起而报仇。由于联军的轰炸，使许多人感到食住维艰，所以就更增加了人民对于无政府状态的恐怖。当毁灭的情形愈形严重的时候，人民为了生活上的需要，更只有倚赖政府。所以与联军所希望的恰好完全相反，他们不但不起来反抗纳粹的统治，反而必须要拥护它，因为只有这个权威才能供给他们以衣食燃料和其他的生活必需品。他们绝不敢对于作战的努力，有所破坏，因为结果就必定会使他们本身的生活，蒙受到极大的不利。

在 1944 年的整个秋天里，虽然联军的轰炸比起过去是有增无减，但是德国的人民却拼命地努力工作，以来修复轰炸的损失和维持总体性战争的经济状况。英国空军对于各大城市的普遍滥炸，不但没有减弱德国人民的抵抗意志，反而证实了戈培尔的说法：联军所想要毁灭的，不仅是德国的军事力量，而且还是整个民族的生活。对于这种轰炸，戈培尔可以说，这就是摩根索计划已经在进行之中。现在的论点是已经非常的简单。在不惜一切牺牲之下，把军火供给前线上的军队，这样就可以使联军当局终于认清了想整个地毁灭德国是不可能的，因此他们也许就会修改"无条件投降"的要求。所以当冬季和入侵军逐渐接近他们的时候，德国的全体军民反而在那个人的号召之下，一致准备死拼到底——而那个人却正是曾经把他们引着走向毁灭的途径。

× × ×

在稳定住了东西两方面的战线，和把握住了对于德国人民的控制之后，希特勒目前最重要的问题就是如何保护他那个岌岌可危的燃料来源。在罗马尼亚石油供应来源丧失了之后，他现在就比从前更完全要依赖着综合炼油工业，而这些工厂却极易被炸毁，在上文中已经详细解释过。在8月底的时候，斯佩尔即已提出报告说，石油的情况已经危险到了极点。在9月间的第二个星期，当那些工厂又正准备可以继续生产的时候，马上就又受到了第二次的攻击，于是综合石油的生产又连续地停止了9天。这个月飞机和摩托汽油的产量一共只有5.74万吨，只相当于8月间消耗量的1/6。在4月间石油的储存量还在百万吨以上，可是现在却已经减少到了32.7万吨——只能供石油之战尚未展开前一个月的消耗量。所以，尽管在9月间，德国一共生产了3031架单座战斗机（这是德国的最高纪录），但是德国空军对于炼油厂的保护，却反而还赶不上夏季里的效力。

这个时候正是联军空军大举出击的时候。自从春天以来，他们的主要任务还是支援入侵军的作战，而对于石油工业的攻击似乎只可以算是一种"私人事业"，因为那是美国战略空军的总司令，斯帕茨一个人所主张的，而英国空军对于他的支持都还很感到勉强。到了9月间，这才是第一次，联合参谋本部正式命令斯帕茨和哈里斯改以石油炼油厂，当作他们的最优先目标。

可是在那个月和下一个月当中，直接炸中石油目标的炸弹数量，却减到了还不到总吨数的10%，而在7月、8月两月间，却还在25%以下。由于这个原因，才使德国人获得一个重建的机会，而使他们的炼油厂在9月间又可以生产9.6万吨的石油。这个数量虽然还只相当于4月份产量的1/3，但是在实行最严格的节约政策之后，希特勒居然可以保留住他的库存量，而把能够支持的日数，延长到了新年之内。（注：在夏季的活跃作战中，专门军事方面每一个月都需要消耗30万吨以上的汽油，但是在10月间的静态作战中，全部前线和后方的消耗总量，也不过只有9.7万吨。）

联军为什么会突然放松对于石油工业的攻势，其主要的原因就是受了恶劣气候的影响，这一次天气的变化来临得特别地早，遂使位置在东德和捷克斯拉夫的重要炼油厂，都受到了相当程度的保护，这是德国的空军所望尘莫及的。对于这些工厂的夏季攻势都是由美国空军负担的，虽然他们那种高空水平编队飞行的轰炸方法，可以产生很重大的损害，但是却很少能够使一个工厂，继续停止生产达两三星期之久。所以美国也知道，若是想使这些炼油厂完全地停止工作，那每隔相当时期就要再重新轰炸一回，但是秋天的气候却不容许他们这样的做法。

当天气开始使美国空军的日间攻击，受到阻碍的时候，联合参谋本部建议远距离的炼油厂可以由英国的轰炸空军，来加以轰炸，他们也许可以作更重大和更集中的打击。这个建议却不为哈里斯所接受，因为他自始至终就反对这个石油之战，并且对于它的价值颇表怀疑。他一向不主张专门攻击某一种特定的工业目标，因为他认为经济专家的见解大都是言大而夸的。以后他虽也承认专家们对于石油的看法是对的，但是他在原则上，还是反对这种所谓"万应灵丹式的目标"。他始终认为若能对于工业城市，加以更强烈的"区城轰炸"，则可以使敌人受到更大的损失。因为丘吉尔也支持他的见解，所以哈里斯的地位也就更坚强。

哈里斯不愿意去攻击比较遥远的炼油厂，一部分的原因也是因为它们位置在雷达航行补助仪器的射程以外，这种仪器使他的轰炸机对于鲁尔地区的目标，曾经作过极有效的攻击。所以他辩论着说，像洛伊纳（Leuna）、布吕克斯（Brüx）和波利兹这些炼油厂，必须在良好天气条件之下，始可以作精确的轰炸，但是这种天气却又是对于敌人更有利的。尽管是燃料已感缺乏，但是德国空军的夜间战斗机实力却仍不可侮，所以哈里斯相信，假使他要是把他的主力深入德国的境内，去攻击像炼油厂这样显著重要的目标，那么就一定难免要受到极大的损失。因为照他看，成功的机会似乎是很小，所以在他没有设法逼迫德国空军将夜间战斗机分散实力之前，他是不愿意冒险的。他又认为，只有继续向各大城市实行广泛的攻击，才能够强迫敌人分散他们的实力。所以在 12 月以前，他是不准备攻击炼油厂的。

在这个时候，英国轰炸空军的主力还是指向鲁尔和莱茵地区。10 月间，英国空军向德国城市上所投掷的炸弹，在吨数上来说，是比之以前各月，都增加了一倍，但是德国工业所受到的损失却并没有成比例地增加。哈里斯说："对于原已炸毁的城市，要使它们受到更多的损失……就只有不惜浪费大量的炸弹，有时一次投掷到 4000 吨到 5000 吨之多，或是连续两次到达万吨。"实际上，即便如此，其效果也还是常常不能令人满意。英国轰炸机的最有效攻击，就是能够引起大火，例如，在 1943 年 7 月的汉堡空袭，不过现在有许多城市都已经是烧无可烧了，而对于那本是一片碎瓦颓垣的地区，则多投掷一些炸弹也还是毫无作用。此外，这种空袭也比不上 1943 年 3 月 7 日的空袭，能够对于工业上发生一种解体的作用，因为现在多数的劳工不是住在可以避弹的掩蔽部中，就是已经疏散到郊外去了。而且所有的轻型工业——尤其是制造军火、轻兵器、无线电设备、车辆、船只、飞机零件的——也都早已疏散到德国中部和东部的各小城市里面去了。现在已经不像战争的头 4 年当中，鲁尔—莱茵地区已经不再是兵工厂的集中地，所以尽管英国空军还继续地狂炸，但是除了坦克以外，其他军用品的生产似乎所受到的影响，将会是很有限。

　　相反地，那些德国人所无法迁徙的重工业，则受到了极严重的损失。在 1944 年的前 9 个月当中，德国煤炭和钢铁的产量，始终还维持在距离此前各年最高峰还不太低的水准，但是自从 9 月以后，马上就日趋下滑，其情形有如下表：

硬煤		（单位百万吨）
1944 年	鲁尔地区	德国全国
第一季 第四季	32.1 17.8	71.1 44.7
毛钢		（单位百万吨）
1944 年	鲁尔地区	德国全国
第一季 第四季	3.4 1.5	9.2 3.9

　　这种减产的主因当然就是联军的轰炸，不过若专以钢铁而言，则实在是来得太迟，并不足以对于军火生产发生决定性的作用。在 9 月间，多数位置在鲁尔地区以外的德国战时工业，都储存有足够的钢铁和煤炭，足以维持过秋季，虽然有许多工厂的存量够不上平常冬季储存量的标准，但是专门用来维持军需生产，却还勉强可以够用。此外，鲁尔地区的一般产量固然是锐减，但是有些特种钢的供应，是其他地区所不能够生产的，却还是照常维持，并不减少。区域轰炸并不能够单独地停止这个重要的供应来源，而实现的方法只有两个：（一）占领鲁尔地区，（二）完全切断它的交通线。

　　在他们 9 月间所颁发的训令当中，联合参谋本部曾经指定，除了石油工业以外，运输应该是战略空军的第二个主要目标，但是一直等到 11 月，联军方面才拟订了一个摧毁西部德国铁路水道的全盘计划。在整个的秋天里，根据美国战略轰炸调查报告书的报道，对于运输的攻击固然已经很激烈，但是在性质上却大多数是战术性的，主要的目标还是供应西线战场的铁路线。对于孤立鲁尔地区的计划，并未严格地加以打算。事实上，这是可以办到的，假使英国的轰炸空军不去滥炸城市，而改向重要的交通要害，加以精确的攻击，像 D 日以前对于法国境内的情形一样，则功效之大，将不可同日而语。

通到鲁尔地区的水道只有两条主要的运河——多特蒙德－埃姆斯（Dortmund–Ems）运河和中部（Mittelland）运河——照哈里斯的说法，这才是第一等的"万应灵丹目标"，可是他却一直等到 11 月才开始向它们发动攻击。至少在一个月之前，就可以设法阻止住沿着这些水道的运输。对于铁路目标的攻击，也同样有这种延迟的情形。有许多人反对轰炸调车场和主要的交叉点，所持的理由是说："纯粹军事性的运输，不过只占总运输量中的一小部分，即使这种攻击能够把铁路的运输量减少到 2/3，或是 3/4，但是所受到影响的，主要的却还是一般非军事性的交通，而纯军事性的交通所受到的阻碍实极有限。"事实上，以法国铁路为例，即足以证明这种说法完全不对，而德国的情形要比法国的情形更为有利。

由于 1943 年对于城市的大轰炸，迫使德国人早已把他们的战时工业，分散到了许多的地方，而采取一种大规模拼合的政策。坦克、飞机、潜艇以及其他各种武器都是分成许多部分，分别在许多不同的地点制造，只有在最后阶段才把它们拼合成为一个整体。所以在 1944 年的秋天，德国战时经济的最容易遭受破坏的要害，已经不再是各大工业中心，那是哈里斯所已经彻底破坏过了的，而是全国的交通网，一方面使那些已经疏散的工厂与原料来源发生联系，另一方面又使它们通到拼合的中心地区。虽然如此，从8月到12月之间，铁路运输量也已经减少了50%，而水运量则减少了70%。不过，很明显地，照德国经济当局的看法，假使在10月间对于交通的攻击，也能够像11月间那样的集中，那么德军也许就不可能获得足够的装备，再用以发动另一次的大攻势。

虽然联军的战略空军在1944年秋天，并不能够使纳粹的战争机器，发生停顿的作用，但是他们却已经强迫着斯佩尔，不能不采取一连串的应念办法，这种饮鸩止渴的政策结果使德国的经济，受到更多的斫丧，而加速它的最后崩溃。在9月、10月、11月这3个月里面，斯佩尔用竭泽而渔的办法，使德国的战时生产保持着最高的压力，但是工业的元气，却已经损耗殆尽。这样一来，虽然民用的生产已经削减到了最低限度，但是重要的兵器产量却反而大致都有所增加。请参阅下表：

1944年	7月	8月	9月	10月	11月
步枪	249080	203385	196023	173350	213342
机关枪	24141	24788	26629	26252	25741
战防炮（75毫米）	1000	840	928	1054	1025
迫击炮（80毫米）	2225	2340	2250	2190	2320
步兵炮（75毫米）（150毫米）	335	360	356	330	387
榴弹炮（105毫米）（150毫米）	1154	944	946	1049	824
弹药（吨）	306000	310000	321000	308000	294000

假使不是受着联军空袭的影响，多数的兵器生产量甚至还可以增加，不过在1944年的秋季里，除了坦克以外，德国陆军所需要的任何主要兵器，在产量上都可以说没有什么严重的减少。在6月、7月、8月这3个月当中，德国工厂里一共交出了2438辆虎型、豹型和第4号坦克，但是在以下的3个月当中，产量即减到1764辆，而其中只有1371辆是已经正式交给国防军接收的。为什么出厂量与交付量之间会有差额，就是联军轰炸所致。许多坦克在轰炸中被炸毁或损坏。其中最显著的损失就是虎型坦克，在夏季里每月产量为106辆，而在秋季却减到了36辆，其原因是美国空军把唯一生产它们的工厂，给炸得很重。到12月为止，这个轰炸至少使德军损失了200辆虎型坦克。

坦克产量的锐减——在3个月内，所有各式坦克大约减少了1000辆以上——一部分却可以用突击炮的增产，来加以抵补。因为制造突击炮的工厂，多数都是位于捷克的境内，所受到轰炸的直接影响比较少，所以在8月间这种兵器的产量还只有766辆，而到了11月间，则增到了1199辆。因此，虽然希特勒对于在法国作战中所损失的坦克总数，还补充不到一半之数，但是他却以用75毫米的突击炮来补充他们的火力。不过这种炮却不是装在炮塔里面的，所以利于守而不利于攻，但是在这一个阶段中的战争里，它们的价值却是无限的。

虽然生产的成绩颇有可观，但是在秋天里的军火产量还是很难于维持各线的最近消耗，当然更谈不上补起夏季中的重大损失。虽然如此，希特勒却还是继续坚持着，要把新出产的兵器，大部分用来供应在后方整训的部队，而对于在前线上苦战的部队，却反而不加以重视。（注：下表所列为1944年9月间的数字，从此即可见一斑。）

	机枪	迫击炮	野战（中型）炮
战场上的损失	27341	2090	764
新产量的分配 前线	1527	303	560
新产量的分配 后方	24473	1947	773

　　在德国境内，国内军总司令希姆莱，在9月间奉了希特勒的命令，开始组训25个国民步兵师。这些师的基干就是在东西两线，夏季战役中所打垮的残兵败将，现在戈培尔就号召全国总动员来重建它们。

　　把入伍的年限由17岁半减到16岁，再从工业上和国内其他方面拼命地加以搜括之后，戈培尔在8月间可以把30万人供给希姆莱，而在9月、10月两月间，还可以分别再交出20万人。有了这些人，再加上从海空军中所抽出的分子，就使德国陆军获得一次新的大输血，而且素质比之以往各年都要高出了很多倍。戈培尔征召来的人，和其他军种中所转移过来的人，都是身强力壮的青年人，而且都是受过彻底的纳粹训练的。对于这些新兵的训练工作，都是由已经有丰富战斗经验的军官和军士们负责，训练的方法是简单而集中，所以只要6个星期到8个星期的时间，一个师就可以负担得了守势的任务。

　　在这些国民步兵师里面，希姆莱已经把德国人力的最后预备队都抽调干净了，而这样的做法，将使战时生产无法维持下去。8月间，当希特勒决定要把25万青年人，从工业中转移到陆军方面去的时候，斯佩尔就向他提出抗议说，这使他丧失了许多的熟练技术工人，而且是一时无法补充的，其结果在本年年底之前，即将对于军需生产，发生重大的影响。他又说："兵器也许比士兵还更重要。"可是希特勒对于这种抗议，却置若罔闻，因为生产上的影响不是马上就可以看出来的，而他现在所关心的却只是眼前的危局。他认为，一切问题的解决就是要看他在冬季来临之前，是否能够重建他的陆军。至于春天里的问题却不在考虑之列。

假使斯佩尔早已动员女工，来代替从军的男工，那么德国的人力危机也许就不会这样的严重。在战争的前 5 年当中，由于社会政策上的原因，德国的妇女始终都没有大量地动员，来参加战时生产的工作。英国人在 1941 年就已经征用妇女，而德国人到了 1943 年才开始起步，而且还并未雷厉风行。在 1939 年 5 月到 1944 年 5 月之间，从统计数字上来加以比较，在德国就业妇女的总数只增加了 18.2 万人，而英国却增加了 2283000 人。实际上，在此期间，德国工业中所使用的妇女人数，不但没有增加，反有减少，但是在英国却已经增加 50%。甚至在德国的私人佣役总数，也还是保持着战前的标准，总数在 150 万人左右，但是英国的佣役人数，在 1939 年有 120 万人，而到了 1944 年则已减到 50 万人以下。

1944 年的秋天，当德国政府正是十分需要利用他们那个还是原封未动的"女人力"（Woman-power）时，却已经无法动员了。到了这个时候，由于空袭所制造出来的许多问题，早已使行政机关感到吃不消，所以就更没有空闲的时间，来大规模组训妇女，使她们参加战时工业的生产。同时，在战时一切的家庭生活也早都已由妇女们独立支撑，所以多数的妇女虽未就业，但是却也没有太多的精力可以榨取了。

照德国人民的眼光看来，在他们秋季的考验当中，最使人感到失望的，就是德国空军对于日间来袭的敌机，也不过只是表示一个象征性的抵抗。当美军常常浩浩荡荡，用1000架战斗机，保护着1000架轰炸机，深入德国境内，到处挑战的时候，德国空军每次最多只有200架飞机，升空拦截它们。10月间，德国空军的单座战斗机总数，已经到达了3100架的最高纪录，但是由于燃料的缺乏，和加兰德决心重建他的战斗空军，以来实施总攻击，所以作战的架次还是很有限——加兰德本拟在8月间发动这种攻势，但是希特勒却把他的战斗预备队，在法国糟蹋掉了。在那次惨败之后，加兰德才说服了戈林，使他也主张不应该把实力逐渐消耗在日常的小战当中，而应该养精蓄锐，以便卷土重来地发动一次伟大集中的总反攻。

所以在10月这一个月里面，空战的次数极为有限，而德军却把节余的燃料，来训练新的驾驶员，并使各战斗机中队学会了集中攻击的新战术。在过去，德国空军拦截作战常常失败的主因，是战斗机虽拥有重型的火力，足以击落联军的空中堡垒和解放式机，但是却往往透不过联军的战斗机保护网，相反地若是战斗机的速度和机动性，都足以与美军的野马或雷霆式战斗机，一较短长的时候，那么它们所搭载的火力，就不一定能够击毁美国的轰炸机。加兰德所想到的一个解决办法，就是用同样强大的德国飞机编队，去攻击美机的编队，用重武器的福克－伍尔夫（Focke-Wulf）式机为编队的核心，而用较轻快的米塞特式机在四周随护。

到了11月初，加兰德已经组训成功一支强大的战斗空军，从数量上来说，是打破了德国过去的最高纪录。同时他也储存了很多的汽油，可以使他在一次作战中，出动到2500架飞机。假使用这样强大的实力，来发动一次攻击，那么他希望——并非不合理的奢望——可以突破美军的战斗机保护网，一次击落400架到500架轰炸机，而德军所损失的战斗机总数大概也与此数相当，至于驾驶员则可能只会牺牲150人左右。他相信美国空军经此重创之后——这个损失数字要比目前美军所受到的平均损失数字，高十倍以上——士气上一定会受到极大的打击，而且也一定可以使他们再也不想攻击德国的炼油工业了。他深信他手下的空军人员可以达成这个成就，因为有许多人都已经向他宣誓说：在每一次出击的时候，至少要击落敌人一架轰炸机，或是拼死撞机以求同归于尽。

在准备作这种"大反攻"的时候，加兰德又安排了一连串的演习，以来试验他的新战术和组织。其中有一次演习是定在11月2日，而正当它们开始的时候，突然有680架美国轰炸机，在750架战斗机保护之下，向德国境内飞行，目标是洛伊纳炼油厂。于是假演习就不得不变成了真作战了。那一天，德国空军宣称共击毁了50架美国轰炸机，而自己却损失了120架战斗机，不过这种不期然而遭遇的搏斗，对于加兰德的计划，当然不能称是一个公正的考验。（注：实际上美军损失了38架战斗机和25架轰炸机。）因为这一次他一共只使用了他的全部兵力的1/8，所以对于敌人当然不能发挥大吃小的功效。虽然如此，还是有两个攻击集团，一共是62架重战斗机，突破了美机的防御网，而击毁了30架轰炸机。

可世事却有出人意料的时候，当这次作战的报告到了希特勒手里的时候，结果却判定加兰德战术的死刑。他完全没有注意到这一次作战的成就，而却只抓到了这一点事实：那就是随护战斗机一共是 260 架，但是只打了 20 架敌机。于是他告诉他的幕僚们说："这个表演实在是坏透了。"从这一点又用一种纯粹数学的标准来加以推论，希特勒就宣布道：

> 我这一次派了 260 架飞机参加作战，而我一共只击落了 20 架轰炸机。假使我使用 2600 架战斗机，那么我就可以击落 200 架轰炸机……换句话说，用这种集中攻击的战术是不可能击败敌人的。所以再让空军去扩充数字，那实在是一种疯狂的行为。

用这一个偶然事件做基础，加上他本人这种不合乎逻辑的推理，希特勒就把加兰德的"大反攻计划"取消掉了。他不准再向日间的入侵者，实行集中的攻击。并且不顾一切地把生产的优先权给予高射炮。

假使加兰德若被准许实行他的计划，那么就会有全部战争期中最激烈和最伟大的空战场面出现了，而最后的结果，就是德国空军完全毁灭。也许就是害怕这一点，希特勒才感到踌躇不前，固然他对于战斗空军的使用，一向是任意糟蹋，但是现在他却需要它们。他要把"大反攻"的实力保存起来，以供他自己使用，其目的不是来对付联军的空军，而是联军在战场上的陆军。

× × ×

在这个秋天里，德国人拼命地增产，拼命地动员，姑且不论其最终的结果是什么，而眼前的结果却是使希特勒有了工具，可以重建他那个已经残破的陆军。这是在 6 月后的第一次，他居然又建立了一个战略总预备队，那就是新成立的第 68 党军装甲军团。这种显著的恢复，和他在东西两面都已经阻止住了入侵军的战略成功，使得希特勒深信只要他再能对于两个对手中之一个，作一次猛烈的打击，那么他也许就可以获得一个妥协的和平了。但是到底打击哪一个呢？他不久就认清了，他的兵力既不足以使苏军受到严重的挫败，同时他的燃料缺乏，也无法深入苏联境内，以使斯大林在资源方面受到严重的损失。所以他决定，唯一重新获得主动机会的地方，还就是西线战场。这一方面，他只要使用少数的兵力和燃料，就可以获得一个相当有价值的目标。此外，他似乎觉得西方盟国是比较容易击败，而没有苏联那样顽强。他相信英国是已经财尽力竭，而美国对于德国作战，本来就没有真正的兴趣。因为没有苏军那样坚韧，所以只要一处逆境，美军的士气就会很快地沮丧。他认为，美军之所以能够获胜，仅仅是因为空权的缘故，所以一旦冬季来临之后，他们就会丧失了习惯中的空中支援，这个时候在强力的攻击之下，美军就会支持不住了。

希特勒又决定以阿登高地地区，来作为他最伟大胜利的背景。因为在此处发动攻势时，攻击军可以利用密厚的森林山地来掩护他们的集中。而且还可以攻击联军线上最弱的部分，那就是在亚琛和梅斯两个美军集中点之间的地区。从阿登高地一直向马斯河，作一个迅速而强大的闪击，就可能在美军预备队尚未调齐之前，即已经打通了到布鲁塞尔和安特卫普的道路。假使安特卫普被攻下了，那么联军不仅丧失了一个主要的大港，而更重要的是，在阿登高地以北的联军就都陷入了陷阱之中，背面就是大海，无路可逃。于是希特勒就也可以有另一次敦刻尔克的机会，这一次他是绝不会再放过他的敌人了。

希特勒相信，这样一次大败，就足以拆散联军的团结，击毁西方国家的战志，而迫使他们承认纳粹德国是打不倒的。即使不能够马上获得一个妥协的和平，但是这个攻势至少总可以使联军在一个冬季里，不能再发动攻击，而使希特勒获得了他所最需要的东西，那就是时间。这可以使他有机会，利用冬天气候的掩护，来修复他那些已经被炸毁的工厂，发展喷气战斗机的生产以来加强德国的空防，发展 V 型武器以来对英国实行报复，发展电动潜水艇以来截断从美国流过大西洋的联军实力。

当英军从阿纳姆撤退后的几天内，希特勒和约德尔就开始准备这个伟大的计划，把上述的各种夸大的理想都寄托在它的上面。10 月 8 日，约德尔就提出一个计划草案，从阿登高地一直攻入安特卫普，预定发动攻势的时间是 11 月底。到了那个时候，他报告说，可以集中到 32 个师的兵力：其中 12 个为装甲师或装甲步兵师，此外有两个伞兵师，和 18 个步兵师。后者完全是国民步兵师，现在都正在德国境内积极训练中。有 6 个装甲师是早已在莱茵河以东，开始整编，其余的在下一个月里也都可以从前线上抽回来，加以整训和再装备。这些装甲师就构成下列 3 个军团的打击力量：第 6 党军装甲军团，由迪特里希担任军团司令；第 5 装甲军团，由曼陀菲尔担任司令；第 7 军团，由布拉登贝格担任司令。而他们的攻击还可以获得 1000 架战斗机和 400 架轰炸机的掩护。

约德尔奉命对于这个计划的准备和进行，都应该保持着绝对的机密。所有一切的基本计划都是由元首大本营自己拟订。每一个人所知道的范围，都只是以与他的业务有关为限，而且还要许下一个军命状，若是有泄露机密的事情，就甘愿接受死刑的处罚。关于这一次攻击的一切通信，都完全不准使用无线电和电话。所有传达命令的专差一概不准乘坐飞机，因为在 1939 年 11 月，德军就有一架专差的飞机，曾在比利时境内迫降在敌军的界内。一直到了最后一分钟，才准许开始搜索的行动，否则敌人也许会猜到有攻势的准备，这个计划就定名为"看守莱茵河"作战（Wacht am Rhein）。

在整个 10 月当中，伦德施泰特在西线上不仅没有放弃任何重要的土地，而且也没有抽动希特勒的预备兵力，好让他去安心准备阿登高地的攻势。不过，一直到这个时候，除了亚琛地区以外，联军在西线上就可以说是没有采取任何大规模的攻势。美军在这里固然是已经被阻止住，但是照他们的看法，联军在 11 月间一定还会作大规模的攻势，那么伦德施泰特还会同样成功么？联军会不会突破德军的防线，而迫使希特勒必须要用他的预备兵力呢？而且，阿登高地对于联军是否还会那样重要呢？

这些问题都只有暂时存而不论，但是希特勒却还是充满了信心，他的热心使他自己忘记了他的保密命令。在 10 月 28 日那一天，他打电话给戈培尔，祝贺他的生辰。根据戈培尔的私人秘书泽姆勒的报道说：

在电话中谈了两分钟之后，戈培尔笑容满面地走进了旁边一间房子内，向大家说："希特勒还要和他的夫人谈话。"希特勒与他的夫人谈话时间还要更长。当戈培尔走出来的时候，可以看出来他对于元首所说的话，真是深为感动。她眼眶里含着泪水，向大家说，对于未来是大有

希望。到了圣诞节的时候，一切都要改观了。这一次圣诞
节，德国人民所要收到的一份礼物，就是一次伟大的军事
胜利。此后世局就完全转旋过来了。

不过这个勇敢的预言到底能否兑现，就要看 11 月间那一场大
战的结果而来决定了。

第二十九章 | 秋季的僵局

　　德军的元气居然能够迅速地恢复，安特卫普的开通时间又一再地延迟，而冬季又提早地来临，这些因素一方面使希特勒获得些许的鼓励，另一方面也逼迫艾森豪威尔不得不重新考虑他的战略计划。10 月 18 日，他在布鲁塞尔与布莱德雷和蒙哥马利两个人，举行会谈。他们都同意应再作一个重要的努力，以求能够到达莱茵河，并且趁冬季尚未来临之前，即在河的那一边获得一个确实的桥头阵地。不过现在已经可以看出来，在 11 月底以前是无法打通安特卫普港，所以任何秋季攻势都还是必须要靠诺曼底、勒阿弗尔和海峡各港口的维持，因此，蒙哥马利还是重弹他的老调，认为他们的实力不足以维持一个全面的攻势，所以还是只好集中全力去攻占鲁尔地区。他说，唯一成功的先决条件，就是马赛方面能够作有力的供应时，否则就一定要停止阿登高地以南的一切攻势行动。

　　艾森豪威尔不肯完全接受这种理论，但是他却同意鲁尔地区应该是他们的主要目标，并且也主张在阿登高地以北地区的军队，尚未到达莱茵河以前，应该不对于萨尔地区加以压迫。他更进一步同意，为了攻占鲁尔地区，两个军团应由一个人指挥。不过，他却决定担任攻击的部队应为美军，而指挥者就是布莱德雷。这是一个外交性的决定，假使巴顿又要被阻止前进时，就必须要使大家感觉到这是为了实行美国的计划，而不是为了英国的计划；这是为了布莱德雷，而不是为了蒙哥马利。

这个会议所决定的计划，是向莱茵河的主力进攻，应该由美军第 1 和第 9 两军团担任，由布莱德雷指挥，而方向则是朝着亚琛缺口。（注：由辛普森中将指挥的第 9 军团，在 9 月底已经由布列塔尼运到前线，现在就接替了第 1 军团的北段防务。）他们的攻势应该在 11 月初开始，一旦越过了第一道障碍物——鲁尔河（Roer River）之后，第 1 军团就向东面进攻，以科隆和波恩为目标，而第 9 军团则向北面旋转，以克雷菲尔德（Krefeld）为目标。为了支援这个作战，英军第 2 军团也从奈梅亨地区，在 11 月 10 日左右，开始发动攻击，首先扫清芮斯华森林，然后在马斯河与莱茵河之间向南进攻，这样就可以用各方面夹攻的战术，将德军挤出下莱茵地区。于是，联军就到达了莱茵河，从阿纳姆到波恩之间，一共占领着一条长达 100 英里的战线。最后，第 1 军团在科隆以南，第 9 军团在杜塞尔多夫以北，分别渡过莱茵河，再用双包围的行动来攻占鲁尔地区。

在布鲁塞尔会议中，对于巴顿所部的攻击时间，并未规定一个确定的日期，大家所同意的原则是说，当补给的情形许可时，第 3 军团就可以继续前进。艾森豪威尔的训令并且曾经明白地表示着说："该军团的行动完全是为了配合在北面的主力攻击，所以在时间上尤其应该尽可能地配合。"

布莱德雷对于这个训令，却擅自加以任意的解释，因为，当他告诉巴顿的时候，他说他相信"若是所有各军团能够同时进攻，那么也许就可以结束这个战争"。所以，布莱德雷在 10 月 21 日所颁发的命令，其内容不是集中兵力向阿登高地以北地区进攻，而是用他的 3 个军团，向着莱茵河一线，发动一个普遍的攻击：第 1 和第 9 两个军团在 11 月 5 日开始攻击，而第 3 军团则推后 5 天。

这就是布莱德雷的意图，之前蒙哥马利曾向美军借调了一个装甲师，它防守英军战线中的南段防区，位置在艾恩德霍芬以东，到了 10 月 27 日，德军就会向该师发动一个猛烈的局部攻势。虽然这个攻势在月底已被击退，但是却延迟了肃清马斯河以南地区的时间，并且阻止了英军第 2 军团，在 11 月 10 日向芮斯华森林发动攻势的预定期限。这也就是说，蒙哥马利无法将所借去的两师美军，立即归还给布莱德雷。而第 1 军团在 11 月初，势必要收回这两个师，因为没有它们，霍奇斯就会感到实力不够充足来开始发动攻势。

在这种环境之中若是有一个对于战争具有真正控制能力的最高指挥官，那么他就应该采取必要的步骤来纠正这些缺点，而使其不妨碍整个计划的执行。他应该命令布莱德雷增援霍奇斯，并且援助蒙哥马利，这样主要的任务——攻击下莱茵地区，才可以依照原定计划执行。可是艾森豪威尔却并未作这样的行动。同样，布莱德雷也坐视不理，因为他深知要想增援霍奇斯，就势必要抽调巴顿的兵力，但是他却总是不愿意让第 3 军团去负担辅助性的任务。所以在 11 月 2 日，当他发现了巴顿已经在那里摩拳擦掌的时候，布莱德雷就不得不授权他，只要天气许可的话，就可以立即发动攻击。

布莱德雷总是热心支持巴顿，同时他对于巴顿的依赖也要比对霍奇斯强，由此可以看出来他对于这两个人的态度，以及这两个人和他本身的关系历史。霍奇斯是一个能力胜任，但是个性羞涩的人，他的过去生活充满了失败的阴影。他曾经一度出任美军第3军团的司令，但是当这个军团调往英国准备入侵欧陆的时候，他的位置也就为巴顿所取而代之了。以后，由于艾森豪威尔的主动，他才被任命为第1军团的副司令，以便当布莱德雷升任第12集团军总司令的时候，他就可以接掌第1军团。在诺曼底突破之后，霍奇斯在名义上虽然是和巴顿处于平等的地位，但是他在过去却毫无战场上的指挥经验，远不如巴顿的声势赫赫。

霍奇斯比起巴顿来，还有一个不利的条件：因为他曾经做过布莱德雷的副司令，而巴顿却做过布莱德雷的上司。在西西里巴顿打伤兵耳光之前，他一直是第7军团的司令，而布莱德雷却是他手下的一个军长，本来率领美军渡海登陆的指挥官，也是以巴顿的呼声为最高。以后这个任命却落在布莱德雷的肩上，因为艾森豪威尔认为他在感情上比较稳定。可是布莱德雷却还是永远佩服巴顿，不仅是因为巴顿是他的老上司，而且他觉得在战术上和经验上，他都不如老上司。因为他相信巴顿的能力是比较强，所以他对于巴顿的信赖程度，远超过霍奇斯。尤其是当有扩张战果的机会时，更是如此。霍奇斯是步兵出身，而巴顿却是骑兵出身，充分地表现出古侠士的风采。

巴顿现在向布莱德雷提出保证说，他在3天之内即可以进入萨尔城，并且很容易地在南线长城上，打出一个缺口。一共有6个步兵师，3个装甲师，再加上两个战斗团的机械化骑兵（其实力相当于一旅），美军第3军团的全部人员总数在25万左右。而他的对手，德军第1军团的兵力却只有8.6万人。德军8个师当中，有 7 个是钉在一条长达 75 英里长的战线上面，而唯一的预备队就是第 11 装甲师，一共只有 69 辆坦克。因为德军势必要分散实力和采取守势，而巴顿一方面握有制空权，一方面在地面上又拥有充分的机动性，所以他几乎可以随心所欲地集中强大的兵力，对着任何地点进攻。就专以数量上的直接比较而言：在人数方面，他所占的优势是 3∶1；在坦克方面，他所占的优势是 8∶1；此外在炮兵方面，他也占有绝对的优势。用尽了种种的手段，巴顿所囤积的弹药数也不在少数，所以他的火力可以超过德军在 3 倍以上。有了这些优势之后，再加上 1300 架重轰炸机的原始轰炸，巴顿希望能作一次迅速而具有决定性的突破，以期一举而到达莱茵河。他的计划是埃迪的第 12 军担任攻击的主力，从兰斯地区向东南方进攻，以萨尔地区为目的。24 小时后，沃克（Walker）的第 20 军就开始包围并占领梅斯，这样就扫清了进路，以便让巴顿的左翼向萨尔以北的齐格菲防线进攻。

巴顿决定最迟应在 11 月 8 日发动他的攻势，但是前 3 整天内，天一直大雨不停。到了 11 月 7 日，河水开始泛滥，突破两面的堤岸。两天之内，在摩泽尔河上的一切桥梁，除了蓬塔穆松（Pont-a-Mousson）一处以外，都已经完全切断，而美国第 7 军地区的赛耶河（Seille River）宽度由 200 英尺增到了 500 英尺。田野中都充满了积水，甚至履带式的车辆也无法离开道路行动。7 日的黄昏时候，埃迪军长以天气恶劣和河水大涨为理由，力劝巴顿暂停这一次攻势。巴顿却叫他举出他的继任人选来。埃迪只好在第二天上午发动攻击，但是他的部队在大雨滂沱之中挣扎前进，也完全没有空军的支援。一直到了傍晚的时候，飞机才飞来助战，但是数量也极稀少。

那一天美军第 7 军的 3 个步师，沿着宽达 30 英里的正面进攻，达到了他们的第一步目标，但是他们的进展却极迟缓困难，而埃迪始终没有机会发挥他的装甲部队的威力。11 月 9 日，在雨雪交加之中，美军两个装甲师热心地准备突破敌人的战线，但是不久就发现了，他们无法作越野的行动，而唯一可能的进路，又早已被敌人布置了纵深的道路阻塞工事。泥泞和雷阵限制了他们的行动，而使敌人一方面有时间将步兵撤入早已准备好的新阵地，另一方面又可以调动装甲预备队来堵截美军的纵队。

巴顿希望能作迅速的突破，到此已完全失败，其原因并非完全受了天气的影响。因为他并没有吸取诺曼底战役的教训，所以才有此失。在那里第一次想要突破的时候，美军也还是沿着全线进攻，结果花了很大的代价只是使德军稍退了几英里而已。在第二次企图突破之前，蒙哥马利立劝布莱德雷在圣洛地区，采取一个极狭窄的正面，作集中的攻击。这一次的突破遂获得了惊人的战果，可是在成功之后，布莱德雷和巴顿却又故态复萌，似乎完全忘记了这次胜利的基础，就是蒙哥马利坚持集中原则的缘故。

在洛林地区的德军 G 集团军总司令巴尔克，早已预料到美军会在所有的各地同时进攻，所以也就拟定了适当的对策。德军前进阵地在齐格菲防线的西面约 40 英里远，利用这中间一段缓冲地带，巴尔克就可以依 1917 年鲁登道夫的故事，采取一种弹性防御的政策。对于这种战术的最好答案不是沿着全线，作普遍的攻击，而是集中兵力在一个狭窄的地区进攻，而继之深入地突破。一旦这样的突破成功之后，则强大的美军装甲纵队，决非巴尔克那一点微弱的预备队所能阻止的。

不过，因为美军每一个师都在作突破的企图，所以炮兵的支援就分散了，因此埃迪在 8 天之内一共只前进了 15 英里。德军防线虽被压弯，但是却并未破裂，因为没有一点是曾经受到过分强大的攻击。在这同一时间之内，对于梅斯的包围攻击，也是采取这样的宽广正面，所以在德军技巧和顽强抵抗之下，也同样被阻止住了。甚至在一个星期的苦战之后，这个城市还是没有能够合围。

当第 3 军团开始攻击的时候，布莱德雷希望它可以吸住在洛林地区中的德军预备兵力，使他们不至于转用去对付第 1 军团和第 9 军团。这个希望也终成泡影。伦德施泰特知道在萨尔地区，他可以退向齐格菲防线，而且预料到联军的攻击主力一定会摆在阿登高地山地以北，所以他就控制着他的大部分机动兵力，以防止联军从亚琛所发动的攻势。他只调了一个步兵师到南面去，此外 OKW 总预备队中也抽调了一个装甲战斗团，其余的兵力就都是巴尔克自己的，他更无其他的外援。所以到了 11 月 16 日，虽然巴顿还是怀着高度乐观的心情，但是他在战略上却是毫无所获。可是他却已经消耗掉了大量的弹药，这也是霍奇斯和辛普森不久就要感到伤脑筋的问题。

× × ×

在亚琛地区的延长战斗中，美军第 1 军团就已经把他们弹药的储存量，差不多消耗殆尽了，所以他们的正式作战报告上曾经说过："在 10 月下半月，弹药的供应成了一个必须要特别加以考虑的难题。"到了 11 月中旬，情形略有改善，但是第 1 和第 9 两个军团却还是没有储备足够的弹药，可供长久作战的消耗。这个原因是一方面不顾霍奇斯的紧急需要，而巴顿的"配额"却必须先给他补足，另一方面是由夏季大胜之后，使美国人因胜而骄，于是生产和运输的工作都不免发生了松懈的现象。此时军火的缺乏已经到了情势严重的阶段，所以艾森豪威尔本人特别向美国人民广播，要求提高生产和加速运输。因为弹药缺乏，所以炮兵的威力大受限制，就更使霍奇斯和辛普森的部队，在没有空军支援之下，就无法进攻。

原定的攻击计划是第 1 军团和第 9 军团各出 4 个师的兵力，在许特根森林（Hurtgen Forest）和盖伦基兴（Geilenkirchen）之间地区，沿着一个宽达 25 英里的正面进攻。在这个地区中，自从 9 月中旬以来，美军曾经把齐格菲防线的主要据点都吃光了，但是却始终没有能够打开一个显明裂口。德军坚守亚琛城达 1 月之久，使他们有了足够的时间，在该城的东面另行构筑了一条新的防线。这条防线通过厚密和多山的许特根森林，转入在施托尔贝格（Stolberg）附近的工厂煤矿地区，然后再跨过一些开阔的田野，一直到盖伦基兴才再和西线长城本线衔接。有些永久性的要塞也归并在了这一条防线之内，同时南面的森林和中部的工业区也都足以增强它的力量。甚至在美军第 9 军团所面对的北部地区内，虽然是比较开阔，但是那些石质建筑的村落也构成了天然的据点，因为多数房屋的地下室都可以当作碉堡使用。

在这个狭窄的地区中，部队很难有回旋的余地，同时德军也到处布置了雷阵，这种新式的地雷外面装有木质或玻璃的盒子，用电子化的侦雷器也无法发现它们。要扫清这种地雷，美军还必须要用危险而迟缓的老办法，使用长柄的叉子去触发它。此外在整个西线上，这个地区也是防守兵力最强大的一个地区。在这里，曼陀菲尔的第 5 装甲军团一共有 5 个步兵师，再加上两个装甲步兵师，虽然兵力和装备都并不足额，但是却具有强大火炮和迫击炮的支援。

虽然美军对于这个地区的德军实力和防务的强度，都早已知道得很清楚，可是布莱德雷的计划当中却并不作任何事先分散德军兵力的企图，甚至对于绵长和单薄的阿登高地地区的德军防线，也不作牵制性的攻击。他准备使用大量的轰炸和炮击，以摧毁亚琛以东地区的德军防线，然后再用碾路战术直冲而入，这也正是马歇尔的蛮攻主义。

因为要等候一个良好的飞行天气，所以使这次攻势的开始延迟了5天之久。当它最后在11月16日开始发动的时候，2500架的英美轰炸机对于敌军的前线和预备地区，一共投掷了9400吨以上的高度爆炸性的炸弹，这是有史以来第一次最大规模的战术轰炸。这次轰炸精确而猛烈，但是德军却都掘有良好的工事，虽然在精神上一时受到很大的震动，不久就都恢复了，仍然严阵以待，准备迎击联军的攻击。

这一次攻击的经过，可以用美军第9军团的战史上的一句话，来作一个概括的叙述："敌军知道攻击是从哪一方面来的，所以他们只要迎头把它阻塞住，而使我军受到极大的死伤损失。"德军的第一线守兵实力极为单薄，所以在第一天之内就已经有许多地点都被突破了，但是以后联军就得逐个地攻破那些林立的大小据点，因为田野到处泥泞，所以装甲兵的支援很有限，同时因为弹药缺乏，所以炮兵也就无能为力。下述的这个例证就可以说明炮兵的重要性。英美军各一师，协力向盖伦基兴的齐格菲防线进攻（这是布莱德雷与蒙哥马利的衔接地点）。因为英军的炮兵加强了美军的火力，所以攻势就发展得很顺利。第9军团的战史上记载着说：

"英军拥有充分的军火，足够使炮兵的支援程度，超过美军供应所能许可的限度。"

在战线的其余部分，德军顽强地抵抗，不断地逆袭，再加上连续的大雨，使步兵遭遇到最艰苦的恶战。每日的雨量以码为计算单位。到了11月底，第9军团到达了于利希（Julich）与林尼希（Linnich）之间的鲁尔河，可是第1军团却又再打了两个星期才到达了迪伦（Duren）的对岸。

这样经过了一个月的苦战，步兵的死伤惨重，但是布莱德雷的部队进入德国境内的深度还只有8英里而已。在他们的前面就是泛滥中的鲁尔河，在河的东岸，德军正在守住一条新的防线。这一条防线的强度倒不是决定于地面上的工事，而是德军控制着上流的7个水闸，随时可以放出猛烈的洪流来。布莱德雷手下的工兵军官估计，假使德军炸毁这些水闸，那么洪水就可以把下流的一切桥梁都席卷而去，而至少可以使这条河流，有一个星期的时间是无法渡过的。霍奇斯曾经两度企图夺取这些水闸，而英国空军也想用最重的炸弹去炸毁它们，但是都没有成功。因为德国人控制了水源，所以布莱德雷就不敢派兵过河。他们被切断歼灭的危险实在是太大了，尤其是德军已经把第6党军装甲军团，在11月底调到了莱茵河以西，以防止任何对科隆和杜塞尔多夫的攻击。

× × ×

11月18日，在亚琛攻势发动后的两天，巴顿已经包围住了梅斯，并向萨尔地区再度发动猛攻。第二天，在联军战线的最右端，正对着德军所守住的孚日山脉山地，法军第1军团从贝尔福缺口

（Belfort Gap）突入，一天前进了 25 英里，到达了上莱茵河和米卢斯（Mulhouse）的外围。因为南翼既已崩溃，遂使德军整个孚日山脉山地防线都发生了动摇，而且它的北翼早在美军第 7 军团的重压之下。22 日，美军第 15 军冲进了萨维尔内缺口（Saverne Gap），第二天由法军第 2 装甲师领先，一路长驱直入以斯特拉斯堡（Strasbourg）为目的。这个明快一击把德军的战线切成了两段，因为所打击的地方恰好是德军第 1 军团和第 19 军团的交界处。希特勒虽然从他的战略总预备队中，抽调了重新改编后的装甲训练师，去实行增援，但是也还是不能填起这个缺口。

德军现在在孚日山脉地区的情况已经非常地严重。美军第 7 军团已经进入斯特拉斯堡，法军第 1 军团也已经进入米卢斯，而德军第 19 军团的残部则被迫撤入一个所谓"科尔马袋形地区"（Colmar Poket）的里面。德军虽然还守住孚日山脉的主要高地，但是沿着莱茵平原从南面和北面，都可以向它们的侧翼攻击。假使这个袋形地区中的残敌能肃清，那么联军就可以沿着上莱茵河建立一道坚强的防线，于是就可以抽出相当的兵力来，以加强其他在战略上更具有重要性的地区的攻击。所以，在斯特拉斯堡沦陷后之次日，希特勒就命令第 9 军团对于莱茵河西岸的桥头阵地，必须不惜一切代价加以死守。为了达到这个目的，并把这个地区拨交给希姆莱指挥。

在那同一天，艾森豪威尔和布莱德雷，因为要和第 6 集团军总司令德弗斯将军会商，就中途到了第 3 军团的司令部。巴顿就乘机要求，第 15 军现在应由萨维尔内—斯特拉斯堡之线，向北转动以协助他对于萨尔地区的攻击，而不去对付南面的科尔马袋形地区的德军，艾森豪威尔当时很不愿意同意他这个计划，因为他知道肃清这个袋形地区，和确保从斯特拉斯堡到巴塞尔（Basle）这一段河流的重要性。可是到了以后与德弗斯会谈的时候，狄氏却向艾森豪威尔保证着说：德军第19军团在战术上已经毫无价值可言，而残余的德军专凭法军的兵力也可以很轻松地将它扫荡干净。因为听了这一番高见，艾森豪威尔才同意把第7军团的两个军，都向北调动，以支援巴顿。

这个决定的结果，遂使困在科尔马袋形地区内的德军突然感到压力大减，现在只有一个侧翼会受到联军一个军团的攻击，而这个军团的实力却是早已消耗了一部分的。因此，德军就守住了莱茵河西岸的桥头阵地，根据艾森豪威尔自己所说的话："以后对于联军的行动发生很大的牵制作用。"

当他决定用这一方面的兵力去增援萨尔前线的时候，艾森豪威尔原是希望利用第3和第7两个军团的联合攻势，就可以把北区和中区的德军实力，吸引一部分过来，因而也许把鲁尔河渡河的难题也顺便解决掉了。这个目的却并没有能够达到，因为攻势所指向的地区正是西线长城上的最坚强一段。当联军压力增加的时候，德军就作有秩序的撤退，撤入有要塞掩护的地区，并没有从鲁尔地区抽调任何的援兵。相反地，伦德施泰特却坚持把装甲训练师又归还了总预备队。到了12月初，虽然巴顿已经在攻打齐格菲防线［在萨尔布吕肯（Saarbrücken）以西的地带］，但是他自己也知道在12月中旬以前，他是决不能够集中足够的实力，尤其是弹药，以支援一个大规模的攻势。

11月20日，当艾森豪威尔要求联合参谋本部修改"无条件投降"声明的时候，他就曾经宣称："在西线战场上看不出来德军士气有提早崩溃的象征。"12月4日，他又写信给马歇尔说："由于天气、泛滥和泥泞的帮助，敌军还可能会坚守达一个相当长的时间。"从瑞士边境起，一直差不多到亚琛为止，联军都是屯兵于西线长城之下，而在孚日山脉地区，德军还在法国的领土内占领了一个立足点。从亚琛以东的鲁尔河上流起，一直到马斯河的河口为止，联军又为河川所阻止。照目前的情况判断，这种秋季的僵局事实上已无法打开，一定要拖到冬季了。

在这一个秋天里，艾森豪威尔的全盘战略是想要占领莱茵河这一线，假使这个目的达不到，就希望把德军的预备兵吸引到莱茵河以西的地区来，而在那里加以歼灭。这正好像德军在法国境内的预备兵力，都是被吸引到塞纳河以西的地区，而在诺曼底把他们都歼灭掉了。执行这个战略的第一个行动，即攻入布鲁塞尔和安特卫普，是完全成功的，因为当霍奇斯和登普西进入比利时时，巴顿正被阻止在马斯河上。不过，从此以后，一切的行动都没有能够获具有决定性的成功，因为没有哪一次是具有充足的实力的。在每一种情形之下，都是因为没有能够集中全力去争取主要的目标，所以才都会功败垂成。摩泽尔的攻势是与"市场花园"之战，在同一个时间之内发动的。11月间对于萨尔地区的第一次进攻，就牺牲了对于科隆的攻势。第二次对于萨尔地区的进攻又放弃了肃清科尔马袋形地区的机会。这许多次的攻势流产，其结果只是增加了艾森豪威尔本人的责任，他的部队已经伸展得太远，但是安全上却还是毫无保障，而且也没有能够削减敌人的抵抗能力——只有荷兰地区是唯一的例外。德军的战线和希特勒的新战略预备队都还是安然无恙，没有受到多大的损失。

艾森豪威尔的战略虽然已经失败到了这样的程度，但是他自己却并没感觉到，因为他还很自信地向马歇尔说："关于我们现有地位的价值问题，是毫无疑问的……我们今天的问题是一方面继续攻击，同时一方面准备，以俟天气条件转好之后，就可以发动大规模的全面攻势。"还继续执行这种战略的想法，曾经受到蒙哥马利的强烈反对。11 月 30 日，他写了一封信给艾森豪威尔，他直率地宣称联军在战略上是已经处于"逆势"。他们没有达到布鲁塞尔会议以后，联军统帅部所发布的训命中的任何一个目标，而且也不要再希望能够达到那些目的。他主张应该有一个新的作战计划，应该放弃这种同时在许多地点进攻的政策。他建议只有艾森豪威尔的一般指导之下，再任命一个专管陆地作战的总司令，才能够做到集中兵力保证胜利的要求。在这一封信的末尾，他要求与艾森豪威尔、布莱德雷 3 个人举行一次会谈。他并且说："除了参谋长以外，其他的人都不得列席，而参谋长也不准有发言权。"

毫不奇怪，这一封信，尤其是最后的建议，会使艾森豪威尔大发雷霆。他立即写信回答蒙哥马利，为他的战略作全面的辩护，否认有所谓"战略逆势"的说法。并且说假使他们（意指蒙哥马利而言）在 7 月间，能够在诺曼底建立一个比较深入的桥头阵地，则联军在 9 月间就一定可以维持他们的攻势而不至于停顿了。艾森豪威尔又表示他不愿意停止德弗斯和布莱德雷在法国东部的一切作战，因为他们是在扫清联军的右翼，而使他可以获得他自己所说的"集中可能性"。艾森豪威尔也同意立即举行另一次会议，不过还补充了一句说，他要带他的参谋长一同来，而且参谋长应有充分的发言自由。

在这一次会议之前，艾蒙二人曾经再度书函往返，并彼此都解释误会，并且说尽管在战略上也许会有某些不同的意见，但是彼此的密切关系却不会受到任何的影响。这种关系的强度基础就是他们的坦白态度，若是用蒙哥马利自己所说的话，那就是艾森豪威尔的"仁慈的忍耐"。不管他们两个人在战时来往的信件，措辞是如何的莽撞，但是他们总还是以"亲爱的艾克"和"亲爱的蒙特"相称，而双方的友谊也始终真诚不变。在那些艰苦的日子当中，有一部分蒙哥马利的电信，若是从一个比较对他缺乏了解的人眼中看来，那实在是犯上不敬。不过，艾森豪威尔却十分明了，尽管在尚未决定之前，蒙哥马利总是爱用十分强硬的姿态，来坚持他的主张，可是一旦既已决定之后，蒙哥马利对于上级的命令却绝对忠实地执行，决不用阴谋诡计的手段来达到他个人的目的。艾森豪威尔所看得起和尊重的就是这种人格。

蒙哥马利所要求的会商，终于 12 月 7 日在马斯特里赫特举行。在那里他们又重申布鲁塞尔会议的计划和意图。一旦布莱德雷占据了鲁尔水坝，就应该同时从鲁尔河和芮斯华森林发动攻势，以肃清下莱茵地区。预定发动攻势的日期为 1 月 12 日。蒙哥马利主张在此以前，联军应尽量养精蓄锐，不要再多作大规模的攻势。可是艾森豪威尔却反对着说："我们不能袖手旁观，一事不做，而让德军去巩固他们的防务，训练他们的新军。"所以他又说："我的基本决定还是尽我们能力的限度，继续不断地在各处攻击。"因此，他命令巴顿再作一次努力，准备在圣诞节之前攻占萨尔地区。

当艾森豪威尔到马斯特里赫特去赴会的时候，曾经驱车经过阿登高地山地区，也曾经亲自注意到在这个地区美军的兵力是怎样的单薄。在前线后方走过几英里远的距离，他都很少看见美军的部队、交通工具和其他的设备。在这个地区中，美军一共只有 4 个师，却要守住长达 75 英里的战线，他早已当心这个地区的安全，曾经向布莱德雷提出过询问，现在他又再度向布莱德雷提出这个问题，虽然并没有当着蒙哥马利的面。布莱德雷的答复是说，假使他要使阿登高地地区能够确保绝对的安全，那么他就无法不削弱鲁尔和萨尔两个地区的攻势力量，而且假使德军在阿登高地进攻，那么联军就可以在它的两面侧翼上立即发动逆袭，而使它尚未到达马斯河以前，即被阻止。他又说，他已经有所预防，所以在这个地区中并没有设置任何重要的供给中心。

那一天在马斯特里赫特开会的联军各高级将领，其中没有一个人会以为德军即将企图发动一个大规模的攻势。他们所当心的只是德军会一直利用这个空前的恶劣天气（此为55年以来所未有者）来保持一个坚强的守势，而使联军的空军和装甲兵都无法发挥他们的威力。他们看到德军士气的恢复，和步兵员额的补充迅速，不免也很感到伤脑筋——据联军方面的估计，一个星期可以打垮德军五六个师。不过根据上个月的事实看来，伦德施泰特的步兵人力也快要到了衰竭的阶段，因为所补充上来的"重编"师，不仅装备太差，而且一共也只有6个星期的训练。

艾森豪威尔所关心的问题，就是他没有能强迫德军使用他们的新装甲战略预备队。现在才知道第6党军装甲军团的4个师，已经在莱茵河以东地区，整编完毕，而另外还有四五个装甲师已经撤回后方开始整编。不过在另一方面，自从整编之后，只有一个装甲训练师曾经再度与联军发生过接触，似乎它的人员训练很不够，而装备也很差。因此可以推断其他各师的情形也都差不多，所以伦德施泰特似乎不会过早地使用它们。同时现在这位老元帅似乎是已经有了完全的指挥权。自从他9月间再度出山之后，所有的作战指挥仿佛非常灵活和巧妙，所以联军的情报人员就假定伦德施泰特现在已经不要遇事请示了。

在 12 月初的一个最大的疑问，就是：伦德施泰特将怎样运用第 6 党军装甲军团呢？在蒙哥马利的总司令部里面，他的情报处长威廉姆斯曾经在 12 月 3 日提出以下的判断：

> 除非联军渡过了鲁尔河……或是联军突然丧失了平衡，而予敌人以反攻的好机会，否则伦德施泰特是不会冒险地动用他的战略预备队。德军要想反攻就必须有下列的 5 个条件，而现在却都不具备。
>
> （一）没有要点可击，随便他攻击哪里，都不能够使我们的伤口很深。直趋安特卫普的攻势是他能力所办不到的。
>
> （二）他需要恶劣的天气，否则我方的空军就可以阻抗他们的集中；但是这样恶劣的天气对于他自己的行动也是一个障碍。
>
> （三）他必须要使我们疲惫不堪，或是丧失了平衡。
>
> （四）他必须要有适当的燃料储量。
>
> （五）他需要数量更多和素质更精的步兵……所以假使伦德施泰特还能够一直自由地指挥作战，那么他一定会等待我们攻过鲁尔河之后，再来粉碎我们的桥头阵地，然后就再收住了手。他已经是 69 岁的老翁了。

虽然如此，却不断地有谣言说德军正在准备大规模的攻势，以重夺安特卫普为目的，而在此后两个星期当中，联军的情报当局也继续收到各种的资料，足以表示有某种特殊性的大事正在进行之中。可从一份俘获的敌件上看出来，希特勒曾经亲自下令组织一个特种单位，担任西线上搜索和特种任务之用。据说，它的人员完全是志愿性，要受过单独作战的完全训练，并且会说英语和美国的土话。为了供这个特种单位的使用起见，各部队都要把任何俘获的美军用物、装备、武器和车辆等呈缴备用。根据这个命令，美军第 1 军团的情报当局就作了下列的判断："这个特种部队一定是要用空降或渗透的方式来破坏或突击我方的高级司令部或是其他重要的设施。"

12 月 10 日，美军情报当局注意到有德军 5 个师，从荷兰调走，目的地不明。而德军第 15 军团的司令部则从荷兰调到了鲁尔地区，据报它是用来调换第 5 装甲军团的。而第 5 装甲军团的新司令部判定将设在科布伦茨（Coblenz）附近；于是在科布伦茨到卢森堡边界之间，德军一共有 3 个已经整编的装甲师，另外还有几个新的装甲步兵师已经到达艾费尔（Eifel），那就是阿登高地山地在德国那一头的别称。

这些风吹草动的迹象，都似显示出风雨欲来的样子，不过却并没有证据，表示第 6 党军装甲军团曾经由科隆平原移入艾费尔山地，所以联军的情报当局一直认为在美军尚未渡过鲁尔河之前，德军是不会有所动作的。他们始终相信像伦德施泰特那样的一位名将，不会把他的战略预备队，孤注一掷地投入一个注定了必然失败的赌局之中。这是一个基本上的错误。联军情报当局认为这个攻击在军事上是不会成功的，所以就认为德军也决不会作此尝试。但是德军的战略却并不是完全受着纯粹军事考虑的支配。最后的决定者不是"元帅"而是"元首"。

当 10 月底伦德施泰特和莫德尔看到希特勒的阿登高地作战计划之后，他们就一致认为"现有的兵力是太微弱，不足以达到这样远大的目标"。他们虽然也同意在西线上发动一次攻势，但是认为应以收回亚琛突出地区来重建齐格菲防线为限——只有这个地区的齐格菲防线已经被联军打开了一个裂口。他们说，最大的收获也不过是把联军从鲁尔河赶回到马斯河，占领列日，那是美军的主要补给基地，这个建议莫德尔称它是一种"小解决"，却立即被希特勒所拒绝。他认为这种行动只不过是拖延时间而已，并不足以强迫联军求和。（注：联军方面对于阿登高地的作战，虽惯称它为"伦德施泰特的攻势"，可是这位元帅对于这项作战计划并不赞成，也毫无关系。）

最后伦德施泰特和莫德尔所不敢不接受的计划，是准备在 12 月中间，使用 3 个军团的兵力，沿着蒙绍（Monschau）和埃希特纳赫（Echternach）之间的 75 英里长的战线，发动一次总攻击。攻击的主力由第 6 党军装甲军团（司令为迪特里希）担任，从阿登高地以北进攻，准备在于伊（Huy）和昂代讷（Andenne）等地渡过马斯河，从西北面直趋安特卫普。在阿登高地的中部，第 5 装甲军团（司令为曼陀菲尔）采取一种助攻的行动，从那慕尔（Namur）和迪南（Dinant）攻入布鲁塞尔。而布兰登贝尔格（Brandenberger）的第 7 军团则使用步兵师构成一条防线，从卢森堡以达济韦（Givet）来保护德军的南翼。

这个计划是整套地交给伦德施泰特去执行，一切的细节都有详细的规定，甚至连开始炮击的时间都已经预定好了——上面并且加上元首亲笔的签注，说明"不准修改"。希特勒对于前进的轴线给予了严格的限制，并且明白地表示迪特里希决不准攻击列日。这个城市应该从南面绕过，至于为了让迪特里希在马斯河上确保渡口起见，另由斯科尔兹内（Skorzeny）（这个人在 1943 年曾经救出墨索里尼，他是希特勒手下的一员勇将，曾经为他完成过许多的困难任务）指挥一个特种装甲旅专门负担这个任务。斯科尔兹内的特种部队，穿着美军的制服，驾着美军的坦克和车辆，当迪特里希突破联军防线之后，就改由它领先前进，利用这个"木马计"（Trojan Horse），也许就可以迅速地占领在列日与那慕尔之间的马斯河上的桥梁。同时，其他的破坏部队，也使用同样的伪装，纷纷渗入美军战线的后方，到处制造纷扰的情形。

虽然战地指挥官们力劝他认清实力的现实限制，但是希特勒却不肯听他们的忠告，他为了支援他的主攻，又另外计划发动三个助攻的行为：

在 D+3 日，从下鲁尔河地区发动一个攻势，以重新夺回马斯特里赫特为目的，以阻止美军的预备队从亚琛突出地区向他处移动。

在 D+10 日，从荷兰北部进攻，以重新夺回布雷达（Breda）为目标，并钉住英军。

在 D+15 日（若兵力能够早日抽齐则可以提早），又从萨尔和科尔马袋形地区，同时发动双重的攻势，以夺回阿尔萨斯（Alsace）北部为目标。假使美军从这个地区调兵往阿登高地地区，则德军就要不放过这个乘虚袭击的机会。

12 月 2 日在柏林会召开一次最后的军事会议，伦德施泰特拒绝出席以表示反对，而莫德尔又再呼吁只实行"小解决"的办法，但是希特勒却还是拒绝了他的提议，因为希特勒认为假使大解决不成功，则小解决在将来也总还可以有实行的机会。11 月的一切经过都很顺利，就使"元首"对于直捣安特卫普的攻势计划，更具有坚定的决心。他的将军们对于他能否建立任何实质的预备兵力一节，曾经表示怀疑，但是现在这些新军不仅已经编成，而且都已经有了武装，可以开上前线作战了。他们又认为假使不给予大量的增援，则整个西线就一定会崩溃，可是希特勒却并没有十分动用准备大反攻的兵力，而西线却还是安然无恙。在 11 月间只有 4 个国民步兵师曾经被投入战斗，而另外有 4 个装甲师的整编时间曾经有所延误。但是相反地，由于工厂努力工作的缘故，在 11 月间曾经有 1349 辆新造的和重修的坦克与突击炮，送达了西线，而预计在圣诞节之前，还可以增加 1000 辆。

到了 12 月第一个星期当中，希特勒为了发动阿登高地的攻势，已经累积了 28 个师的兵力，另外为了阿尔萨斯的攻势还又准备了 6 个师。比起前两年来，这是他在各战线上所能准备的最多数兵力，不过比起 1940 年他直趋马斯河的时候，却已经今非昔比了。当时从亚琛到特里尔之间，进攻的伦德施泰特中央集团军，在开始的时候就有 45 个师的兵力，等到它到达海峡地区时，却已经增到 71 个师。现在在 1944 年，在攻击中再增加兵力的机会似乎已经没有可能性，不过实行奇袭的机会却还是和过去一样多。在 11 月间，虽然希特勒已经把 6 个国民步兵师调到面对阿登高地的防线内，可是美军对于这危险的地区却还是没有加以增援。一切还是和 9 月间一样——这是希特勒第一次发现有隙可乘的时候——这个地区还只有 5 个师的守军，在他们的后方也就毫无预备队可言。

12 月 12 日，在德军预定进攻的前 4 天，所有的高级将领都被召集到了伦德施泰特的总司令部。装甲训练师的师长拜尔莱因说："在那里我们解除了一切的武装，留下了公事皮包，被装上一辆公共汽车，在田野中急驶了半个小时之久。当汽车停下来之后，我们被引导着经过了两列的党军卫兵，然后才走进了一所掩蔽部。希特勒带着凯特尔和约德尔两个人一同走进来。他看样子已经老了许多，身体已经很衰弱，当他宣读一份很冗长的讲稿时，他的手一直在发抖。"希特勒一直发言达两小时之久，在这个时候各位将领都直挺地坐在椅子上，肃然静听。每一个椅子的后面都站着一个全副武装的党军卫士，虎视眈眈地监视着这些将军们。拜尔莱因就是其中的一个，他甚至不敢伸手从口袋里面去取出一个手巾来。

　　在这个冗长的讲话当中，希特勒把他军事计划的政治动机向大家宣布了。他说：

　　　　在历史上从来找不出一个像我们敌人这样的联盟，包括这种复杂的分子，各具有不同的目标……一方面是一个超级的资本主义国家；另一方面却是一个超级的马克思主义国家。一方面是垂危的老大帝国，大不列颠；另一方面却是一个尚未脱殖民地形态的美国。……在这个联盟中，每一个分子都希望实现他自己的政治野心……美国想做英国继承人；苏联想获得巴尔干、黑海海峡、伊朗和波斯湾；英国想保住它的财产并且巩固它在地中海里的地位……即使现在这些国家还没有发生冲突，但是一个像蜘蛛坐在蛛网中心的人，却可以看出这些动向来，发现他们之间的距离是已经越来越远。假使我们能够作几个重大的打击，则这个人工的共同战线就随时可以有闪电崩溃的可能性……

希特勒告诉他们，"最重要的事就是要使敌人放弃他的必胜信念"，而这个目的却只有发动一次胜利的攻势才能够达到。他说："要想战争决定胜负，就必须有一方面承认战争是已经没有胜利的希望，然后才能成为定局。所以，我们一定要使敌人认清我们是决不会投降的。决不！决不！"

所有在场的将领们都不敢相信安特卫普是可以垂手而得的，因为燃料的供应根本上就不够。虽然希特勒已经答应可以有充分的燃料供应，但是他们所接受的数量却并不足以到达马斯河。他们也许可以靠抢夺美军的油库，来维持他们的进展，但是希特勒却又禁止作空中的侦察，所以他们也就无法发现美军的油库所在地。虽然如此，他们却相信只要在集中兵力的时候不受阻扰，则他们可以到达马斯河，而使美军吃一个大亏。最后在作结论时，希特勒又重申他的乐观信念，说根据他的专家所预测的，这个恶劣的天气可以一直掩护他们的最后行动。会议开完之后，将军们在黑夜中离出，天正在下雨。

在以后 3 天内，天气一直是对希特勒的计划有利。它一方面阻止了联军的空中侦察，但是另一方面却并不能阻止德军的预备兵力用夜行军的行动，向艾费尔地区集中。虽然如此，再加上极严格的保密手段，但是德军准备进攻的迹象，还是有些已被美军所发现，但是它的重要性却并未被完全认清，因为诚如希特勒所言，"他们是只想到他们自己的攻势"。

12 月 15 日的黄昏时候，美军第 1 军团的情报主官正在阿登高地的温泉地，准备他们的敌情研判：

在迪伦和特里尔之间，德军对于西线长城的援兵正在继续增加之中。在以后数日内，沿着本军团的前线，至少可以发现三四个师的新番号……也许德军会发动一个有限的攻势，以期在圣诞节的时候，来作为提高人民士气的工具，有许多战俘现在说未来的攻势可能是发动在 12 月 17 日到 25 日之间，而另外有人则说要重新夺回亚琛城以当作送给元首的圣诞礼物。

在这个警告还没有来得及分送之前，希特勒的陆军却已经再度向比利时进攻了。

第三十章 | 孤注一掷

12 月 16 日，星期六的上午，艾森豪威尔接到蒙哥马利的一封信，提醒他在去年所打的一次赌，那就是艾森豪威尔曾经说这个战争会在 1944 年圣诞节以前结束。艾森豪威尔回信说，到了圣诞节那一天他一定付出赔款，但是在此以前他还要等一等。他一边写，一边微笑着说："无论如何，我还有 9 天的时间。"在这 9 天当中，那个原来似乎已经很接近的胜利希望，现在即已经消失在阿登高地山地的黑暗水平线之下去了。在那 9 天之内，西线的联军遭遇到一个极严重的危机，这是自从 1940 年以来所未曾见者。

在那一天上午，布莱德雷集团军所属的 31 个师，正沿着德国的西面界线，一字摆开，战线长达 200 英里。他们正在准备要进攻。在阿登高地以北，从盖伦基兴到蒙绍之间，这个 40 英里长的地段，他一共布置了 16 个师；在阿登高地的南面，面对着萨尔的地段约长 60 英里，他一共布置了 10 个师。在这个比较集中的地区之间，就是阿登高地山地本身这一段，约长 100 英里，布莱德雷却只有 5 个师。而希特勒就选定了在这里开始攻击。

阿登高地是一个遍地都是森林的丘陵地，中间被山里的溪流峡谷所分割，使地形变得极支离破碎。那里有许多道路，但是好的很少，多数在越过河流时都要经过狭窄险阻的隘道。最好的道路是走向西南的，若是要想向西和西北方进行，则德军必须越过田野，经过隘道，并且穿过许多山脊和森林。甚至在1940年，当时他们是毫没有遇到抵抗的，并且是在良好的春天天气里，向着西南面走，结果德军也还花了3天的时间才到达了马斯河。

因为知道这一点困难，莫德尔就认清了这个战役将成为争夺道路的战斗，而更重要的，就是道路的交叉点。他对于他的军队可以突破美军防线一节，是一点都不感到怀疑，因为他知道他所面对的是一些什么单位。他的情报人员对于敌情曾作下列的分析："除非敌军能够在极短时间内，把原先准备在鲁尔河地区进攻的战略预备队，运到南面来，否则这些联军的部队是无力作坚强的抵抗。根据过去的经验，可以假定敌军在突然遭到打击之后，是一时不会迅速恢复它的元气的。"这就是莫德尔信心的基础。他虽不一定敢相信他可以夺回安特卫普，但是他却确认在美军措手不及之前，德军就一定可以到达马斯河了。

在北面，迪特里希的第6装甲军团的眼前任务是占领蒙绍和比特亨巴赫（Butgenbach），并且打通向西北面到达奥伊彭（Eupen）和韦尔维耶（Verviers）的道路。在那里用3个步兵师在第1党军装甲军的北面侧翼上，采取一种阻塞的位置。同时，两个装甲师（第1和第12党军）经过比特亨巴赫缺口，趋向马尔梅迪（Malmedy）和斯塔沃洛（Stavelot）。在斯塔沃洛以西，斯科尔兹内的美式伪装旅就从那里冲向马斯河上的各桥梁。此外，第2党军装甲军（第2和第9党军两个师），则控制为预备队，准备扩张战果，或是对抗美军从北面发动的逆袭。

在中央地区，曼陀菲尔的第5装甲军团是以圣维特（St. Vith）和巴斯托涅的主要道路交叉点，为其重要目标。在圣维特的东面，美军沿着西尼艾弗尔（Schnee Eifel），据守着原有的齐格菲防线。这个山脊应使用两个步兵师去加以包围，一直把联军逐退到圣维特为止。在西尼艾弗尔的南面，联军正沿着德国和卢森堡分界的乌尔河（Our）布防。在这里由步兵和工兵所合组的特种攻击部队，在坦克掩护之下，应占领各渡口并架设桥梁，以便曼陀菲尔可以渡过他的3个装甲师。在第二天由这些装甲师领先，向西以攻入乌法利兹（Houffalize）和巴斯托涅为目标，然后到达马斯河从那慕尔到迪南这一段。

在南面，第7军团的4个步兵师应从菲安登（Vianden）到埃希特纳赫（Echternach）之间渡河攻击，并在卢森堡和阿尔隆（Arlon）之间建立一个坚强的侧卫。以上就是德军整个的攻击计划。其成败的关键主要的就是奇袭和速度，以使美军的最高指挥官感到措手不及。

自从9月份起，阿登高地地区就已经变成了一个"冬眠"的地带，双方都用它当作新兵的训练地和作战部队的休息地。布莱德雷现在还是采取这样的办法。负责防守这整个地方的是米德尔顿（Middleton）的第8军，一共包括3个步兵师（其中第103师上前线还只有4天，而第4和第28两师，在许特根森林的苦战中，已经一共死伤了9000人之多）和一个装甲师——第9装甲师，它也是比较有作战经验的。沿着长达90英里的战线上，米德尔顿把他所有的步兵都用尽了还不够，因此不能不把他的侦察骑兵和第9装甲师的一个战斗纵队都调入第一线，于是他手里所控制的预备队当然就更单薄得可怜。在阿登高地地区中只有蒙绍—比特亨巴赫这一段，联军的兵力比较充足，因为格鲁的第5军，正有两个师准备由此进攻鲁尔河的水坝。

在12月16日拂晓之前，14个师的德军通过了雾幕罩着的艾费尔森林，向守兵单薄的美军防线进攻，坦克、突击炮和车辆的噪声，却为V-1发射的吼声所掩盖，这些V-1武器，当德军准备越过马斯河向列日和安特卫普挺进的时候，它们就很低地在他们头顶上飞过，在黑夜的天空中，V-1的尾焰发出闪耀的光亮，莫德尔的大军若是要想完成元首的作战计划，那就只要随着它走好了。上午5点30分，2000门大炮开始向蒙绍与埃希特纳赫之间的美军防地猛轰。在炮幕掩护之下，步兵就开始前进，5个装甲师紧跟着后面，准备迅速地扩张战果。

在待机之中，德军第12党军师的一位少年兵，曾经写了一封信给他的姐姐说：

> 我写这封信的时候，正是攻击就要开始的时候……有些人想活命，但是生命却并不是最高的！我们这一次攻击将把敌人赶出祖国。这是一个神圣的任务，在我的头上，V-1和炮弹正在怒吼着，这就是战争的呼号。

在他的信封里面，他又加了一个"附笔"：

> 冲！冲！冲！我们前进了！（注：这封信为美军所截获，其他类似的信件也很多。）

当阴云四布的天空刚刚露出曙光的时候，德国的军队，无论是党军也好，国防军也好，都是抱着一颗爱国复仇的心，热烈地走上反攻的战场。

这个大炮击已经把美国人唤醒了，但是还只有极少数的人了解它的意义，一直等到德军的进攻部队从晓雾中冲出来之后，他们才知道是怎样一回事。在乌尔河上，美军第28师一个师负担着长达30英里的防线，当敌军用5个师的兵力来攻时，很快地就垮了。那一天夜里，曼陀菲尔的装甲纵队利用采照灯的帮助，向西运动渡过了乌尔河，并奉命以夜行军继续前进。在西尼艾弗尔，美军第106师的两团新兵很快地就受到了德军的迂回，虽然他们守住了原阵地，但是第二天清早就已经被围了。到圣维特的道路是已经畅通了。于是曼陀菲尔的计划一切都照预定的程序进行。

不过，在南翼方面，美军第4师却没有丧失什么土地，而在北面的美军第5军，也使迪特里希苦战竟日。他右翼恰好和准备进攻鲁尔水坝的美军还中途碰上了。虽然迪特里希已经把第12党军装甲师用来增援他的步兵，但是向比特亨巴赫的进攻还是很难有进展。在比特亨巴赫的南面情形又有不同。此处第1党军装甲师所攻击的是一个脆弱的接头点——一部分骑兵作为美军第5军和第8军的衔接。这些骑兵不久即被击散，到了天黑的时候，第1党军装甲师的前卫〔派佩尔战斗团（Battlegroup Peiper）〕就已经突入了6英里的深度。

德军攻势虽然猛烈，但是美军在全线上都抵抗得很英勇。在美军第8军方面，他们的数量是远处于劣势，虽然如此，德军在第一天却也没有完全达到他们所有的预定目标。美军的战斗部队是已经尽了他们的最大努力，但是某些高级司令部中，对于告急求援的要求，却并不能充分了解事态的严重性。

第 5 军军长格鲁是第一个认清这是一个大攻势的美军将领。在日中的时候，他要求第 1 军团部允许他停止对鲁尔水坝方面的攻势，并适时撤到比特亨巴赫山脊方面去。霍奇斯对于这两个要求都完全加以拒绝，因为他还没认清德军的攻势有多大，同时也不知道德军已经在第 8 军防区的南面透入了有多深。霍奇斯这样反应迟缓的理由，主要就是他缺乏可靠的情报。从这一天的清早的时候起，由于德军的炮击和伪装成美军的德兵的破坏，前线后方的电话线就已经多数被破坏。所以驻在巴斯托涅的美军第 8 军军部，所获得的情报不仅是稀少，而且混乱。到了天黑的时候，米德尔顿手里的预备队都已经全部用完，德军的攻势已经进行了 24 小时之久，而还没有任何援军到达他的地区。

12 月 16 日的傍晚时候，敌军进攻的消息才传到了凡尔赛，艾森豪威尔和布莱德雷正在那里讨论有关美军未来攻势的问题，美军第 1 军团的报告说：在广泛的正面上已经有 5 点曾受到德军的"轻微突破"，艾森豪威尔马上就认清了这绝不是一个局部性的攻势。相反地，布莱德雷却最先以为这只是一个牵制性的攻势，以来阻止巴顿的兵力进入萨尔，而他在以后两天之内，始终受着这种想法的影响。虽然如此，为了预防变局起见，他们决定立即抽调两个装甲师，开入阿登高地地区，从第 9 军团抽出第 7 师，从第 3 军团抽出第 10 师。

布莱德雷预料巴顿一定又会提出抗议——果然，他是用极强硬的语气提出了抗议——不过还好，在第二天拂晓他就把第 10 装甲师送交出来了。用他那惯用的坦白语气，巴顿说，他已经命令埃迪赶紧把第 4 装甲师送上前线与德军发生接触，否则它可能也会被高级司令部调往北面去了。他又补充一句说："这个事实就可以表示我对于敌军的攻势是如何地不重视。"存着这样心事的人却并不止巴顿一个人。联军最高统帅部的预备队，第82和第101两个空降师，一直到了第二天（12月17日）的黄昏时候，才接到备战的命令，开始由兰斯开入战地。

到了这个时候，德军第6党军装甲军团的矛头已经深入比利时境内达20英里远。那一天夜间，派佩尔的强力战斗团已经到达了斯塔沃洛，距离温泉地（Spa）的美军第1军团司令部只有8英里远，而距离更近的却是两个巨型的燃料库，里面储存着300万加仑以上的油料，这正是德军所最想要夺取的目标。不过在这一条战线的北半部，德军却迭遭挫折。在派佩尔的右翼方面，美军第2和第99两个师，沿着蒙绍—埃尔森博恩（Elsenborn）之线，作坚决的防守，虽然德军在16日夜间曾经把一营伞兵投掷在他们的后方，但是他们还是屹立不动。在比特亨巴赫，德军第12党军师也遭到了顿挫，因为英勇的美军第1师有一个团乘着黑夜向南行动，他们所经过的路线也就是德军伞兵所要阻塞的，但是美军却以竞走的姿态首先到达了居高临下的山脊，并且固守着它以等待第二天全师援兵的到达。

在圣维特德军也碰了一个钉子——这一次的对手是美军第7装甲师，师长哈斯布鲁克准将（Brig. Gen. Hasbrouck）也是阿登高地会战中的功臣之一。从拂晓之前，由亚琛以北"休息地区"出发，他的第一个战斗纵队走过了50英里的距离，在下午赶到圣维特，而另外两个战斗纵队也在黑夜中赶到，这实在是一个惊人的成就，因为在中途他们曾经两次向西转动，以避免和德军碰头，而在最后一段旅程中，一方面要受着敌人炮火的威胁，另一方面路上挤满了从前线上溃退下来的败兵，要通过才是十分的困难。

在那一天夜间，哈斯布鲁克师长把他的部队，照着一个马蹄形的形势，布置在圣维特城的周围，在这个马蹄形之内，他收容了一些散兵游勇，把他们重新组织起来，再准备作战。

在哈斯布鲁克的指挥之下，圣维特的防务就好像是一颗大岩石一样的坚固，于是攻击的洪流就从此分为两股，向西流去。在北面一股是第1党军师所组成，不久他们就构成了一个狭长的突出地带，深度达20英里，但是没有哪一个地方的宽度在5英里以上，其中只有一条东西走向的道路。沿着昂布莱沃（Ambleve）的河谷前进，利用这一条路，派佩尔战斗团在12月18日还是继续前进，但是它却没有回旋的余地，而且3次被断桥所阻。因为向西的进展已不可能，派佩尔就转向北面，希望找到一条冲出的道路，但是每一次的攻击却都被美军第1军团直属部队所阻止。有一次攻击已经到达某一个大油库的边缘，但是美军用正在燃烧中的油桶当作阻塞道路的工具，在火焰墙的阻止之下，德军遂无法冲过。当派佩尔正在狭窄的河谷中难以行动的时候，从鲁尔地区调来的美军第30师，就开始向他的北面侧翼进攻，在那天黄昏时候又再度夺回斯塔沃洛。于是派佩尔的供应线遂被切断，因为美军还守住比特亨巴赫和圣维特，所以迪特里希就无法迅速地增援来援救他，同时也无法维持这个攻击的动量。

德军想迅速突破到马斯河的希望，到此已经完结，但是霍奇斯却并不知道，他早已给派佩尔的挺进，闹得心慌意乱了，德军这一次进攻的心理作用颇大，因为一直到18日的上午，霍奇斯才知道德军已经通过了斯塔沃洛，并且还有一个纵队已经直向美军第1军团司令部进犯。当第82空降师师长加文少将，向第1军团报到时，他发现这个消息已经产生了一定的作用。在见了霍奇斯之后，他才知道"在斯塔沃洛的西面和南面，情况都不明，只知道敌军确已攻入我方的防线，似乎在圣维特有大批的美军集中"。但是在乌法利兹—巴斯托涅地区，霍奇斯却一点消息也没有。

霍奇斯本想把第 82 空降师安排在乌法利兹，以填塞圣维特与巴斯托涅之间的空洞。但是现在却并没有兵力来阻止由斯塔沃洛西进的德军，所以霍奇斯就命令加文把他这个师布防在韦尔博蒙（Werbomont）的附近。这样就把北面这一股德军的出口阻塞住了，但是在圣维特与巴斯托涅之间的南面一股德军，却可以畅通无阻。

✕　✕　✕

在圣维特以南，12 月 18 日的上午，曼陀菲尔已经打开了一个 12 英里宽的缺口，他就把他的 3 个装甲师由这个缺口中灌了进去——第 116 装甲师直趋乌法利兹，第 2 装甲师和装甲训练师则直趋巴斯托涅，这后述的两个师则加上一个步兵师，就组成了一个第 47 装甲军，由冯·吕特维茨（von Luttwitz）任军长。在他们的进路上可以说是空无一物，除了他们在前一天所已经击毁的装甲车辆残骸以外，那是兵力脆弱的一个美军装甲纵队。吕特维茨深知速度的重要，因为在前一夜他们截获了一个美军的无线电报说，美军的空降师已经由兰斯开向前线。他假定他们的目的地就是巴斯托涅，这个城镇正在他的领头纵队的西面只有 15 英里的距离。

在巴斯托涅那一天上午，除了米德尔顿的军部以外，就更无其他的美军部队，况且该军部也早已奉命离开那里。美军第 28 师的溃兵，从乌尔河方面川流不息地溃退下来，带来了前线上惨败的种种坏消息，弄得人心惶惶，米德尔顿并未奉命坚守巴斯托涅，因为交通已经断绝，他也不知道是否有援兵开来。事实上，距离最近的预备队，已奉命防守巴斯托涅的是兰斯的第 101 空降师，在此地西南面约 100 英里处……此外还有卢森堡的第 10 装甲师的"B"战斗纵队，在东南面 40 英里处。所以在那一天，是 3 支兵力同以这个城镇为目标，从 3 个方面向它赛跑，因为此地是阿登高地南部的锁钥要地。

　　第一个到达的是美军第 10 装甲师的 B 战斗纵队，它在黄昏时到了该城，这使米德尔顿大为放心，因为早已有情报说德军的巡逻队到了巴斯托涅的东面郊外（事实上是错传）。米德尔顿就命令这支生力军去阻塞从东面和东北面，通到该城的 3 条主要道路，以抵抗德军的装甲部队，并等待空降师的到达——这时他已经知道空降师正在前进的途中。美军第 101 空降师在 24 小时之内，把全师兵员 1.1 万人，运过 100 英里的距离，这也是一个很惊人的行动。米德尔顿这时已经胆壮了起来，虽然他和第 1 军团已经失去联系，但是他却已和布莱德雷发生了直接的接触，获得坚守巴斯托涅的全权。

　　除非他能够很轻易地攻占巴斯托涅，否则吕特维茨就准备包围它，到了那天夜里 10 点钟，他的装甲师距离它已经只有 5 英里远。最近的一个师就是装甲训练师，已经在美军两个阻塞部队之间透入，他们的师长拜尔莱因正在纵队的前头领先进攻，决定乘着黑夜迅速猛冲，以便用迅雷不及掩耳的方式攻入这个目标，要不是听了几个老百姓的话，那么他也许就可以达到这个目的——因为这些老百姓的态度实际上并不如他所想象的那样友好。在他们的指引之下，拜尔莱因采取了一条捷径，结果却陷入了泥沼，到了 12 月 19 日拂晓的时候，他距离巴斯托涅仍然还有两英里远，现在他才知道不仅他的侧翼方面已经有了美军的装甲部队，而且巴斯托涅城是早已设防了。美军第 101 空降师已在夜间全部赶到。在天亮不久之后，他的一个团就已经开始和装甲训练师交战了。

曼陀菲尔并没有料想到美军的行动会这样快，而作战会这样的猛烈，但是他却并不改变他的战略目标。虽然 19 日这一天，他在巴斯托涅方面已经被阻止，可是他却已经攻下了两翼方面的维尔茨（Wiltz）和乌法利兹，完成了包围战的准备。在那天黄昏时候，从圣维特的马蹄形阵地起（那距离在 25 英里以外），整个南部地区中就只有巴斯托涅一地有有组织的抵抗。这个城防的组织到底好到什么程度，曼陀菲尔还不知道，因为在这个时候他还想继续向西前进。所以他命令吕特维茨只要用步兵，围住巴斯托涅城，而将装甲兵继续向马斯河挺进，同时也更向莫德尔要求立即增援。

在拟订原计划时，希特勒是把重点放在北面的第 6 党军装甲军团方面。这个决定就影响到他的装甲预备兵力的原始分布：两个党军装甲师去扩展迪特里希主张方面的战果，另外 3 个国防军的装甲师或装甲步兵师，当迪特里希一到达马斯河之后，就立即从北面攻向亚琛突出地带。莫德尔现在就建议，因为迪特里希既已被阻，所以这 5 个师就应该都移向圣维特以南去，以扩张曼陀菲尔的突破战果。不过为了政治上的原因，希特勒希望具有决定性的打击应由党军负担。所以他坚持要把两个党军师用在北面，而让迪特里希去再试一次。他最多所能允许给予曼陀菲尔的就只有国防军的 3 个师，莫德尔虽然不免失望，但是他却还是自信不久即可以进军马斯河，而他的装甲兵力之强大程度也远非美军所能阻止；这支兵力所要攻击的对象不是一条有组织的防线，而是经过曼陀菲尔所早已打开的宽广缺口。

$$\times\quad\times\quad\times$$

当阿登高地的攻势开始时，联军的反应是充满了惊疑的情绪。他们一向以为德军是已经到了就要崩溃的边缘，所以他们最初简直不相信德军会有力量发动这种大规模的攻势。以后，当交通被破坏之后，谣言就开始出现了。传说德军的坦克已经在战地很远的后方出现了；有20多个地方都报告发现了德军的伞兵，实际上他们仅仅降落在蒙绍一个地方；从前线一直到马斯河也到处发现了德军破坏队的踪影。有些地区的报告是互相矛盾，有些地区则完全没有消息，不久就使后方地区也产生了疑惑和紊乱，尤其是美军的第1军团司令部方面。12月18日的黄昏时候，霍奇斯自己承认说：“敌军战线根本上不可捉摸，到处都是流动着和不固定的。”

有一位美军的战史家曾经说过：

> 军级以上的高级指挥官，因为得不到足够的情报，以来解释他们心中的疑团。前线上的溃军把道路都阻塞住，使增援的部队无法到达前线。常常由于德军已经接近的谣言，而使某些部队发生了恐怖的现象……许多装备都是正在工作中而突然丢掉。

固然无疑问的，有些部队是曾经发生了恐怖的现象，而有些勤务部队为了想救得他们的装备也就不顾秩序，纷纷夺路而逃。

不过多数的美军却能够就地组织起来，而英勇地打了下去。举例来说，有一小队工兵本是管理一个锯木厂的，他们却在斯塔沃洛的西面，阻止住了派佩尔的装甲纵队，并且当着敌军的面炸毁了两座桥梁。许多分成小组，各自为战的美军官兵，他们炸断桥梁，并且用临时拼凑的工具阻塞道路，对于德军进展的迟滞行动，其价值之高是很难加以估计的。不仅阻止住了第1党军装甲军，并且也使曼陀菲尔对于巴斯托涅的进攻速度大打折扣。虽然如此，德军在美军战线后方实行扰乱的计划其成功的程度却也甚至超过了希特勒的估计。

多数的紊乱都是由斯科尔兹内特种突击旅所造成的。"木马计"虽未完全成功，但是已经有40多辆吉普车，装满了会说"美国话"的德军，在头两夜中进了美军的防地，其中有一部分一直到达了马斯河，才被阻止，这些破坏队砍断电话线，拦截美军的传骑和联络军官，破坏无线电台，杀死指挥交通的美国宪兵。其中还有更机警的德兵冒充美军宪兵，将美军一个团引上了错误的道路。这些人以后都被美军所捕获或格杀，其中只有8个小组重新返回了他们的战线。

美军在第二天从俘虏的口中，就知道了斯科尔兹内计划的大概，但是虽然如此，却并不足以减低这种作战的威胁性。美军马上采取更严格的安全措施，但是结果使这种害怕敌人破坏和渗透的恐怖心理，一直传到了后方的巴黎，这可以说是正中了德军的下怀。因为有这种谣言说，斯科尔兹内已经派遣了一支暗杀队，专门想谋刺联军的最高统帅，所以保安人员只好坚持要给艾森豪威尔加了一队特设的卫士，这真使艾森豪威尔感到十分的烦恼。

就是在这种不安定的气氛当中，充满了各种谣言和虚伪的报告，联军当局开始采取对抗的行动。所以在作了最初的部署之后，布莱德雷的政策就是静待局势的发展。他并没有命令巴顿作任何预防的布署，一直到第 3 天（12 月 18 日），他才感到有一点儿惊慌，于是才命令巴顿取消原定在 21 日发动的对萨尔地区的攻击。以前他一直只要求巴顿派一个装甲师去协助霍奇斯，现在才开始命令他全军赴援。巴顿回答说，在 24 小时之内，他可以有 3 个师向北调动。现在他一点不表示反对。因为这一次不是抽调他的兵力，而是让他有一次大打的机会，这是他最欢喜的。在联军方面，部队可以迅速动用的，也就只有他一个人。在那一天深夜，巴顿又接到一个电令，叫他在第二天上午到凡尔登去，与艾森豪威尔、布莱德雷、德弗斯等人举行紧急会议。巴顿赴会时，携带着他早已拟好的反攻计划：使用他自己的 4 个师，再加上第 8 军的部队，向突入德军的南面侧翼进攻。

凡尔登会议中的警语，就是艾森豪威尔首先提出的："目前的局势对于我们而言，应该当作一种机会，而不应该当作一种灾难，所以在这一次会议席上大家都不准哭丧着脸。"于是巴顿立即建议让敌军一直冲到巴黎好了，这样他们就可以把敌军砍成碎段，然后把它吞食下去。艾森豪威尔却回答说："敌军绝对不许越过马斯河。"

因为德军的主力似乎是指向列日和那慕尔，所以艾森豪威尔的战略是"北面塞住漏洞，而从南面发动一个有组织的反攻"。方向就是指向巴斯托涅城。这个攻势应在何时发动呢？巴顿回答说"可以定在 22 日"，据他自己说，当时他这句话曾经使大家为之一惊。于是巴顿就宣布他已经有两个师早已在调动的途中，艾森豪威尔又一再叮嘱他不要发动太早或是分割使用兵力，然后才批准了他的计划。艾森豪威尔特别坚持这一点，这一次进攻一定要"有秩序和可靠"，因为他觉得："巴顿在最初似乎并没有了解德军攻势的真正强度。"

为了使巴顿能够集中兵力从事这次攻击，艾森豪威尔又命令德弗斯接管萨尔地区东端的防线。不过在这个时候，第6集团军的情况却无法负担新的责任。德弗斯的部队一方面为科尔马袋形地区的德军所牵制，一方面又因配合巴顿对萨尔地区的攻势，已经进到了齐格菲防线，所以他的兵力早已伸展过度，而且形势岌岌可危。所以艾森豪威尔又授权他，于必要时可以撤回到孚日山脉山地，甚至不惜放弃斯特拉斯堡。这个"丧气的命令"马上又招致了法国人的强硬抗议，艾森豪威尔现在才明白了，在政治上，一个"解放"军要想自动撤出一个主要城市，那是多么的困难。

19日黄昏的时候，当艾森豪威尔返回凡尔赛的时候，他发现了在这一天当中，情况又变得更为严重了。虽然突破地区的南北两个犄角是坚守住了，但是其他地方的敌军却都横冲直撞地前击，如入无人之境。圣维特的情况不明，无论如何，敌军已经绕过它分两路向前挺进。北面一股，他们的先头部队距离列日已经只有15英里；南面已经攻入乌法利兹，迫近拉罗什吉永、马尔凯（Marche）和圣于贝尔（St. Hubert）；从西面距离巴斯托涅只有15英里的距离。美军没有兵力足以阻止德军包围巴斯托涅，或是填起第101空降师与在韦尔博蒙附近第82空降师间的长达20英里的大空洞。经过这个空洞，德军直向那慕尔、迪南、济韦地区的马斯河岸前进，这个地区几乎可以说是完全没有设防。似乎德军很可能在24小时之内到达这个河岸，于是那尚未动用的6个装甲师或装甲步兵师，就可以在这里投入战场，负担扩张突破战果的任务。

而使局势更加严重的事实，却是布莱德雷手里已经一点预备队都没有了，因为他迟迟不决，没有及时撤出向罗尔和萨尔的攻击部队，所以现在这些师至少还要两三天，才能够在阿登高地地区作充分使用。在最高统帅部的总预备队中，也只有一个装甲师，还是刚刚在勒阿弗尔下船，另外在英国还有两个空降师，这都是远水救不了近火。艾森豪威尔只好命令工兵和补给单位全体动员，以去防守马斯河上的桥梁，但是他也知道这些杂牌部队是经不起任何严重的打击。假使德军真是要渡过马斯河，唯一能够阻止他们前进的部队却是英军第30军所属的4个师，那本是蒙哥马利准备用来执行芮斯华森林攻击计划的。艾森豪威尔现在才知道，由于蒙哥马利的自作主张，这个军已经调到了夹在布鲁塞尔与马斯河中间的危险地区。

美军一方缺乏预备兵力可供调动，另一方面，同样严重的现象，却是布莱德雷的指挥系统已经完全破坏。德军的透入把美军战线分成了两段，布莱德雷和霍奇斯以及第1军团间的各单位，都已经丧失了直接的联系。现有的通信情况是不适当而且也不可靠，因为最重要的电话线都是要通过巴斯托涅，现在都已经被切断了。布莱德雷不肯把他的司令部由卢森堡迁到凡尔登，其所持的理由是说怕影响士气。艾森豪威尔并不勉强他这样做，不过他却预料到布莱德雷和霍奇斯之间的唯一联络线不久也会中断，于是布莱德雷就会被隔绝在卢森堡，而对于这个"突出地区"（The Bulge）北面的一切重要战斗，都无法作有效的指挥了。此外，他又晓得德军是以安特卫普为目标，艾森豪威尔认清了德军即将在亚琛与马斯河口之间，向联军战线发动一个支援性的攻击，假使这个攻势成为事实之后，那么阿登高地以北的整个地区就会变成一个单独的战场。

19日夜里，统帅部参谋长史密斯向艾森豪威尔建议说，唯一合理的解决方法就是把突破点以北的一切部队，都交给一个人指挥，而唯一有预备队和指挥组织足以应付任何危机的人，那就只有蒙哥马利。艾森豪威尔立即表示赞同，当即授权史密斯通知蒙哥马利和布莱德雷，马上准备改组指挥系统。第二天上午吃了早餐之后，艾森豪威尔正式作了这个决定。据当时在场的情报处长斯特朗说：

> 艾森豪威尔自己与布莱德雷通电话，彼此争论了很久。我们固然听不到布莱德雷说些什么，但是却知道他是已经提出了极强硬的抗议，因为最后结束的时候，艾森豪威尔曾经这样地说道："好吧，布莱德雷，这就是我的命令。"

这个决定固然是完全为了战略上的需要，但是当艾森豪威尔作此决定时，他却想不到布莱德雷和他的幕僚们对此是如何地不满意，而且以后连美国的军队和后方的人民也都一致表示反对。不过即使艾森豪威尔当时曾经考虑到政治上的影响，他也还是不会变更他在军事上的决断，因为他是一个识大体的人，知道这是全局安危的关键。

×　×　×

　　联军指挥系统的改组，在时间上已经不太早，因为战斗早已到了无从控制的阶段。除了这个突出地带的南北两肩以外，已经不成其为一道整个的战线，而美军第1军团的作战已经发展成为许多一连串的独立迟滞行动。那些调往重建破裂战线的各师，都没有能够根据一个全盘的计算，来加以配置，而只是各个分别地被卷入战争的旋涡。第101空降师能够在这个紧要的关头，赶到巴斯托涅，那完全是一个偶然的幸事。艾森豪威尔之所以把该师调到该地的理由，据他自己说是："没有料想到战争会在那个地区内爆发，不过只是因为巴斯托涅是一个优良的道路中心而已。"第7装甲师能够开到圣维特，情形也差不多，完全是由于当地指挥官个人的英勇果断，所以这两个要点才守住了。在这整个地区中，美军各师各团都顽强而技巧地各自作战，他们不管战争的发展情形，以及侧翼和后方的威胁，而只是就原地立定脚跟地打了下去。

　　使情况更为紊乱的，是霍奇斯完全没有奉到明确的命令，而被搁置在一边。自从德军攻势开始以来，他就再没有看见布莱德雷本人和集团军部的任何高级幕僚，他所接到的命令都十分简单，而且多数到了送达的时候都是早已过时了。布莱德雷的对策是早已赶不上战斗进行的快板，到了19日黄昏时候，他就已经丧失了控制全局的能力。在南面，当巴顿加入战斗的时候，那个倒霉的米德尔顿，还是一个人负责90英里长的地区，想尽方法指挥3个孤立而距离很远的部队——一个在圣维特，一个在巴斯托涅，另外一个在埃特尔布鲁克—埃希特纳赫（Ettelbruck-Echternach）地区——可是力不从心，毫无办法。这三支兵力彼此间毫无联系，而且和米德尔顿之间也缺乏联系。在北面，布莱德雷虽已重新分配他的兵力，但是他却并没有改组他的军团，以使霍奇斯可以专心对付阿登高地地区。第 9 军团已经被剥削成了一个头重脚轻的空架子，两个军一共只辖 3 个师；而第 1 军团的 4 个军，却要管辖着 20 个师的兵力，以支持一个宽广而破碎的战线。[注：自从 12 月 19 日下午起，李奇微（Ridgway）的第 18 空降军已经接管第 1 军团地区的西北段，所以使霍奇斯一共有 4 个军。] 一方面名义上，要负责这个突出地区已经破裂的南翼防务，另一方面，霍奇斯还要设法重组北翼的战线，并沿着鲁尔地区设防。这样分散和不衔接的工作，给任何一个单独的军团部去负担，都是未免太重了。

在 12 月 20 日蒙哥马利接管美军第 1 军团和第 9 军团的指挥权之前，他在头两天就已经派遣他个人的联络官去到美军防线，其目的就是使他自己对于阿登高地地区的当前形势，能够有彻底的了解。到了 20 日的下午，这些联络官都已经回来向他报告，对于各地前线上的情形（除了圣维特以外），都带回来了直接的资料。所以，当蒙哥马利在一个小时以后，到达美军第 1 军团司令部的时候，他对于战斗发展的情形，所知道的实在要比霍奇斯本人还要多。据他的参谋长德甘冈说："他来到的时候，似乎是充满了乐观和信心。"但是除了信心以外，他的态度还有另外一个特点，正如另外一幕僚人员说的："这位元帅大踏步走进霍奇斯司令部的时候，很像耶稣基督来洗净那个神庙。"

要蒙哥马利把他内心的感情完全隐藏起来，这似乎未免有一点过分。这个创伤是太深了。在诺曼底大捷之后，美国人就不愿意再接受他的领导，终使联军丧失了一个具有决定性胜利的好机会，现在打了败仗却又来向他求援，希望他去解救这个危局；照他的想法，假使一直让他担任陆军总司令，则何至于会闹成这个局面。那一天下午，蒙哥马利似乎并不被他的美国听众们所喜欢，因为他那种坚定的口气，似乎是带了一点谴责的味道。

虽然情况是如此的严重而紊乱，但是霍奇斯和他的幕僚们却并不缺乏果敢进取的精神。他们从俘虏的敌件中，获知德军第6装甲军团是攻击的主力，而他们也相信德军的计划是要从列日的两面，渡过马斯河，然后再包围这个城市。所以他们预料最危险的地区应该是在蒙绍和斯塔沃洛之间。所以他们就计划坚守这个北面的肩部，由韦尔博蒙河向维尔萨姆（Vielsalm）和乌法利兹，然后从侧翼方面打击敌军，重建破碎了的战线，并救出在圣维特的美军——虽然已经3天没有消息，但是他们相信这些美军还一定在死守之中。

蒙哥马利也以为德军是要想占领列日，而以此为到达安特卫普的第一步，但是他却相信敌军的眼前目标却是在更远的西面。英军的情报当局发现了德国空军曾经奉命炸毁列日以北的桥梁，但却不破坏它南面的桥梁。这个情报就告诉了蒙哥马利，第6装甲军团是希望在列日与那慕尔之间，越过马斯河。假使这个判断是对的，那么美军就应该在乌法利兹的西北面，乌尔特河（Ourthe）的两侧地区，准备接受德军的强烈攻击。蒙哥马利固然也承认列日的危险，但是他却预料到于伊和那慕尔地区，也会有同样的危险发生。

所以蒙哥马利建议霍奇斯应该把防线，从斯塔沃洛进展到马尔凯，并且在马尔凯的西北面应集中一个兵力强大的军，以便当德军兵力逐渐用尽时，即可发动反攻。他又宣布第9军团应接管整个鲁尔河一线，这样腾出第 7 军，并好让第 1 军团的主力向西移动。这个军由柯林斯指挥，他的各师应留在亚琛东面和东南面之线，并开始重新整编。因为霍奇斯手里已经没有预备队，所以蒙哥马利又劝他把军团部由暴露的地区后撤，借以缩短战线，并使现在担任防守任务的部队可以改取攻势。这个建议却不为美军所接受。霍奇斯很有礼貌地但也很坚决地拒绝了这个主张，同时蒙哥马利也没有再坚持，因为他知道假使他一定要固执这一点，那么就可能会大大影响到美军的士气。

在这个时候，霍奇斯突然又接到在圣维特被困的第 7 装甲师师长哈斯布鲁克的一封信，就更增强了他不肯放弃寸土的决心。霍奇斯现在才知道，哈斯布鲁克所指挥的部队不仅有他的本师，还有第 9 装甲师的一个战斗纵队和两团步兵，不过据他说，这些部队都已经很狼狈。利用这些兵力，他在圣维特的周围，还是守住了一个长达 25 英里的马蹄形阵地，不过他与任何其他美军单位和任何高级司令部，都已经丧失了联系。赫氏来信中这样地说：

> 我的右翼方面门户洞开……德军两个师正开始从西北面向它攻击……在今天我可以设法迟滞他们的行动，不过明天却可能会被切断。

这一封信就决定眼前的政策。蒙哥马利同意立即驱兵援救哈斯布鲁克，用这个行动来拉直战线，而不再向后撤退。所以，霍奇斯就命令李奇微的第 18 空降军（现在韦尔博蒙、大米尼尔地区），立即渡过萨尔姆河（River Salm），重建马尔梅迪—圣维特—乌法利兹的战线……并与在巴斯托涅的美军取得接触。蒙哥马利很怀疑李奇微有无这个能力来填起这个缺口，因为他所能动用的兵力就只有一个第82空降师和第3装甲师的一个实力不足的战斗纵队。不过哈斯布鲁克是势在必救，同时蒙哥马利希望李奇微的一个猛冲，可以掩护柯林斯军的集中，以便来进行更大规模的反攻。

李奇微是一点时间都没有浪费，那一天夜里，第82空降师就接近了萨尔姆河，包围着疲兵久战的德军派佩尔战斗团，并与圣维特马蹄形防线的西端取得了接触。派佩尔的命运现在是已经确定了［注：12月23日，突破未遂之后，派佩尔和他的残部800人（原有兵力为两千人）乘黑夜中冲过美军战线逃去了，但是所有的重装备车辆却都丢在那里］。可是到了次日（21日）的上午，李奇微却又发现了另外有一支德军，包括第116装甲师在内，正在沿着乌尔特河的河谷作迅速的前进，正向他的西面侧翼冲来。他的装甲部队已经被阻止，德军早已在攻击奥通（Hotton），此地距圣维特西面30英里，已经深入了他的后方。在这个新威胁还没有来得及应付之前，圣维特已经陷落，李奇微发现他自己正受着德军第2党军装甲军的全军猛力冲击。不但没有填住缺口，第1军团现在已经不得不后退，德军的攻击越来越猛，比6天前突破美军防线时尤有过之。

× × ×

12个师的德军，其中有7个是装甲师，正对着美军第1军团的伸长战线上，加以新的打击。第一次攻击是以马尔梅迪—比特亨巴赫—蒙绍地区为目标，时间是在12月21日的清晨，双方不顾一切牺牲混战了 48 小时之久。德军虽未获得任何土地，但是却吸住了 6 个师的美军，约相当于第 1 军团实力的一半，去坚守这个北面的肩部。而这个时候，霍奇斯却正在到处搜寻预备兵力，以去重建他的西面侧翼。

第二次攻击，在 21 日夜间将美军逐出圣维特之后，就压碎了那个马蹄形阵地，而逼得哈斯布鲁克非撤过萨尔姆河不可。这个撤退的行动指挥得十分的精彩，但是美军一撤，德军终于扫清了经由圣维特到乌法利兹和圣于贝尔的道路——圣于贝尔在 23 日为绕过巴斯托涅的德军所占领。

第三次进攻，由德军第 2 和第 9 两个党军装甲师担任，目标是维尔萨姆突出地的侧翼，该地现由第 82 空降师驻守。于是逼得蒙哥马利只好将该师由萨尔姆河地区撤出，这样就使德军控制住了圣维特—维尔萨姆—拉罗什吉永公路。第四次攻击，是准备延展这一条路线，经由马尔凯以达那慕尔，但是却被阻止住了。不过在马尔凯的西南面，德军第 2 装甲师却绕过了罗什福尔（Rochefort）冲到了马斯河前的最后一个山脊。到了 12 月 23 日的黄昏时候，曼陀菲尔的装甲部队距离迪南只有 4 英里远了。

当战斗日趋激烈的时候，似乎所有填塞缺口的企图都变成求生的搏斗，本来所调来的各师是为了反攻的，但是结果都被迫改取守势来防止德军的新突破。虽然天气恶劣，使他们无法获得空中的支援，美军却还是不屈不挠地打了下去。但是局面却已经很紧张，因为霍奇斯手里已经没有预备队，他在 23 日又已经把第 7 军安排在乌尔特河与马斯河之间。不过德军手里却还控制有一定的兵力。问题就是到底还有多少呢？

根据美军第 1 军团情报处长，迪克森上校（Col. Dickson）的估计，德军在阿登高地地区是已经用了 24 个师的兵力，而另外还有 13 个师的预备队，其中包括 4 个装甲师。迪克森说：据说还另外有 9 个师，但是却并不能证实，而另外还可能由德国国内或其他地区再调十几个师来。虽然霍奇斯并不完全接受这样的看法，但是德军至少是可以立即再加上 6 个师，以来攻击第 1 军团的战线。这个事实使得霍奇斯十分焦急，感到早日堵住德军突破的机会实在是很小。

在这些日子当中，虽然一个危机连着另外一个危机，蒙哥马利对于局势的发展，却还是拒绝表示悲观的看法。德军的新攻势，来势之猛远超过他料想，但是他对于德军的获得土地并不感到烦恼，只要他们行动的方面并不是指向他所认定他们主要目标的方向。那就是马斯河上的列日—那慕尔地区，经过它就是到达安特卫普的直接道路。他并不想浪费他的兵力，以来尝试填塞缺口。他希望第一步迎头阻止德军的进攻，使他们无法到达他们战略上的目标，于是再逼迫他们向西南面前进，在那一方面，他们是无能为害的。

照蒙哥马利的看法，只有当德军从马尔梅迪和马尔凯之间突破，于是打通了引向西北方的道路之后，情况才会变得真有危险性。在这个地区，第 1 军团还控制着极坚强和极有利的阻塞地位，所以对于主要防线以南的地盘实无死守的必要。他对于德军控制着了由圣维特经过维尔萨姆到拉罗什吉永的公路，和经过乌法利兹到圣于贝尔的公路，因为这些公路都通向西南方，正是他所希望德军去进攻的。他们走得越远，那么他们的地位就越危险，而他们也就越不能够集中兵力，以图向西北面突破。蒙哥马利并不怕他渡过马斯河。早在 12 月 21 日的夜间，英军就已坚守着那慕尔、迪南和济韦等处的桥梁，而英军第 30 军也在马斯河以西布防，足以对付任何渡过马斯河的德军，或是威胁亚琛以北地区的行动。他是心平气和，具有自信，只要他有耐性，那么德军就会自寻败亡，和过去在阿拉姆哈勒法（Alam el Halfa）和诺曼底的情形完全一样。

蒙哥马利要想说服霍奇斯接受他这个政策，却是非常的困难，而且他也始终没有完全成功。要完全成功就需要一种忍耐和自制力，这种程度是美国人所没有的。蒙哥马利的态度是科学化的，而美国人却是感情用事。德军在阿登高地山地的反攻就是欧洲战争中的"珍珠港事件"。一旦当他们从最初的震惊中恢复了过来之后，美军就急于要想报仇雪耻。完全和希特勒的料想相反，美军不但没有丧失斗志，而且完全像一个血气方刚的青年人，一气之下就要和人拼命。因为受了奇袭而挫败之后，他们本能上的反应就是坚守一切的阵地，而且只要一有机会，就拼命向敌人反扑，尽可能地重重地打击敌人。他们相信只要这样才能够阻止和击败德国人。信心和骄傲使他们不愿意作任何自动性的撤退，这样的做法简直就是"非美国化"的。德军多得一码土地，就是美国在荣誉上减少了一分光彩。

对于这一方面的第一次真正的意见冲突，是从圣维特的陷落以后，马上就引起来了。在 12 月 22 日，李奇微命令哈斯布鲁克继续在萨尔姆河以东作战。必要时他可以划地而守，并且以空投的方式来接济他。哈斯布鲁克却答复他说："那样一来，不久第 7 装甲师的番号就可以撤销了。"李奇微立即命令将他免职。不过在这个免职命令尚未生效之前，有一位蒙哥马利的联络官来到了哈斯布鲁克的师部，他了解了真正的情况之后，马上就向这位元帅提出报告。于是蒙哥马利立即撤销了李奇微的命令，让哈斯布鲁克仍行留任，并且准许他撤退，最后就把他的部队安全地撤过了萨尔姆河。蒙哥马利的干涉才保救住了这一员勇将的部队，不至于遭遇到毁灭的厄运，同时也使李奇微多了一支预备队，以后当第82空降师在23日，受到第2党军装甲军猛攻时，也就靠着它来解围。

于是撤退问题又来了。这个空降师和一个装甲战斗纵队正守着一个大鼻子形的突出地区，伸入敌人领域之内约有7英里远。第82师师长加文，认清了："假使德军主力从南面攻来，就会威胁着该师的右翼，于是若再想占领这个突出地区……那么只是徒然牺牲兵员的生命，而当圣维特美军既已撤出之后，此举实毫无意义。"12月23日，当这支兵力既已撤出之后，蒙哥马利就主张加文应该撤退到韦尔博蒙南面的山脊上，那里似乎是一个天险。这一次霍奇斯和李奇微又表示反对。不过在那一天黄昏时候，德军第2党军装甲师沿着巴斯托涅—列日的主要公路进攻，突破了加文右翼上的脆弱防线。蒙哥马利现在就坚持着要撤退，但是一直等到第二天夜里，这个行动才能开始。在这个时候以前，德军已经在扩张他们的战果，已经占领了大米尼尔，使得李奇微不得不调动所有的预备队去对付它。

蒙哥马利认为，假使第82师若是早已适合时机地撤到主战线，那么这个危机就根本不会发生。对于他而言，这不过是一个战术性的调动；对于李奇微而言，则不管什么理由，这却是他部队的光荣和士气的问题。甚至加文本人，虽明知在战术上，这个突出地区有放弃的必要，但是他却也极关心部队对于这个事件的态度……因为这个部队在战史上是从来没有退却过的。他说："当他执行这个命令时，他的部下都公开地和坦白地批评这件事，完全没有了解它的必要性。"美军这种寸土必争的坚强决心本是一种军人的美德，但是有时却不免使战术上的弹性和战略上的平衡，都受到了相当的牺牲。

因为除了在敌人压迫之下，就决不肯缩短战线，所以使得霍奇斯把原来准备反攻的各师，不得不用去防守西部的侧翼。所以12月24日，蒙哥马利就又建议不要用第7军去阻塞乌尔特河以西的德军，但却应该再往后撤，必要时可以到达奥通—昂代讷之线。霍奇斯回答说，这样一来马斯河就会缺乏保护，而从那慕尔到济韦的渡口也都处于暴露的地位。但是蒙哥马利却向他保证说，那些地区都已由英军在固守之中。在这极西的一端对于敌军的突入绝无危险。德军只控制住了两条东西走向的道路，只要天气一清明，联军飞机就可以重重地打击他们。当装甲部队到达了马斯河之后，因为缺乏石油，就早已成为强弩之末。在前一天的夜里，美军截获了德军第2装甲师师部向所属某单位的一个通报，询问它在这一天之内是否已经夺获到了一些汽油。对于蒙哥马利而言，这就是实凭实据。他说唯一需要注意看守的地区就在萨尔姆河与乌尔特河之间的地区，因为很明显的，敌人是准备在这里作突破的企图，希望在列日与于伊之间冲向马斯河。为了对付这个攻击，联军此时除了美军第2装甲师以外，就更无其他的机动性预备队可供调遣——而这个师的实力也已经有一部分损失。

霍奇斯是非常不想保留第7军作预备队。在压迫之下，他已经同意作自动的撤退，就已经使他部下的官兵怨声载道。现在当德军似乎已经快要进到柯林斯脚尖下的地方时，要突然叫柯林斯不战而退，这实在叫人忍受不了。蒙哥马利也许可以说这不过是

"调动一个侧翼位置"；而柯林斯和他的部下却会把它看作"临阵脱逃"，那真是莫大的耻辱。这里又是科学态度和感情用事的区别。

在表面上霍奇斯是告诉柯林斯准备撤退，但是他却并没有正式用命令制止他进攻，而且还暗中鼓励他那样做。柯林斯对于这个自由裁量的权限决不感到踌躇，因为他已经发现了一个决不肯放过的机会，这个机会的来源就要从巴斯托涅方面所发生的事情说起。

× × ×

假使德军在向巴斯托涅的赛跑中，曾经获得了胜利，那么在12月19日和20日，曼陀菲尔的装甲师也许早就冲到了迪南和那慕尔，当时在乌尔特河与马斯河之间，美军除了有两营工兵和一些轻型的机械化骑兵巡逻队以外，就可以说是唱空城计。不过因为巴斯托涅的守军是打得那样的激烈，所以德军装甲训练师和第2装甲师在那个城市的周围花了3天的工夫，而另外一个第116装甲师的兵力也被阻止和分散。这个师在19日，本已从乌法利兹与巴斯托涅之间的缺口里，冲过去了，而曼陀菲尔却又把它拉回乌尔特河以东，以使第2装甲师可以有空闲去攻击巴斯托涅的北面防线。所有这些迟滞的行动，对于曼陀菲尔的攻势进度，都大有影响，而使霍奇斯有时间能够横跨着乌尔特河，一直远到马尔凯，建立一条防线。这又逼得曼陀菲尔必须更向西面绕道，这本非他的原意，而使他在时间上更延迟了。这个时候他才认清了巴斯托涅的重要性。

在没有直接攻下巴斯托涅之后，德军就决定包围它，到了9

月 21 日的上午，对于这个城镇就开始合围了。当他们正想要抽紧套索的时候，才发现了这个套索是绕在一个钢圈上面。德军四处寻找弱点，发动一连串的小型攻击，虽然能够攻入美军的外围，但是却始终透不过防守严密的核心。守军由麦考利夫准将（Brig. Gen. McAuliffe）指挥，凭险固守，绝不承认他们是已经被围困住了。12 月 22 日，吕特维茨向美军招降，否则就以全部歼灭为恫吓。麦考利夫却答复说："胡说！"

在德军尚未向巴斯托涅作任何进一步的行动之前，他们的南面侧翼却已经受到美军第 3 军团的攻击，而感受到重大的压力，巴顿所答应的攻势已经在那一天上午开始了。虽然德军对于巴顿的行动迅速，感到相当的惊异，但是由于他们窃听到美军控制交通的无线电通信网，所以他们早已有了准备来迎击这一次的攻击。巴顿本望直趋巴斯托涅，并冲向圣维特，但是他的部队不久就发现到处都有强力的德军，阻塞着道路，而且这个地区地形险恶，除了这些道路以外，又再无绕道的可能。在艾尔隆—巴斯托涅公路的西面，美军有一个装甲纵队透入德军防线达 7 英里深，但还是被德军所逐退。经过了两天的苦战，他们还是不能解救那个被围的城镇。

第 3 军团进展是这样的慢，使麦考利夫感到相当的焦急，因为他的弹药很快地就会消耗完。12 月 23 日，他的各炮兵营，只有一个营是例外，每一门炮都只剩下了 10 颗炮弹，所以现在唯一的问题，就是援军能否在弹药尚未用完以前赶到。这一天，是头一次天气好转，使得联军可以空投补给，虽然这还是不足以完全解除弹药荒，但是却提高了守军的士气，使他们有勇气来接受那天夜间的挑战。

在拼命攻击之下，德军攻破了美军周界的东南隅，并占领了一个重要的高地。有几辆德军的坦克冲入了巴斯托涅的街道上，但是美军却很快地重新集合了起来。德军坦克被击毁，支援它们的步兵也都被逐回。到了上午这个缺口又填塞好了。

现在德军对于巴斯托涅的久攻不下，就已经感到十分的焦急，因为莫德尔和曼陀菲尔都认清了，早日占领该城对于他们在12月24日向希特勒所提出的修正计划的完成，具有极重大的意义。到了这个时候，他们的兵力已经深入比利时达60英里的距离，但是他们两个人却都知道绝不可能到达安特卫普，连渡过马斯河的机会都很渺茫。美军的抵抗要比他们所料想的更坚强，美军预备队的调动，也要比他们所料想的更迅速。同时他们想夺获大量美军存油的希望也已经成为泡影，而没有油，他们的装甲师就不可能越过马斯河再向前进。希特勒曾经允许给予他们的油量，是以足够300英里正常运动为限，但是事实上，他们所收到的油量却仅够这个路程的1/3，而且因为装甲部队必须绕着那些困难的小路走，所以多数的油料都已经消耗殆尽。这就是迟迟不能占领圣维特、马尔梅迪和巴斯托涅的代价。

实际上，莫德尔等所提出的修正计划，也就正是希特勒在以前所早已经拒绝的"小解决"方案。莫德尔主张他们应该在迪南的马斯河上，建立一个坚强的西翼，然后再转向北面：曼陀菲尔，率领着4个国防军装甲师，在马斯河与乌尔特河之间，冲向于伊；迪特里希率领着4个党军装甲师，在乌尔特河与萨尔姆河之间，冲向列日。在扫清马斯河的东岸以后，他们就应该向亚琛进攻。此时，另外一支攻击军应在下鲁尔地区，重新集中，以南向攻入马斯特里赫特。使用这种集中的夹攻，亚琛突出地区就可以铲除。

莫德尔建议着说，只要元首肯放弃他准备在元旦日发动的阿尔萨斯攻击计划，那么北面的兵力也就会有法供给了。

希特勒却拒绝了这个最后的建议，他的理由是说他的新攻势足以强迫巴顿把大部分兵力调回阿尔萨斯，而使他们不能去解巴斯托涅之围。于是阿登高地南面的压力就可以减轻，而莫德尔也就可以自由地集中兵力向北进展了。虽然希特勒并不接受以亚琛代替安特卫普的理想，但是他却也赞成这个眼前的计划，因为他知道除非他已经占稳了马斯河的那慕尔—列日一段以后，否则他是无法向安特卫普进攻的。他也同意在这个计划尚未进行之前，第一先决条件就是占领巴斯托涅。

对于这个围城的新攻击，曼陀菲尔又调来一师生力军，第15装甲步兵师，让他们攻击西北面的防线，那一方面是还没有经过严重考验的。用攻打美军后门的方法，他希望找到一个要害，但是事实上，这个地区的守兵却是最强大而且也是最新到的。（注：此时围攻的德军兵力已相当于3个师，而守军则只有一个半师。）

到了圣诞节的前夕，在巴斯托涅的美军就早已料到一次重大的攻击就要来了。整天之内，他们看到德军向西面和西南面集中。那一天黄昏的时候，巴斯托涅曾经受到德军两次轰炸。午夜的时候，全线突然感觉到死一样的沉寂，大家都感到这不是一个吉兆。这是第一次，守兵们有一种恐怖的心理，照他们看，似乎是快要完了。在那天夜里，有许多伙伴们都互相握手话别。不管美军内心是已经如何的疑惧，但是当考验的时候来临，他们却一点不曾显露出来。

德军在圣诞节那天清晨3点钟的时候开始攻击，在拂晓之前，有一部分步兵已经透入了在西北面距离巴斯托涅3英里远的美军防线。在天刚亮的时候，德军用步车协同的方式又打开了另外一条裂口，但是当德军坦克再向前扩张战果的时候，它们却暴露在美军坦克毁灭车的火力之下，这些毁灭车是早已埋伏在适当的地点，从侧面来打击敌人的坦克。麦考利夫早就预料到德军的意图。所以18辆突入的坦克，都完全被击毁，而支援它们的步兵也无一人漏网。到了上午过了一半的时候，美军的战线又是完整如故了。第二天德军再度进攻，但是当它攻势尚未发生作用之前，巴顿的一部分援军却已经冲破了他们在西南面的包围圈，与守军会合，于是巴斯托涅正式解围了。

对于曼陀菲尔来说，这是一个严重的失败，因为这种失败的广泛效果，在罗什福尔与马斯河之间的地区，早就已经显示出来了。

×　×　×

圣诞节的上午，德军第2装甲师的前卫，不耐烦地在迪南的山脊上等候着，他们必须等待燃料和援兵到达之后，才能够实行最后的冲击，滚下阿登高地西面的斜坡，一直到达闪耀发亮的马斯河。这支纵队已在那里等候了36个小时之久，而该师其他的部队正在设法攻占罗什福尔。美军一个营坚守罗什福尔达两夜一天之久，现在才陷落了，于是德军第2装甲师的主力才能够继续向西挺进。但是它却已经变成了一支孤军。在它的左面装甲训练师，被巴斯托涅绊住了脚，它有一个团正在那里作战，所以整个师的兵力无法超过圣于贝尔。在它的右面，第116装甲师已经在马尔凯与奥通之间，突然地受到了阻止。在希特勒所允许给予曼陀菲尔的预备队当中，有一个师已经转向比特亨巴赫，另一个师正在巴斯托涅作战，而第三个师则因为缺乏燃料的缘故，还只是刚刚向马尔凯前进。

虽然如此，曼陀菲尔还是命令第 2 装甲师不要在迪南多逗留，应立即前进。那天上午，他的搜索营就报告说，沿着马斯河岸都有英国的装甲部队布防，而在锡奈（Ciney）附近的北面，已经与美军的坦克发生了冲突，但是德军却并未意识到整个美军第 2 装甲师的强大兵力，正在向他们的右翼冲来。柯林斯正在使用他的自由处分的全权。

日中的时候，美军一个战斗纵队直攻罗什福尔，拦截住了德军的一个增援纵队；另外有一个美军的纵队包围住了塞勒（Celles）附近的森林，德军的前卫正在那里凭险顽抗，在罗什福尔以西一共苦战了两天之久，被困的德军尽力企图避免歼灭，而德军该师的其余部队，在装甲训练师和第 9 装甲师的协助之下，也拼命地想救出这一部分德军，但是结果还是徒劳无功。因为缺乏燃料，被围的德军只能够站着不动，但是美军却充分地发挥它的机动性，这时地面已经冻结，车辆行动极为方便，所以美军可以攻击各森林地区和村落，一直到德军的全部抵抗都扑灭时才停止。

到了 12 月 27 日的傍晚时候，德军退出迪南，缩回罗什福尔，曼陀菲尔第 5 装甲军团的矛头，已经被毁弃地丢在雪地上面，这是德军最后一次看见马斯河。

第三十一章 | 东西两条河

阿登高地战场在圣诞节那天清冷无比，希特勒的军队，本来是怀着烈火一样的热忱进入了比利时，现在却已经可以感觉到"失败"的冷漠气氛。在圣诞节周末一过之后，那个在第一个星期中掩护德军前进的雾幕和低云，都突然一扫而空，于是联军的空军就有了大显身手的机会。天气的突然好转，使德军感到措手不及，他们本来都是在白天里挤在道路上行军，现在却要付出很高的代价。因为始终没有攻下马尔梅迪和巴斯托涅，所以他们的供应车队和援军纵队都只能从圣维特向西行动，那里只有两条良好道路可以应用，而且沿途都有不易通过的隘道。在这些发生瓶颈现象的地区，联军的空军人员就可以发现集中的良好目标，这是自从法莱斯袋形地区和塞纳河渡口两战役之后，所一直都没有遇见过的。

在 4 天之内，英美两国的空军一共出动了 1.5 万架次，不仅攻击阿登高地地区以内的德军交通，并且还遍袭莱茵地区中的公路、铁路和机场。德军在艾费尔的火车站不久就变成了废物，而莫德尔的部队所需补给，就必须要经由公路从老远的仓库中运来。为了安全起见，希特勒曾经坚持所有的主要仓库必须设在莱茵河的东岸，但是铁路和公路一经破坏之后，他就无法运输足够的吨数来支援他的部队的进攻。他既无车辆，又无燃料，同时在白天里又无法使用公路，因为德国空军根本上就没有保护的力量。所以有一位蒙哥马利的幕僚人员曾经这样地说过："希特勒还想等第二次的顺风，可是联军的空军却已经把他的风帆先拆毁了。"

在圣诞节的前3天，当德军还继续向西进攻的时候，艾森豪威尔曾经在他的议事日程上，这样地写着："敌人自己从固定防守位置冲出之后，可能会使我们获得一个机会，使他的最大赌博变成了最惨的失败。"在圣诞节过了3天之后，这个机会似乎是已经来了。巴斯托涅的失败，罗什福尔的顿挫，再加上补给线的被切断，德军的攻势是早已丧失了它的冲力。为了要赶紧打击敌人的弱点起见，布莱德雷主张把统帅部队刚刚集中的预备队3个师用来加强第3军团在南面的攻势，而第1军团也应该立即向突出地区的北面，发动一个大规模的攻势。

这个建议，当艾森豪威尔与蒙哥马利于12月28日在比利时见面时，就曾提出来加以讨论。蒙哥马利认为现在敌军的主力，包括七八个装甲师，正面对着第1军团进攻的时候，第1军团当然没有有余力来做一个成功的反攻。他说这样一个不成熟的反攻反而会使德军获得一个机会，向列日突破，而使美军受到惨重的牺牲，尤其是步兵方面，早已感到补充是极为困难的。德军手里还有相当的预备兵力，而且也很明显的，他们至少还会向北面作一次更大的攻击。所以蒙哥马利的政策是在抵住这一个猛攻，然后等到敌人再衰三竭之后，再转移攻势。蒙哥马利又说，他准备将英军调到马斯河以东，好让美军第7军回到预备队的地位，以便德军的攻势一被击败之后，即可以马上跟着他们的后面追击。艾森豪威尔也认为这个计划是可以抓到最好的机会来发动一次大规模的反攻。不过他却不想等得太长久。所以他们就又决定了，假使德军不再发动新的攻势，那么第 1 军团到了 1 月 3 日，就要开始反攻了。在这个同一时间之内，统帅部的总预备队则拨交巴顿指挥，所以对于德军南面的压力，尤其是巴斯托涅方面，也就可以大加增强。

这个决定在北面暂缓进攻的计划引起了布莱德雷和巴顿两个人的强烈反对，他们觉得蒙哥马利是故意让他们去挡头阵，因为照他们的看法——只要把他那控制着做预备队的 4 个师英军使用出来之后，蒙哥马利是应该有力量马上采取攻势的。蒙哥马利之所以不愿意动用英军，一方面是因为德军手里还有预备队，所以他就要想保持一支对抗的强大兵力；另一方面他也是为了避免行政上的困难，不想把一个英国军硬塞到一个美国军团的里面。此外，蒙哥马利的眼光还已经超出了阿登高地地区。英军不会再有新的部队到达，而美军却还可以源源而来，所以他不免要存一点私心，想把英军第 30 军保留起来，以供将来在莱茵地区作战之用。

巴顿和蒙哥马利在观点和方法两方面不同的地方，就可以把他们对于预备队的使用，来作为一个说明的例证。巴顿认为攻击就是最好的防御，所以一个指挥官应该把他所有的兵力都调到第一线上去，尽可能地作孤注一掷。在解了巴斯托涅之围以后的战斗当中，有一个军长向第 3 军团司令部要求增援，为了加强他的要求的分量起见，他说："我一共只有两个营的预备队了。"对于这个要求，巴顿的副参谋长回答他说："你最好还是不要让巴顿将军知道你还有两个营的预备队。他们不仅是你的预备队，而且也是整个军团所仅有的预备队。假使将军听到说你还保留着有预备队，那么他一定就会把他们马上使用掉，我这话比什么都还要灵效。"相反地，蒙哥马利却相信惠灵顿（Wellington）的原则，认为预备队就是胜利的基础。他在阿登高地的办法，也正和在诺曼底和阿拉曼一样，都是要让德国人先自己一再地进攻，把实力消耗殆尽之后，才再使用集中的预备生力军，来向他们发动反攻。所以当有人向他问："你在什么时候就知道诺曼底的战斗一定会胜利呢？"蒙哥马利却回答道："当我可以把3个装甲师撤回充作预备队的时候，我就认为胜利是已经有把握了。"

当艾森豪威尔与蒙哥马利在比利时境内会晤时，伦德施泰特却在那里拼命地劝希特勒放弃所有的攻势，乘着联军尚未大举反攻之前，撤回原有的阵地。他报告说，连"小解决"也都不可能了，因为一切必需的补给和增援都已经无法用足够的速度和数量，来送达前线。所以他主张迪特里希和曼陀菲尔两支兵力都应该撤回巴斯托涅以东的防线，而他们的装甲师就更应该抽出，回到预备队的位置。

希特勒拒绝了这个忠告，因为他决定在他的第二期计划——在阿尔萨斯进攻——实行之后，马上就要再鼓起勇气向马斯河发动一次新的攻势。12月28日，希特勒向伦德施泰特以下的各级指挥官训话说："我深信在长期的立场上，我们是无法维持守势的……只有攻势才能使我们扭转这场战争在西线上的形势。"他承认阿登高地的攻势已经没有获得预料中的那种具有决定性的成功。虽然如此，但是他却说：

> 已经使未来的局势大为松懈。敌人已经放弃了他们

一切的攻击计划。他们必须重新整编他们的部队……他们
在国内会受到严厉的批评……他们已承认在明年8月底以
前，甚至在明年年底以前，都无法结束这个战争。这就表
示局面已经起了大的变化，这是两个星期以前，任何人都
没有能够预料到的。

伦德施泰特和他手下各位将领们，认为既然已经有了如此的
成就，那么就应该知道适可而止了。可是希特勒对于攻势的胃口，
是已经饿了很久，所以他还是不肯死心。他告诉这些将领们："美
军已经被迫把其他战线的兵力，大约抽调了50%到阿登高地去，
所以他们现在在阿尔萨斯的防线，是早已脆弱不堪。"因此他说：
"这是一个意想不到的好机会。"这一个新攻势若能成功，则可以
自动地解除主力攻势在左面的威胁，于是他们就又可以有新的胜
利希望。根据这个假定，希特勒就命令莫德尔应巩固现在在阿登
高地地区，所已经获得的土地，并且重新部署兵力，以作另一次
攻到马斯河的企图。同时，对于巴斯托涅突出地应作一个新的强
烈攻击。希特勒希望这个攻击可以牵制住巴顿的兵力，而使他无
法反救阿尔萨斯——这时德军正集中在萨尔地区和科尔马袋形地
区，准备向阿尔萨斯实行突破。

元旦那一天，德军8个师从萨尔地区向南面开始进攻，但是
这一次美军的兵力虽然延伸太远，但是却并未受到奇袭。在孚日
山脉的西面，德军的主力攻势，趋向萨维尔内缺口，当他们前进
了10英里之后，即被阻止，而用装甲兵扩张战果的机会也不存
在。在孚日山脉的东面，德弗斯本已在齐格菲防线内，建立了一
个突出的地区，现在在艾森豪威尔的紧急命令之下，美军第7军

团面对着德军，作了一次有技巧的撤退。希特勒却以为美军是已经仓皇溃败，所以马上就把他那个已经受了挫折的预备队，转用到这个地区，殊不知美军却已经沿着马奇诺防线，布置了新的战线。德军从科尔马袋形地区的出击也是同样的不利，尽管在希姆莱（他兼任上莱茵集团军的总司令）的严令之下，进展也还是十分的困难。

希姆莱唯一的成功，就是在斯特拉斯堡以北的莱茵河上，建立了一个小型的桥头阵地，这个行动使得美军不得不在阿尔萨斯的东北角上，再作进一步的撤退来缩短他们的战线。当德军一开始进攻的时候，艾森豪威尔就主张撤回到孚日山脉地区，因为他在阿登高地与瑞士之间，根本上就没有预备兵力可供调用。但是这个办法将必须放弃斯特拉斯堡，而这个城市在法国人眼中，却是一个圣城，若是不战而退，那么就会引起一个严重的政治危机。由于戴高乐的坚持，所以德弗斯就奉到命令，不惜一切代价死守斯特拉斯堡。他居然完成了这一个任务，于是遂使德军的攻势顿挫，并且没有要美军从主战场上调派任何的援兵。希特勒觉悟的时候已经太迟，他这些兵力都消耗在毫无收获的冒险中，否则他是可以把他们用在更有价值的地方。

1月初巴顿在阿登高地，一共使用6个师的兵力从南面发动攻势，其目的是要放宽巴斯托涅突出地，并且向德军侧翼方面实行深入。这个扎在敌人背上的一根刺，现在已经变成了一把小刀，而巴顿却用这个小刀，向德军的伤口中猛戳，希特勒被迫不得不违背他原有企图，而必须加以应付。从 OKW 的总预备队中调来了3个步兵师，再把迪特里希的4个装甲师，也调来交给曼陀菲尔指挥，以图一鼓作气攻占巴斯托涅，而在南面侧翼上建立一条坚固的防线。

在 1 月 3 日、4 日这两天当中，巴斯托涅周围的美军，一连受着德军 8 个师的攻击——这个攻势沉重而且有组织。所以这次的战斗是整个阿登高地战役中的最凶猛的一回，而且牺牲也最惨烈，尤其是巴顿把些没有经过考验的美国新兵，投入巴斯托涅以西地区的战斗中，以求减轻德军对于该城的压力。虽然恶劣的天气阻止了空军的支援，但是守军还是死守不退，同时集中炮火轰击，所以许多次攻击都是在尚未到美军主战线之前，即被击破，而没有一次能够作任何深入的突破。到了 1 月 5 日，德军的攻势已经开始减弱，所有攻占巴斯托涅的理想都已经放弃，因为蒙哥马利在两天以前，已经对着这个突出地区的北面，发动了反攻，所以德军势必又要把兵力抽回以来应付那一方面的威胁。

从开头起，这一次攻势就受到恶劣气候的影响，这使联军的空中支援受到极大的限制，而更使德军有发挥阿登高地地区防守强度的机会。美军由北面进攻，英军由西面进攻，发现敌人坚守住满布森林的山脊上，而深厚的大雪也使他们获得了天然的伪装掩蔽。在这个严寒的冬天里作战，德国因为有和苏军长久作战的经验，所以在训练和装备方面都比较好，因此他们使来攻的联军为了每一码的进度，都要付出极高的代价。深厚的雪堆阻止了联军步兵的前进，而冰冻的道路也限制着联军装甲兵的机动性，同时德军又在雪地里到处布雷，所以更使联军感到寸步难行。在 5 天之内，攻向乌法利兹的美军，一共只前进了 5 英里，但是这却已经足够使莫德尔向希特勒要求，撤出西阿登高地地区了。

在巴斯托涅—乌法利兹—列日公路的外面，莫德尔还有 7 个装甲师（他一共有 10 个），而只有一条良好的公路可以供他们撤退之用。经过乌法利兹的路线是早已在联军炮火威胁之下，虽然德国人并不知道，而联军在这里所用的炮弹却是装有一种利用雷达作用的新型引信。〔注：这种引信为"接近引信"（Proximity fuze），能够使炮弹在接近地面或空间的目标时，即自行爆炸。本是英国人发明，以后却在美国大量生产，对于应付 V-1 的空袭，它很有贡献，而在阿登高地的反攻中，才第一次使用于陆战之中。这种引信的发明，可以说是这次大战中炮兵技术方面的一个最重要的发展，这也正是联军在科学上胜过德国的又一证明。〕这种引信使联军的炮兵，可以发射空炸的炮弹，具有极高的命中率和极大的杀伤力，尤其是用在乌法利兹瓶颈地区，袭击"运输目标"最适宜。1 月 8 日时已经不能再拖了，否则德军的多数幸存的装甲车辆就会完全落在陷阱里面，希特勒才授权莫德尔放弃乌法利兹以西的地区。作这种迟疑和勉强的决定，希特勒现在也承认阿登高地的攻势是已经失败了。

× × ×

这一次失败的基本原因，是希特勒假定德军还有力量重演1940 年的好戏。他的计划的基础是一方面，过分地高估自己的实力，而另一方面，又过分地低估联军的实力，尤其是他认为美军绝不会那样快恢复元气。此外他又误以为，夏季中法兰西战役的决定因素就完全是空军，因此当冬季气候减弱了联军空军支援之后，那么英美的军队就不会是德军的对手了。希特勒不听那些将军们的忠告，是无怪其然，但是令人感到惊奇的，却是像伦德施泰特和莫德尔，这样具有名将风度的人，在德国历史上这种紧要关头，却一点不敢据理力争，而完全俯首帖耳地屈服于他一个人的淫威之下。

因为秋季的成功是应该归功于这些军人，所以这两位元帅应该是处于比较强有力的地位，有资格力争冬季作战的计划与指挥，也该由他们负责。希特勒为了达到政治上的目的，要发动西线战场上的攻势，他们固然无法反对，但是反对把那样辛辛苦苦建立的预备兵力，随意地投入冒险的赌博，这却是他们应有的职责——即使牺牲他们的生命，亦应在所不惜。他们都早知道希特勒的计划是注定了要失败的，因为他既没有兵力，又没有汽油足以重占安特卫普，更不必提到他所夸的海口——要在阿登高地以北使联军再遭到另一次敦刻尔克的惨败。他们也知道，因为要想重占安特卫普，结果会使收回亚琛和重整齐格菲防线的机会，反而会成为泡影。他们更知道在阿登高地，他所能够获得的东西，就只有时间，而且这也一定要花重大的代价。希特勒说，假使大计划失败之后，他们还是可以再求"小解决"，这在军事学上看，实在是胡说，因为一旦预备兵力都在阿登高地用尽之后，那里还会有余力来攻击亚琛突出地呢？

在西线战场上这许多将领当中，只有曼陀菲尔一个人有这样的勇气，敢于改变元首大本营所颁发下来的"不准改变"的作战命令。他说，虽然他这样地做了，上面倒也没有追究他，不过他所敢于更改的，也不过只是一些战术上的细节而已——例如：攻击的时间、炮兵和装甲兵的用法等——至于基本的战略计划，还是无损其毫末。那两位元帅虽然曾经反对希特勒的战略，但是他们却并没有据理力争。伦德施泰特只是洁身自好，对于一切都决心不问；他甚至还没有能像 1941 年在苏联的情形，以辞职来表示抗议。也许是因为有了七月二十日政变的阴影，罩住了他们心头，减弱了他们的意志。

虽然安特卫普距离他们的掌握实在是太远，但是假使他们能够发挥奇袭的作用，而获得了一个明显的突破，那么德军是可能到达马斯河的。照伦德施泰特的意见，这个失败的主要原因，是希特勒决心要让迪特里希的第6党军装甲军团，担任进攻的主力。这些元帅们曾经建议攻击的重点，应该放在阿登高地的中部，在那里道路比较良好，而联军的防御也比较单薄。希特勒却拒绝了他们这个建议，因为他一方面，认为只有党军才具有那样的热诚，可以保证成功；而另一方面，为了提高纳粹党的威望起见，他也希望党军能够单独赢得这一次的胜利光荣，这些师无法移到中部来。为了想发挥奇袭的效果，他就要设法使联军认为迪特里希军团是处在预备队的位置，准备向鲁尔地区发动反攻。为了维持这个姿态，必须迟到最后3个夜晚，才能够将它调到艾费尔地区，因此它就只能够使用在北翼方面了。换言之，这是由于政治的影响，和联军的空中侦察，才把这个计划弄糟了。伦德施泰特事后曾经说过："这个决定是一个基本的错误，它使整个的攻势都丧失了平衡。"因为迪特里希本人和他的部队，事实上，都没有这么大的能力足以负担元首所给予他们的重任。以后甚至曼陀菲尔（不是迪特里希），已经造成了一个迅速扩张战果的机会，而希特勒却坚持着要向北面增援，这可以说是错上加错了。

这只是故事的一面而已。德军之所以不能直趋马斯河，不能完全怪希特勒本人。虽然他的战略计算错误；他对于战术又妄事干涉；他更没有想到燃料的缺乏，国民步兵师的训练不够，和没有时间和燃料，以来从工厂中把坦克调到前线上来，但是战争的失败却还有另外的原因。在攻击开始时，莫德尔就在他的作战命令上这样地写着："第一天对于战果能作迅速的扩张，就是一个具有决定性的因素。主要就是要为机动部队争取行动的自由。"虽然在曼陀菲尔这方面的前线上，德军争得了这样的自由，但是美军的步兵坚守突入地区的肩部；利用小型的后卫部队，使德军的装甲纵队行动一再受阻；同时更迅速把预备队开入圣维特和巴斯托涅，因此就使德军扩张战果的机会大为减少。这些因素减低德军初期攻势的凶焰，击退了迪特里希，迟滞了曼陀菲尔。此外，美国部队在前线上的成就，使得联军最高统帅部，有时间来恢复他们的镇静心理。在德军重集兵力，准备向马斯河进攻的时候，蒙哥马利却已经重建了在北面的防线，而巴顿也已经在南面开始反攻了。

当蒙哥马利刚刚接受指挥权的时候，德军还可以有很好的机会，到达马斯河，但是不久在他那个强力而忍耐的调度之下，这个混乱的局面就已经安定了下来。布莱德雷和巴顿以及其他的美国将领们，都认为他是太有耐性，而他的政策也未免过分地谨慎。也许可以批评蒙哥马利，对于美军的顽强和弹性估计得太低，他没有想到美军会有那样的能力，在刚刚遭到挫退之后，马上又就可以恢复他们的攻势。相反地，假使蒙哥马利要是允许了美军第1军团，在乌尔特河以东的地区，作无目的的浪战，那么德军也许就会在乌尔特河与马斯河之间，长驱直入了。蒙哥马利最大的贡献就是把一连串的个别行动，依照一个明显的计划，变成了一个整个的战斗。由于他最初就把英军第30军，调到列日和布鲁塞尔之间的地区，所以才使联军在战略形势上，恢复了平衡，而且供给了一个"纵深"，给北面侧翼添加一份最后的力量。由于他坚持第1军团应自比较暴露的地区撤出，所以才使美军能够建立一个坚强的防线来阻塞通向拉缪尔的道路。又因为他反对分割兵力和进行不成熟的反攻，这样才使美军能够累积起一支预备队来击退德军想透入和迂回联军防线的企图。

　　蒙哥马利的贡献虽然是如此的有价值，但是假使他本人若得置身事外，则对于联军的贡献，也许还可以更有意义。可是在1月7日新闻记者招待会上，这位元帅谈到这一次战绩之时，多少就不无"丑表功"的意味。在说完了德军如何制造出一种"似乎很严重"的情况之后，于是蒙哥马利就接着说："当我一看到局势是这样子的时候，我就马上采取某种步骤，使假设敌人到达了马斯河，也会让他们无法渡过……这不过只是一种预防措施，那就是说，我老是想在人的前面。"继续用这种口气说下去，他又用了一些不太中听的成语。他说，当危机来临的时候，"民族歧见应该甩在一边"。蒙哥马利又宣布，他的第一个任务就是整理那个战场，而他说这一次的作战，是"我所曾经指挥过的战役当中的最有兴趣和最巧妙的一个"。在他向记者们所发表的书面声明当中，蒙哥马利对于艾森豪威尔和美军，都曾经作温和而诚恳的致意，但是他却并没有提到布莱德雷的大名。这也许是无意的，但是却不幸地引起了许多误会。

　　另外一个误会是由下列一段文字所引起的，从断章取义的观点看来，使它所发生的印象完全超出了蒙哥马利的原意。它的内容如下："我使用了英军所能调集的一切兵力；这个兵力是逐渐地加入，使它不至于影响美军的交通线。最后它砰然一击地被投入战斗，现在英军各师正在美军第1军团的右翼方面，作激烈的战斗。"布莱德雷认为这一段声明是不实在和含有恶意，其目的是想要归功于英军。但是蒙哥马利却说，他并不要求什么，他之所以有这样的说法，只是为自己辩护，因为有人攻击他为什么让美军独力负担那个不公平的重任，他现在只是解释为什么英军不能够马上投入战斗的理由。他并没有说是英军才把情况扭转了过来。相反地，他却告诉记者们，在英军尚未动用之前，德军即已被阻止，而且他还公开宣布着说："德军攻势之所以能阻止，是由于美军士兵具有优良的战斗素质，以及联军能有充分的合作。"虽然如此，布莱德雷方面的假定，却是认为蒙哥马利不但认为这是他个人的胜利，而且也更认为它是英国人的胜利。

艾森豪威尔批评这一个记者招待会说："我很怀疑蒙哥马利是否曾经认清，有些美军的指挥官对于他的怨恨是如何的深刻，他们相信他曾经瞧不起他们——所以他们也随时随地都想以恶声相报。"这些人中间抱怨最深的人就莫过于布莱德雷。在这个不幸事件之前，他就早已不喜欢蒙哥马利；现在他就更是痛恨他，不过他的怨恨的程度一直到 6 年之后才完全发泄了出来。

在他的回忆录《一个军人的故事》(A Soldier's Story) 一书中，布莱德雷瞧不起蒙哥马利在诺曼底的成就，虽然他对于阿纳姆计划，认为是战争中的一个杰作，但是事实上也颇多讥讽之词。谈到阿登高地之战，布莱德雷批评蒙哥马利的记者招待会，和某些英国报纸说，"这位元帅好像圣乔治一样，救了美军使他们免于大难"，这些话都还算是言之成理。不过布莱德雷却不承认情况曾经一度严重过，他不仅宣称，美军在蒙哥马利尚未出现之前，就已经挡住了德军的突破；而且他还说，只要蒙哥马利不阻止第 1 军团的反攻，那么美军早已把德军切为两段。这些说法却实在毫无事实上的根据。德军对于北面的最重攻势是发生在指挥系统已经改变之后，而且假使艾森豪威尔曾经如布莱德雷所希望的，要求蒙哥马利在圣诞节以前就发动反攻，那么美军第1军团的这一点微少的攻击兵力，就会早已用光，而德军的兵力却会仍然保持着原有的强度。

在当时，布莱德雷为了联军一致的利益，勉强抑制了他的怒火，但是为了他自己部队的权利起见，他觉得有作一个公开答复的必要。于是在1月9日，他向新闻发表了一个坚定而庄严的声明。在这个声明里面，他承认了蒙哥马利的"光荣贡献"，说明了他自己指挥作战的合理，而且花了很大的气力来为他当德军攻势尚未开始之前，所采取的政策而辩护。在承认了"德军进攻的时间和实力可以说是具有奇袭意味"之后，布莱德雷又说：

> 德军的集中兵力，在攻势尚未开始之前几个星期，在科隆地区就早已有所发现，而德军有自阿登高地进攻的可能性，也早已为我个人和我的幕僚所彻底地研究过。让阿登高地地区只留下极单薄的兵力，我们是为了要想增强南北两面的攻势，而不惜作"有计划的冒险"（Calculated risk）；换句话说，我们没有把多的兵力用在这冷静的阿登高地，而是用在其他的地区，负担着进攻的任务。

因为就是这个政策才使德军有隙可乘，所以布莱德雷的声明就有详细检讨之必要。当布莱德雷的集中攻势，一直可以强迫德军只能采取守势的时候，那么这种有计划的冒险才可以说是合理的。不过到了12月份的第一个星期，美军的主力攻击就已经开始停顿了。这时德军已经可以自由使用他们的预备队，以在阿登高地地区采取攻势，因为他们知道当水坝还在德军手里的时候，美军绝不敢冒险越过鲁尔河。布莱德雷和艾森豪威尔都曾经辩论着说：要想用重兵防守阿登高地地区，那么就无法不大量地减弱两翼方面的美军攻势。这对于巴顿的攻势而言，是可以说得过去，因为他是预定在圣诞节以前继续进攻的，但是布莱德雷在1月第二个星期之前，并无越过鲁尔河进攻的意图。所以美军在12月中旬，把重兵集中在亚琛突出地区中，在战略上和战术上看来，实在可以说是毫无意义可言。这也绝不是为了要占领鲁尔水坝。12月16日，在亚琛的附近，美军一共有4个师是处于预备队的地位，其中至少有两个师是可以调驻在阿登高地地区，而不会有任何的影响。若是采取这样的部署，那么在他准备就绪，再向科隆发动新攻势之前，就可以使布莱德雷的集团军不至于丧失在战略上的平衡性。

假使布莱德雷真是在作"有计划的冒险"，那么他和艾森豪威尔以及他们任何的幕僚人员，都没有一个人曾经向蒙哥马利提过一句，那才真是一大怪事了；而布莱德雷当这个危险真正发生的时候，又一时会感到束手无策，手忙脚乱，对于德军的攻势，毫无对策可言，那才更是怪事中的怪事。在第一天黄昏的时候，布莱德雷固然曾经从侧翼方面调来两个装甲师；但是一直等到德军攻势发展了36小时之后，他才开始召集艾森豪威尔所早已给予他的统帅部总预备队；一直过了两天，他才要求巴顿停止他预定向萨尔地区的攻势；过了3天之后，他才开始从鲁尔前线撤出兵力来增援阿登高地；甚至4天以后，他还没有制订一个全盘的计划以来使这个混乱的局面可以重归于控制。

布莱德雷是一个很能干的战术家，但是在战略的领域里面，他所知道的却很有限。在诺曼底，当他指挥美军第 1 军团的时候，他曾经表现出来他是一个很有决断和能力的领袖人才，但是在那个时候以及以后，他似乎对于"集中"和"平衡"这两个重要观念，始终是不太了解。假使另外有一个人能够控制整个战斗，保全兵力平衡，并将敌人引到一个可败的态势，然后再集中必要兵力，以作具有决定性的一击，那么他在这种条件之下是一定可以打得很精彩。布莱德雷可以有能力打击敌人，但是他却没有能力创造一个打击的机会。布莱德雷和蒙哥马利的基本区别就是，布莱德雷只能够适应环境，他的反应是战术性的；蒙哥马利却能创造环境来适应他的意志，所以他的行动是战略性的。

一旦当他不在蒙哥马利领导之下，而自己升任了集团军总司令，布莱德雷马上就缺乏了他在诺曼底所曾经表现的自信力。虽然在 1944 年秋天，他一个人所指挥的兵力为西线战场上最强大的——11 月间共有 30 个师——但是他却并没有使敌人受到任何的重创，其原因是他选择了平淡无奇的直接进攻，而且分散了他的兵力。所以他再也不能够像在蒙哥马利指挥之下，在诺曼底实行突破的时候一样，集中兵力以来打击敌人的弱点。当进军法兰西和比利时的时候，布莱德雷对于扩张战果的行动可以说是极尽精巧之能事，但是从战略上看，这个机会却是蒙哥马利和希特勒为他提供的。一旦他自己作主，布莱德雷就一直再也无法造出另外一个机会来，后来德军在阿登高地打得精疲力竭之后，才又给予他一个新的机会。在此以前，他这个"有计划的冒险"政策却是帮敌人造机会，使他们抓住了主动，而希特勒却利用这个机会，作了一次"无计划的冒险"。

艾森豪威尔是一个特别宽容大度的人物，以后他曾经宣布说：

"假使后来的史家对于给予敌人以这个机会的事情，要表示谴责的话，那么他们的谴责就应该由我一个人来承当。"当他作这样声明的时候，艾森豪威尔实在完全是替人受过。艾森豪威尔早已看出了阿登高地地区的危机，并且曾经在适当的时机给予布莱德雷以警告，但是因为根据美军的传统习惯，对于战地的指挥官是不应加以强硬的控制，所以艾森豪威尔也就没有过分实施他的统帅权。

不过自从德军攻击一开始，艾森豪威尔就要比任何美军其他的将领，对于当前的情况表示出更迅速和更确切的了解，并且采取果断坚决的行动。假使艾森豪威尔接受了布莱德雷的最初意见，认为这不是一个全面的攻势，那么联军的对策，尤其是统帅部预备队的使用，就一定会受到很危险的延误了。选定巴斯托涅当作空降第 101 师的集中地——这可能是整个战斗中的一个最重要的决定——它也是艾森豪威尔统帅部所决定的。当德军的突入已经把美军战线切为两段时，艾森豪威尔也马上想到有改组指挥系统之必要，并且立即将指挥权交给蒙哥马利；当别的美军指挥官都在主张死守不退的时候，他却命令放弃土地以来集中预备队；又当布莱德雷和巴顿正想冲上去就反攻的时候，他又叮嘱他们要一切忍耐，并且要作"有组织和确实"的进攻。在他担任最高统帅的整个时期当中，恐怕要算这一个阶段，最能表示出来他那伟大的人格来。

× × ×

德军在阿登高地地区惨败之后，马上发生影响的地方不是西线，而是东线，因为希特勒把他的机动预备兵力随便地糟蹋掉了，而首受其利的却是苏联人。

自从 10 月以来，苏军在波兰就没有作任何主要的进攻，德军已经建立了一道新的防线，掩护着东普鲁士，大致沿着纳雷夫河（Narew）和维斯瓦（Vistula）河向南进展，经过波兰平原以到达喀尔巴阡山地。［注：在 1944 年最后 3 个月当中，在东线战场北区的唯一重要发展，就是苏军经过立陶宛到达了波罗的海。这个进攻孤立了梅梅尔（Memel），切断在拉脱维亚西部的 26 个师的德军，而在那里造成了一个"库尔兰袋形地区"（Courland Pocket）。］在 1944 年年底，这个广漠的前线都是毫无动静，因为斯大林必须要把白俄罗斯和乌克兰的铁路完全修复之后，才有能力经过波兰向西进攻；同时他又要先把罗马尼亚占稳，打倒德国人对于东南欧的统治，并且在各个巴尔干国家的首都里，建立起苏维埃式的政权。

9 月间占稳了布加勒斯特（Bucharest）和索非亚（Sofia）之后，苏军就继续在宽广的多瑙河河谷中进攻，10 月 20 日与铁托的民军同时进入了贝尔格莱德。这个时候，希特勒正在极力设法想从南巴尔干撤出十几个师来，以便守住匈牙利的蒂萨河（River Tisza）。这个计划却失败了，因为希腊和南斯拉夫的游击队获得了西方国家的接济之后，就足以阻止德军作迅速和有秩序的撤退，而苏军在德军尚未部署好之前，就已经攻破了蒂萨防线。到了 11 月的第一个星期，匈牙利的德军防线已经被迫退到多瑙河，而布达佩斯（Budapest）也已经在苏军炮火威胁之下。自从苏军渡到德涅斯特河（Dniester）之后，10 个星期之内，他们已经扫了德军的整个东线侧翼，前展了 650 英里，而对于德国本土构成了一个新的威胁。

沿着匈牙利到达多瑙河的孔道进攻，苏军就很容易地迫近对于德国空军和整个战时经济具有极重要关系的目标。匈牙利的铝矾土矿，是希特勒炼铝工业的主要原料来源，也是德国飞机工业的重要基础。自从罗马尼亚油田丧失以后，匈牙利的石油就占了德国全部天然油供应量的 1/3，因为最近综合石油工厂的产量日减，所以这个"原油"的身价就更高。当对于这些重要资源的威胁日益严重之后，德国陆军的参谋总长古德里安就主张把准备参加阿登高地攻势的若干师兵力，立即调往匈牙利。希特勒拒绝了这个建议，始终相信苏军在前进了这样远的距离之后，是已经成为强弩之末，所以不可能立即到达多瑙河。（注：东线战场方面，德军并非没有总司令，有 4 个集团军各自为战，古德里安却负有调度全局的责任。）

可是在 11 月底，正当匈牙利境内德军正在想把马利诺夫斯基赶出布达佩斯，托尔布欣（Tolbukhin）的集团军却由贝尔格莱德进攻，在多瑙河和德瓦拉（Drava）河的交点附近，很敏捷地渡过了多瑙河。这个渡河点在布达佩斯南面 120 英里处，那个地区是一个缺乏道路的沼泽地，德军料想在那里是不会有严重威胁存在的。利用这个奇袭的声威，托尔布欣就迅速地向西北面疾驰，一直到达了巴拉顿湖（Lake Balaton），放松了整个匈牙利战线，并且提早了包围布达佩斯的日期。到了圣诞节的前夕，当德军在阿登高地地区距离马斯河只有 4 英里远的时候，苏军却已经到了多瑙河上，包围了匈牙利的首都，并且在不等到它沦陷之前，就已经成立了一个苏联所控制的政府。

那一天夜间，古德里安又要求希特勒注意东线战场危险的程度。他建议他们应该放弃阿登高地的攻势，于是大部分的装甲师就可以调到东线方面来，古德里安反复辩论着说："向马斯河的攻势，由于扰乱了联军的计划，所以已经在西线战场上获得了一个有价值的喘息机会，因此现在最迫切的工作，就是在苏军尚未在维斯瓦河一线重新发动攻势之前，先把强大的机动预备兵集中在波兰的境内。"古德里安说："我指出来，鲁尔地区是早已被西方国家轰炸所击毁……但是上西里西亚（Upper Silesia）的工业区却还正在倾全力地生产。德国军需工业的重心早已移到东方，若是上西里西亚丧失了，则我们在几个星期之内就要崩溃了。"希特勒还是拒绝从西线抽调兵力，对于东线方面他最关心的事情，就是想如何撤出在布达佩斯围城中的15万德军，而对于波兰前线的危机却视若无睹。甚至并没有和古德里安商量，他就把一个党军装甲军由华沙地区，开入匈牙利。所以他一方面想在马斯河上争取胜利，一方面又想在多瑙河上恢复地位；而终于另一方面，在维斯瓦河上自取灭亡了。

4天之后，在阿尔萨斯攻势发动之前，希特勒向伦德施泰特以下的诸将领训话时，说：

> 假使目前在匈牙利的局面发展，不能够尽如人意，那么你们就应该认清，我们是不可能在所有的地方都坚强的……由于我们的盟国背叛，我们已经被迫退守一道狭窄的防线……不过我们不要忘记了，即使目前我们所防守的地区，还是比德国过去所有的领土为大，而且即使到今天，我们所指挥的军事实力，依然毫无疑问的，还是全世界上第一强大的武力。

　　当希特勒作此声明时，专以陆军而论，他就有 700 万人以上的兵力。（注：根据德国档案加以分析，1944 年 9 月初，德军在纸面上的实力是 10165303 人：其中陆军和党军共占 7536946 人，空军占 1925291 人，海军占 703066 人。）把国防军和党军加在一起计算，他在战场上一共有 260 个师，比起 1940 年 5 月要多过了一倍。假使把这样多的师，都集中起来防卫德国的本土，那么也许可以作很长久时间的抵抗，甚至可以永远挡着侵入军不能进入德国境内。可是希特勒的兵力都是分散在过分广泛的地区，到德国边境还有很远的距离。所以无论在东西两面，他都无法集中强大的兵力，像他 1940 年入侵法国时和 1941 年入侵苏联时一样。因为他继续坚持着不肯放弃寸土，其直接的结果就是无可避免地分散兵力，这样使他保卫第三帝国的能力不但不能提高，反而只会减低。希特勒为什么要坚持这一点，这不仅是由于"征服者心理"作祟，同时他也相信，只要他能够击败联军的陆军或是至少使他们被阻止在齐格菲防线的前面，他就又可以再度运用那新型的海空武器（这已经耽搁了许久，现在最后似乎是可以达到他的目的了），以来迫使美英两国放松那个"无条件投降"的要求。因为这些原因，他必须坚守着荷兰西部的飞弹发射基地，因为 V-2 必须从那里才能打到伦敦和安特卫普；必须坚守着匈牙利和克罗地亚的铝矾工矿，以便获得充分的铝来作喷气机的制造原料；又必须要坚守着丹麦和挪威的海军基地，从那里新型的电动潜艇才可以开始对于联军的海运加以猛烈的袭击。

　　希特勒特别重视这些潜艇基地的得失，也就可以反映出来邓尼茨的日渐得势，他很快地就变成了希特勒手下最有影响作用的顾问人员。在过去，希特勒和邓尼茨一个月不过会商两三次，但是自从 1945 年起，他们就差不多天天碰头了。到了这个时候，邓尼茨是一个唯一的具有真正职业上能力的高级官员，他和元首的关系，还是建立在互相信任和敬佩的基础上面，而这种关系对于德军的战略发生了相当的影响，尤其是东线战场方面。

邓尼茨是一个严厉而聪明的人，诚如戈培尔所形容的，他是一个"非常冷静和现实的计算家"。但是他也和许多其他的人一样，已经陷入希特勒个人魔力的控制之中，这也就是他自己所说过的："元首所辐射出来的伟大力量。"邓尼茨并不是党员，因为他是现役军人，所以他是不准入党的——但是他要比陆海军中任何其他高级将领更积极，他总是要求军队应该与纳粹党打成一片。在陆军将领当中除了少数的例外，他们都是愿意遵守古老的传统精神，那就是职业军人不应该过问政治；但是邓尼茨并不作如此的看法。他在某一次给予海军的训令当中，曾经这样地说道："全体军官团都必须要受党化的教育，使他们感觉他们本人与国家社会主义是休戚与共的。军官是国家的一部分。那种说军人不该过问政治的说法，实在全是胡说。"甚至到了战后，邓尼茨还是坦白承认，"他是欣然承认……希特勒的最高权威"，并且宣称他的前领袖是一个"绝顶聪明，无所不知"的天生圣人。

虽然他是这样的忠诚耿耿，但是邓尼茨却绝对不是一个谄媚之徒，他始终设法维持着相当的独立权限，这是当时一般德军将领所不能够享受的。1943 年 1 月，当他继任德国海军总司令之后，邓尼茨马上就敢向希特勒挑战，而那个挑战的题目也正是前任总司令雷德尔，辞职的原因：那就是德国的公海舰队对于大西洋的航运，未能发生拦截的作用，所以希特勒一怒之下，就要命令把那些海面军舰都销毁成为废铁。希特勒以为邓尼茨是一个潜艇专家，一定会欢迎这个决定，可是当邓尼茨做了总司令之后，他却设法反对这个决定，使用巧妙和忍耐的手段，终于打消了这个命令。自从有了这一次经验之后，邓尼茨就发现了希特勒对于他是另眼看待，相当地尊重他，而根据此后他们的会议记录来看，就知道希特勒不仅在海军事务方面接受他的意见，而且对于更广泛的军事和政治战略，也都很受他的影响。邓尼茨常常对于老板的意见表示不同意，不过他说话的方法却很有技巧，总是并不触犯元首的尊严和影响他的自尊心。

邓尼茨之所以能够保持他的独立性，是因为希特勒老早就佩服他的能力，认为他具有许多的特长，非一般将军们所可比拟。一方面信任邓尼茨，另一方面他对于潜艇的作战毫无所知，所以希特勒对于这一方面的日常行动不拟加以干涉，这是和任何其他方面的战争都不同的。所以，邓尼茨从来没有受过那种不合理和侮辱性的干涉，这正是希特勒和其他将领发生恶感的主因。当他们把老实话说给希特勒听的时候，他们常常就会引得希特勒不耐烦和大发雷霆，虽不说他们是有意破坏，至少说他们是懦弱无能。但是当邓尼茨坦白地把1943年德国潜艇所一再受到挫折的详情，报告给他知道的时候，希特勒却肯用惊人的耐性听了下去，而且承认这是非战之罪，只是技术上的失败。若是在陆军方面，这样的失败早就会被撤职查办了。

因为希特勒的宫廷里面，这些宠臣的势力消长，就与他们每个人"私人帝国"的实力增减有关，凡是对于希特勒权力最有贡献的人，那么他就有可能最得势，从这里看，就可以知道邓尼茨与希特勒之间实在是有一段奇缘。在1944年，由于德国空军的实力已经在走下坡路，所以戈林的政治地位也就日趋于衰落。不过即使他的潜艇在这一个阶段里面也是同样遭到惨重损失和没有什么收获可言，而邓尼茨的地位却反而步步高升。主要是由于有了电动潜艇的发明，使他能够给予希特勒一个机会，希望使用这种革命性的武器，再在海上重获主动的地位。

希特勒对于潜水艇一向特别爱好，也许是因为它能够满足他那种虚无主义者的毁灭欲望，不过这个新的发展在他的心目中却更具有重大的意义。希特勒的本性是富有革命性和进取性，因为发挥了他这种本性，所以才会使他变成了欧洲的主人翁。所以一旦遭逢失败，他就会痛恨那些主张战略防御和政治妥协的人，而希望用革命进取的方法，以图重创他的命运。对于邓尼茨他算是找到了一个志同道合的伴侣。

虽然新型潜艇实际参战的日期已经一再地延误，但是希特勒却还是信任邓尼茨，毫未衰减。他本来希望这些潜艇，在联军渡海入侵欧陆之前，就可以发挥它们的功效，但是到了1945年年初，邓尼茨却还没有一艘新型潜艇，可以供作战之用。到了这个时候，因为受了联军轰炸的打击，生产计划已经解体，虽然计划中有245艘，但实际交货的却只有128艘，又因为需要6个月的时间来"训练"一艘新潜艇，所以在春季之前，是绝无发动大规模潜艇战争的可能。虽然如此，因为他还有发动攻势的希望，所以才使邓尼茨始终是红得发紫。这位大元帅也许明知到了战争的末期，他的潜艇不会真对于德国的地位发挥任何具有决定性的作用，但若他公开承认这一点，那就毫无疑问地会影响到他自己的地位。虽然此时，邓尼茨并不会知道他最后会变成元帅的承继者，但是他却决心保持他现有的地位和权势，所以他一直设法使希特勒相信，海军还是可以获得大胜的，而只要德国还继续保有必要的造船场、训练和作战的基地，这个希望就可以永远存在着。1945 年 1 月 3 日在希特勒大本营里面，他们又举行会议，这就是当时的背景。

邓尼茨于是报告说，一艘普通的潜水艇，若是装上了斯诺克式呼吸管，就可以在那些德国潜艇已被迫停止活动的地区，获得成功的战绩，而尤其是英国的领海之内。他又向希特勒提出保证说，当这种革命性的新型潜艇加入战争之后，所获得的成功就一定还要更大，因为它们具有持续潜航的能力，所以是很难在海上击毁它们，而且它们在水底的速度已达 15 海里，要比联军多数的商船和护航军舰都要更快。所以邓尼茨说："关于新型潜艇攻势的困难，不是在海上作战这一方面，而完全是因为敌人的空军可以威胁到我们的国内基地。"他指出联军是早已在采取预防的对策，轰炸德国西北部的造船场，并且在西波罗的海的浅水中布雷。所以，东波罗的海现在是具有极大的重要性。这是联军飞机所不容易到达的地区，而在深水中布雷，也没有那样的危险。所以邓尼茨主张，德军一定要继续守住在拉脱维亚西部的库尔兰袋形地区，以及梅梅尔、东普鲁士和但泽湾等地。这些地区若是丧失了，则海军的作战，尤其是潜艇的作战，将陷入麻痹瘫痪的状态。希特勒对于这个看法，完全表示同意。

这次会议的前 3 天，古德里安曾建议过，从海路把库尔兰和梅梅尔的德军撤出，同时德军也要撤出保护东普鲁士的危险突出地，这样就可以集中兵力来守住但泽湾到喀尔巴阡山地之间的最短防线，并且可以增强波兰中部的预备兵力，以应付苏军的未来新攻势。希特勒却否定了这个建议，所以 40 多个师的德军（约相当于东线总兵力的 1/3），仍然继续防守东波罗的海的海岸，这对于第三帝国的防务可以说是毫无意义，而只是为了增强邓尼茨的地位和维持希特勒的幻想。

在整个第二次世界大战战史上，这一个最明显的例证，足以说明陆海空三军的互相关系，和东西两线的互相呼应。同时这个事实也可以说明希特勒的战略，是如何受着怪诞不羁的思想所控制。因为德国空军不能够保护在西波罗的海的潜艇基地和训练地区，所以德国陆军就必须负责守住东波罗的海地区，以对付苏联人，并且掩护德国海军建立一支新的潜艇舰队，以使西方盟国受到一个惨重的挫败。尤其是要重重地打击那可恨的英国人，因为他们在 1940 年不肯屈服投降，所以才使西线作战无法避免，这种作战已经毁灭了大半个希特勒大帝国，并且也在那里着手要彻底毁灭第三帝国。

× × ×

1 月 9 日，这一天希特勒批准了伦德施泰特可以撤出阿登高地西部的请求。古德里安在视察了东线战场全线之后，也就到达了法兰克福附近的元首大本营。他报告说："苏军拥有强大的兵力，正在准备进攻，而东线的德军实在没有能力阻止他们。"所以他又再度向希特勒提出紧急的呼吁，要求他赶紧实行一连串的战略撤退，放弃意大利和挪威、巴尔干和波罗的海，而把所有可能集中的预备兵力，都用来阻止苏军攻入德国境内。

从东线的德军实力上来看，古德里安这种建议绝不是过分的张皇，因为自从希特勒准备阿登高地攻势以来这一方面的德军就很少受到增援。在 1944 年的冬季里，希特勒一共编成了 23 个国民步兵师，其中有 18 个师都是给予伦德施泰特的。在西线战场上，有一打左右的装甲师和装甲步兵师的实力，都曾经加以真正地整编过；但是在东线战场的装甲部队却只有损失，而没有补充。根据 OKH 的记录，在 1944 年 11 月和 12 月两个月当中，有 2299 辆坦克和突击炮（新造和重修的都在内）送给伦德施泰特，而在东线战场上，古德里安所接受的却只有 921 辆，而且多数都是轻装的装甲车。空军的实力也是大部分都用在西线战场方面。在 12 月底，差不多有 2/3 的德国飞机，都是用来对付美英两国的空军。（注：德军战斗机集中在西线的比例就更高。根据德国空军的记录，在 1944 年底，德军一共只有 2276 架日间战斗机，就有 1756 架是用在西线战场上和德国国内防空方面；一共只有 1289 架夜间战斗机，也就有 1242 架用在同样的用途上。此外，为了对付联军的战略轰炸，保护德国的军事生产，德国人也要用去不少的人力和物力。在 1944 年一年当中，德国高射炮部队的兵力约近 90 万人，而所有生产的大炮，其中 1/3 都是高射炮。照美国战略轰炸调查报告书的估计，由于受了战略轰炸的影响，其他各方面工业劳动人力至少损失了 430 万人到 545 万人。）

　　现在直接与西方盟国交战的德军一共是 100 个师：在西面 76 个师，在意大利 24 个师。另外还有 27 个师被困住在外围的战略地区内：南斯拉夫 10 个师，斯堪的纳维亚 17 个师。所以在东线方面，当诺曼底入侵战开始的时候，希特勒还可以有 157 个师，现在他却只有 133 个师，仅相当于他全部陆军兵力的一半。而且这些兵力的部署，也不足以挡住苏军的主力攻势，因为斯大林的大兵正集中在波兰。在北翼方面，库尔兰和梅梅尔还有德军 30 个师，他们背朝波罗的海，处于隔绝的地位。在南翼方面，为了保护匈牙利的石油和铝矾土，并阻塞着通到维也纳的进路，又另外用去了 28 个师，其中包括古德里安全部装甲兵力的一半。

照古德里安的估计，这几个集团军，在波罗的海与喀尔巴阡之间，都不会有力量对于战斗发挥具有决定性的影响。这里包括波兰和东普鲁士，一共长达 600 英里的战线，却只有 75 个师的守兵，要想阻止苏军经过华沙到达柏林，那实在是十分的困难。在希特勒所想要防守的一切战线中，只有这一条防线，在军事上是最为紧急，而在政治上也最为危险，可是在这个地区，敌人却是很明显地占了上风。从瑞士边界到北海的西线，虽然长度很相似，但是兵力却比较强大，而西线部队的素质也比东线好。此外，东线方面并没有任何永久的要塞，例如齐格菲防线之流来作防线的基础；而且在红军进路之前，也没有任何的天然障碍物，例如马斯河和莱茵河等，因为苏军在 1944 年的秋季，就早已在维斯瓦河的西岸，占稳了桥头阵地。最后，苏军在波兰和东普鲁士的兵力，也至少要比在法国和低地国家的西欧联军，强过一倍以上。（注：此时艾森豪威尔一共有 78 个师。而根据斯大林在雅尔塔会议所透露的数字，苏军在波兰是一共 180 个师，不过苏军一师要比西方联军一军较小，而且空军的支援也较弱。古德里安说，在苏军开始进攻之前，德军情报当局曾经发现了 225 个师是苏军的番号，其余装甲骑兵部队还不计算在内。除非斯大林在雅尔塔是有意隐瞒他自己的实力，否则就是德军的情报又不准确。）

希特勒还是不肯正视这些事实，因为照古德里安的看法："他对于世界是有一幅特别的图画，而所有的事实都必须要配合他这个幻想中的景象。他怎样想，世界就应该是怎样；但是事实上，这却完全是一种天外奇想。"现在很少有人敢在他的面前说老实话，而他的心灵是早已为恐惧和幻想所歪曲，所以即使听了老实话，他也不会相信。在 1 月 9 日的一次会议席上，他宣布说，德军在东线上拥有 3000 辆坦克和突击炮，而苏军并没有必需的"3倍优势"来确保突破的效力。第二天，在看见了古德里安之后，他又宣布第 6 党军装甲军团，应从阿登高地撤回并加以整编，但是仍然归伦德施泰特节制。他说："西线应获有优先权，以便我们才可以在那里保持着主动。"东线既获不到增援，又不准作任何撤退。希特勒说："我一听到有人说，某些地方为了想获得'战略上的自由'，必须加以放弃的话，我就感到非常憎恶。两年以来，我每听到这种说法的时候，其结果差不多总是凶多吉少。"但是事实上，因为希特勒刚愎自用，不肯放弃应该放弃的土地，结果他所受到的灾害，实在更是重大。

1 月 12 日的上午，苏军在南波兰的冻结平原上，开始发动攻势。科涅夫（Konev）的集团军在克拉科夫和沙多米尔（Krakow and Sandomir）之间，从上维斯瓦河的桥头阵地中冲了出来。德军的防线很单薄，预备兵力很微弱，所以苏军很迅速地就获得了一个明确的"突破"。这是苏军在第二次世界大战中最大攻势的第一击。为了这个攻势，斯大林在波兰和东普鲁士，已经集中了 180 个师，在那些准备进攻的地点，他在人力和装甲方面的优势，何止是 3 倍，而是 6 倍了。4 天之后，希特勒就回到了柏林，此后他就再没有离开过这个已成废墟的首都。他在总理府里面，建立起来他的大本营，准备亲自指挥保卫第三帝国的最后战争，要想用一个人的意志以来和全世界决战到底。

在后几天之内，很明显的，他对于他在波兰境内的军队所要遭逢的命运，还是一无所知，希特勒居然还抽了一个空，去到戈培尔博士家里和他们夫妇一同吃茶，这是他五年来所从来没有做过的事情。在那里恭候他光临的人中间，有戈培尔的副官鲁道夫·泽姆勒（Rudolf Semmler），他在他的日记上面曾经把这一段经过，记载得很详细。泽姆勒这样写着：

> 希特勒在4点30分到达。戈培尔立正在那里，他的手尽量地往前伸。孩子们都屈膝为礼，希特勒说他们长得好快哟。他把一小束鲜花送给戈培尔夫人，并且解释着说，这是他所能找到最好的鲜花，因为戈培尔博士已经把柏林的鲜花店都勒令停业了！
>
> 和希特勒一同来的人，有一个副官，一个仆役，和六个党军的卫士。那个仆人提着希特勒的大皮包，上面有一个白色的大"F"字。从那皮包的口袋里，可以看出来有一个热水瓶。我才知道希特勒已经自己携带了他专用的茶和饼干。

泽姆勒当然没有资格参加这个茶会，希特勒在吃茶的时候，夸张地谈到他战后准备重建柏林的大计划。泽姆勒这样写着：

> 在黄昏的时候，我听着戈培尔夫人说，希特勒对于这种家庭的气氛，感到非常欣赏……在吃晚饭的时候，戈培尔夫妇对于希特勒的这一次来访，感到十分骄傲。戈培尔夫人还说："他决不会到戈林家里去的。"

× × ×

苏军的冬季攻势很快就加强了，新的生力军逐渐开始参加攻击。在华沙的两侧渡过了维斯瓦河，朱可夫孤立了波兰的首都，然后在 1 月 17 日，从后方攻进了这个城市。在北面，罗科索夫斯基（Rokossovsky）冲破了纳雷夫河上的防线，向西北面直驱但泽湾。这一次并没有发生新的坦嫩贝格会战（The Battle of Tannenberg），因为罗科索夫斯基已经深入攻击到东普鲁士防线的后方，而切尔尼亚霍夫斯基（Cherniakovsky）集团军又从正面攻入。在一个星期之内整个战线都被突破，苏军的装甲部队向西挺进，已经差不多有 100 英里的距离。

由于恪遵希特勒不准退却的命令，所以德军不是就地被苏军如数解决，就是被打成了碎片，纷纷逃入已经设防的城镇中，而苏军对于这些据点则采取绕过的政策。这种浩大的攻势和这样宽广的正面，当然不是古德里安的预备队所可能阻止住的。他的机动预备队中，较好一部分兵力是早已用在匈牙利境内，但是也无法挽救布达佩斯的危局。而在波兰和东普鲁士的 12 个装甲师，因为缺乏燃料根本无法采取猛烈的反攻。甚至燃料的缺乏，使他们想作有效的迟滞行动，都不可能。当一条战线上有许多地方都发生了缺口，装甲兵力也就无能为力了。

1 月 22 日，为了不得已想集中预备兵力，希特勒同意撤出梅梅尔，但是，他还是不肯撤出库尔兰，因为邓尼茨曾经不断地提醒他：“但泽湾的极端重要性，这是唯一的潜艇训练场。”但时间是已经太迟了，现在希特勒才命令立即将第 6 党军装甲军团从西线调到东线，但是这些兵力至少也还要六七个星期才能到达并作战。

到了这个时候，德国已经丧失了它那个中心位置的有利形势，因为联军的空权已经剥夺了德军的战略机动性。德国铁路现在的运输量只能相当于 6 个月前的 1/3。那个横越德国境内，由莱茵河一直到奥得河（Oder）之间的大公路网（Autobahn），现在在战略上已经是毫无用处，因为德军现在已经没有那样多的石油，以供军队在道路上作大规模行动之用。希特勒过去曾经夸口说：这些军用公路可以使德国充分地发挥内线的优势，当危机来到的时候，他可以先集中全力去击败某一方面，然后再回转头来把另一个对手打垮。可是到了今天，对于这个伟大的公路网感到深受其利的人，却不是德军而是联军。此外，这也是联军的好运气，希特勒没有把建筑这个公路网所消耗的水泥、钢铁和人力，用来在德国的东面国界上建立另外一道齐格菲防线。

在 1 月的下半个月当中，苏联人用巨人阔步的速度前进。在北面，罗科索夫斯基到达了但泽湾，东普鲁士的 25 个师德军全军覆没了。在南面，取得了克拉科夫之后，科涅夫冲入了上西里西亚，一直到布雷斯劳（Breslau）为止。这一次的进军使苏联人到达了希特勒所有各工业中心当中，唯一尚未为联军所炸毁的地方。因为鲁尔地区的产量已经锐减，西里西亚的煤矿已经成为德国主要的生产中心，在 1944 年 12 月间，它占了全德产量的 60%。当这些煤矿沦陷的时候，德国的铁路、动力厂和工厂的存煤已经维持不到两个星期了。所以斯佩尔告诉希特勒说："这个情况已经无法忍受。"斯佩尔报告说，在上西里西亚丧失了之后，他所能够供给的煤和钢，比起 1944 年 1 月间，煤只能有 1/4，而钢则只可能有 1/6。此外，当苏军入侵了上西里西亚之后，他们也占领了希特

勒因为逃避联军轰炸，而从西方迁来此地的各种工厂。其中有3
个新的综合石油工厂，还正刚刚开始生产呢！

当科涅夫和罗科索夫斯基正在压迫德军的侧翼时，朱可夫则
随心所欲地，从波兰中部沿着由华沙到柏林的公路挺进，两个星
期就前进了220英里。到了1月27日，朱可夫已经越过了德国的
边界，距离希特勒的首都已经不到100英里了。那一天，戈培尔
的柏林"人民冲锋队"（Volkssturm）都已经奉命开往东线，现在
希姆莱又荣任维斯瓦集团军总司令，正在准备沿着奥得河建立一
条新防线。

这一天的薄暮时候，希特勒和戈林与约德尔，讨论苏联胜利
在政治上的影响。当希特勒问道："你们以为英国人对于苏联人这
些发展，会真正感到高兴么？"约德尔回答道："不，决不会的。
他们的计划完全不同。不久他们就会认清这一点。"于是戈林也应
声地说道："他们绝没有想到我们在西方，会和疯人一样地拼命挡
着他们，而让苏联人却已经深入德国的境内。"

希特勒说，只要苏联人在德国建立一个民族性的政府，那么
英国人就会真正感到恐慌了。于是他说："我已经命令把一件假情
报送到他们的手里，里面说苏联人已经组织好了20万德国人，由
完全受了共产主义毒害的德国军官率领着，正在向德国开进……
这就可使他们感到如坐针毡了。"

戈林说："他们加入战争的目的是怕我们加入了东方；当然并
不希望东方的势力会进到大西洋。"从这一番讨论当中，他们都坚
强地相信，当苏军逐步迫及柏林的时候，则西方国家一定就更想
和德国人妥协。于是最后那位德国大元帅（戈林）表示他的希望
说："若是这样发展下去，那么几天之内，我们也许就可以收到西

方国家所发出来的电报了。"

当他们开会的时候，罗、丘二人却早已首途往雅尔塔准备与斯大林会晤了。

第三十二章 | 斯大林的最大胜利

雅尔塔会议的日期，恰好与红军在波兰的大捷同时，这并不是偶然的，因为这个时间上的配合是斯大林故意选定的，这一次开会的最初发动人是罗斯福，自从他四度当选之后，他就很想尽快地举行一次三强会议。代表总统个人，所以霍普金斯在11月初，就向苏联驻华盛顿大使葛罗米柯（Gromyko），提出了这个问题。当葛罗米柯回答说，因为斯大林正在直接指挥作战，他无法离开苏联境内的时候，霍普金斯就建议说，这个会议可能在克里米亚举行。葛罗米柯把这个建议送到莫斯科，但是莫斯科方面却一直没有具体答复。

需要举行这样一次会议的理由，那是毫无疑问的。不仅是像霍普金斯以后所写的："一旦当德国崩溃之后，各国对德国所应采取的行动，是毫无明确的协定……而且也可以想象到，在没有任何计划与协定之下，德国的崩溃情形将会是怎样。"此外还有其他同样迫切的理由。罗斯福对于苏联参加对日战争的确切日期和它的限度，是十分地关心，而且也想和丘吉尔与斯大林两个人，亲自解决那些有关世界和平组织的问题，这都是邓巴顿橡树园

（Dumbarton Oak）四强会议中所没有解决的。而最重要的问题，就是苏联所要求的，巨强在安全理事会中应具有绝对的否决权。此外，各盟国领袖对于波兰的前途也应该及早地获得一个协议。

到了 12 月间，这已经成为一个最紧急的问题，尤其是对于英国人而言，因为他们之所以与希特勒打起来，就是为了要履行它对于波兰的保证诺言。丘吉尔曾经亲自公开宣布说："要重建一个强大、自由、独立、具有完整主权的波兰。"为了要实现这个理想，他花了一年多的工夫想来促成苏联与在伦敦波兰流亡政府间的合作。不过到了 1944 年 1 月 15 日，英国的首相却在院中宣称这个谈判已经失败了，主要是因为波兰人不肯接受斯大林的要求，把未来的苏波国界依照寇松线（Curzon Line）划定——这是 1919 年同盟国最高会议所公认的一条公正的合于种族划分的界线。照丘吉尔的看法，苏联这个要求并未超过"合理公正"的限度以外，因为苏联有权利要求保证它在西面不再受到攻击的危险。丘吉尔又说：假使波兰答应在东面放弃一部分领土，那么他们可以获得整个东普鲁士连同但泽都在内。他更加重语气说："只要英苏两国同意，波兰是可以把德国当牺牲品，向西面扩展它的领土。"所以他们可以"在欧洲找到一个安居乐业的住所……并不会比他们过去所曾经据有的较差"。

因为在伦敦的波兰政府拒绝了这种领土的调整，所以就使苏联获得了一个借口，以来拒绝与流亡政府恢复邦交，并且在卢布林（Lublin）建立了一个傀儡型的"民族解放委员会"。〔注：由于波兰政府曾经要求国际红十字会单独调查苏军在卡廷（Katyn）大量屠杀波军的事件，因此苏联政府在 1943 年 4 月即已与流亡政府断绝邦交。〕所以现在就有一个很大的危机，使波兰的前途也许将会由苏联的片面行动来决定，因为一旦红军占领了波兰全国之后，那么合法波兰政府的交涉权和英美两国的调停作用就都会极大减弱。认清了这一点，所以丘吉尔现在就催促波兰人，要在苏军开入主要地区之前，和苏联政府把边界纠纷加以解决。

这个呼吁却毫无结果，因为自从11月底，波兰总理斯坦尼斯瓦夫·米科瓦伊奇克（Stanislaw Mikolajczyk）辞职之后，由直接谈判而获得苏波协定的机会就已经完全消失掉了。当10月间，丘吉尔和斯大林在莫斯科争论了一场之后，米科瓦伊奇克就准备接受寇松线，只是希望南段略加修改，以使喀尔巴阡的油田和波兰古城利沃夫还是留在他们的手里，但是他的同僚们却并不支持他，于是米科瓦伊奇克就退出了政府，而把政权交给一些不肯妥协的人们。虽然如此，丘吉尔与罗斯福，尤其是后者，却还是希望当他们与斯大林在下次会议中，也许可以用直接商谈的方式，把这个问题解决。丘吉尔告诉下院中的议员们说："他和英国的外长，准备在任何条件之下，任何时间之内，到任何地点去和其他两大盟国的领袖会晤。"他们希望在圣诞节之前就可以举行这个会议，不过一直到今天，丘吉尔说："还没有能够安排的一个三巨头会议的时间。"

丘吉尔作此声明的时候，正是德军攻入阿登高地的前一天。一星期之后，当希特勒的陆军正在直趋马斯河的时候，突然华盛顿有一个电报给伦敦方面，说斯大林元帅已经准备1月底在克里米亚的雅尔塔，与美总统和英首相会晤。

没有理由可以相信，斯大林会预料到希特勒将在西面发动攻势，所以故意延迟他对于罗斯福的回答，一直等到联军在最窘迫的时候，才发出这个回信。相反地，从战时的历史和战后的外交上看来，很明显地，苏联人是把国际会议，当作一种机会，以来承认使用权力所造出的新局势；而不准备在会议中实行谈判，以求获得互相可以接受的合理解决。因为他所关心的是权力而不是正义，所以他一定要等到他在军事上获得了一个最坚强的地位之后，斯大林才愿意与西方领袖，再举行一次会谈。

1944年的秋天，当罗斯福要求会谈的时候，苏军还在维斯瓦河上，他们距离柏林还要比英美军远，而且苏联的高级统帅部非常怀疑他们自己是否还有能力，再继续向波兰进攻。因为如此，所以当10月间丘吉尔访问莫斯科的时候，斯大林就曾经强烈主张，在意大利的联军应该跨过亚德里亚海，经过南斯拉夫向北朝维也纳方向进攻。因为斯大林在过去，是反对联军陆军西入巴尔干的一切计划，所以由此看来，斯大林是希望联军在南斯拉夫的行动，可以牵制德军不能从巴尔干南部，撤往匈牙利，甚至还可以从波兰方面吸引出一部分预备队来。除非他是相信这个行动可以加速他自己向维也纳和柏林的前进以外，否则就不会作此主张的。

在夏季攻势中，苏军曾经遭受到极严重的损失，所以到10月间，朱可夫就很害怕他是已经达到他向西进展的极限了，在战后，朱可夫曾经承认说："当我们到达华沙之后，我们才感觉到若不是德军的兵力是这样的单薄，那么我们也许还渡不过维斯瓦河。"本来苏联的最高当局一向是相信，因为希特勒既然是那样痛恨共产主义，那么就应该会不顾其他战线的安危，而集中一切的兵力来对付苏军。他们以为，当希特勒若有自由选择的权利，那他一定会让"西方国家打进来"。这是一个合理的假设，不仅是从历史上说，德国人是害怕斯拉夫人的，而且东普鲁士一向是普鲁士军阀的发迹之地，同时因为联军轰炸的关系，这里又变成了德国战时的经济中心，所以当苏联人看到德军居然向阿登高地发动了攻势之后，就真是难免惊喜过望。

这个发展使苏联在军事上和政治上都获得了新的利益。由于希特勒把他的全部战略预备兵力，都用到西线战场上面去了，所以才使苏军在1月间对于波兰的攻势，无往不利。所以当他在圣诞节以前打电报给罗斯福的时候，斯大林就有很充分的理由相信当雅尔塔会议开始的时候，他应该是至少已经占领了华沙，和波兰西部的大部分。虽然如此，他还是继续不断使用政治上的策略，准备让他的同盟国去面对一个既成的事实来增强他的地位，12月30日，罗斯福和丘吉尔都表示愿意在2月初到雅尔塔来集会。第二天，在克里姆林宫的指使之下，卢布林委员会就自称为"解放民主波兰的临时政府"，到了1月初，苏联又正式承认了这个傀儡组织。

甚至斯大林，也没有料想到情势的发展，会突然变得这样的有利，并且把权力平衡的局面完全改观了。在1月的上半个月中，当苏军在波兰境内和德国境内横冲直撞如入无人之境的时候，美军在阿登高地山地，却遭遇到德军最顽强和最精巧的抵抗，这是自从D日以来的最高纪录。1月16日，美军第1军团和第3军团在乌法利兹会师，但在西阿登高地地区中却并没有能够切断任何德军的主力，而且德军还是继续在作有秩序的后卫战，向齐格菲防线撤退，一直到2月间，美军才重返他们6个星期前曾经守住的战线。

2月4日美军占领了第一座鲁尔水坝，当德军刚刚发动反攻时，他们就本拟向该处进攻。在久经迟误之后，联军才开始向莱茵地区正式发动攻击；但是他们到柏林的距离，比之1944年9月和 1939 年 9 月，都并没有更近一点，除了鲁尔河地区以外，齐格菲防线还是完整无缺；莱茵河也没有渡过；而且因为艾森豪威尔的工兵指挥官们认为在 5 月以前，对于下莱茵河无法作大规模的渡河，所以西方国家首先攻入柏林的机会实在是太少了。

在东线方面，这个时候，马利诺夫斯基已经击败了德军解救布达佩斯的企图，距离维也纳只有 80 英里；科涅夫已经包围布雷斯劳，并且在奥得河的西岸获得了好几处桥头阵地，距离布拉格只有 120 英里；而朱可夫也已经在法兰克福北面的屈斯特林（Kuestrin），到达了奥得河，距离柏林只有 45 英里。所以苏军现在的地位是早已控制住了东欧国家的一切首都，而中欧方面的三大首都也都在他们掌握之中。

所以在雅尔塔会议中，斯大林是处于双重有利的地位，一方面是刚刚在联军惨败之余，另外一方面又是刚刚在苏军大捷之后，而且更进一步，美英两国这个时候又正在互相猜忌之中。

×　×　×

在取道往克里米亚之前，罗、丘二人曾经在马耳他岛，举行了一次预备会议，在那里他们讨论雅尔塔的议程和某些足以使他们间的关系发生裂痕的问题，这都是自从去年 9 月他们在魁北克会晤之后所发生的。在作这些讨论时，丘吉尔希望他和罗斯福能够采取同一立场，利用联合的力量来对抗斯大林的优势。但是，很明显的，罗斯福却尽力想避免让苏联人有任何的理由，感觉到他们是在和英美的联盟处于对抗的地位。他把他自己当作一个"全世界上的好邻居"看待，他是一个独立的仲裁者，他的任务就是要维持丘吉尔和斯大林二者之间的和谐关系，并且防止英苏间的对立破坏了三大巨强的团结一致。在马耳他会议中，英国的代表们感到很沮丧，因为他们看到美国的代表们都很天真，对于苏联人的战后意图，并不像英国人那样地多所疑惧。这个事实的认识，对于了解雅尔塔会议的一切，具有极重大的关系。

这个猜忌的根源深深地埋在历史里面。自从 1776 年以来，美国人天然地对于"殖民主义"具有一种深刻的厌恶心理，而认为他们自己既然已经独立了，所以应该推己及人，把这种幸福转送给另外一些受苦难的人们。不管殖民主义的一切功过是怎样，美国人总是主张提早让那些没有独立的民族赶紧获得自治的政府，尤其是那些在英国统治下的殖民地，因为照美国人的看法，英国人实在可以说是集帝国主义之大全。虽然美国人也承认英国的殖民政策比起其他的任何国家，都要更进步和更人道，但他们却还是坚信帝国主义统治是含有某些遗传性的罪恶，所以即使是一个好的帝国也还是不好的。

美国人的信念并不表示保持英语世界团结的力量，美英两国的传统共同遗传性和互相的兴趣，会因此而减弱，同时也不会影响到美英两国间的血统友爱。这好像是一个比较开明的儿子想改革他那顽固父亲的思想一样。当 1940 年，英国受着另外一个更可怕的帝国主义者的威胁，似乎有灭亡的危险时，美国的人民，在罗斯福领导之下，快乐地和慷慨地来援救他们，给予他们物质的援助和精神上的鼓励，这并不是完全为了自利主义，因为美国人认清了，即使英国人有许多的弱点，但是不列颠却是自由世界中一道所不可缺少的防浪堤，是欧洲西方文明的最后不可征服的堡垒。但是美国人在援助的程度上也有一点保留的限制。罗斯福决定要设法挽救英国不至于覆亡，但是同样也决定不使用美援去增强大英帝国的地位。因为他具有美国人对于帝国主义的传统厌恶，所以他认为这次大战的结果，世界的情势已逐渐将要使殖民主义归于绝灭，这个自1776年开始的大革命将快要接近完成之期。

从草拟大西洋宪章的时候起，罗斯福就开始攻击殖民主义的观念。这个宣言的第一次草稿是丘吉尔所拟，他所注意的要点就是建立一些原则以指导各民主国家，来从事于对德国侵略的奋斗和重建欧洲的和平。1941年9月9日，丘吉尔向英国下院报告时说："在大西洋会议中，我们是决心想使那些现在在纳粹铁蹄之下的国家们都恢复他们的主权。"不过他又坚持着说："这与在大英帝国统治之下的地区和人民，可以用逐渐演化的方式以来获得自治的情形，那完全是两个不同的问题。"

相反地，美国总统却并没有这样限制的观念。在"大西洋宪章会议"中，他告诉丘吉尔："我认为我们不能一方面与法西斯的奴役制度作战，而同时却又不想让全世界上的人民从落后的殖民政策之下获得自由……这一次的和平不能够再包括任何分赃的制度。和平的结果要求并且将要获得各民族的平等。各民族的平等又包含着贸易竞争的绝对自由。"所以当他在丘吉尔的原稿上加上一句说，他和英国的首相都希望"凡是被迫剥削了主权和自治政府的一切人民，都能重新恢复这种权力"的时候，罗斯福心里所想的不仅是那些在欧洲的被占领国家，同时也包括全世界上的殖民地。此外，他又强调一句，宣称说：他们要努力使"所有各国，无论大小强弱，对于世界贸易和原料的取得一律都应具有同样的权利"。这一段话是正式与"渥太华协定"（Ottawa Agreements）相冲突，而这个协定也就是大英帝国经济体系的基础。注意到了这一点，丘吉尔就要求把"一律"这个名词改成"在适当地尊重他们现有的条约义务范围之内"，但这也不过是使他对于美国的压力，略稍松了一口气而已。

五个月之后，当那个伟大的"租借协定"签字的时候，罗斯福就坚持着，为了报答美国的援助，英国应同意在战后，取消一切国际商业上的等差待遇，并且减低关税和贸易上的壁垒。美国务卿是力主这个政策的，报告说："在英国内阁中有少数的保守党分子……认为这个租借协定实在是一种冒犯大英帝国主权的企图。"——事实上也的确如此。

在他的回忆录中，赫尔对于美总统的目的曾有极坦白的说明，他写着："对于大英殖民帝国的前途，我们有一种肯定的观念，这种观念是与英国人的看法完全不同的，他们会说大英帝国的前途与我们无关。但是我却觉得，除非帮助弱小民族获得了独立自由之后……则他们将永远会是一个冲突的核心。"赫尔和罗斯福都并不满意英国官方的解释，认为"自治政府应在大英国协范围之内去寻求"。有一次罗斯福对他的儿子埃利奥特说："我要使丘吉尔等人认清，虽然我们愿意帮助他们获得胜利，但是那并不是说愿意帮助他们保持着那个古老过时的中世纪帝国观念……英国已经在大西洋宪章上签了字。我希望他们认清美国政府是把这个宪章当作一回事的。"

罗斯福要把大西洋宪章应用到全世界上各殖民地的想法，由于日本事实上已经征服了英荷法等国在远东的全部殖民地，所以就更形加强。因为这些国家没有能力守住他们的产业，而且将来要收复这些失地，无论直接和间接都一定还是要仰赖于美国的力量，因此就使罗斯福拥有更大的发言权。他发现这是一个机会可以使他坚持，不把这些殖民地物归原主，除非他们可以获得自治的保证，并且最后还能获得完全的独立。

这毫无疑问就是罗斯福的政策。当艾登（Eden）1943 年 3 月在华盛顿的时候，根据霍普金斯所写的一个备忘录的记载：

> 总统曾经说明他不希望在事实上作一个声明，保证所有在远东的殖民地都一律物归原主。

霍普金斯又记载着说：

> 总统曾经有一两次主张英国人应放弃香港，以当作一种善意的姿态……艾登很冷淡地说，他并没有听见总统就美国自己的方面，也提出任何类似的建议。

当荷兰的威廉明娜女王（Queen Wilhelmina）在那年年底到美国去看罗斯福总统的时候，他就和她谈论到荷属东印度的前途，在提醒了她说"将来从日本人手中收复那些殖民地的军队还是美国军队"之后，他才获得了女王的诺言，答应给予印尼人以完全平等和自治的权利。

不过对于丘吉尔而言，虽然在每一次主要的会议中，罗斯福也都提出这同样的问题，但是丘吉尔却从不松口，对于英国的殖民地决不提出同样的诺言来。在私人谈话中，丘吉尔回答说："总统先生，我相信你简直是想要毁灭大英帝国啊！"在公开的答复中，他宣布说："我们还是坚持我们自己的主张。我不能以英国首相的身份，亲自来主持清算大英帝国的工作。"当 1942 年 11 月 10

日，丘吉尔作此项声明的时候，很少有人注意到他是针对着罗斯福的，因为当时英国人民都还只晓得罗斯福是一个最伟大的朋友，是他们的救命恩人。

尽管丘吉尔坚持不让步，但是罗斯福还是继续不断地想方设法使英国人接受他的政策。在他心目中，既已认为建立一个国际组织即足以维持和平之后，罗斯福就更决心要消灭这个殖民主义的世界。他告诉他的儿子埃利奥特说："殖民制度的意义就是战争。把印度人、缅甸人、爪哇人的资源都压榨干净，只有所取而无所与——这就是制造纷扰以作战争的导火线。"

罗斯福的和平观念不仅是要结束殖民制度，而且还要放弃"势力范围"和"区域权力平衡"种种的观念。他所希望的，也就正是赫尔向国会所报告的，只要一旦联合国组织成立了以后，那么所有势力范围、同盟制度、权力平衡以及其他一切的特种安排，在不愉快的过去时代中，各国用来自卫他们的安全和促进他们的利益者，现在都可以完全不再需要了。

丘吉尔对于这种理想主义的观点却并不敢苟同，因为从欧洲历史的长久经验上看来，假使各国的野心能受着合理的均势局面所约束，那么侵略的欲望也就可以极大地降低，而这种均势的保持就必须有赖于同盟制度和其他的"特种安排"。丘吉尔并不一定是一个反苏主义者，但是早在 1942 年 10 月间，他就抱定了这个观念："假设苏联的野蛮主义掩盖了欧洲古国的文化和独立，那么就一定会酿成空前的大祸。"在德黑兰会议之后，虽然一方面继续在为打倒希特勒和争取斯大林的工作而努力，但是另一方面他却十分当心，这次战争会使苏联获得一个极端优越的地位，要对抗这种优势就只有用一个强大的大英帝国、一个坚定的英美同盟和一个欧洲联邦三者的联合力量才行。

苏联人有深入中欧和东南欧的趋势，使丘吉尔感到很惊慌，这也就是他要力促罗斯福和美国参谋本部，在巴尔干采取行动的主要理由——但是美国人却毅然拒绝了。既然在军事上无法阻止苏联人，丘吉尔就想用直接和克里姆林宫作政治谈判的办法来约束苏联的发展。在 1944 年的初夏时候，苏军还没有太深入巴尔干，丘吉尔事先没有通知罗斯福，即向斯大林提议，和苏联"瓜分"巴尔干，让苏联控制罗保两国，而由英国控制希南两国。当这个消息传到华盛顿之后，立即引起美国人的不满，赫尔谴责这种计划就是想要把巴尔干划成"势力范围"。丘吉尔却强辩着说，他并不是想要"瓜分"巴尔干，不过是在重建当地政府时，总要有一个指导的国家，他的意思就是让负责该国境内军事行动的国家同时来负担这个责任。罗斯福对于这种解释并不完全满意，但是他同意让这种办法试用 3 个月，不过应默认它的应用范围只以目前的问题为限，而不得影响到战后的大局。虽然如此，华盛顿方面对于这个计划还是深表怀疑，尤其是美总统的同意是并未事先与国务卿咨商过的！

当丘吉尔在 1944 年 10 月访问莫斯科的时候，他又和苏联人作更进一步的安排，甚至连英苏两国的实力在各个巴尔干国家里面，所占的百分比都已经规定好了。于是就更使美国人感到疑忌不安。各大强国对于这个协定都有不同的解释，苏联人认为这是正式承认他们在多瑙河盆地具有优越的地位和权利。英国人认为这只是承认这个地区的既成事实，而且觉得对于多瑙河国家虽然只有一点儿发言权，都已经感到很满足，而尤其值得庆幸的就是使苏联的势力没有入侵希腊。照丘吉尔的看法，这并不是代表英苏两国"瓜分"巴尔干，而只是设法阻止苏联把它的势力范围进展到整个的巴尔干半岛。在另一方面，美国人却认为这个协定是出卖了大西洋宪章，是英国人想重新扩展他们帝国主义的野心。在美国国务院里面则被谴责为"丘吉尔的阴谋"。

在那年年底以前，由于地中海方面局势的发展，英美的关系也更加紧张，那个地区根据同盟国的协议，主要的政治责任本是由英国负担的。当11月底，意大利博诺米（Bonomi）内阁辞职的时候，英国政府就宣布它不愿意赞助任何包括斯福尔扎伯爵（Count Sforza）并以他充任首相或外长的新意大利政府。虽然丘吉尔一向认为斯福尔扎是一个不值得信任的小人（这当然也不无几分道理），但是他却有长期反抗法西斯的记录，并且在美国很受人的尊敬，因为在墨索里尼的时代中，他一直是流亡在美国的。所以当英国政府反对他的消息传到美国之后，马上报纸上就涌出了一片的抗议声。当时爱德华·斯退丁纽斯（Edward Stettinius）刚刚继任赫尔做了美国的国务卿，他就觉得他有公开表示不赞成英国政策的必要。于是在12月5日，他就发表了一个声明说："意大利政府的组成完全是意大利的私事，应遵照民主路线去寻求解决，而不应该受到外力的干涉。"

丘吉尔对于这个公开声明表示很恼怒，所以他在与罗斯福通电话的时候，不免怒气冲冲的。他特别不满意这一点，就是斯退丁纽斯的声明似乎是暗示着，"不干涉"的原则对于其他的"被解放"地区都应该作更广泛的应用。就伦敦方面看来，这正是针对着希腊的情势而发的，在那里发生了紧急的事变，为了防止已被承认的政府为共产党所推翻，英国人已经不得不使用武力。丘吉尔向英国的国会宣布说："在苏美两国同意之下，英军开入了雅典，他们不能让这个国家陷入暴政的统治。"

虽然如此，因为希腊的共产党最近还曾经和德国人作战，所以用英军去剿共，就会在大西洋的两岸都激起一片怒火。从英国的国内和国外，丘吉尔都受到了最猛烈的攻击。甚至具有善意的人也攻击他，对于共产党处置得过严，同时他所保护的政权是一个反动的政府，是一个并不太孚人望的王室。

华盛顿方面最是群情激愤，海军参谋总长金素以反英著名，他就立即命令在地中海地区中的美国海军指挥官，不准使用美国的 LST 装运物资到希腊去。所幸霍普金斯知道了这件事，才设法取消了这个命令，不过丘吉尔却也已经知道这件事，所以又引得他大发了一顿脾气，于是大西洋两岸之间，函电交驰，互相辩论指摘，其结果使希尔伍德说："白宫和唐宁街之间的关系是已经到达了空前的紧张阶段。"华盛顿方面认为丘吉尔偏好君主立宪政体，实际上就是要违背人民的意志，并且他是不忠于大西洋宪章，而只想恢复欧洲过去的旧状态。

圣诞节那一天，丘吉尔和艾登一同飞往雅典，制定了一个休战协定，让达马斯基诺斯大主教（Archbishop Damaskinos）充任摄政，并且保证必须经过公民总投票之后，国王才决定回国与否，于是这个紧张局势就突然转松了。丘吉尔对于这种解决方式感到很满意，但是他却不便公开地说出他之所以满意的理由，那就是他救助了希腊，使它不至于变成苏联的附庸国家。不过当他在马耳他岛与斯退丁纽斯见面之时，他却直率地向斯退丁纽斯说道："假使不是英国有军队在希腊，那么希腊的共产党就已经夺获了政权。英国有这种明确的责任，来阻止这样的事情发生。"斯退丁纽斯对于这一番大道理，似乎漠然无动于衷，而美国的代表团中诸

人，还是一致深信丘吉尔已经干涉了希腊的内政，而其目的却是
要帮大英帝国获取一些自私的战后利益。

正在雅尔塔会议的前夕，英美两国之间居然发生了这样多的
猜忌和差异，这实在是一个极不幸的事情。因为这会使罗斯福和
他的一些亲信们，认为在将来对于世界和平和弱小民族独立的最
大威胁，将不是苏联和国际共产主义，而是这个老大的殖民帝国
主义者的大不列颠。只要记得在当时，罗斯福甚至不相信斯大林
会有任何帝国主义者的思想，那么就可以了解这个偏差的意义了。

在他启程赴会的前3天，罗斯福刚刚宣誓就任第四次总统的
职务，在他的就职致辞中，他曾经这样说道：

> 我们已经学会了如何做一个世界的公民和一个人类社
> 会的分子。我们已经学会了一条简单的真理，那就是爱默
> 生（Emerson）所说的："要想有一个朋友的唯一方法，就
> 是自己做一个朋友。"

罗斯福就是心里怀着这一个教条，而去到雅尔塔开会的。照
他的看法，美苏两国在国家利益方面是并无基本冲突的存在；美
苏两国的人民有许多共同的性格，只要他们的领袖，能够开诚布
公的话，那么他们是可以共同合作，而为和平及自由努力的。他
还是十分相信斯大林，并且也自信他有这种能力，足以赢得苏联
的永久合作，虽然在过去一年中，苏波两国的关系已经发生了不
幸的现象，但是他对于他个人的影响能力和苏联战后意图，仍然
觉得并没有什么理由是可以让他感到怀疑的。

自从德黑兰会议之后，罗斯福曾经三度直接向斯大林提出要

求，希望能引诱他与在伦敦的波兰流亡政府，获得一个合理的协定；每一次他都碰了钉子，斯大林似乎没有那种趋势，愿意让大西洋宪章应用到波兰来。虽然如此，米科瓦伊奇克却这样地报道着，当他 1944 年 7 月间在华盛顿的时候，罗斯福曾经向他说："斯大林是一个现实主义者，而且当我们判断苏联的行动，应该不要忘记了，苏联的政府对于国际关系还只有两年的历史。不过有一件事却是我可以断定的，那就是斯大林绝不是帝国主义者。"罗斯福又向米科瓦伊奇克表示，因为今年是大选年，所以他不便于对波兰问题作一个公开的声明，不过他说："最后，我对于这个问题，还是会以协调人自居，并且一定要使它获得一个相当的解决。"诚如他在德黑兰会议以后所宣布的，罗斯福相信斯大林是"好商量"的，他觉得只要他们能一同坐下来慢慢地谈论，那么就没有一个问题是不可以用"人与人"之间的基础，来寻得一个解决的。

相信用友谊外交的手段，就一定能使斯大林发生同情的反应，这种人也不仅是罗斯福一个。无论军事方面或政治方面，罗斯福的最重要顾问人员，也都是有此同感的。诚如赫尔所说的话，他们"一定能够和苏联政府相处得很好"，而且要做到这一点，那么他们就必须能够"忍耐"。美国的领袖们，要比英国人，容易发出这种可以和苏联人"相处得很好"的感想，因为美国本是一个大熔炉，美国人民惯于把各种民族的分子，吸收进他们的社会组织里面去。在这种性能方面，美国人可以说是盖世无双。

也许最足以代表罗斯福理想的文件，就是霍普金斯在雅尔塔会议之后 6 个月，所写的一个备忘录。他说：

我们知道或是相信，在我们所可能预测的范围之内，苏联的利益似乎在外交上，是不可能与我们发生重大的差异。我们相信为了经济上的原因，我们是互相依赖的。我们感觉到苏联人是很容易应付。苏联人毫无疑问地都欢喜美国人。他们爱好美国，他们信任美国的程度，远在对世界上其他国家之上……他们是坚韧的民族，其思想和行为都完全与你我相似。

艾森豪威尔对于苏联的人民，也赞成这样的观点（注：这并不是对于苏联政权的观感），他曾经这样写道：

苏联人民是具有广大的天性，爱说笑话，忠于他的伙伴，身体健康，对于日常的生活事务采取一种直接的看法，从这些地方看来，我觉得他们与我们所谓的"标准美国人"，是具有很多相似之点。

艾森豪威尔也相信美苏之间是具有一种特殊的联系，而这是英美结合之间所没有的。他说："从过去美苏两国间的关系上看来，对于未来是并无悲观的理由。"一方面，"这两个民族是自从美国独立的时候起，就一直维持着不断的友谊"（注：这是说在美国独立时，第一个承认它的就是帝俄政府），另一方面，"双方都没有使用武力建立殖民帝国的污点"。

这种显明的看法是传自美国的开国始祖。罗斯福在雅尔塔会议的时候，就深受其累。在他的眼中看来，英国是一个帝国主义者，带着殖民主义的污点；而苏联却不然。这是一个具有决定性的因素，使罗斯福不惜在欧洲和亚洲都向斯大林让步，以促使他来加入太平洋战争。

罗斯福决心要苏联参加对日作战的理由有两点。他的私人参谋长莱希上将（Admiral Leahy）曾经说过，罗斯福是相信"假使苏联参加远东的作战，则更可以保证苏联在他的联合和平的世界梦想中，会作忠诚的合作"。另一方面，国务卿斯退丁纽斯说："当时美国的军方领袖人物曾经使用重大的压力，要求总统把苏联引入远东的战争。在那个时候，原子弹还是一个未知数，而我们刚刚在阿登高地的挫败，却在大家的心头留下了一个很深的新印象。我们还没有渡过莱茵河。谁都不知道欧战还要打多久，和死伤数字还会加到多大。"斯退丁纽斯又补充着说："美国的参谋首长们曾经向罗斯福提出警告，认为若是没有苏联的帮助，那么美国还可能要死伤100万人，才能够征服日本，而且太平洋战争在1947年以前，也不要想结束。"

坚持这种观念的首要分子就是马歇尔，但是罗斯福的军事顾问们，却并不一定全体同意，认为有入侵日本本岛的必要。莱希说1944年7月在珍珠港，两位直接指挥太平洋战争的大将麦克阿瑟和尼米兹都曾经亲自告诉总统："专门使用海空军的力量，不必入侵日本的本土，也一样可以压迫日本接受投降的条件。"因为自10月间莱特湾战斗（The Battle for Leyte Gulf）之后，日本的海军就已经溃不成军，所以在雅尔塔会议之前，照莱希的看法日本人是早已败定了，现在的问题就只是消耗的时间长短而已。空军参谋总长阿诺德，也是具有相同的见解，他手里的超空堡垒早已从各岛屿基地上起飞轰炸日本了。所以苏联滨海省的空军基地现在是已经没有太多的重要性，而且欧洲方面试验使用苏联基地作穿梭轰炸时，所得的经验并不愉快，因此阿诺德也不想在亚洲再试验了。虽然如此，但是发生效力的还是马歇尔和金的意见。

赞成请求苏联加入太平洋战争的人，他们的意见又受另外一个因素的相当影响，那就是照他们的估计，美国在对日战争中将来会受到英国人的多少帮助。在这里殖民地问题又加入了美国人的计算之内。实际上，英国在远东的一切兵力都是由路易斯·蒙巴顿（Louis Mountbatten）的东南亚统帅部所指挥，现在正在缅甸作战，将来可以指向马来西亚和苏门答腊。这种作战的部署是一方面受着政治因素的影响，另一方面又受着地理因素的支配，但是华盛顿方面却认为丘吉尔所关心的问题，不是提早打败日本人，而是想要赶紧收回他们已经丧失了的殖民地。所以，当1944年9月间，在魁北克会议的时候，出乎美英两国参谋本部的意料，丘吉尔突然建议派遣英国轰炸空军的大部分和英国战斗舰队的主力，到中太平洋去助战。罗斯福当然立即接受了这个提议，但是到了下一次联合参谋会议开会的时候，马上就引起了轩然大波。金强烈地表示反对，当他被莱希制止，叫他遵守秩序的时候，态度还是一肚子的不高兴。

虽然马歇尔和阿诺德并不像金那样痛恨英国人，但是美国的参谋首长们却从来不愿意让英国人对于太平洋战争具有发言权，同时他们也不希望让英军负担主要的任务，否则英国人就会有权利要求占有或托管日本帝国的一部分领土。此外他们也相信——所以他们也曾劝告罗斯福——"基于国防上的理由，日本在太平洋中的委任统治岛屿，一定要由美国占有，而不能够交给联合国托管"。因为忠于他的主义，罗斯福拒绝了这种建议，不过这同一主义也就使他对于英法两国在东南亚的活动和意图感觉到不信任。

罗斯福不想把越南归还法国人，所以他拒绝同意法国人派遣军事代表团参加东南亚统帅部。他却准备让荷兰人重返荷属东印度，因为荷兰女王已经允许给予当地人民以自治权，不过他就决心要让美军去收复这些岛屿，其目的是保证这个诺言便于兑现。所以，唯一划给英军作战范围之内的荷兰领土，就是只有苏门达腊，而这也是因为在地理上它与马来西亚比较接近。此外，在麦克阿瑟建议之下，美国参谋本部又决定在荷印光复之后，决不让英国人对它实行军事管制。莱希说："英国人真正的意图尚在不可知之数，但是过去的经验却指示出来，一旦他们控制住了荷兰的一部分领土，那么恐怕就很难要他们吐出来了。"罗斯福对此也有同感，因为他曾经告诉斯退丁纽斯说："英国人对于世界上任何地方一块土地，他们都会想占有，即使只有一颗岩石或一片沙滩。"

罗斯福之所以那样急于想要收买斯大林，希望他来参加对日的作战，其主要的理由固然是想节省人命，但是从所有各方面的证据看来，似乎下列的说法也是相当的公正，那就是他希望利用苏联的援助，而使美国在英法荷等国尚未重新收回他们的殖民地之前，即已有能力对日本作具有决定性的攻击，并且强迫它投降。于是美国就可以要求那些从日本手里"解放"出来的殖民地，再不还给它们的旧主人了。

事实上，以后的事实却证明了美国人并不需要苏联的帮助，即可以达到这个目的。当日本宣布准备投降时，麦克阿瑟以受降总代表的身份，曾经禁止蒙巴顿在东南亚地区，接受任何局部的投降，并且在东京降约签字之前，不得派遣任何占领军和救济人员去到日本人的占领区。因为这个受降的仪式还要12天后才举行，所以蒙巴顿对于这个命令只遵奉了一半，他还是照样派救济人员出发工作，因为他说再延迟 12 天，那么我方的战俘死伤人数就会更多了。

关于海陆军调遣的命令，英国人还是奉命唯谨，虽然军队都已经准备好了，可是英国人却不准许立即重返他们过去的殖民地，一定要等到日本最高当局在东京湾内的一艘美国军舰上，向一位美国将军正式投降之后，他们才被准许可以开始行动——这对于英国人而言，实在是一种莫大的侮辱。

虽然这个事实是在雅尔塔会议后 6 个月才发生的，但是这种反殖民主义的思想却支配着罗斯福在战时的一切政策。

× × ×

雅尔塔会议的全体会议是在面临黑海的里瓦几亚离宫（Livadia Palace）里面举行。这个离宫的主权虽然已经转移，因为那还是罗曼诺夫（Romanoffs）王朝所建造的，但是新主人的目的野心却和旧主人并没有太多的差异。唯一主要不同之点，就是现在这个想完成俄罗斯大帝国使命的人，比从前的沙皇还要凶残可怕。

在 2 月 4 日，星期天的开会仪式当中，斯大林就首先做了一个高明的姿态。他提议，还是和德黑兰会议一样，请罗斯福担任主席，这样一来他就又使罗斯福已经有一半是站在他那一方面去了。可是斯大林对于主席的领导却似乎一点都不尊重，尤其是对于罗斯福的乐观计划，主张以承认世界各民族的自主权为基础，以来建立世界和平组织的理想，最不感兴趣。当第一次提到这个问题的时候，斯退丁纽斯说：“斯大林表示得非常清楚，负担战争重任的是这三个巨强，所以维护和平的也应该还是它们。"此外他又宣称："他绝对不同意把任何巨强的任何行为，交给那些小国去审判。"在答复这个辩论的时候，丘吉尔就代表所有的西方国家发言，他说："大鹰也应该准许小鸟唱歌，而且不应该干涉它们唱些什么。"那一天傍晚，当斯退丁纽斯和艾登商讨未来的展望时，他们都同意认为："这个趋势似乎是趋向于一个三强同盟的形式。"

因为看得出来这个时候讨论世界和平组织尚非其时，所以罗斯福在第二次全体会议时，就提出德国前途的问题。1943 年 11 月，在莫斯科举行的外长会议中，曾经决定德国应该全部解除武装，并且对于苏联和各同盟国的物质损失应予赔偿。以后，在德黑兰，虽然曾经讨论到瓜分德国的问题，但是却并不能得到结论，不过在原则上却决定了三强应该占领德国，并且在 1944 年 11 月以前，对于突际的占领区划分和他们对于柏林的联合责任，也都应该获得了各国的同意。在雅尔塔会议中，"三巨头"就又重申要求德国"无条件投降"的决心，并且这是第一次，美英苏三国的参谋首长们开始详细地讨论，在军事上如何击败希特勒。至于说到战后德国的问题，却并没能够获得一致的同意，不久就发现了英苏两国在态度上，有相当的差异，尤其是关于分割的原则、分割的限度以及法国在占领中所负担的权利。

苏联人主张只有三强具有占领的权力；只有他们在雅尔塔可以有权决定把第三帝国分成几个国家，并且把这个事实列入投降的条款之内；此外德国的重工业应拆毁 80%，并且应该用实物来赔偿价值 200 亿万元的赔款，其中有一半应归苏联所有。

丘吉尔马上就认清了，假使接受了这个建议，那么德国从此在政治上和经济上，就会变成贫弱不堪的状况。虽然他也决心要使德国不再成为扰乱欧洲和平的一个因素，但是他却不希望把它完全中和掉，使它在均势的局面中完全丧失了作用。所以他认为除非苏联同意建立一个强大的多瑙河同盟，否则他就不赞成瓜分第三帝国——但是那个建议却早已被斯大林和罗斯福所拒绝。此外，他也不希望德国要赔出那样苛刻的赔款，因为这样一来，德国的经济情况一定就会完全破产——除非又和第一次大战以后一样，是西方国家来支持它。最后，丘吉尔也希望法国对于占领和管制德国的工作上，能具有同等的地位，以使英国在联合管制委员会中，可以有第二个欧洲国家来支持他的发言。因为罗斯福曾经说过，美军在两年之内一定要撤离欧洲，所以就使他对于这点更感到着急。丘吉尔虽然没有明言他所害怕的威胁是什么，但是他却说："专靠英国一国，其实力是不足以守住海峡地区的西面要路。"

　　当这些讨论还在进展之中的时候——无论是在全体会议中还是在外长会议中——罗斯福和斯退丁纽斯都热心于采取一种折中的解决方案。其结果是把三个显明不同的观念糅合在一起。关于瓜分德国的问题，斯大林希望目前和将来在投降条约中，都作一种具体的规定；丘吉尔则希望在两方面都不要作规定；而罗斯福则建议只在投降条款将其列入，而他们本身则不受此项政策的束缚。至于说到赔偿的问题，斯大林主张在草约中说明价值200亿元的总数字；丘吉尔则反对提及任何具体的数字，甚至把它当密件都不赞成；而罗斯福则主张接受苏联所提出的数字，以它作为讨论的基础。至于说到德国的占领问题，丘吉尔主张法国在联合管制委员会中应占一席，并具有他们独立的占领区；斯大林反对这两种建议；而罗斯福则主张法国可以有一个占领区，但是在委员会中却不能占有一个席次。

对于每一个问题，罗斯福对于丘吉尔的基本立场，几乎都是同意的（虽然他并不完全同意他所持的理由），但是在公开讨论的时候，罗斯福却是处处以协调人自居。他对于均势的观念丝毫不感兴趣，同时他又不太关心德国问题的内在利害。对于他而言，德国本身并不成其为一个问题，而只是他心里所怀念着的大问题里面的一个讨价还价的关键而已——他要在建立世界和平组织和对日作战这两件大事上，赢得斯大林的合作。

因为他既然担任了主席，所以当然有时是不可避免要负担调停仲裁的任务，不过毫无疑问的是他却很喜欢这种工作，因为这可以使他保持着较大的行动自由，而且当没有听到双方对立意见之前，他可以不必发表他个人的意见。因为罗斯福决心要以调停人自居，所以他就产生了双重影响。一方面，使实际上本是英美两国共同主张的见解和原则，却变成了英国单独的主张——这是使丘吉尔最头痛的。另一方面，据罗斯福的一位最亲近的顾问说，也使"苏联的领袖们对于总统的宽容大度，和他那个愿意妥协的原则，未免估计超过了限度"。

当2月6日召开第三次全体会议时，德国前途的问题还没有到达决定的阶段，于是罗斯福又回到战后的和平问题，命令斯退丁纽斯把那些曾经在邓巴顿橡树园会议中讨论的问题，再在这里重述一遍。在那次会议中，中美英苏的代表曾经同意所谓联合国组织的原则和目标，并且决定它应该有一个全体大会，一个安全理事会，以及其他许多的机构。等到这些同意的范围通过了之后，突然苏联的代表葛罗米柯提议所有在苏联组织之内的16个共和国，在联合国大会中也都应该占有议席（这个提议使英美的代表噤若寒蝉），并且又提议除了程序的问题以外，各巨强在安理会中对于任何提议都具有否决权。

有些批评罗斯福的人，认为安理会中设有否决权这一条，是因为他想要引诱斯大林加入联合国，所以才在雅尔塔会议中作了此项的让步。事实上并不如此。关于否决权的基本原理从来就没有成为争论的对象。没有哪一个巨强愿意完全接受一个国际安全组织的管制。所有各国都同意"对于维持和平的主要决定，包括一切经济和军事上的强制办法，都必须获得安理会各永久理事国的无异议通过"。这是不可以避免的。罗斯福被威尔逊的怨鬼吓慌了，所以坚持着否决权，因为他知道美国的参议员是不会准许任何国际组织，能够有权柄动用美国的军队，去参加军事行动。丘吉尔对于这一点也是同样坚持，因为他在雅尔塔会议中也曾说过："他决不会让那四五十个国家去争争吵吵，以来影响到大英帝国的生存。"

虽然英美两国是主张对于任何国际"警察行为"应该具有否决权，但是他们却不想捣乱一切的讨论，并且阻止任何小国向安理会有诉冤的机会。不过，在邓巴顿橡树园会议时，葛罗米柯却拒绝了这个观念。虽然如此，1944年12月5日，罗斯福却拟定了一个折中的方案，送给斯大林和丘吉尔看，它承认对于制裁的问题，是应该需要无异议地通过，不过凡是本身是这个争执中一方面的当事国家，对于这个问题是不应有投票权和否决权的。

现在在雅尔塔会议中，当斯退丁纽斯重新提出这个方案之后，丘吉尔就马上宣布英国愿意接受这个原则，并且补充地说："我们认为这是非常重要的，那就是三大巨强并不以其他世界上的主宰者自居，甚至不让其他的国家有申诉的权利。"当斯大林发言的时候，他也是再度强调完全一致的重要性，并且宣称真正的问题就是要保持强国的团结一致和创造出来一个条约以来达到这个目的。他说："未来的危险是我们之间可能会有冲突发生。"他向罗斯福表示道歉，然后说他对于否决权的问题，还不准备作判断，因为他还没有机会对于这个问题作详细的研究。但是事实上，他对于否决的行使分析得很详细，表示他自从在两个月之前收到了罗斯福的草案之后，就对它做过详细研究！

在这样一度交换意见之后，斯退丁纽斯感觉很有信心，相信这是第一次，斯大林真正懂得了美国的观点。在另一方面贝尔纳斯却认为苏联人对于联合国组织并不是太感兴趣。而莱希则以为是"很难看出来将在何种立场上，才能够获得一个协议"。当在下一次外长会议中，莫洛托夫就甚至拒绝讨论安理会投票程序的问题，所以这个印象似乎是已经获得了一个证实。

把这个问题按下不表，罗斯福又提出了波兰问题。他宣称他愿意接受寇松线，但是却劝斯大林同意利沃夫古城和附近的油田，仍然让波兰人保有。斯退丁纽斯说："他却又指出他只是提出这一点以供大家考虑，而并未坚持这一点。"事实上，他用来支持这个建议的最大理由，就是说那可以对于美国的舆论上会有良好的反应，这个观念对于苏联的独裁者而言，才可以说是风马牛不相及了。尽管罗斯福的顾问向他提出警告说，这些油田对于波兰的经济具有极大的重要性，但是罗斯福却从来不会把它当作一个理由提了出来，因为不仅是对于波兰的边界问题，同时对于新波兰政府的建立问题，罗斯福也都是希望能够保持着一个"调人"的身份。

丘吉尔是早已主张用寇松线当作分界，现在就宣称假使斯大林肯接受美总统的"利沃夫计划",那么就是一个更慷慨的姿态,是英国人所十分欣赏的。不过,他却说他真正关心的问题,倒不只是边界问题,而是波兰的主权独立问题。他也和美总统一样,希望波兰人能用自由选举的方式,建立一个完全能代表民意的波兰政府。对于英国人而言,他们对于波兰问题曾经冒了这样多的危险,所以这是一个荣誉的问题。

为了回答这一席话,斯大林就也作了一番愤激的讲演。他说:"对于苏联人民而言,波兰不仅是一个荣誉问题,更是一个安全问题。从历史上说,波兰一直是一个走廊地带,使敌人可以经由它而进入苏联……所以为了苏联的利益起见,波兰必须要强大,使它自己有力量关住这一道走廊门。"再说到边界问题,他说苏联一定要占有利沃夫,除了"寇松和克里孟梭(Clemenceau)之线"以外,它不愿再接受其他的东西。斯大林大声疾呼地说:

> 你们是要使我们大丢其脸!白俄罗斯人和乌克兰人又会怎样说呢?他们会说斯大林和莫洛托夫在保卫苏联的任务方面,还没有奎松和克里孟梭可靠……我宁愿这个战争再延长一点时间……宁肯牺牲德国使波兰在西面获得相当的补偿……我主张把波兰的西界扩展到尼斯河(Neisse River)。

罗斯福又建议新的波兰政府应由5个主要政党的代表组织,其中包括伦敦新流亡政府的代表,但是斯大林又表示反对。他说他不信任在伦敦的波兰人,并且除了早已在卢布林成立的政权以外,其余的任何政权他都不拟加以承认。他说:"我们需要的是秩序，而我们不希望有人在后面放冷枪。"

丘吉尔立即与斯大林发生了激烈的争论，宣称英国决不接受卢布林委员会，因为它所代表的还不够整个民族的1/3，同时他也反对把波兰的西界扩展到尼斯河，因为那无异是把整个西里西亚都给了它。他说："用德国的食料把波兰硬塞成了一只填鸭，让它不消化而死，这实在未免太可怜。"说到这里，这一次会议就无结论而散会了。

那一天傍晚，罗斯福又送了一封调和息争的信给斯大林，它的内容是一方面重申美国反对卢布林委员会的决心，但是却又加上了一个保证说："凡是任何波兰临时政府对于你的利益有危害时，美国就绝不会予以支持。"虽然他认为这一封信只是尽了调停人的责任，但是罗斯福事实上却不惜放弃了他的独立地位，而向斯大林表示好感地说："我决定不让我们与苏联之间发生任何的裂痕。"根据这个声明，他承认了只要斯大林对于波兰问题提出一个解决办法，则美国是会接受的。

当第二天（2月7日）下午三巨头又举行会议的时候，斯大林说他已经收到了罗斯福的来信，并且说他的答复正在打字之中；所以在这个中间的时间，他愿讨论国际和平组织的问题。罗斯福当即表示同意，于是莫洛托夫就开始宣称关于安理会的投票问题，苏联很乐意接受美国的整套提议，而且也并不坚决要求把所有16个苏维埃共和国都当作联合国的会员国。只要能让乌克兰和白俄罗斯加入，就已经很满意了。因为大家早已同意英国的四个自治领和印度，在联合国大会中都具有独立的代表权，所以丘吉尔对于这个要求当然不能表示反对。虽然罗斯福并没有立即表示同意，但是他告诉斯退丁纽斯说："我不认为苏联的提议有什么不合理的地方。"实际上，为了要获得苏联的合作，他觉得这个代价实在是不重。

斯大林居然很愿意加入联合国，这使罗、丘两人都不免大喜过望，因为他们觉得他对于两个重要的问题都已经做了真正的让步，这都是他以前所绝对坚持的。他们本以为斯大林所感兴趣的就只是三强同盟，但是无论如何，现在罗斯福却相信他已经说服了斯大林不仅承认了各小国的主权，而且还愿意与其他的巨强合作，共同从事于维持和平和伸展自由范围的工作。

斯大林同意苏联参加拟定4月间在旧金山举行的联合国大会，并且说假使美国总统要求在大会中有3份投票的权利，苏联人也准备极力支持美国人的主张。由此似乎就更可以证实这种信念：罗斯福觉得凡此种种都足以代表斯大林的真正好心，因为他决料想不到以后在安理会中，苏联会一再地滥用否决权，以使一切的工作都受到阻挠。那一天下午，在雅尔塔会议中，英美的外交工作似乎是获得了一个相当的胜利，而美国总统认为这样长久辛苦的旅程并没有白费。

$$× × ×$$

在联合国问题讨论之后，大会就短时间休会，西方国家代表们的大多数意见都认为斯大林作这样的让步，是表示他的内心也已经有了决定性的变化。可是从以后的关系上来判断，就足以表示出来这完全只是一种战术上的手段，其目的是造成一种光明和友好的气氛，以使西方国家对于莫洛托夫即将提出的波兰计划，比较容易接受。这个计划的内容，实际上不过就是把前一天斯大林所强烈主张的一切，再用正式的文字重选一遍而已。唯一对西方国家让步的地方，就是加了这样一条：现在这个临时政府（即卢布林委员会），可以扩大范围以容纳一些波兰流亡国外的民主领袖人物。但是甚至农民党的领袖米科瓦伊奇克，苏联都认为他是不合于"民主"的标准，所以这个让步实际上也就等于零了。那一天会议结果所表示出来的精神，就是苏联固然愿意加入联合国，但是它却不准备完全倚赖这个组织。它决定要自己设法保护自己的安全，使欧洲方面的邻国都受着它的控制，同时在亚洲方面也要处于控制的地位。

第二天下午罗斯福就苏联参加对日作战的问题，曾经与斯大林进行了一次私人性质的谈话，在这里也就泄露出来了苏联对于亚洲方面的野心。这一次的讨论是完全以苏美两国的立场为基础，并且是保持着绝对的机密，除了两个译员之外，其他出席的人员就只有莫洛托夫和美国驻苏大使埃夫里尔·哈里曼（Averell Harriman）。

由于美总统的要求，所以丘吉尔也没有出席，同时当参谋首长们继续讨论问题的时候，英国人也没有参加。甚至对于他的亲信，罗斯福也是守口如瓶。斯退丁纽斯虽然身为国务卿，但是也仅仅知道会谈是在进行中而已。当他问道，国务院是否应有代表参加这次会谈，罗斯福却回答他说，所谈的问题是纯军事问题，所以最好国务院还是不要参加。这个答复实在很有疑问，因为军事问题斯大林是早已说明了，现在在雅尔塔所要决定的就只是使他参战的政治代价而已。

1943 年 10 月间，斯大林就已经第一次允许在德国战败之后，加入对日作战。他这个建议是向赫尔提出的，赫尔认为他是"完全出于至诚，毫无牵强的意味"。一个月后在德黑兰会议时，斯大林又提出这个建议，以当作第二战场和租借物资的报答。虽然如此，罗斯福却自动表示愿意恢复苏联在旅大的特权，并保证它可以获得温水港口。因此斯大林才晓得罗斯福是太好对付，马上就开出了他的价格，而且当美国实际上需要他的援助程度日益减低的时候，他的价格反而越喊越高。当 1944 年 10 月间，丘吉尔访问莫斯科的时候，斯大林就向他说："只要美国人能够帮助苏联储备必要的物资，并且使苏联所要求的政治部分能够澄清之后，那么在德国失败后 3 个月内，苏联就可以开始向日本进攻了。"在这一次莫斯科会晤中，以及在 1944 年的另外 5 次不同的时机之下，斯大林都曾经确切地表示把远东滨海省的海空军基地，供给美军使用。可是到了 12 月，苏联却突然撤回了这个诺言，其目的是很明显的，不过是想要使雅尔塔会议中多一份讨价还价的本钱。

这个决定世界命运的谈判，是在 2 月 8 日的下午在里瓦几亚离宫的密室中举行的，它的经过内容始终没有公布，因为凡是与会的人都没有公开地把当时的情况泄露出来，而莱希、希尔伍德，和斯退丁纽斯的记载虽然可以当作权威的根据，却已经转了一手。不过他们所决定的一切，却在以后斯大林、罗斯福和丘吉尔三人曾经签字的文件上面，非常明白地表现了出来。它的内容是说："在德国投降后两三个月内，苏联即应和日本作战。"其条件则如下：外蒙古的现状应加以维持；日本北面的千岛应割给苏联；凡日俄战争以后俄国所丧失的权利都应予以收复。所以苏联又重新可以占领库页岛的南部，大连的国际港口和旅顺的海军基地。此外，虽然中国在"东北"应保有完整的主权，但是主要的铁路线却应由中苏合组的公司加以管理。除了同意加入太平洋战争以外，斯大林对于其他各点都主张不必作书面的记载。他允许美国利用滨海省的基地，但是这却并未列于协定之内，同时美国应另外供应 100 万吨物资，也没有明文的记载。这些物资都已经如期送到，但是使用基地一节却不了了之。

美总统的私人参谋长莱希上将说，当苏联的条件在下一次全体会议中提出的时候，那只有极少量的讨论，而且毫无辩论发生。斯大林只是直率地说："我们所要收回的东西，就是那些日本从俄国抢去的东西。"而罗斯福就回答说："这似乎是一个很合理的见解。因为他们所想收回的，不过只是从前所丧失的东西而已。"丘吉尔对于他们两个人这样一唱一和，应该感觉到有一点儿不愉快，因为他不会忘记不久以前罗斯福曾经这样向他说：

温士顿……你的血液中含有 400 年来传统的贪得无厌的本能，所以你不懂得为什么一个国家在可以获得领土的时候，而居然会不想要它的道理。世界历史已经进入了一个新的时代，所以你实在应该自求长进以来适应新时代的要求。

假使美国人不知道，英国人是应该知道的，斯大林的理由实在并不足以掩护他的全部要求。千岛群岛是从来不曾属于苏联。苏联在中国东北所要收回的那些特权，都是 19 世纪俄国人用强取豪夺的手段抢来的，而对于中国的主权实在是一个严重的损失。这种"特权"的唯一基础就是一种"治外法权"，这也就是罗斯福本人为了表示重建和尊重中国的独立主权，而使美英等国在 1943 年所宣布放弃的东西。维持外蒙古的现状，也就是有意不让它重返中国的怀抱，换言之是苏联，而不是中国，可以在这个地区握有政治上的控制权。总而言之，利用这个协定，苏联在英美同意之下，在政治方面变成了日本的承继人，对于中国的东北和北部都具有独占的优势。

关于朝鲜半岛的占领问题，在雅尔塔会议中并无特定的安排，关于这个不幸的地区，似乎只是偶然地提及而已。斯大林问它是否要用任何外国兵去加以占领。罗斯福答复说，不准备如此；斯大林毫无疑问的是想得更远，所以也就表示同意了。（注：以后苏军分占朝鲜，是美国军方为了受降便利起见，而作的临时规定。）

在知道了苏联全部条件的内容之后，丘吉尔的某些顾问人员却感到颇为关心，因为他们发现了，这些最重要的要求不是对日本而发的，反是要使他们的同盟国中国大吃其亏，并且罗、丘两人还要被迫宣布："在日本被击败之后，苏联的要求应该无条件地加以履行。"此外，斯大林更坚持，为了保密，一定等到苏联准备进攻的时候，才可以把这些条款的内容告诉中国人。罗斯福在中国人提出抗议时，应设法加以安抚，但是据希尔伍德的报道说："假使中国拒绝同意苏联的要求，则美英两国应联合地压迫它接受。"照英国代表团中某些人的看法，这似乎太矛盾，因为罗斯福一方面在劝丘吉尔放弃香港，作为一种友好的姿态；而另一方面却不惜让苏联割据中国的东北，并且在这样做的时候，一点都不事先和中国人商量。罗斯福的幕僚当中，至少有一个人也曾经有此同感，那就是莱希上将。当他向罗斯福提出警告说："总统先生，假使他已经同意把大连的一半给予苏联人，那么你对于香港问题就实在无话可说了。"罗斯福回答道："比尔（Bill），好吧，我也毫无办法。"

艾登曾经用尽方法劝丘吉尔不要在这个条约上签字。丘吉尔说他一定要签字，因为他感觉到"大英帝国在远东的整个地位都已经受到了威胁"。丘吉尔这种忧惧的心理是很有理由的，因为对日作战的谈判，已经不让他参加；假使现在他再不支持美国的立场，那么以后一切有关远东的讨论，他就可能会丧失了参加的资格。正和莱希一样，他也看出了这一点，假使对于苏联既然已经作了这些领土上的让步，那么罗斯福就一定有一点内愧于心，而不会再提出他从前那个一再想要改革大英帝国的威胁。

在雅尔塔会议的所有协议中，以这一项最矛盾不合理，最无法加以辩护。不过斯大林所获得的利益，却并不是罗斯福在无可奈何的环境之下，才勉强给予他的。希尔伍德说，甚至在德黑兰会议之前，罗斯福对于苏联在远东方面的要求，就至少准备允许一大部分。不过希尔伍德却又说："假使罗斯福不是已经很疲倦和焦急，而不想再辩论的话，那么他也许不会同意最后的要求。"斯退丁纽斯却不同意这个意见，他说："远东问题的协议是曾经经过审慎考虑的，而并不是在雅尔塔随便临时凑成的。"他为了要给这些"让步"辩护起见，就故意反问道："除了千岛以外，苏联在雅尔塔所获得的东西，又有哪一样不是它可以自己动手去拿的，那么这个协定之有无又有什么关系？"

事实上这个"反问"并没有到达问题的真正重点，我们可以这样再提出一个"反问"："假使不是由于雅尔塔会议，那么苏联自己去动手抢那些东西，它可以不违反大西洋宪章和联合国宪章么？——这都是它已经签过字的。"对于世界和将来而言，问题的重心不是斯大林有无能力去夺取这些目标，而是他有合法的权利去取得它们。雅尔塔会议的结果使斯大林对于他在亚洲的侵略行

为，获得了一件道义上的外衣，而更重要的是，使他在和议席上
具有合法的理由，来确保他所要求的土地和特权。

罗斯福对于这个问题的投降，就更具有重要的意义，因为这
无异于牺牲了他所一向坚持的那个主义。他曾经一再坚持不作任
何战后的诺言，以使将来的和约会受到影响；他不承认任何势力
范围，和领土的变化，除非这是双方同意的；他也不承认殖民地
的转移，除非是合于国际托管的原则。但是在这个关于对日作战
的协定成立之后，罗斯福对于由对日作战所引起的各项问题，他
的调停作用和讨价还价的地位也都大大减弱了。一旦当他不经过
中国的许可就损害了中国的主权，并且违背了他 1943 年在开罗亲
自给予蒋总统的诺言之后，他再想保护波兰的主权，也许就会感
到十分狼狈。因为他已经承认苏联在满蒙地区建立一个势力范围。
所以就再也无法反对它在巴尔干建立一个同样的势力范围。当罗
斯福在亚洲方面已经牺牲了他的主义之后，于是就立即铸成了大
错，他不可能再把这个主义用在欧洲方面来，更无法用它来对付
像斯大林这样的现实主义者。所以，罗斯福的地位比起刚刚开会
的时候，真是一落千丈。斯大林的胃口越吃就越大，因此就更难
满足。

根据那些参加雅尔塔会议的人们所保留的记录来看，觉得星
期四下午关于苏联参加对日作战的谈判，实在是这一个星期中讨
论的转折点。假使西方国家的代表们在当时还感觉不到这一点的
话，那么似乎斯大林却是心里完全有数。所以，在他已经获得了
这些让步以使他足以控制中国之后，斯大林马上就从政治方面，
设法巩固他的军队在欧洲所早已获得的战略优势。现在是斯大林
提出强硬要求的最好机会，因为在他答应参加对日作战和加入国

际安全组织之后，他似乎是已经使美国人觉得他很慷慨，所以不能不有所报答。两个月之前，美国驻莫斯科军事代表团团长，迪恩将军（Gen. Deane）——他是一个很深刻的苏联通——曾经向华盛顿提出了一个警告，这以后的谈判就恰好被迪恩不幸言中。迪恩在12月间曾经向马歇尔报告说：

> 我们所有对于苏联所提出的要求和建议，苏联当局是无一不用猜疑的眼光来看它。他们根本上就不了解施恩不望报的原则，所以即使我们给东西与他们，他们也还是表示怀疑。在苏联"恩德"是累积不起来的。任何一件事情都是自为终始，与过去的"恩德"毫无关系。

这次会议的最后4天，当时在论到波兰问题的时候，苏联是无往不利。罗斯福已经不再提及利沃夫地区的问题。大家一致接受了寇松线，并且把这个事实正确地记载在草约之内。关于波兰的西界问题，斯大林也不坚持正式承认任何固定的一条界线，因为他知道罗、丘二人是不肯再退过奥得河的。因为他欣然同意了这个问题留待未来和约中去做最后的解决，而在这中间的时间，恰好让他可以自由安排夹在奥得尼斯两河之间的德国土地。

关于波兰未来政府问题的谈判是比较突出而复杂的。西方国家主张成立一个全新的政府，代表所有民主的和反法西斯的势力。而苏联则仅仅主张扩大卢布林委员会，这样就可以使波兰共产党仍然握有控制权。丘吉尔和艾登花了4天的时间争执这个问题，认为除非双方平等从新再来一套新的组织，否则英国政府实无法撤销他们对于波兰流亡政府的承认。英国人又要求这个新政权只是一个临时的政府，应该马上使用普遍选举和秘密投票的方式，另行选出正式的政府，而这个选举应在美英苏三国的大使监督之下实行。

苏联同意举行自由选举，莫洛托夫告诉罗斯福说，在一个月内就可以举行。另一方面，他却坚决拒绝监选的提议，认为这对于独立的民族实在是一种侮辱！艾登还是想坚持这一点，因为他知道没有外国人监督的选举不过是骗人而已，但在最后一次外长会议中，斯退丁纽斯却宣布说："总统非常希望能够赶紧获得一个解决，为了使工作能加速进行起见，他愿意在这一点上表示让步。"关于新政府的组织问题，于是三国的外长终于获得了一个折中的解决方案，其内容大致如下："目前在波兰行使政权的临时政府，应该采取一个较广大民主的基础，而加以改组，以便将波兰在国内外的民主领袖人物都包括进去。"为了达到这个目的，所有各反法西斯政党的领袖应集中到莫斯科，去听取莫洛托夫和英美两国大使的指导。

当2月10日全体会议中通过了这个方案之后，西方的代表们，只有几个少数的例外，都一致相信是已经获得了"一个光荣而平等的解决"（用希尔伍德所说的话）。他们保持良好的信心，而他们也认为斯大林是同样的忠实，因为他也在"解放欧洲的宣言"（Declaration on Liberated Europe）上面签了字，这个宣言也是重新认定大西洋宪章的原则。根据这个宣言，三强就有这样的义务，"建立一个在法律之下的世界秩序，为和平、安全、自由以及全人类的一般幸福而努力"。并且同意彼此合作"帮助在纳粹德国境内和前轴心附庸国家内的人民，建立他们自己所选择的民主政治制度"。

　　这些好听的名词，实际上，比起波兰方案的条款，却显得毫不重要，因为这些条款是那样的大而无当，所以使苏联人有充分的空间去作自由的解释。罗斯福本人对此也并非毫无认识，因为当莱希向他说："总统先生，这个东西是具有极大的弹性，苏联人可以把它从雅尔塔拉到华盛顿，而在技术上也还是不会把它弄破。"罗斯福也表示不无同感。最重要的事实，是美英两国在最初固然极力反对向卢布林委员会作任何的承认，但是最后在公报中，他们却已经同意承认它是一个临时政府。此外，虽然他们原先主张重新组织一个全新的政府，最后他们却又同意只把现有临时政府加以改组。这个与斯大林所提出的原案唯一不同的地方，就只是把"扩大"换成了"改组"而已。

　　斯大林把波兰的一切问题都解决了之后，就把德国的占领问题，用来当作示惠的姿态。当美总统宣称他现在认为法国在管制委员会中也应该占一席的时候，斯大林只是直截了当地回答说："我同意。"对于他而言，这真是一个极小的让步，因为它并不需要苏联在物质上作任何的牺牲。不过，当谈到与权利直接有关的问题，例如赔偿问题，斯大林的态度却是极顽强之能事。一方面，他完全拒绝讨论苏联是否有权讨论利用德国人力的问题；另一方面，他要求在雅尔塔会议中，必须把德国所应该赔偿的物资数量，作一个明确的规定。苏联代表们纷纷发言，一再为他们所提出的"200亿美元"的数字辩护，他们说假使只是把这个数字当作"讨论的基础"，那么联军就不会得着那个确实的总和。

　　美国人准备接受苏联人的意见，尤其是斯大林本人曾经亲自提出这个要求，并且准许把这个数字记载在草约上面。不过，对于这个问题，英国人却很坚持。艾登指出一定要等到他们调查清楚在轰炸和战争普遍损毁之余，德国的经济能力到底还剩下了多少，然后才可以决定德国是否能够赔付得起这样大量的赔款。所以实际赔偿数量的决定，应该由赔偿委员会去负责，这个组织是他们早已同意成立的。雅尔塔草约上只能立下一个原则，以来指导这个委员会的工作。这个原则应该是如此的说法："在决定赔偿数字时，应考虑到德国的分割情形，占领军和德国人民的需要，使他们能够从输出贸易方面获得必要的外汇以来偿付目前的输入物资。英国人希望公开地声明，德国的工业能力决不能够削减到某一点，而使它足以影响到国家的经济生存。"艾登辩论说，假使德国的工业能力被削减到苏联所要求的程度，那么以这样小的生产能力，而交出这样大量的赔偿，则苏联不可能希望德国能在十年之内赔清。他说，这两个目标是互相矛盾的，以后证明也的确是如此。艾登说："英国的目标是要避免因为赔偿，而使我们自己来供养德国人。"艾登所说的似乎实在是很合理，所以罗斯福和斯退丁纽斯都对他表示同意，但是他们却不认为苏联所提出的数字是不合理的，因为他们对于苏联人民所受到的可怕的损失，实在具有强烈的同情感。

在倒数第二次的全体会议中，斯大林也用充满了感情的语气，说明德国所曾经使苏联受到的惨重损失，并且要求应有适当的赔偿。丘吉尔就宣读了一个英国军政部所发来的电报，抗议200亿美元的赔偿是德国所绝对负担不起的。似乎僵局已经无法避免。苏联不肯接受英国的原则，英国也不肯接受苏联的数字，甚至当作讨论的基础也不肯。于是，罗斯福建议把这个问题留交在莫斯科开会的赔偿委员会去解决。丘吉尔和斯大林都同意，但是这个事情却还是没有了结。

在开会的时候，霍普金斯写了一张便条递给罗斯福看，它的内容是说："总统先生，苏联人在这次会议中已经作了许多的让步，我觉得我们不应该让他们失望。假使英国人不同意，就让他们不同意好了——甚至让他们一直把不同意带到莫斯科去。"那一天夜间，丘吉尔请客，斯大林又乘机向丘吉尔试探着说，他不愿在回到莫斯科之后，要向苏联人民宣布，由于英国的反对所以他们没有获得适当的赔偿。斯大林的坚持，再加上霍普金斯的影响，就使得在第二天上午签订草约时，上面加上了这样一句话："美苏两国的代表同意认为赔偿委员会，应以苏联政府所提出的价值 200 亿美元的总数，和其中 50% 应赔给苏联的原则，作为讨论的基础。"英国的意见为"不应提及任何数字"也同时写在记录上，但是所发生的作用却非常有限。这个数字现在是已经为美苏两国所同意承认了。

虽然苏联人对于这一点作如此的坚持，本应该可以当作一个警告看待，但是当时西方国家的代表们却一点没有先见之明。尽管斯大林曾经一再地保证，不久苏联人就宣称把"讨论的基础"一语当作"原则上的接受"解释。再进一步，莫洛托夫又宣布说："罗斯福总统在雅尔塔会议已经同意苏联应分得的赔偿总额，至少不在 100 亿美元之下。"

在里瓦几亚离宫中的最后一个星期天的上午，英美两国的代表们绝对不会怀疑到这个经过如此隆重的签字仪式，和表现了这样多的互信和好感的公开公报和秘密草约，会被他们的同盟国苏联在不久的将来就加以歪曲和撕毁。实际上，当英国首相和美国总统，还没有来得及向他们的立法代表们报告这一次会议的经过和成就时，这种歪曲和撕毁的程序就早已在进行之中。而他们两位却还在大言不惭地说："各大巨强现在团结一致的程度要比过去任何的时候都更坚强。"

2月27日，丘吉尔在英国的下院中宣布说："我从克里米亚所带回来的印象……就是斯大林元帅和其他的苏联领袖都愿意与西方民主国家，共同过一种光荣友好而平等的生活。我也觉得他们是言行一致的。我绝对反对在这里进行苏联诚意的讨论。"那一天傍晚的时候在布加勒斯特，尽管有了雅尔塔的"欧洲解放宣言"，莫洛托夫的副手维辛斯基向罗马尼亚的米哈伊国王提出了一个限期2点的最后通牒，要求他把首相勒德斯库将军（Gen. Radescu）免职。

4天之后，在参众两院的联席会议席上，罗斯福总统说："克里米亚会议把一切片面行动的制度、不公开的同盟、势力范围、权力平衡以及其他所有曾经在过去几个世纪中试验失败过的办法，都完全取消了……我敢说，在雅尔塔所获得的协议之下，欧洲的政治局势会比过去稳定多了。"那一天夜晚在布加勒斯特没有通知联合管制委员会，维辛斯基就又向罗王提了第二次的最后通牒，要求他立即指派共产党的领袖彼得鲁·格罗查（Petru Groza）做罗马尼亚的首相。

第三十三章 | 最后的崩溃

因为三强在雅尔塔会议中的决定，是坚持着"无条件投降"的要求，所以就很明显地看了出来，除非东西两线的联军能够在欧洲的心脏地区会师，否则对德的战争是不会有提前结束的希望。不过这又不会拖延得太久。在奥得河上和莱茵河上，德国的军队也许还可再支撑几个星期，甚至几个月，但是他们却已经到达了崩溃的边缘。凭着所剩余的武器、弹药和燃料，他们也许可以苟延残喘到相当的时候，但是他们的战时经济已经逐渐麻痹瘫痪，所以绝难持久。上西里西亚的最好部分早已落入苏联人的手里。鲁尔地区已成一片废墟。到了 1945 年 2 月，它的煤钢产量已经减到只有 1944 年夏季的 1/5，而由于铁路和水运都已经惨遭破坏，这一点稀少的产量又只有一小部分能够运到德国中部和南部的工厂里去。兵器和弹药的产量已经比上一个夏季减少了一半，而且只是消耗既有的备存原料。德国的战时工业已经把它的脂肪消耗尽了，现在已经在吃它自己的尾巴。

使用新型海空军兵器，也许可能延迟陆上战争胜负宣判的微弱机会，现在也成为泡影了。希特勒虽然还在向斯佩尔夸口说，喷气机的发展对于整个的战争前途，将会具有决定性的影响，但是在2月间Me262式喷气机的产量还不到200架，而它们所使用的飞机场，因为跑道特别长，所以极容易加以识别。所以只要一开始使用，马上就会受到联军的猛烈轰炸。此外，V型武器产量也不够充足，不能够决定战争的胜负。在整个冬天里，希特勒一直想用它们中和安特卫普的港口——来阻止联军的春季攻势，但是他一个月之内，只能生产1500颗V–1和300颗V–2，所以它的火力并不足以在码头地区形成饱和的状态，而不到饱和的状态则无法阻止港口的工作。甚至在安特卫普附近一共落了5000颗V弹之后，而码头和港口设备的全部损失并不比一个由100架轰炸机所组成的普通空袭大。

用海上的奇迹来制止联军的增援，其希望也是同样的渺茫。在2月中旬，虽然已经有126艘新型电动潜艇开始编队服役，但是却只有两艘曾经奉派参战，而自从苏军已经进到了梅梅尔和但泽湾之后，其余的潜艇参加作战的机会也就极大减少了。新的潜艇虽然还可以在东波罗的海里面加以训练，但是它们的基地却已经在联军空军的航程之内。邓尼茨虽然还可以继续告诉希特勒说："一切现有的海军武器都可以被这种新型潜艇所击毁。"但是他却再不敢像1月间那样地夸口，说足以发生"海上的革命"。虽然在2月15日，已经有了450艘潜艇可以参加作战（据邓尼茨说，这是德国所拥有的空前最大数字），但是海上的战争却已经不再具有任何战略上的价值。虽然如此，由于邓尼茨个人的威望和德国经济的缺乏指导和合作，所以在这个时候还有114艘潜艇正在建造之中，德军所可能供给的人员和训练设备，实际上并不能和这个数字相配合。

德军在喷气机和电动潜艇运用方面所遭遇到的困难，并不为联军最高当局所完全认识。他们认为在春天里希特勒也许至少可以暂时在海空方面，争取到相当的主动，以使陆上的战争拖到秋天，不过，在科学战争方面，却有一件事是联军所不必当心的。西方国家早就已经确认德军对于原子弹的制造，并未走上轨道。

在 1941 年的夏天，英国的科学家即曾向丘吉尔提出警告说："在战争尚未结束之前，即可能会有相当合理的机会，制造出一颗原子弹来。"一年之后，在科学又有进一步发展之后，罗、丘二人就决定开始发展原子弹，可能时就开始制造。因为诚如丘吉尔所说的，他们在"这一个可怕的范围之内，绝不敢落后，会有致命的危险"。

到了 1943 年年底，联军就很有充分的理由，害怕德国人在这一方面可能已经抢了先手。原子分裂的原理是一个德国人——奥托·哈恩（Otto Hahn）所发明的，而连锁反应理论的第一部公开发表的著作，也是在德国出版的。所以，当美国人已经建立第一座原子堆的时候——那是 1942 年的年底——他们和英国人都确信德国人的研究进度至少不会比他们慢。因为如此，一方面使联军的科学家努力地工作，另一方面联军在德国境内的特务人员，也在努力地搜寻。

不过对于德国原子能的发展，却一直没有确切可靠的情报，一直到 1944 年 8 月，当艾森豪威尔的大军进入了巴黎之后，才算是有一点端倪。有一个美国科学调查团［秘密名称是（Alsos）］在巴黎发现了两个有价值的线索，那就是有一位弗莱施曼教授（Prof. Fleischmann），据说他是德国领袖核物理学家之一，曾经在斯特拉斯堡大学里面工作。几个星期之后，又在艾恩德霍芬的菲利普斯（Philips）工厂中，发现了这个大学为核子研究所订购的一些新设备。当联军克复了奈梅亨之后，因为假定德国人可能是利用莱茵河，或是其他支流的水来供给原子堆做冷却之用，所以这些水可能会含有放射性，因此马上就取了3瓶样品，送回美国去加以分析，和这3瓶水一路，这个科学调查团又送去了一瓶法国酒，并且加上一个标签说："请也试验一下。"结果美国的回电说："水阴性。酒却表现着活力。再送一点来。"

虽然水不含有放射性，斯特拉斯堡在科学上仍然是一个重要的目标。1944年11月，当联军用奇袭的手段，迅速攻下了斯特拉斯堡的时候，科学家就紧跟着前卫部队。在大学里他们没有找到什么，但是在斯特拉斯堡医院里，他们却找到了核物理的试验室，而那些核物理学家也乔装成医务人员。

弗莱施曼和他的同僚们并不太肯说话，但是他们的实验室却提供了丰富的资料文件，这个教授是一个遵守德国科学传统的人，一切的东西都有详细的记录。所以美国这个科学考察团根据这些记录就获得了足够的证据，以来向华盛顿当局提出报告说："德国并没有原子弹，而且在最近的将来，也不可能制造一个出来。"这个考察团的领袖古德斯米特教授（Prof. Goudsmit），以后报告说：

> 就德国科学界而论，对于这整个的事件还只是逗留在学术研究的标准上……他们的原子堆工作还只是在最幼稚的阶段，他们还不能产生一个连锁反应出来……简言之，当我们已经开始对于原子弹作大规模生产之前，而他们却还只到达我们在1940年时的标准。

所以在 1945 年 2 月间，任何靠科学奇迹拯救德国的希望已经不再存在。同时希特勒也更无理由可以相信，如他在雅尔塔会议前夕所想象的，当苏军已经攻入了东德之后，则西方联军即有考虑单独媾和的可能。东西双方的分裂和与德作政治妥协的梦想终于也还是落了空。虽然如此，希特勒却还是拒绝考虑投降。为了表示他的决心，他现在就准备废毁日内瓦公约，他说，"为了使敌人认清我们不惜一切牺牲，准备为生存作战到底"，是有这种必要的。他说："这样就可以使德国人民抵抗到底，而更重要的，可能制止在战场上的大批投降数字。"他说："当我明白说明，不顾一切地报复，而准备用残酷的手段对付敌人俘虏的时候，那么少数德军在想要投降的时候，就不能不再多考虑一下了。"当邓尼茨表示这种办法害多于利的时候，希特勒就暂时没有执行这个威胁，不过希特勒态度却还是很强硬，仍然准备打到底。

希特勒的不肯投降，却获得了大多数德国人民的拥护，因为他们不仅害怕苏联的侵略，而且也更害怕内在崩溃之后，会形成无政府的状态。虽然他们已经承认必败无疑，但是当苏军已经到达奥得河，而联军又已经到达齐格菲防线的时候，德国人还是不肯考虑投降。他们害怕，照目前东西两面的形势看来，那么战争一停止，第三帝国的大部分就会被苏联人所征服和占领。要想挽救德国的命运，就只有一面把苏军阻止在奥得河上，而让美英联军先越过莱茵河，并且深入德国的境内。

虽然希特勒还是想东西两面都不退让，但是现在他也被迫地必须首先重视东面，因为苏军已经马上可以威胁到柏林，而他相信西方联军在阿登高地之战以后，至少还要有两个月的时间才能恢复元气，所以希特勒就把西线战场上的装甲师调了一大半到东线去，而且所有新造和重修的坦克也都是一律送上东线战场。这个装甲兵东调的行动是如此的规模宏大，所以到了 2 月间，就有了 1675 辆坦克和突击炮，已经调到东线来打苏联人，在这一个月里面，西线方面却只收到 67 辆新车，把装甲兵力作了这样新的布置之后，希特勒希望在英美联军重新发动对莱茵河的攻势之前，就先稳定住沿奥得河一线的战线。这一次希特勒又是把美国人估计得太低了。

×　×　×

希特勒已经被迫减弱西线去重整东线的全部事实，一直到 2 月间才为联军最高统帅部所知道，但是艾森豪威尔却早已假定"再有一次大的战役，勇敢地沿着宽广正面进攻，那么就可以使希特勒统治下的德国受到致命的打击"。基于这个假定，艾森豪威尔就开始拟订计划。在击退了敌人的冬季攻势之后，艾森豪威尔似乎并不想等到春季来到之后，才来继续发动他自己的攻势，完全出乎希特勒意料，在阿登高地的初期顿挫之后，美军却早已恢复了他们的自信力，并且实力还有所增加。新的部队以每个星期一个师的速度开入欧洲，早已将阿登高地战斗中的损失补充了起来，同时再也不像秋季那样地缺乏弹药。

艾森豪威尔对莱茵地区的作战计划，是受着他在莱茵河这面作战理想的支配。他主张攻入德国的主力应由蒙哥马利担任，由鲁尔北面的下莱茵河地区，直趋北德平原，因为这一条路线有最适合于机动作战的地形，而且是最迅速的方法使德国人无法利用重要的鲁尔工业。不过在主攻的方向以外，布莱德雷也应该发动一个辅助性的攻势，由梅斯—法兰克福地区的东北面，攻向卡塞尔（Kassel），其目的是向鲁尔地区实行大规模的双包围行动，然后再继之以猛烈的攻势，以求与苏军会师。在供给了这两方面作战的必要兵力以外，德弗斯又要在德国南部发动一个小型的辅助攻势，不过在作这个计划时，却并不希望它会有任何的重要意义。

为了莱茵河的作战，艾森豪威尔可能动用的兵力大约有85个师，其中2/3是美军。他准备把其中35个师用在北面的主攻方面，而另外用25个师担任法兰克福—卡塞尔的助攻，于是他还可以留下25个师去守住莱茵河上的卡尔斯鲁厄—巴塞尔（Karlsruhe-Basle）地段和波恩—巴塞尔（Bonn-Basle）地段，这都是太适宜大规模渡河的地区，不过在联军统帅部里，作战设计的幕僚们估计，除非艾森豪威尔先已经肃清了莱茵河全线，否则他就不可能集中必要的兵力作趋向卡塞尔的攻击。因为只要德军还在莱茵河的西岸一部分，那么艾森豪威尔就不能不把他一半以上的兵力用来供防守之用，以来监视他们，所以艾森豪威尔就得了一个结论说："要想在莱茵河以东企图作任何主要的作战，那么就必须先把敌人在莱茵河以西的主力加以击毁。"只有这样做，才能够集中足够的兵力以包围鲁尔区。

当1月初，在苏军尚未发动波兰的攻势之前，这个计划呈报到英国参谋本部的时候，英国的参谋总长布鲁克，就立表反对。他说这样艾森豪威尔就决不能获有充足的兵力，以越过莱茵河而发动一个全面的攻势，又因为联合参谋本部早已同意攻击的主力应该放在鲁尔地区以北，所以艾森豪威尔就应该集中兵力在这一方面猛攻，而在战线上其他地区完全暂取守势。布鲁克害怕，假使想要肃清莱茵河西岸的全部德军，那么就是要把德军从主要的齐格菲防线里面赶出去，这就会把艾森豪威尔的兵力吸住一大部分，而使他更无余力攻入北德平原。

这又还是去年秋天的老争论——集中一点呢？还是采取宽广的正面？由于目前的局势已经有所改变，这一次似乎艾森豪威尔的计划并不错，而英国人的害怕实在是毫无根据，当布鲁克第一次提出他的批评时，还是很有见解的；但是到 1 月底，联合参谋会议在马耳他开会的时候，这个理论就不再符合事实了。到了那个时候，德军已自阿登高地仓皇败退，而苏军也已经到达了奥得河。虽然如此，英国人却还是继续反对艾森豪威尔的计划。在表面上，他们固然辩论说这完全是基于军事上的理由，实际上，英国人在内心里却只有政治上的考虑。他们料想到，当英军联军还正在肃清莱茵河地区的时候，而苏军却会早已从奥得河上，一直冲到易北河（Elbe）和北海边了。所以，他们非常急希望联军能够用最快的速度越过下莱茵河，于是就可以在苏军尚未到达之前而先占领德国北部的港口和海军基地。从头到尾，这就是英国对于德国的主要战略目标之一，但是在雅尔塔会议前夕的那样苏美亲善的空气当中，英国人为了避免挑起美国人的疑忌心理，他们是不敢公开提出政治上的理由。

在马耳他会议当中，艾森豪威尔对于英国人批评的答复是由他的参谋长史密斯代表提出的，他指出，由于合理补给上的限制，越过下莱茵河的兵力总额不可能超过 35 个师，这样大小的兵力既不足以中和鲁尔地区，又不足以使德军遭到惨重的打击。从法兰克福向卡塞尔的南面攻击，对于鲁尔区的包围战实具有极大的重要性，但是必须要等到莱茵河西岸已被联军肃清之后，才会有足够的兵力来发动这次攻击。

另外，史密斯却又向联合参谋本部提出保证说，蒙哥马利的集团军可以获得最优先的地位，它可以最快地渡过莱茵河，而不必等待莱茵地区的完全肃清。英国人却并不满意这个保证，于是双方还是继续辩论，据希尔伍德说："这是整个战争中争论得最激烈和意见最不融洽的一次。"最后马歇尔终结了这一次的辩论，他很气愤地说，假使联军统帅部的计划始终不为英国人所接受，那么他就只好通知艾森豪威尔自动辞职，而无其他的办法。

在批准了艾森豪威尔的战略以后，联合参谋会议同时也就批准了他关于指挥系统的安排。在阿登高地战役中，布鲁克曾经重新提出那个老问题，任命一位陆军总司令在艾森豪威尔监督之下，负责直接指挥陆上的战争。马歇尔和艾森豪威尔一直反对这个办法，认为它在原理上是不健全的，但是无论英国人的建议在理论上是否正确，而现在主要的争执却还是人事问题。在这个时候任命一位新陆军总司令，其结果一定会使美国的舆论哗然，假使真是采取了布鲁克的建议，任命了蒙哥马利为总司令，那么毫无疑问地就会使艾森豪威尔的部下发生众叛亲离的情形。实际上，布莱德雷早已表示宁肯辞职，而不愿服从蒙哥马利的指挥，而巴顿也一定会采取同样的行动。

因为明知美国人会极力反对，布鲁克在马耳他会议中就没有再直接提出这个问题来，在另一方面，丘吉尔却想用另一种间接的方式，来达到英国人的目标，所以就主张改派亚历山大代替泰德来充任艾森豪威尔的副帅。1943 年在地中海战役中，亚历山大也是充任艾森豪威尔的副帅，艾森豪威尔就曾指定他去代替自己指挥一切的陆军，而两个人在工作上也能够合作无间。所以，丘吉尔认为，假使亚历山大能够继任联军统帅部的副统帅，那么他就可以影响到陆上战争的路线，而使其答应英国参谋本部的要求。罗斯福最先也同意这种人事上的改变，不过当美国的参谋首长认清了丘吉尔计划的真正目的之后，他们马上就明白地表示亚历山大只能够专任副帅而不准另外负担其他的任务。于是这个提议也就不了了之。

对于莱茵地区的作战，艾森豪威尔的计划一共分为三个阶段：

第一阶段：蒙哥马利在用集中攻击的方式肃清了下莱茵河地区之后——加军第1军团从芮斯华森林（Reichswald）进攻，美军第9军团从鲁尔河进攻，在渡过莱茵河这一个阶段中，该军团由蒙哥马利指挥——就应该占领从奈梅亨和杜塞尔多夫之间的莱茵河西岸地区。在这一些作战进行时，除了占领鲁尔水坝和掩护第9军团的南面侧翼以外，所有布莱德雷在阿登高地地区的兵力都只是保持一种攻击防御的姿态。

第二阶段：当蒙哥马利正准备逐步渡过下莱茵河的时候，布莱德雷就应该稳占着从杜塞尔多夫到科布伦茨之间的莱茵河西岸。为了达到这个目的，第1军团的左翼应该伸到科隆，而从西南面攻击在艾费尔地区内德军的侧翼和背面。此后，第3军团即开始发动攻击，从普吕姆由东面攻入科布伦茨。

第三阶段：当蒙哥马利开始在下莱茵河地区进攻时，美军第3和第7两个军团就要肃清摩泽尔—萨尔—莱茵地区，稳占梅斯—卡尔斯鲁厄地区的各渡口，以便美军从此渡河实行对鲁尔地区的南面包围战。

　　马歇尔竭诚地赞成这个计划，但是布莱德雷却不以为然。从阿登高地战役的经过看来，布莱德雷这种态度是毫不奇怪的，因为艾森豪威尔的计划是在渡过莱茵河的作战上，给予蒙哥马利以最优先的地位；有一个美军军团是交给英国人指挥，而其他的美军则都按兵不动，坐视这一场胜利的大功又完全落在蒙哥马利和英国人的手里。这个计划不仅要布莱德雷，为了帮助英国人获胜起见，首先占领鲁尔水坝，这本是他所极力想避免的一个行动，而且还要他把6个师的兵力移交给第9军团，换言之，也就是交给英国人指挥。此外，在越过莱茵河实际作战时，联军第1空降军团的兵力也是用在蒙哥马利的战线方面，而与他自己的阵线无关。

　　和艾森豪威尔完全不同，布莱德雷对于未来战局的看法，所采取的不是联军的立场，而只是一个美国人的立场。他认为，既然美国负担了极大部分的兵力，那么艾森豪威尔的战略计划应该这样决定：让美国将领所指挥的美军负担着主攻的方面，以便使他们获得最后胜利的光荣。因此，他建议艾森豪威尔，在莱茵地区中的主攻方向应放在中央，而不应该摆在北面：第9军团应该仍交还给他指挥，而第一第三两军团应该从阿登高地，经过艾费尔，从鲁尔河水坝的南面攻入莱茵河的科隆—科布伦茨地区。这个计划的长期目标，就是使用美军4个军团（第9、第1、第3和第7）的兵力，担任主攻以攻入德国的中部，而英加法等国的部队仅仅是负担掩护侧翼的工作。

　　正和艾森豪威尔反对布鲁克和蒙哥马利单独从北面进攻的计划一样，布莱德雷的提议也是受着相同的反对。此外，布莱德雷的计划还要使联军的主力，通过莱茵河谷中的最险恶地段，而且在德国有组织地抵抗之下，联军想从此单独冲入的机会也实在很小。除非在其他地区也有强大的攻势互相配合，否则这个地区的交通情形实在是太坏，使联军绝难攻过莱茵河以东。在战略上，布莱德雷的计划是一无可取，而从战术上说，这就无异于一头直撞在齐格菲防线中最坚强的一段，因为在艾费尔地区德军兵力的师数是可以和美军旗鼓相当的。不过，布莱德雷的想法却又自然不同，在他已经击退德军的攻势之后，他当然不愿意停止他自己部队的进攻，而放过这个稳得胜利的机会。这还不仅是私人的野心问题；同时他也想使他的部队在阿登高地吃了一场大亏之后，现在可以获得一个充分的报复机会。所以当艾森豪威尔要调动他的兵力的时候，布莱德雷却表示极端地不满意，认为整个美军的威望都会因此而受到影响。

当他这个计划被拒绝，和第 9 军团已经确定交给蒙哥马利指挥之后，布莱德雷就向他的部下这样地解释说，所有一切的安排都是联合参谋本部决定好了的，再交给艾森豪威尔执行的，而全部的计划都是以蒙哥马利所提出的英国人观念为基础的。这实在是无稽之谈。这个计划是艾森豪威尔自己拟订的，当在马耳他会议中提出时，就已经差不多安排好了。在战后的回忆录中，布莱德雷对于他的偏见虽已作了一部分更正，但是他还是谴责蒙哥马利，并且认为由于蒙哥马利要求调用美军第 9 军团，结果才使美军继续向艾费尔进攻的计划受到挫折。他也曾提到："艾森豪威尔几乎没有选择的余地，就向蒙哥马利的要求表示让步。"但是他对此却并没有解释。事实上，分成三个阶段摧毁莱茵河西岸德军的战略计划，本是在艾森豪威尔指导之下，而且是联军统帅部拟订的。艾森豪威尔之所以会接受蒙哥马利所提出的肃清下莱茵河地区的战术计划，其主要原因就是它和他自己的战略理想完全符合。虽然如此，却还是有许多人攻击他向英国人让步，并且让联合参谋本部从华盛顿指挥前方的战争。因为巴顿曾经信口开河地在他的部下面前，随意地攻击艾森豪威尔，结果各种流言不胫而走；在战争各阶段内，这是艾森豪威尔受到美军本身批评最严厉的时候。

假使说艾森豪威尔对于这些飞短流长，也很感到烦恼的话，那么他却很有决心绝对不让它们影响到他的判断。他坚持着他的计划，知道马歇尔是全力支持他的，并且对于他自己的权威，要比去年更感到具有自信力。在诺曼底，也正和在地中海的情形一样，艾森豪威尔是把指挥作战的责任交给在战地的指挥官，因为他和桥头阵地的战斗殊少直接接触，所以他对于蒙哥马利的计划甚至都没有完全了解。8月间，德军突然溃败之后，艾森豪威尔就开始亲自指挥陆地上的战争，因为情况变得太快，他似乎并无太充分的准备。而且，因为突然受伤，当他接替了蒙哥马利的指挥权不到48小时，他就睡在床上不能行动，这个偶然的事件使他和战场上的情况，以及战地的指挥官，都完全丧失了联系，因此坐失了一个迅速胜利的机会。同时在这个阶段中，经验和信心也都不够充足，没有力量使那些独立个性的将领，例如蒙哥马利和巴顿，肯听从他的意见。艾森豪威尔本人的天性是富有自信，所以凡是他的部下对于战况能作肯定的预测者，往往都比较容易获得他的同意，同时他又容易发生变化，始而相信第一个计划，继而又主张第二个计划，并且常常喜欢使这些计划与联军统帅部的"长期战略观念"相配合，事实上这却是很难配合的。其结果就是形成了那种折中和乐观的战略，而最终导致秋季的大败。在巴黎与阿登高地之间，艾森豪威尔对于他的陆军而言，似乎不像一个指挥官，而像一个和事佬，他对于部队的控制是那样的松弛，所以战争的主动就转入敌人的手里去了。

在希特勒发动大反攻之前的两个星期，艾森豪威尔曾经无意中泄露出来，他对于战略的把握是如何的有限，为了答复蒙哥马利的一封批评的信件，他曾经这样地写着："自从诺曼底之后，仅仅因为我们没有获得全部所希望的东西，就说情况已经转坏，这是我所不敢苟同的，事实上，今天的情况与过去在诺曼底的情况还是十分的相似。"可是这个时候的情况，实在是差得太远了。在6月、7月两个月当中，是造成一种条件以便美军实行突破；而10月、11月两个月当中，却是造成一种条件好让德军来实行突破。在夏天里，德军的装甲预备队被牵制在战场上而终被击毁。在秋天里，德军的装甲预备队却可以撤出战场以外，而进行整编的工作。

在阿登高地战役中，艾森豪威尔学会了必须作坚强的控制始能保持集中，和必须有中心预备队始能保持弹性的原则。所以在莱茵地区的战役中，他就应用了这些教训。他为整个战线制定了一个综合整体的计划，对于一切的行动都规定了一个时间次序表，这样就形成了一连串的集中攻击，每一个对于整个作战都有特殊的贡献。虽然战场上的许多重要的美国将领都反对和批评这个计划，但是艾森豪威尔却坚决不为所动。他好像是在批评的风暴中航行，而自信战斗的潮流足以制定它自己的判决。

× × ×

艾森豪威尔的作战计划从2月8日开始实行。英军的30军在加军第1军团指挥之下，开始向芮斯华森林进攻，从马斯河和奈梅亨东南面的莱茵河之间的狭窄颈部跳出。这个攻击号称"真实"行动（Operation VERITABLE），是在西线战场上空前猛烈的集中炮击之后，再用过分强大的兵力来实行的。预备射击的时间长达5个半小时，在第一天内一共1034门大炮，向着一师德军所防守的7英里长的正面，一共发射了50万颗以上的炮弹，面对着这一段防线，该军军长霍罗克斯集中了5个步兵师的大部分兵力，并外加上3个装甲旅和11个特种装甲团（专门为突破要塞防线而设计的）的支援。在这个巨大的攻击兵力的后面，他还有两个师的预备队，以供扩张战果之用，但是却只有两条碎石路来供他运动，而且这些路还一定要通过在芮斯华森林和侧面诸河流泛滥河谷之间的狭窄走廊地带。

齐格菲防线的原有工事并没有向北延展到那样远，一直到达芮斯华森林，但是德军已经有了5个未曾被阻挠的月份，用来发展这个森林地区的天然防守力量，他们掘毁莱茵河的堤岸，放水淹没那些农田，而使狭窄的颈部变得更狭窄。

在芮斯华森林以外，他们对于戈赫（Goch）和克利夫（Cleve）两个城镇也曾加以设防，在更南的地区还布置了一个机动军（下辖3个师）以准备迎击越过鲁尔河或马斯河的攻击。霍罗克斯军长的基本问题，就是如何驱使他的部队冲过芮斯华森林，直入下莱茵河地区，而使德军来不及把预备队北调，用以阻塞瓶颈部分的出口。

当拟订作战计划时，土地还是冻结的，很利于行动，可是当英军进攻时，它却已经开始解冻，而当他们冲入芮斯华森林之后，行动就越来越困难。虽然如此，当德军在大轰击之后，尚未恢复他们的恐怖心理时，英军领先的苏格兰第15师就已经攻入了森林的北面边缘，而到了第二天的下午，就到达了克里夫的外围。虽然克里夫已经轰炸过，但是却并未如霍罗克斯所要求的，使用燃烧弹，而是使用了1384吨高度爆炸性的炸弹。英军攻入这个城镇的废墟之后，即告停顿，因为街道上已经为碎瓦颓垣所塞，无法通过了。

那一天黄昏，霍罗克斯因为不明了这个实际的情形，就命令第33师的两个机动纵队，从奈梅亨前进，以扩张他想象中已经突破的战果。对于这些纵队，只有一条道路可用，其中有一部分已经有了两英尺深的水，而另外一部分则挤满了坦克和运输车辆，因为它们都无法向已经淹水的田野中行动。这个命令是一个严重的错误，不久霍罗克斯自己也认清了，因为苏格兰师手里还控制有兵力，还有一个旅完全没有动用，而且更无多余的空间以供一个师的生力军来运用。为了想要使这些机动纵队在黑暗和大雨中通过，两个师的单位就不免混杂在一起。渣路上的拥挤和克里夫的被阻塞产生了极大的迟误和混乱，使德军在英军尚未开通一条进路之前，即已经增加了守兵的力量，一直到2月11日克里夫始告肃清，而到了2月13日，整个芮斯华森林才算是被克服，到了这个时候德军却已经调到了两个装甲师和两个伞兵师，以来阻止英军的突破。

德军统帅部之所以能够厚集兵力，来应付芮斯华森林的进攻，其原因是在这个时候，他们可以不再害怕美军越过鲁尔河进攻。为了希望不让敌军把预备队北调，蒙哥马利本希望美军第9军团的攻势应在2月10日开始，在英军攻势发动后48小时内一定也要发动。可是当2月9日，美军到达鲁尔河的最后一个水坝时，德军就炸毁了水门，于是一举之下，就使河水要继续泛滥达两个星期以上。美军的攻势只好暂时停止，但是美军却从此放心了，因为一旦河水退减之后，在鲁尔河上就再没有什么东西可以阻止他们的前进了。

在德军破坏水坝之后，照联军方面的判断，德军似乎一定会在适当的时机内，有秩序地撤到莱茵河的背后去，这样就可以利用这条大河来当作防守的工具。蒙哥马利说，假使德军想在莱茵河的西岸继续作战，那实在是犯了一个极大的错误。可是伦德施泰特却另有一种看法，认为此时撤退是不可能的。这不仅是因为希特勒坚持不得放弃德国的尺寸土地，而且莱茵河更是联系鲁尔地区和德国其他部分战时工业间的重要交通线。齐格菲防线，加上鲁尔河和马斯河，从防御位置上看来，还可以勉强代替莱茵河，但是自从铁路运输被大破坏之后，在交通线方面，莱茵河却再没有一个可以代替它的东西；而当上西里西亚已经丧失之后，鲁尔地区又变成唯一的煤钢供应来源。所以苏军在东线上的进展，加上英美空军对于德国本部的轰炸，结果却又决定了在西线上的希特勒战略。为了必须使莱茵河开放，所以德军对于芮斯华森林的进攻，才会实行猛烈的反抗。

因为必须单独作战达两个星期之久，所以英加军进展得很慢，随时都和敌人发生苦斗，不过，也正和在诺曼底的情形一样，这种苦战并不是白费的。当美军第1和第9两个军团，正面对着白浪滔天的鲁尔河，感到十分焦急的时候，却早有9个师的德军，已经被吸着在原先一个师所扼守的防线上，与英加军死拼着。在这14天当中，加军第1军团已经把德军的预备队都吸住了，照伦德施泰特原定的计划，是想要把它们布置在科隆平原上面的。

2月23日拂晓以前，第9军团的4个师和第1军团的两个师

就开始渡过鲁尔河。因为当时河水并未全退，所以德军还以为不
会有危险，所以美军的攻击发挥了奇袭的效果。第一天，辛普森
的 4 个师一共只战死了 100 人还不到。第二天黄昏的时候，他的
工兵已经建造好了 19 座桥梁，其中有 7 座是可以供坦克使用的。
由于增援迅速的原因，辛普森就可保持着强烈的压力，到了 2 月
的最后一天，他的装甲部队终于开始突破了。两天后他的右翼到
达了杜塞尔多夫以南的莱茵河，而在 3 月 3 日，他的左翼与加军
在芬洛以北会师了。

15 个师的德军现在已经陷在一个钳形攻势之下，若他们不赶
紧撤退，就有在莱茵河西岸全部被歼灭的危险。可是希特勒还是
禁止撤退。他下了严厉的命令，禁止一人一枪，在未经过他允许
之前，撤过莱茵河。在克雷菲尔德（Krefeld）到韦塞尔之间，应
不惜一切的牺牲守住一个桥头阵地，以便使煤钢等物资能够继
续从杜伊斯堡（Duisburg），经由多特蒙德－埃姆斯（Dortmund-
Ems）运河，流入德国中部。同样地，希特勒也不准许德军在艾费
尔和萨尔等地后退一步。当伦德施泰特试探地提出一种办法，想
保全实力退守莱茵河的时候，希特勒却向约德尔说："我希望他尽
可能地挂在西线长城上面，因为撤退不过是把一个悲剧换一个地
方上演而已。"反过来说，在莱茵河西岸的一切立足点都必须守到
最后一分钟，若是有任何桥梁落入了联军的手里，那么负责的指
挥官就应该被处以死刑。为了企图遵奉这种混乱命令，结果只是
使德军陷于危难之中。

3 月 2 日的夜间，面对着杜塞尔多夫，一支美军的纵队，将坦
克加以伪装之后，溜过了破碎的敌军防线，深入了 10 英里的距离。
当黎明的时候，他们已经望见了在上卡塞尔（Oberkassel）的莱茵

河，但是却已被敌人所发觉。敌军立即发出警报，城市的汽笛长鸣，当美军坦克正拟冲向桥梁上，它却已经被炸毁后落到河水里面去了。几个小时之后，在乌丁根（Uerdingen），另外一支美军纵队也碰到同样的失败，不过这一次时间是那样的迫促，德军炸桥的时候，美军的坦克都早已开上桥面了。希特勒在这里冒了一次大险。

当蒙哥马利已经把下莱茵地区的德军最后抵抗都肃清了，并且占稳了他从北面攻入鲁尔地区的跳板的时候，布莱德雷的攻势也就转趋激烈。3月5日，第1军团的北面一军已经到达了科隆，面对着没有桥梁的大河。同一天第1军团的其他部队向南转动，从侧翼及后方攻击在艾费尔的德军，而第3军团则在正面向它进攻。在这种夹攻之下，德军的防线遂完全崩溃。巴顿的装甲部队从艾费尔南部的斜坡上穿过，在3天之内前进了56英里，在与摩泽尔交叉点的附近，到达了莱茵河岸。到了这个时候（3月7日），从科布伦茨到杜伊斯堡之间，已经有12座桥梁都早被炸毁倒入河中，美军所有想用奇袭的方式占领渡河点的企图都没有成功。

那一天，在下游大约35英里的地方，第9装甲师正在担任着第1军团的前卫，沿着艾费尔的北面边缘前进。在他们的前路上就是莱茵河上的雷马根镇（Remagen）。这个城市上正挂着白旗，所遭遇到的敌军就只有零星逃命的散兵。当中午过去不久的时候，美军的先头部队就到达了雷马根河上的最后一座桥梁，使他们大吃一惊的，却是这一座号称"鲁登道夫"（Ludendorff）的铁路桥梁居然还是完整无恙。一个摩托化的排冲下了山坡，冲入了挤满了逃兵的城市。在3点15分的时候，有一个俘虏报告说，这个桥是预定在4点钟爆破的。3点50分，美军到达了河边并立即向大桥西端猛冲。当工兵们把他们可能会发现的起爆电线都砍断的时候，步兵们就拼命地从桥面上直冲过去。有一颗小炸弹爆炸了，接着又是一颗。桥梁发生了震动，但是主要的大炸弹却没有能爆炸，不等到德军有再安放一颗的机会，美军已经把守军克服了。美军的援兵如潮涌般流过桥去，不久就占领了一个浅浅的桥头阵地，并且向附近高地进攻，以攻占敌人的高射炮阵地，在天黑之前，莱茵河一线已经不再是金城汤池。美军在西线战场上已经突破了最后一道障碍物。

×　×　×

几个小时之后，在布莱德雷设在那慕尔的前进指挥所里，布莱德雷正在和艾森豪威尔的作战处副处长布尔准将（Brig. Gen. Bull），会谈一个重要的问题，那就是根据艾森豪威尔作战计划的第三阶段，他应该要把3个师（甚至4个师）的兵力拨交给德弗斯，以便第7军团攻入萨尔地区。正在争持不决的时候，电话铃声响了起来。那是霍奇斯军团司令打来的，报告他占领了雷马根桥梁。

布莱德雷大喜过望，就向电话机里高声地欢呼着，叫霍奇斯赶紧扩张战果。在命令了霍奇斯立即增援桥头阵地之后，布莱德雷就把这个好消息告诉布尔，表示再也不能抽调他的兵力了。当布尔提出抗议说，这和整个作战计划不合时，布莱德雷就打电话给艾森豪威尔报告一切，艾森豪威尔马上就命令他："把你所需要的兵力都送过桥去——只要你能守住桥头阵地就行。"

不过，在第二天，统帅部却又命令布莱德雷，用在雷马根的兵力不要超过 4 个师以上。这个命令使布莱德雷感觉到第 1 军团成功的机会，也许会因为这个计划而受到阻碍。第 9 军团的 12 个师早已拨给蒙哥马利指挥，另外 10 个师则也已经指定参加鲁尔地区北面的作战，因为艾森豪威尔曾经告诉过联合参谋本部，他准备使用 35 个师的兵力，从北面由莱茵河直趋易北河。布莱德雷认清了这些外加的师数，其中有大部分都是要靠他来供给，他要把兵力拨交德弗斯，所以他手里的兵力就会日益减弱了。虽然他知道艾森豪威尔的计划是想要用双重包围的方式来攻占鲁尔地区，并且已经暂时规定南面负担包围的兵力是 25 个师，不过他却害怕，在满足了蒙哥马利和德弗斯的双方面要求之后，他手里所剩余的兵力也许就不够强大以来负担他们所被指定负担的重任了。

根据史密斯在马耳他所提出的保证，当蒙哥马利一切准备就绪之后，他就可以不必等候全部莱茵地区肃清，而立即开始北面的渡河攻击。布莱德雷知道蒙哥马利在 3 月 24 日即可准备就绪，而北面的攻击中，因为可以充分利用空降师、两栖坦克、海军登陆艇和战略轰炸机，所以蒙哥马利的成功机会是非常的大，而美军预备队就会被利用，作为扩张他的战果之用。照布莱德雷的意见，就必须要在蒙哥马利开始要求调用更多的美军之前（这是艾森豪威尔所愿意给予他的特权），就首先在莱茵河上多占据两处桥头阵地。他很害怕，当巴顿尚未在梅斯—曼海姆（Mannheim）地区之内，占稳了渡河点之前，艾森豪威尔会不许霍奇斯充分地扩张雷马根的战果。3 月 9 日，布莱德雷和巴顿与霍奇斯会商的时候，他就曾经表现出来他这种忧惧之情。事后巴顿曾经这样说："第 1 军团和第 3 军团必须设法尽量地卷入战斗的旋涡，这样就可以使蒙哥马利动用大部分兵力，向鲁尔平原进攻的计划无法兑现，这样美军才有分一杯羹的机会。"

通向梅斯—曼海姆—卡尔斯鲁厄地区莱茵河岸的道路，被萨尔和普法尔茨（Palatinate）的防线所挡住。根据联军最高统帅部的计划，这些防线是准备用直接攻击的方式来加以突破，攻击的主力由美军第7军团负担，从阿尔萨斯向北进攻，另外第3军团的一个军则担任助攻，从卢森堡向东进攻。这个计划虽仍然有效，但是由于巴顿在科布伦茨附近，已经迅速地攻到了莱茵河岸，所以就使德军第1军团的北面侧翼完全暴露，该军团现在仍然守着在萨尔地区中的齐格菲防线，并且奉命不准退却。这个侧翼方面的保护物现在就只剩下摩泽尔河和洪斯吕克（Hunsrück）山脉两个天然障碍物了。发现了这个机会之后，布莱德雷和巴顿就决定，第3军团不仅要从卢森堡发动攻击，并且还要越过摩泽尔河，深入切断敌人的交通线。洪斯吕克山地是和艾费尔地区一样的险恶，而且良好的道路也许还要更少，但是假使巴顿能够把他的装甲军送过这些险要的山脊，那么他就可以到达梅斯与曼海姆之间的莱茵河岸，甚至可以在蒙哥马利尚未在北面发动攻势之前，而即已渡过莱茵河。假使能够这样，布莱德雷就可以有充分的理由来要求，不要把再多的美军师拨交给蒙哥马利。

虽然他已经限制布莱德雷在雷马根桥头的发展，但是艾森豪威尔现在却也开始怀疑，再把更多的美军交给英国人指挥，这个决策是否够明智，因为第9军团是早已开始表示不满了。1月21日，为了下莱茵河将渡河作战，蒙哥马利所下达的初期计划训令中，曾经宣布应由登普西的英军，第2军团指挥所有一切的攻击兵力，包括一个美军在内。在接获这个训令之后，第9军团方面不禁大哗，因为蒙哥马利的命令，实际上是使辛普森将军在攻击中完全丧失了他的指挥权。

第9军团的愤怒是理所当然的，因为不管蒙哥马利的计划在技术观点上看，是如何的正确，但是在这种情况之下，却完全违背了政治上的原则，他所持的理由也许是说，在这样一个非常狭窄的正面上，若同时由两个军团分别指挥，则在攻击的初期将会引起极大的混乱，不过这只是一个次要的考虑，若是引起了美军的众怒，那才实在是得不偿失。自从阿登高地之战以后，美军的神经就已经变得过分的敏感，他们不会想到蒙哥马利的计划是合理的，而只是以为蒙哥马利希望使全世界都承认莱茵渡河战是英军的另一次伟大胜利。这种批评也未免冤枉。蒙哥马利是一个纯粹的军人，凡所考虑的问题都是军事第一，他不太注意民族间的声望问题——不管是英国还是美国。他对他个人的名誉太重视，对于他职业上的地位太自负，所以就不会想到其他的办法。从一个战地指挥官的立场上来说，这是一种美德，但是做一个联军的统帅，这却是一种莫大的障碍。

当辛普森提出抗议的时候，蒙哥马利虽然另外换下一个的训令，但是创痕已经形成了，而3月初又再继续发生许多新的矛盾，结果使这个创痕就更形加深。当第9军团冲到了杜塞尔多夫与杜伊斯堡之间的莱茵河岸时，辛普森建议趁着情况还是流动不定的时候，就立即实行强渡。虽然他的部队并不能够完整地占据住任何桥梁，不过他们的进展却是那样的快，使德军已经来不及部署东岸的防务。那是毫无疑问的，辛普森是一定可以很轻松地，就在杜塞尔多夫与杜伊斯堡之间，渡过莱茵河，但是这样就会使他的兵力投入鲁尔区的中心，照艾森豪威尔的计划，蒙哥马利应该尽量避免这个复杂的工业地区，因为它很迅速地就可以吞掉整个军团的兵力。因为这个原因，蒙哥马利才制止了辛普森，但是这样做，却也证明了他并不知道德国是已经如何地接近了总崩溃的边缘。蒙哥马利一向固执着要保持严密的控制和平衡，这在诺曼底和阿登高地作战时，都具有很大的价值，因为当时德军还具有反攻的力量。在过去这种有计划地坚持一个目标，是他的一个特长，现在却反而变成了一个弱点。他一向都主张应有准备和有计划，但是他却不了解当德军实力已经将近崩溃的时候，美军的那种无准备和无计划的作战，虽然是比较危险，但是却可以有更大的收获。在"不应该"渡河的地方，突然渡了河，也许会使他的计划受到扰乱，但是敌人所受到的扰乱和损失却还可能要更大。

美国人从他们的军事现点上看，觉得蒙哥马利的决定一无是处，美军将领们，尤其是巴顿，都常常信口开河地批评说，辛普森是硬受了压制，所以美军才没有能首先渡过莱茵河。进一步他们认为在英国人指挥之下，会使美军丧失了他们的主动。当第9军团被阻之后，而第1军团在雷马根却能够有辉煌的成就，这一个对比就更使批评蒙哥马利的人有了新的攻击资料，而更使布莱德雷在普法尔茨地区敢于采取果断的行动。

巴顿在3月14日，从科布伦茨的西南面，渡过了下摩泽尔河。在两天之内，他的装甲纵队已经冲过了洪斯吕克的山背，到达了莱茵河转角的地方，进入通向梅斯和曼海姆的平原地带。在他的前路上，除了一个德军装甲师的残部以外，就再无其他障碍物，因为德军第1军团的全部兵力早已都被帕奇（Patch）的美军第7军吸引住了。19日那一天，击败了德军一次逆袭之后，由于布莱德雷又警告他说，若不再赶快在莱茵河上占领一个桥头阵地，那么兵力就难免有被蒙哥马利抽调去的危险，所以巴顿在一激之下，就马上拼命地进攻。那一天夜里，巴顿的矛头距离梅斯只有 10 英里，而距离沃尔姆斯（Worms）则只有 6 英里。紧跟着装甲兵的后面，就是携带着攻击船舶和架桥设备的工兵，因为布莱德雷已经命令他飞快地渡过莱茵河。

到了 3 月 21 日，普法尔茨的战役是已经接近尾声。第 3 军团已经把从科布伦茨和马汉之间的莱茵河西岸，都完全肃清了，而那些本来可以退守河岸的德军，却都纷纷早被巴顿和帕奇两个人合力消灭掉了。希特勒的第 1 军团残部，终于被赶出了萨尔地区，全都挤在卡尔斯鲁厄以西的摇动不安的桥头阵地里面。在巴顿准备再度进攻之前，只有很少的德军能够退过莱茵河。

在 3 月 22 日到 23 日的夜里，美军第 5 步兵师有 6 个营，在奥彭海姆（Oppenheim）偷偷地溜过了莱茵河，很少受到敌人的干扰。他的全部损失是死了 8 个人，和伤了 20 个人。在获得了完全的奇袭效果之后，巴顿要求布莱德雷暂时不要发表这个消息，以免引起了德军最高统帅部的注意。不过，到了 23 日的黄昏时候，当他的步兵已经占据了 6 英里深和 7 英里宽的一个桥头阵地，而装甲兵也已经纷纷渡河的时候，巴顿才又打电话给布莱德雷说："我希望全世界都知道，第 3 军团已经在蒙哥马利尚未开始渡河之前，就已经渡过了莱茵河。"

那一天夜间，德国的元首和他的幕僚们正在柏林，研究由于巴顿这个出乎意料的渡河，所产生的新情况。希特勒宣布他认为这个在奥彭海姆的第二个桥头阵地是一个极大的危险，因为这一段的莱茵河根本上可以说是毫未设防的，于是他问道："有没有什么装甲部队可以调到那一方面去？"他的一位幕僚回答道："没有任何单位可供调遣……今明两天内从瑟内拉格（Sennelager）坦克修理厂里还可以调出 5 辆猎虎（Jagdtiger）式坦克……毁灭车其他什么也都没有了。"这 5 辆坦克本是准备运往雷马根，但是现在希特勒却问他们要多久才能运到奥彭海姆。

由此就可以看出来那曾经称雄世界的德军，现在是已经垮到了什么程度。那个人过去曾经使用他的装甲师，叫整个欧洲和苏联都吓得发抖，现在连 5 辆残废的坦克毁灭车，他都要斤斤计较了。

虽然如此的狼狈，但是希特勒还是不肯屈服，现在他这种毁灭和报复的欲望，既然无法加在敌人的身上，所以他就转而以他自己的人民为对象。斯佩尔说：

> 当我看见他自己是在劫难逃的时候，他就故意地想把德国人民也拖着同归于尽，他要把他们持以生存的最后基础都完全加以毁灭。他再不受着任何道义上的限制。对于他而言，他个人生命终结，也就是一切东西的结束。

3 月 18 日，当他晓得希特勒准备宣布实行"焦土政策"的时候，斯佩尔冒着生命的危险，提出了一个明白的抗议。在他送给元首的备忘录里面，斯佩尔说："在 4 个星期到 8 个星期当中，德国经济的最后崩溃似乎可以说是已成定局。在经济崩溃之后，即使是就纯军事方面而言，战争也是不可能再打下去……所以，我们应该尽其可能为民族保持一点最后的元气，使它还可以勉强偷生……在这个阶段的战争当中，我们没有权利毁灭一切足以影响民族生命的东西。"可是希特勒却还是无动于衷，在第二天他下了一个命令，宣布在作战时不必顾及我方人民的任何损失。纳粹党奉命破坏一切可以资敌的东西，尤其是重要的工厂，重要的电力设备，水道和桥梁、铁路和公路，以及一切衣食必需品的仓库。照希特勒说，他是要把德国变成一片沙漠。

当斯佩尔看到这个反常的命令之后，他又冒死地再提出一条抗议。希特勒却向他说："假使战争失败了，德意志民族也就会随之而灭亡。这个命运是无可避免的。根本上用不着考虑到以后人民的生存问题……战后还能幸存的人都已经是劣等分子，因为优秀分子在战争中都早已死尽了。"斯佩尔对这个虚无主义者的狂论，不禁大感震惊，他马上一个人赶到鲁尔地区，去要求莫德尔和那些工业巨子们不要服从希特勒的混乱命令，一方面又制止纳粹党员们动手破坏。回到柏林之后，他又去反复向希特勒劝说。最后这个命令修改了一点，就是让斯佩尔有调度的权限，但是希特勒的目标还是毫无改变，他还是想要使德国和他一起同归于尽。

德国人民当然并非完全不知道这个可怕的厄运，即将要降临到他们的身上，但是因为这么多年来他们已经给希特勒压服惯了，所以早已丧失了他们的抗议能力。现在是已经太迟了。斯佩尔说："整个民族虽然明知已经面临着极大的危险，但是却还是无可奈何。一种麻痹性的恐怖和命定论的想法，支配了全体人民的心理。"

× × ×

自从雷马根桥梁失守之后，西线战场德军总司令一职，就改由凯塞林元帅继任。凯塞林曾经把意大利的防线，坚守了那样长的时间，可是当他3月10日调到西线战场上来的时候，这里的防线却是早已破裂不堪了。在此后两个星期当中，专门为了围困雷马根桥头阵地，就已经把他的预备兵力都用完了，所以他更无余力来阻止普法尔茨方面的崩溃。到3月23日为止，比起6个星期以前，希特勒在西线上的兵力已经失了1/3以上，因为自从莱赫斯华攻势发动之后，被俘的德军约为29万3000人，而战死和重伤的人数也至少在6万人以上。

艾森豪威尔的三期作战计划，现在已经产生丰富的收获，布鲁克在过去是批评它最厉害的一个人，现在却第一个承认它的成功。当已经获胜之后，布鲁克向艾森豪威尔说："感谢上帝，艾克，你居然能够坚持着你的计划。你是完全对的，我感到很抱歉，因为我的忧惧曾经增加了你的负担。"虽然布鲁克曾经作了这样一个具有伟大风度的声明，但是由于布莱德雷和他的部将们，在战术上颇能显出优异的本领，因此很容易使人看不出来这次胜利的基本原因，还是艾森豪威尔的战略计划。布莱德雷在去年春天里攻向莱茵河时失败了，而本年春天里却成功了。这不仅是因为敌人的兵力已经减弱，而且也是因为艾森豪威尔对于时间的配合和兵力的集中，都有了以前所从未有过的控制。不过，从某一方面看来，布莱德雷的兵力能够集中，却应该谢谢希特勒，因为还是由于阿登高地反攻的原因，才把巴顿撤出了萨尔地区，这样才又把第3军团的主力移到了摩泽尔河以北来。2月间，巴顿还是想重新返回萨尔地区，也许是因为他觉得他没有能够攻入这一段防线，感到很难为情。不过事实上却证明了，这一段齐格菲防线，一直到迂回到了它的背面之后才陷落的。

虽然巴顿渡过下摩泽尔河，越过洪斯吕克山脉的行动，可以说是一种战术上的急智，但是它却也是艾森豪威尔整个战略计划的直接收获之一。因为艾森豪威尔的第一期攻击重点是放在北面，而德军的主力却正好面对着布莱德雷，位置在中央，因此德军就丧失了它的平衡，而不免感到手忙脚乱。实际上德军在西线上所有剩余的装甲兵力都全调到下莱茵河地区去了。当第二阶段攻势开始时，布莱德雷在艾费尔地区进攻，而伦德施泰特的8个装甲师，却已经有6个位置在科隆以北，并以保护鲁尔为目的。因为德军已经把所有的预备兵力，都调往右翼以应付眼前的威胁，所以就正和诺曼底的情形一样，他们的左翼就完全空虚，禁不起猛烈的攻击了。于是又和在法国的情形一样，德军的左翼完全崩溃，他们更无预备兵力来重建一道防线。同样的德军的右翼，很坚固地连在海岸线上，一直还是相当的完整和坚强。联军现在的目的，就是要强渡过下莱茵河，切断这条防线，而打开另外一次巨型包围战的道路——这一次和法莱斯平原不同，所包围的对象不只是一个军团，而是一个集团军；不是一些诺曼底的村落，而是欧洲最大的工业中心，这是德国作战的主要能力来源。

对于下莱茵河的渡河攻击，蒙哥马利的计划可以说是非常的周详。他的军队所面临的河流是西欧的最大水上障碍物，在韦塞尔的莱茵河宽度，要比奥彭海姆地方的宽度，宽了两倍以上。要渡过这个河流，诚如艾森豪威尔所说的："这是自诺曼底登陆之后，一个最巨型和最困难的两栖作战。"当他在1月、2月两月之间，拟订作战计划的时候，蒙哥马利曾经假定，因为这是在鲁尔地区前面的最后一道屏藩，所以它一定会有极坚强的防卫，而且直到3月初旬为止，德国在下莱茵地区都始终还在拼命地抵抗，所以就更使他认为，除非有彻底的准备和强大的支援，否则这个渡河的攻击战一定是会极困难，而且牺牲惨重的。此外他也假想着，当德军看到他们将要在莱茵河西岸被击败的时候，就一定会退到东岸去，而集中他们的主力以来防守这一条大河。所以，他要求联军的空军为了孤立这个战场，并且阻止德军预备队进入威斯特伐利亚平原，就必须实行一个广泛而有组织的轰炸计划。

这个空中攻击的计划，实在是进行得太彻底了，事实上并不需要如此，因为德军的预备队不是已经用去对付雷马根桥头阵地，就是已经在普法尔茨被击毁了，所以更没有力量来对付蒙哥马利的攻击。德军的强度远在蒙哥马利想象之下。3月中旬从埃默里希（Emmerich）到鲁尔之间，一段长达 30 英里的正面，德军却只有 3 个伞兵师和 3 个步兵师加以防守，另外还有两个已经精疲力竭的装甲师担任预备队。在这种环境之下，蒙哥马利本来似乎是可以提早渡河，但是他却不主张急躁，认为一定要等他把架设多座桥梁的装备运到之后，再将部队送过河去，这样才可以使他们在德国北部作深入迅速的前进。在他的面前，莱茵河的河流不过有 500 码宽，而且泛滥平原上由于冬季的大雨，到现在还是泥泞载道，所以要在河上建立交通线，其工作实感困难。因为他总是要等待桥都架好了，才能继续前进，所以他宁肯在西岸等候，以免受到不必要的牺牲。他认为，假使渡河之后，又因为桥没有架好而不能够深入攻击，那就只是使德军在受到第一次猛攻之后，又得着一个恢复的机会。

到了 3 月 23 日，由于英美供应部队和工兵的努力，已经有 25 万吨的各种物资，已经运到了莱茵河的西岸。那二天夜间，由于天气预测对于明天上午的空降攻击有利，于是攻击就开始了。还是照蒙哥马利所惯用的办法。3300 门大炮沿着 25 英里长的一条正面，实行最猛烈的炮击，并且对于韦塞尔城也加以猛烈的轰炸。在轰炸之前，英军有一个海军陆战突击旅，乘黑夜偷渡过河渗入了该城的郊外，等到大轰炸之后，德军尚未恢复恐惧心理之前，即一举将该城的多数要点加以占领。同时，在韦塞尔的两侧，两个英军师和两个美军师，根据预定计划没有遭受多大困难就渡过了莱茵河。到了拂晓的时候，步兵们已经确实地守住了三处桥头阵地，靠着自己游过河去的 DD 式坦克的支援，开始向内陆挺进。

24 日的上午，有两个空降师降落在敌阵的中央，落在河岸上炮兵的射程之内，于是里应外合之下，一方面增加了桥头阵地的深度，另一方面也使敌人大为惊扰。在这一天终了的时候，蒙哥马利的部队在莱茵河的东岸，已经前进了 6 英里。此后 48 小时之内，当工兵正在加速架桥的时候，英美两军的桥头阵地已经合而为一，并且击退了德军装甲兵的反攻——到了 26 日黄昏，已经有 12 座桥梁可以使用了。蒙哥马利现在主要的问题就是建立经过韦塞尔镇的交通线，尽管有最近在克里夫的经验，但这个城市还是被炸得太凶了（Over-bombed）。因为到处都是碎瓦颓垣，必须要用开山机才开得出一条路来，而德军的狙击手又还隐藏在废墟之中，随时暗箭伤人。

蒙哥马利现在还是把敌人的力量，估计得太高了，他认为也许还要两个星期，他才能集中足够的兵力，以行突破，但是因为桥梁架设得那样快，敌军溃败得那样惨，只要 5 天的时间，机会就已经成熟了。3 月 28 日的黄昏时节，桥头阵地已经延展到 35 英里宽，平均 20 英里的纵深了。德军的抵抗到那天夜里就已经溃不成军。在白天里，联军已经东向攻入利珀（Lippe）河的河谷。在轻微的抵抗之下，这支兵力在黑夜里继续前进，拂晓之前，他们距离莱茵河岸已经到达 35 英里。

德军已经再没有力量阻止蒙哥马利冲入威斯特伐利亚平原，

假使不是那些城镇都因为炸得太厉害了，而弄得不容易通过的话，那么他的装甲部队早就可以长驱直入了。因为急于要封锁战场，表示他们的功劳，联军空军所投下的炸弹要比陆军所要求的多了3倍以上，结果反而帮了倒忙，增加了德军后卫战的力量。不过一星期之内，蒙哥马利在莱茵河的东岸，就已经集中了20个师的部队，再加上1500辆坦克，以如此强大的力量，当然不是任何障碍物所能阻挡得住的。在他的左面，德军在荷兰境内的守军，仍然死守，而第1伞兵军团则由这一条水上防线退到另外一条水上防线，其目的是阻止联军占领德国北部的海日和海军基地；在他的右面，莫德尔集团军仍然奉命死守鲁尔地区；但是中间却门户洞开，一直通到易北河。所以蒙哥马利就下令，要加拿大军团向北转，切断在荷兰西部的德军，并肃清海岸线；而登普西和辛普森则直冲易北河之线，以求迅速占领北德平原。在前进的过程中，第9军团应该封锁住鲁尔地区的北面和东西的各个出口，并与从南面挺进的第1军团取得联络，以形成合围之势。

在3月间的第3个星期当中，当蒙哥马利正在准备渡过莱茵河，而巴顿正在向普法尔茨挺进的时候，艾森豪威尔就决定更多的美军师，原先准备参加北面攻击的，现在都暂时保留在中央位置。同时他也决定了，只要预备兵够用，他就准备把他们交给第12集团军，以使布莱德雷可以迅速地完成鲁尔地区的包围战，而再东向进发与苏军会师。所以，他就授权布莱德雷扩展雷马根的桥头阵地，并把第1军团所属的三个军，全部送过莱茵河。到了3月24日，霍奇斯所已经占领的东岸，由波恩几乎一直到达科堡，并且在12个地方都已经架好了桥梁。第二天上午，第1军团冲破了敌军的防线，没有照德军所预料的，向北面直接攻入鲁尔，而是东向延着锡格河（Sieg）的河谷和东南向兰（Lahn）进攻，以期与正在梅斯以南扩充立足点的第3军团相会合。凯塞林在三天之内曾经尽量地设法迟滞美军的行动，但是到了3月28日，巴顿和霍奇斯终于还是在吉森（Giessen）附近会师了。于是一发不可收拾，他们沿着法兰克福—卡塞尔走廊，采取大规模包围的行动，向鲁尔的东面进攻。

在这个大转向运动里面，柯林斯的第7军本是向东行动的，现在突然改向北挺进，直冲现在还坚守在科隆到杜伊斯堡之间莱茵河岸的德军后面。这一天，美军的装甲部队朝着帕德博恩（Paderborn）的方向，挺进了55英里，这个地区就是希特勒装甲部队的摇篮。在48小时之内，这个著名的训练场已经变成一个战场，那些教官和学生们，都纷纷坐上了坦克，像平常演习一样地实行作战了。他们打得非常地激烈，因为这一片地方一方面是德国国防军的圣地，另一方面对于莫德尔的战术也有极大的重要性。不过到了4月1日，帕德博恩终于被占领了，到了那天下午，第1和第9两个军团在利普施塔特（Lippstadt）会合，于是对鲁尔已经合围了。莫德尔的整个集团军，差不多还有25万人，另外再加上10余万人的高射炮部队，都已经完全陷入了这个陷阱之中。

在这个巨型袋形地区之中，虽然有各种工业，似乎足以供给莫德尔全军的需要，但是因为交通和工业都已经给联军空军所炸毁了，事实上并不能够生产出来他所需要的弹药和燃料。因为如此，所以莫德尔既无法突围而出，又无法阻挠联军的交通线。他甚至也不能够把鲁尔地区当作一个死守的要塞。在压迫之下，守兵就开始离散，因为德军实在不忍再打下去，这种无意义的苦战只是使已经饱受痛苦的鲁尔人民，再增加不必要的痛苦而已。莫德尔却还继续勉强支持了 18 天之久，到了最后的抵抗也被克服了之后，他就慷慨自杀而不肯作降将军。这一战联军收容了 32.5 万的战俘，规模之大比起斯大林格勒之围尤有过之。

× × ×

为了要扫清鲁尔地区，一共吸住了 18 个师的美军，但是这却并不足以阻止艾森豪威尔的大军，兼程并进地向易北河进发。西线战场上现在已经门户洞开，因为莫德尔全军被围之后，中间已经漏出一个长达 200 英里的裂口，这是凯塞林所无法填塞的。他唯一可能有组织的抵抗，就只有发生在侧翼方面，这些部队不断地被逐回，退往南部的山地和北方的海口。在艾森豪威尔与柏林之间，德军没有任何已经准备好了的防线，没有任何野战军，没有任何不可以迅速通过的天然障碍物。艾森豪威尔的 60 个师大军，真是势如破竹。此外，去年限制他们前进的补给困难，现在也完全不存在。在莱茵河上已经堆积了大批的物资，联军有充足的运输工具可以迅速地把它们向东赶运。联军的空运部队，每天还可以把 2000 吨的物资，直接送过莱茵河东岸。而在一个星期之内，联军的火车也就可以一直开过莱茵河了。艾森豪威尔的补给力量可以说是太雄厚，已经超过了他的需要量。

在政治方面，也没有什么阻碍，虽然柏林的位置是处于指定给苏军占领地区的中央，但是在战时为了追逐共同的敌人，此国的军队是否可以进入彼国的预定占领区，却并无明白的规定。也并无协议认为柏林必须要让苏军去克服，在雅尔塔会议中，这个问题甚至根本就没有讨论过。

　　自从雅尔塔会议之后，东西两大主要战场的战略形势就完全倒转过来了。当德军在西线连遭溃败的时候，他们在东面，却沿着奥得河和它的支流尼斯河，建立了一道新的防线，从波罗的海直到捷克斯洛伐克北面国界上的山地之间，德军守住了一条比较狭窄的防线，使苏军在通过波兰的交通线尚未建立妥善之前，居然无力将其突破。同样的在东线的南端，德军在匈牙利境内也守住了一条稳定的防线，并且也守住了布拉迪斯发隘道（Bratislava Gap），而使敌人无法攻入维也纳。所以从军事的立场上看，在苏军尚未攻到德军新防线之前（德军由天然的仇苏心理，守得相当的紧），艾森豪威尔虽然不一定能够攻入维也纳，但是攻下柏林和布拉格却是毫无疑问的。

　　假使在军事方面，既然已经有了可以攻入柏林的有利机会，那么在政治上就更有这种需要，因为美英两国的势力是愈能深入中欧就愈好。自从雅尔塔会议之后，即有充分的象征，可以看出来斯大林最后一定会毁弃他的诺言。

　　在罗马尼亚的共产政权稳定之后，就可以看出来苏联人又在设法使波兰政府也走上同样的路线。他们在雅尔塔会议时，本已决定卢布林政权根据广泛民主的基础，而加以改组，莫洛托夫和美英两国驻苏的大使应共同负指导之责。不过到了3月2日哈里曼就向罗斯福提出报告说，莫洛托夫又再度坚持卢布林政府只是"扩大"，而不"改组"，并且认为凡这个委员会所不接受的波兰人，英美大使都不应与其商洽，而尤其是他们不肯邀请米科瓦伊奇克参加新政府，他是波兰著名的温和派领袖，而也是美英两国领袖所推崇的人。哈里曼的事实说明，苏联人对于这个波兰新政府的态度是已经确定了，因为莫洛托夫对于英美大使所提出的伦敦流亡政府方面的人选，一共只准备接受一个。因为莫洛托夫的态度很强硬，所以莫斯科谈判不久就形成了僵局。

所以在3月底，当丘吉尔促动罗斯福向斯大林提出直接交涉的时候，罗斯福也就答复他说："我对目前局势所蕴蓄的危险，也深感关怀。"4月1日，他发了一个电报给斯大林，这样地宣布说："由于我们在雅尔塔所作的政治性决定，现在在执行方面已经遭到了停滞，尤其是波兰问题……这使我感到很关心。"他拒绝接受莫洛托夫对于草约的解释，并且加重语气说："凡是一切用伪装的手段，以使现有政府延长的政策，都是我们所绝对不能接受的，因为这会使我们的人民认为雅尔塔会议是一个失败的行为。"

即使是罗斯福亲自出面交涉，也并不能够解决这个问题，同时苏联人在其他的方面，也都有各种迹象表示他们不顾雅尔塔的诺言，而准备一意孤行到底，因此局势是日趋紧张。在雅尔塔会议时，苏联曾经签订了一个很详细的协定，准许英美的代表团在东欧的战俘营中，可以获一切救济的权限，正和苏联人早已在西欧所享有的一样。但是这个协定苏联人就没有能够真正地遵守。只有一个美国的代表团曾经被准许进入波兰，但是他们却不准访问任何收容营，携带任何药品和食物，也不准用美国飞机来撤运伤患，虽然这些事项都是雅尔塔会议中所曾有明文规定的。尽管3月18日，罗斯福曾经亲自向斯大林提出抗议，但是从来没有联军方面的人员，曾经被准许越过敖德萨（Odessa）则向西前进的。

雅尔塔会议时，斯大林曾经面允美军可以使用布达佩斯附近的某机场，但是以后却又拒绝履行诺言。关于利用苏联滨海省基地的交涉，结果也是如此。斯大林曾经同意对于这个问题，以及其他与苏联参加远东战争相关的诸问题，都应采取联合的行动，但是到了3月初，驻莫斯科的美军事代表团却向华盛顿报告说，这些计划一直到现在仍然毫无进展。

斯大林在雅尔塔曾经保证，苏联对于世界安全组织基础的建立，将居于领导的地位，这是罗斯福认为此次会议的最大成就，但是实际上苏联对于这一方面，也并没有表现出十分的合作。3月中间，罗斯福知道苏联准备在4月间派往出席旧金山联合国大会的代表团，将不由莫洛托夫担任领队。于是在3月24日发给斯大林的一个电报里面，罗斯福表示对于此次决定非常失望，他说："我恐怕由于莫洛托夫先生不能出席，而会使全世界误会以为苏联政府对于这次大会的伟大目的，是不感兴趣的。"但是斯大林还是照样置之不理，当时美国的军政部长，史汀生即已料想到苏联的这种态度将为战后世界之大患。（注：以后罗斯福死后，杜鲁门再向斯大林提出同样的要求，最后莫洛托夫始允出席联大会议。）

自从苏联不再依赖西方国家的物资援助之后，和苏联人打交道也就越来越困难，当讨论到德军单独在意大利投降的问题时，这一点就更明显。3月10日，继任威尔逊出任地中海最高统帅的亚历山大，就向联合参谋本部报告说，意大利境内纳粹党军的领袖沃尔夫将军（Gen. Wolff），准备在瑞士与联军的代表见面，讨论意大利前线的停战问题。亚历山大要求当局能够授权他，派遣两个参谋人员（一英一美）到伯尔尼（Bern）去与沃尔夫见面，并把他带到卡塞塔（Caserta）的联军统帅部里来，以便去更详细地谈判。美国的参谋首长们是准备立即同意亚历山大的要求，但是丘吉尔却主张应先与苏联咨商后，再采取行动。所以，哈里曼就奉命把这个事件通知莫洛托夫，他的回答是苏联政府并不反对在伯尔尼的会晤，但要求应有 3 个苏联军官参加。这个要求就引起了一个严重的困难，因为只要有一个苏联人到伯尔尼去，也就会使保密的工作感到非常的困难，这样德国人也许就会拒绝谈判下去。所以，美国国务院就问答说，伯尔尼的会晤，其目的只是要设法把德军的代表引到亚历山大总部来，至于一切的谈判都将在那里举行，欢迎苏联代表以观察员身份到卡塞塔去。

这个答复立即引起了莫洛托夫的一阵狂吠。他宣称美国人拒绝苏联代表到伯尔尼去，简直是无理至极，所以苏联政府坚决主张那早已在伯尔尼开始进行的谈判应立即停止。这种横蛮的态度却并不使哈里曼感到惊异。因为自从雅尔塔会议之后，他就早已逐渐感觉到苏联的态度是越来越坏，所以他现在就报告华盛顿当局说：

> 我相信，莫洛托夫复文措辞如此的横蛮，即足以证明我们以前的怀疑是不错的，他们对于美国的态度是已经公然地逆转。我个人感觉到，迟早他们这种态度将会创造出一种情况，叫我们无法忍受。

这种情况很快就形成了，但是哈里曼却还是奉命通知苏联人说，当在瑞士与沃尔夫接触之后，并未举行任何“谈判”，沃尔夫在未与凯塞林商洽之后，也不肯随同联军人员一同回卡塞塔来。这个通知却使莫洛托夫直接指控“美英两国，背着苏联政府，在和敌人进行谈判”。

3 月 24 日，美国总统，因为感觉到局势日趋紧张，所以又发了一个坚定而友好的电报给斯大林。在这个电报里面，罗斯福说，假使有压迫敌军投降的机会，为了避免美军受到更多的生命损失，他绝不会允许对于这种接受投降的工作有任何的延误，因为那是完全不合理的。所以他不能同意把敌人可能投降的机会放过，因为这种局部性的投降毫无政治上的意义，也与我们所共认的无条件投降原则并不违背。

斯大林的复电中说，当联军与敌人谈判时，德军即利用这个机会曾将 3 个师的兵力由意大利抽调到东线去。罗斯福也立即指出这是在与沃尔夫发生接触以前的好几个星期的旧事。罗斯福正式宣布一直到现在也还没进行过任何投降的谈判，但是苏联的猜疑却是没有消除。在他下一个电报中，斯大林鲁莽地宣称：

> 我的军事僚属们绝对相信曾经举行过谈判，并曾经获得协议，原则是西线德军的总司令凯塞林曾经同意开放战线，好让英美军向东深入，而英美两国则允许放松对德的和平条件，我相信我的僚属们，所说的话是近乎事实……由于这个协定的结果目前西线上的德军事实上已向英美军停战。但是同时德军却还是与英美的盟友，苏军，继续作战。

这个电报无异于指控英美背叛同盟，因为它就是说西方国家已经和希特勒单独媾和了。这个指控对于罗斯福个人而言，尤其会使他十分地愤慨。在战时和平时维持同盟国的团结，一向就是他的外交政策的唯一基础。他曾经升起联合国的大旗，提出无条件投降的要求，并且在德黑兰和雅尔塔会议中，努力争取斯大林的信任和友谊。4 月 4 日，虽然罗斯福还是和从前一样地想保持同盟国间的团结，但是他对于斯大林的诬告，却不能不提出一个强硬的答复，他说："坦白地说，我对于你的左右无法避免地要发生一种强烈的反感，不管他们是谁，因为他们对于我的行为，和我所信任的部下的行为，都会发生这样恶意的误会。"

丘吉尔对于罗斯福的强硬回答表示十分的赞成，他除了也直接向斯大林提出了一个抗议以外，又发了一个电告给罗斯福，内容大致如下：

> 我认为在这个时候，我们两国必须要采取一种坚定和坦率的立场，这实在是非常的重要。于是才可以澄清空气，并使他们认清应有一个限度，过此我们就不会忍受。我相信为了挽救将来，这就是一个最好的机会。假使他们认为我们是怕他们，而且可以设法使我们屈服，那么我对于我们与他们在未来的关系，就不敢再表示乐观了。

3月底以前，在行动的考验之下，苏联人就所有重要方面，几乎对于雅尔塔协定，是无一不加以破坏和蔑视。所以丘吉尔认为，西方国家在制定他们的战略时，对于这些复杂的政治发展应该多加注意，而英美联军应努力先到达柏林，于是可以获得一种交易上的有利形势，以强迫苏联必须遵守它所已经签订了的协定。在目前，他们是有这样的能力，也有这样的机会，若是不赶快行动，那么恐怕不久也许就会太迟了。

当艾森豪威尔在3月底，完成他对于西线战场最后一战的计划时，他对于这种已经使伦敦和华盛顿两方面，大感伤脑筋的苏联含有敌意的态度，还是一无所知。据他所知道的，同盟国间的一切关系还是以友好合作的基础进行着，同时他也没有接到任何政治性的指示，所以他在拟订战略计划时，所考虑的就只是纯军事因素。他的唯一目标就是如何使德国以最大的速度，开始崩溃，同时又使联军的生命损失减少到最低限度。虽然德军在战场上是已经战败了，但是却又有一个新的军事考虑进入了他的计算之中。艾森豪威尔的参谋长说：

> 在鲁尔被攻下之后，我们就认清了当希特勒未死之前，德国人是不可能全面投降的。于是我们感觉到我们必须将德军的残部分成一块一块的，将它们毁灭掉。而最后的可能性是会在号称民族堡垒（National Redoubt）的阿尔卑斯山区中，进行一个长时间的苦战。

有许多证据足以支持这种见解，认为希特勒和纳粹党的领袖人物，最后会撤退到贝希特斯加登附近的山地要塞中，准备死守到底。3 月 11 日的联军统帅部情报汇编上也这样分析着说："德军防守政策的主要趋势，似乎是以阿尔卑斯山区为重点。"德军在意大利北部仍然还在顽抗之中，而当奥得河方面需兵孔急的时候，党军第 6 装甲军团却又调到了多瑙河流域，若不是他们准备死守这个山区，则这些行动就无法加以解释。所以这个情报汇编继续说："从地形上看，这个地区实际上是突出的……有证据足以表示有大批的党军和特选的单位，已经有计划地撤到奥地利……而纳粹政府中的要人和机关，已经早有一部分迁入了这个地区。"

艾森豪威尔的情报主管人员，认为假使希特勒和他的狂热信徒们一旦隐伏到这个阿尔卑斯山天然堡垒之中，则后患将会不堪设想。他们说："利用天然的形势和最新发明的秘密武器，可以守住这个地区使联军无法攻入；军火可以在地下工厂里面制造，粮食和装备也可以大量地储藏；另外特别挑选一批青年人进行游击战，并设法组织大规模的地下军，最后终于可以从占领军手中光复整个的德国。"

基于以上的判断，艾森豪威尔就认为这个民族堡垒地区要比柏林重要。他说："当敌人已经到达了最后崩溃的边缘时，在我的眼中最重要的就是军事上的因素，至于让哪个国家去占领敌人的首都，这完全是一种政治性的考虑，因为首都已经不再是一个重要的军事目标了。"而且无论如何，当苏军已经到达了奥得河上，距离柏林东郊只有35英里远的时候，似乎他们也是一定可以在西方联军之前进入该城的。

所以，艾森豪威尔就决定，在鲁尔区被中和以后，他就要把大军交给布莱德雷指挥，从卡塞尔地区向东作猛烈的攻击，一直攻入德国的中心，其目的是想将第三帝国切为两段，而在莱比锡—德累斯顿（Leipzig-Dresden）地区与苏军会师。这个阶段完成之后，他就想要将他的左翼向东北面发展，直达汉堡和波罗的海岸；而右翼则向西南面发展，以与苏军在维也纳以西，多瑙河流域中实行会合，并在纳粹余孽尚未将防务布置妥善之前，即先把那些天然堡垒加以占领。艾森豪威尔决定将攻击的主力，放在布莱德雷的中央集团军方面，而不放在蒙哥马利的北面集团军方面，这个是受了他们两个人最近所表现的成就的直接影响。艾森豪威尔曾经向他的副官，布彻说过："当布莱德雷看到有前进的机会时，他是绝不会后退，也绝不会踌躇。"因为布莱德雷在莱茵河上有了卓越的战术成功，所以艾森豪威尔就认为在扩张战果的作战中，他是要比蒙哥马利更勇敢和更技巧，所以应该把第9军团再交还给他指挥，让他去领导这一次的胜利进军。

3月28日，艾森豪威尔把他的计划要点，用电报分别通知华盛顿、伦敦和莫斯科三方面，而在最后一份电报上面，还加上了"斯大林元帅亲启"的字样。这个计划的本身，以及艾森豪威尔没有获得联合国参谋本部批准之前，就先通知苏联人的手续错误，曾经引起了丘吉尔的强烈抗议。当丘吉尔大发雷霆的时候，倒把艾森豪威尔吓坏了，他认为他给予莫斯科的通知只是一种纯军事上的行动，这是雅尔塔会议之后，联合参谋本部所曾经给予他的权限，他曾经获得授权，就"纯粹有关军事方面的事件"，可以与苏联最高统帅部直接接触，以期获得"战术上的调协"，尤其是当两方面将要会师的时候。可是丘吉尔却认为艾森豪威尔的电报是已经远超过"战术调协"的范围，甚至超过了战略的范围，而进入了政略的范围，这种目标的决定是纯政治性的，与战后欧洲的局面具有极大的关系。艾森豪威尔说："丘吉尔是非常的失望和怒恼，因为我的计划并没有让蒙哥马利先行倾全力进攻，以求拼命地企图在苏军之前占领柏林。"

3月29日，丘吉尔用电话提出他的抗议，他特别强调说明联军占领柏林的政治重要性，因为苏军已经快要占领维也纳和奥地利的全境，所以这种对抗的形势实在是非常的重要。他更指出假使苏军也占领了柏林，那么这双重的胜利就会显出来苏联是已经获得了具有决定性的胜利了。丘吉尔又说明这种影响就可以减弱民主国家在战后欧洲的势力，而增强共产党的威风。他毫不怀疑苏联人是早已充分地认清了柏林的重要性。从斯大林马上就复电赞成艾森豪威尔的计划，并宣布苏军的主力即向德累斯顿方向进攻的事实看来，就可以显出他的用心了。丘吉尔一点都不肯含糊，尽管莫斯科方面曾经宣称，斯大林认为柏林是早已丧失了它的政治重要性了。

丘吉尔同时向艾森豪威尔和马歇尔提出抗议，坚持着说联合参谋本部在马耳他已经批准的战略计划，是要让蒙哥马利在北德平原上，负担着进攻的主力，为什么现在也要改变这个决定。艾森豪威尔回答说，在基本战略上并无改变，而在他 3 月 30 日发给马歇尔的电报中，又为他这种声明作了下述的辩护：

> 　　在我们包围鲁尔地区的作战中，我一直是坚持以北面的兵力担任主攻，但是从头说起，在 D 日以前，我的计划中即曾决定应在卡塞尔地区作主力和辅助性的两次进攻，然后再倾全力向东西两面发动最大的攻势。

他现在就把这个攻击的方向指向莱比锡—德累斯顿地区，因为这个地区含有德国剩余工业力量的大部分，而且据说德国政府中的各部都已经迁入了这个地区。

丘吉尔并不驳斥这些理由，但他却认为这都是无关大局的。这个战争是已经胜利了，现在所考虑的问题就只有战后的权力平衡。除了苏联人占领了柏林之后所可以获得的那些政治优势以外，丘吉尔还害怕，假使让布莱德雷对于德累斯顿的攻势获得了优先之后，那么蒙哥马利就不会有足够的兵力，使他能够迅速地到达波罗的海岸，以阻止苏军"解放"丹麦，占据德国北部的诸海口，并且在大西洋方面找到一个出海口。

在这种激烈的辩论中，艾森豪威尔坚持着他的立场，同时他的上司和下属也都完全支持他。布莱德雷告诉他说，假使联军要想从易北河之线，直冲柏林，那么它的代价可能是高达 10 万人的死伤数字。所以布莱德雷认为若是为了面子问题，而忍受这样大的牺牲，那实在不划算。因为德军在西线早已瓦解，这种悲观的论调实在颇少根据。不过布莱德雷心里却另有打算。假使联军直趋柏林，这个攻击的主力将会由蒙哥马利担任，许多美军的部队都要受他的指挥。同时，布莱德雷还得要把巴顿停止在莱比锡地区，不能让他向南面攻入民族堡垒。布莱德雷以后也曾经这样地写着：

> 我们当时所关心的问题只是如何击溃德军的残部，而没有注意到战后的政治问题。我们是军人，看法都很天真，并不了解英国人为什么要把那些政治上的远见和非军事问题，牵涉进来而使战争的局势益趋于复杂。

布莱德雷的反应也就是美国参谋首长们的见解，虽然他们应该有足够的理由，足以认清这个局势的严重性。他们早已经知道，自从雅尔塔会议之后，政治的情况是已经如何地逆转，但是在 3 月 31 日，马歇尔却通知英国参谋本部说，他和他的同僚们都完全赞成艾森豪威尔的战略观念，和他直接通知苏联人的手续。马歇尔说：

> 德国的战争已经发展到这个阶段，应该一切由战地指挥官自己决定……唯一单纯的目标就是迅速而完全的胜利。"4 月 6 日，马歇尔又发了另外一个电报，所说的更为

明显，他说："关于抢在苏军的前面占领柏林所能获得的
心理上和政治上的利益，却并不是超过主要的军事考虑，
照我们的意见，那就是毁灭和肢解德国的军事力量。

　　这个声明增强了艾森豪威尔的地位，于是他在 4 月 7 日又发
了一个电报给马歇尔，表示他主张必须在中路与苏联会师，北面
到达了波罗的海，和南面攻占了天然堡垒之后，才可以进取德国
的首都。虽然如此，艾森豪威尔却又这样地说下去："我也绝对承
认战争是为了追求政治上的目的，假使联合参谋本部决定柏林的
攻取，要比本战区的纯军事性考虑更为重要，我也绝对欣然同意
重新调整我的计划和思想，而勉力奉行上级的命令。"而且第二天
他又和蒙哥马利说："假使我能够找到一个机会，可以不花什么代
价就占领了柏林，那么我也一定不会放过它。"

　　到了这个时候，联军向易北河的进攻是早就已经开始了。虽
然辛普森和霍奇斯都已经留下了他们兵力的一半去包围和扫荡
鲁尔地区，但是其余的部队却都已经毫无阻挡地越过了威悉河
（Weser），已经与巴顿的兵力扯平了。美军的矛头现在报告说，"除
了道路上阻塞以外，更无其他的反抗"，在从汉诺威（Hanover）
到科堡（Coburg）之间，一条宽广的正面上，布莱德雷一共摆开
了 27 个师的兵力，所以他要把第三帝国切成两段是一点都不感困
难的。

　　4 月 11 日的黄昏时候，在一天进展了 57 英里之后，第 9 军团
的装甲前卫在马格德堡（Magdeburg）的附近，到达了易北河，第
二天就渡过了河流，建立了一个桥头阵地。那一天夜间，布莱德
雷的部队距离柏林只有 35 英里，而易北河上的德军实力也非常的

脆弱。布莱德雷说："那个时候，假使我们认为攻取柏林所花的代价是值得的，则我们也许已经攻入柏林。朱可夫还没有渡过奥得河，而柏林现在就差不多在我们部队的中途上。"

当他们到达了易北河之后，美军已进入了指定划给苏联的占领区，但却还是没有任何军事上和政治上的协定，以来约束他们继续前进。一直还没有和苏联人讨论到"停止线"的问题，于是艾森豪威尔就通知莫斯科方面说，他主张双方面都继续前进，一直到自然会合时为止。这种有利的情势遂使丘吉尔和他的参谋首长们，不惜再度努力，想使马歇尔认清柏林的重要性。但是，美国人都非常害怕在民族堡垒地区中，会有发生长期苦战的危险，所以马歇尔早已命令艾森豪威尔把攻势的主力指向慕尼黑方面，而不再以德累斯顿为目标。无论如何，他坚决反对颁发任何具有政治性质的训令，尤其是不愿意叫艾森豪威尔进攻德国的首都。可是仅仅一个星期以前，马歇尔本人就曾经亲自协助罗斯福起草那个抗议"恶意误会"的电报。

因为马歇尔和他的同僚们的态度都是这样的死硬，丘吉尔就认清了要想基于政治上的理由，来使艾森豪威尔的战略计划发生变化，这个决定就只有罗斯福本人可以作主，而且还要赶快。但是罗斯福现在却已经疲惫多病，因为到雅尔塔的长途跋涉，再加上会议时的紧张情形，都已经使他感到精疲力尽。在3月底，由于医师们的坚决主张，他已经到乔治亚州的温泉地休息养病去了。在那里，4月1日，罗斯福收到丘吉尔的一个私人电报，讨论到柏林问题，即使他是身体健康的时候，要他压制那些军事顾问们的意见，本就很勉强。罗斯福对于目前政治局势的演变和莫斯科的无理态度，很感到烦恼。虽然如此，他却还是想想事宁人。他还

希望旧金山联合国大会，在 4 月 25 日开会之后，西方国家与苏联
间的差异也许就慢慢地可以得到一个解决。

4 月 12 日的早晨——那一天第 9 军团渡过了易北河——罗斯
福在温泉地草拟了两个电稿。第一个电报是打给丘吉尔的，因为
他曾经来电征询罗斯福的意见，请教他在下院中关于波兰问题应
该如何发言。罗斯福的回电说：

> 我对一般的所谓苏联问题，都尽量地加以轻视，因为
> 这些问题差不多在每天，都会继续不断地发生，但是其中
> 多数的却都会像伯尔尼会晤问题，那样自然趋于解决。我
> 们应该坚定，不过我们的路线却一直并没有走错。

第二个电报是发给驻莫斯科的美国大使哈里曼的，在这个电
报里面，罗斯福又再度申述他具有这种忍耐力和信心，认为他可
能把"巨强间的团结"带进和平时代，这种"团结"在他的领导
之下，已经到达了胜利的顶点。他对哈里曼说：

"这是我的愿望，应该把伯尔尼的误会当作一个小的偶然事件。"

这就是从罗斯福的笔下，所写出的最后一个电稿。一个小时
之后，当他坐在那里让一位艺术家给他画像的时候，他突然昏倒
在座椅上面。那一天下午他就死了。

×　×　×

罗斯福死了两天之后，4 月 14 日，艾森豪威尔向联合参谋本
部提出报告说："我的计划的要点是要停止在易北河上，以来肃清

我的侧翼。"第二天他又另外发了电报来加以解释，说这是为了补给。艾森豪威尔说："固然不错，我们已经在易北河上占据了一个小型的桥头阵地，但是应该记得的，却仅仅只有前卫部队到达了易北河上，至于我军的重心却还远在后面。"可是在同一天，辛普森却告诉布莱德雷说，他所拥有的补给物资还可以够他向柏林推进之用，只要他能够获得适当的增援，那么他就可以这样地做。虽然德军有 3 个临时拼凑编成的师，正在向他的前线反扑，并且逼得第 9 军团已经放弃了一个渡口，但是另外一个桥头阵地却正在不断地扩展中，而辛普森也相信他不久就可以突破前进了。

艾森豪威尔向华盛顿所报告的补给困难，大半却是他自己所造成的。他本已宣布是准备采取一种集中进攻的方式，但是他却又再度放任他的部队分散兵力向各方面齐头并进。布莱德雷的兵力现在散布在一条长达 250 英里的战线上面，所以他无法集中辛普森所需要的援兵。从莱茵河上专进的美军，在哈茨山地（Harz）的北面，正对着柏林的进路，一共只配置了 8 个师。在这个山地的南面，一个已被隔断的德军防守部队，还正在坚守之中。连同第 7 军团在内，在这一方面一共有美军 31 个师，其中大部分都早已向东南移动，开入多瑙河流域和民族堡垒。对于这一方面的进展，并不缺乏兵力和补给，但是丘吉尔和布鲁克却认为这完全是弄错了方向。

艾森豪威尔在他发给联合参谋本部的电报中说，他准备停止在易北河上，除了蒙哥马利还继续向北推进，直到波罗的海以外。他又说："假使你们同意，我就主张通知斯大林。"英国人表示不同意，但是自从罗斯福拒绝承认在政治上有在苏军前面进入柏林的必要之后，丘吉尔不愿意再和新就职的杜鲁门总统，来商讨这个问题。因为杜鲁门刚刚上任，他不可能否决他那个伟大的前任总统所决定的东西，何况又有参谋首长们的支持。所以丘吉尔就心生一计，想从经济方面去着手。自从雅尔塔会议之后，就很可以坦白地看出来，苏联人早把占领区视同禁脔，但是这个地区却包括着德国的最重要粮食产地，除非苏联人同意各占领区的物资可以自由地交流，否则在战后，西德就一定会感到粮食的缺乏。所以，在4月17日，丘吉尔向杜鲁门建议，艾森豪威尔的军队应该继续前进，姑不说是占领柏林，但至少应该愈深入就愈好，一定要等到斯大林把粮食交流的问题解决了之后，才撤出这些地区。丘吉尔认为，若不是这样的做法，则将来为了不使西德人民饿死，英美两国就一定会背着沉重的经济负担。

在问答这个建议的时候，杜鲁门却认为不管苏联如何地背信，英美方面却仍应履行他们的诺言。他在4月21日的回电中说："我们的国务院方面，主张应通过联合管制委员会，使用种种的方法以来达到粮食公平分配的原则，但不赞成用军事上的形势，来当作讨价还价的工具。"杜鲁门也受了罗斯福—马歇尔主义的影响，相信战略的决定应不受战后政治考虑的影响，所以他说："美军在德国境内的战术行动，应该是一个纯粹军事性的问题。我认为艾森豪威尔将军应具有指挥的全权。"

正当华盛顿与伦敦之间西电交驰的时候，东线方面的情形又已经发生了一个新的大变化。4月16日，苏军突破了在奥得河上和莱茵河上的德军防线，5天之内朱可夫已经到达了柏林的东郊，而科涅夫也正在向德累斯顿前进。这些新的发展更增强了艾森豪威尔的决心，决定不再向东面前进了。他一向就当心双方在碰头时，可能会发生意外的冲突，所以最好是有一个明显的地理界线。

易北河似乎是一个天然的会合点，在该河的东岸就再也找不到一个适合的分界线了。

所以在 4 月 21 日，艾森豪威尔就执行杜鲁门总统所给予他们的特权，通知苏联最高统帅部说，除了向波罗的海方面继续前进以外，他的全军将大致停止在易北河一线上，沿着它的支流穆尔德河（Mulde），以达捷克边境上的山地为止。他之所以停止，其所持的理由是"补给缺乏"，但是他放弃"解放"布拉格的机会，却既不是为了这个理由，更不是为害怕与苏军冲突，虽然巴顿早已到达了捷克的边境，艾森豪威尔的计划却是要让他与边界平行，东南向跨过多瑙河进攻，与第 7 军团协力，而以民族堡垒为他们的共同目标。

第二天，巴顿和霍奇斯就开始去进攻这个仅在幻想中存在着的纳粹最后基地。事实上完全没有这样一回事，美军的迅速前进，早已把德军打得措手不及。民族堡垒完全是一个幻想，希特勒没有在这里布置他的最后据点。

✕　✕　✕

在柏林，4 月初的一个黄昏时候，戈培尔为了安慰和鼓励他的元首起见，就把他们所最欣赏的一本书，卡莱尔（Carlyle）所著的《腓特烈大帝的历史》（*Carlyle's History of Frederick the Great*），朗诵给希特勒听。他所选择的那一章希特勒百听不厌，因为这个最适合于他的处境，因为它说到在七年战争中的一个最艰苦阶段里，国王曾经如何地决定，假使他的运气到了 2 月 15 日还没有改变的话，那么他就准备仰药自杀了。然后如何恰好在 2 月 12

日，俄国的女皇却突然地死了，由于她这一死，才使勃兰登堡
（Brandenburg）王室获得了一个奇迹。当他们读这个故事中的这一点
时，据戈培尔事后对人说："在元首的眼眶里面，是充满了泪水。"

当他把这一段故事讲给财政部长，冯·克罗西克（von Krosigk）
听的时候，戈培尔说："当读完了这一段历史之后，他们就去取出
希姆莱所谨慎保管着的两张命运的图解，一张是希特勒个人的，
算命的日期是 1933 年他就任总理的时候；另外一张是德意志共和
国的命运，生辰是 1918 年 9 月 9 日。"克罗西克在他的日记中这
样地记载着：

> 两张命运的图解都曾经预测到战争会在 1939 年爆发，
> 并且在 1941 年以前一直都胜利，以后就一直会遭到一连
> 串的失败，到了 1945 年的年初，尤其是 4 月的上半月，
> 是到了最坏的阶段。于是在 4 月的下半个月就会转为胜，
> 一直打到 8 月间，就会获得和平。和平之后，德国还有 3
> 年苦日子过；但是自从 1948 年以后，德国也会重新恢复
> 它的伟大地位。

这种星相家的预测，使得戈培尔又重新获得了新的信心，他
在 4 月 6 日向德军全体发出了一个呼吁说："元首已经宣布，就是
在这一年当中我们的国运一定会有一个大的改变。也许我们还要
等候几个月，但是它却一定会来的……真正的天才就是凭着他的
良知，可以预料到未来的变化。元首知道这个变化将要来临的准
确时间。天命把这个人送给我们，所以在这个内忧外患纷至沓来
的时候，我们应该信赖奇迹。除了希特勒以外，就更无第二条解

决的办法。"

一星期之后，在 4 月 12 日的夜间，英国空军对柏林实行空袭，把这一位天命所在的先知者，赶进了元首专用的防空掩蔽部。那一天夜间，总理府本身也被炸中起火，但是到了半夜，当解除警告的电笛长鸣时，罗斯福逝世的消息也随之而传来了。半个小时之后，戈培尔刚刚从东线视察回来，就立即打电话给希特勒说："我的元首，我恭喜你，命运之神已经使你最大的敌人死掉了。上帝并没有丢弃我们。死亡已经把我们最大的敌人打倒了。一个奇迹已经发生了。"希特勒的答复并没有记录，不过当戈培尔把电话机放下了之后，他似乎有一点儿惊喜失常的样子，向他的僚属们说道："这就是一个转机。这和 7 年战争的时候，那个俄国女皇突然死去的情形是一样的。"

因为迷信命运的缘故，希特勒就比过去更相信，联军的同盟就会快要崩溃了。在几天之前，凯塞林曾经把俘获的一份联军占领德国的计划，送呈到了元首的大本营。从这个文件当中，希特勒才知道了雅尔塔会议所决定的占领区界线，尤其是苏联的区域一直向西发展，到达易北河的西岸为止。根据这个知识，当美军向易北河前进时，就不免使他大为开心，因为这就会使他们进入了苏联的占领区。所以，在 4 月 10 日，他就决定假使德国被分裂成为两段之后，德国的国军还是要继续抵抗，在北面由邓尼茨指挥。在南面由凯塞林指挥。这两支军队分别向两面退却，而把中间让出来，好让苏军与西方将军恰好碰上，照希特勒的想法，他们自己就可能会打起来。这样，他就希望可以把这个大同盟撤散掉了。

当这个人在身体和精神两方面，都已经到达了崩溃的最后边缘时，就不免会在无可奈何之中，生出这些想入非非的幻想。在过去 3 个月当中，希特勒之所以还能支撑下去，就是全靠他自己的意志力，和他对于他周围亲信人员的神秘控制力。凡是他的部下都莫不千篇一律地说，在他那混浊灰蓝色的眼睛里面，会拥有一种强制性的催眠能力，而使最强的人也不禁会向他屈服。不过对于那些偶然和他接触的人而言，他却又似乎显出一种可怜的样子。博尔特上尉（Capt. Boldt）是古德里安的一位副官，他在 2 月间才第一次见过希特勒。关于他谒见希特勒的详细情形，他曾经有过下列的叙述："古德里安打了一个招呼，我走近了希特勒的身边。他拖着迟缓沉重的步子，向我这个方向走了几步。然后伸出他的右手，并且用一种奇怪的透视眼光盯在我的身上。他的握手很是轻软无力……他的头轻轻地摇着……他的左臂生硬地悬挂着，而他的手总是在那里颤动。在他的眼睛里显现出一种难以形容的光彩，产生一种可怕而完全不自然的效果。他的脸和他眼睛周围的部分显出，一种精疲力竭的印象。他一切的行动都完全像一个已经衰老的人。"4 月间博尔特感到希特勒是更衰颓了，他说："现在不仅是他的身体，而且连他的脑筋，也都表现出来已经在完全崩溃之中。他头部的摇摆和左手的颤动都比从前要更厉害。他更变得踌躇不决了。"希特勒现在是徘徊在乐观与失望之间，昏迷与疯狂之间，但是不管他的行为是采取哪种方式，他就还是具有一种威力，能够叫人家不敢不服从他。

4 月 20 日是希特勒的 56 岁生日，有许多信徒还是到他的防空掩蔽部中，去向他道贺，并且都向他保证，苏军在柏林的前面一定会遭受空前的惨败。第二天，当他们知道东西两面的联军似乎是想要在德累斯顿地区会师的时候，希特勒就命令在德累斯顿和德绍（Dessau）之间的德军，都向柏林撤退，以加速美苏两军的冲突。可是，到了22日，当苏军的炮弹已经开始落在总理府的花园中，希特勒又不免感觉到失望了。他曾经命令在都城的南面实行反攻，但是也已经遭受了失败，而苏军却已经冲入了北部的市区。于是希特勒就宣布着说，因为陆军、空军、党军和党都已经辜负了他，甚至出卖了他，所以他决定不照原定的计划到贝希特斯加登去，而准备留在柏林，亲自指导首都的防务。只有这样，才可以挽救首都的厄运，若是这个工作失败了他就决定自杀。

约德尔曾经告诉空军参谋总长科勒尔（Koller）说："我们都尽力地想他离开，甚至建议把西线的军队调到东线来作战。希特勒却表示一切都事与愿违，所以他不想再干下去，说那些事都留给帝国大元帅（戈林）去处理吧。有人向他说军队是不会为帝国大元帅而战的，希特勒却反问着说：'你说什么，还能够打下去么？现在已经不能够再打了，到了谈判的时候，戈林会比我更适合。'"

第二天，柏林的无线电广播着说：希特勒和戈培尔决定留在柏林，准备保卫首都到底。这个虚荣性质的姿态，是做给后世史学家看的，其目的是要使希特勒成为神话中的人物，他牺牲了他自己和他的帝国，以来拯救欧洲的文明，不受到共产主义的吞噬。不管这些神话式的安排，那些久跟着他的心腹们，现在却已经开始四散逃命了。戈林到巴伐利亚，邓尼茨、凯特尔、约德尔、希姆莱、里宾特洛甫和斯佩尔也都纷纷从各种不同的路线，逃往石勒苏益格－荷尔斯泰因（Schleswig-Holstein）。他们在那里等候希特勒死亡的最后消息，只有这样的结束才能够使他们解除11年来把他们束缚得紧紧的誓约关系。因为希特勒拒绝离开柏林，去到其他的基地，所以他事实上已经无法指挥战争和处理国政，实际无异于已经退位。可是戈林、邓尼茨等人依然还是向他效忠——
只有希姆莱是唯一的例外。只要他还是活着，他们在精神上就永
远不能够脱离他的控制。虽然他现在已经丧失了他的决断力，并
且孤立在那个防空洞里面，但是他的神秘控制力却仍然没有丧失。
因为他已经不能够作决定，所以一切就都没有决定了，这些人都
是一向倚赖着他，没有他的领导，他们就都已经丧失了独立行动
的能力。

那些离开希特勒各自逃命的人，现在最感兴趣的问题，倒不
是元首个人的死活和第三帝国的兴亡，反而是他的承继问题，因
为他们对于当前情势，还很缺乏认识，而相信多少总还有一些权
力可以承继的。最主要的竞选者就是戈林和希姆莱。戈林本是指
定的第一承继人，当他从科勒尔方面知道了希特勒在 4 月 22 日所
说的一切时，他就打了一个电报给希特勒。这个电文的开头是说：
"我的元首！由于你决定留在柏林，不知你是否同意我根据你在
1941 年 6 月 29 日所下的训令，以你的副手的地位，暂行代理全国
的领导权，并对于国内外事务都可以有自由处理的权限。"希特勒
的反应却极坏，他痛斥戈林是一个叛徒，并且命令立即将其拘押
了起来。

戈林的提议似乎是出于诚意的，而并不含有背叛的意味；但
是希姆莱和瑞典红十字会长贝纳多特伯爵（Count Bernadotte）的
接洽似乎是不怀好意的。4 月 24 日，希姆莱因为预料希特勒必死，
并且会由他承继，于是他就要求贝纳多特通知英美两国，说他准
备无条件向西面投降，但是在东面却还准备继续作战。这个要求
立刻被拒绝，28 日丘吉尔公开地宣布着说："只有向三强同时无条
件投降，始有被接受的可能，因为三强是合作无间的。"

这个声明和希姆莱独立行动的泄露，使得希特勒受到双重的打击。三天之前，苏美两军已经在易北河上的托尔高（Torgau）会师，希特勒所接获的第一个报告，是说："苏联人已经谴责美国人不该进入他们的占领区。"这本与事实完全不符，但是希特勒这个时候的心情，正好像将淹死的人，连一根草也想把它抓住，所以他就向左右宣布着说："这又是一个明证，是以证明我们敌人之间是充满了矛盾。到目前为止，双方的冲突还是有一触即发的可能。"

不过在丘吉尔声明发表之后，希特勒最后就知道他这个希望是已经完全落空了，而更使他难受的，却是希姆莱也出卖了他。这是他最后的打击，这件事也就决定了他的承继问题。

那一天夜里，希特勒起草他的政治遗嘱。他首先卸脱一切挑起战争的责任，痛骂"英国的统治阶级"是"国际犹太主义者"的工具。他说："百世之后，从我们城市和纪念碑的废墟中，这种对于战祸戎首的最后仇恨还是会永远保存着……从我们的军人和我的同志们牺牲的血液中，已经预伏着民族复兴的种子，在将来的历史上，国家社会主义的运动一定还有再生的一日。"他又宣布他决心留在柏林，当元首官邸守不住的时候，就决定自杀。同时也呼吁德国人民不要投降，要和敌人奋斗到底。

他更宣布戈林和希姆莱已经"未得我的允许，和违背我的意志，而擅自与敌人秘密谈判，这实在是侮辱了整个的国家民族"。所以他就把他们开除党籍，并撤免本兼备职。因为"卖国贼"已经被逐之后，希特勒就接着宣布他的新承继人，他说："我指派邓尼茨大元帅为德国的总统兼国防军的最高统帅。"

在作了这些政治决定之后，希特勒又开始料理他的私事。4月

29 日的清晨，当着戈培尔和波尔曼的面，他和爱娃·布劳恩（Eva
Braun）结了婚。他说："这个女人在与我有许多年无比的真正友
谊之后，现在却自愿到这个圈城里来，与我共最后的命运。"12 年
来，布劳恩一直是他的情妇，不过却尚无固定的名分。无疑问的，
他们间的爱情是出于至诚，因为有一次希特勒曾经告诉斯佩尔说：
到了最后具有决定性的一点钟，布劳恩将是唯一仍然对他效忠的
朋友。现在这个时机居然来到了，他深为这个女人的真诚所感
动，这与他那些亲信的助手们，戈林和希姆莱等人，形成了一个
强烈的对比。到了今天，他除了确认她的身份，使她能以妻子的
地位和他同时殉难以外，再也没有什么其他的东西，足以报答她
的忠忱了。当婚礼完毕之后，希特勒向他的女秘书琼格夫人（Frau
Junge）口授私人遗嘱的时候，就曾经把这个意思明白地表示了出
来。在他的遗嘱最后一段中，这样地说道：

> 我的妻子和我为了避免被推翻和投降的耻辱，决心自
> 杀。这是我们的愿望，当我们死后遗体就在我那 12 年来
> 为人民服务的地点，加以火葬。

36 个小时之后，到了 4 月 30 日的下午，当苏军的坦克已经只
距离他的最后根据地不到半英里远的时候，他们就照计划行事了。
根据希特勒的遗嘱，他们的遗体都已经在总理府的花园中烧毁，
从此再也找不到一点遗迹。

× × ×

在希特勒自杀的前夕，有 3 个专差离开了他的总理府，把他的遗嘱的抄本送给他的承继人，并且准备传之后世。但是却并没有一份能够送达，一直到 5 月 1 日的下午，戈培尔发了一个电报给邓尼茨，告诉他希特勒已死并曾经立他为承继人，这时邓尼茨才知道。（注：戈培尔在发出了这个电报之后，就亲自杀死了他的妻子和 6 个孩子，然后也自杀了。）那一天夜间，邓尼茨就把这些消息向全世界广播，并且宣称："只要英美两国仍然阻碍我对于共产主义的作战时，那么我就要继续与他们周旋到底。"他已经认清了，没有希望能够与西方国家谈判一个分立的和平，所以他的政策是坚守着东线，好让大多数的德军都可以向艾森豪威尔的部下投降，这样就可以避免做了苏联人的俘虏。

当希特勒还没有死之前，这种局部的投降就早已开始了。自从 4 月间大败之后，意大利方面首先发生动摇。4 月 29 日沃尔夫代表德军西南战场总司令冯·维廷霍夫（von Vietinghoff）在卡塞塔签订了休战协定。这一方面的战事到了 5 月 2 日，就已经告一结束。同时，在 4 月 3 日，又有一个专使到达了斯德哥尔摩（Stockholm），报告说只等英军从下易北河到达了波罗的海，足以封锁石勒苏益格－荷尔斯泰因和丹麦半岛不让苏军进入之后，德军西北战场总司令布施（Busch）也就会立即投降了。这个军事上的先决条件很快地就完成了。蒙哥马利的部队，在 4 月 29 日，从吕讷堡（Luneburg）附近渡过了易北河，在 5 月 1 日和 2 日，联军就进抵波罗的海岸，刚刚赶在苏军的前面，仅差 24 小时的时间。

5 月 4 日，蒙哥马利就接受了德军的投降，到了第二天上午，所有在德国西北部、丹麦、荷兰，甚至敦刻尔克地区的一切德军残部都投降了。这是一个具有决定性的行动，因为德国的新元首兼最高统帅的大本营也是设在这个地区里面的。所以第三帝国的全面无条件投降，时机也已经快成熟了。

对于战后欧洲具有重要关系的大问题，现在所剩下的就是要看在全面结束之前，苏联人到底向西面能够进展多远。5月2日，苏军已经完全占领柏林，此时维也纳也早已沦陷，只有布拉格是中欧唯一尚未"解放"的名都。由于急于消灭那幻想中的民族堡垒，艾森豪威尔放弃了进入捷克的机会，并且曾经通知苏军说他不准备这样做。不过，到了5月初，因为他有大批部队驻在捷克边境上，无事可做，于是艾森豪威尔就又通知莫斯科说，假使情况需要的话，他准备向布拉格进军。在那里并无美苏两军发生冲突的危险，因为苏军距离捷克的首都还在70英里以外，而所可能遭遇到的抵抗却是那些不甘放弃的德军。虽然如此，斯大林却回答说，美军不得超过卡尔斯巴德—比尔森—布杰约维采（Karlsbad-Pilsen-Budejovice）之线。那是毫无疑问的，巴顿可以不费力气就进入布拉格，但是在5月4日下午，艾森豪威尔命令布莱德雷进入捷克时，却特别关照第3军团不得越过斯大林所指定的界线。第二天美军涌入捷克境内，捷克的地下分子立即对德军发动了叛变，并在布拉格广播，向联军求援。不过由于他和斯大林的协议，艾森豪威尔却感到爱莫能助。"解放"捷克首都的光荣，以及此举所具有的政治利益，都完全留待苏军去享受了。虽然如此，但是在德军尚未总投降之前，苏军居然还没有能力突破德军在东波希米亚（Eastern Bohemia）的防线。

德军在5月7日的上午才正式全面投降，受降地点是在兰斯的艾森豪威尔的总部中，有美英苏法四国的代表参加。在那里，约德尔和冯·弗里德堡（von Friedeburg）代表邓尼茨，最后签订了全体德军无条件投降的降约。

签字之后，约德尔很生硬地站起身来，用英文说道"我有一句话要说"，然后再用德文继续说了下去："在签字之后，德国的人民和军队，是不管好歹，都已经把他们的命运交给胜利者的手里……在这个时候，我只能够表示我希望胜利者能够用宽容的态度来待遇他们。"没有一个人发言作答。

欧洲的战争在 5 月 8 日到 9 日之间的午夜，正式作一结束。在以后几天之内，那些饱受纳粹蹂躏的都市和乡村，都到处发出了胜利的欢呼，可是却很少有人能够想到将来的远景。在狂热之中，是很难听到智慧和远见的言论，因为这种警告在人们正在给胜利冲昏了脑筋的时候，实在是太不中听。又和往常一样，第一个说出不中听的话的人是丘吉尔。1945 年 5 月 13 日，差不多是他担任英国首相的五年之后，丘吉尔在伦敦这样地说道：

在欧洲大陆上，我们还不敢保证说，我们那个参加战争的单纯而光荣的目标，在我们胜利之后，不会被人轻视和不理，而"自由""民主""解放"等名词的真正意义不会被歪曲。假使统治的原则不是法律和正义，而极权和警察国家代替了日耳曼侵略者，那么专门惩罚希特勒余党们的罪行，又有什么用处……在这个光荣的时候，胜利者实在应该抚心自问，要自己想想看他们的荣誉是否可以与他们所发挥的巨大力量相称。

结 论

1939 年 9 月 3 日，当英国政府向德国宣战时，它的行动一方面是履行它对于波兰的诺言，另一方面也是执行它的传统政策——在一年前曾经暂时放弃——抑强扶弱，并维持欧洲大陆上的均势局面。到了 1945 年 5 月 8 日，当欧战结束的时候，波兰又落在另外一位含有敌意的独裁者的掌握中，而均势的局面也早已岌岌可危，与 5 年前并无二致，因为柏林、布拉格、维也纳以及东欧方面的每一个首都，都完全在一个强国的控制之下。虽然这个危局的全部意义，尚未被英美两国的政府和人民所公认，但是对于波兰的前途，却已经逐渐发生了不满的情绪。在以后几个月当中，波兰问题就是一块最好的试金石，一方面可以试验他们有无能力重建一个欧洲，合于他们作战的理想，另一方面也可以试验苏联人有无诚意，愿意用国际合作的方式，来解决战后的各种问题。

自从 3 月间的莫斯科会商之后，关于从一个"更民主的基础"上改组波兰临时政府的工作，就再也没有进展。不仅是莫洛托夫固执地拒绝接受英美两国大使所提出的人选，而且更使人伤脑筋的，是 16 位波兰地下运动的领袖人物，本已获得保证，让他们安全地到莫斯科来，共商政府的组织问题，现在却突然被波兰境内的苏联当局，以间谍的罪名将他们拘押了起来。当华盛顿方面知道这个消息之后，杜鲁门就命令霍普金斯以特使的身份，去到克里姆林宫，希望把波兰问题作一个总解决。斯大林拒绝释放已被拘捕的人，表示他最多可以同意的，是在卢布林政府中的 18 个和 20 个位置中间，准许其他党派的代表占据四五个位置。当霍普金斯要求应该把某些"基本人权"，例如言论和集会的自由，给予波兰所有各反法西斯党派的时候，斯大林的答复是："这些权利只有在平时才可以全部应用，而且还应该加以某种的限制。"虽然斯大林所作的让步，实在并不能符合雅尔塔协定的内容，但是英美当局却已经决心屈服，于是正式承认了波兰的"新"政府。

斯大林还没有满足，他对于波兰问题又更进一步地作了另外一个片面的解决。当 7 月中旬，三巨头在波茨坦开会讨论欧洲战后问题的时候，丘吉尔和杜鲁门对于波兰的西疆问题，又面临着一个既成的事实。在没有商得英美两国的同意之前，斯大林即已命令波兰政府接管德国东部的行政，一直远到奥得河和莱茵河为止，这一条界线是英美两国领袖所一向拒绝承认的。在波茨坦会议中，由于英美两国的坚持，斯大林终于同意发表了一个联合声明，说"波兰西界的最后勘定应留待和会时再议"，但是波兰人却仍然占据了那些地区。并且，由于苏军的帮助，他们开始将留在这个地区中的 700 万德国人逐渐驱逐出境。

所以斯大林不顾他亲手签字的郑重协定，而一意孤行地，用他自己的办法把波兰问题完全"解决"掉了。在东欧所有被苏军"解放"的国家，波兰就是一个最好的榜样，它们都一个个地变成了苏联的附庸国家，而由少数的共产党所统治着。在此后数年中的历史，都足以证明共产主义的苏联在中欧和东欧，已经变成了纳粹德国的继承者。所以这才真是以暴易暴，而西方民主国家受尽了这样大的牺牲，才不过只是把极权主义的狂潮，从莱茵河逐

退到易北河而已。欧洲的争夺战还并没有结束，只不过是进入了
一个新的阶段，和换了一个新的对手而已。这个新的对手还更要
可怕，因他比旧的对手更要阴狠，具有心计。

✕　✕　✕

1941 年 12 月 4 日，当德军早已攻入莫斯科的西郊时，斯大林
却在克里姆林宫里大张筵席，招待波兰流亡政府的总理西科尔斯
基将军（Gen. Sikorski）。据当时在座的米科瓦伊奇克（当时他是
波兰的阁僚）说："在欢宴到达最高潮的时候，西科尔斯基正感觉
这个人似乎有软化的意味，斯大林却开口向他说：'现在我们开始
来讨论苏波的边界问题吧。'"

所以，无论是在失败时还是在胜利时，斯大林总还是盯着他
战后的政治目标，绝对不肯放松。当苏联的国运有变化的时候，
他的战术也就随之而变化，但是不管他是怎样地变化，他在大战
略（政略）上的长期目标却是万变不离其宗的。有许多的证据，
都足以证明他从头起，就是要想利用第二次世界大战所造成的情
势，以来实现苏联帝国主义者的野心。虽然苏联统治东欧的计划
到了战争结束时，才有实现的机会，可是当斯大林 1945 年在雅尔
塔与罗、丘两氏会商时，其野心昭著却和 1940 年莫洛托夫与里宾
特洛甫在柏林会商时，并无二致。所以绝没有理由可以相信，在
德国败亡之后，苏联人在欧洲采取这种侵略性的行动，是出于一
种自卫性的反应，虽然斯大林当然是会以此来当作掩饰的借口。
到这个时候所已经发生变化的东西既不是英美的政策，也不是苏
联的目的，而只不过是斯大林的机会却已经比过去更好了。战争

的结果使他的地位和权力都大有增加，可以充分地实行他的长期
侵略计划，而不必顾虑到任何的牵制和反对。

　　在雅尔塔一次饭后闲谈的时候，斯大林曾经解释说，若不是
前一年有了慕尼黑协定，那么在 1939 年他也许就不会和希特勒签
订那个不侵犯条约。因为苏联没有被邀请参加慕尼黑会议，所以
克里姆林宫就认为这个协定是英法两国的阴谋，企图使希特勒向
东发展，以与苏联冲突。在欧战的前夕签订了那个不侵犯条约之
后，斯大林相信他对于张伯伦，是以其人之道还治其人之身，从
此西方民主国家和德国打成一团，在这一次的消耗战里会把欧洲
打得精疲力竭，而使共产党坐收渔人之利。当法国的突然崩溃使
斯大林的计算落空时，但是他却已经吞并了波兰的东部，并且正
在吸收波罗的海三小国和罗马尼亚的北部，以使他处于更安全的
地位。这些行动当然会引起德国的疑忌，但是斯大林却不肯让步。
当 1940 年 11 月，莫洛托夫访问柏林的时候，就很明显地可以看
出来，斯大林对于巴尔干是已经怀有极大的野心，而且在他对于
地中海的出口，和中东石油的控制权没有充分的保障之前，也不
会同意瓜分大英帝国的计划。当他一方面拒绝希特勒的要求，另
一方面又给苏联的合作开上了一个极高的价格，斯大林应该明白
他这无异于是想要挑战，但是他仍然希望避战，并且拒绝了丘吉
尔的友好秋波。

　　到了 1941 年的 12 月，斯大林政策的整个结构都已经倒塌在
废墟之中。他和希特勒所签订的条约，虽然使他获得了不少的时
间和土地，可是结果并没有多大的用处。今天德军已经攻到了克
里姆林宫的大门外，而苏联人还是单独撑持苦战，斯大林却不能
怨恨任何人，而只能怪他自己。可是即使在这样的窘境中，他却

还想把他眼前军事上的弱点，一转而变为最后的政治优势。他知道英美两国都在十分地当心，怕他会向德国屈服，而让希特勒变成欧洲大陆的真正主人翁。所以当艾登在那年 12 月里访问莫斯科，想为英苏同盟奠定基础的时候，他却面临着一项确切的要求，那就是英国要承认苏联在德国发动侵略时的一切边界。换言之那就是要承认苏联应占有芬兰的一部分，所有各波罗的海小国，波兰东部和罗马尼亚的北部，艾登不肯承认，而他这个立场也深受英首相和美总统的支持。

不过，在 1942 年的头 3 个月当中，由于联军方面的情势日非，所以使得丘吉尔不得不改变他的态度。他劝告罗斯福说，假使苏联的要求我们不肯予以承认，那么就无法保证苏联不单独与德国媾和，接着在第二个电报里面，他又说："由于战局的日益严重，使我感觉到大西洋宪章原则的解释，不应使我们一定要拒绝承认苏联在德国开始攻击时，所已占有的领土。"丘吉尔就要求美总统批准这个拟定中的英苏条约，包括领土的条款在内。罗斯福还是毅然拒绝了，虽然莫洛托夫对此曾经作过激烈的争论，但是当他在 1942 年 5 月来到伦敦的时候，最后却还是签订了一个不包括任何领土问题的条约。这是苏联第一次在战时，希望使西方国家承认它的战后要求，结果算是失败了。

在受到了这一个打击之后，斯大林才改变了他的战术。在以后 18 个月当中，斯大林和莫洛托夫就再不提起这些要求，可是经由正常的外交关系，还是使西方国家知道他们的立场是并未改变。同时，单独媾和的威胁却使它更益显著，其最大的目的似乎是要西方盟国保证，不要让消耗战使德苏双方都两败俱伤。所以，当 1943 年西线方面未能开辟第二战场时，斯大林为了示威起见，竟召回了他派到英美两国的大使。

在德黑兰会议上，并没有正式讨论到苏联的领土权力问题，有一次在饭后闲谈中，丘吉尔向斯大林偶然提到这个问题，斯大林却回答说："现在没有讨论苏联欲望的必要，到了那个时候，我们自然会开口的。"很明白的，不等到他已经用行动加强了他的地位之后，他是不想开口说话的。他在德黑兰会议中的目的，不是想要求罗、丘二氏对于他的要求，作政治上的承认，只是想创出一种战略上的情况，使他足以强制执行那些要求，而不管他们愿意与否。所以，他尽量地设法使英美两国的军事力量，只是用来击败德国，而却不影响到苏联野心的实现。当斯大林坚持西方国家的主要攻势，应该直指法国，而不要它们在巴尔干作大规模的行动时，他就早已不怀好意了。

到了三巨头再在雅尔塔会晤时，在东欧方面除了希腊一国以外，几乎都已经完全受到了苏联的控制。波罗的海诸国的命运根本就没有加以讨论。斯大林对于东波兰的要求坚决不放松，而对波兰南锡界的争执则改用片面的行动来加以解决。他虽接受了罗斯福的皇皇大文，"解放欧洲宣言"，但是却只是口惠而不实惠，因为他的军队现在已经占据了罗马尼亚、保加利亚和匈牙利，对于这些空话当然可以一概置之不理了。

在战略方面，也和外交方面一样，斯大林的政策是完全与他战后的野心相配合的。一旦军事胜利确有把握之后，斯大林所注意的，就不是如何使希特勒早日崩溃，而是如何使苏联在欧洲的心脏地区，获得控制的地位。虽然在最后 9 个月当中，他的每次攻势发动的时间，都可能要受到战术和补给的极大影响，但是使人感到惊奇的，却是每次的攻势都能配合战略的要求，并能达到政治上的目标。当他到达了华沙之后，他就集中全力向多瑙河流域进攻，由布加勒斯特，贝尔格莱德，而到达了布达佩斯。控制了巴尔干之后，他又转而从维斯瓦河向奥得河进攻，以完成对于波兰的征服。以后，虽然柏林已在掌握之中，但是他却先把注意力放在维也纳方面。一直等到美军有进入柏林的可能时，他才开始进攻德国的首都。最后，当苏军无法马上攻入布拉格的时候，斯大林却要求艾森豪威尔停止前进，而让苏联人终于享受到了占领该城的军事荣誉和政治利益。

所以当第二次世界大战结束的时候，斯大林对于所有在欧洲的主要政治目标，都可以说是完全夺取到手——唯一没有到手的东西，就是黑海海峡的控制权。没有能够在地中海方面获得一个温水港，这是代表苏联人有一个传统的目标没有能够达到，不过他们在中欧和东欧方面所获得的利益，实在是太多了，这一点不如意也就无所谓。自从 1939 年 8 月以来，苏联势力的西南面界线，向德涅斯特河前进了 600 英里，到达了亚德里亚海；西面的界线，由普里佩特沼泽地（Pripet Marshes）前进了 750 英里，到达了图林根森林（Thuringerwald），而苏联占领区的界线距离莱茵河已经在 100 英里之内。当德国已经毁灭，英法都已衰竭，而美国正准备不再积极过问欧洲事务的时候，苏联现在是已经大可为所欲为，更不必顾及同盟国的抗议和什么雅尔塔协定和联合国宪章了。

也许诚如罗、丘二人所曾经想象的，斯大林在某一个时期，是的确想站在友好的立场上，与西方国家合作，共谋维护战后世界的和平，但是从所有各项会议的记录上看来，苏联的领袖们似乎很明显的，对于国际条约和组织，始终就不会表示多大的信任。
1940 年 11 月间，当里宾特洛甫将"四强同盟"的约稿送给莫洛
托夫看的时候，莫洛托夫却回答说："纸上的条约对于苏联是不够
的；它希望它的安全能有更有效的保证。"莫洛托夫口中所说的
"有效保证"，就是指苏联要占有那些与战略上有重要关系的地
区。在雅尔塔会议时，虽然斯大林并没有这样粗鲁地表示出他的
意见，但是原则也还是毫无改变。他虽然同意加入联合国，但是
同时对于他的势力范围圈以内，尤其是波兰，却希望具有绝对的
行动自由。

照斯大林的想法，这也就是英美诚意的试验。罗、丘两人都
曾经宣布无论在波兰，或其他与苏联接壤的国家中，他们都不能
容忍有任何与苏联敌对的政府出现。但是他们却坚持在这些国家
里面，实行普遍、自由的选举制度，并使用秘密的投票。斯大林
明知这两个原则是绝对不能共存的，因为只要准许东欧诸国能实
行自由的选举，那么他们就一定会恢复原有的反共政府了。所以，
在雅尔塔会议之后，当英美两国政府坚持用西方的定义，来解释
"自由选举"这一个名词时，斯大林就自然会认为他们是有意破坏
他的势力范围。

在雅尔塔、波茨坦以及许多其他的会议中，每当谈到波兰问
题时，斯大林所坚持的就是说，苏联人要求在华沙一定要有一个
友好的政府，而波兰人一定要有足够的强度，足以守住这条走廊，
因为过去德国人总是由此而入侵苏联的。可是从战后波兰所受到
的待遇来看，斯大林所真正关心的问题，似乎并不是苏联的安全，
而只是它的膨胀。对于他而言，波兰似乎是一扇通向西方的大门。

除非他控制住了波兰，否则他就不能够自由地进入中欧，而他却需要控制中欧，尤其是波希米亚的山地，其目的不是保护苏联，而是征服巴尔干。他很明白地决定了，要使苏联确保这一次胜利的成果。而且为什么不应该如此呢？苏联人打仗不就是为了这些东西吗？

× × ×

在苏联的胜利中却另外有一个不可以避免的因素。因为在一个时代之内，就曾经由于德国的侵略，而两次投入战争，所以英美和西欧诸国的人民都决心要把德国的军事实力从此完全予以毁灭，让德国人也认清"侵略是不划算的"。在战争将近结束的时候，这种呼声就更高，因为当时大家都已经知道纳粹在占领国家中，实行一种杀人越货的政策，所以更增强了报复的心理。同时，在盎格鲁－撒克逊国家里面，对于苏联都已经产生了极大的同情和好感，尤其是钦佩红军的英勇抵抗。大家对于斯大林都有信任和钦仰的感想，因为大家都认为，不管在过去他的统治是如何的凶暴，他现在总是站在进步和民主这一方面，以与反动的暴政相搏斗。所以一般说来，西方国家的民意是"亲苏"与"反德"并盛，英美政府的政策若是要想获得人民的拥护，就当然不敢得罪苏联，和放松日耳曼军国主义者了。

这固然是一个事实，但是无论如何"无条件投降"的要求却是既不聪敏，而又无此必要。固然希特勒是决心打到底，但是"无条件投降"的要求——加上摩根索计划和对于德国城市的滥炸——却毫无疑问地，使德国的全体军民，都愿意陪他打到底。若是罗斯福肯学斯大林的榜样，把纳粹和德国的人民作一个明显的分界，那么卡萨布兰卡会议的决定，也许对于联军的危害还不至于到达如此的深度。这就可以使反纳粹的运动获得有力的支持，而使他们也许可以有成功的希望。可是西方国家自己却甘于把他们的外交自由放弃了。最后的结果，由于实行罗斯福的理想，使得对德的战争，在超过了军事上具有决定性的阶段之后，还继续打下去，一直到德国政治总崩溃，联军东西两面会师之后才停止。

虽然他在表面上也深表赞同，但是私下里，斯大林对于罗斯福的政策，却很怀疑它是否够聪敏；不过这个政策却在两方面对于他真有特殊的利益。一方面，为了要使德国无条件投降，所以就必须使它多受破坏，这可以使德国和中欧的人民益增其"普罗化"的程度，而使他们更容易归依共产党。另一方面，由于必须继续使用占领军，来执行"无条件投降"，所以就使苏军具有合法的理由，长驻在各占领国当中。

无条件投降的原则，虽然是罗斯福头脑中的产物，但是它也是由于美国人决心使战争获得绝对的胜利，而不顾及任何政治后果的天然结果。罗斯福诚然是具有一种崇高而不自私的政治理想——想获得苏联的友谊，和建立一个联合国组织，以来维护和平，并把大西洋宪章的精神推行到全世界上。因为受着这种理想的陶醉，并且深信他自己有本领"调摆"斯大林，结果罗斯福就完全忽视了战后所马上就会引起的政治情况，这个终于打破了他的政治理想美梦。即使他的政策可以成功，其真正的基础却是要靠他个人的能力，从会议席上的私人接触，来维持所谓"三巨头"

的合作精神——这是他自信在德黑兰会议时所建立起来的，而在雅尔塔会议时也还能维持不变。但是罗斯福似乎不应该不考虑到"人亡政息"的可能性。果然在第二次世界大战尚未完全结束之前，他本人第一个死掉了，而丘吉尔第二个跟着去职了。

罗斯福之死就显示出来他的希望，和现实的情况之间，是具有相当的间隔，但是这个间隔却并不是由于一死之后，才创造出来的。由于他本人，和他的参谋首长们，在决定联军的战略时，完全没有考虑到战后的政治因素，所以才会形成这样的间隔。这一个错误，才使今天的欧洲受到了许多的痛苦，其原因之所在，一半是由于美国人还不够老成，缺乏经验，一半也是受了他们历史背景的影响。也许这个说法是未免过分的简单，我们可以说，一直到上次大战为止，美国人民的传统态度都是把战争当作一种国家政策的工具，实在是不合乎道义上的原则。所以，每逢美国为了自卫和主持正义而战时，就不应该追求任何国家的利益。它唯一的目标就是击败和惩罚侵略者。它的目的就只是为了胜利，而再不为其他的任何理由。因为美国作战，除了和平之外，就更无其他的政治目的，所以政府对于战地的指挥官，也从来不必给予任何政治上的指示。他们应有充分的自由，只就军事的立场去决定他们的战略，而最高的战事考虑就是如何使战争赶紧结束。若是要追求一个政治上的目标，那就是帝国主义者的行为了。

马歇尔对他的同僚们指导对德的作战，就是应用这样的主义。在欧战最后 18 个月中，丘吉尔对于苏联的政策，是愈来愈感觉到害怕，他很想说服美国人，把西方盟国的军事力量作一种一箭双雕的运用，一方面击败德国，另一方面又使苏联不至于盛大。仅仅在希腊和丹麦两地，他算是成功了，而在前一方面，还受到美国国务卿的公开谴责。他几乎到处都被美国的政策碰回来了，而这个政策的两根支柱就是：（一）罗斯福相信斯大林并无侵略的野心，（二）马歇尔决心只追求战场上的胜利。

由于美国参谋首长们的纯军事态度，再加上马歇尔力主直接进攻的原则，结果就使英美联军的主力，用在从西面攻入德国，而完全放弃了地中海和巴尔干等方面的发展机会。从战后欧洲的观点上看来，马歇尔的非政治性战略所造成的最不幸后果，就是在1944年的夏天为了要想入侵法国南部，而制止了意大利境内的攻势。因为这个原因，联军攻向维也纳的行动才中途停顿了，而使苏军在东南欧获得了一条毫无阻碍的进路。在第二年，当中欧的命运正在危急存亡之秋，美军本来是可以进入柏林和布拉格的，但是却自己停止不进，而去追逐那个毫无政治价值的目标，民族堡垒。一直到战争结束为止，马歇尔始终保持这个观念，那就是："唯一单纯的目标，就是迅速而完全的胜利。"

欧洲的历史已经把美国这种政策（英国直到战争快要结束的时候，也是追随这种政策）的不幸后果，都完全显示了出来。利德尔·哈特（Liddell Hart）在1941年就曾经写过了下列一段话，在今天读起来才真有预言之感 [原文见《间接战略论》（*The Strategy of Indirect Approach*）]：

假使你只专门注重胜利，而不想到战后的结果，那么你就可能会打到精疲力竭，而得不到和平的实惠，而这种和平一定是一个不好的和平，而含有另外一次战争的细菌。这是积无数的经验而得来的一个教训。而任何联盟作战的危险就比较大，因为在这种情形之下，一个太完全的胜利无疑地会把公正而聪明的和平解决，变得更为复杂。因为既然已经没一个对立的势力，足以控制胜利者的胃口，于是同盟国之间，意见和利益的冲突就更无法加以阻止。这种歧见会越来越深，结果会使友好变为仇恨，于是这一次战争中的盟友就会变成下一次战争中的敌人了。

× × ×

第二次世界大战中的两次最严重的计算错误，都是有关苏联的：（一）希特勒把苏联的军事力量计算错了，（二）而罗斯福又把苏联的政治野心计算错了。就是这两次判断的错误，才使斯大林获得了一个好机会，而把苏联变成了欧洲的控制强国。现在应该是已经够明白了，民主国家对于苏联的军事力量，和政治野心在一误再误之后，是更不能三误了。第三次的错误也许就会使西方文明全部归于毁灭。这也是同样的明白，虽然斯大林不一定想挑起另一次世界大战，可是欧亚双方的紧张局势也似乎决无松懈的可能性。

虽然如此，从战时和苏联谈判的经验看来，很明白地表现出目前的苏联统治者，虽然对于他们自认为是苏联利益的追求，是从来不肯放松，但是他们却是实力的崇拜者。若是为了表示好感而向他们让步，那么斯大林和莫洛托夫之流就会认为这是示弱的证据，而只会使他们在讨价还价的过程中更为坚定。在过去十余年来，和克里姆林宫打交道，似乎唯一有效的政策，就是在外交上采取坚定的立场，而用军事力量来作后盾：那就是耐性和实力的结合。这似乎就是现在这些参加北大西洋同盟的国家们所应该采取的政策。

必要的耐性可能由英国和它的大陆邻国们供给，因为它们是处在第一线，对于第三次大战的危险是比较敏感。可是那必要的实力却应该由大西洋那一面供给。欧洲的均势是已经破坏了，只有美国参加进来才能重建这种平衡，而维持住和平的局面。假使美国人在今天准备负起这个责任，那主要的原因就是罗斯福总统引导着他们走出了孤立的境界，认识了他们的国际责任，和负担了世界领导权的新任务。

自从第二次世界大战之后，美国人民所负起的国际负担是越来越重，其主要的原因就是他们的战时领袖们，尤其是罗斯福、马歇尔和艾森豪威尔，在政治和军事方面都犯了不少的错误，不过这种错误却是一定不免要犯的。美国人一定要经过自己的努力，才会懂得专门追求胜利是不够的，而权力的平衡才是和平的基础。他们要从自己的经验中，知道与苏联人打交道的困难。他们曾经伸出友谊的手来，但是却受到拒绝。有人认为无论西方国家在战时是采取怎样的政策，到了今天苏联都还是会一样地具有危险性和难以相处，这个话似乎很有辩论的余地。不过对于欧洲前途而言，所有错误的政策都是发源于美国，而不见英国，这却是不幸中之大幸。假使罗斯福不曾花了那样大的气力，来想赢得斯大林的信任和合作，那么到了战后，杜鲁门改采坚定强硬的政策时，也就不会那样地获得美国人民的拥护了。

这是美国进入它现有在世界地位时所必须经过的一个阶段，

因为在 1940 年前到 1950 年的 10 年当中，当美国人民是那样深入地被纠缠在欧洲争夺战中的时候，他们又再度发现了汤姆·佩因（Tom Paine）在 1776 年乘着营火的光亮，在一个鼓面上所写出来的一句真理：

　　暴政，正像地狱一样，是不容易征服的。

附　录

1944年的联军高级指挥系统

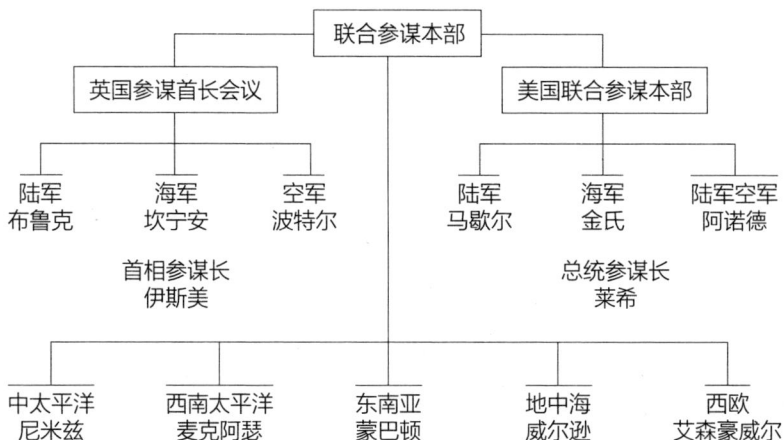

```
                        联合参谋本部
        ┌──────────────────┴──────────────────┐
   英国参谋首长会议                        美国联合参谋本部
 ┌──────┼──────┐                      ┌──────┼──────┐
陆军    海军    空军                   陆军    海军   陆军空军
布鲁克  坎宁安  波特尔                 马歇尔  金氏   阿诺德

    首相参谋长                              总统参谋长
    伊斯美                                  莱希
```

```
 ┌────────┬────────┬────────┬────────┐
中太平洋  西南太平洋  东南亚   地中海    西欧
尼米兹    麦克阿瑟   蒙巴顿   威尔逊   艾森豪威尔
```

"霸王"行动的联军指挥系统

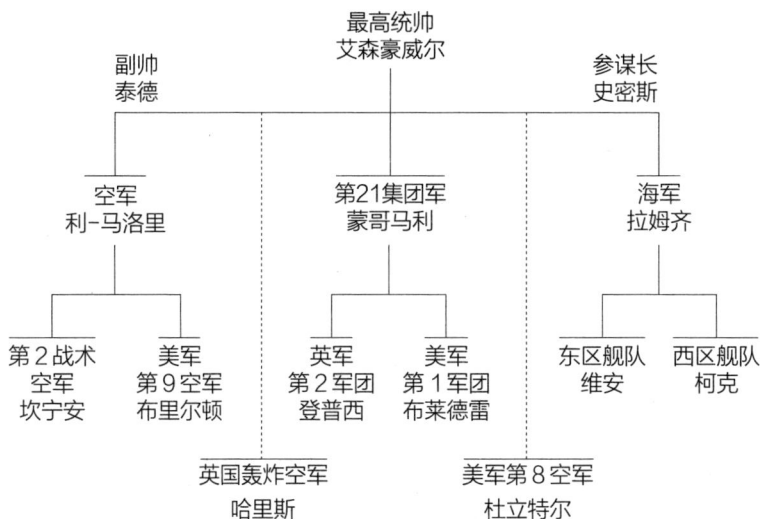

```
                    最高统帅
                    艾森豪威尔
    副帅                              参谋长
    泰德                              史密斯
 ┌────────┐        ┌────────┐      ┌────────┐
空军              第21集团军          海军
利-马洛里          蒙哥马利           拉姆齐
┌──────┐        ┌──────┐        ┌──────┐
第2战术  美军      英军     美军     东区舰队  西区舰队
空军     第9空军   第2军团  第1军团  维安     柯克
坎宁安   布里尔顿  登普西   布莱德雷
```

英国轰炸空军　　　　　　美军第8空军
哈里斯　　　　　　　　　杜立特尔

1944年秋季的联军指挥系统

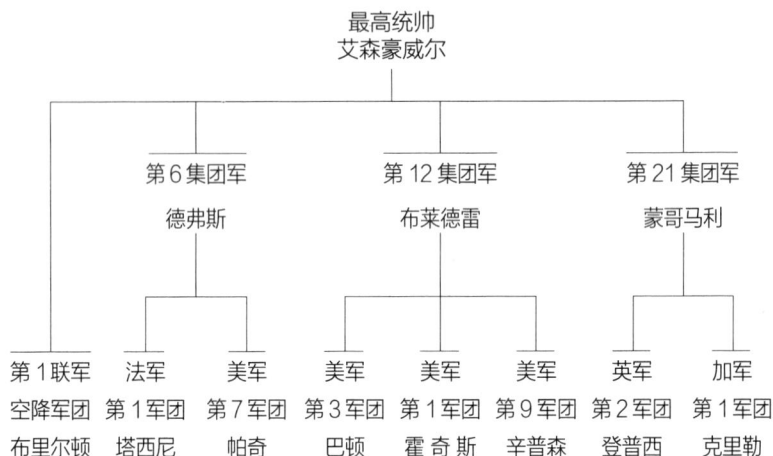

最高统帅
艾森豪威尔

第6集团军
德弗斯

第12集团军
布莱德雷

第21集团军
蒙哥马利

| 第1联军 空降军团 布里尔顿 | 法军 第1军团 塔西尼 | 美军 第7军团 帕奇 | 美军 第3军团 巴顿 | 美军 第1军团 霍奇斯 | 美军 第9军团 辛普森 | 英军 第2军团 登普西 | 加军 第1军团 克里勒 |

1940年夏季德军高级指挥系统

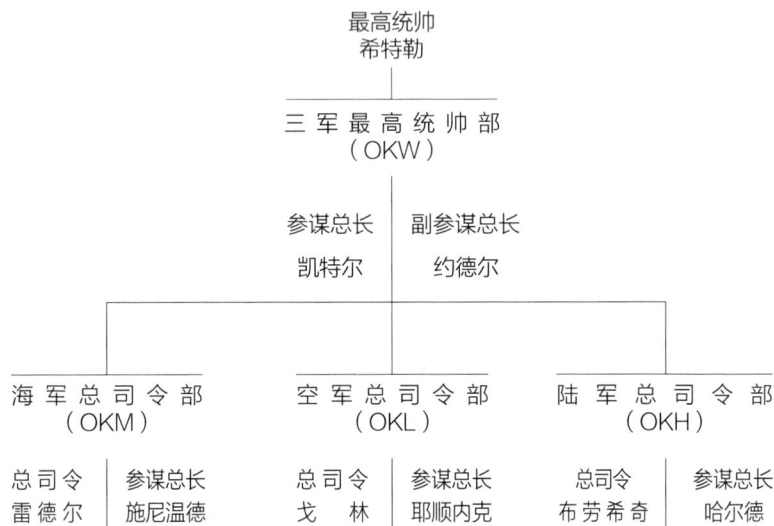

最高统帅
希特勒

三 军 最 高 统 帅 部
（OKW）

参谋总长	副参谋总长
凯特尔	约德尔

| 海 军 总 司 令 部 （OKM） | 空 军 总 司 令 部 （OKL） | 陆 军 总 司 令 部 （OKH） |

总司令	参谋总长	总司令	参谋总长	总司令	参谋总长
雷德尔	施尼温德	戈林	耶顺内克	布劳希奇	哈尔德

1944年夏季西线德军指挥系统

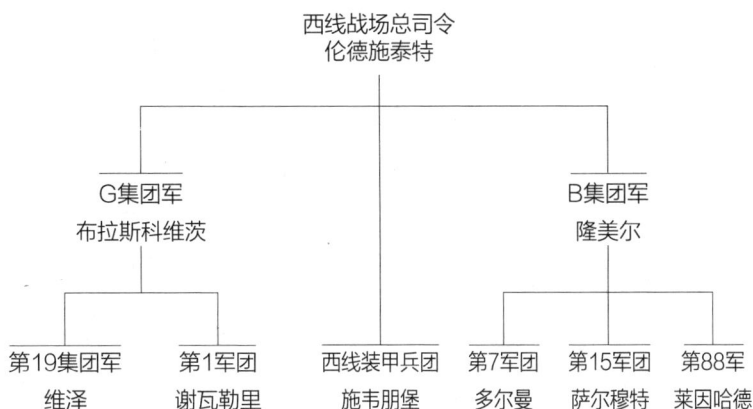

西线战场总司令
伦德施泰特

G集团军
布拉斯科维茨

B集团军
隆美尔

第19集团军
维泽

第1军团
谢瓦勒里

西线装甲兵团
施韦朋堡

第7军团
多尔曼

第15军团
萨尔穆特

第88军
莱因哈德

1944年9月西线德军指挥系统

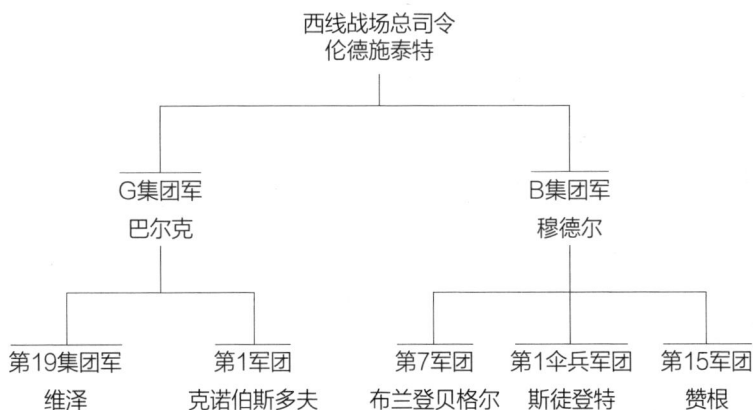

西线战场总司令
伦德施泰特

G集团军
巴尔克

B集团军
穆德尔

第19集团军
维泽

第1军团
克诺伯斯多夫

第7军团
布兰登贝格尔

第1伞兵军团
斯徒登特

第15军团
赞根

"海狮"作战

1944年6月6日西线战场上的德军

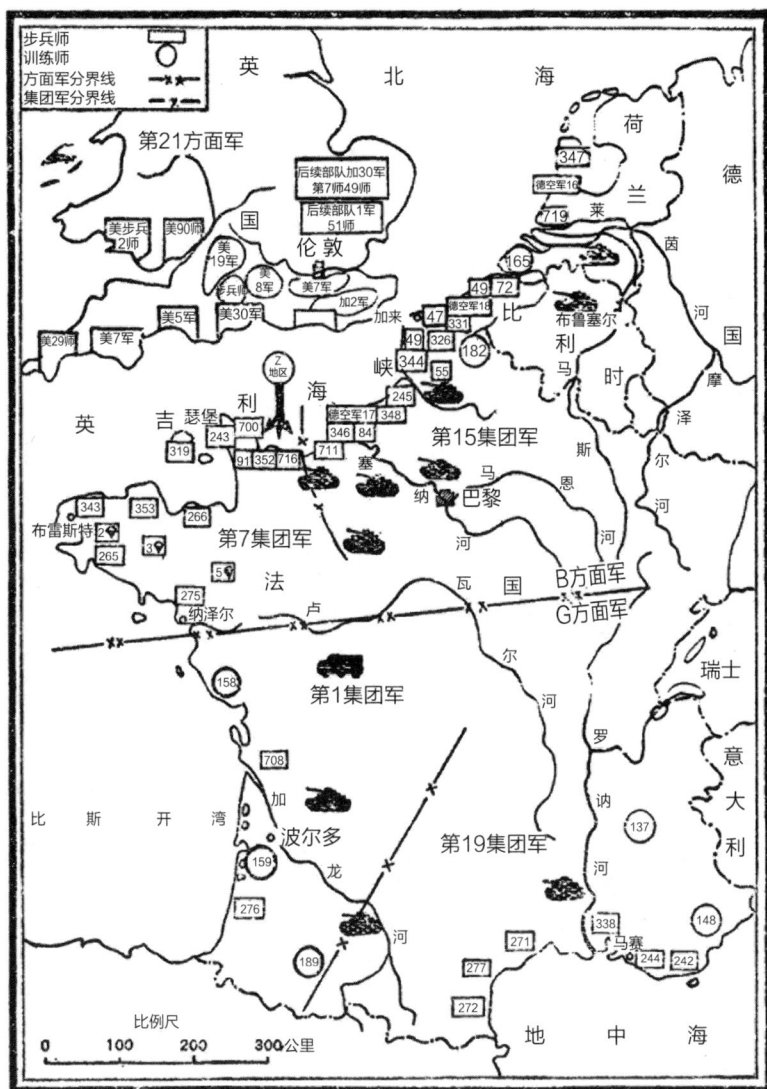

英　　北　　海

荷兰

德

第21方面军

347

德空军16

719

莱茵河

后续部队加30军
第7师49师
后续部队1军
51师

165

伦敦

49 72

美步兵
2师

美90师

比

布鲁塞尔

美19军

47 德空军18

美8军

美步兵4师

加2军

加来

331

利时

美5军 美30军

加来

49 326

182

马

美29师 美7军

美7军

344 55

泽

英　吉

Z地区

海　峡

245

尔

利

瑟堡

700

德空军17 348

第15集团军

319

243

346 84

91 352 716

711

塞

马

343 353

266

纳

巴黎

斯

恩

河

布雷斯特2师

3师

第7集团军

河

河

265

5师

法

B方面军

275

卢

瓦

国

G方面军

纳泽尔

尔

河

第1集团军

158

罗

瑞士

河

纳

意

708

河

大

比　斯　开　湾

加

137

波尔多

龙

第19集团军

利

159

338 马赛

148

276

河

271

244 242

189

277

比例尺

272

地　中　海

0　100　200　300公里

1944年4月的诺曼底

1944年6月的诺曼底

侵入前的轰炸

图例

炸毁之铁路目标
遭受严重破坏的铁路目标
V型兵器发射站
塞纳河沿岸拦阻线

比例尺 0   50   100公里

奥马哈的攻击

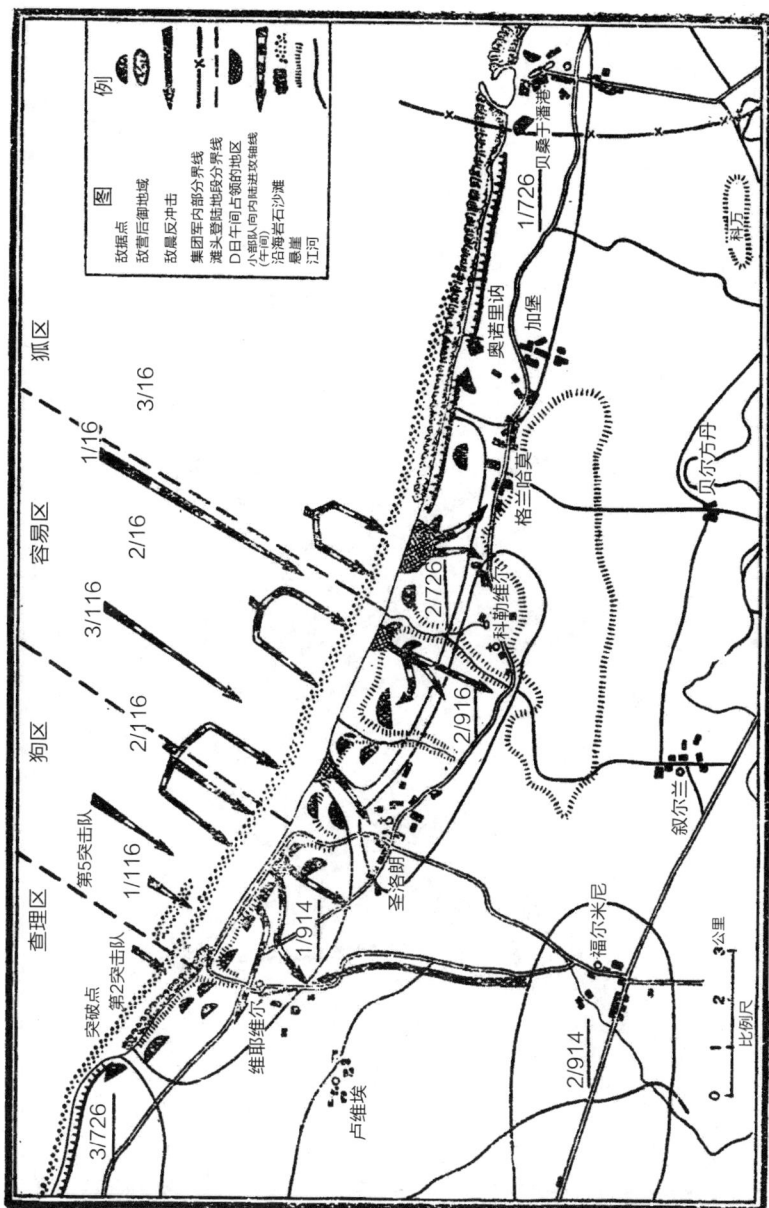

D日黄昏时的奥马哈滩头

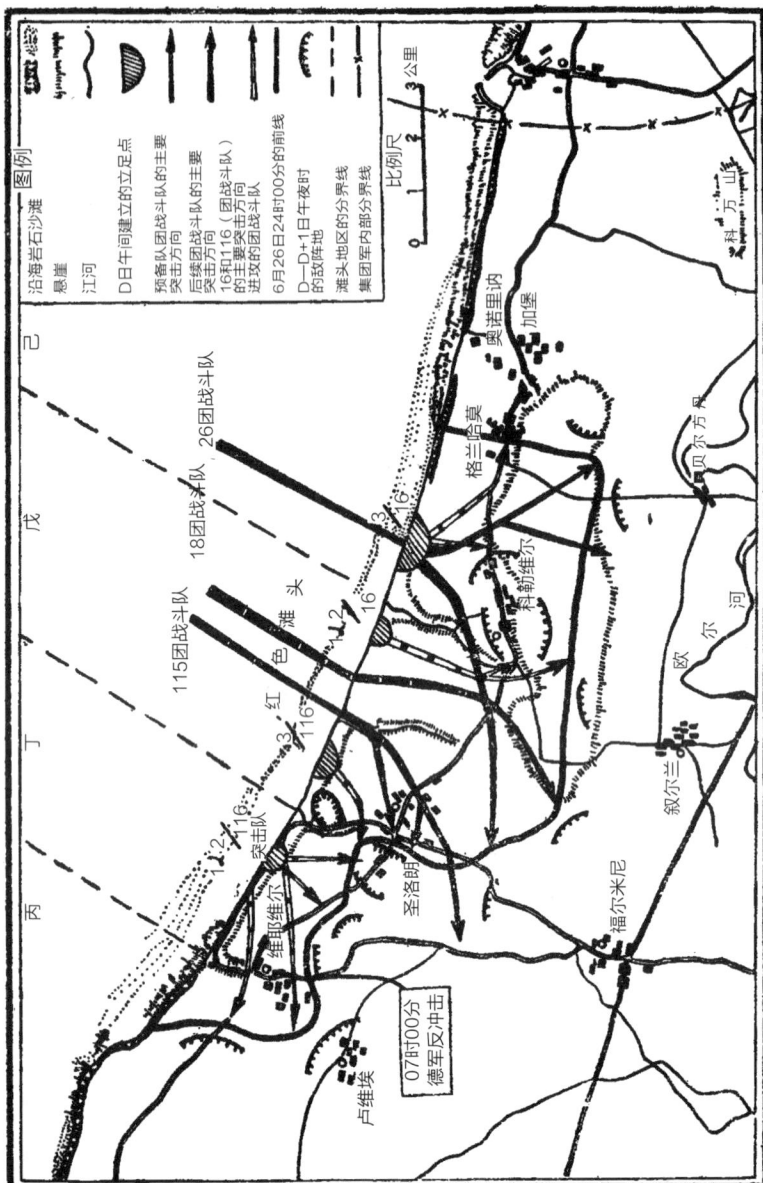

D日黄昏时的卡昂地区

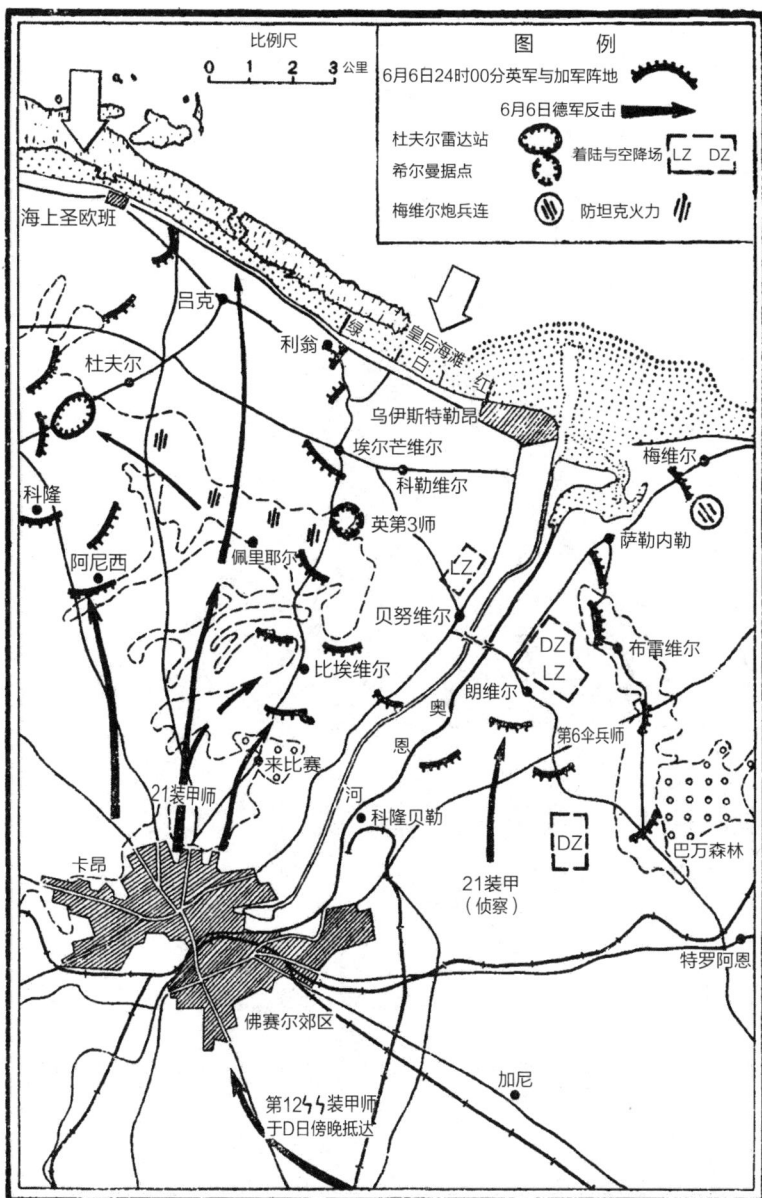

图例

6月6日24时00分英军与加军阵地

6月6日德军反击

杜夫尔雷达站

希尔曼据点

梅维尔炮兵连

着陆与空降场　LZ　DZ

防坦克火力

比例尺
0　1　2　3　公里

海上圣欧班

吕克

利翁

杜夫尔

乌伊斯特勒昂

埃尔芒维尔

科勒维尔

英第3师

梅维尔

科隆

阿尼西

佩里耶尔

贝努维尔

比埃维尔

萨勒内勒

布雷维尔

朗维尔

第6伞兵师

奥恩河

来比赛

21装甲师

科隆贝勒

卡昂

21装甲
（侦察）

巴万森林

佛赛尔郊区

特罗阿恩

第12⚡⚡装甲师
于D日傍晚抵达

加尼

D日的犹他滩头

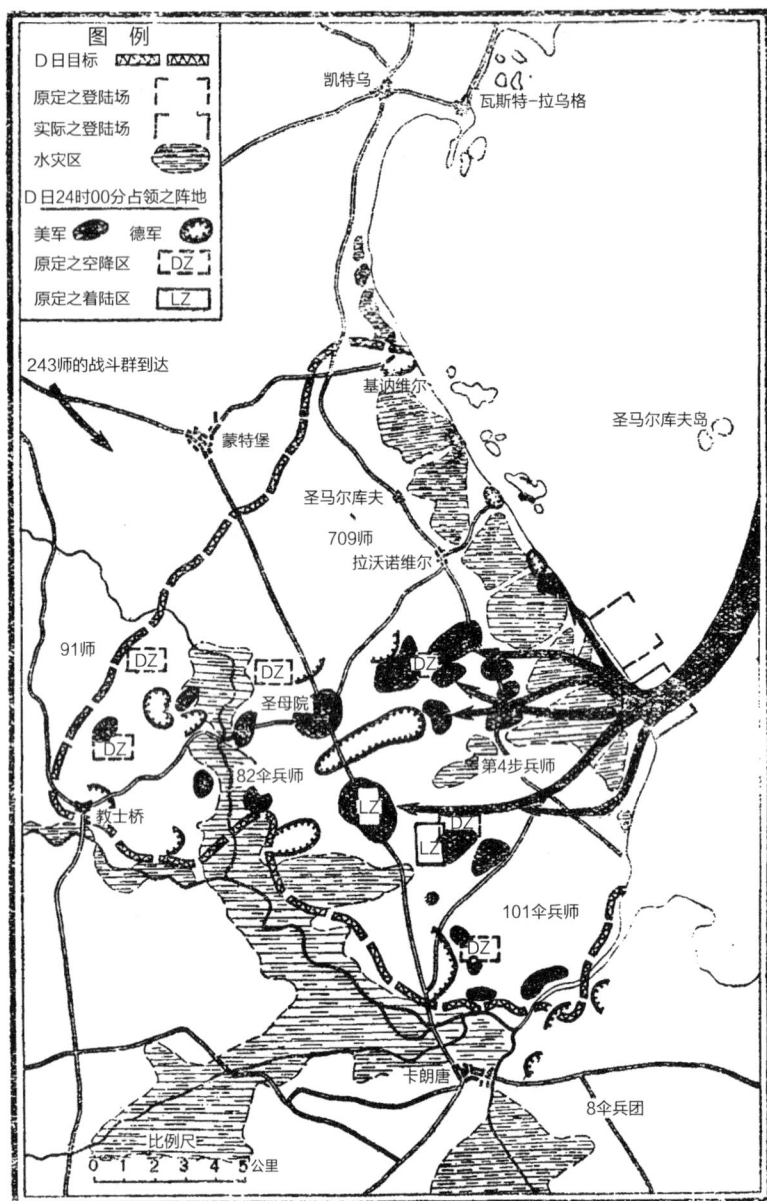

图 例

D日目标

原定之登陆场

实际之登陆场

水灾区

D日24时00分占领之阵地

美军　　德军

原定之空降区　DZ

原定之着陆区　LZ

243师的战斗群到达

凯特乌

瓦斯特-拉乌格

基讷维尔

圣马尔库夫岛

蒙特堡

圣马尔库夫

709师

拉沃诺维尔

91师　　DZ　　DZ

圣母院

DZ

82伞兵师

第4步兵师

LZ

DZ

教士桥

LZ

101伞兵师

DZ

卡朗唐

8伞兵团

比例尺

0　1　2　3　4　5公里

从奥马哈前进

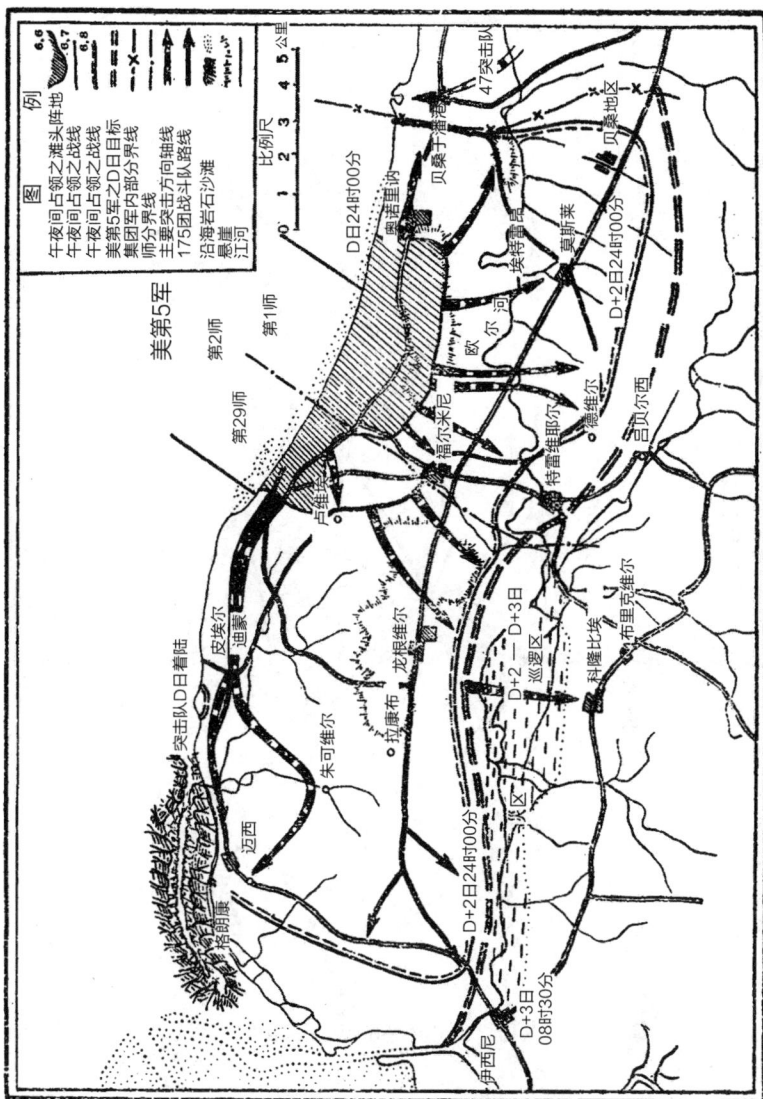

6月7—18日的主阵地

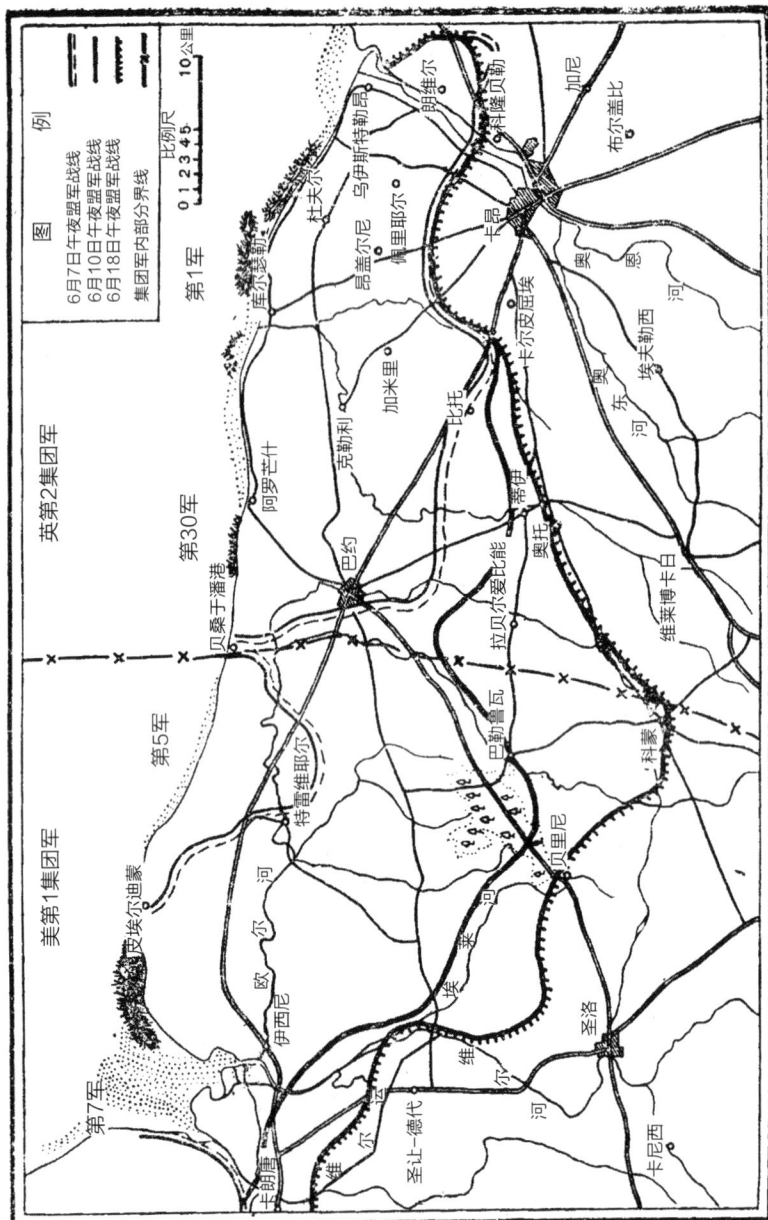

佩奇行动

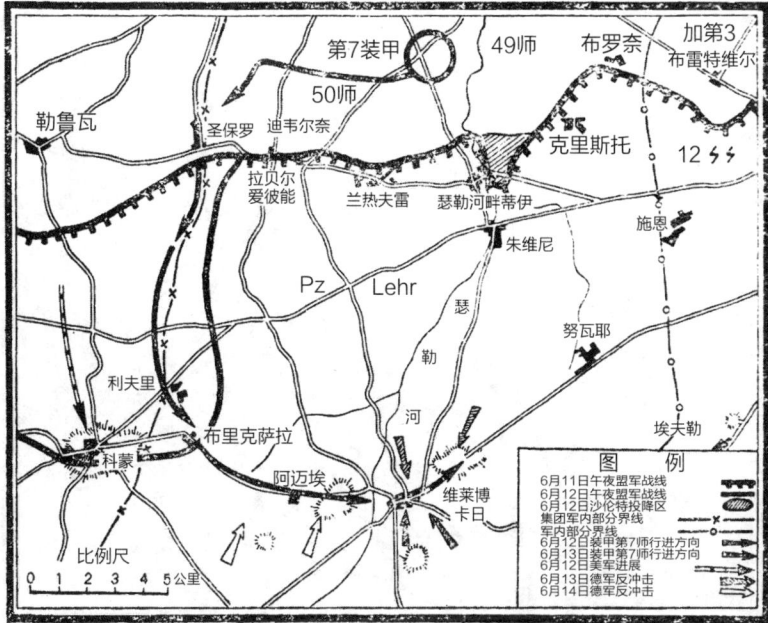

地图标注：
- 勒鲁瓦
- 圣保罗
- 迪韦尔奈
- 第7装甲
- 49师
- 50师
- 布罗奈
- 加第3
- 布雷特维尔
- 克里斯托
- 12⚡⚡
- 勃拉贝尔
- 爱彼能
- 兰热夫雷
- 瑟勒河畔蒂伊
- 朱维尼
- 施恩
- Pz Lehr
- 瑟勒河
- 努瓦耶
- 利夫里
- 科蒙
- 布里克萨拉
- 阿迈埃
- 维莱博卡日
- 埃夫勒
- 比例尺
- 0 1 2 3 4 5公里

图例：
- 6月11日午夜盟军战线
- 6月12日午夜盟军战线
- 6月12日沙伦特投降区
- 集团军内部分界线
- 军内部分界线
- 6月12日装甲第7师行进方向
- 6月13日装甲第7师行进方向
- 6月12日美军进展
- 6月13日德军反冲击
- 6月14日德军反冲击

瑟堡战役

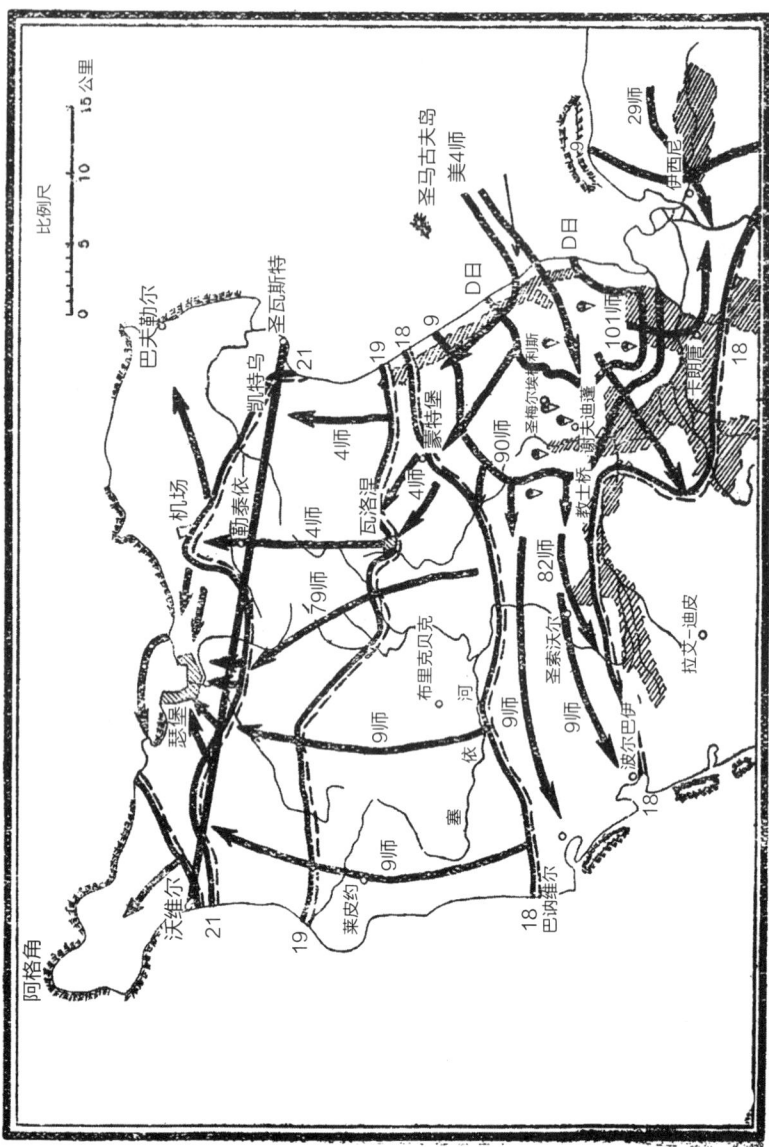

对敌的计划

6月25—29日奥东河攻势

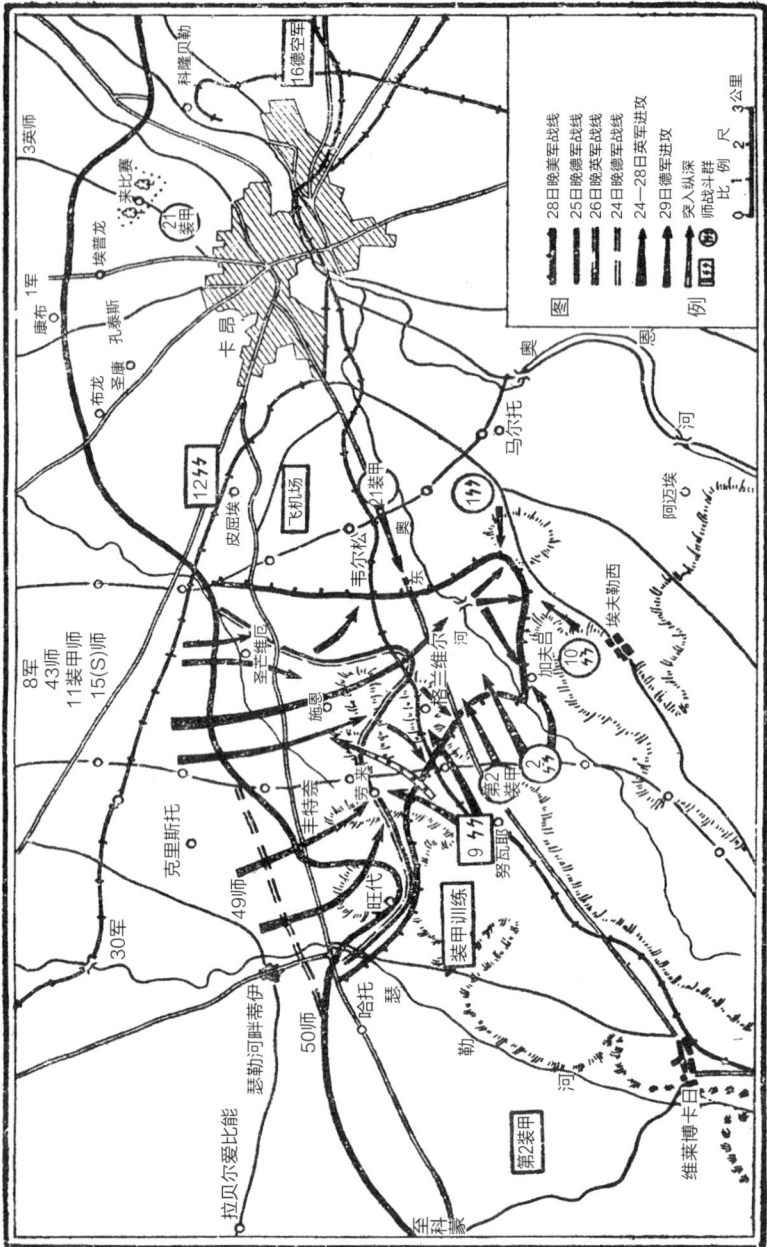

7月3—25日的美军战线

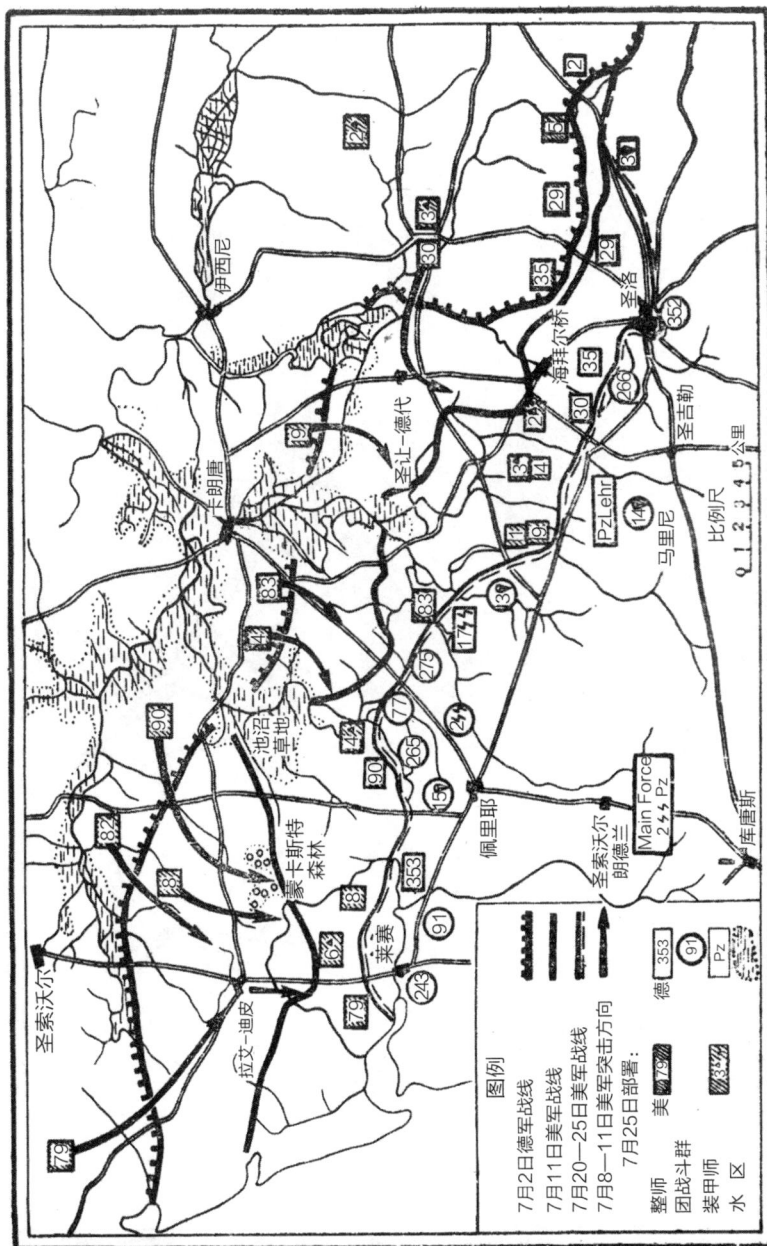

图例

- 7月2日德军战线
- 7月11日美军战线
- 7月20—25日美军战线
- 7月8—11日美军突击方向
- 7月25日部署：

整师　　美 79
团战斗群
装甲师
水区

德 353　91　Pz

圣索沃尔
伊西尼
卡朗唐
圣让-德代
海拜尔桥
圣洛
圣吉勒
玛里尼
PzLehr
池沼草地
蒙卡斯特森林
佩里耶
圣索沃尔-朗德兰
库唐斯
莱赛
拉艾-迪皮
圣索沃尔

Main Force
244 Pz

比例尺
0 1 2 3 4 5 公里

"古德伍德"行动的计划

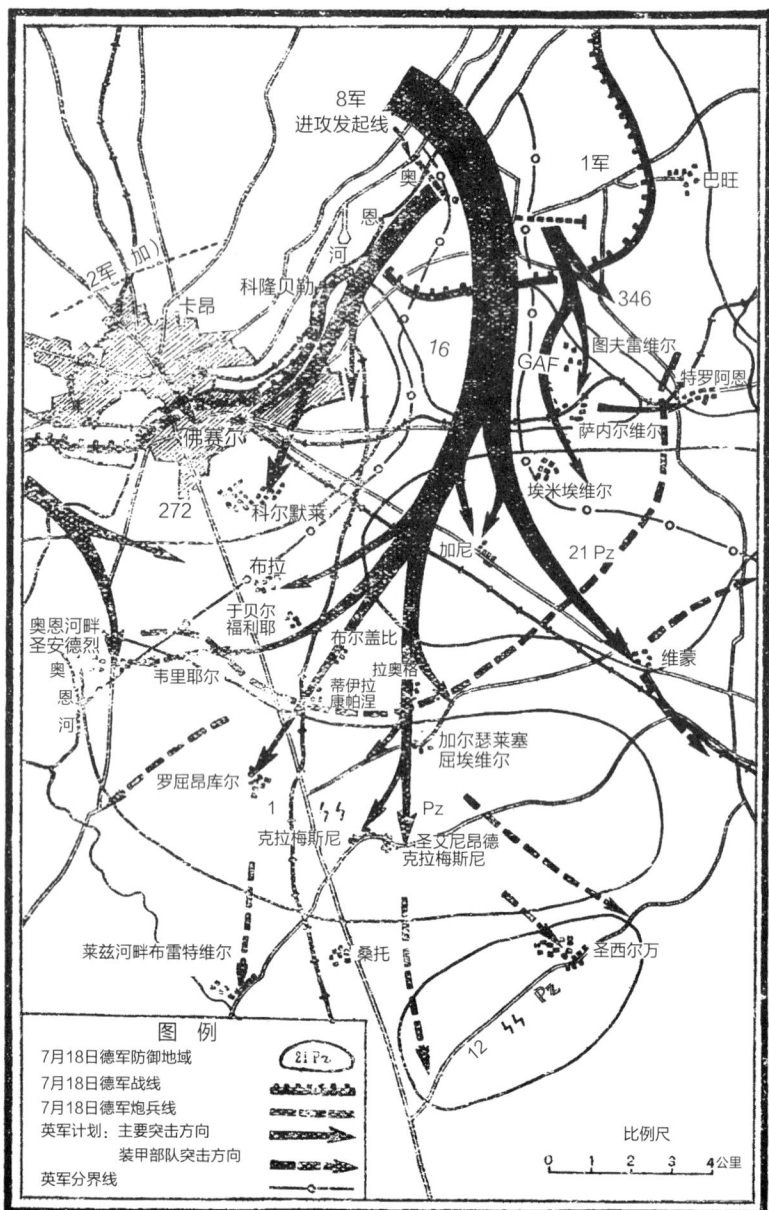

图例
- 7月18日德军防御地域
- 7月18日德军战线
- 7月18日德军炮兵线
- 英军计划：主要突击方向
- 装甲部队突击方向
- 英军分界线

比例尺
0 1 2 3 4公里

"古德伍德"的战斗(7月18—22日)

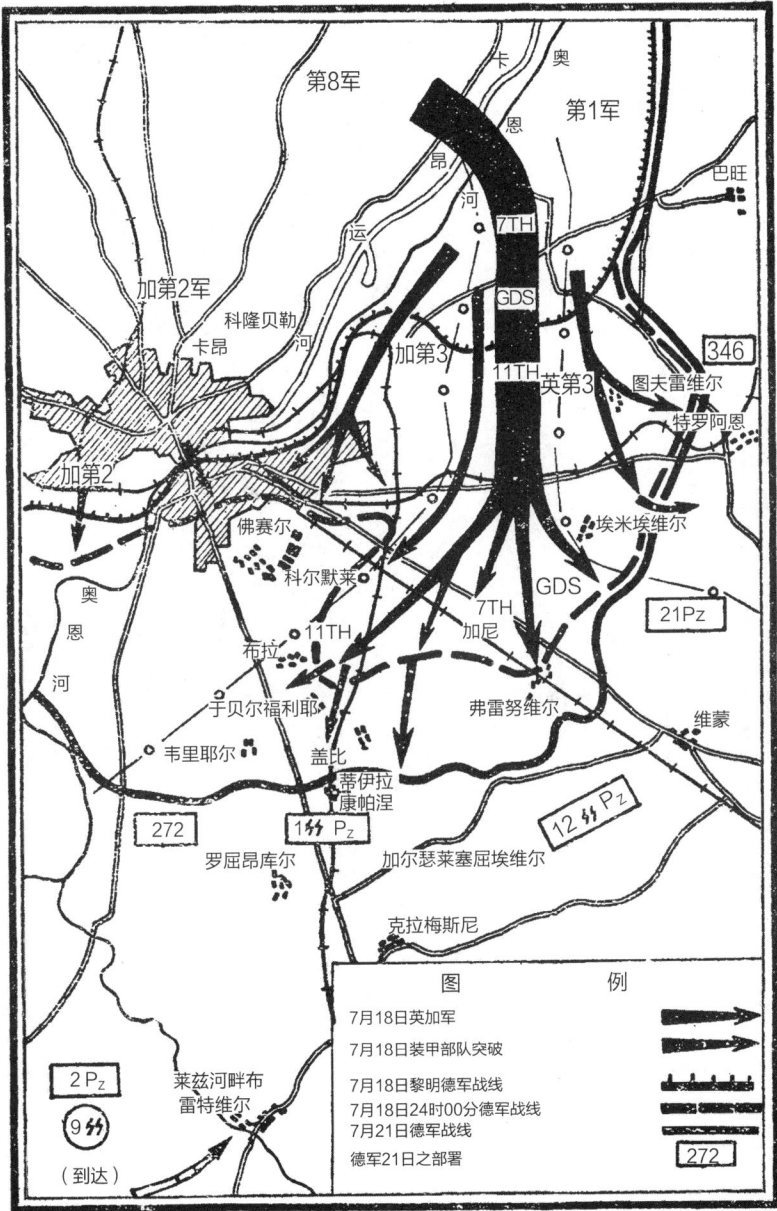

第8军　卡　奥　第1军

巴旺

昂　河　运

7TH

加第2军

科隆贝勒　河

卡昂

GDS

346

加第3

11TH　英第3

图夫雷维尔

特罗阿恩

加第2

佛赛尔

科尔默莱

埃米埃维尔

奥恩河

11TH

布拉

7TH
加尼

GDS

21Pz

于贝尔福利耶

韦里耶尔

盖比

弗雷努维尔

维蒙

蒂伊拉
康帕涅

272

1⚡Pz

12⚡Pz

罗屈昂库尔

加尔瑟莱塞屈埃维尔

克拉梅斯尼

2Pz

9⚡

（到达）

莱兹河畔布
雷特维尔

图　　　　　例	
7月18日英加军	➤
7月18日装甲部队突破	➤
7月18日黎明德军战线	
7月18日24时00分德军战线	
7月21日德军战线	
德军21之部署	272

比例尺

0　1　2　3　4　5　6　7　8　9　10 公里

7月25日德军在诺曼底的兵力分配

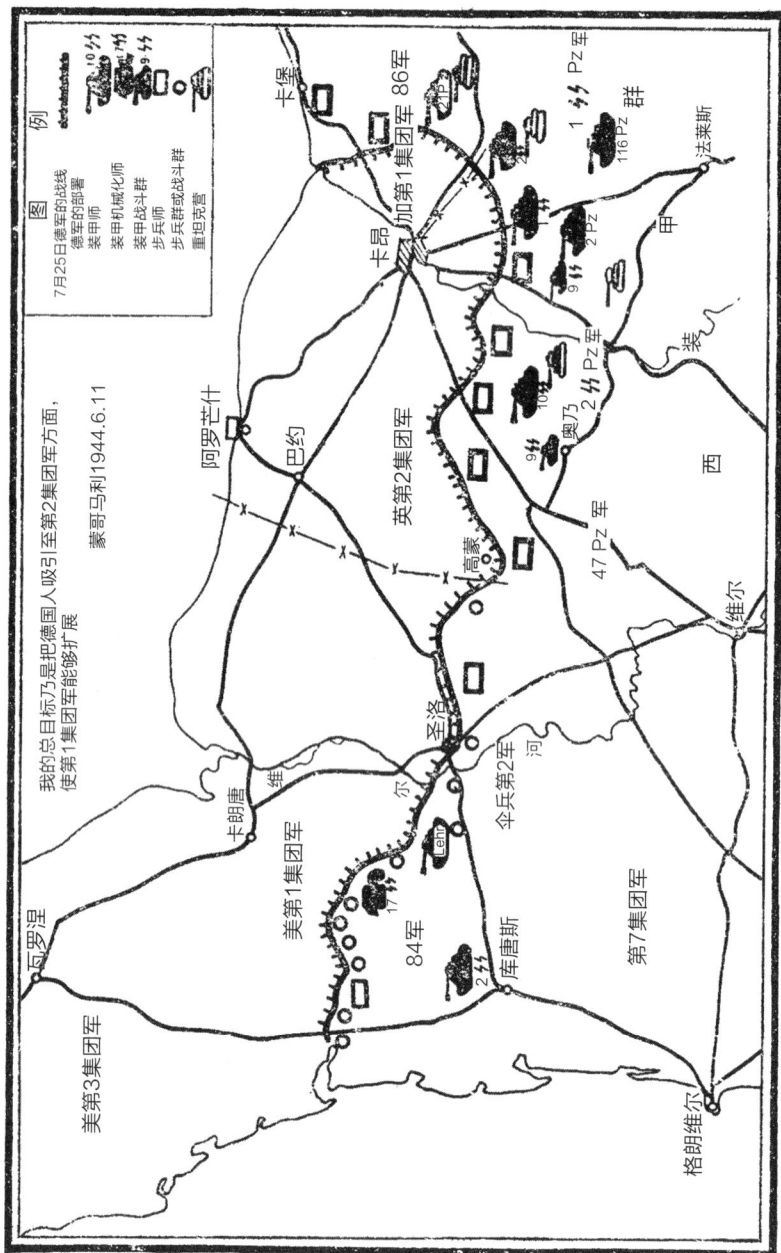

图例

7月25日德军的战线
德军的部署
装甲机械化师
装甲师
装甲战斗群
步兵师
步兵群或战斗群
重坦克营

我的总目标乃是把德国人吸引至第2集团军方面，
使第1集团军能够扩展
蒙哥马利1944.6.11

卡堡

英加第1集团军 86军

1 Pz 军

116 Pz

1 Pz 群

法莱斯

卡昂

2 Pz

甲

装

阿罗芒什

巴约

英第2集团军

2 Pz 军

109

奥乃

西

高蒙

47 Pz 军

维尔

圣洛

河

卡朗唐

维尔

美第1集团军

伞兵第2军

第7集团军

17军

Lehr

84军

库唐斯

2军

美第3集团军

瓦罗涅

格朗维尔

· 990 ·

7月25—31日的"眼镜蛇"作战

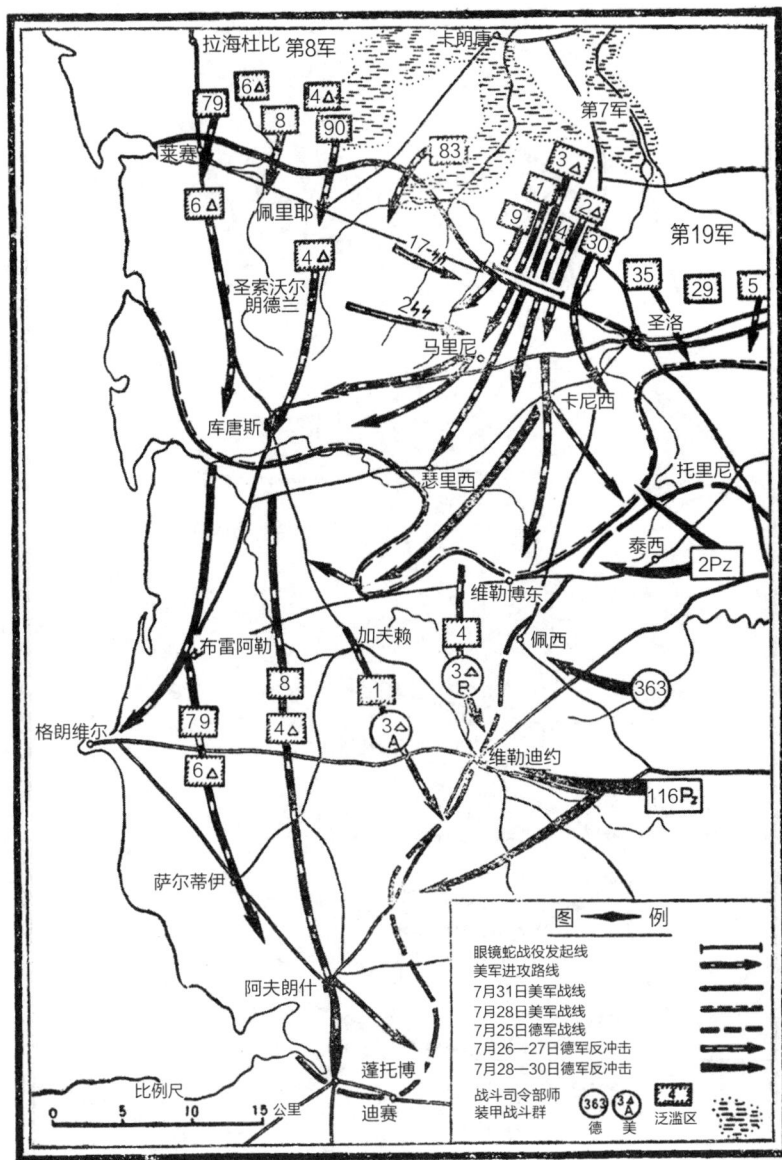

拉海杜比　第8军　　　　卡朗唐

第7军

莱赛

佩里耶

圣索沃尔
朗德兰

马里尼

库唐斯

瑟里西

卡尼西

托里尼

泰西

维勒博东

第19军

圣洛

2Pz

加夫赖

佩西

布雷阿勒

363

格朗维尔

维勒迪约

116Pz

萨尔蒂伊

比例尺

阿夫朗什

蓬托博

迪赛

0　5　10　15 公里

图　例

眼镜蛇战役发起线
美军进攻路线
7月31日美军战线
7月28日美军战线
7月25日德军战线
7月26—27日德军反冲击
7月28—30日德军反冲击

战斗司令部师
装甲战斗群　　363　　3A
　　　　　　　德　　美　　泛滥区

8月7—8日莫尔坦反攻

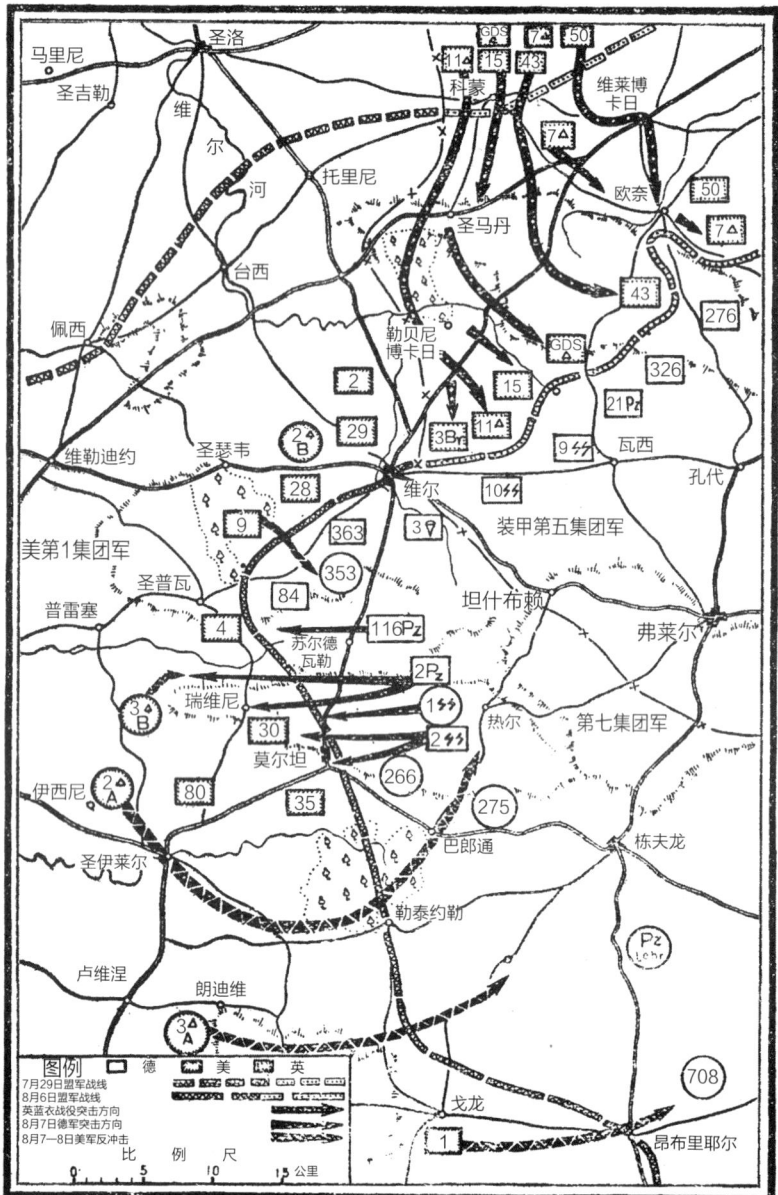

从阿夫朗什的扩展

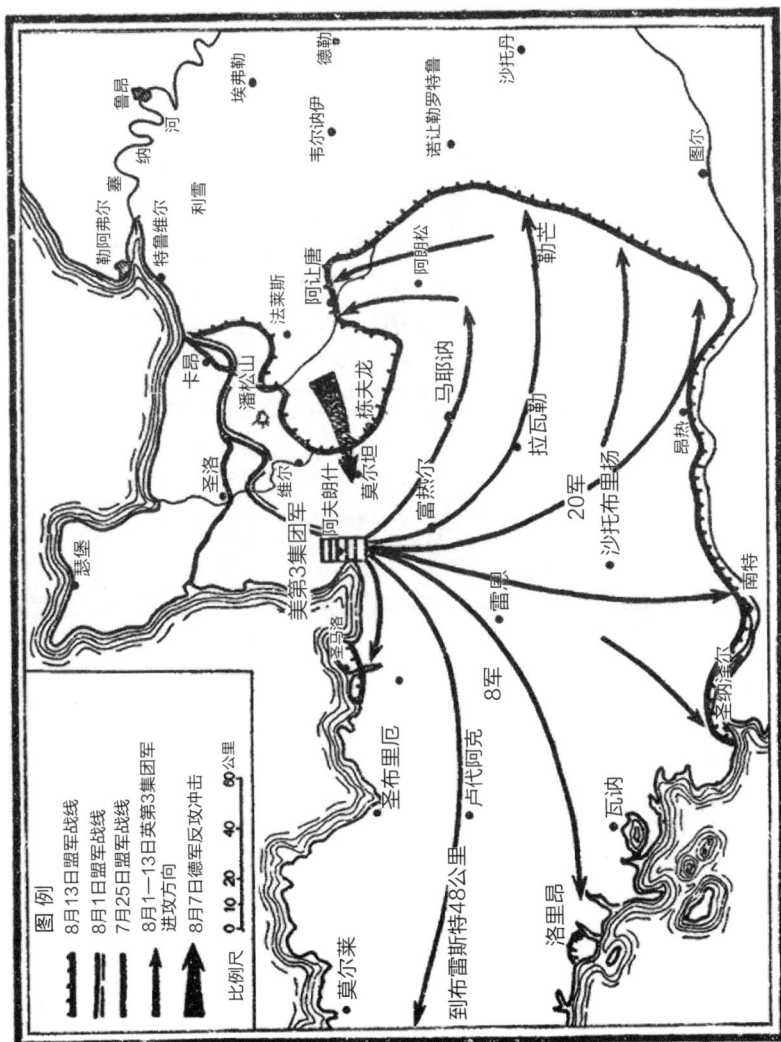

8月5—6日的潘松山攻夺战

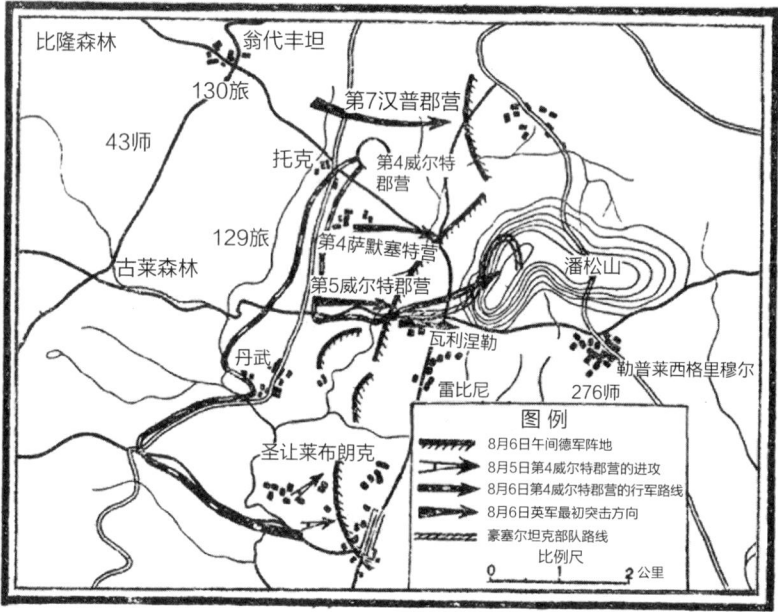

法莱斯袋形地区

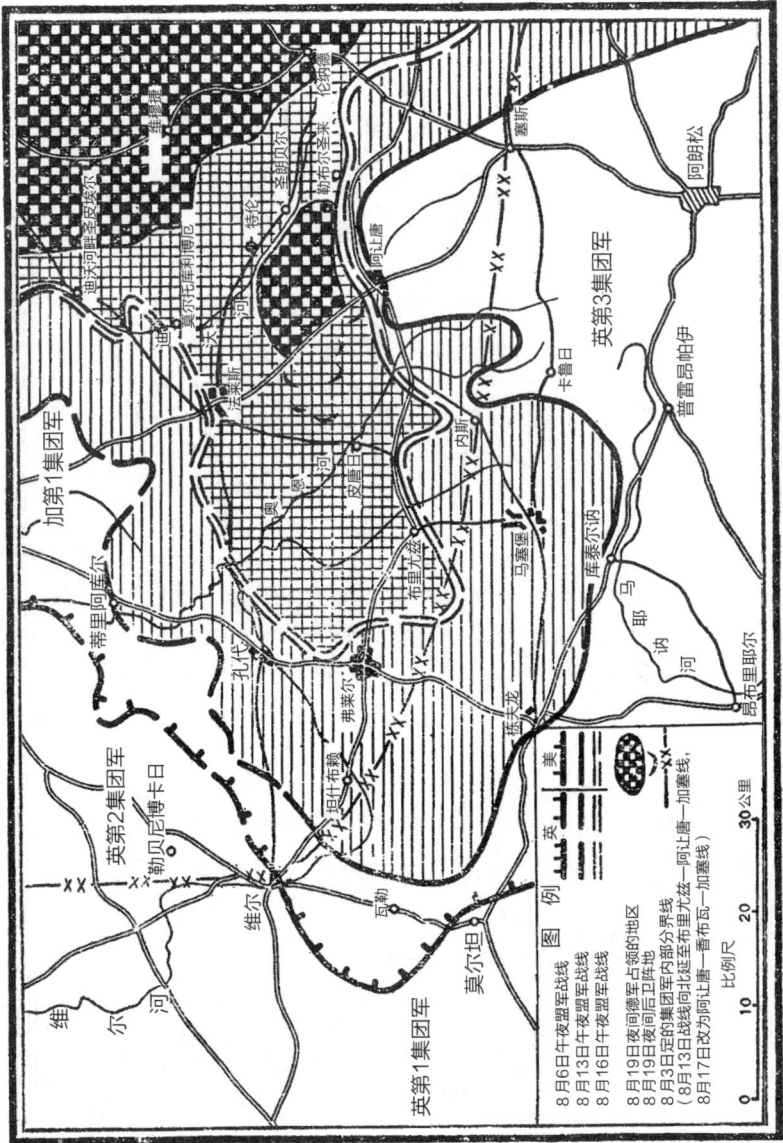

向塞纳河挺进

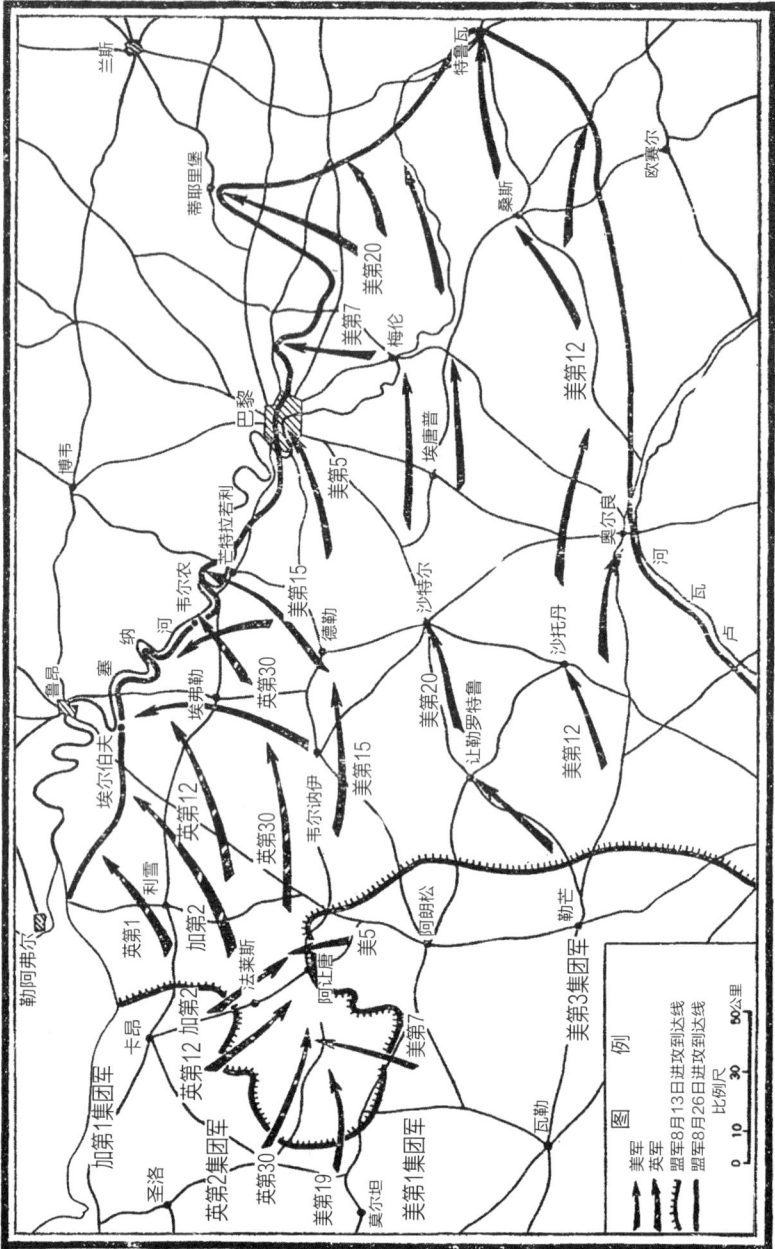

1944年夏季的地中海战线

宽广正面的与集中攻击的进攻

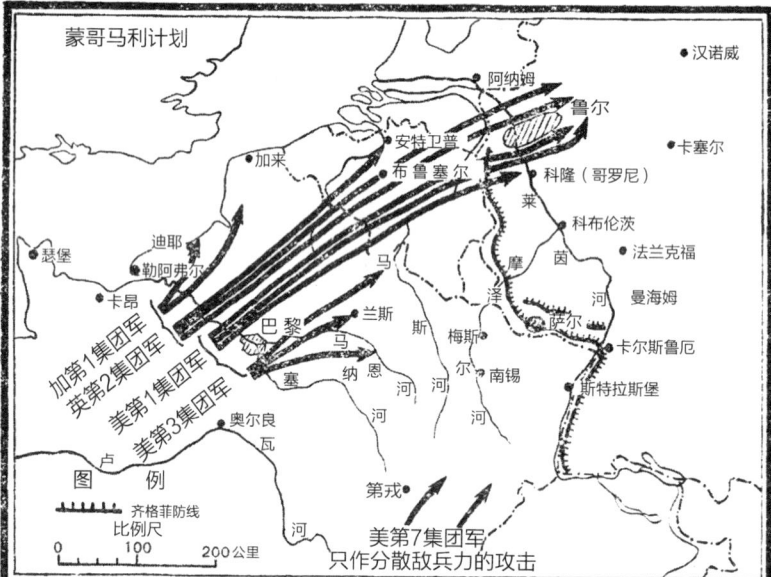

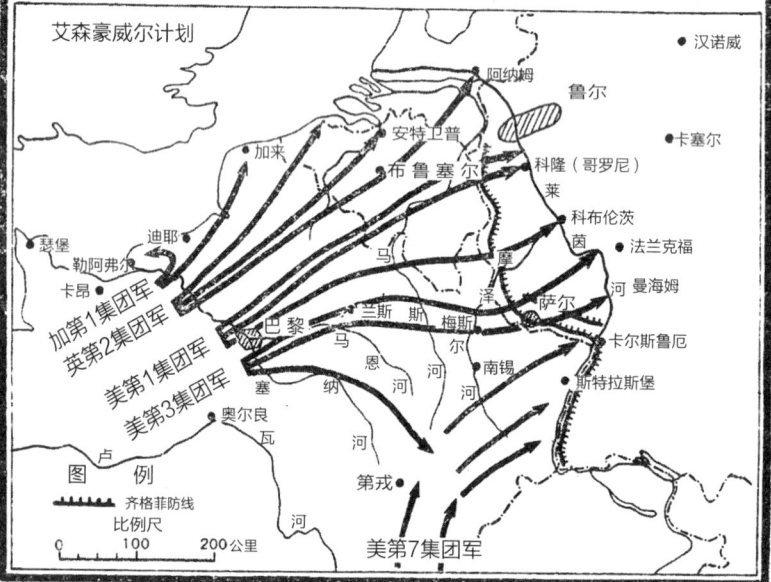

蒙哥马利计划

汉诺威

阿纳姆

鲁尔

卡塞尔

加来

安特卫普

布鲁塞尔

科隆（哥罗尼）

莱

迪耶

科布伦茨

瑟堡

勒阿弗尔

法兰克福

卡昂

马

曼海姆

巴黎

兰斯

萨尔

塞

纳

梅斯

卡尔斯鲁厄

加第1集团军

恩

南锡

英第2集团军

河

河

河

斯特拉斯堡

美第1集团军

奥尔良

美第3集团军

瓦

卢

图　例

河

第戎

齐格菲防线

美第7集团军

比例尺

只作分散敌兵力的攻击

0　　100　　200公里

艾森豪威尔计划

汉诺威

阿纳姆

鲁尔

加来

安特卫普

卡塞尔

布鲁塞尔

科隆（哥罗尼）

莱

科布伦茨

瑟堡

迪耶

勒阿弗尔

茵

法兰克福

卡昂

马

河　曼海姆

巴黎

兰斯

萨尔

梅斯

加第1集团军

塞

尔

卡尔斯鲁厄

英第2集团军

马

恩

南锡

美第1集团军

河

河

斯特拉斯堡

美第3集团军

奥尔良

瓦

图　例

卢

河

第戎

齐格菲防线

比例尺

美第7集团军

0　　100　　200公里

• 998 •

向安特卫普的进攻

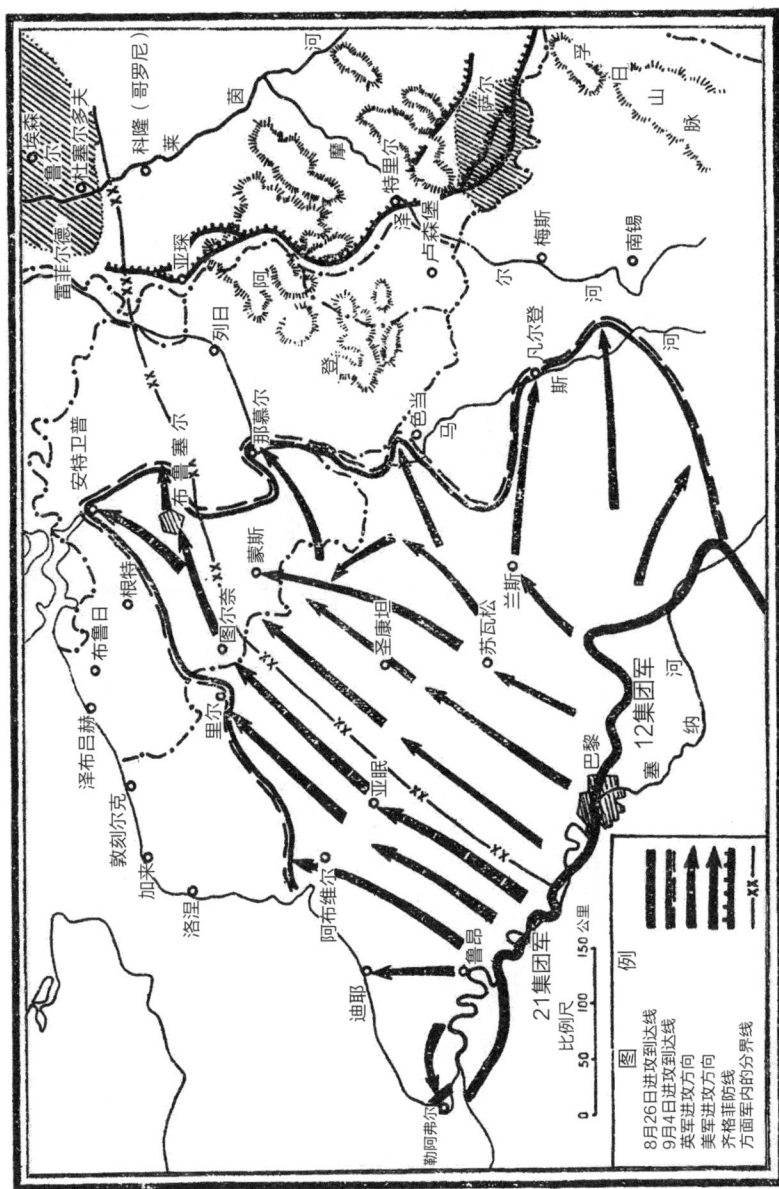

比利时运河的战斗

洛林的战役

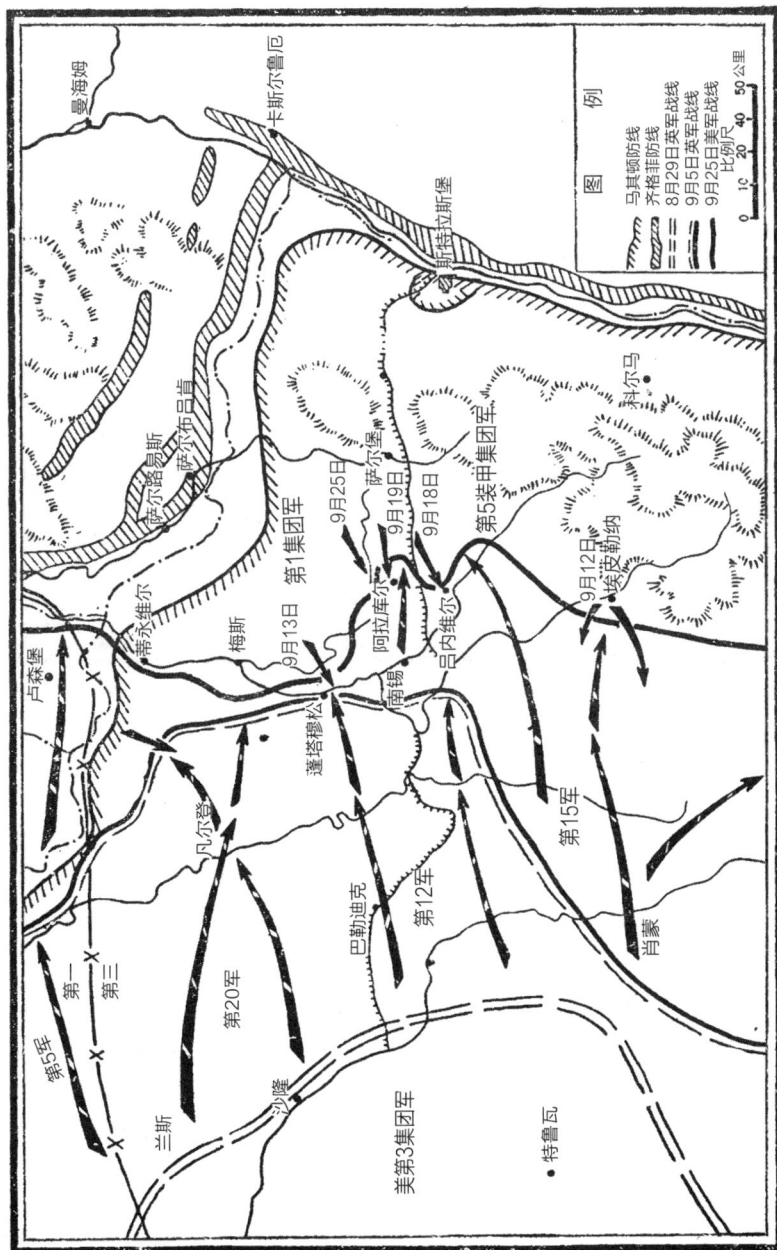

图例

马其顿防线
齐格菲防线
8月29日英军战线
9月5日英军战线
9月25日美军战线

比例尺

0 10 20 30 40 50公里

曼海姆

卡斯尔尔鲁厄

斯特拉斯堡

萨尔路易斯
萨尔布昌
萨尔堡

科尔马

9月25日 9月19日 9月18日
第1集团军
萨尔堡
第5装甲集团军

9月12日
埃皮勒纳纳

卢森堡 蒂永维尔 梅斯
9月13日 阿拉库尔 吕内维尔

凡尔登 蓬塔穆松 南锡

第5军 第一 第三

第20军 巴勒迪克 第12军

兰斯 沙隆 第15军

肖蒙

美第3集团军 特鲁瓦

9月17日的阿纳姆降落

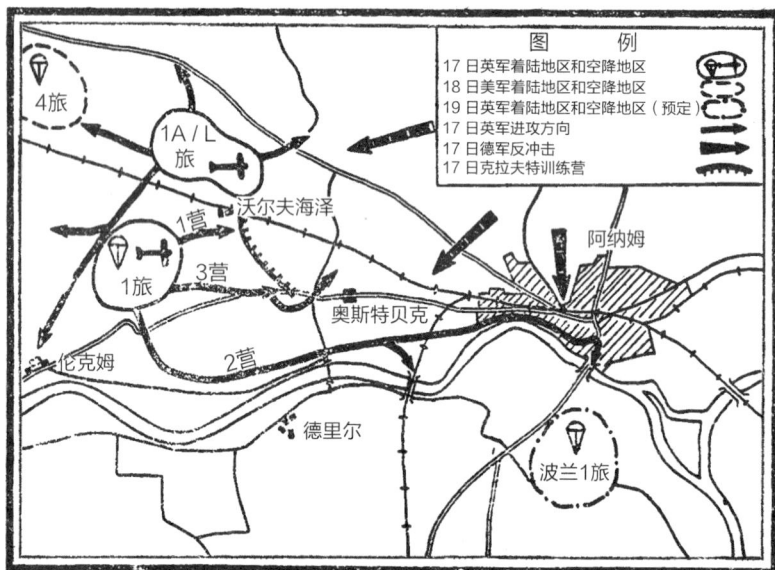

图 例

17 日英军着陆地区和空降地区
18 日美军着陆地区和空降地区
19 日英军着陆地区和空降地区（预定）
17 日英军进攻方向
17 日德军反冲击
17 日克拉夫特训练营

4旅

1A／L旅

沃尔夫海泽

1营

1旅   3营

奥斯特贝克

伦克姆   2营

阿纳姆

德里尔

波兰1旅

比例尺

0   5   10公里

9月17—18日的奈梅亨空降阵地

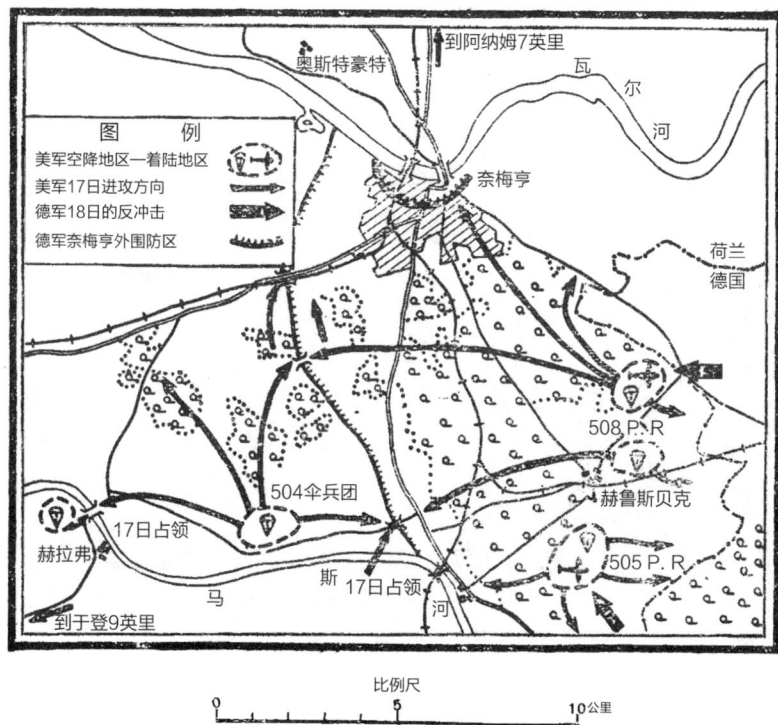

图中标注：

图　例
- 美军空降地区—着陆地区
- 美军17日进攻方向
- 德军18日的反冲击
- 德军奈梅亨外围防区

奥斯特豪特　　到阿纳姆7英里　　瓦尔河

奈梅亨

荷兰
德国

508 P. R

赫鲁斯贝克

504伞兵团

赫拉弗
17日占领

到于登9英里
马斯河
17日占领

505 P. R

比例尺
0　　　5　　　10公里

"市场花园"作战的计划

"市场花园"作战的突破（9月17—18日）

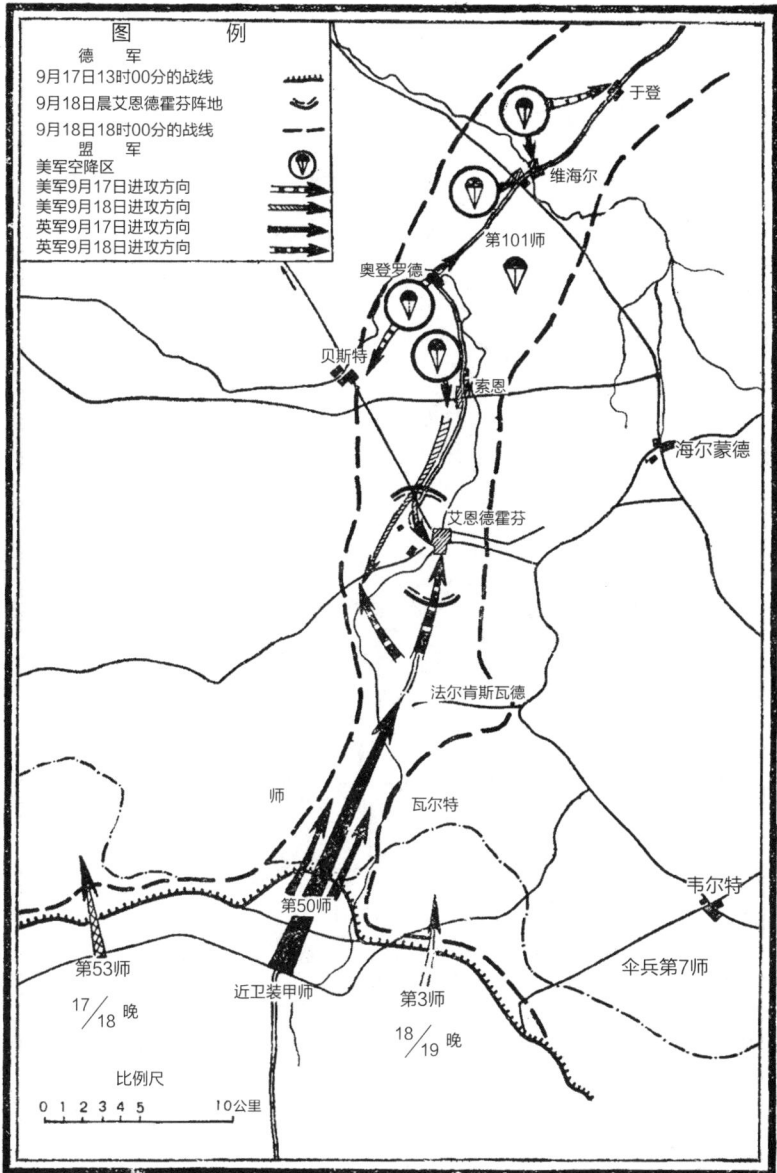

图 例

德 军
9月17日13时00分的战线
9月18日晨艾恩德霍芬阵地
9月18日18时00分的战线
盟 军
美军空降区
美军9月17日进攻方向
美军9月18日进攻方向
英军9月17日进攻方向
英军9月18日进攻方向

于登
维海尔
第101师
奥登罗德
贝斯特
索恩
海尔蒙德
艾恩德霍芬
法尔斯肯瓦德
师
瓦尔特
韦尔特
第50师
第53师
近卫装甲师
第3师
伞兵第7师
17/18 晚
18/19 晚

比例尺
0 1 2 3 4 5   10公里

9月20—25日向莱茵河的前进

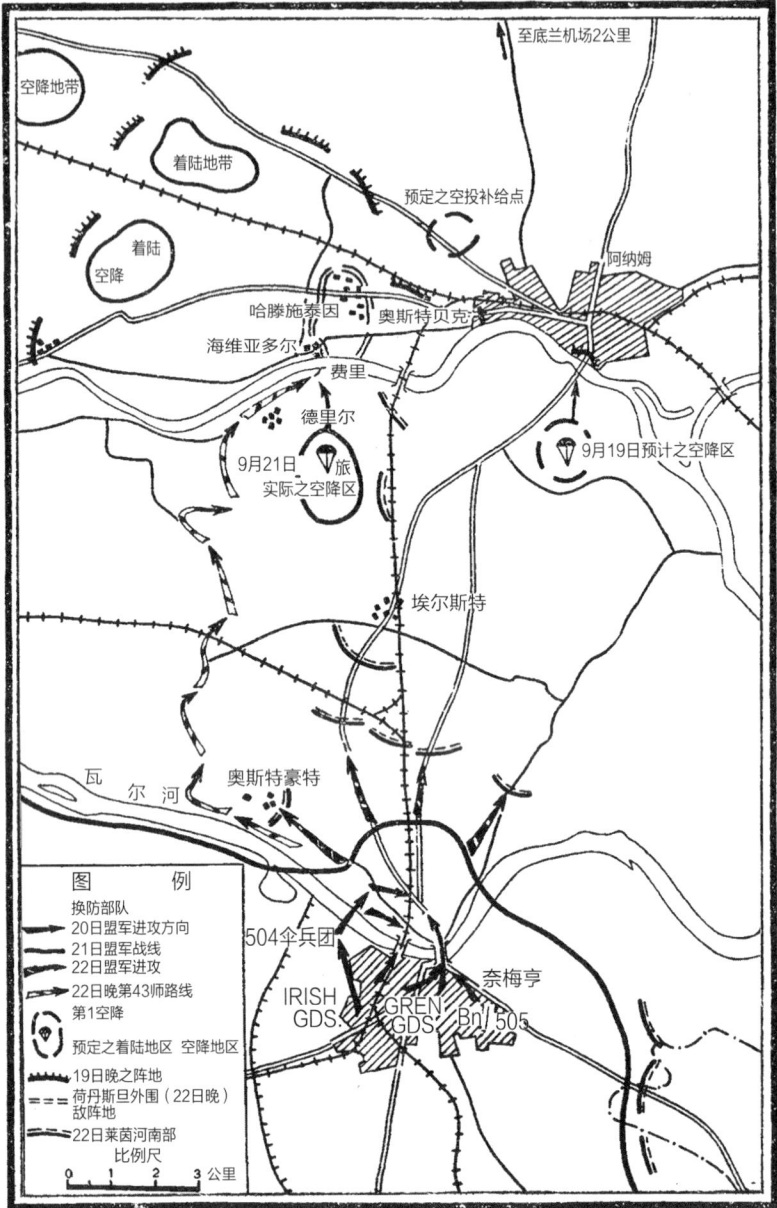

斯海尔德运河的开放（1944年10—11月）

阿登的攻击计划

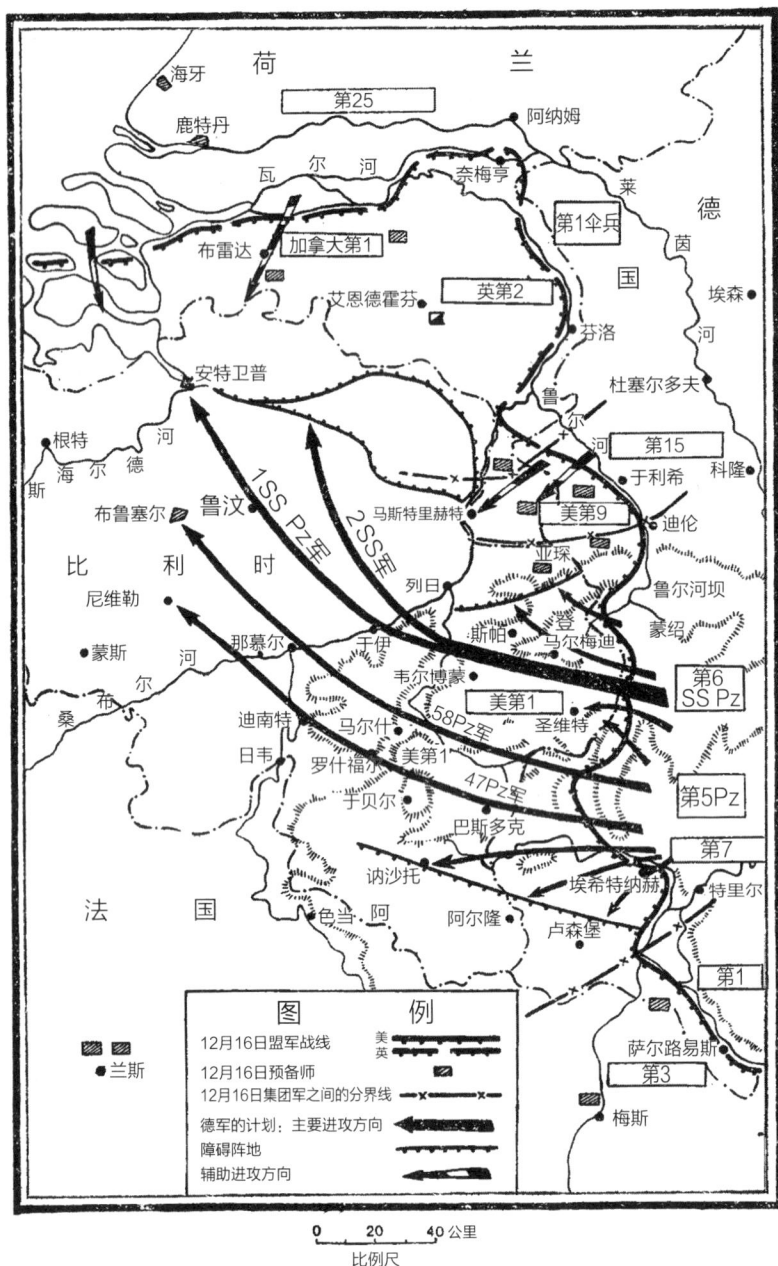

图中文字（地图标注）：

海牙　荷　兰　第25　阿纳姆
鹿特丹　瓦　尔　河　奈梅亨　莱　德
第1伞兵　茵　埃森
布雷达　加拿大第1　河
艾恩德霍芬　英第2　芬洛
安特卫普　杜塞尔多夫
根特　河　第15　科隆
海尔德　斯　鲁　于利希
布鲁塞尔　鲁汶　1SS Pz军　马斯特里赫特　美第9　迪伦
比　利　时　2SS军　亚琛
尼维勒　列日　鲁尔河坝　蒙绍
蒙斯　那慕尔　斯帕　马尔梅迪　第6
桑　尔　布　河　于伊　韦尔博蒙　SS Pz
迪南特　马尔什　58Pz军　圣维特
日韦　美第1　47Pz军　第5Pz
罗什福尔　美第1
于贝尔　巴斯多克　第7
讷沙托　埃希特纳赫　特里尔
色当·阿　阿尔隆　卢森堡　第1
法　国　萨尔路易斯
兰斯　第3
梅斯

图　例
12月16日盟军战线　　美　英
12月16日预备师
12月16日集团军之间的分界线
德军的计划：主要进攻方向
障碍阵地
辅助进攻方向

0　20　40公里
比例尺

向鲁尔河的进攻（1944年11—12月）

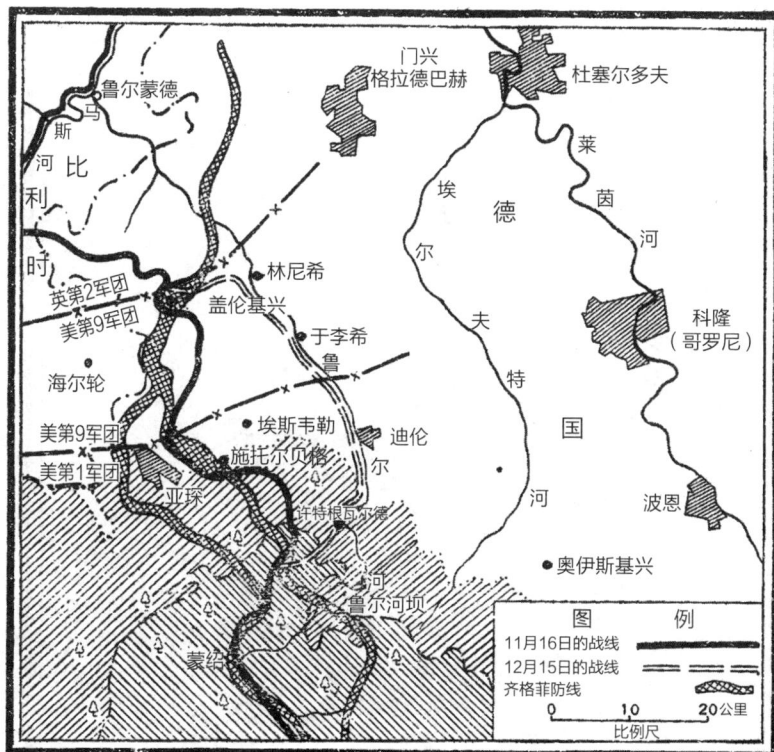

图中标注文字：

鲁尔蒙德
斯
河
比
利
时
马
英第2军团
美第9军团
海尔轮
美第9军团
美第1军团
亚琛
施托尔贝格
蒙绍

门兴
格拉德巴赫
杜塞尔多夫

林尼希
盖伦基兴
于李希
埃斯韦勒
迪伦
许特根森林
鲁
尔
河
鲁尔河坝

埃
尔
夫
特
河
莱
茵
河
德
国
科隆
（哥罗尼）
波恩
奥伊斯基兴

图　　例
11月16日的战线
12月15日的战线
齐格菲防线

0　　　　10　　　　20公里
比例尺

1944年秋季西线战场

德第15

阿纳姆

德第6
SS Pz

奈梅亨

哈姆

加第1

伞兵1

埃森 多特蒙德

英第2

安特卫普

斯海尔德河

杜塞尔多夫
莱

布鲁塞尔

美第9

科隆（哥罗尼）

德第5 Pz

列日

亚琛

茵

那慕尔

美第1

德第7

科布伦茨

迪南

阿登

艾费尔高原

摩泽尔河

法兰克福
美因茨

马色当

斯

特里尔

兰斯

卢森堡

德第1

凡尔登

梅斯

萨尔布吕肯

马恩河畔沙隆

美第3

萨维尔纳

马

南锡

恩河

圣迪济耶

斯特拉斯堡

黑

塞纳河

特鲁瓦

美第7

科尔马

德第9—
第10

森

林

贝尔福

图 例

9月5日盟军战线
11月8日盟军战线
齐格菲防线
11—12月间的盟军进攻方向
11月8日盟国的集团军
11月8日德国的集团军

美第1集团军
德第1

法第1

比 例 尺
0 10 20 30 40 50公里

阿登的攻击

阿登的扩张战果

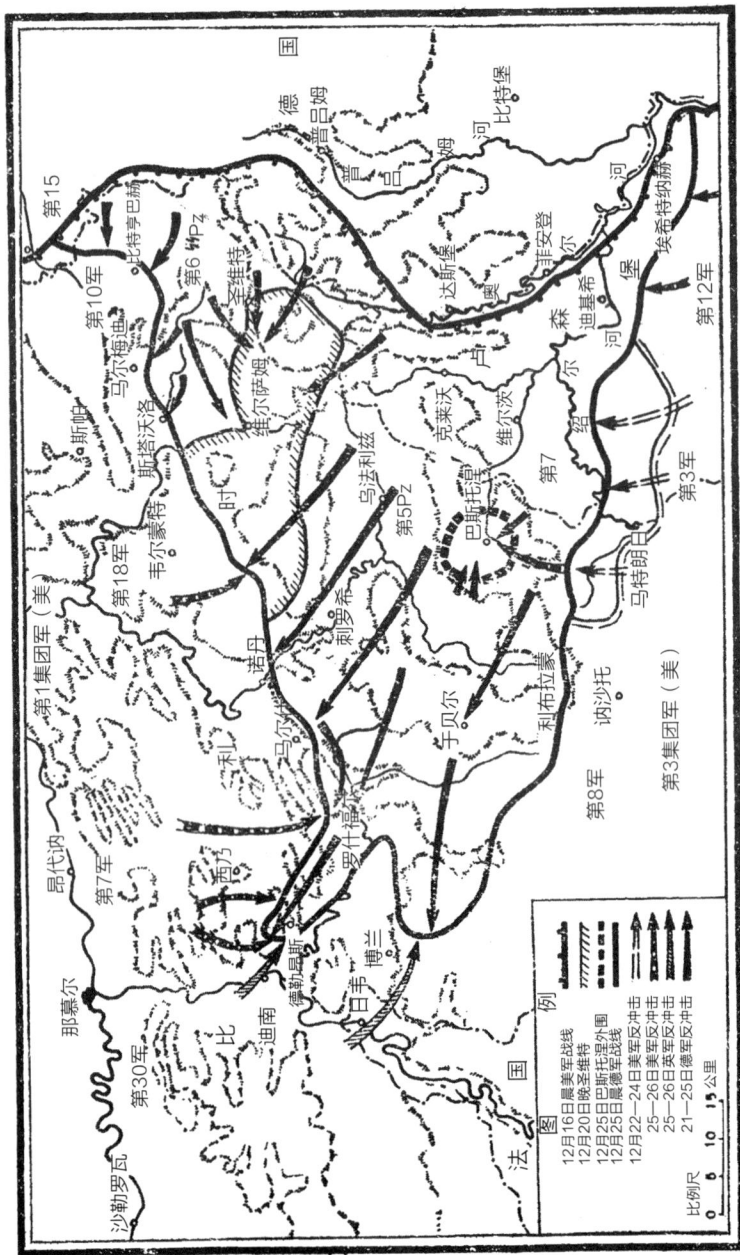

1945年的东线战场

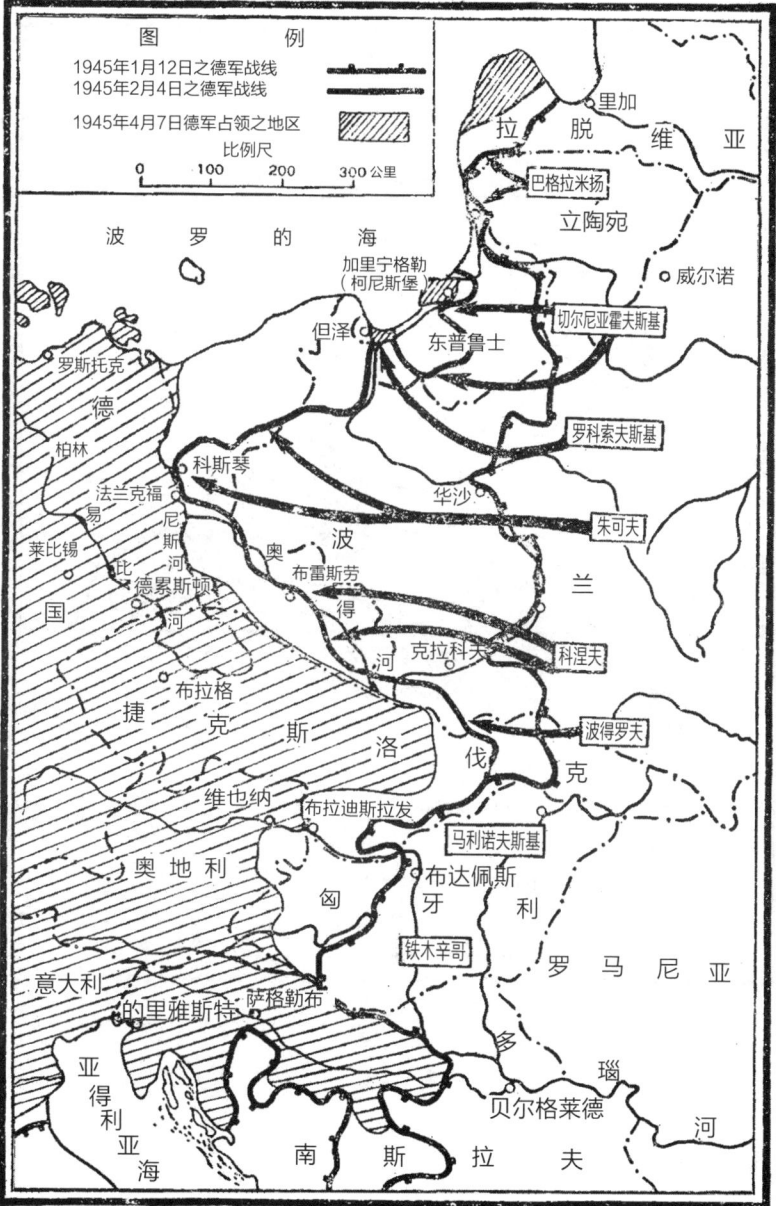

图例
1945年1月12日之德军战线
1945年2月4日之德军战线
1945年4月7日德军占领之地区
比例尺
0　100　200　300公里

波　罗　的　海

拉
脱
维
亚

里加

巴格拉米扬

立陶宛

威尔诺

加里宁格勒
（柯尼斯堡）

但泽

东普鲁士

切尔尼亚霍夫斯基

罗斯托克

德

柏林

科斯琴

法兰克福

莱比锡

尼
斯
河

易
比
河

德累斯顿

国

奥
得
河

罗科索夫斯基

华沙

朱可夫

波

兰

布雷斯劳

克拉科夫

科涅夫

布拉格

捷　克　斯　洛　伐　克

波得罗夫

维也纳

布拉迪斯拉发

马利诺夫斯基

奥地利

匈

布达佩斯

牙　利

铁木辛哥

罗　马　尼　亚

意大利

的里雅斯特

萨格勒布

多

瑙

河

亚
得
利
亚
海

贝尔格莱德

南　斯　拉　夫

波兰和雅尔塔会议

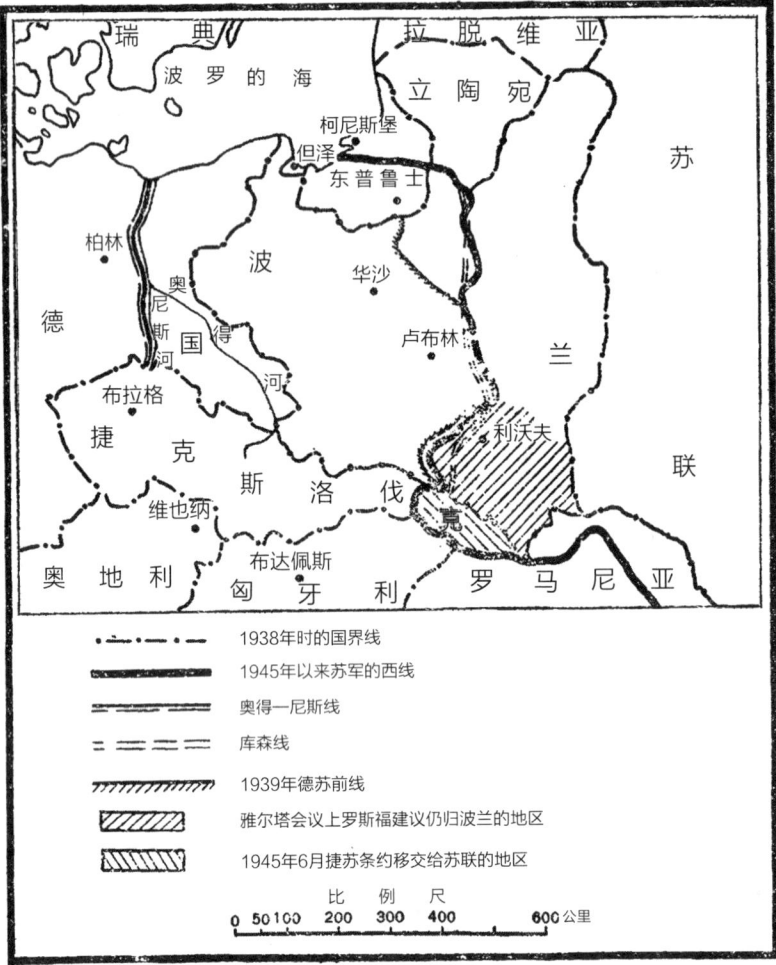

瑞典

波罗的海

拉脱维亚

立陶宛

苏

柯尼斯堡
但泽
东普鲁士

柏林

波

华沙

德

奥
尼
斯
河

国

得
河

卢布林

兰

联

布拉格

捷　克

利沃夫

斯　洛　伐

维也纳

奥　地　利

布达佩斯

匈　牙　利

罗　马　尼　亚

- ·—·—·—· 　1938年时的国界线
- ▬▬▬▬▬ 　1945年以来苏军的西线
- ═════════ 　奥得一尼斯线
- ━ ━ ━ ━ 　库森线
- ////////// 　1939年德苏前线
- ▨▨▨ 　雅尔塔会议上罗斯福建议仍归波兰的地区
- ▨▨▨ 　1945年6月捷苏条约移交给苏联的地区

比　例　尺

0　50 100　200　300　400　　　600公里

莱茵地区的战斗

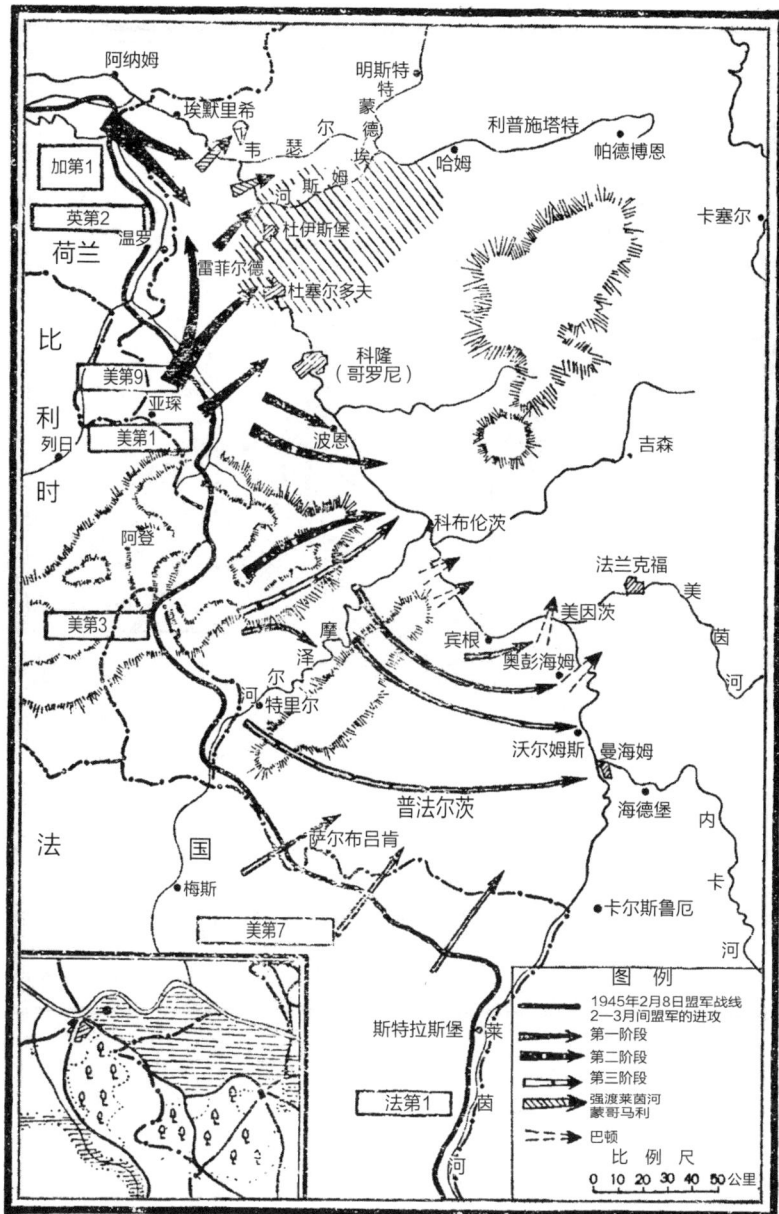

图例

1945年2月8日盟军战线
2—3月间盟军的进攻
第一阶段
第二阶段
第三阶段
强渡莱茵河
蒙哥马利
巴顿

比 例 尺
0 10 20 30 40 50公里

阿纳姆　明斯特　蒙德埃　利普施塔特　帕德博恩
埃默里希　韦瑟　哈姆
加第1
英第2　尔斯姆　杜伊斯堡　卡塞尔
荷兰　温罗　雷菲尔德　杜塞尔多夫
比　科隆
利　（哥罗尼）
时　美第9　亚琛
列日　美第1　波恩　吉森
阿登　科布伦茨
美第3　法兰克福　美
摩　美因茨　因
尔　宾根　河
特　奥彭海姆
里　沃尔姆斯　曼海姆
尔　普法尔茨　海德堡
河　内
法　卡
国　萨尔布吕肯　尔
梅斯　斯
美第7　卡尔斯鲁厄　鲁
厄
河

斯特拉斯堡　莱

法第1　茵

河

· 1015 ·

柏林的头奖

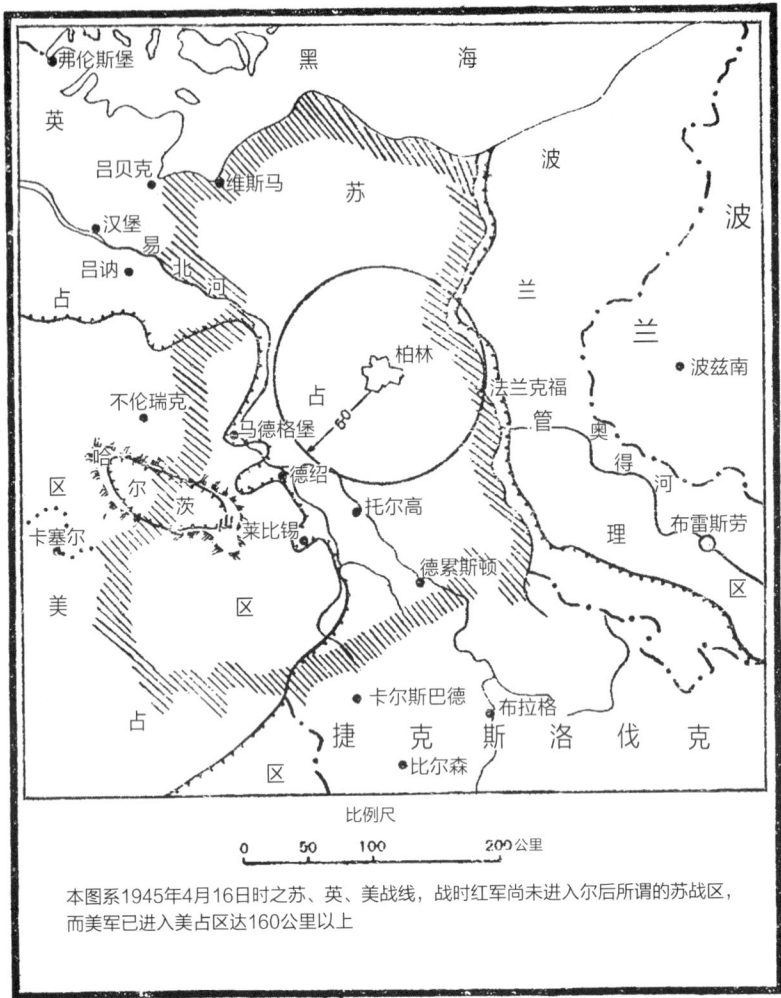

比例尺

本图系1945年4月16日时之苏、英、美战线，战时红军尚未进入尔后所谓的苏战区，而美军已进入美占区达160公里以上

最后的阶段

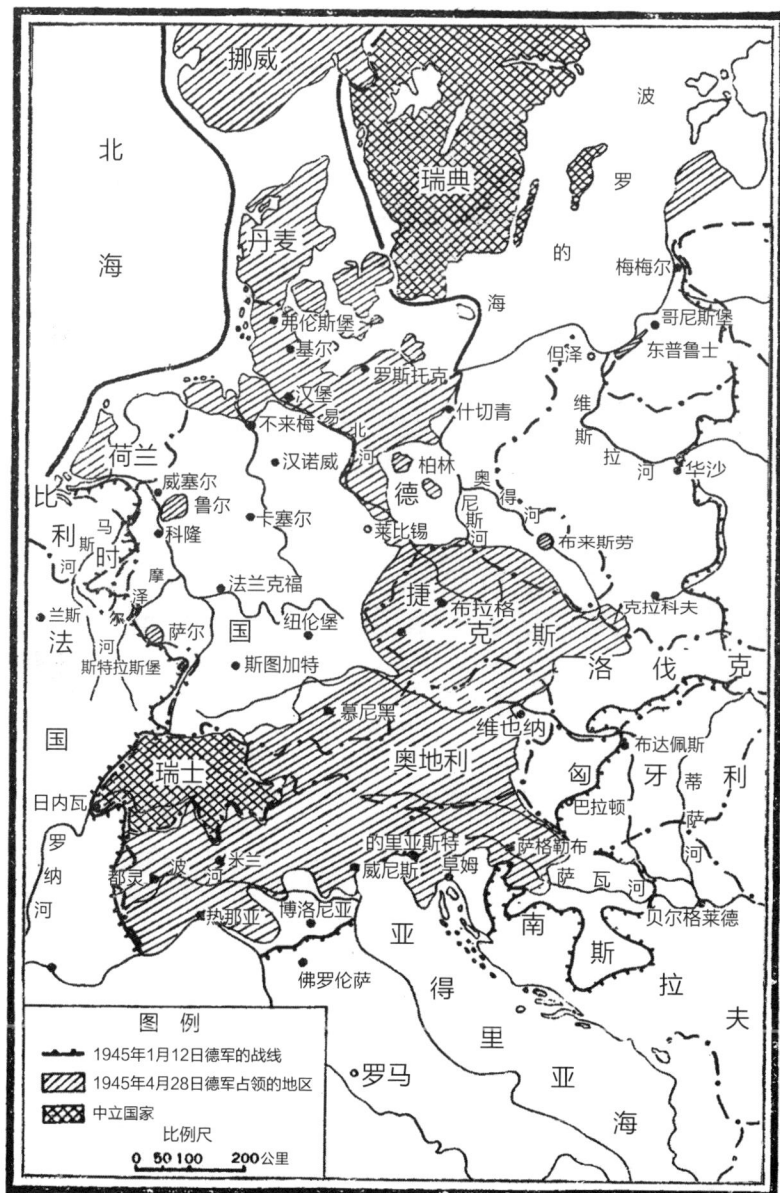

图中标注文字：

挪威

北海

瑞典

波罗的海

丹麦

的

梅梅尔

哥尼斯堡

东普鲁士

弗伦斯堡

基尔

罗斯托克

但泽

维斯拉河

华沙

汉堡

不来梅

易北河

什切青

荷兰

威塞尔

鲁尔

科隆

汉诺威

柏林

奥得河

德

尼斯河

比利时

马斯河

卡塞尔

莱比锡

布来斯劳

法

摩泽尔河

法兰克福

纽伦堡

捷

布拉格

克拉科夫

兰斯河

萨尔

斯特拉斯堡

斯图加特

克

斯

洛

伐

克

国

慕尼黑

维也纳

布达佩斯

匈牙利

蒂萨河

瑞士

奥地利

巴拉顿

日内瓦

罗纳河

都灵

波河

米兰

的里亚斯特

威尼斯

阜姆

萨格勒布

萨瓦河

贝尔格莱德

热那亚

博洛尼亚

亚

得

里

亚

海

南

斯

拉

夫

佛罗伦萨

罗马

图　例

1945年1月12日德军的战线

1945年4月28日德军占领的地区

中立国家

比例尺

0　50 100　　　200公里